AF831739

Schlichtung

Band 1

Streit schlichten

Schriften des Instituts für deutsche Sprache

Band 5 Schlichtung

5.1 Werner Nothdurft (Hg.), Streit schlichten

5.2 Werner Nothdurft, Konfliktstoff

5.3 Peter Schröder (Hg.), Schlichtungsgespräche

Herausgegeben von

Werner Nothdurft
Gerhard Stickel

Walter de Gruyter · Berlin · New York
1995

Schlichtung

Band 1

Streit schlichten

Gesprächsanalytische Untersuchungen
zu institutionellen Formen
konsensueller Konfliktregelung

Herausgegeben von
Werner Nothdurft

Walter de Gruyter · Berlin · New York
1995

♾ Gedruckt auf säurefreiem Papier,
das die US-ANSI-Norm über Haltbarkeit erfüllt.

Die Deutsche Bibliothek – CIP-Einheitsaufnahme

Schlichtung. – Berlin ; New York : de Gruyter.
Bd. 1. Streit schlichten : gesprächsanalytische Untersuchungen zu institutionellen Formen konsensueller Konfliktregelung / hrsg. von Werner Nothdurft. – 1995
(Schriften des Instituts für Deutsche Sprache ; Bd. 5,1)
ISBN 3-11-013508-6
NE: Nothdurft, Werner [Hrsg.]; Institut für Deutsche Sprache <Mannheim>: Schriften des Instituts ...

© Copyright 1995 by Walter de Gruyter & Co., D-10785 Berlin

Dieses Werk einschließlich aller seiner Teile ist urheberrechtlich geschützt. Jede Verwertung außerhalb der engen Grenzen des Urheberrechtsgesetzes ist ohne Zustimmung des Verlages unzulässig und strafbar. Das gilt insbesondere für Vervielfältigungen, Übersetzungen, Mikroverfilmungen und die Einspeicherung und Verarbeitung in elektronischen Systemen.

Printed in Germany

Druck: Werner Hildebrand, Berlin
Buchbinderische Verarbeitung: Lüderitz & Bauer-GmbH, Berlin

INHALT

VORWORT

Die Beiträge in diesem Band entstanden im Rahmen des Forschungsprojekts „Schlichtung – Geprächs- und Interaktionsanalyse eines Verfahrens zur Bewältigung sozialer Konflikte", das die Autoren im Institut für deutsche Sprache (IdS) in der Abteilung Sprache und Gesellschaft durchgeführt haben. Die Forschungsarbeit wurde mit Mitteln des DFG-Schwerpunktprogramms „Verbale Interaktion" unterstützt.

Daß wir in diesem Projekt Erkenntnisse über die kommunikative Wirklichkeit des Schlichtens gewinnen konnten, verdanken wir der Mitarbeit einer Vielzahl von Menschen:

- Karin Herrmann, Heike Jokisch, Isabelle Robin, Axel Schlotthauer und Christina Zahn haben wir für die Transkription der Schlichtungsgespräche zu danken. Wer selbst schon einmal transkribiert hat, weiß, daß einem schier der Kopf platzt, wenn man auch beim zehnten Abhören noch keine Ordnung in das Gewirr durcheinander sprechender Gesprächsteilnehmer gebracht hat.

- Otmar Bettscheider und Thomas Spranz-Fogasy haben dank ihres Engagements wesentlich dazu beigetragen, daß das Projekt organisatorisch und konzeptionell in die Gänge kam.

- Professor Franz Breuer vom Psychologischen Institut Münster verdanken wir intensive Arbeitswochen während seines Aufenthalts als Gastwissenschaftler. Durch seine Beiträge zu den Einzelfallanalysen von Schlichtungsgesprächen bekam die Projektarbeit wesentliche Impulse.

- Die Professoren Konrad Ehlich (Dortmund), Klaus F. Röhl (Bochum) und Hugo Steger (Freiburg) sorgten als Mitglieder des Beirats durch kritisches Lesen unserer Arbeiten dafür, daß wir uns nicht allzusehr und allzulange in unsere eigenen Analysen und Konzepte verlieben und verstricken konnten. Ihre konzeptionellen Anregungen und ihre einfachen Fragen trugen wesentlich zur Selbstverständigung über unsere Ergebnisse bei.

- Hanni Kohlhase, Ria Schiel und Christina Zahn haben wir dafür zu danken, daß sie die Manuskripte geschrieben haben und durch Herstellung der Druckvorlagen mit dazu beigetragen haben, daß dieser Band vorliegt.

- [ ]. Hier müßten jetzt die Namen all jener stehen, denen wir die untersuchten Schlichtungsgespräche verdanken, jene Menschen, die gestritten und geschlichtet haben und es gestattet haben, ihr Streiten und ihr Schlichten auf Tonband aufzunehmen. Die strikte Anonymität, die wir ihnen zugesichert haben, verhindert, daß wir ihnen hier namentlich danken können.

Mannheim, im Juli 1995 Werner Nothdurft

Verzeichnis der Transkriptionszeichen

ja aber nein nie	simultan gesprochene Äußerungen stehen übereinander und sind unterstrichen
+	unmittelbarer Anschluß/Anklebung bei Sprecherwechsel
*	kurze Pause
**	etwas längere Pause (bis max. 1 Sekunde)
3,5	längere Pause mit Zeitangabe in Sekunden (ggf. Minuten und Sekunden, dann eigens markiert: min.)
=	Verschleifung (Elision) eines oder mehrerer Laute zwischen Wörtern (z.B. *sa=mer* für *sagen wir*)
/	Wort- oder Konstruktionsabbruch
(...)	unverständliche Sequenz (Punkt entspricht Silbe)
(war)	vermuteter Wortlaut
(gunst?kunst)	Alternativlautungen
↑	steigende Intonation (z.B. *kommst du mit↑*)
↓	fallende Intonation (z.B. *jetzt stimmt es↓*)
-	schwebende Intonation (z.B. *ich sehe hier-*)
"	auffällige Betonung (z.B. *aber ge"rn*)
:	auffällige Dehnung (z.B. *ich war so: fertig*)
←immer ich →	langsamer (relativ zum Kontext)
→immerhin ←	schneller (relativ zum Kontext)
>vielleicht <	leiser (relativ zum Kontext)
<manchmal >	lauter (relativ zum Kontext)
LACHT	Wiedergabe nichtmorphemisierter Äußerung auf der Sprecherzeile (im Gegensatz zu z.B.: *ha ha ha*)
IRONISCH	Kommentar zur Äußerung (auf der Kommentarzeile)
QUIETSCHEN	nicht-kommunikatives (akustisches) Ereignis in der Gesprächssituation (auf der Kommentarzeile)
# #	Extensionszeichen für den Kommentarbereich (auf Sprecher- und Kommentarzeile synchron)
[...]	Auslassung in Transkripten (ggf. mit näheren Angaben zum Umfang o.ä.)

WERNER NOTHDURFT

Gesprächsanalyse von Schlichtung

Die Geschichte eines Forschungsprojekts und die Entwicklung seiner Ergebnisse

1. Einleitung

Der vorliegende Band liefert Einblicke in die kommunikative Wirklichkeit von Schlichtungsgesprächen, von Gesprächen also, in denen sich ein Dritter bemüht, einen Streit zwischen zwei Parteien mit diesen zusammen einvernehmlich zu regeln.

Die Beiträge beschreiben, in welche institutionellen Rahmenbedingungen solche Schlichtungsgespräche eingebettet sind, sie zeigen auf, wie solche Gespräche verlaufen, wie sie funktionieren und Erfolg haben können, und sie decken die Kommunikationsprobleme auf, mit denen die Beteiligten an solchen Gesprächen konfrontiert sind.

Die Ergebnisse, die in diesem Band vorgestellt werden, sind Resultate eines mehrjährigen Forschungsvorhabens über Schlichtungsgespräche aus interaktionstheoretischer Perspektive. Zum ersten Mal im deutschen Sprachraum wurden Schlichtungsgespräche auf der Grundlage von Tonbandmitschnitten authentischer Schlichtungsverhandlungen dokumentiert und analysiert.

Die meisten Menschen in unserer Gesellschaft haben Erfahrungen mit der einen oder anderen Form von Konflikt-Schlichtung. Und das Reden über solche Erfahrungen ist gesellschaftlich verbreitet; die empirische Grundlage solchen Redens besteht aus persönlichen Erinnerungen, subjektiv verarbeiteten Erfahrungen, gesellschaftlich geprägtem Wissen und interessengeleiteten Erwartungen. Diesem Diskurs gegenüber ist die empirische Grundlage, auf der die vorliegenden Analysen beruhen, 'näher dran' am Geschehen. Die Dokumentation des kommunikativen Geschehens durch Tonbandaufnahmen und deren Verschriftlichung ermöglicht einen anderen Zugang zu diesem Geschehen, ermöglicht die Analyse von Fällen „real existierender" Schlichtung, ermöglicht es, sie genauer unter die Lupe zu nehmen, ihren Ablauf detailliert zu rekonstruieren, die Typik des sprachlichen Handelns zu beschreiben, das Funktionieren sprachlicher Mittel aufzudecken und die Dynamik solcher Gespräche transparent zu machen.

Dadurch entsteht ein anderes, genaueres Bild als das verbreiteter Alltagserfahrung von Schlichtung. Vorstellungen können korrigiert, übertriebene Erwartungen zurechtgerückt und verbreitete Mythen über Schlichten können aufgebrochen werden.

2. Schlichtung – Gesellschaftliches Interesse und wissenschaftlicher Erkenntnisstand

Schlichtung findet sich heutzutage in Erscheinungsformen wie etwa der Güteverhandlung vor dem Schiedsmann, der Sühneverhandlung in der Vergleichsbehörde, dem Gütetermin im Arbeitsgericht, Schlichtungsverhandlungen in Handwerkskammern und Gewerbeverbänden, in paar- und familientherapeutischen settings, im Rahmen von Familieninteraktionen und

– als publikationsträchtigste Form – als Schlichtungsverhandlung bei Tarifkonflikten.

Schlichten als Verfahren der Konfliktbewältigung erfreut sich in den letzten Jahren eines verstärkten gesellschaftlichen Interesses. Schon immer geriet Schlichten im Zusammenhang mit Tarifkonflikten in die Schlagzeilen. Seit einigen Jahren wird Schlichten aber außerdem verstärkt als Alternative zur gerichtlichen Behandlung von sozialen Konflikten empfohlen (Gottwald et al. 1983; Blankenburg et al. 1982). Neben institutionellen und finanziellen Vorzügen von Schlichten gegenüber Verfahren mit Urteil (Entlastung der Gerichte, Kostenersparnis) geht es in dieser Diskussion immer auch um die kommunikative Qualität von Schlichten. Schlichten sei „konfliktnäher", d.h. berücksichtige mehr die alltagsweltliche Perspektive der Streitparteien (Gottwald 1981).

Lon Fuller, ein bedeutender amerikanischer Rechtstheoretiker, hebt vor allem folgende kommunikative Qualitäten von Schlichten hervor (1971):

- Schlichtung ist ein sozial kreatives Verfahren der Konfliktbearbeitung, weil die Streitbeteiligten aktiv an der Regelung ihrer zukünftigen Beziehung beteiligt sind.
- Schlichten ist ein verständigungsorientiertes Verfahren, weil die Beteiligten eine Lösung nur über wechselseitiges Einverständnis erreichen können.
- Schlichten ist ein erkenntnisfortschrittliches Verfahren der Konfliktlösung, weil die Beteiligten ein naives Wahrheitskonzept praktisch überwinden müssen.

Wie es mit diesen Qualitäten in Schlichtungsgesprächen empirisch beschaffen ist, steht freilich noch dahin. Zwar ist Schlichten schon aus den unterschiedlichsten Perspektiven wissenschaftlich untersucht worden (rechtstheoretisch, völkerkundlich, betriebswirtschaftlich, soziologisch, sozialpsychologisch, völkerrechtlich, pädagogisch), aber das kommunikative Geschehen, in dem sich Schlichten vollzieht, ist bislang – wenn überhaupt – nur in sehr eingeschränkter Weise empirisch zum Untersuchungsgegenstand gemacht worden:

- In der spieltheoretisch orientierten Verhandlungsforschung (vgl. Crott/Kutschker/Lamm 1977) kreisen die relativ wenigen Arbeiten, die sich überhaupt mit Schlichten beschäftigen, um Fragen nach dem Einfluß des Dritten generell auf das Ergebnis von Verhandlungen und auf den Einfluß, den das Plazieren eines Einigungsvorschlags durch einen Dritten auf Verhandlungsklima und -ergebnis hat. Das empirische Material sind simulierte Schlichtungssituationen in laborexperimentellem Design; die Untersuchungsgegenstände sind relativ globale Verhandlungsmerkmale, wie 'Härte des Verhandelns', 'Qualität des Resultats', 'Umfang der Konzessionen'.

- In der Rechtsanthropologie betrachtet man Schlichten entweder als Element eines Repertoires kulturspezifisch verfügbarer Verfahren der Konfliktregelung und interessiert sich für die kulturellen Bedingungen, unter denen die einzelnen Verfahren von den Streitbeteiligten 'abgewählt' werden, oder man betrachtet Schlichten als Phase im komplexen Prozeß der Behandlung eines Streits insgesamt (vom ersten Streitausbruch bis zur abschließenden Regelung) und interessiert sich für input und output einer Schlichtung im Prozeß einer solchen Streitbearbeitung (vgl. als Literaturbericht Nothdurft/Spranz-Fogasy 1986). In beiden Perspektiven wird das 'Innenleben' einer Schlichtungsverhandlung vernachlässigt.
- Die Rechtssoziologie hat sich im Gefolge der Diskussion um Alternativen zur Justiz verstärkt für außer- und vorgerichtliche Streitregelungsverfahren interessiert. Die Bezugsprobleme dabei waren gesellschafts- und rechtspolitischer Art – einerseits wurde der Ruf nach Entlastung des Justizapparates immer lauter, andererseits aber sollten auch Zugangs- und Kommunikationsbarrieren in der Justiz abgebaut werden. In diesem Zusammenhang wurden Vorschläge diskutiert, die auf eine effektivere Konfliktlösung durch Abkopplung von Konfliktregelungsverfahren vom materiellen Recht abzielten, ebenso wie auf bessere Partizipationschancen der Konfliktbetroffenen und auf zukunftsorientierte Konfliktbereinigung. Empirische Beiträge aus dem deutschsprachigen Raum zu dieser Problematik befaßten sich hauptsächlich mit der Schiedsmannsinstitution (Bierbrauer/Falke/Koch 1978; Jansen 1987), mit dem Vergleich im Zivilprozeß (Gottwald et al. 1983; Gottwald 1981) und dem Arbeitsgericht (Schönholz 1984; Rottleuthner 1984). Das gemeinsame Interesse dieser Studien bestand darin, die Tauglichkeit der jeweiligen Konfliktregelungsverfahren für die Konfliktbereinigung zu bestimmen. In diesen Ansätzen wird zwar Schlichtung zum Untersuchungsgegenstand gemacht, aber das sprachliche und interaktive Geschehen weitgehend unberücksichtigt gelassen. Verschiedentlich wird in diesen Arbeiten die Güteverhandlung auch als Kommunikationssituation thematisiert; diese Thematik wird aber entweder lediglich in programmatischen Aussagen und in der Postulierung von Konzeptions- und Forschungsaufgaben weiterverfolgt, oder ihr wird mit Analysemethoden nachgegangen, die dem kommunikativen Geschehen in Streitbeilegungssituationen nur oberflächlich gerecht werden oder dieses nur in Form der Reflexion der Beteiligten über Fragebögen verfaßt (z.B. Jansen 1987).

Sichtet man auf der anderen Seite gesprächs- und pragmalinguistische Arbeiten, wird man feststellen, daß dort Aktivitäten der Konfliktregelung durch einen Dritten mit dem Ziel einer einvernehmlichen Lösung bislang noch nicht zum Untersuchungsgegenstand gemacht worden sind. Zwar gibt es eine Reihe von Studien zur Kommunikation in juristischen Zusammenhängen (z.B. Hoffmann 1989, als Überblick Reitemeier 1985), aber die Analyse auf Konsens abzielender Streitregelung durch einen Dritten findet sich nicht.

Zwar machen eine Reihe von Arbeiten Streit zu ihrem Untersuchungsgegenstand, 'schalten' aber im wörtlichen Sinne 'ab', sobald sich ein Dritter anschickt, den Streit zu regeln – die Bandaufnahmen brechen ab; oder die Studien beschäftigen sich mit Streitregelungen durch die Parteien selber ohne Einbeziehung eines Dritten (z.B. Kallmeyer 1979).

3. Projektziele und Bearbeitungsprinzipien

Gegenstand des Forschungsvorhabens, aus dem die hier vorgelegten Ergebnisse stammen, waren die kommunikativen Charakteristika authentischer Schlichtungsgespräche.

Als Zielsetzung formulierte Werner Kallmeyer, als er das Vorhaben initiierte und vorbereitete, Schlichtung als ein komplexes Handlungs- und Textmuster zu beschreiben, dieses Muster in den Rahmen einer Kommunikations- und Texttypologie einzuordnen und charakteristische Ausprägungen und Varianten dieses Musters und ihren Zusammenhang mit bestimmten externen Bedingungen darzustellen.

Datenbasis waren Tonbandaufnahmen von Schlichtungsgesprächen in den unterschiedlichsten sozialen Zusammenhängen, in vorgerichtlichen Institutionen, in Handwerkskammern, vor Schlichtungskommissionen des industriellen Gewerbes, in Arbeitsgerichten und im Familienleben, und außerdem Beobachtungen und Interviews mit den Beteiligten.

Auf der Grundlage eines interaktionstheoretischen Erkenntnisinteresses an dem Zusammenhang von sozialem Handeln und sprachlichen Prozessen und Strukturen galt es, die kommunikativen Prozesse nachzuzeichnen, in denen sich diese Gespräche vollzogen, zu beschreiben, wie die erkennbaren Phänomene und Resultate in diesen Gesprächen aufgrund von Prozessen sozialer Bedeutungsproduktion zustandekamen, die sprachlichen Mittel und interaktiven Grundlagen dieser Bedeutungsproduktion aufzudecken und das Zusammenspiel sprachlichen Handelns, kognitiver Orientierungen und institutioneller und kultureller Rahmenbedingungen in Schlichtungsgesprächen zu bestimmen.

Die angestrebten Ergebnisse sind entsprechend dieser Zielsetzung analytische Rekonstruktionen interaktiven, sprachlich vermittelten Handelns von Schlichtungsteilnehmern. Der Sinn dieser Rekonstruktionen liegt darin, beobachtete kommunikative Phänomene zu typisieren und auf den Begriff zu bringen, Klarheit über die scheinbar selbstverständlichen Prozesse und Phänomene zu gewinnen, in denen sich Schlichtung sprachlich vollzieht und in denen soziale Bedeutung hergestellt wird, und damit zur Korrektur alltagsweltlicher Vorstellungen über Schlichtung, zur Transparenz sozialer „Fakten" und zur Selbstverständigung über eigenes kommunikatives Handeln beizutragen.

Das methodische Vorgehen bei der Projektarbeit läßt sich als „empirisch fundierte Theoriebildung" charakterisieren:[1] Ausgehend von der intensiven Analyse von Einzelfällen wurden auf der Grundlage unseres Verständnisses vorläufige Hypothesen über die charakteristischen kommunikativen Phänomene und Merkmale von Schlichtungsgesprächen gebildet, analytisch leitende Fragestellungen formuliert und in einem Prozeß tentativer Annäherungen mit Irritationen und Umorientierungen analytische Prädikate entwickelt, mit deren Hilfe das Datenkorpus systematischer Analyse unterworfen wurde.

Für das Forschungsvorhaben standen drei, später vier Wissenschaftler zur Verfügung. Dadurch bot sich die Chance, die Projektarbeit als Gruppenarbeit zu organisieren und damit die Chance, die besonderen Möglichkeiten, die eine Gruppe gegenüber einzelnen Forschern hat, methodisch zu nutzen.

In der Tat ergab sich die Erkenntnisproduktion in wesentlichen Anteilen als Resultat von Gruppenprozessen:

In der ersten Arbeitsphase erfolgte die Auseinandersetzung mit den Schlichtungsgesprächen und die Erkenntnisgewinnung wesentlich dadurch, daß einzelne Schlichtungsgespräche einer kollektiven Analyse, also einer gemeinsamen Analyse in der Gruppe, unterzogen wurden.

In späteren Arbeitsphasen, als die Erkenntnisgewinnung mehr arbeitsteilig erfolgte und jeder Mitarbeiter „seine" Fragestellung verfolgte, bestand die Gruppenarbeit vor allem in der intensiven kritischen Diskussion erster Arbeitshypothesen, analytischer Prädikate, vorläufiger Ergebnisse und der zur Publikation vorgesehenen Manuskripte.

In alle Beiträge dieses Bandes, auch wenn sie in Verantwortung des jeweiligen Autors stehen, ist daher ein erheblicher Anteil an gemeinsamer Gruppenarbeit eingegangen.

Die Funktion dieser Gruppenarbeit bestand darin,
- die Arbeit jedes einzelnen Mitarbeiters durch das unterschiedliche disziplinäre Fachwissen der übrigen zu unterstützen,
- die durch die einzelne analytische Perspektive auf den Untersuchungsgegenstand gewonnenen Ergebnisse durch die Sichtweisen und analytischen Erfahrungen der anderen zu ergänzen, zu bekräftigen oder zu relativieren,
- die Interpretationen von Gesprächsausschnitten transparent zu machen und einem Probelauf durch eine kritische Quasi-Öffentlichkeit der Forschungsgruppe zu unterziehen,
- einander auf relevante Schlichtungsfälle bzw. Gesprächsausschnitte aufmerksam zu machen, denn das Korpus an Schlichtungsgesprächen war insgesamt zu groß, als daß jeder alle Gespräche gleich gut hätte kennen können.

---

[1] Vgl. zu methodisch-technischen Aspekten dieser Art Vorgehensweise die Darstellung in Glaser/Strauss (1967).

4. Die Geschichte des Projekts

Empirische Forschung ist stets ein komplexer Prozeß, in dem sich jeweils eine eigene Dynamik und eigene Geschichte entwickelt. Zum Teil ist diese Geschichte von den Forschern selbst steuerbar, zum Teil aber auch durch Zufälligkeiten bestimmt, zum Teil auch durch eigenerzeugte Dynamik, zum Teil durch externe Zwänge und institutionelle Bedingungen, die die Forscher selbst nicht mehr kontrollieren können.

Die Darstellung der Forschungsarbeit gemäß einem idealtypischen Schema systematisch abgeleiteter Arbeitsschritte (etwa des nomologisch-deduktiven Typs) dient – die Wissenschaftssoziologie weist dies nach (Knorr-Cetina 1981) – mehr der vordergründigen Legitimation als der Erhellung der praktischen Prozesse wissenschaftlichen Arbeitens. Im Zuge dieser Prozesse und durch sie werden Hypothesen über den Gegenstand, Fragestellungen und Forschungsresultate bestimmt und modifiziert. Die Darstellung dieses Prozesses und der in ihm zustandegekommenen Geschichte liefert wesentliche Erkenntnisse über den Gegenstand und die wissenschaftliche Beschäftigung mit ihm.

Die Geschichte des Projekts „Schlichtung" soll im folgenden nachgezeichnet werden.

Mir scheint im Nachhinein die Geschichte unseres Projektes wesentlich durch Krisen geprägt. Es kam im Verlauf der Arbeit immer wieder zu Momenten, in denen die gesamte Projekt-Konzeption und -Durchführung in Frage gestellt war oder die Ergebnisse sich „ins Nichts auflösten". Jede Krise stellte den Kulminationspunkt einer Arbeitsphase dar, die durch die Krise zu einem gewissen Abschluß oder Abbruch gebracht wurde, und jede Krise stellte den Auslöser und den Motor der nächsten Projektphase dar, in der – mit neuer Orientierung – in zunehmender Konsolidierung gearbeitet wurde – bis zur nächsten Krise.

Diese Krisen waren durchaus nicht alle Erkenntniskrisen, die sich durch hehre und quälende, überaus kritische Selbstreflexion der Projektmitarbeiter über ihre Forschungsarbeit einstellten. Oft wurden sie vielmehr durch externe Schwierigkeiten oder Einmischungen anderer Wissenschaftler ausgelöst, durch Faktoren also, die außerhalb unserer eigenen Planung und Kontrolle lagen. Gleichwohl erwiesen sie sich – so ärgerlich oder niederschmetternd wir sie je nach Temperament akut auch empfanden – als wesentliche Antriebskräfte für die Entwicklung unserer Fragestellungen und Perspektiven auf und Erkenntnisse über unseren Untersuchungsgegenstand.

Die Geschichte dieser Krisen soll im folgenden erzählt werden.[2]

---

[2] Nach Abfassung dieser Geschichte stellte sich heraus, daß sich meine Projektkollegen nur partiell darin wiederfinden konnten. Es ist also meine Geschichte. – Wie auch anders? Nach Jahren der Arbeit in diesem Projekt über Streiten und Schlichten konnte ich mich über dieses Resultat nicht mehr wundern.

Zu Beginn des Projekts hatten zwar alle vier Projektmitarbeiter gesprächsanalytische Erfahrungen, wußten aber über Schlichtungsgespräche nur wenig mehr als das, was der einzelne aus selbst erlebten und erlittenen Fällen des Schlichtens von Streit biographisch erfahren hatte. Zu Beginn des Projekts stand daher nur eine Arbeitsdefinition, persönliche Erfahrungen und vorläufige Hypothesen und Vermutungen. Die Arbeitsdefinition lautete:

Schlichtung ist ein kommunikativer Prozeß, in den ein unabhängiger Dritter in einen Streit zwischen zwei Parteien, den diese nicht lösen können oder wollen, eingreift mit dem Ziel, zwischen den Parteien eine gütliche Einigung zustande zu bringen.

Diese Definition diente vor allem dazu, den empirischen Gegenstandsbereich zu begrenzen und festzulegen, und als Richtschnur für die Suche nach Tonbandaufnahmen von Schlichtungsgesprächen. Die forschungsleitenden Fragestellungen sollten in Auseinandersetzung mit den Daten selbst entwickelt werden. Voraussetzung dafür war, eine Reihe von Gesprächsaufnahmen zur Verfügung zu haben, die ein möglichst vielfältiges Bild von Schlichten ergaben.

4.1. Erste Krise: Hilfe, wir kriegen keine Aufnahmen!

Die Beschaffung von Aufnahmen von Schlichtungsgesprächen war anfangs ein großes Problem. Zwar hatten wir einen guten Überblick über jene gesellschaftlichen Einrichtungen, in denen regelmäßig geschlichtet wird, aber entsprechende Sondierungen im baden-württembergischen Raum hatten alle negative Ergebnisse erbracht – bis auf eine Ausnahme: eine Vergleichsbehörde, bei der wir im Oktober 1983 das erste Schlichtungsgespräch aufnehmen konnten. Außerdem nahm ich eigene Schlichtungsaktivitäten, mit denen ich Streitigkeiten zwischen meinen Kindern regelte, auf Tonband auf.

Bis Ende des Jahres kamen so vier Aufnahmen aus einem Familienkontext und fünf Aufnahmen aus der Vergleichsbehörde zusammen – ein zu schmales Korpus, um Schlichtung in ihren vielfältigen Erscheinungsformen und sprachlichen Realisierungsweisen analysieren zu können.

Wir bemühten uns bei einer Vielzahl von Institutionen um Aufnahmemöglichkeiten; dazu gehörten

- mehrere Arbeits- und Sozialgerichte,
- Bayerisches Justizministerium,
- IG Metall, Arbeitgeberverband Metall und Georg Leber (Tarif-Schlichtung),
- Verbraucherzentrale in Baden-Württemberg (Schlichtung bei Kundenreklamationen),
- Haus- und Grundbesitzerverein in Nordrhein-Westfalen (Mietschlichtung),

- Handwerkskammer in Nordrhein-Westfalen (Schlichtung bei Kundenreklamationen),
- Handwerkskammer in Niedersachsen (Schlichtung bei Kundenreklamationen),
- Zentralverband des KFZ-Gewerbes (Schlichtung bei Gebrauchtwagenstreitigkeiten),
- Amts- und Landgerichte in Hessen (Prozeßvergleich).

Die meisten Bemühungen um Aufnahmemöglichkeiten scheiterten oder erfuhren endlose Verzögerungen.

Ein Beispiel: Wir erhielten Kenntnis von einem Modellversuch, in dem Sozialarbeiter in Polizeistationen eingesetzt wurden, um die Polizeibeamten bei jenen Tätigkeiten zu unterstützen, in denen es nicht (so sehr) um die Aufrechterhaltung von Ordnung, sondern um sozio-emotionale Betreuung geht: Beruhigung von Selbstmordkandidaten, Ermutigung von Kindern, die sich wegen schlechter Schulnoten nicht nach Hause trauen, Entlastung der Polizei von Schlechte-Nachricht-Gesprächen, Beteiligung bei Einsätzen zur Regelung von Nachbarschafts- und Familienstreitigkeiten. Dieser letzte Bereich war für uns von außerordentlichem Interesse. Handelt es sich hier doch um Situationen, in denen mit Schlichtungsauftrag in einen akuten Konflikt eingegriffen wurde, in denen alltagsweltliche Sichtweisen und institutionelle Aufträge aufeinanderstießen, in denen sich der Zusammenhang von Schlichten mit übergeordneten und begleitenden Handlungszusammenhängen beobachten ließ, kurz: um eine sehr vielversprechende Situation. Der Plan reifte, daß ein Mitarbeiter sich für einige Wochen auf der Polizeistation aufhalten und bei schlichtungsträchtigen Einsätzen die Beamten begleiten und versuchen sollte, am Ort des Geschehens Tonbandaufnahmen von Schlichtungsaktivitäten zu machen. Es bedurfte großer und kontinuierlicher Überzeugungsarbeit bei den Verantwortlichen – und einiger Hartnäckigkeit, um deren Einverständnis für die Aufnahmeaktion einzuholen. Aber nach einem Vierteljahr wurde die Sache klargemacht: Ein Beobachtungszeitraum wurde verabredet, die technische Ausstattung zusammengestellt, das Hotel gebucht, die Koffer gepackt – da kam folgender Brief:

> Nach neuerlicher Überprüfung Ihres Antrages auf teilnehmende Beobachtung bei Schlichtungsgesprächen im ... bin ich zu dem Ergebnis gekommen, daß die erforderliche Zustimmung nicht erteilt werden kann. ... Sozialarbeiter befürchten eine Beeinträchtigung ihrer Arbeit und teilten mit, daß die für die teilnehmende Beobachtung (insbesondere die beabsichtigten Tonbandaufnahmen) erforderlich Zustimmung der Klienten mit Sicherheit nicht zu erlangen ist. Auch in vergleichbaren Fällen (Antrag auf Teilnahme bei Verhandlungen in Vormundschaftssachen und Scheidungsverfahren) konnte die erbetene Zustimmung nicht erteilt werden.

> Unabhängig von diesen Bedenken weise ich nochmals darauf hin, daß bei ... nur wenige Schlichtungsgespräche in dem von Ihnen erwarteten Sinne anfallen (und diese zudem in der Regel nachts und an den Wochenenden), so daß Ihr Forschungsaufwand zu dem zu erwartenden Ertrag ohnehin in einem deutlichen Mißverhältnis stünde.
>
> Mit freundlichen Grüßen
>
> Im Auftrag
>
> ...

Diese Absage bildete den Höhepunkt der ersten Projektkrise. Fast ein Jahr nach Projektbeginn waren fast alle Aktivitäten zur Erschließung von Datenquellen gescheitert. In einigen Fällen gelang es noch, als Beobachter bei Schlichtungsverhandlungen zugelassen zu werden. Wir haben diese Beobachtungstermine zwar auch wahrgenommen und die Schlichtungsverhandlungen protokolliert; für die Bearbeitung unserer forschungsleitenden Fragestellungen, die Fragen nach der sprachlichen Organisation und Ausgestaltung der Verhandlungen, benötigten wir jedoch Bandaufnahmen. Tonbandaufnahmen wurden aber strikt abgelehnt. Der Gegenstand, den wir erforschen wollten, entzog sich regelmäßig dem für uns notwendigen Beobachtungsverfahren, der Tonbandaufnahme. Das Projekt drohte an Datenmangel einzugehen. Dieser Sachverhalt erschien uns zu regelmäßig, als daß er nur mit dem guten oder bösen Willen der Verfahrenswalter zu tun gehabt hätte, er schien mit dem Gegenstand Schlichten in systematischer Weise zu tun zu haben: Gibt es bei Schlichten selbst etwas, was diesen Widerstand fördert?

Für diese Gedanken sprachen zwei Beobachtungen:

- In Interviews, die wir mit Teilnehmern der Tarifschlichtung nach dem Metallarbeiter-Streik 1983 (Eisenmann, IG Metall, für die Arbeitnehmer- und Dr. Grenz, Daimler-Benz, für die Arbeitgeberseite) führen konnten, wurde von den Beteiligten deutlich gemacht, wie wichtig es für den Erfolg solcher Schlichtungen ist, daß sie unter Ausschluß der Öffentlichkeit stattfinden. Erst die 'Hermetik' der Situation und das Vertrauen der Beteiligten darauf, daß bestimmte Dinge nicht an die Öffentlichkeit kommen, ermögliche Verhandlungsprozesse und Verhandlungszüge, die für die Herstellung einer Übereinkunft von großer Wichtigkeit seien. Das 'dicke Ende' komme für die Beteiligten charakteristischerweise dann, wenn sie die Ergebnisse ihrer Verhandlungen den von der Teilnahme ausgeschlossenen Kommissionen unterbreiten und vor ihnen vertreten müssen.

- Bei einer rechtsgeschichtlichen Durchsicht alter Quellen zu Schlichtungsverhandlungen stellt Herberger (1986, S. 229) fest, daß man dort „kaum etwas über die im Dialog ausgetauschten Argumente erfährt". Zum einen mögen es Ökonomiegründe gewesen sein, die die Protokollanten veranlaßt hatten, auf die Darstellung der ausgetauschten Argumente und des Verhandlungsablaufs zu verzichten. Zum anderen scheint es aber auch mit den 'programmatischen' Vorstellungen der Protokollanten über Schlichtung zusammenzuhängen:

> „Dieser Meinung nach scheint einer der grundlegenden Parameter für eine gelungene Schlichtung der zu sein, daß das Schlichtungsgespräch in einer Sphäre abgeschirmter Vertraulichkeit stattfindet. Das erklärt neben den genannten „prozeßökonomischen" Gründen, warum die Quellen hinsichtlich der den Interessensausgleich vorbereitenden Gesprächsphase so schweigsam sind: Auch nur die Möglichkeit offenzuhalten, hierüber zu berichten, wäre gleichbedeutend mit einer Zerstörung der Möglichkeit des Erfolgs. Aus diesem Grunde verläuft die Suche nach Sprachmustern in der Rechtsgeschichte der Schlichtung weitgehend erfolglos."
>
> (Herberger 1986, S. 231)

Was auch immer sich unter dem Mantel des Schlichtens abgespielt haben mag – und abspielt, bleibt außerhalb des Protokolls; „was zählt, ist das Ergebnis" (Herberger 1986, S. 231).

Diese Beobachtungen unterstrichen nicht nur den Desideratcharakter einer gesprächsanalytischen Untersuchung des Schlichtungsgeschehens, sondern machten darüber hinaus auf eine Eigenart von Schlichtung aufmerksam: Offenbar ist für Schlichtung charakteristisch, daß das kommunikative Geschehen im Resultat des Geschehens 'aufgeht', daß über das Geschehen selbst keine Worte mehr verloren werden – ein Gesichtspunkt, der bisweilen in Güteverhandlungen selbst vom Schlichter formuliert wird:

```
sie haben jederzeit die möglichkeit- * beim schiedsmann- * wenn sie
meinen- * nachteilig in der öffentlichkeit behandelt zu werden- * sie
ha"ben jederzeit- * die möglichkeit- * vom schiedsmann eine- *
protokollabschrift zu verlangen- * die können sie selbstverständlich
jederzeit- * einem dritten- * vorweisen\ * meine empfehlung ist die *
ich würde es ni"cht tun- * wenn sie mal angesprochen werden- * dann
sagen sie etwas anderes- sagen sie- wir- * haben uns- * deswegen vor- *
gericht- * geeinigt- die sache ist erledigt
```

(3002/42; 66,4ff.)

```
man muß sich wenn man einen vergleich geschlossen hat vor=m schiedsmann
und hier die sache bereinigt hat- * nicht unbedingt unbedingt sofort- *
hier weil man nun fröhlich is daß die sache aus der welt is- * äh
die hand geben das kann der schiedsmann schlecht erwarten- * aber er
sollte erwarten daß über diese sache als solches kei"n sterbenswort
mehr jesprochen wird daß man wirklich sagen kann gottseidank daß das
aus der welt is und wenn jemand fragt was is draus geworden daß man
dann getrost sagen kann wi"r haben uns geei"nicht und dann weiß jeder
die sache is erledigt
```

(3002/42; 24,5ff.)

Es versteht sich, daß diese Beobachtungen es für uns um so spannender machten, endlich Einblick in das kommunikative Geschehen zu nehmen.

Schließlich kam uns ein Glücksfall zu Hilfe: Zu der Zeit, als wir uns um Aufnahmemöglichkeiten bemühten, wurde in Nordrhein-Westfalen die dortige Schiedsmannsordnung novelliert, und um die Novellierung wissenschaftlich evaluieren zu können, wurde für einen Zeitraum von drei Jahren eine wissenschaftliche Beobachtung der Verhandlungen zugelassen. Dank der guten Kooperation mit dem Rechtssoziologen K. F. Röhl, der mit der Begleitforschung beauftragt worden war (vgl. Röhl 1987), gelang uns so der Zugang zu einer ganzen Domäne von Schlichtungstätigkeit: den Güteverhandlungen vor Schiedsleuten. Uns bot sich die Möglichkeit, mit diesen Kontakt aufzunehmen und sie dazu zu gewinnen, ihre Verhandlungen aufnehmen zu lassen.

Was die Datenlage im Projekt anging, stellte dieser Zugang für uns den Durchbruch dar: Es gelang in den nächsten Monaten, mit Einverständnis der Beteiligten ca. 20 Güteverhandlungen aufzunehmen. Endlich hatten wir einen Grundstock an Daten, mit denen wir gesprächsanalytisch arbeiten konnten.

Dieser Zugang war ein „Fuß in der Tür" zu anderen Schlichtungsinstitutionen und erleichterte uns die Erschließung weiterer Datenquellen: Der Verweis auf jede bereits erschlossene Datenquelle verhalf dazu, Bedenken bei weiteren Institutionen, in denen wir Schlichtungen aufnehmen wollten, auszuräumen. Dennoch war in jedem weiteren Einzelfall kontinuierliche Kontaktpflege und der Aufbau eines Vertrauensverhältnisses erforderlich, bis wir tatsächliche Schlichtungsgespräche aufnehmen konnten.

Die Schwierigkeiten und Besonderheiten des Datenzugangs sind in den Beiträgen dieses Bandes für die jeweilige Schlichtungsinstitution dargestellt.

Insgesamt verfügten wir schließlich über Schlichtungsaufnahmen aus folgenden Institutionen:

- Arbeitsgericht in Baden-Württemberg,
- Sozialgericht in Baden-Württemberg,
- Amts- und Landesgerichte in Hessen,
- Schiedsleute in Nordrhein-Westfalen,
- Vergleichsbehörden in Baden-Württemberg,
- Schiedsstelle für das Kfz-Gewerbe in Nordrhein-Westfalen,
- Handwerkskammer in Niedersachsen,
- Schiedsstelle für Textilreinigung in Baden-Württemberg,

insgesamt ca. 180 Gespräche (für Einzelheiten siehe den Textband zum Projekt, herausgegeben von Schröder 1995).

Schon allein wegen der generellen Nichtöffentlichkeit der meisten der genannten Institutionen sind die aufgenommenen Verhandlungen von hohem Wert. Insbesondere für die Schiedsmannsinstitution ist in absehbarer Zeit nicht mehr damit zu rechnen, daß Verhandlungen beobachtet oder gar auf Band aufgenommen werden dürfen.

4.2. Zweite Krise: Das Muster verschwindet!

In der Zwischenzeit hatten wir mit den Gesprächen, derer wir bis dahin habhaft werden konnten, gesprächsanalytisch gearbeitet. Ziel der analytischen Auseinandersetzung mit den Gesprächen war es, die charakteristische Verkettung einzelner Handlungsschritte bzw. das charakteristische Verlaufsmuster beim Schlichten zu bestimmen. Analytisch leitend waren für uns zunächst die Konzepte und Prädikate, die wir im Zuge des Vorgängerprojekts über Beratungsgespräche erarbeitet hatten (Nothdurft 1984, Kallmeyer 1985). Wir gingen aus von der Annahme, daß dem kommunikativen Geschehen in Schlichtungsgesprächen ein 'Handlungsschema Schlichten' zugrundeliegt, d.h. ein kulturell verbreitetes und sozial etabliertes Handlungsmuster, an dem sich das kommunikative Geschehen orientiert.

Die forschungsleitende Annahme war, daß sich empirisch typische Aktivitätskomplexe identifizieren lassen, über die dann ein Handlungsschema 'Schlichten' bestimmt werden kann.

Für Schlichten – so unsere Annahme – sind zwei zentrale Aktivitätskomplexe zu erwarten: ein Komplex 'Rekonstruktion des Konflikts' und ein Komplex 'Regelung des Konflikts'.

Diese beiden zentralen Aktivitätskomplexe sind interaktiver Natur und kommen durch Aktivitäten aller Beteiligten zustande. Gemäß ihren unterschiedlichen Beteiligungsrollen[3] haben die Teilnehmer unterschiedlichen Anteil bei der Bearbeitung dieser Komplexe:

Zur 'Rekonstruktion des Konflikts' gehört, daß erst die eine, dann die andere Streitpartei ihre Position zum umstrittenen Gegenstand vorbringt ('Etablierung der Anschuldigung', 'Stellungnahme'), woraufhin unter Anleitung des Schlichters eine Phase beginnt, in der die Beteiligten den Konfliktgegenstand in kontroverser Auseinandersetzung entfalten, Übereinstimmungen feststellen, kurz: einen schlichtungsfähigen Sachverhalt herausarbeiten, an dessen Ende gegebenenfalls eine gemeinsam akzeptierte Konfliktformulierung steht.

Ist der Gegenstand des Schlichtungsgesprächs, der Konflikt, soweit aufgearbeitet, daß hinreichende Grundlagen für Einigungsbemühungen geschaffen sind, folgt der zweite zentrale Aktivitätskomplex:

Die 'Regelung des Konflikts' beginnt damit, daß der Schlichter Möglichkeiten und Bedingungen von Einigungsvorschlägen sondiert und Vorschläge unterbreitet, die dann soweit ausgearbeitet werden, daß sie von den Beteiligten akzep-

[3] In institutionellen Kontexten werden sie häufig gekennzeichnet als 'Antragsteller', 'Antragsgegner', 'Schlichter'.

tiert werden können ('Entwicklung eines Einigungsvorschlags'). Dieser zweite komplexe Bearbeitungsschritt schließt mit einer ausdrücklichen Feststellung der Erreichung des Verfahrensziels ('Ratifizierung des Einigungsvorschlags').

Das Schlichtungsgeschehen wird insgesamt durch Rahmungsaktivitäten aus dem einbettenden Interaktionskontext herausgelöst und markiert ('Herstellung der Schlichtungssituation', 'Auflösung der Schlichtungssituation').

Das Handlungsschema 'Schlichtung' in einer Übersicht:

- Herstellung der Schlichtungssituation

- Rekonstruktion des Konflikts
  - Anschuldigung
  - Stellungnahme zur Anschuldigung
  - Konfliktaushandlung

- Regelung des Konflikts
  - Aushandlung eines Einigungsvorschlags
  - Ergebnissicherung

- Auflösung der Schlichtungssituation

Für die konkrete gesprächsanalytische Arbeit waren in dieser Phase kollektive Fallanalysen wichtig: Jeweils ein Schlichtungsgespräch wurde in Gruppensitzungen aller Mitarbeiter einer gemeinsamen Verlaufsanalyse unterzogen. Jede Gruppenbesprechung eines Falles wurde durch eine Tischvorlage vorbereitet, in der einer der Mitarbeiter einen Verlaufsüberblick und eine Einteilung des Gesprächs in Phasen vornahm und auf Gesprächsbesonderheiten aus seiner Sicht aufmerksam machte. In der Besprechung selbst erfolgte dann eine gemeinsame ausführliche Verlaufsanalyse des gesamten Gesprächs. Die Besprechung wurde auf Tonband aufgenommen, und ein Mitarbeiter stellte auf der Grundlage des Mitschnitts in Form eines Protokolls die Ergebnisse sicher.[4]

Obwohl sich in den kollektiven Analysen eine Fülle von Einzelergebnissen und interessanten Beobachtungen ergaben, kamen wir unserem gesetzten Ziel, den Mustercharakter von Schlichtung zu bestimmen, durch die Analyse nicht in der erwarteten Weise näher. Im Gegenteil: Zunehmend gewannen wir den Eindruck,

[4] Dieses Verfahren der kollektiven Fallanalyse erwies sich als sehr aufwendig – manche Fallbesprechungen gingen über acht Stunden – und als sehr belastend – in die Sachdiskussion mischte sich immer wieder Ungeduld angesichts fehlender Akzeptanz eigener Interpretationen durch die Kollegen, Unverständnis angesichts fremder Interpretationen, Ratlosigkeit, Gereiztheit und Erregtheit mit ein. Aber das Verfahren erwies sich auch als sehr produktiv: Einige Gruppendiskussionen nahmen zu unserer eigenen Verblüffung in ihrer protokollierten Form bereits die Gestalt abgerundeter analytischer Texte an. Die kommunikative Struktur der analysierten Gespräche entfaltete sich – wenn die Diskussionen gut liefen – gleichsam im kollektiven Zusammenspiel unserer Besprechungsbeiträge.

daß der Mustercharakter in den Gesprächen analytisch nicht greifbar war. Schlichtungscharakteristisches kam sukzessive in den Gesprächen zustande, verschwand wieder, war auf einer Beschreibungsebene vorhanden – und auf einer anderen zugleich nicht. Ob es sich bei einem Gespräch um Schlichtung handelte, ließ sich für uns jedenfalls nicht mehr eindeutig bestimmen und wenn es sich bei einem Gespräch um eine Schlichtung handelte, schien dies oft von anderen, außersprachlichen, übersituativen Bedingungen bestimmt und nicht vom kommunikativen Geschehen allein.

Es wurde uns zunehmend zweifelhafter, ob es gelingen könnte oder würde, ein vorliegendes Gespräch als Schlichtungsgespräch zu bestimmen – oder genauer: Es wurde zweifelhaft, was damit gewonnen wäre, wenn man eine solche Bestimmung vorgenommen hätte. Die vielen Beobachtungen zu einzelnen kommunikativen Phänomenen in den Gesprächen, die wir im Verlauf unserer kollektiven Analyse gemacht hatten, hatten wenig mit dem Musteraspekt von Schlichtung zu tun – und hatten doch ihre Bedeutung für das kommunikative Geschehen in den Gesprächen.

So kamen wir zu der Auffassung: Wenn man den Mustercharakter von Schlichten beschreibt, erfaßt man nur eine einzige Schicht der kommunikativen Wirklichkeit in den untersuchten Gesprächen. Zwar sind die Gespräche Schlichtungsgespräche in dem Sinne, daß sie eine immer wieder zu beobachtende Organisation aufweisen, aber sie sind immer auch mehr, und dieses „mehr" macht wesentliche Aspekte des kommunikativen Geschehens aus. Uns wurde klar, daß die Musterbeschreibung eine Schicht der kommunikativen Wirklichkeit von Schlichten abbildete, aber eben nur eine einzige Schicht, und daß es darum gehen mußte, weitere Schichten ebenfalls aufzudecken. Diese Auffassung führte zu einer Umorientierung der Projektziele: Es konnte jetzt nicht mehr darum gehen, auf der Grundlage eines Musterbegriffs von Schlichtung Realisierungsvarianten systematisch zu bestimmen. Bezugspunkt war nicht mehr das Muster Schlichten, sondern das kommunikative Geschehen in Gesprächen, die durch das Handlungsmuster Schlichten in ihren Rahmenbedingungen bestimmt waren. Zur Beschreibung des kommunikativen Geschehens bedurfte es zusätzlicher Analysegesichtspunkte. An solchen Analysegesichtspunkten wurden für die weitere Arbeit ausgewählt und bearbeitet:

- die sprachliche Darstellung der Positionen der Streitparteien und der kommunikative Umgang des Schlichters mit diesen Positionen (Nothdurft 1987a, 1989, 1995);
- die argumentativen Figuren und sprachlichen Mittel, mit denen Schlichter die Streitbeteiligten zu einer gütlichen Einigung bewegen (Klein 1987, in diesem Band);
- die impliziten normativen Orientierungen im Handeln der Streitparteien und des Schlichters und die Rolle, die sie für das Schlichtungsgeschehen spielen (Reitemeier 1987, die Beiträge in diesem Band);

- die interaktive Funktion von stereotypen Denk- und Redefiguren in den verschiedenen Phasen von Schlichtungsgesprächen (Schröder 1987);
- die äußerungsübergreifenden subjektiven Orientierungen der Streitparteien und deren Einfluß auf das kommunikative Geschehen (Nothdurft 1987b, i.V.);
- die Bedeutung sprachlicher Äußerungsformen des 'Widersprechens' für das Schlichtungsgeschehen (Spranz-Fogasy 1986)

u.a.m.

Diese Gesichtspunkte bzw. Fragestellungen strukturierten in der Folgezeit die Arbeit. In dieser Zeit ging die Arbeit an den Fragestellungen kontinuierlich voran; die analytischen Konzepte wurden in Auseinandersetzungen mit dem inzwischen angewachsenen Korpus entwickelt, an einem gemeinsam benutzten Einzelfall exemplarisch vorgeführt[5] und systematisch auf das gesamte Korpus angewendet.

4.3. Dritte Krise: Wo bleibt das Sprachliche, meine Herren?

Im Sommer 1986 stellten wir Ergebnisse unseres Untersuchungsprogramms dem Projektbeirat vor. Es war ein sehr heißer Tag, und während wir die Beiräte mit Fruchteis bei Laune zu halten versuchten, schossen diese sich in konzertiertem Zusammenspiel auf einen bestimmten Kritikpunkt an unserer Arbeit ein: Wir würden, so meinten sie, in unseren Analysen zu wenig Augenmerk auf die sprachliche Realisierung der von uns beschriebenen Aktivitätskomplexe, Orientierungen, Handlungszüge und Verlaufsmuster richten. Es komme doch aber - in einem linguistischen Projekt - darauf an, gerade den Zusammenhang zwischen interaktiven Größen und sprachlichen Ausdrucksmitteln zu erkennen und systematisch zu beschreiben. Dieser Punkt war schon von Projektbeginn an in den Beiratssitzungen thematisch gewesen, wurde jetzt aber deutlich als Desiderat unserer Arbeit und Auftrag für die Weiterarbeit im Projekt formuliert.

Diese Initiative des Beirats würfelte uns in unserer Arbeit kräftig durcheinander. Sie führte bei uns zu erheblichen Irritationen, und der Versuch, sie produktiv in die Arbeit zu integrieren, erwies sich als äußerst schwierig. Verlangte man von uns doch nicht nur, mit unseren analytischen Konzepten einen Ausschnitt sprachlicher Wirklichkeit zu rekonstruieren, sondern jetzt auch noch zu zeigen, was diese Rekonstruktion mit linguistischen Kategorien zu tun hatte, mit Kategorien also, die gar nicht dazu entwickelt worden waren, sprachliche Phänomene als Bestandteile interaktiven Geschehens zu modellieren. Wir hatten nach einem analytischen Konzept zu suchen, das den Zusammenhang zwischen sprachlichen Phänomenen und interaktiven Größen klärte - wir testeten monatelang die Analysekonzepte der klassischen Rhetorik - und verwarfen sie - und außerdem hatten wir nach sprachlichen Phänomenen zu suchen, die als Kandidaten für die von uns erwartete Analyse geeignet erschienen. Immerhin

[5] Publiziert in Röhl (1987).

waren wir uns sicher: Angesichts der sprachlichen Variationsbreite einzelner Schlichtungsphänomene, die wir in unserer Datenanalyse tagtäglich erlebten, konnte es sinnvoll nicht darum gehen, Zuordnungen von einzelnen sprachlichen Ausdrücken zu interaktiven Phänomenen vorzunehmen. Angesichts der Komplexität des Geschehens konnte es sinnvoll auch nicht darum gehen, den Erfolg des Einsatzes bestimmter sprachlicher Mittel für das weitere Schlichtungsgeschehen bestimmen zu wollen. Es konnte sinnvollerweise auch nicht darum gehen, von linguistisch bestimmten Ausdrucksklassen auszugehen und diese auf ihre Funktionalität im Kontext von Schlichtungshandeln zu bestimmen, denn unser Forschungsgegenstand waren Schlichtungsgespräche – und keine linguistisch definierten Ausdrucksklassen. Angesichts der Abstraktheit linguistischer Prädikate als Bestandteile eines für Sprache generell geltenden Beschreibungssystems konnte es sinnvollerweise auch nicht darum gehen, das Schlichtungsgeschehen in solchen Prädikaten zu beschreiben; die Spezifik des Geschehens als Schlichtung würde in einer solchen abstrakten Beschreibung verlorengehen.

Andererseits war gar nicht zu leugnen, daß der Beirat mit seiner Initiative einen wunden Punkt unserer Projektarbeit getroffen hatte: Hatten wir doch in der Tat allzuoft und allzuschnell in unseren Analysen Zusammenhänge postuliert zwischen analytischen Aussagen und für diese jeweils signifikanten Gesprächsausschnitten, ohne diese Signifikanz an den einzelnen sprachlichen Phänomenen und ihrem Zusammenspiel festgemacht zu haben. Auf der Grundlage dieses Mankos unserer Analysearbeit konnten wir die Initiative des Beirats denn auch in einen für uns sinnvollen Analyse-Imperativ umformulieren: Zeige an Gesprächsausschnitten, wie die beobachtbaren sprachlichen Phänomene in ihrem Zusammenspiel dazu beitragen, jene soziale Bedeutung zu konstituieren, die im Zusammenhang mit der Analyse des Ausschnitts als Bestandteil von Schlichtungsgeschehen relevant wird!

4.4. Vierte Krise: Was ist denn nun rausgekommen?

Wir hatten die Auswirkungen der Beiratsinitiative für unsere Arbeit gerade bewältigt, da war schon die nächste Beiratssitzung angesagt – planmäßig die letzte, denn das Projekt war inzwischen dem Ende der zugebilligten Zeit nahegekommen. So legten wir denn dem Beirat unsere Konzeption für den Ergebnisband und die inzwischen fertiggestellten Beiträge für denselben zur gemeinsamen Diskussion vor. Wir selbst waren mit unserer Leistung nicht unzufrieden: Hatten wir doch alle bisherigen Krisen bewältigt, ein einmaliges Korpus erhoben, die relevanten Aspekte von Schlichten berücksichtigt und in den Analysen eine Fülle von Beobachtungen gemacht und Einzelergebnisse zusammengetragen. Dies alles anerkennend, äußerte der Beirat dennoch in der zweitägigen Sitzung immer wieder ein Unbehagen: So richtig sähe man nicht, was denn nun das wesentliche Ergebnis sei, wie wir denn nach all den Jahren des Forschens das Wesentliche an Schlichten bestimmen, wie wir denn jetzt den „kommunikativen Kern" von Schlichtung beschreiben würden.

Diese Fragen erwischten uns auf dem falschen Fuß. Wir merkten, daß wir uns inzwischen so auf die einzelnen Untersuchungsaspekte konzentriert hatten, daß wir vor lauter Bäumen den Wald nicht mehr sahen. Dem Beirat entging unsere Unsicherheit nicht; er empfahl, eine Phase der Selbstverständigung über unseren Untersuchungsgegenstand in unsere Arbeit einzuschieben und verabschiedete sich mit den besten Wünschen für den Abschluß der Arbeiten.

Wir jedoch blieben bestürzt und verwirrt zurück. Wie war das denn möglich, daß wir nach so intensiver Forschungsarbeit die entscheidende Frage nach dem Ganzen, dem Wesen unseres Gegenstandes nicht beantworten konnten. „Schlichten ist ..."? Und wie – auf dieses Defizit nun aufmerksam gemacht – gedachten wir denn, diese Frage zu beantworten?

Irgendwann in diesen Diskussionen blitzte ein Gedanke auf, der zunehmend an Kontur gewann und der langsam, aber sicher Licht in das Halbdunkel unserer bisherigen Ergebnisse zu bringen vermochte: Wir hatten bislang Schlichten erstens als sozial verbreitetes, standardisiertes Handlungsmuster beschrieben und zweitens das Innenleben von Schlichtungsgesprächen durch die genaue Analyse der thematisch zentralen Komponenten von Schlichtung, der Rekonstruktion und der Regelung des Konflikts, bestimmt. Jetzt aber kam ein weiterer Gesichtspunkt dazu, der nicht einzelne Phasen des Schlichtungsgeschehens betraf, sondern – quasi quer zu diesen – die Art und Weise, durch die das gesamte Geschehen in Schlichtungsgesprächen geprägt war, die Interaktionsqualität, in der das ganze Geschehen erfolgte. Aufgrund des Wechselspiels konstitutiver Anforderungen, individueller Interessen, Eigengesetzlichkeiten der eingesetzten kommunikativen Verfahren und der Dynamik der sich entwickelnden Bewegungsmuster bilden sich eine Reihe von Eigenschaften des Geschehens heraus, die offenbar systematisch mit Schlichtung zusammenhängen oder Schlichtung in seiner interaktiven Besonderheit jedenfalls prägen. Diese Eigenschaften sind nicht alle als solche von den Teilnehmern intendiert hergestellt, sondern kommen z.T. aufgrund ihres Tuns oder als Resultat der sich ergebenden Interaktionsverhältnisse zustande, z.T. 'hinter dem Rücken' der Beteiligten. Diese Eigenschaften werden im folgenden als 'Interaktionsqualitäten' von Schlichtungsgesprächen bezeichnet.

Die folgenden Interaktionsqualitäten von Schlichtung schienen uns besonders bemerkenswert:

(1) der verbale Charakter,
(2) der persuasive Charakter,
(3) der fragile Charakter,
(4) der formale Charakter,
(5) der inszenierte Charakter.

Diese Charakteristika schienen eine befriedigende Antwort auf die Frage nach dem Ganzen liefern zu können, weil sie das Schlichtungsgeschehen insgesamt über die einzelnen Komponenten, Aktivitäten und Gegenstände hinweg kennzeichneten. Damit hatten wir über den Aspekt des kommunikativen Rahmens, des Gegenstandes und des Ziels mit der Qualität eine weitere Dimension entdeckt, die die kommunikative Wirklichkeit von Schlichtung auf ihre besondere Weise erhellte.

Diese Qualitäten lassen sich allgemein folgendermaßen kennzeichnen:

- Sie wurden weitgehend empirisch gewonnen, also nicht durchgängig aus theoretischen, vorempirischen Reflexionen über Schlichten, sondern aufgrund von Beobachtungen an einem größeren Gesprächskorpus.
- Sie eignen dem Gegenstand Schlichten insgesamt; es sind Merkmale von Schlichten als einem konstituierten Gegenstand. Sie geben Antwort auf die Frage, was Schlichten als kommunikatives Verfahren wesentlich prägt, während die Aktivitätskomplexe Aufschluß liefern in der Frage, was man tun muß, wenn man schlichtet. Es handelt sich also um Eigenschaften des zustandegekommenen Interaktionsobjekts Schlichten und nicht um Konstitutionsleistungen der Beteiligten beim Schlichten.
- Sie treten nicht alle in jedem Schlichtungsgespräch auf; andererseits wurden sie immer wieder in Gesprächen beobachtet. Ihre Vorkommensweise läßt sich am ehesten als „Tendenz" kennzeichnen; die wissenschaftliche Aufgabe besteht darin, die Auftretensbedingungen der Charakteristika zu bestimmen.
- Sie stellen eine Art hypothesenartiger Verallgemeinerungen der Beobachtungen am Schlichtungskorpus dar, also eine Art generalisierter Aussagen über Schlichten.

Die neue Sichtweise erwies sich im folgenden als außerordentlich fruchtbar: Zum einen konnten wir in unseren bisherigen Analysen bereits Beobachtungen zur Interaktionsqualität unmittelbar feststellen, zum anderen fand sich auch auf einmal ein sinnvoller Platz, um einzelne Beobachtungen, die sich bislang nirgendwo einordnen ließen, systematisch zu verordnen, und jetzt gab es einen konzeptuellen Rahmen, in dem intuitive Eindrücke über Schlichtung, die sich bei uns im Laufe der Projektarbeit gebildet hatten, ernstgenommen und begrifflich genauer bestimmt werden konnten.

Die Qualitäten sollen an dieser Stelle kurz skizziert werden.

Die empirischen Beobachtungen zu den Qualitäten von Schlichtung sind in die Beiträge dieses Bandes im einzelnen eingearbeitet, insbesondere in die jeweiligen Schlußkapitel.

(1) Der verbale Charakter von Schlichten

Schlichten ist ein kommunikatives, ein sprachliches Verfahren zur Bewältigung von Streit; die besondere Leistung besteht darin, daß der Streit primär nicht weiter ausagiert wird, sondern daß über den Streit ein Verständigungsverfahren in Gang gesetzt wird, in dem metakommunikativ über den Streit geredet wird. Eine Konsequenz ist, daß der Streit im Schlichtungsgespräch wesentlich in symbolischer Form präsent ist; die Streitpositionen manifestieren sich nicht mehr handgreiflich oder nur im Austragen von Streit, sondern v.a. in den Darstellungsleistungen der Beteiligten, mit denen diese ihre Version des Streits sprachlich präsentieren. Der Konflikt manifestiert sich im Gespräch wesentlich in Form von sprachlichen Konstruktionen von Wirklichkeit. Diese verbale Qualität des Streits ist eine entscheidende Bedingung dafür, daß das Schlichtungsgeschehen 'funktioniert': Durch die verbale Manifestationsweise wird der Streit für das Schlichtungsgespräch überhaupt erst präsent, und diese Qualität verschafft dem Schlichter Deutungsspielraum und ermöglicht ihm die Entwicklung einer dritten Perspektive und damit die Entwicklung von Einigungsvorschlägen. Das Gleiche gilt denn auch für das angestrebte Ziel des Handlungsmusters, die 'Einigung': Auch sie ist in symbolischer Form präsent und unterliegt damit den allgemeinen Regelhaftigkeiten von Symbolisierungen von Welt mitsamt ihren Leistungen und Schwächen.

Die Tatsache, daß der Gegenstand 'Konflikt' nur sprachlich präsent ist, heißt freilich nicht, daß die Beteiligten mit ihm beliebig verfahren könnten. Die Rhetorik seiner Darstellung ist ja gerade darauf gerichtet, der jeweiligen Version Gewicht zu verleihen, sie unangreifbar zu machen und sie im System gemeinsam akzeptierter Überzeugungen und Werte zu verankern, sie zur 'harten Tatsache' zu machen. Am deutlichsten wird dies in jenen Aktivitäten, in denen die Konfliktdarstellung mit juristischen Bestimmungen und normativen Setzungen verklammert wird und gesellschaftliche Regelungen auf diese Art im Gespräch etabliert werden.

Der verbale Charakter zeigt sich vor allem in den Darstellungsleistungen und Mitteln, mit denen die Streitparteien ihre jeweilige Konflikt-Auffassung (und sich selbst) in Szene setzen sowie an den kommunikativen Mitteln, mit denen der Schlichter die einzelnen Konflikt-Versionen umarbeitet hin zu einer für alle akzeptablen Sachverhaltsversion (vgl. dazu Nothdurft 1995).

(2) Der persuasive Charakter von Schlichtung

Das Handlungsziel von Schlichtung besteht darin, zwischen zwei Streitenden eine Regelung zustandezubringen, die beide akzeptieren können. Dazu bedarf es idealiter eines Einstellungswandels bei den Streitparteien. Gleichzeitig verfolgen die Parteien ihre individuellen Handlungsziele, die sie nicht gegen und besser mit dem Schlichter durchsetzen können. So erfolgen die Aktivitäten aller drei Beteiligten in der Absicht, den oder die je anderen für das eigene Handlungsziel zu beeinflussen. Diese Aktivitäten sind persuasiver Natur. Sie liefern in der Regel nicht Einsichten in die Gründe für Einschätzungen, Auffassungen und Zielsetzungen, sondern operieren mit einer Vielzahl von common-sense Konzepten und Auffassungen, um die individuellen Handlungsziele durchzusetzen. Dies gilt für alle drei Beteiligten.

Am deutlichsten zeigt sich der persuasive Charakter von Schlichtung in den Aktivitäten des Schlichters, mit denen dieser versucht, die Parteien zur Übernahme seines Einigungsvorschlags zu bewegen (vgl. dazu die „persuasiven Techniken" in dem Beitrag von Klein und Kap. 4.5.3 bei Reitemeier).

(3) Der fragile Charakter von Schlichten

Die Abwicklung von Schlichten ist aufgrund einer Vielzahl von Umständen ein äußerst störanfälliges Unternehmen. Da ist zunächst der Konflikt selbst zu nennen: In Schlichten als einem Verfahren zur Weiterführung von Streit ist dieser Streit ja durchaus noch 'lebendig' und droht, erneut auszubrechen oder zu eskalieren. Dadurch können sich die Fronten verhärten oder das Verfahren kann gar zu einem bloßen Schauplatz für erneuten Streit umfunktioniert werden.

Hinzu kommt, daß die Streitparteien in aller Regel sich nicht um des Schlichtens willen an dem Gespräch beteiligen. Für sie sind auch andere Handlungsorientierungen wichtig, wenn nicht sogar ihre primären Ziele: Recht zu bekommen, den anderen bestraft zu sehen, oder andere antagonistische Orientierungen, die mehr auf Sieg und Niederlage denn auf Verständigung und Kompromiß abzielen. Auch diese Orientierungen können die Zielsetzung des Verfahrens konterkarieren.

Zum dritten ist Schlichten ein komplizierter Prozeß, in dem eine Vielzahl wichtiger Identitätsgesichtspunkte berücksichtigt werden müssen, die schon unter anderen, entspannteren Interaktionsbedingungen einen behutsamen Umgang erfordern. Es geht in Schlichten immer auch um die Wahrung von Identität der Beteiligten, um emotionale Verletzlichkeiten, um den Umgang mit Wut, Ärger, Scham und andere prekäre Dinge mehr.

Angesichts dieser Störvariablen ist es ein erklärungsbedürftiges Phänomen, warum Schlichten in vielen Fällen 'funktioniert', d.h. das Muster angesichts auftretender Störungen dennoch vollzogen werden kann. Hier ist zu bedenken, daß Schlichten als interaktives Unternehmen stets auf einem sozialen, lebensweltlichen Hintergrund erfolgt, der sich in aller Regel durch außerordentliche Stabilitäten auszeichnet. Dies gilt für die innerfamilialen Machtstrukturen in Fällen des Schlichtens von Kinderstreitigkeiten durch den Vater wie auch für Güteverfahren „im Schatten des Rechts". Diese sozialen Stabilisatoren gehen in Form von Autorität des Schlichters bzw. Drohen mit nachgeordneten Verfahren in das kommunikative Geschehen ein und sichern es gegen die Störanfälligkeit ab. Eine zusätzliche flankierende Stabilisierung kommt dadurch zustande, daß die Verfahrensabwicklung wesentlich dem Schlichter obliegt.

Der fragile Charakter von Schlichten zeigt sich am deutlichsten in den Schlichtungspassagen, in denen es in der Tat zum Streitausbruch kommt, sowie in jenen Sequenzen, in denen aufgrund divergierender Orientierung der Beteiligten Streiteskalationen, zirkuläre Verläufe und andere Verlaufskomplikationen auftreten (vgl. Reitemeier, Kap. 4.5.2, Nothdurft, Kap. 7).

(4) Der formale Charakter von Schlichten

In vielen Fällen von Schlichten wird das Verfahren vollzogen, ohne daß neue Realitäten in Zusammenhang mit dem zugrundeliegenden Konflikt geschaffen würden. Das Ergebnis des Vollzugs unterscheidet sich von der Ausgangslage kaum. Das interaktive Geschehen ist nicht davon bestimmt, eine Einigung zu entwickeln, die in den faktischen Lebensverhältnissen der Streitparteien auch 'greift'. Vielmehr erschöpft sich das interaktive Geschehen darin, die durch die Einleitung des Schlichtungsverfahrens selbst entstandenen – 'hausgemachten' – Anforderungen und Probleme zu bewältigen – und nicht mehr. Nicht etwa wird der Konflikt gütlich beigelegt, sondern eine – vermeintliche – Rechtsposition wird wieder abgebaut; Schlichten wird zu einem sich selbst erschöpfenden Prozeß ohne 'Reichweite'. Die eigentliche Wirksamkeit des Schlichtungsvollzugs ergibt sich in solchen Fällen nicht aus der Zweckbestimmung des Handlungsmusters, sondern oft aus dem übergeordneten Konfliktzusammenhang der Streitbeteiligten, in dem das Schlichtungsgeschehen nur eine Episode darstellt. Daß eine Schlichtung stattfindet bzw. stattgefunden hat, macht die entscheidende Bedeutung des Geschehens aus, nicht, was in der Schlichtung an Einigungsmöglichkeiten zustandegekommen ist. So kann Schlichten z.B. ein 'Scheingefecht' sein, ein Instrument für die Beteiligten, um in der übergreifenden Auseinandersetzung einen Punkt zu machen, es kann Moment einer weitreichenden strategischen Planung des weiteren Konfliktverhaltens sein und aus dieser heraus seine Bedeutung erhalten, ohne daß es in seiner inhaltlichen Leistungsfähigkeit noch ernstgenommen wird, oder Schlichten kann als Form für die Diskreditierung des Gegners genutzt werden, oder dafür, etwas mal in der Öffentlichkeit gesagt zu haben (dazu Nothdurft, Kap. 2).

(5) Der inszenierte Charakter von Schlichten

In Schlichtungsgesprächen läßt sich vielfach eine Dissoziation zwischen den Eigenschaften des ablaufenden Interaktionsgeschehens und den Markierungsaktivitäten der Beteiligten beobachten; Musterwissen der Beteiligten und Formulationen des Musters 'Schlichten' werden eingesetzt, auch wenn Ergebnisse und Prozesse selbst im Muster 'Schlichten' nicht vorgesehen sind. In solchen Fällen ist der Charakter des Geschehens als Schlichten strategisch 'inszeniert'. Schlichtungselemente werden zielgerichtet inszenatorisch in Interaktionssequenzen eingesetzt, um dem interaktiven Geschehen einen bestimmten Stempel aufzudrücken. „Schlichtung" ist in solchen Fällen eine suggestive Formel für faktisch ganz anders ablaufende Interaktionsprozesse, eine Irreführung der Beteiligten, um die tatsächlichen Interaktionsverhältnisse zu verschleiern. Unter dem „Glanzpapier des Konsenses" (Schuppert 1990, S. 333) verbirgt sich so mancher Fall von Zwangskommunikation (vgl. z.B. Nothdurft 1995, Kap. 5.3.7). Dieser inszenierte Charakter ist wirkungsvoll: Der Erfolg vieler Schlichtungsgespräche scheint gerade darauf zu beruhen, daß Streitparteien unter dem Deckmantel des Schlichtens massiv 'bearbeitet' werden, diese Bearbeitung aber nur funktioniert, weil gleichzeitig das ablaufende Geschehen als Schlichten beschworen wird. Es ist gerade das Wechselspiel von faktisch realisierter Interaktionsstruktur und inszenatorischen Akten, durch das das angestrebte Handlungsziel erreicht werden kann bzw. wird. Der inszenatorische Charakter ist in diesem Sinne unverzichtbar.

Mit der Entwicklung dieser zusätzlichen Perspektive auf Schlichtung wuchs die Komplexität unseres Forschungsdesigns beträchtlich an – und dies in einer Projektphase, in der es eigentlich nur noch darum gehen sollte, die Erträge des Projekts zu systematisieren und zu sichern. So folgte angesichts des fortgeschrittenen Projektstadiums aus der vierten Krise automatisch die fünfte.

4.5. Fünfte Krise: Hilfe, wir werden nicht fertig!

Zu Beginn unserer Arbeit hatten wir beschlossen, kontinuierlich während der Laufzeit des Vorhabens Arbeitsergebnisse in Form von Arbeitspapieren und Vorabpublikationen zu sichern (Nothdurft 1987a, Nothdurft/Schröder/Spranz-Fogasy 1984, Nothdurft/Breuer o.J., Nothdurft/Spranz-Fogasy 1983[6]). Zwischen der Abfassung erster Arbeitspapiere und der Endphase des Vorhabens lagen zum Teil mehrere Jahre. Als nun der Zeitpunkt näherrückte, zu dem die Arbeit abgeschlossen sein mußte, zeigte sich, daß uns viele Diskussionen, auf die wir früher große Anstrengungen verwandt hatten, und die wir in schriftlicher Form festgehalten hatten, inzwischen obsolet erschienen, daß Arbeitspapiere auf Punkte abzielten, die uns inzwischen irrelevant oder falsch bestimmt erschienen, etc. So hatten wir in der Abschlußphase drei Probleme zu bewältigen (die wahrscheinlich üblich sind für Projekte unserer Art mit relativ langer Laufzeit):

- Frühere Manuskripte mußten aus aktuell gewonnener Forschungsperspektive überarbeitet werden.
- Der aktuelle gewonnene Erkenntnisstand lief dem Plan für die Ergebnisdarstellung davon.
- Während der Manuskriptarbeit für die vorliegende Ergebnisdarstellung entdeckten wir zusätzliche interessante Phänomene, die analysiert und dargestellt werden wollten.

Eigentlich hätten wir jetzt noch mal von vorne anfangen können.

Uns war aber auch klar, daß in Forschungsprozessen die Erkenntnisse den gesicherten Ergebnissen immer vorauseilen und sich das Problem, den Forschungsprozeß zwecks Dokumentation und Darstellung der Ergebnisse abzubrechen, immer stellt. Die Laufzeit des Projekts näherte sich ihrem Ende und wir mußten eine Lösung finden. Der vorliegende Band ist Teil unserer Lösung, unsere Forschungsergebnisse darzustellen. Die Konzeption des vorliegenden Bandes ist im nächsten Abschnitt erläutert.

---

[6] Publiziert 1990.

Weitere Darstellungen der Projektarbeit sind: Eine Monographie zum sprachlichen Umgang der Beteiligten mit dem Konflikt, „Konfliktstoff" (Nothdurft 1995) und eine Monographie zur 'Subjektiven Konflikt-Organisation', in der die Perspektive, aus der die Parteien „ihren" Streit wahrnehmen, gesprächsanalytisch rekonstruiert wird (Nothdurft i.V.) sowie ein Textband mit einer gesprächsanalytischen Fallstudie eines Schlichtungsgesprächs (Schröder 1995).

5. Zur Anlage dieses Bandes: Eine soziolinguistische Ergebniskonzeption

Die Ergebnisse unserer Arbeit ergeben kein einheitliches Bild von Schlichten.

Entgegen der Ausgangserwartung lassen sie nicht die Formulierung eines abstrakten Handlungsmusters 'Schlichten' zu, anhand dessen sich die Einzelergebnisse systematisch darstellen ließen. Eher deuten sie darauf hin, daß es sich bei Aktivitäten, die als 'Schlichten' wahrgenommen werden oder die so definiert sind, um in sich widersprüchliche und ambivalente Handlungszusammenhänge handelt, die sich einer eindeutigen Bestimmung entziehen.

Die Ergebnisse lassen sich auch nicht anhand von Beschreibungen von sprachlichen Ausdruckseinheiten oder -klassen darstellen, die als für Schlichten signifikant erachtet würden. Eher zeigen sie, daß sich die Signifikanz einzelner Ausdruckseinheiten für das jeweilige Schlichtungsgeschehen erst aus dem Zusammenspiel dieser Einheiten mit anderen Aspekten des jeweiligen Interaktionskontextes ergibt bzw. daß man für die Beschreibung der Signifikanz auf eine Vielzahl jeweiliger Kontextualisierungsgesichtspunkte zurückgreifen muß (Gumperz 1982).

Diese Einsichten sprachen dafür, bei der Darstellung der Ergebnisse dem Interaktionskontext, in dem sich das dokumentierte sprachliche Geschehen ereignet, eine größtmögliche Rolle zuzuschreiben.

Wir haben uns daher entschlossen, unsere Untersuchungen des sprachlichen Geschehens in Schlichtungsgesprächen auf der Grundlage der sozialen und interaktiven Kontexte darzustellen, in denen sich diese Gespräche ereignet haben.

Ein solches kontextsensitives Darstellungsprinzip erscheint uns besonders geeignet, der soziolinguistischen Orientierung unserer Arbeit und ihrer Ergebnisse Rechnung zu tragen.

'Schlichten' ist nie abstrakt 'Schlichten', sondern begegnet uns stets eingebunden in einen soziokulturellen Kontext, in dem es (nur so) funktioniert und seinen Sinn erhält. Schlichten äußert sich als kommunikatives und damit wesentlich sprachliches Geschehen – aber die Bedeutung, die dieses Geschehen hat und die sich in ihm konstituiert, wird nur verständlich auf dem Hintergrund des Wissens über diesen jeweiligen Kontext. Wenn Streit geschlichtet wird, so erfolgt dies stets unter den konkreten Handlungsbedingungen, denen die Handelnden unterworfen sind, in spezifischen Rahmungsverhältnissen, die den Prozeß des Schlichtens erst möglich machen und in interaktiven Kontexten, auf die sich die Beteiligten in ihrem Handeln verlassen können und die sie durch ihr Handeln definieren, ausarbeiten und stabilisieren. Die kommunikativen Prozesse in der Schlichtungsinteraktion und ihre sprachlichen Charakteristika erscheinen in soziolinguistischer Perspektive als Bestandteile dieses komplexen sozialen Geschehens und erfahren ihre Bedeutung und Signifikanz aus ihrem reflexiven Zusammenspiel mit individuellen Handlungsorientierungen, institutionellen Rahmungsverhältnissen und interaktiv zustandegekommenen Kontexten. Um sprachliche Phänomene in Schlichtungsgesprächen in ihren kommunikativen Funktionen verstehen zu können, müssen sie als prominenter Bestandteil dieses Zusammenhangs analysiert werden. Wir verstehen es gerade als besondere Aufgabe eines auf den Zusammenhang von Sprache und Gesellschaft gerichteten Forschungsvorhabens, das sprachliche Geschehen nicht in seiner linguistischen Systematik zu beschreiben, sondern den Zusammenhang sozialer und kognitiver Faktoren, in dem sich das sprachliche Geschehen ereignet, gesprächsanalytisch zu bestimmen und vor allem das Zustandekommen von Sinn und Bedeutung als Resultat eines wechselseitigen Bedingungsverhältnisses sprachlicher Phänomene mit soziokulturellen Kontextaspekten zu erklären und systematisch darzustellen.[7]

Im Rahmen unseres Forschungsprojektes waren es vor allem vier Kontexte, in denen wir Schlichtungsgespräche beobachtet, dokumentiert und analysiert haben:

- Gütetermine vor dem Arbeitsgericht
- Schiedsmannsverhandlungen und Verhandlungen vor der Vergleichsbehörde
- Schlichtungsverhandlungen in der Handwerkskammer
- Schiedsverhandlungen bei Streitigkeiten um Gebrauchtwagenkäufe.

Das sprachliche Geschehen in Schlichtungsgesprächen als Bestandteil dieser vier Kontexte ist Gegenstand der folgenden Darstellungen. In diese Darstellungen gehen sowohl unsere allgemeinen Hypothesen über Schlichten, wie sie in den ersten Abschnitten dieses Beitrags skizziert wurden, als auch das jeweilige Wissen über den sozialen Kontext, in dem das sprachliche Geschehen erfolgt, mit ein.

Alle vier Beiträge sind nach einem einheitlichen Schema angelegt: Nach einer Skizzierung des Feldzugangs erfolgt eine Charakterisierung der jeweiligen Institution und der in ihr bestehenden kommunikativen Rahmenbedingungen. Das Schlichtungsgeschehen selbst wird mit Hilfe der eingeführten handlungssche-

---

[7] Da es in diesen Arbeiten um das Verstehen des kommunikativen Geschehens geht, ist der Gesichtspunkt gerade des Zusammenspiels sprachlicher, sozialer und kognitiver Aspekte so wichtig. Vgl. zu dieser soziolinguistischen Zielsetzung auch die Ausführungen von Tannen (1989, S. 34f.), die die Aufgabe soziolinguistischer Analyse in einer Art „natural history" von Interaktionszusammenhängen und dem vertieften Verstehen besonderer Fälle von Interaktion sieht.

matischen Prädikate in seinen einzelnen Phasen segmentiert und analysiert, und die institutionenspezifischen Besonderheiten werden herausgearbeitet. Jeder Beitrag wird mit einer Schlußbetrachtung abgeschlossen, in dem die jeweils charakteristischen 'Qualitäten' von Schlichtung herausgearbeitet werden.

Über diese, einem einheitlichen Muster folgende Darstellung hinaus weist jeder Beitrag besondere Schwerpunkte in der analytischen Betrachtung auf:

Wolfgang Klein geht es wesentlich um die Frage, wie der Schlichter eine Einigung zwischen den Streitparteien zustandezubringen versucht, und er bestimmt dessen persuasiven Techniken, argumentativen Ressourcen und rhetorischen Mittel.

Peter Schröder zeigt im Rahmen einer ausführlichen Beschreibung der verhandlungsstrukturierenden Aktivitäten der Arbeitsrichter auch exemplarisch auf, wie sich solche Aktivitäten an Phänomenen der syntaktischen Organisation und der rhetorischen Feingliederung festmachen lassen. Darüber hinaus analysierte er unter den Aspekten 'Evaluativer Bruch', 'Überraschendes Moment' und 'Neutralität und Parteilichkeit' eine Reihe von interaktiven Phänomenen, die typisch für die Güteverhandlung im Arbeitsgericht sind.

In Ulrich Reitemeiers Beitrag werden die Orientierungen und Interpretationsmuster beleuchtet, mit denen Kunde, Handwerker und Schlichter die Verhandlung in der Handwerkskammer bestreiten.

In meinem eigenen Beitrag schließlich geht es mir darum, die kommunikativen Prozesse nachzuzeichnen, in deren Verlauf das Streitobjekt als Interaktionsgegenstand zwischen den Beteiligten zustandekommt, und zum anderen darum, Kommunikationsprobleme aufzuzeigen, die für diese Schiedsstelle für den Gebrauchtwagenhandel charakteristisch sind.

Jede Darstellung ist in ihrer Akzentuierung, ihrer Argumentation, ihrem Stil und ihrem Umgang mit den Daten auch von der Persönlichkeit des jeweiligen Wissenschaftlers abhängig. Zusammengekommen sind vier Darstellungen der kommunikativen Wirklichkeit des Schlichtens in vier seiner unterschiedlichen gesellschaftlichen Erscheinungsformen. Das so entstandene Bild von Schlichten wird so wenig als homogen wahrgenommen werden, wie es die Ergebnisse sind, die das Bild darstellen soll. Der Leser wird Parallelen zwischen den Darstellungen entdecken, Gegensätze, Widersprüche. Unser Ziel ist es nicht, handliche Ergebnisse herzustellen, unser Ziel ist es, erste Einsichten zu vermitteln über die kommunikativen Prozesse und sprachlichen Phänomene, in denen sich gesellschaftliche Erscheinungsformen des Schlichtens konstituieren und manifestieren.

Diese Ergebnisse als Wahrheit über Schlichten zu verkünden, hieße, das Ende eines Untersuchungsprozesses zu signalisieren. Was wir stattdessen erhoffen, ist, mit unseren Ergebnissen einen kritischen Dialog über die kommunikative Wirklichkeit des Schlichtens in Gang setzen zu können.

WOLFGANG KLEIN

Schlichten in der Vergleichsbehörde

Die Herbeiführung von Einigung

1. Die Vergleichsbehörde: Institutionen zur Streitschlichtung

Gewissermaßen als Vorstufe der Gerichte als staatliche Institutionen der Rechtsprechung gibt es in der Bundesrepublik Deutschland neben den korporativen Schlichtungsstellen[1] auch staatliche Einrichtungen, die als 'Vergleichsbehörde' entsprechende Aufgaben der öffentlichen Rechtspflege wahrnehmen. Ihre konkrete Aufgabe besteht darin, gemeinsam mit den betroffenen Konfliktparteien in einem förmlichen vor- bzw. außergerichtlichen Verfahren deren Streitigkeiten zu bearbeiten und nach Möglichkeit durch eine „gütliche Einigung" beizulegen, d.h. zu schlichten. Schulte (1987, S. 68) schreibt über die Vergleichsbehörde folgendes:

> „Die Bezeichnung V. entstammt dem § 380 StPO. In den ehemals preußischen Gebieten (Berlin, Hessen, Niedersachsen, Nordrhein-Westfalen, Rheinland-Pfalz, Saarland und Schleswig-Holstein) ist als V. der ehrenamtlich tätige Schm [Schiedsmann] zuständig. In Baden-Württemberg und Bayern werden die Aufgaben der V. durch den Bürgermeister oder durch Bedienstete der Gemeinde wahrgenommen. In Bremen sind Rechtspfleger als „Sühnebeamte" die zuständige V. und in Hamburg sind Angehörige einer Öffentlichen Rechtsauskunfts- und Vergleichsstelle (ÖRA) als sog. Schiedsmänner tätig."

Im Rahmen des Forschungsprojekts 'Schlichtung' war es uns möglich, zwei Typen dieser Einrichtung in ihrer Funktion 'vor Ort' genauer kennenzulernen. Zum einen handelte es sich um die Einrichtung des Schiedsmanns (in Nordrhein-Westfalen) und zum anderen um die kommunale Vergleichsbehörde[2] (in Baden-Württemberg). Dabei standen uns nicht nur die Beteiligten für Fragen und Auskünfte zur Verfügung, wir durften sie auch während der Schlichtungsverhandlungen beobachten und ihre Gespräche auf Tonband aufzeichnen. Im folgenden soll nun versucht werden, das Funktionieren dieser Einrichtungen auch unter Berücksichtigung ihrer historischen und organisatorischen Besonderheiten darzustellen.

1.1. Die geschichtliche Entwicklung

1.1.1. Der Schiedsmann

Das Rechtsinstitut des Schiedsmanns hat schon eine lange, ungebrochene Tradition von mehr als 160 Jahren.[3] Erste Initiativen zu seiner Einrichtung wurden bereits zu Beginn des 19. Jahrhunderts in der Provinz Preußen gestar-

---

[1] Vgl. dazu die Beiträge von Nothdurft und Reitemeier (in diesem Band).

[2] Im folgenden wird die Bezeichnung „Vergleichsbehörde" ausschließlich in einem engeren Sinne verwendet, d.h. nur bezogen auf die entsprechende kommunale Einrichtung in Baden-Württemberg. Ihr wird die sonst weithin übliche Behördenbezeichnung „Schiedsmann" gegenübergestellt.

[3] Diese Darstellung stützt sich vor allem auf Florschütz (1904), Lütkemann (1913), auf die Erläuterungen von Hartung in *Die Preußische Schiedsmannsordnung* (1927) sowie auf Falke (1977).

tet, d.h. noch in monarchistischer Zeit, in der Legislative wie Exekutive gleichermaßen beim König lagen. Der Anstoß dazu ging von den Ständen aus, die – möglicherweise angeregt durch die 1790 in Frankreich eingeführte Institution des Friedensrichters – auf dem Ostpreußischen Generallandtag beantragten, der König möge (aus der Klasse der Gutsbesitzer) für bestimmte Bezirke Friedensrichter ernennen, die in allen Rechtsstreitigkeiten einen Vergleichsversuch vornehmen sollten, ehe diese an die Gerichte gebracht würden. Laut Kabinettsordre vom 16.6.1808 beauftragte König Friedrich Wilhelm III. daraufhin seinen Kanzler, diesen Vorschlag bei der Ausarbeitung eines Plans zu berücksichtigen, der die Justizverwaltung vereinfachen sollte. Aus dieser Perspektive scheint das Prinzip der Ökonomie (Entlastung der Gerichte) Motiv und Ursache für die Einrichtung bzw. Planung des Schiedsmannsinstituts gewesen zu sein. Allerdings fallen in denselben Zeitraum auch die Stein-Hardenbergschen Reformen, welche u.a. die Einführung der Selbstverwaltung für die Provinzen, Kreise und Gemeinden zum Ziele hatten. In diesem Zusammenhang erscheint die Einrichtung des Schiedsmannsinstituts eher als Ausdruck eines Bestrebens nach Demokratisierung der Justiz zu sein (Selbstregulierung an Stelle von 'Kabinettsjustiz'). Wahrscheinlich trugen letztendlich beide Tendenzen zur Entstehung der Schiedsmannseinrichtung bei.[4]

Diese Initiative wurde jedoch zunächst noch einmal durch äußere politische Umstände, die Befreiungskriege, gebremst, und erst ein erneuter Vorstoß in der nach-napoleonischen Zeit führte schließlich zur Einrichtung des Schiedsmannsinstituts. Die Stände fanden bei ihrer zweiten Initiative auf dem Provinziallandtag von 1824 Unterstützung bei einem engen Mitarbeiter des Freiherrn vom Stein, nämlich dem damaligen Oberpräsidenten der Provinz Preußen, von Schön, der selbst einen Gesetzesentwurf formulierte, den „Entwurf einer Verordnung über die Anstellung von Schiedsmännern zur Schlichtung streitiger Rechtsangelegenheiten". Der König fand sich bereit, die Einrichtung im Lande Preußen zu erproben. Nach ministerieller Überarbeitung des Entwurfs wurde schließlich am 7.9.1827 die erste Schiedsmannsordnung erlassen.

Der auf zivilrechtliche Streitigkeiten beschränkte Tätigkeitsbereich des Schiedsmanns wird darin (§ 2) wie folgt umrissen:

> „Der Beruf des Schiedsmanns besteht darin, Partheien, welche sich freiwillig zur Schlichtung ihrer streitigen Rechte an ihn wenden, anzuhören, ihre gegenseitigen Ansprüche oder Einwendungen zu prüfen, die vorzulegenden schriftlichen Beweise nachzusehen, und sich zu bemühen, die Partheien über den Grund oder Ungrund ihrer Forderungen und Einwendungen zu belehren, und eine Vereinigung zwischen ihnen zu stiften, solche, wenn sie zustande kommt, schriftlich abzufassen, wenn sie aber nicht gelingt, den Partheien die Ausführung ihrer Rechte vor dem Richter zu überlassen." (Zitiert nach Falke 1977, S. 75).

---

[4] Vgl. auch Nothdurft (1989).

Das Schiedsmannsinstitut und die Schiedsmannsordnung, in der auch im einzelnen die Qualifikation des Schiedsmanns, seine Amtszeit sowie seine Zuständigkeit und Befugnisse festgelegt waren, galten zunächst nur in einigen wenigen Provinzen des Königreichs Preußen. Im Laufe von Jahrzehnten wurde das Schiedsmannsinstitut auf Antrag der jeweiligen Provinzialvertretung auch in anderen preußischen Provinzen eingerichtet, bis es schließlich im Jahre 1879 auf ganz Preußen ausgedehnt wurde.

Die für das Amt des Schiedsmanns festgelegten Qualifikationen waren schon damals nahezu dieselben, die auch heute noch durch die Schiedsmannsordnung vorgeschrieben werden. In der Brandenburgischen Schiedsmannsordnung z.B. werden die Eigenschaften des Schiedsmanns wie folgt beschrieben:[5]

> „Der Schiedsmann soll, bei völliger Unbescholtenheit und zurückgelegtem 24. Lebensjahr ein selbständiger geachteter und mit den Geschäften des Lebens und der Fähigkeit, einen Aufsatz deutlich schriftlich abzufassen, vertrauter Einwohner des Bezirks sein, für welchen er als Schiedsmann gewählt werden soll; der Besitz besonderer Rechtskenntnisse und die Ansässigkeit im Bezirke sind nicht unumgänglich nötige Erfordernisse." (Zitiert nach Lütkemann 1913, S. 89).

Der Bereich der sachlichen Zuständigkeit des Schiedsmanns war bereits in der Zeit vor 1879 erweitert worden: 1851 wurde die vorherige Anrufung des Schiedsmanns in den Fällen von Ehrverletzung und leichten Mißhandlungen obligatorisch, sofern diese nur auf dem Wege der Privatklage verfolgt werden konnten. Bei seiner Ausdehnung auf ganz Preußen wurde das Schiedsmannsinstitut dort schließlich die zuständige Sühnebehörde bei Privatklagen wegen Beleidigung.

Die nächste große Veränderung der Schiedsmannsordnung wurde erst nach dem Ersten Weltkrieg vorgenommen. Aufgrund der Überlastung der Justiz wurde 1924 durch die 'Emminger Novelle' die Privatklage auf eine Reihe weiterer Delikte ausgedehnt. Dadurch fielen diese ebenfalls zunächst in die sachliche Zuständigkeit des Schiedsmanns. Die entsprechend novellierte Schiedsmannsordnung vom 12.3.1924 schreibt daher auch für folgende Delikte einen obligatorischen Sühneversuch vor dem Schiedsmann vor:

- Hausfriedensbruch,
- leichte vorsätzliche und fahrlässige Körperverletzung,
- Verletzung fremder Geheimnisse,
- Sachbeschädigung,
- Bedrohung.

Gleichzeitig wurde die Anrufung des Schiedsmanns gebührenpflichtig. Die Einführung der Gebühren hatte eine doppelte Funktion:[6]

---

[5] Heute liegt allerdings das vorgeschriebene Mindestalter des Schiedsmanns bei 30 Jahren (im Saarland jedoch bei 25 Jahren) und es ist verbindlich festgelegt, daß der Schiedsmann seinen Wohnsitz in seinem Schiedsmannsbezirk haben muß.

[6] Vgl. Hartung in *Die Preußische Schiedsmannsordnung* [...] (1927, S. 21):

- Der Zugang zum Schiedsmann und zum Privatklageverfahren wurde erschwert, bzw. 'Bagatellsachen' wurden vom Schiedsmann ferngehalten (Abschirm- bzw. Filterfunktion) und
- der Schiedsmann wurde finanziell entschädigt, seine Tätigkeit honoriert (Aufwertungsfunktion).

In nationalsozialistischer Zeit wurde das Schiedsmannsinstitut erstmals ernsthaft von seiten des Staates bedroht. Die NSDAP war bestrebt, die Gerichtsbarkeit in Strafsachen und bürgerlichen Rechtsstreitigkeiten von minderer Bedeutung „Friedensgerichten" zu übertragen und das Schiedsmannsinstitut in diesen neuen „Rechtseinrichtungen" aufgehen zu lassen. In einem ersten Schritt wurde bereits im Juni 1933 - ein Jahr vor der Auflösung der Länder - vom Preußischen Landtag ein Gesetz verabschiedet, das alle vor dem 15. März 1933 gewählten Schiedsmänner ihres Amtes enthob und sofortige Neuwahlen anordnete (vgl. Drischler 1987). Es kam allerdings während des „Dritten Reichs" nicht mehr zur völligen Auflösung des Schiedsmannsinstituts. Als nach dem Ende der nationalsozialistischen Herrschaft die damaligen Besatzungsmächte der „Westzonen" eine bundesstaatliche Gliederung der von ihnen besetzten Teile Deutschlands in „Länder" vornahmen, wirkte sich dies auch auf das Schiedsmannsinstitut aus (vgl. Thomas 1977). Weil mehrere Bundesländer die Nachfolgezuständigkeit für das aufgelöste Preußen übernahmen, bestand die Gefahr, daß die für Preußen einheitlich geltende Schiedsmannsordnung unterschiedlich bzw. gar nicht übernommen würde. Die Schiedsmannsordnung hatte als preußisches Gesetz nur für das ehemalige Preußen Gültigkeit. Nach der Länderaufteilung galt sie demnach nur bedingt in acht Ländern im Bereich der neu gegründeten Bundesrepublik, nämlich in Berlin, Hessen, Niedersachsen, Nordrhein-Westfalen, Rheinland-Pfalz, Schleswig-Holstein, im Saarland und im damaligen Land Württemberg-Hohenzollern, das heute Teil von Baden-Württemberg ist. Diese Länder waren allerdings nicht sämtlich 'reine' ehemals preußische Gebiete, und daher galt die Schiedsmannsordnung mitunter nur in Teilgebieten innerhalb eines Landes, z.B. in Hessen, Niedersachsen und Rheinland-Pfalz.

Da das Schiedsmannsrecht Gegenstand landesgesetzlicher Regelung ist, wurde es nach und nach in den einzelnen Bundesländern jeweils landeseinheitlich geregelt und gilt seitdem - wie eingangs gesagt - in den Bundesländern Berlin, Hessen, Niedersachsen, Nordrhein-Westfalen, Rheinland-Pfalz, Saarland und in Schleswig-Holstein. In Bayern und Baden-Württemberg ist ein kommunaler

---

„Durch Einführung von Gebühren sollte einem unnötigen Anrufen des Schiedsmanns und damit dem Privatklageverfahren in solchen Fällen vorgebeugt und zugleich einem alten Wunsch der Gemeinden Rechnung getragen werden, gleichzeitig aber auch durch die Gewährung eines Anteils an den Gebühren das Schiedsmannsamt selbst begehrenswerter gemacht und die Auswahl geeigneter Persönlichkeiten dazu erleichtert, auch durch Gewährung einer höheren Gebühr bei Vergleichen der Eifer der Schiedsmänner angeregt werden."

Beamter („Vergleichsbehörde") für den Sühneversuch im Privatklageverfahren zuständig, in Bremen ein Rechtspfleger und in Hamburg eine umfassendere Einrichtung, die 'Öffentliche Rechtsauskunfts- und Vergleichsstelle' (ÖRA).[7]

Obwohl die Schiedsmannsordnung in den Zuständigkeitsbereich der einzelnen Bundesländer fällt, waren die betroffenen Länder mit Veränderungen sehr zurückhaltend, zum einen, weil das Schiedsmannsrecht in engem Bezug zum Bundesrecht steht (Straf- und Strafprozeßrecht sowie bürgerliches Recht), zum anderen aber auch, weil man bemüht war, so weit wie möglich an der einheitlichen Ordnung von 1924 festzuhalten, sofern sie nicht dem Grundgesetz und der jeweiligen Landesverfassung widersprach. So ist es auch heute noch möglich, in einem länderübergreifenden Handbuch die wesentlichen Aspekte des Sühne- bzw. Güteverfahrens vor dem Schiedsmann darzustellen (vgl. Gain 1985).

Auf die jeweiligen Besonderheiten der Schiedsmannsordnung in den einzelnen Bundesländern kann hier nicht näher eingegangen werden. Die weiter unten folgende Beschreibung des Verfahrensgangs berücksichtigt nur die Schiedsmannsordnung für Nordrhein-Westfalen, weil die aufgenommenen Verhandlungen aus diesem Bundesland stammen. Diese wurde letztmals im Juli 1983 novelliert und trat am 1.1.1984 in Kraft. Sie enthält im Vergleich zur vorherigen Fassung u.a. einige sprachliche Neuregelungen:

- Das frühere „Sühneverfahren" ist in „Güteverfahren" umbenannt worden.
- Die beschuldigte Partei heißt nun auch in Strafsachen „Antragsgegner".
- Für Frauen im Schiedsmannsamt lautet die Amtsbezeichnung jetzt „Schiedsfrau". (Vgl. *Schiedsmannsordnung Nordrhein-Westfalen* 1984).

Die wohl gewichtigste sachliche Änderung ist die Einführung der Erscheinenspflicht für den Antragsgegner bei der Güteverhandlung in bürgerlich-rechtlichen Streitigkeiten. Bleibt dieser der Verhandlung unentschuldigt fern, so kann der Schiedsmann – wie vorher schon bei Strafsachen – gegen ihn ein Ordnungsgeld festsetzen.

Nachdem seit den 50er Jahren der Schiedsmann immer weniger in Anspruch genommen wurde und er in Vergessenheit zu geraten drohte, begannen in den 70er Jahren Versuche, diese traditionsreiche Schlichtungseinrichtung wiederzubeleben. Diese Versuche wurden vornehmlich von zwei Motiven ganz unterschiedlicher Art mitgetragen, einem (arbeits)ökonomischen und einem rechtssoziologischen bzw. konflikttheoretischen (vgl. dazu u.a. Jansen/Schwarz 1987, S. 22ff.):

- Die starke Inanspruchnahme der Gerichte auch für sog. Bagatellsachen führte zu einer Überlastung der Gerichte. Die Rechtsgewährung war da-

---

[7] Zur Geschichte der ÖRA vgl. u.a. Rendler (1980). Auf die Situation in der ehemaligen DDR bzw. in den 'neuen' Bundesländern kann hier nicht weiter eingegangen werden.

her nach den Worten des damaligen Präsidenten des Bundesverfassungsgerichts zu einem „knappen Gut"[8] geworden. Auf juristischer Seite forderte man deshalb neben den Leitprinzipien „größtmögliche Gerechtigkeit" und „Rechtssicherheit" das „Prinzip der möglichst gerechten Zuteilung der nicht unbegrenzten Rechtsfindungsressourcen" (Benda 1979, S. 362), das u.a. durch die Verhältnismäßigkeit der Mittel erfüllt werden sollte: „Die Rechtsmittel müssen in ein vertretbares Verhältnis zur Bedeutung der Sache gebracht werden."[9] Aus diesem Grunde verwies man verstärkt auf die alternativen prä- und extra-forensischen Institutionen, die zur Entlastung der Gerichte beitragen sollten.[10] In Nordrhein-Westfalen beauftragte das Justizministerium ein Meinungsforschungsinstitut mit einer Umfrage zur Bekanntheit und Akzeptanz der Schiedsmänner bei den Bürgern. Durch Presseerklärungen, Faltblätter und Broschüren wurde die Öffentlichkeit auf die Möglichkeit der Streitbeilegung vor dem Schiedsmann hingewiesen. In einem Runderlaß bat die Justizministerin des Landes „alle Rechtspfleger, die auf den Rechtsantragsstellen der Gerichte tätig sind [...], die Rechtsuchenden auch auf die kostengünstige Möglichkeit der Schlichtung vor dem Schiedsmann hinzuweisen." (Donnepp 1981, S. 116).

- Im Bereich der Rechtssoziologie waren in zunehmendem Maße – u.a. angeregt durch die Initiative der „Neighborhood Justice" in den USA (vgl. u.a. Tomasic/Feeley 1982) – diejenigen Konfliktregelungsformen 'wiederentdeckt' und favorisiert worden, die auf Konsens und nicht auf Urteil bzw. Entscheidung angelegt waren, d.h. Regelungen, die eine parteiautonome Konfliktlösung anstelle einer oktroyierten vorsahen. Ausdruck dieser Neubesinnung waren u.a. die im Jahre 1977 durchgeführte Tagung zum Thema „Alternative Rechtsformen und Alternativen zum Recht" (vgl. Blankenburg u.a. 1980), die Tatsache, daß der Bundesminister der Justiz einen Referenten eigens für das Aufgabengebiet 'Alternativen zur Justiz' einsetzte, „der sich insbesondere auch für die Schiedsmänner interessiert" (Donnepp 1981, S. 116) sowie eine 1981 von der Gesellschaft für Mathematik und Datenverarbeitung (GMD) durchgeführte „Bestandsaufnahme im Schiedsstellenbereich" (vgl. Morasch 1984). Dadurch wurde – neben dem Vergleich im Zivilprozeß – der Vergleich im Sühneverfahren neu gewichtet. Diese stärkere Umorientierung zu einer „konsensuellen", „gütlichen" Konfliktregelung hat sich sprachlich in der oben zitierten Schiedsmannsordnung für Nordrhein-Westfalen niedergeschlagen („Güteverhandlung", „Güteverfahren", „Gütetermin", „Güteantrag" statt

[8] Benda (1979, S. 362); Bendas damalige Äußerung entwickelte sich in juristischen Kreisen geradezu zu einem geflügelten Wort; vgl. u.a. Donnepp (1981, S. 114).

[9] „Leitlinien des Deutschen Richterbundes", zitiert nach Benda (1979, S. 362).

[10] Vgl. u.a. die erstmals im Dezember 1983 in einer Auflage von 300.000 Exemplaren vom Presse- und Informationsamt der deutschen Bundesregierung herausgegebene Broschüre *Schlichten ist besser als Richten.*

„Sühne...", „Antragsgegner" statt „Beschuldigter" usw.). D.h., normativ neutrale Konzepte sind an die Stelle von einseitig wertenden getreten.

1.1.2. Die kommunale Vergleichsbehörde

In Baden-Württemberg fällt der Gemeinde die Aufgabe zu, eine Vergleichsbehörde einzurichten, die in bestimmten Privatklagesachen ein Sühneverfahren durchführt.[11] Anders als beim Schiedsmannsinstitut gibt es hier keine ungebrochene Tradition aus dem vergangenen Jahrhundert. Vorläufer der Vergleichsbehörde waren im 19. Jh. die Gemeindegerichte. In Württemberg bildete zunächst der Gemeinderat das Gemeindegericht, später ein Ausschuß. In Baden verkörperte der Bürgermeister oder ein Kommunalbeamter das Gemeindegericht.

Nach dem 2. Weltkrieg wurden in Württemberg von den Besatzungsmächten nach deren Vorbild Friedensgerichte eingerichtet. Eine einheitliche Regelung für ganz Baden-Württemberg wurde erst 1960 herbeigeführt, als per Gesetz die Gemeindegerichtsbarkeit als eine Art Vorschaltinstanz der ordentlichen Gerichtsbarkeit für bestimmte bürgerliche Rechtsstreitigkeiten und Strafsachen geschaffen wurde. Aufgrund der teilweise geringen Inanspruchnahme der Gemeindegerichte wurde das Gesetz 1971 wieder aufgehoben. Damit fielen bürgerliche Rechtsstreitigkeiten in die Zuständigkeit der örtlichen Amtsgerichte zurück, und nur die Behandlung bestimmter Privatklagesachen blieb weiterhin Aufgabe der Gemeinden.

Aus dieser Zeit stammt im wesentlichen die gegenwärtig gültige Verordnung über das Sühne- bzw. Vergleichsverfahren. Sie unterscheidet sich – wie später noch dargestellt wird – in etlichen Punkten von der Schiedsmannsordnung.

1.2. Der Organisationsaufbau

1.2.1. Das Schiedsmannswesen als 'ständische' Organisation

Die lange Tradition des Schiedsmannswesens spiegelt sich auch in seiner Organisation. Die Schiedsmänner sind auf verschiedenen Ebenen bis hin zu einem 'Dachverband', dem Bund Deutscher Schiedsmänner (BDS), organisiert, der 1950 gegründet wurde. Sie werden von diesem Verband betreut, u.a. regelmäßig geschult und mit der erforderlichen Fachliteratur sowie den benötigten Vordrucken und Formularen versorgt. Der BDS nimmt auch die Aufgaben der Öffentlichkeitsarbeit wahr und bemüht sich als Interessenverband nicht nur um die Festigung des Schiedsmannswesens sondern auch um dessen inhaltliche wie geographische Ausweitung.[12]

---

[11] Diese Darstellung stützt sich vor allem auf Huttner (1981); vgl. auch die Arbeit von Theilacker (1963).

[12] So war der BDS ständig an der Diskussion um die Erweiterung der sachlichen Zuständigkeit des Schiedsmanns beteiligt (vgl. z.B. Herbst 1984) und hat bei-

Seit 1926 verfügen die Schiedsmänner ferner über ein eigenes Publikationsorgan, die „Schiedsmannszeitung", die in monatlichen Heften erscheint und neben Mitteilungen Beiträge zu speziellen juristischen Problemen oder zu allgemeineren Fragestellungen enthält, die die Schiedsmannsordnung und ihre Auslegung betreffen.

Wie in vielen Organisationen ist auch im Schiedsmannswesen der Einfluß 'starker Persönlichkeiten' feststellbar. So hat z.B. über Jahrzehnte hinweg der Reichsgerichtsrat (a.D.) Fritz Hartung das Schiedsmannsinstitut nach innen gefestigt und nach außen verteidigt. Bereits als Ministerialrat im Preußischen Justizministerium veröffentlichte und erläuterte er die Preußische Schiedsmannsordnung von 1925 und noch als 85-jähriger redigierte er 1969 die dritte Auflage seines erstmals 1936 erschienenen *Handbuch des Schiedsmanns.* In zahlreichen Aufsätzen stärkte er geradezu pathetisch das Selbstbewußtsein der Schiedsmänner und erzeugte bei ihnen ein starkes Gemeinschaftsgefühl. Gleichzeitig verteidigte er sie gegen Angriffe von außen:

> „Als angesehener Bürger, durch das Vertrauen seiner Mitbürger in sein Amt berufen, waltet der Schm. im engen Kreise seiner Gemeinde Frieden zu stiften, wo zwischen den Mitbürgern Streit entsteht. [...] Wieviel Segen geht doch von dem Wirken des Schs. aus: Segen für die Beteiligten, denen die gelungene Versöhnung soviel an Leid, Zeitaufwand und Kosten erspart, Segen für die Allgemeinheit, der am friedlichen Zusammenleben ihrer Bürger gelegen ist. Wie schön auch für den Schm. selbst das Bewußtsein, den Parteien durch Ausgleich ihres Streits wirksam geholfen zu haben. [...] Man sollte annehmen, daß gegenüber solch offensichtlicher Bewährung der Schs.einrichtung über seine Erhaltung Einigkeit bestünde. Leider ist das nicht der Fall. Reformatoren großen und kleinen Stils versuchen immer wieder, an diesen bewährten Einrichtungen zu rütteln. Zwei besondere Bewegungen sind es, die in der Zeit seit der Wiederaufrichtung der deutschen Rechtspflege die überkommene Einrichtung der Schr. aufzusaugen sich bemühen. Sie lassen sich unter den Stichworten 'Friedensgerichtsbarkeit' und 'kleine Justizreform' zusammenfassen." (Hartung 1952, S. 164-170).

Das Traditionsbewußtsein der Schiedsleute drückt sich auch in den zahlreichen Jubiläumsveranstaltungen aus, die auf den verschiedensten Ebenen durchgeführt werden und an denen in der Regel Repräsentanten der Justiz mit (Fest-) Vorträgen teilnehmen.[13]

---

spielsweise wesentlich zur Novellierung der Schiedsmannsordnung für NRW beigetragen. Ferner ist er darum bemüht, den räumlichen Geltungsbereich der Schiedsmannsordnung auf alle Bundesländer auszudehnen. Vgl. dazu u.a. die „aktuellen Interviews" des damaligen Presse- und Öffentlichkeitsreferenten des BDS, Siegfried Borchers, mit dem damaligen Senator für Rechtspflege und Strafvollzug der Freien Hansestadt Bremen, Wolfgang Kahrs, (Borchers 1984) sowie mit der damaligen Justizsenatorin der Freien und Hansestadt Hamburg, Eva Leithäuser, (Borchers 1986).

[13] So wurde z.B. am 22. November 1985 die Jubiläumsveranstaltung „125 Jahre Schiedsmannswesen im Kreis Recklinghausen" begangen, auf der der damalige

Anläßlich persönlicher Jubiläen werden die Schiedsleute wie Mitglieder in einem Verein von ihren Vereinigungen geehrt und in der Schiedsmannszeitung entsprechend erwähnt.

Der Schiedsmann führt ein Amt der Justizverwaltung[14], d.h. des Landes und nicht der Gemeinde. Gleichwohl wird er auf Vorschlag kommunaler Einrichtungen für einen Zeitraum von fünf Jahren vom Rat der Gemeinde gewählt, die seinen Schiedsmannsbezirk darstellt. Er übt sein Amt ehrenamtlich aus und kann es nur aus gewichtigen Gründen ablehnen bzw. niederlegen. Die Gemeinde trägt die Sachkosten des Schiedsmannsamtes einschließlich einer Aufwandsentschädigung. Je nach Größe der Gemeinde bzw. nach Geschäftsanfall wird diese in mehrere Schiedsmannsbezirke aufgeteilt. Als Richtschnur für die Aufteilung gilt ein Geschäftsanfall von mindestens 2-3 Güteverhandlungen im Monat und von nicht mehr als 80 im Jahr.[15]

Ein Kandidat für das Schiedsmannsamt muß im Besitz aller bürgerlichen Rechte sein, soll zwischen 30 und 70 Jahre alt sein und im Schiedsmannsbezirk wohnen. Über juristische Kenntnisse braucht er nicht zu verfügen.

Der Schiedsmann untersteht der unmittelbaren dienstlichen und fachlichen Aufsicht des Direktors bzw. Präsidenten des Amtsgerichts, in dessen Bezirk er seinen Wohnsitz hat. D.h., er führt mit diesem Dienstbesprechungen durch und erstattet ihm jährlich Bericht über seine Amtsgeschäfte. Von diesem wird er auch „auf die Erfüllung seiner Obliegenheiten eidlich verpflichtet." (SchmO NRW, § 5, (1)). Er verfügt über einen Dienststempel und ein Amtsschild, mit dem er das Gebäude kenntlich machen kann, in dem er seine Amtstätigkeit ausübt.

Die das Schiedsmannsamt ausübenden Personen haben in der Regel in ihrer Gemeinde oder dem betreffenden Gemeindebezirk bereits andere, z.T. ehrenamtliche, öffentliche Ämter inne, so daß sie in der Bevölkerung weitgehend bekannt sind und ihrerseits mit den lokalen Gegebenheiten bestens vertraut sind. Frauen bekleiden höchst selten das Schiedsmannsamt, obwohl sie dazu seit 1926 zugelassen sind und auch – wie bereits erwähnt – in Nordrhein-Westfalen seit dem 1.1.1984 die Amtsbezeichnung „Schiedsfrau" führen. 1986 waren in

---

Justizminister von NRW, Rolf Krumsiek, die Eröffnungsansprache hielt (vgl. *Schiedsmannszeitung* 58, 1987, S. 81-85).

[14] Vgl. dazu im einzelnen die *Schiedsmannsordnung für NRW* von 1984.

[15] Vgl. Schulte (1987, S. 29): „Größe des Schsbezirks soll so bemessen sein, daß der Schm regelmäßig (d.h. im Monat mindestens 2 bis 3 Sühne-(Güte-)verhandlungen tätig ist. Eine Ausnahme kann nur im Gebiet der ländlichen Zone zugelassen werden, um die Bürgernähe zu erhalten. Umgekehrt darf ein SchsBez. nicht so groß sein, daß dadurch eine zu große Belastung für den Schm eintritt; das ist in der Regel der Fall, wenn der Schm mit mehr als 80 Sühne-(Güte-)verfahren jährlich zu rechnen hat."

Nordrhein-Westfalen 1.385 Schiedsmänner und Schiedsfrauen tätig, im gesamten Bundesgebiet, d.h. in den sieben Bundesländern mit dem Schiedsmann als Vergleichsbehörde, 3.855 Schiedsleute (vgl. *Schiedsmannszeitung* 58, 1987, S. 120).

1.2.2. Die Vergleichsbehörde als 'kommunale Einrichtung'

Im Unterschied zum Schiedsmann ist die Vergleichsbehörde (in Baden-Württemberg) eine kommunale Einrichtung.[16] Ihre jeweiligen Amtsträger werden auch nicht in ihr Amt gewählt. Vielmehr wird grundsätzlich die Aufgabe der Vergleichsbehörde vom jeweiligen Bürgermeister der Gemeinde „als Pflichtaufgabe nach Weisung"[17] wahrgenommen; d.h., die Schlichtungstätigkeit gehört mit zu seinen Amtsgeschäften. Er kann jedoch diese Aufgaben auch an einen Bediensteten seiner Gemeindeverwaltung delegieren.[18] Dies ist in der Regel ein Sachbearbeiter mit juristischen Kenntnissen, der die anfallenden Schlichtungsfälle nebenher mitbearbeitet. Dabei steht er formal unter der Fachaufsicht eines Richters des zuständigen Amtsgerichts; regelmäßige Dienstbesprechungen und Berichte über seine Tätigkeit sind aber nicht vorgesehen.

Die Einbindung der Schlichtungstätigkeit in den Katalog kommunaler (Dienstleistungs-) Aufgaben bringt es mit sich, daß die Vorsitzenden der Vergleichsbehörde in Baden-Württemberg in ihrer Eigenschaft als behördliche Schlichter im Gegensatz zu den Schiedsleuten innerhalb des eigenen Bundeslandes nicht weiter organisiert sind und schon gar nicht über die Landesgrenzen hinaus. Außer auf privater Ebene besteht kein Kontakt zu den übrigen 'Amtskollegen', so daß es weder eine Gelegenheit zu einem Erfahrungsaustausch noch eine zur Schulung und Weiterbildung gibt. Instruktionen, Vordrucke und Formulare werden auf dem 'Amtswege' verteilt. Es liegt gleichsam in der Natur dieser behördlichen Einrichtung, daß die Vorsitzenden nicht über eine eigene Interessenvertretung verfügen, wie das bei den Schiedsleuten der Fall ist. Die Schlichtungstätigkeit wird daher auch eher als marginal wahrgenommen und als eine fast beiläufig zu erledigende Dienstaufgabe eingestuft. Dies hängt allerdings wahrscheinlich auch damit zusammen, daß aufgrund der eingeschränkten

---

[16] Die Darstellung stützt sich auf Huttner (1981) sowie auf Interviews mit Vorsitzenden der Vergleichsbehörde.

[17] Nach § 37 des „Gesetzes zur Ausführung des Gerichtsverfassungsgesetzes und von Verfahrensgesetzen der ordentlichen Gerichtsbarkeit", zitiert nach Huttner (1981, S. 9).

[18] Vgl. „Verordnung des Justizministeriums über das Sühneverfahren in Privatklagesachen", § 2, (2), (zitiert nach Huttner 1981, S. 11): „Die Aufgaben der Vergleichsbehörde werden grundsätzlich vom Bürgermeister der Gemeinde wahrgenommen, sofern nicht ein Bediensteter der Gemeinde oder eine andere geeignete Person damit beauftragt wird."

Zuständigkeit der Vergleichsbehörde in Baden-Württemberg ihr Fallaufkommen wesentlich geringer zu sein scheint als das des Schiedsmanns.

1.3. Der Verfahrensgang

Der Verfahrensgang ist in den beiden Schlichtungseinrichtungen unterschiedlich geregelt. Differenzen bestehen in verschiedenen Bereichen, z.B. in der Zuständigkeit, dem Ingangsetzen des Verfahrens, im Verfahrensablauf sowie in den rechtlichen Möglichkeiten, auf die Parteien einzuwirken.

1.3.1. Die Zuständigkeit

Die Zuständigkeit der beiden Schlichtungsstellen ist jeweils sowohl in sachlicher als auch in örtlicher bzw. personeller Hinsicht genau festgelegt.

Der Schiedsmann ist sachlich für bestimmte Straftaten und bürgerliche Rechtsstreitigkeiten zuständig. Die Straftaten sind sog. Antragsdelikte, für deren Verfolgung aufgrund mangelnden 'öffentlichen Interesses' von Amts wegen kein Strafverfahren über den Staatsanwalt in Gang gesetzt wird und die erst im Privatklageverfahren verfolgt werden können, wenn das Güteverfahren gescheitert ist. Im einzelnen sind dies die folgenden Straftaten (vgl. SchmO NRW 1984, S. 56):

- Hausfriedensbruch,
- Beleidigung (incl. üble Nachrede, Verleumdung, üble Nachrede gegenüber Politikern und Verunglimpfung des Andenkens Verstorbener),
- Verletzung des Briefgeheimnisses,
- Körperverletzung und fahrlässige Körperverletzung,
- Bedrohung,
- Sachbeschädigung.

Bei bürgerlichen Rechtsstreitigkeiten kann der Schiedsmann nur tätig werden, wenn es sich um einen vermögensrechtlichen Anspruch handelt: Z.B. Schadensersatz und Schmerzensgeld bei (leichter) Körperverletzung. Aber selbst dafür braucht er nicht unbedingt angerufen zu werden. Der Geschädigte hat auch die Möglichkeit, unmittelbar über die Zivilklage ein Zivilgerichtsverfahren in Gang zu setzen.

Der Schiedsmann ist ebenfalls für sog. „gemischte Sachen" zuständig, d.h. für Strafsachen, mit denen zusammen zugleich auch ein vermögensrechtlicher Anspruch geltend gemacht wird, z.B. Bedrohung und gleichzeitige Sachbeschädigung.

Örtlich ist für die Bearbeitung der verschiedenen Sachen derjenige Schiedsmann zuständig, in dessen Bezirk der Antragsgegner wohnt. Das bedeutet, daß im Extremfall auch jemand aus einem anderen Bundesland in der Gemeinde seines Kontrahenten ein Güteverfahren beantragen kann.

Die Vergleichsbehörde ist sachlich nicht für bürgerliche Rechtsstreitigkeiten, sondern nur für bestimmte Privatklagesachen zuständig, und zwar solche, die nicht als Offizialdelikte von Amts wegen verfolgt werden, vor allem (vgl. Huttner 1981, S. 30):

- Hausfriedensbruch,
- Beleidigung,
- Verletzung des Briefgeheimnisses,
- Körperverletzung,
- Bedrohung,
- Sachbeschädigung.

Die örtliche Zuständigkeit der Vergleichsbehörde beschränkt sich allerdings auf die Fälle, in denen sowohl Antragsteller als auch Antragsgegner in derselben Gemeinde wohnen. Diese kann eine dörfliche Kommune, aber auch eine Großstadt sein. Faktisch vermindert sich durch diese Einschränkung auch das Fallaufkommen wesentlich im Vergleich zu dem beim Schiedsmann.

Der Sühneversuch vor der Vergleichsbehörde ist – wie bei Strafsachen vor dem Schiedsmann – Bestandteil des Privatklageverfahrens, d.h., entweder wird die Sache vor der Vergleichsbehörde gütlich erledigt, oder aber sie kann nach einem erfolglosen Sühneversuch gerichtlich weiterverfolgt werden.

1.3.2. Der Ablauf des Schlichtungsverfahrens

Für das Güteverfahren (vgl. Gain 1985, S. 18ff.) gilt das sog. Antragsprinzip, d.h., es wird durch den 'Güteantrag' einer Partei in Gang gesetzt. Die 'geschädigte' Partei wendet sich mündlich oder schriftlich an den zuständigen Schiedsmann oder den Schiedsmann im eigenen Wohnbezirk, der den Antrag ebenfalls entgegennehmen kann, ihn aber dann an seinen zuständigen Amtskollegen weiterleiten muß. Im Einzelfall prüft der Schiedsmann den ihm vorgetragenen Streitfall und berät den Antragsteller hinsichtlich der Behandlungsmodalitäten. Häufig rät er ihm, die Angelegenheit erst noch einmal zu überdenken, bevor er tatsächlich den Antrag stellt. Dadurch werden bereits im Vorfeld, d.h. ohne Eröffnung eines förmlichen Güteverfahrens, eine ganze Reihe von Fällen erledigt. Etliche Anträge werden schließlich doch nicht gestellt, sei es weil die formalen Voraussetzungen nicht gegeben sind, sei es weil der Schiedsmann die Partei informell dazu bewegen kann, von sich aus eine Aussöhnung zu versuchen, oder sei es weil der Schiedsmann ihr aufgrund der unsicheren Rechtslage von einem Antrag abrät. Ein Schiedsmann berichtete uns auch, daß er potentielle Antragsteller, die sich bei ihm wegen einer Streitsache melden, grundsätzlich erst einmal auf seine Sprechstunde verweist. Bis dahin habe sich meist die erste große Erregung gelegt, und manch einer erschiene auch gar nicht mehr, um noch einen Antrag zu stellen. Es ist nicht genau bekannt, wie hoch der sog. Abschirmeffekt des Schiedsmanns gegenüber den Gerichten einzustufen ist (vgl. Bierbrauer et al. 1978, S. 148f.). Nach Auskunft der Schiedsleute ist ihre „unsichtbare Arbeit" wesentlich größer als es durch ihre Protokollbücher dokumentiert wird (vgl. Drischler 1984).[19]

Bei der Antragstellung ist der Schiedsmann der entsprechenden Partei meist behilflich. Ihm stehen für den Schriftverkehr Vordrucke und Formulare des BDS zur Verfügung. Bei der Antragsformulierung kann er sich außerdem in den vom BDS herausgegebenen Fachbüchern an Mustervorgaben orientieren, z.B. in Gain (1985, S. 75):

Sühneantrag zu Protokoll. Strafsache
(Antragsteller ist minderjährig)

Der Schiedsmann
Bezirk 2

Honsberg, den 14.Mai 1985
Breitestr.5

Antrag auf Güteverhandlung

Vor dem unterzeichneten Schiedsmann erscheint Herr Pfau, Karl, Arbeiter, wohnhaft Honsberg, Krempelgasse 16, als gesetzlicher Vertreter des Kindes Thomas Pfau, mit schriftlicher Vollmacht seiner Ehefrau Anna, geb. Kong, und erklärt: Gegen Herrn Brennhorn, Michael, Former, wohnhaft in Honsberg, Klostergasse 8, erheben wir folgende Beschuldigung: Herr Brennhorn hat gestern in der Wirtschaft Appel erzählt, Thomas habe seinem Meister DM 20,- gestohlen und sei deshalb entlassen worden.

Wir bitten, Termin zur Güteverhandlung zu bestimmen.

Vorgelesen, genehmigt und unterschrieben
Pfau
Geschlossen
Born, Schiedsmann

Der Antrag kann allerdings nur gestellt werden, wenn die antragstellende Partei auch die Kosten des Verfahrens (Gebühren und Auslagen) vorlegt. Der Kostenvorschuß liegt in der Regel bei ca. 60.- DM (Gebühr für Güteverfahren DM 20.-; mit Vergleich DM 40.- sowie Schreibauslagen, Porti, ggf. Dolmetscher- und Fahrtkosten, Entschädigung für Zeugen und Sachverständige). Diese Gebühren muß der Antragsteller auf jeden Fall tragen, wenn es in der Verhandlung zu keinem Vergleich kommt oder wenn der Antragsgegner nicht zur Verhandlung

[19] Andererseits ist dieser Abschirmeffekt wesentlich geringer als bei der Gebrauchtwagenschiedsstelle, in der nur 5% der angetragenen Fälle tatsächlich verhandelt wurden; vgl. Nothdurft (in diesem Band).

erscheint. Dieses – wenn auch verhältnismäßig geringe – Kostenrisiko läßt einige Parteien davor zurückschrecken, einen Antrag zu stellen.[20]

Hat der Antragsteller den Gebührenvorschuß gezahlt, so bestimmt der Schiedsmann Ort und Zeitpunkt der Güteverhandlung und lädt die Parteien rechtzeitig schriftlich dazu ein, wobei auch auf die Erscheinenspflicht bzw. auf die Konsequenzen unentschuldigten Fernbleibens hingewiesen wird (Verhängung eines Ordnungsgeldes für jede ausbleibende Partei; Einstellung des Verfahrens bei Ausbleiben des Antragstellers). Der Antragsgegner erhält mit der Ladung auch eine Kopie des Güteantrags, damit er sich auf die Güteverhandlung vorbereiten kann. Manche Schiedsmänner räumen auch dem Antragsgegner die Möglichkeit ein, noch vor dem Tag der Verhandlung ein Gespräch mit ihnen zu führen. An der Güteverhandlung können außer den Parteien ihre Beistände sowie Zeugen teilnehmen.

Im Blick auf den zentralen Bestandteil des Schlichtungsverfahrens, die Güte- bzw. Vergleichsverhandlung, bestehen keine großen Unterschiede zwischen den beiden Schlichtungseinrichtungen, so daß die folgende Darstellung sich gleichermaßen auf beide bezieht, Besonderheiten oder Abweichungen bei der einen oder anderen Stelle aber hervorhebt.

Für die Durchführung der Schlichtungsverhandlung ist jeweils ein bestimmter Amtsraum vorgesehen, der den Parteien bei der Ladung mitgeteilt wird. Der Schiedsmann legt den Ort der Güteverhandlung in der Regel für die Dauer seiner Amtstätigkeit fest. Sehr oft ist dies ein Raum in seiner Wohnung, der der Verhandlung eine private und weniger förmliche Atmosphäre verleihen soll. Man versammelt sich dann mitunter in der 'guten Stube' und läßt sich auf bequemen Sitzmöbeln rund um den Couchtisch nieder, so daß rein äußerlich der Eindruck eines eher geselligen Beisammenseins entsteht. Aufgrund negativer Erfahrungen oder Befürchtungen gewalttätiger Auseinandersetzungen zieht eine Reihe von Schiedsleuten es jedoch vor, die Verhandlung in einem Nebenraum ihrer Wohnung oder sogar in einem 'Amtszimmer' in einem öffentlichen Gebäude stattfinden zu lassen (Gemeindeamt, Sekretariat der Bezirksverwaltung, Schulsekretariat o.ä.), so wie es bei der Vergleichsbehörde ausschließlich der Fall ist. Bei Verhandlungen in der 'guten Stube' scheint allein schon die durch die Möbel bedingte niedrige und zurückgelehnte Sitzhaltung zur Entspannung der Atmosphäre beizutragen, ebenso wie das Fehlen eines hohen Tisches, hinter dem man sich verschanzen, auf den man ggf. aber auch mal schlagen kann. Demgegenüber herrscht in den Amtsräumen eine eher förmliche, gerichtsmäßige Atmosphäre, die dem eigentlichen Ziel der Verhandlung, einer entspannten, freundlich und versöhnlich gestimmten Aussprache, wahrscheinlich entgegensteht. Der Schlichter sitzt dort meist an einem Tisch bzw. hinter einem Schreibtisch, die Parteien sitzen ihm gegenüber, in der Regel in

[20] Im Gegensatz dazu ist das Verfahren bei der Schiedsstelle für Gebrauchtwagen und bei der Handwerkskammer grundsätzlich gebührenfrei.

gebührendem Abstand zueinander. In der Vergleichsverhandlung sitzt neben dem Vorsitzenden meistens noch eine Protokollführerin. Dadurch verstärkt sich noch der Eindruck einer gerichtsförmigen Verhandlung.

Für die Schlichtungsverhandlung gilt das Prinzip der Mündlichkeit. Unter der Leitung des Schlichters findet eine sog. Aussprache statt, und dies unter Ausschluß der Öffentlichkeit, d.h., die Verhandlungen sind grundsätzlich nicht öffentlich. Rechtsbeistände sind zugelassen, nicht aber sonstige Personen, nicht einmal enge Familienangehörige. Es sei denn, sie vertreten Minderjährige oder treten als Zeugen auf. Eine Teilnahme sonstiger fremder Personen (wie z.B. bei unseren Beobachtungen und Aufnahmen) ist nur mit Einwilligung aller Parteien möglich.[21]

An der Verhandlung sind somit mindestens die beiden Streitparteien sowie der Schlichter beteiligt. Vor der Vergleichsbehörde können sich die Parteien – wie bereits festgestellt – grundsätzlich auch durch einen Rechtsbeistand vertreten lassen. Vor dem Schiedsmann können die Parteien einen Rechtsbeistand mitbringen. Die Anwesenheit von Rechtsbeiständen wirkt sich unterschiedlich auf die Verhandlungen aus. Mal appelliert ein Beistand an seinen Mandanten, den Vergleichsvorschlag anzunehmen, mal besteht er aber auch – mehr als sein Mandant – auf einer gerichtlichen Behandlung des Falles. Wahrscheinlich lassen sich die Anwälte dabei im wesentlichen von juristischen und verfahrensökonomischen Aspekten leiten. Es ist jedoch nicht immer auszuschließen, daß auch eigene Kosten-/Nutzen-Überlegungen bei ihren Einlassungen eine Rolle spielen.

An einer Reihe der beobachteten Güteverhandlungen waren auch Zeugen beteiligt. Sie wurden jedoch in unterschiedlicher Weise in die Verhandlung einbezogen. Z.T. wurden sie vor der eigentlichen Eröffnung der Verhandlung in Abwesenheit der Parteien vernommen und dann entlassen, z.T. machten sie ihre Aussagen erst im Verlauf der Verhandlung und blieben bis zu deren Ende anwesend. Da es fast immer ausschließlich Zeugen waren, die der Antragsteller benannt hatte, verstärkte sich dadurch der Anklagecharakter der Verhandlung.

Die Güteverhandlung wird mit dem Ziel geführt, eine Einigung, womöglich sogar eine Aussöhnung, zwischen den Konfliktparteien herbeizuführen, in jedem Fall aber einen Vergleich zu schließen. Endet die Güteverhandlung mit einem Vergleich, so wird darüber ein Protokoll angefertigt, das von den Parteien und dem Schiedsmann unterzeichnet wird und von dem die Parteien auf Wunsch eine Abschrift erhalten. Das Protokoll enthält

[21] In NRW konnte generell im Zusammenhang mit der Novellierung der Schiedsmannsordnung ab dem 1.1.1984 für eine Übergangszeit von drei Jahren mit der Zustimmung der Parteien Personen die Anwesenheit gestattet werden, die zur wissenschaftlichen Erforschung der Schiedsmannspraxis an der Verhandlung teilnehmen wollten. (Vgl. *Schiedsmannsordnung NRW*, § 23, Art. III, S. 41).

- den Ort und die Zeit der Verhandlung,
- die Namen der erschienenen Parteien und sonstiger Beteiligter,
- den Gegenstand des Streits und
- die Vereinbarung der Parteien.

Auch für die Formulierung solcher Protokolle besitzt der Schiedsmann Mustervorlagen (vgl. Gain 1985, S. 76f.) (siehe S. 45).

Das Protokoll wird vom Schiedsmann eigenhändig, in der Regel mit der Schreibmaschine, geschrieben. Ein Protokollführer ist wegen der Nichtöffentlichkeit der Verhandlung nicht zugelassen. Allenfalls könnte der jeweilige Stellvertreter des Schiedsmanns protokollieren.

Das Güteverfahren kann allerdings aus verschiedenen Gründen scheitern und hat infolgedessen unterschiedliche Konsequenzen:

	Bürgerliche Rechtsstreitigkeit	**Strafsache**
Ausbleiben des Antragstellers	Antrag gilt als zurückgenommen; Verfahren wird eingestellt; ggf. Ordnungsgeld;	
Erstes Ausbleiben des Antragsgegners	Verfahren beendet; ggf. Ordnungsgeld;	Verfahren beendet; ggf. Ordnungsgeld; Bescheinigung über erfolglosen Sühneversuch für Antragsteller; aber: 2. Gütetermin, wenn beide Parteien im selben Bezirk wohnen;
Zweites Ausbleiben des Antragsgegners	——— ———	Verfahren beendet; Bescheinigung über erfolglosen Sühneversuch für Antragsteller;
Keine Einigung zwischen den Parteien	Verfahren beendet;	Verfahren beendet; Bescheinigung über erfolglosen Sühneversuch für Antragsteller;

Nach dem Scheitern des Sühneversuchs bleibt dem Antragsteller noch die Möglichkeit der Zivilklage (bei einer bürgerlichen Rechtsstreitigkeit) oder der Privatklage (bei einer Strafsache). Besondere Bedeutung hat das Scheitern vor allem bei Strafsachen, weil dies erst dem Antragsteller die Möglichkeit der Privatklage bei Gericht eröffnet. Der Antragsteller kann sich vom Schiedsmann eine Bescheinigung über den erfolglosen Sühneversuch ausstellen lassen, die er zusammen mit der Klage bei Gericht einreichen muß.

Vergleichsprotokoll, Strafsache

Der Schiedsmann
Bezirk 2
Prot. Nr. 11

Honsberg, 21. Mai 1985
Breitestr. 2

Vor dem unterzeichneten Schiedsmann erscheinen:
1. Die Eheleute Arbeiter Karl Pfau und Anna, geb. Kong, beide hier, Krempelgasse 16, als gesetzliche Vertreter ihres 17jährigen Sohnes, Antragsteller.
2. Der Former Michael Brennhorn, hier, Klostergasse 8, Antragsgegner.
Die Eheleute Pfau sind dem Schiedsmann bekannt, der Antragsgegner wies sich durch seinen Führerschein aus. Die Eheleute Pfau beschuldigten namens ihres Sohnes Thomas den Antragsgegner, daß dieser in der Wirtschaft Appel, hier, am 13.5.1985 erzählt habe, Thomas habe seinem Meister 20,- DM gestohlen und sei deshalb entlassen worden.
Der Antragsgegner erklärt hierzu: Ich habe das von einem Bekannten gehört. Inzwischen habe ich aber erfahren, daß es nicht stimmt.
Die Parteien schlossen folgenden Vergleich:
1. Der Antragsgegner nimmt seine Behauptung mit dem Ausdruck des Bedauerns als unwahr zurück.
2. Er zahlt 30,- DM als Bußgeld an das Deutsche Rote Kreuz, Geschäftsstelle hier.
3. Er übernimmt die Kosten des Güteverfahrens.
4. Der Antragsteller verzichtet auf Strafverfolgung.

v. g. u.
Karl Pfau
Anna Pfau
Michael Brennhorn
Born, Schiedsmann

Kostenberechnung:

1. Gebühr nach § 43 Abs. I S. 1	24,- DM
2. Schreibgebühren 4 x 1 Seite	4,- DM
3. bare Auslagen	4,90 DM
	32,90 DM

Zu 1. Kassenbuch I Nr. 25
21.5.1985 Born

Das Vergleichsverfahren weist gegenüber dem Güteverfahren vor dem Schiedsmann einige Besonderheiten auf (vgl. Huttner 1981). Unter der Voraussetzung, daß beide Parteien in derselben Gemeinde wohnen, kann ein Vergleichsverfahren durch einen entsprechenden Antrag „des zur Privatklage Berechtigten" in Gang gesetzt werden. Ein Vergleichsverfahren wird ebenfalls, und das ist die Regel, „von Amts wegen" veranlaßt, wenn nach erfolgtem Strafantrag die Staatsanwaltschaft die Sache nicht weiter verfolgt, sondern zur Bearbeitung an die Vergleichsbehörde verweist. In solchen Fällen ist das Vergleichsverfahren in der ersten Phase wesentlich stärker verschriftlicht und anonymisiert als das Güteverfahren vor dem Schiedsmann.

Die Vergleichsbehörde ist bei der Antragstellung behilflich und verlangt ebenfalls einen Kostenvorschuß (zwischen 20,- und 100,- DM). Sie legt den Sühnetermin fest und lädt dazu ein. Im Unterschied zum Güteverfahren beim Schiedsmann können sich die Parteien durch einen Rechtsanwalt vertreten lassen. Die Vergleichsbehörde kann zwar auch das persönliche Erscheinen der Parteien anordnen, jedoch verfügt sie über keine Straf- und Zwangsmittel (z.B. Ordnungsgeld), um ggf. dieser Anordnung Nachdruck verleihen zu können.

Das unentschuldigte Ausbleiben des Antragstellers hat generell die Einstellung des Verfahrens zur Folge, das Ausbleiben des Antragsgegners bedeutet bereits das Scheitern des Sühneversuchs, so daß der Antragsteller mit einer entsprechenden Bescheinigung in Händen die Sache gerichtlich weiterverfolgen kann.

Wird in der Verhandlung ein Vergleich erzielt, so muß darüber eine Niederschrift angefertigt werden. Für die eindeutige Fassung des Vergleichsergebnisses gibt es Formulierungshilfen (Huttner 1981, S. 57):

Vergleichsbeispiele:

- „Der Antragsgegner bedauert die Vorfälle am ..... und entschuldigt sich dafür beim Antragsteller.
- Die Parteien sagen zu, sich künftig friedlich zu verhalten und miteinander auszukommen.
- Gestellte Strafanträge werden zurückgenommen bzw. nicht gestellt.
- Jede Partei behält die ihr erwachsenen Auslagen auf sich.
- Die Gebühren der Vergleichsbehörde trägt der Antragsgegner. Dieser verpflichtet sich zur Entrichtung innerhalb ..... an den Antragsteller.
- Der Antragsgegner ist verpflichtet, sich in der ..... Zeitung mit folgendem Text am ..... öffentlich zu entschuldigen: '.....'.
- Der Antragsgegner verpflichtet sich, innerhalb ..... Wochen dem Antragsteller den entstandenen Schaden in Höhe von ..... DM zu ersetzen.

- Der Antragsgegner verpflichtet sich, dem Antragsteller innerhalb von ..... Wochen ein Schmerzensgeld in Höhe von .... DM zu bezahlen.

- Der Antragsgegner verpflichtet sich, binnen ..... Wochen folgender gemeinnütziger Einrichtung einen Betrag in Höhe von ..... DM zu bezahlen.

- Der Antragsgegner trägt die ihm entstandenen Auslagen, Gebühren und sonstige Kosten selbst und erstattet die dem Antragsteller entstandenen Auslagen usw. in Höhe von ..... DM binnen ..... Wochen.

- Der Antragsteller – Der Antragsgegner behält sich einen Widerruf dieses Vergleichs binnen ..... Tagen vor. Ein etwaiger Widerruf muß bis zu dieser Frist schriftlich bei der Vergleichsbehörde vorliegen. Durch den Widerruf ist der Vergleich gegenstandslos."

Für die verschiedenen Arbeitsschritte des Verfahrens stehen standardisierte Vordrucke und Formulare zur Verfügung (z.B. Antrag auf Vornahme eines Sühneversuchs, Ladung zur Sühneverhandlung, Protokoll, Bescheinigung über erfolglosen Sühneversuch).

Infolge der im Verhältnis zum Schiedsmann wesentlich stärker eingegrenzten Zuständigkeit der Vergleichsbehörde ist auch das 'Fallaufkommen' erheblich geringer.

1.3.3. Die Verfahrenskosten

Nachdem der Antragsteller den Kostenvorschuß gezahlt hat, ist es Gegenstand bzw. Ergebnis der Verhandlung, wer schließlich die Kosten trägt. Beim Scheitern der Verhandlung trägt stets der Antragsteller die Kosten, in den anderen Fällen werden sie in der Regel dem Antragsgegner auferlegt, manchmal kommt es auch zu einer Kostenteilung. Finanziell besonders belastend wird das Verfahren, wenn daran Rechtsanwälte, Zeugen und Sachverständige beteiligt sind, zumal Rechtsschutzversicherungen bislang für Schlichtungsverfahren keine Kostendeckung übernehmen.

Im Einzelfall können bei einem Vergleich Kosten in Höhe von mehreren hundert DM entstehen, die meist der Antragsgegner zu tragen hat. So wurde z.B. in einem Fall mit Körperverletzung die Antragsgegnerin mit den allgemeinen Verfahrenskosten, einem Schmerzensgeld von DM 150,- sowie einem Bußgeld in Höhe von DM 300,-, zahlbar an das DRK, belastet. In einem anderen Fall wegen Beleidigung erhöhten sich die Kosten für den Antragsgegner dadurch, daß der Antragsteller einen Rechtsanwalt eingeschaltet hatte, um dessen Honorar in Höhe von DM 265,-. Zusätzliche Kosten können noch durch die Einschaltung eines Dolmetschers oder – vor dem Schiedsmann – durch das Hinzuziehen von Zeugen oder Gutachtern entstehen.

1.3.4. Das Fallaufkommen

Das Fallaufkommen der einzelnen Einrichtungen ist sehr unterschiedlich. Aufgrund der stärkeren Einschränkung bei der Zuständigkeit ist das Aufkommen bei der Vergleichsbehörde wesentlich geringer als beim Schiedsmann. Selbst in einer mittleren Großstadt werden jährlich weniger als 100 Schlichtungsfälle gezählt. In einer vergleichbaren Großstadt in einem anderen Bundesland haben die dort tätigen Schiedsleute zwei- bis dreimal soviel Fälle zu bearbeiten. Allerdings ist auch dort die Anzahl der Fälle stark vom jeweiligen Wohngebiet bzw. Stadtviertel abhängig, so daß bei dem einen Schiedsmann jährlich nur fünf bis sechs Fälle, bei dem anderen zwischen fünfzig und einhundert auftreten. Jeder Schiedsmann ist verpflichtet, regelmäßig eine Jahresübersicht über seine Tätigkeit anzufertigen und diese seiner Aufsichtsbehörde vorzulegen. Diese Vorschrift stammt schon aus dem vergangenen Jahrhundert. So wurde z.B. im „Amtsblatt der königlichen Regierung zu Münster Numero 42 vom 15. October 1859" eine „Verordnung der Königlichen Ministerien des Innern und der Justiz" veröffentlicht. Darin heißt es in § 33:[22]

> „Ein jeder Schiedsmann soll am Schlusse des Jahres dem Landrathe, in den Städten der städtischen Polizeiobrigkeit, summarisch nachweisen, wie viel Vergleiche er im Laufe des Jahres zu Stande gebracht hat und wie viel unverglichen geblieben sind."

Dadurch ist die 'sichtbare Tätigkeit' des Schiedsmanns fast seit den Anfängen dieser Einrichtung dokumentiert. Die neuesten Übersichten über die Tätigkeit des Schiedsmanns werden jeweils in der Schiedsmannszeitung veröffentlicht. Im Jahre 1986 wurden in Nordrhein-Westfalen insgesamt 12.673 Verfahren durchgeführt, davon 11.754 in Strafsachen. Die Vergleichsquote lag – wie gewöhnlich – leicht über 50%.[23]

2. Strukturelle Bedingungen der Schlichtungsverhandlung

2.1. Allgemeine Verfahrensregelungen

Die institutionellen Regelungen der Vergleichsbehörde schließen im allgemeinen eine spontane und vom Schlichter selbst ausgehende Streitschlichtung weitgehend aus. Nur wenn eine der Konfliktparteien eine „behördliche" bzw. „juristische" Konfliktregelung wünscht, wird bei bestimmten Delikten der Schlichter zwangsläufig eingeschaltet. Das bedeutet, daß das Verfahren immer einseitig, d.h. von nur einer der Konfliktparteien durch schriftlichen Antrag oder Anzeige in Gang gesetzt wird und mit Attributen einer förmlichen Klage versehen ist. Insofern ist z.B. der Ausgangspunkt für solche Schlichtungsver-

[22] Zitiert nach Krumsiek, Rolf (1986, S. 37).

[23] Weitere Übersichten finden sich u.a. in Jansen (1987, S. 10f.) und zwar für die Jahre 1950-1984 in der BRD und 1975-1984 in NRW.

handlungen stets eine einseitige Konfliktversion, die selten mit derjenigen der Gegenpartei völlig übereinstimmt. Diese hat erst im Rahmen der mündlichen Verhandlung die Möglichkeit, zur Anschuldigung Stellung zu nehmen und ihre eigene Konfliktversion vorzutragen.

Es ergeben sich außerdem verfahrensbedingte Verzögerungen, ehe es zu einer Verhandlung kommt. Ganz gleich, ob das Güte- bzw. Sühneverfahren durch eine der Konfliktparteien unmittelbar – beim Schiedsmann oder dem entsprechenden Amt – in Gang gesetzt wird oder ob es erst auf dem Umweg über eine Anzeige und die Weiterleitung durch die Staatsanwaltschaft eingeleitet wird, es vergehen Tage oder sogar Wochen, ehe es zu einer Verhandlung kommt. Es müssen zunächst Verfahrensgebühren entrichtet werden, und für die Ladung zu einem Verhandlungstermin sind bestimmte Fristen einzuhalten. So liegt der Streitfall immer schon einige Zeit zurück, wenn es darüber zu einer Aussprache kommt. Allerdings dürfen nur solche Vorfälle zum Gegenstand einer Anzeige bzw. eines Antrags auf Güteverhandlung gemacht werden, die nicht länger als drei Monate zurückliegen.

Außer dieser zeitlichen Eingrenzung des Konfliktsachverhalts gibt es auch noch eine örtliche und eine inhaltliche. Die örtliche bezieht sich darauf, daß eine der Parteien (nämlich die beschuldigte), in manchen Bundesländern sogar beide, im betreffenden Schiedsmannsbezirk bzw. in der Gemeinde ihren Wohnsitz haben muß. Inhaltlich ist in den Ordnungen genauestens festgelegt, welche Strafsachen und bürgerlichen Rechtsstreitigkeiten überhaupt verhandelt werden dürfen. So sind bereits durch all diese Verfahrensregelungen spezifische Bedingungen für eine Schlichtung – im Sinne der Herbeiführung einer Einigung zwischen Konfliktparteien – gesetzt.

2.2. Besondere Merkmale des Konfliktsachverhalts

Dadurch, daß die örtliche und sachliche Zuständigkeit der Vergleichsbehörde eingegrenzt ist, kommen im strafrechtlichen Bereich vor allem sogenannte Nachbarschaftskonflikte zur Verhandlung. Diese Konflikte sind häufig dadurch gekennzeichnet, daß sie bereits eine längere Vorgeschichte besitzen, während der der Konflikt noch weitgehend unter Kontrolle gehalten werden kann, bis er eines Tages dann doch eskaliert und es zum offenen Streit und zu nicht mehr tolerierbaren Verletzungen sozialer Normen kommt. Diese Konflikteskalation hindert die Kontrahenten sodann daran, selbst zu versuchen, den Konflikt gemeinsam zu bearbeiten und zu lösen. Oft wird vielmehr die Kommunikation zwischen den Parteien völlig abgebrochen. Daher sind sie auch nicht mehr in der Lage, gemeinsam einen Dritten einzuschalten, der ihnen bei der Streitschlichtung behilflich sein könnte. So ruft schließlich in der Regel nur einer der Kontrahenten unter dem Eindruck, daß seine Rechte verletzt wurden, per Anzeige oder Antrag eine behördliche Einrichtung an, welche die Lösung des Konflikts vornehmen oder bei der Lösung behilflich sein soll. Da der Schiedsmann bzw. die Vergleichsbehörde sich nicht eigenmächtig in die Konfliktbearbeitung einschalten, sondern nur auf Antrag tätig werden kann, erhält der Konflikt durch die Anrufung der Behörde eine neue, offizielle Dimension. In dem entsprechenden Antrag macht die betreffende Partei stets geltend, der Kontrahent habe sie in symbolischer und/oder materieller Form geschädigt. Der Umstand, daß fast immer nur einer der Kontrahenten Anzeige erstattet bzw. das Verfahren beantragt, ist jedoch noch kein Indiz dafür, daß dieser allein der Geschädigte ist, sondern eher dafür, daß er sich erheblich stärker als sein Gegner geschädigt fühlt.

2.3. Orientierungen und Handlungsziele der Beteiligten

Entsprechend den erwähnten Voraussetzungen werden die an den Schlichtungsverfahren beteiligten Personen von unterschiedlichen und teilweise gegensätzlichen Motiven und Zielvorstellungen im gemeinsamen Handlungszusammenhang geleitet.

Zum einen läßt sich beobachten, daß Verhandlungsbeteiligte sich in ihren Berichten und Darstellungen an gegensätzlichen Handlungskontexten orientieren. Wie Conley/O'Barr (1990) bei der Untersuchung der Berichte von Konfliktparteien in „small-claim courts" in den USA feststellten, betten die Parteien ihre Berichte entweder in das soziale Regelwerk von Recht und Gesetz ein („rule-oriented accounts") oder sie beziehen sich stärker auf ihre persönlichen lebensweltlichen Zusammenhänge („relational accounts"). Die erste der beiden Orientierungen ist gerichtskonform und kann die Erfolgschancen verbessern.

Zum anderen zeigt sich in den Verhandlungen, daß die Beteiligten von Beginn an von jeweils festen, aber unterschiedlichen und mitunter sogar gegensätzlichen Erwartungen und Zielvorstellungen hinsichtlich des Verhandlungsergebnisses geleitet werden.

Diese Divergenz von Zielen, Handlungstendenzen sowie Motiven der interagierenden Personen ist wesentlicher Bestandteil des gesamten Schlichtungsverfahrens, vor allem der Schlichtungsverhandlung selbst, und manifestiert sich als geradezu konstitutives Interaktionsproblem. Dieses Problem erweist sich oft sogar als völlig unlösbar: Die jeweiligen Ziele stehen in einem so starken Gegensatz zueinander, daß zwischen ihnen nicht vermittelt werden kann, und infolgedessen scheitert das Verfahren. Bis zu einem gewissen Grade sind die unterschiedlichen Orientierungen mit den jeweiligen Positionen bzw. Rollen der Parteien verbunden, die im folgenden vorgestellt werden.

2.3.1. Der Antragsteller

Als Initiator des Verfahrens hat der Antragsteller mit seiner Anzeige bzw. seinem Antrag bereits deutlich gemacht, daß er für eine ihm zugefügte Schädigung Genugtuung verlangt. Er fordert eine Kompensation für eine ihn persönlich als

Schädigung betreffende Normverletzung.[24] Dabei orientiert er sich meist am (positiven) Recht, er ist „rule-oriented". Zu einer solchen Orientierung ist er allerdings auch bis zu einem gewissen Grade gezwungen, um überhaupt den „Rechtsweg" beschreiten zu können. In der Regel ist es sein Ziel, durch das angestrengte Verfahren recht zu bekommen, genauer: sein Recht zu bekommen. Er strebt also keineswegs immer schon von sich aus eine Einigung, einen Vergleich oder gar eine Aussöhnung mit seinem Kontrahenten an, denn aus seiner Perspektive ist jener allein schuld am Konflikt und muß daher bestraft bzw. verurteilt werden. Dabei soll ihm der Schlichter behilflich sein; d.h., dieser soll dann Richter- bzw. Rechtsprechungsfunktion übernehmen. Zur Illustration der Orientierung bzw. Erwartung des Antragstellers, daß eine Schuld auch durch eine entsprechende Strafe gesühnt werden muß, soll der folgende Gesprächsausschnitt dienen. Darin lehnt die Antragstellerin den Vorschlag des Schlichters ab, daß ihre Gegnerin sich für die Beleidigung bei ihr entschuldigt. Eine bloße Entschuldigung hält sie für nicht ausreichend oder angemessen und fordert stattdessen *expressis verbis* eine Bestrafung der Antragsgegnerin:

nä uff die" art nit mit entschuldigung↓ wenn se nit irgendwie äh e stro:f oder was kriggt

(3001/03; 18,8ff.)

Von dieser Orientierung läßt sie sich nicht ohne weiteres abbringen und hält die Forderung nach einer Strafe noch lange während der Verhandlung weiter aufrecht, begründet diese und droht damit, vor Gericht zu gehen, wenn sie in der Schlichtungsverhandlung die Bestrafung ihrer Kontrahentin nicht erreichen kann:

sie muß jo schließlich a" fer de"s was se misch zammeghe:se hot was i"sch ausgehalde hab irgendwie gestro:ft werre↓ wenn sie" des nit mache muß isch=s halt do"ch vor=s gerischt bringe↓ [...] sie känne/ sie känne ihr en/ en betrag sage den sie dann äh bringt awwer ga"nz grad mit erre entschuldischung nach em=e dreivierteljohr ka"nn isch des jo net↓

(3001/03; 28,8ff.)

Für ihre Forderung nach einer Bestrafung ihrer Kontrahentin führt die Antragstellerin nicht eigens Gründe an, sondern suggeriert vielmehr, daß sich dies – entsprechend einem von ihr unterstellten geltenden Prinzip von Schuld und Sühne – eher von selbst versteht. Die Notwendigkeit einer Bestrafung im Sinne einer ausgleichenden Gerechtigkeit ist für sie geradezu evident: Strafe muß sein angesichts dessen, was sich die Antragsgegnerin hat zuschulden kommen lassen.

---

[24] Diese Orientierung unterscheidet sich erheblich von der der Kunden in Gebrauchtwagenschlichtungen, denen es oft um die Korrektur eines Mangelzustandes oder die Wiederherstellung eines Gebrauchswerts geht, 'handfestere' Verhandlungsobjekte also. Gleichwohl spielen auch dort Kränkungsgesichtspunkte eine wichtige Rolle; vgl. Nothdurft (in diesem Band).

Die Selbstverständlichkeit dieser Forderung wird durch die Abtönungspartikel *jo* unterstrichen. Auch über Inhalt und Art der Strafverhängung hat die Antragstellerin genaue Vorstellungen: Der Schlichter soll nach Richter-Art die Kontrahentin zu einer Geldstrafe verurteilen. Dies versteckt sich hinter der euphemistischen Paraphrase: ***sie känne ihr en betrag sage den sie dann bringt.*** Offenbar hätte sie eine spontane Entschuldigung unmittelbar nach der ihr zugefügten Beleidigung akzeptiert; nachdem sie aber die Beleidigung monatelang gleichsam auf sich hat sitzen lassen müssen, reicht ihr eine bloße Entschuldigung nicht mehr aus – wie jeder verstehen wird (Abtönungspartikel *jo* in: ***ka"nn isch des jo net↓***).

Eine solche Orientierung bzw. Erwartung läßt sich immer wieder mehr oder weniger explizit bei fast allen Antragstellern beobachten. Dies geht auch aus der Untersuchung von Jansen (1987, S. 194) zum Schiedsmannswesen hervor. Aufgrund einer Befragung von Streitparteien kommt sie zu folgendem Ergebnis:

> „Obwohl die Schiedsmannsordnung als Ziel des Güteverfahrens den Vergleich durch gegenseitiges Nachgeben bezeichnet, kann man nicht davon ausgehen, daß alle Antragsteller, die ein solches Verfahren in Gang bringen, auch zum Kompromiß bereit sind. Gut ein Viertel der Antragsteller kommt vielmehr mit der dezidierten Absicht zur Verhandlung, die eigenen Forderungen durchzusetzen. [...] Dies deutet darauf hin, daß ein erheblicher Teil der Antragsteller das Güteverfahren als ein Quasi-Gerichtsverfahren mißversteht."

Eine solche normative, d.h. an der gesetzlichen Norm orientierte Erwartungshaltung läßt bereits vermuten, daß sich – gemessen an der von Eckhoff (1967) getroffenen Unterscheidung zwischen dem Interessen-orientierten Vermitteln und dem Norm-orientierten Richten – die Grenzen zwischen Schlichten und Richten in den Verhandlungen vor der Vergleichsbehörde mehr oder weniger verwischen.

2.3.2. Der Antragsgegner

Im Gegensatz zu seinem Kontrahenten hat der Antragsgegner es offenbar (noch) nicht für erforderlich gehalten bzw. (noch) keine Veranlassung gesehen, sich an eine Schlichtungsinstanz zu wenden. Er hat von sich aus bisher offiziell (noch) keine Wiedergutmachungsansprüche gestellt. Durch die Anzeige bzw. den Antrag der anderen Seite sieht er sich nun zur Wiederaufnahme der Kommunikation mit seinem Kontrahenten genötigt und gleichzeitig in eine reaktive Position gedrängt: Durch die Verfahrensordnung wird er (teilweise sogar unter Androhung eines Ordnungsgeldes) mehr oder weniger stark gezwungen, an der Verhandlung teilzunehmen. Dort muß er sich zu Anschuldigungen und Vorwürfen verhalten, ohne bisher Gelegenheit gehabt zu haben, eigene Ansprüche oder Forderungen anzumelden. Allein schon deshalb sind bei ihm eher Widerstände und eine abschottende Haltung gegen die Anschuldigung und auch gegen die Verhandlung selbst und damit letztlich auch gegen eine gütliche Einigung zu erwarten. Im Unterschied zu seinem Kontrahenten ist er außerdem oft nur unzureichend über das Verfahren selbst und dessen Funktion informiert.[25] Im folgenden Beispiel erkundigt er sich erst während der Verhandlung danach:

jezt vorab de"shalb der äh- * is des für mich unverständlich↓ * äh s/ sühnetermin oder vergleich oder irgendwie↓ * isch weiß net im moment i"s is ruhe ich↑ * seh den herr beck ni"scht mehr↑ * un=e- * is des jetz nur vom gesetzgeber her↑ * äh * vorgeschrieben daß des sein muß bevor äh- * herr beck andere schritte unternehmen ka"nn oder↑ * is des e"scht äh- * um- * beide parteien wieder zueina"nder zu führen↓

(3001/01; 4,6ff.)

Zu Beginn der Verhandlung sieht sich der Antragsgegner mit einer Anschuldigung konfrontiert, die ihn als Rechtsbrecher oder -verletzer darstellt und zu der er sich verhalten muß. In der Regel ist er darauf aus, die Verhandlung möglichst unbeschadet zu überstehen, indem er sich verteidigt, rechtfertigt, sich als schuldlos oder gar als den eigentlich Geschädigten darstellt. In einem entsprechenden Aushandlungsprozeß versucht er, den bislang nur einseitig informierten (und dadurch vielleicht voreingenommenen) Schlichter für sich und seine Konfliktversion zu gewinnen. Nahezu alle seine Reaktionsweisen stehen einer Einigung prinzipiell im Wege, und selbst wenn er eine (Teil-) Schuld eingesteht, ist damit zwar eine notwendige Voraussetzung für die Einigung gegeben, aber die Herbeiführung der Einigung bei weitem noch nicht zu einem Automatismus geworden. Einige Gesprächsausschnitte sollen nun unterschiedliche Reaktionsweisen von Antragsgegnern veranschaulichen.[26]

Einer der Antragsgegner, dem zur Last gelegt wird, ein Nachbarskind geschlagen zu haben, weist diese Beschuldigung ganz lapidar zurück:

ich hab das nicht gema"cht was da angegeben wird was ich angeblich gemacht haben soll↓

(3002/30b; 6,3f.)

---

[25] Dies gilt nicht für alle Formen des Schlichtens: In der Schiedsstelle für den Gebrauchtwagenhandel und in der Handwerkskammer z.B. hat vor der Verhandlung eine umfangreiche Korrespondenz zwischen den Kontrahenten stattgefunden, und viele Händler sind mit dem Verfahren vertraut; vgl. Nothdurft und Reitemeier (in diesem Band).

[26] Mit diesen Beispielen wird kein Anspruch auf vollständige Dokumentation möglicher Reaktionstypen erhoben. Auch muß hier offen bleiben, ob sich die Reaktionen insgesamt auf die folgenden vier Grundtypen (plus jeweils eine Reihe von Untertypen) zurückführen lassen, wie Schönbach (1980) dies allgemein für Stellungnahmen zu 'failure events' annimmt:
- Eingeständnis (concession),
- Entschuldigung (excuse),
- Rechtfertigung (justification),
- Zurückweisung (refusal).

Auffällig ist dabei, daß er sich gleich mehrfach von der Anschuldigung distanziert. Er vermeidet es, das Delikt selbst zu benennen. Stattdessen verweist er nur deiktisch darauf: *das ... was da.* Außerdem charakterisiert er in doppelter, geradezu pleonastischer Weise die in der Anschuldigung enthaltene Behauptung als eine unbewiesene Unterstellung: *angeblich ... gemacht haben soll.* Von dieser Position läßt er sich während der Verhandlung trotz belastender Beweise nicht abbringen und streitet bis zum Schluß alles ab. Dadurch ergibt sich dann auch keine gemeinsame Konfliktversion, und folglich kann vom Schiedsmann noch nicht einmal der Versuch einer Schlichtung unternommen werden.

Ein anderer Antragsgegner, dem eine Beleidigung zur Last gelegt wird, reagiert auf die Anschuldigung zunächst ebenfalls damit, daß er die Tat mit großer Emphase bestreitet, wobei er sogar gleichsam das 'Gottesgericht' im Zusammenhang mit seiner Unschuldsbeteuerung anruft:

also ich kann nur dazu sa:n so die"se äußerungen * do schwör ich bei gott do soll i auf de a"lle zwei augen blind wern wann de"s von mein munde gekommen is↓ mehr kann ich nicht dazu sagen↓

(3001/08; 3,13ff.)

Erst nachdem der Schlichter einerseits dem Antragsgegner verdeutlicht hat, daß die Anschuldigung schon ihre Berechtigung hat (sie kann *net grad aus de luft gegriffen* sein), und andererseits aber auch Verständnis für dessen Ruhebedürfnis gezeigt hat, findet jener sich bereit, ausführlich Stellung zu nehmen, und schildert nun hyperbolisch, wie er durch Jugendliche belästigt wurde, die auf dem Nachbargrundstück ihre Mopeds 'frisierten' und dann mit diesen ständig Probefahrten machten:

ja: * ich sag es wie=s woar↓ * vie"r stunden der herr heilmann die frau heil/ i"mmer wann die furt sin * komm die ganze jugendliche- * zusammen auwer nicht achte und zaini sondern zwanzig un mal is me no"ch mehr↓ * un dann ham=s weider nix als wie äh die * mopeds eingstellt da die vergaser net↑ da nummer en äh der herr heilmann wohnt in nummero fuchzehn↓ * un der junge mann von nummero nein der die schraubezieher in der hand ghot und hot dauernd eingstellt und denn sin=s immer rau"s rei" rro rro rro ratatatatatata * a wa ma sou wos vie"r stund in einen zug * äh an- hern muss ja da do muß man die nervn verliern do mu"ß ma sich vergessn↓ * des mians amui üwerleng do * i hab i woar noh an einem herzschlag- * is nur a wunder daß ich noch leb i hab gsagt wann des so weider geht * dann kenna=s mi auf heubach [SITZ EINER NERVENHEILANSTALT] führn↓ das k/ is ni"cht mehr zam aushalten *

(3001/08; 9,16ff.)

Damit verdeutlicht er, daß er der ursprünglich Geschädigte war und daß er durchaus allen Anlaß hatte, sich über seinen Nachbarn zu ärgern. Er bestreitet jedoch weiterhin den Wortlaut der Äußerungen, mit denen er seinen Nachbarn beleidigt haben soll. Gleichzeitig deutet er aber an, daß er in der fraglichen Situation nicht mehr „Herr seiner selbst" gewesen ist, was er durch eine abschließende Beteuerungsformel glaubhaft zu machen versucht:

```
also wirglich net↓ des hab ich nich gsagt↓ ich wollt i woar gonz
ohnmächtig vor lau"der abgasn sag ich jo i hob gor ni=mehr gewisst wou
wou wous ich bin wous ich iwerhaupt bin↓ entweder sie glaum=s oder
nicht-
```

(3001/08; 19,12ff.)

Schließlich räumt er auch ein, daß er möglicherweise sich zu den beleidigenden Äußerungen hat hinreißen lassen, aber das sei ihm nicht bewußt:

```
ja des kann sei awer ich kann mi ni"cht erinnern an sou was↓
```

(3001/08; 19,19f.)

Erst von diesem Zeitpunkt ab kann die Verhandlung sich auf die Herbeiführung einer Einigung konzentrieren.[27]

Die Orientierung anderer Antragsgegner ist dadurch gekennzeichnet, daß die zur Last gelegte Handlung von ihnen gar nicht als Straftat eingestuft wird. Im folgenden Fall ist z.B. die Antragsgegnerin in die Wohnung der Antragstellerin eingedrungen und hat diese dort verprügelt. Sie rechtfertigt sich nun damit, daß sie dies nicht ohne besondere Veranlassung getan habe:

```
isch hab da=n grund für jehabt
```

(3002/03; 12,10f.)

Der Grund sei gewesen, daß die Antragstellerin dem Mann der Antragsgegnerin nachgestellt, seine Gesundheit ruiniert und dessen Geschäft geschädigt habe. Insofern fühle sie sich schuldlos und weigere sich, das geforderte Schmerzensgeld zu zahlen:

```
dä hat noch mehr schmerz mir zugefücht wie ich ihr zugefücht eh sie
hett noch vill vill zu wenig prügel krischt↓
```

(3002/03; 12,42ff.)

Auch eine solche Orientierung, nach der im Grunde die 'Schuldkonten' ausgeglichen sind, steht einer Einigung grundsätzlich im Wege. Sofern der Schlichter es nicht erreicht, sie grundlegend zu ändern, wird die Verhandlung scheitern.[28]

Einer der Gründe, warum Antragsgegner sich oft nicht bereitwillig schuldig bekennen, liegt wahrscheinlich darin, daß sie – ganz analog zum Antragsteller – in

---

[27] Eine ausführliche Analyse dieses Falles findet sich in Nothdurft (1995, Kap. 5.3.1).

[28] Eine detaillierte Analyse dieses Falles findet sich in den Beiträgen von Klein, Nothdurft, Reitemeier und Schröder in Röhl (1987).

Verkennung des Schlichtungsgedankens ebenfalls nur in Kategorien von Schuld und Sühne denken. Sie betrachten dann bereits die ihnen abverlangten Verfahrensgebühren als Strafe. Deshalb ist es notwendig, daß der Schlichter bei einem solchen Verdacht wie im folgenden Beispiel sogleich belehrend interveniert:

un des was un die un das was sie hier wa un die kosten um die=s hier geht- * is keine stra:fe oder keine geldbu:ße↑ de:s so is es also net zu sehen- * sondern sin schlicht un einfach die kosten die halt eben mal mit einem solschen verfahrn verbunden sind↓ * s=kann ihne also niemand saren sie sin hier bestraft worre↓ des is net wahr↓ net↑ * des gibt=s net↓

(3001/08; 19,12ff.)

Generell läßt sich feststellen, daß in der Regel auch der Antragsgegner keineswegs zur Verhandlung erscheint, um sich mit seinem Kontrahenten zu einigen. Mitunter macht er im Gegenzug zur Anschuldigung seinerseits Ansprüche geltend und fordert evtl. sogar eine Bestrafung des Antragstellers. Allerdings kann sich im Laufe der Verhandlung ein Vergleich für den Antragsgegner als das geringere Übel gegenüber einer sonst möglicherweise zu erwartenden Verurteilung in einem sich anschließenden Gerichtsverfahren herausstellen. Deshalb ist er wahrscheinlich letztlich kompromißbereiter als der Antragsteller. So ist es auch zu verstehen, daß sich in der Befragung von Jansen (1987, S. 194) die Antragsgegner fast doppelt so häufig wie die Antragsteller als „sehr kompromißbereit" bezeichneten.

2.3.3. Der Schlichter

Die wesentliche Voraussetzung für das Tätigwerden des Schlichters ist das Fehlen bzw. „Scheitern intersubjektiver Verständigungsanstrengung" (Kopperschmidt 1980, S. 45) bei den Konfliktparteien. Nachdem durch das persönliche Erscheinen der Kontrahenten zur Schlichtungsverhandlung die rein äußerlichen Voraussetzungen zur Kommunikation gegeben sind, besteht nun die zentrale Aufgabe des Schlichters darin, zumindest vorübergehend die Verständigungsbereitschaft der Parteien wiederherzustellen, und zwar in zweierlei Hinsicht: zum einen die Bereitschaft, über den Konflikt zu reden, zum andern aber vor allem die Bereitschaft, eine gemeinsame Lösung des Konflikts in Form eines protokollierten Vergleichs anzustreben und schließlich zu erreichen. Die eingangs charakterisierten Positions- bzw. Interessendivergenzen zwischen den Parteien können nur durch besondere kommunikative Anstrengungen des Schlichters bearbeitet und aufgehoben werden. Der idealtypische Schlichtungsvorgang läßt sich schematisch in Anlehnung an Kopperschmidt (1980, S. 45) wie folgt darstellen:

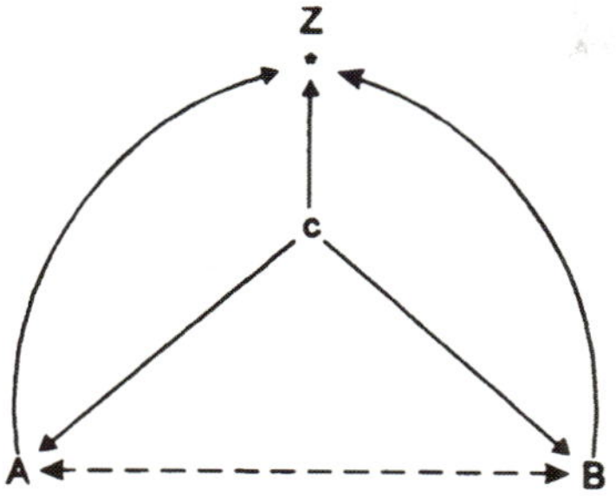

Erläuterung:

In der Schlichtungssituation kommunizieren die Konfliktparteien **A** und **B** nur bedingt miteinander, meist laufen die Kommunikationsvorgänge über den Schlichter **C**, dessen Ziel, eine Einigung herbeizuführen, sich nur dann erreichen läßt, wenn die beiden Parteien dazu gebracht werden können, von ihren ursprünglichen Zielen mehr oder weniger abzugehen und sich gemeinsam auf das vom Schlichter gesetzte oder ein gemeinsam ausgehandeltes Ziel **Z** zuzubewegen. Es bleibt hier offen, wer von den drei Interaktionsbeteiligten dabei besonders weit von seinem ursprünglichen Ziel abweichen muß.

Die zentrale Aufgabe des Schiedsmanns bzw. des Vorsitzenden der Vergleichsbehörde ist in den entsprechenden (Ver-) Ordnungen eindeutig festgelegt:

- „Aufgabe des Schiedsmanns ist die gütliche Schlichtung streitiger Rechtsangelegenheiten."
  (SchmO NRW, VV zu § 12).
- „Die Vergleichsbehörde hat auf die gütliche Erledigung der Sache, insbesondere auf die Aussöhnung der Parteien, hinzuwirken."
  (Verordnung des JM, § 4, zitiert nach Huttner 1981, S. 11).

Als „Friedensstifter" hat der Schlichter den gesellschaftlichen Auftrag, die *pax inter muros* zu erhalten bzw. wiederherzustellen (Jahn 1965, S. 43). Sein Ziel in der Verhandlung ist es daher, zu versuchen, zwischen den Positionen der Kontrahenten zu vermitteln und eine Einigung bzw. einen Vergleich herbeizuführen. Aufgrund der strukturellen Bedingungen, unter denen die Schlichtungsverhandlungen stehen, bleibt zu erwarten, daß es für den Schlichter kein einfaches Unterfangen ist, sein Ziel zu erreichen. Denn er kann offiziell nur vermittelnd tätig werden:

„Er ist kein Schiedsrichter und zu einer Entscheidung irgendwelcher Art nicht berufen. Zwang zur Einigung darf er nicht ausüben."
(SchmO NRW, VV zu § 12).

Einem Richter fiele bei einer Konfliktbearbeitung zwar auch noch die oft mühsame Rekonstruktion des Konfliktsachverhalts in Form der Beweisaufnahme zu, aber er wäre hinsichtlich seiner per Urteil vorzunehmenden Konfliktlösung unabhängig von der unmittelbaren Zustimmung der Parteien und könnte das Verfahren auch ohne ihr Einverständnis abschließen (allerdings mit dem Risiko, daß ggf. eine der Parteien Revision gegen das ergangene Urteil einlegt). Der Schlichter hingegen kann das Verhandlungsziel nur mit Zustimmung der Parteien erreichen und nur so das Verfahren abschließen, und zwar definitiv. Denn durch die Einwilligung in den Vergleich verzichten die Parteien, in erster Linie der Antragsteller, auf eine weitere (gerichtliche) Behandlung des Falls.

Um einen solchen Vergleich zwischen den Parteien zu erreichen, stehen dem Schlichter aber nur verbale Mittel zu Verfügung. Er hat keine Möglichkeit, zu Sanktionen zu greifen und die Parteien zu einer Einigung zu zwingen. Die Einigung zwischen den Parteien ist nur „freiwillig" möglich. Dem Schlichter muß es also durch persuasive Anstrengungen gelingen, daß die Parteien sich schließlich durch ihre Unterschrift unter dem Vergleichsprotokoll mit der dortigen Vergleichsregelung in vollem Umfang einverstanden erklären.

Nun gehört es – wie bereits erwähnt – zur Tradition des Schiedsmannswesens, den Schlichter und seine Tätigkeit sehr pathetisch und eher idealisierend darzustellen, was durchaus auch auf das Selbstbild des Schiedsmanns abfärbt. (Vgl. Bierbrauer et al. 1978, S. 173f. und Jansen 1987, S. 84f.). Jahn (1965, S. 38) charakterisiert z.B. den Schiedsmann und seine Aufgabe wie folgt:

> „Ein Staatsbürger, der selbst 'Laie' ist, der nicht den Charakter einer mit allen Machtmitteln des Staates ausgestatteten Amtsperson trägt, der seine Auffassung auch nicht etwa durch einen Machtspruch in Form eines Urteils erhärten kann, ja, dem es viel weniger obliegt, zu fragen, „wer hat hier recht", als eine Versöhnung zwischen den Parteien herbeizuführen, erhält, vom Vertrauen der Gemeinde getragen, den Auftrag, Mitbürger, die in Konflikt miteinander geraten sind, als hilfreicher Mittler durch gütlichen Zuspruch im Wege gegenseitigen Nachgebens wieder zusammenzuführen."

Die Befragungen von Jansen (1987) wie auch unsere Untersuchungen der Schlichtungsgespräche selbst zeigen allerdings, daß diese Charakterisierung für weitaus die meisten Schlichtungsverhandlungen nicht zutrifft. Schon einen Vergleich zu erzielen, ist für den Schlichter oft schwer genug. Eine echte Lösung des Konflikts oder gar eine wirkliche Aussöhnung zwischen den Parteien läßt sich nur äußerst selten erreichen.

Bei der Bewältigung seiner Einigungsaufgabe befindet sich der Schlichter in einer geradezu paradoxen Situation: Einerseits soll er sich als „Mann aus dem Volke", ohne juristische Ausbildung, bei dieser Tätigkeit an eigener „Lebenserfahrung" und am „gesunden Menschenverstand" orientieren, vor allem aber über die „Vorzüge der Herzensgüte und des Einfühlungsvermögens" verfügen. Andererseits muß er aber auch eine Sachverhaltsbeurteilung anhand juristischer Kategorien vornehmen, allein schon um zu entscheiden, ob er für die Bearbeitung des Konflikts zuständig ist. Nach Jansen (1987, S. 190) besteht bei Schiedsleuten daher verständlicherweise ein starkes Bedürfnis, „den Fall rechtlich bewerten zu können". Dies hat aber nach Jansen unmittelbare Auswirkungen auf die Art und Weise der Fallbehandlung:

> „In der Mehrheit der Fälle haben die Schiedsleute die rechtliche Lösung zumindest für so wichtig gehalten, daß sie selbst eine juristische Lösung des Falls gesucht haben (58%)."

Mit dieser juristischen Orientierung ist für das Verfahren die Gefahr verbunden, daß sich der Schlichter bei seinen Interventionen zu sehr in die Position eines Richters begibt, der den Konflikt alleine, und zwar ausschließlich aufgrund der Rechtslage entscheidet und gar nicht im eigentlichen Sinn des Wortes vermittelnd tätig wird.

Die Verhandlungen sind denn auch durch zwei widersprüchliche Aspekte der Konfliktregelung geprägt: Auf der einen Seite werden die individuellen und sozialen Vorteile einer konsensuellen Konfliktbeilegung, einer gütlichen Einigung und eines friedlichen Miteinanders betont. Auf der anderen Seite besteht sowohl beim Schlichter selbst, als auch bei den Parteien eine permanente Orientierung an der 'rechtsförmigen' Behandlung des Konflikts. Diese beginnt bereits damit, daß die antragstellende Partei in der Regel nicht mit dem Ziel auftritt, sich mit dem Antragsgegner auszusöhnen, sondern „ihr Recht" zu bekommen, d.h. eine Kompensation für die erlittene Schädigung zugesprochen zu erhalten und den Gegner bestraft zu sehen. Diese Orientierung an einem Rechtsstandpunkt findet ihren unmittelbaren Ausdruck in der meist expliziten Typisierung bzw. Klassifizierung des Delikts durch den Schlichter (z.B.: *nach § 123 des Strafgesetzbuches ist dies Hausfriedensbruch*) und endet mit dem Hinweis auf die Behandlung dieses Delikts im Gerichtsverfahren (z.B. *vor Gericht sehen Sie damit ganz alt aus*). Letztlich finden die Verhandlungen – wie auch später noch ausführlich gezeigt wird – daher immer „im Schatten des Rechts" statt, auch wenn der Schlichter selbst über keine Rechtsmittel verfügt (abgesehen von der Verhängung eines Ordnungsgeldes durch den Schiedsmann). Nur in den wenigsten Verhandlungen geht die Einigungsinitiative von den Parteien aus. Die Regel ist, daß der Schlichter nur durch mehr oder weniger massiven Druck (vor allem durch die 'Drohung' mit dem Gericht) die Parteien zu einer Einigung bewegen kann.

Da das Schlichtungsverfahren einseitig in Gang gesetzt wird, kann sich der Schlichter in seinem Handeln zunächst auch nur an der Konfliktversion des Antragstellers orientieren. Dies bringt die Gefahr mit sich, daß er die von ihm geforderte Position des Neutralen verläßt und sich mehr oder weniger zum Anwalt des Antragstellers macht, weil er möglicherweise letztlich davon überzeugt ist, daß dieser der eigentliche Geschädigte ist. So stellt z.B. im folgenden Gesprächsausschnitt ein Schiedsmann unmittelbar nach der Verhandlungseröffnung den Anschuldigungssachverhalt parteiisch als bereits bewertete „Sachlage" dar (... *zu recht* ...) und unterstützt damit eindeutig die Antragstellerin:

`folgende sachlage↑ frau scheer- fühlt sich- * zu recht * verängstigt- * durch schikanierung- und dadurch daß ihr gesacht worden ist- ich schlag dich tot↓ ich glaube wir sind uns darüber einig- daß man ältere bürger- * nicht verängstigt- * oder- geschweige denn- * so etwas- * sagt↓`

`(3002/43; 7,9ff.)`

Mit solch wertenden Stellungnahmen kann der Gang der Verhandlung manchmal beschleunigt werden, wenn sie auf den Antragsgegner überzeugend oder auch einschüchternd wirken. Sie können aber ebenso leicht den Schlichtungserfolg gefährden. Denn nach der in der Schlichtungsliteratur vertretenen Meinung ist die Wahrung von Neutralität eine wesentliche Voraussetzung dafür, daß der Schlichter nicht von den Parteien abgelehnt wird. Eckhoff (1967, S. 255) führt dazu beispielsweise aus:

> „Damit beide Parteien Vertrauen zu dem Vermittelnden haben und gewillt sind, mit ihm zusammenzuarbeiten und auf seinen Rat zu hören, ist es wichtig, daß sie ihn für unparteiisch halten."

Dem Schlichter kann unterstellt werden, daß er ein großes Interesse daran hat, eine Einigung zwischen den Kontrahenten herbeizuführen. Ein Schiedsmann bringt dies während einer Verhandlung wie folgt zum Ausdruck:

`ich bin bemüht hier=ne einijung herbeizuführen und es sollte mit=m teufel zugehn wenn mir das nicht gelingen würde`

`(3002/46; 55,6ff.)`

Wenn es ihm gelingt, zwischen den Konfliktparteien eine Einigung herbeizuführen, so hat er nicht nur seine zentrale Aufgabe erfüllt, sondern aus seiner Sicht auch noch darüber hinaus zugleich weiteres geleistet:

- Er hat zur Wiederherstellung des Rechtsfriedens beigetragen,
- er hat die Gerichte entlastet und
- er hat seine eigene Reputation bei den Parteien unter Beweis gestellt und bei seinen Kollegen wie auch innerhalb seiner Institution gefestigt oder sogar vergrößert.[29]

2.4. Zusammenfassung

Zusammenfassend lassen sich die zentralen Bedingungen der Schlichtungsverhandlung vor der Vergleichsbehörde durch folgende Merkmale charakterisieren:

[29] Vgl. die 'Erfolgsstatistik' der Schiedsleute: In jedem Kalenderjahr wird der Arbeitsanfall sowie die Erfolgsquote der Schiedsleute in jedem Bezirk erhoben. Für viele der Schiedsleute besteht offenbar ein Anreiz darin, in dieser Jahresbilanz besonders gut abzuschneiden.

- Die geringe Bereitschaft bzw. Fähigkeit der Parteien, ihren Konflikt einvernehmlich zu regeln:
  Die Parteien sind in aller Regel nicht auf Verständigung aus, weder im allgemeinen Sinne des Miteinander-Redens und erst recht nicht im Sinne eines Sich-Aussprechens oder gar Sich-Aussöhnens. In der Regel erscheinen die Parteien gerade nicht beim Schlichter, um sich mit seiner Hilfe zu einigen, sondern um ihre meist gegensätzlichen Interessen durchzusetzen. Der Antragsteller erwartet eine Kompensation für die ihm widerfahrene Schädigung. In der Regel möchte er darüber hinaus den Antragsgegner bestraft sehen.

- Konfliktverschärfung durch die (einseitige) Einschaltung einer Behörde:
  Die Anschuldigung hat den Charakter einer Anzeige bzw. einer Klage, die den Antragsgegner denunziert bzw. bloßstellt. Die Vergleichsbemühungen des Schlichters beginnen außerdem erst zu einem Zeitpunkt, zu dem sich die Fronten zwischen den Parteien bereits soweit verhärtet haben, daß eine autonome Konfliktlösung nicht mehr möglich erscheint.

- Die Formalisierung des Verfahrens:
  Das Schlichtungsverfahren wird auf Antrag einer der Parteien förmlich in Gang gesetzt. Es wird ein Termin anberaumt, zu dem die Parteien geladen werden. Persönliches Erscheinen ist meist angeordnet, bei Nichterscheinen kann eine Ordnungsgeld verhängt werden. Gleichzeitig ist offensichtlich schon eine gewisse Schuldverteilung vorgenommen worden, die sich terminologisch bereits in der Bezeichnung der Parteien als „Antragsteller" und „Antragsgegner" (früher: „Beschuldigter") spiegelt. Wenn keine Einigung erzielt wird, kann das Verfahren in höherer Instanz, d.h. vor Gericht fortgesetzt werden.

- Das Ungleichgewicht, die Asymmetrie und Diskrepanz zwischen den Parteien durch die dominant initiative Position des Antragstellers:
  Der Antragsteller bringt den Antragsgegner in Zugzwang. Im Vorgespräch, das er meist mit dem Schlichter führen kann, hat er bereits eine besondere Gelegenheit, seine Ansprüche geltend zu machen und den Schlichter für sich zu gewinnen. Der Antragsgegner wird hingegen in die Position gedrängt, sich verteidigen, rechtfertigen oder entschuldigen zu müssen.

- Die 'Verrechtlichung' des Verfahrens:
  Bereits die Anschuldigung wird in juristischen Termini gefaßt, und der Konfliktsachverhalt wird aus juristischer Perspektive bewertet. Im Hintergrund taucht das Gericht immer schon als nächste Instanz auf.

- Das Fehlen von Sanktionsgewalt beim Schlichter:
  Der Schlichtungserfolg hängt zu einem großen Teil von den persuasiven Techniken des Schlichters ab. Dieser kann nur auf sog. einigungsfördernde Maßnahmen zurückgreifen, aber keine „bindende" Schlichtung vornehmen, indem er einen Vergleich oder Kompromiß den Parteien als Konfliktlösung oktroyiert.

3. Das Verhandlungsgeschehen

3.1. Die Verhandlungsvorbereitung

Die Verhandlungen werden in unterschiedlicher Weise von den Schlichtern vorbereitet. Während den Schiedsmännern bereits durch die Antragsformulierung der Fall bzw. eine Konfliktversion sowie der Antragsteller bekannt sind, hat der Vorsitzende der Vergleichsbehörde, sofern der Antrag nicht bei ihm gestellt wurde, nur durch seine Akten Kenntnis über den Fall. Die Schiedsmänner, an deren Verhandlungen wir teilnehmen konnten, hatten den Fall meist schon in der Weise bearbeitet, daß sie sich eine Lösung des Konflikts überlegt und bereits den Entwurf eines Vergleichsprotokolls zu Papier gebracht hatten. Die darin verwendeten Formulierungen wurden oft im Verlauf der Verhandlung zitatweise verwendet. D.h., diese Schiedsleute hatten bereits vor der eigentlichen Verhandlung eine recht genaue Vorstellung davon, wie der Fall auszugehen habe. Der Vorsitzende einer Vergleichsbehörde bestätigte demgegenüber, daß er sich zu Anfang seiner Tätigkeit ebenso verhalten habe, inzwischen aber den Fall „auf sich zukommen ließe". Er führte die Verhandlungen meist während seiner Dienstzeit durch. Die Schiedsleute wählten in der Regel die Abendstunden. Sofern sie ihren Amtsraum nicht in der eigenen Wohnung hatten, fuhren sie sehr zeitig zum Verhandlungsort, damit sie in Ruhe ihre Akten ausbreiten, mitunter auch noch die mitgebrachte Schreibmaschine aufstellen konnten. Wenn eine oder beide Parteien schon erschienen waren, wurden sie gebeten, noch einen Moment draußen zu warten, bis alles vorbereitet sei. Erst dann wurden sie hereingebeten. War dann erst eine Partei zugegen, unterhielt sich der Schiedsmann meist mit ihr über Dinge, die nicht unmittelbar den Fall selbst betrafen. Wiederholt kam es dann aber nicht zur Verhandlung, weil der Antragsgegner nicht erschien. Waren beide Parteien eingetroffen, so begann der Schiedsmann gleich nach der Begrüßung mit der Verhandlung.

3.2. Die Verhandlungsschritte im Überblick

Über den Gang der Güteverhandlung enthalten weder die Schiedsmannsordnung noch die entsprechenden Verwaltungsvorschriften weitere Angaben, außer daß vor Eintritt in die Verhandlung die Identität der Parteien festzustellen sei und daß im Falle eines Vergleichs ein Protokoll, sonst eine Protokollnotiz anzufertigen sei. Im Handbuch von Gain (1985, S. 33ff.) wird die Verhandlung in fünf Bearbeitungsschritte gegliedert:

- Feststellung der Personalien der Erschienenen,
- Verhandlung zur Sache,
- Beweisaufnahme,
- Verhandlung über Vergleich,
- Feststellung des Ergebnisses.

Die Verhandlung zur Sache untergliedert Gain (a.a.O.) noch einmal wie folgt:

„Zunächst wird der Antragsteller zu Worte kommen und seine Beschuldigung (bei bürgerlichen Rechtsstreitigkeiten seinen Anspruch) vortragen. Dann wird der Beschuldigte zu hören sein."

Auch für die Durchführung der Vergleichsverhandlung gibt es keine Verfahrensvorschriften. Huttner (1981, S. 54) empfiehlt in seinem Handbuch folgendes Ablaufschema:

- Aufruf zur Sache,
- Feststellung der anwesenden Personen,
- Verlesung des Sühneantrages,
- weitere Erklärungen des Antragstellers,
- Darstellung des Antragsgegners,
- Aussprache,
- Protokollierung des Ergebnisses,
- Verlesen des Protokolls,
- Unterschriften der Parteien.

Ansonsten gilt, daß es der Erfahrung und der persönlichen Eignung des Schlichters überlassen bleibt, wie die Verhandlung geführt wird. Aufgrund der Beobachtung der Verhandlungen und der detaillierten Untersuchung der aufgezeichneten Schlichtungsverhandlungen ergibt sich aus interaktionstheoretischer Sicht folgende Verlaufsstruktur:

- Verhandlungseröffnung (Herstellung der Schlichtungssituation);
- Rekonstruktion des Konflikts:
  (1) Präsentation der Anschuldigung,
  (2) Stellungnahme zur Anschuldigung,
  (3) Formulierung einer gemeinsamen Konfliktversion;
- Regelung des Konflikts:
  (1) Aushandlung eines Einigungsvorschlags,
  (2) Ergebnissicherung:
    (a) Ratifizierung,
    (b) Protokollierung;
- Verhandlungsschließung (Auflösung der Schlichtungssituation).[30]

Wie dieses Ablaufschema realisiert wird, soll im folgenden anhand einer Reihe von Gesprächsbeispielen dargestellt werden.

3.2.1. Verhandlungseröffnung

Die Verhandlungen werden stets vom Schlichter als dem Sachwalter des gesamten Verfahrens eröffnet. Er beginnt meist damit, daß er sich und die übrigen anwesenden Personen sowie seine Institution kurz vorstellt und seine Aufgabe

[30] Siehe auch Klein/Nothdurft (1987, S. 550).

umreißt, ehe er die Personalien der Parteien feststellt. Dafür nun einige Beispiele:

so: * nachdem wer also komplett sin * darf ich das verfahren in der
sache des he"rrn * werner heinzel↑ * vertreten durch herrn *
rechtsanwalt * briegel * äh gegen herrn * kurt georg kreuzer *
eröffnen↓ * mich darf ich *10* auch vor/ uns darf ich auch
vorstellen * mein name ist kastner ich fungiere hier als vorsitzender
der vergleichsbehörde * protokollführerin ist frau * hausmann * für
die beiden parteien kurz etwas die bedeutung der vergleichsbehörde *
<also die vergleichsbehörde ist kei"n gerischt↓ * wir haben also
vom gesetzgeber * den au"ftra:g- * bekommen↑ * äh: in solschen *
verfahren mit einem geringen (...) u:nreschtsgeha"lt * die sich nun
einma:l * bei:m zusammenle"ben und zusammenwir"ken der menschen- *
ereignen- * zu versuchen einen * re"schtsstrei"t * nach möglischkeit
* zu vermei"den↓ *

(3001/06; 2,8ff.)

ich darf mich- * äh- * zunächst vorste"llen- * mein name ist frau
hauwatter- * wir haben uns hier eingefunden um- * den- * gesetzlich
vorgeschriebenen sühneversuch- * in der beabsichtigten
priva"tklagesache- * äh- * des herrn söllner gegen- * äh frau
bopert und herrn schu"lz durchzuführen↑ ** ich stelle fest daß die- *
parteien ordnungsgemäß geladen↑ * und er*schienen sind↓ ** ich glaub-
* ohne- * weitere- * äh- * förmlichkeiten- * werd ich äh die
verhandlung eröffnen↑ *

(3001/23; 2,1ff.)

dann eröffn ich die sühneverhandlung und wollte sa:n daß diese-
* daß wer diese in fairer und anständijer weise hier über die
bühne ziehn↓ * und verlese zuerstmal den antrach

(3002/03; 1,4ff.)

ich eröffne hiermit ordnungsgemäß die verhandlung vor dem
schiedsmann * in sachen der frau claudia ritzbecker gejen frau
schade↓ * darf zunächst einmal bitten sich hier au"szuweisen vor dem
schiedsmann * denn ich mu"ss feststellen daß auch ta"tsächlich die
genannten personen hier * erschienen sind↓ *2,5* vorab darf ich sagen
sie werden festjestellt ham eingangs ** hie"r * vor dem schiedsmann *
wird entgegen * verhandlungen bei geri"cht ** in ni"chtöffentlicher
verhandlung * verhandelt↓ das heißt also↓ ** bei gericht sitzen hinten
jede menge zuhörer * da sitzen schulklassen da sitzt die presse
* alles was da" gesprochen wird steht morgen in der zeitung↓ * äh
speziell im privatklageverfahren deswegen hat man hier * das amt des
schiedsmannes einjeführt↑ * u"m * im vo"rverfahren zur und * zu

versu"chen einen bestehenden rechts*streit oder bestehende meinungsverhältnisse oder unklarheiten * in aller ruhe und sachlichkeit oh:"ne öffentlichkeit ** zu ** erörtern↑ * und zu versuchen die angelegenheit aus der * welt zu schaffen↓ **

(3002/46; 1,1ff.)

Diese Beispiele belegen, daß in beiden Schlichtungseinrichtungen die einzelnen Schlichter zwar in der Förmlichkeit der Verhandlungseröffnung variieren, daß sie aber den vorgeschriebenen Erfordernissen genügen. Darüber hinaus werden z.T. auch schon gleichsam die Weichen für die weitere Fallbehandlung gestellt, indem positive Merkmale der Schlichtungseinrichtung besonders hervorgehoben werden.

3.2.2. Rekonstruktion des Konflikts

Nach diesen Präliminarien kommen die Schlichter in der Regel sehr schnell 'zur Sache', indem sie den Konflikt thematisieren. Dies geschieht in den drei Teilschritten:

- Präsentation der Anschuldigung,
- Stellungnahme des Antragsgegners zur Anschuldigung,
- Klärung des Streitsachverhalts.

Für den 'Einstieg' in die Bearbeitung des Streitfalls werden unterschiedliche Wege gewählt:

a) Der Schlichter fordert den Antragsteller auf, seine Anschuldigung bzw. seinen Anspruch vorzutragen:

so↓ * nun schießen sie mal los- * wie war=s denn nun- ** frau schimek- *

(3002/30b; 2,8ff.)

b) Der Schlichter verliest den Antrag, bittet aber außerdem noch den Antragsteller um Erläuterung bzw. Ergänzung:

und verlese zuerstmal den antrach und zwar- * schiedsmann der schiedsmann im bezirk karlsberg eins karlsberg den dreißigsten achten neunzehnhundertvierundachtzig- * antrach auf gühne sühne äh güteverhandlung- * komm immer noch met sühne- güteverhandlung LACHT vor dem unterzeischneten schiedsmann äh- ** erscheint * frau * klara * may beethovenplatz vier dreiundvierzig null drei karlsberg * und erklärt gegen frau johanna düster wohnhaft schulstraße zwo zweiundvierzig nulldrei- * erhebt folgende * beschuldigung↓ am achtundzwanzigsten achten neunzehnunnertvierunachzig gegen acht uhr dreißig * kam frau düster an meine wohnung klingelte- * und als ich die türe öffnete wurde ich von ihr beiseite gestoßen und ging in meine wohnung↓ do"rt hat sie mich äh tätlich angegriffen wobei ich geschlagen und an den haaren gezogen wurde↓ * es hat eine richtje rauferei stattgefunden↓ ich versuchte sie zu beruhijen und wollte sie aus meiner wohnung weisen↓ * sie aber schrie weiter und wurde- * von ihr weiter- * weiterhin geschlagen↓ * gemäß paragraph zwohundertdreiundzwanzig in verbindung mit hundertdreiun/ mit zwohundertdreiundzwanzig ist dies hausfriedensbruch und körperverletzung↓ * ich verlange daß frau düster ein schmerzensgeld und ein bußgeld zahlt↓ * die höhe sollte in der verhandlung festgelegt äh festgelescht werden↓ * ich bitte den termin zur sühneverhandlung zu bestimmen vorgelesen und genehmigt un unterschriem die unterschriften↓ * äh- ** frau may ham sie zu ihrem antrach noch irndwie etwas zu san↑

(3002/03; 1,12ff.)

c) Der Schlichter verliest den Antrag oder zitiert daraus und fordert sodann den Antragsgegner zur Stellungnahme auf:

äh zur sache selbst- ** herr be:ntz sie haben ja mit der- * ladung zu dem heutigen termi:n auch den schriftsatz von herrn rechtsanwalt klein erha"lten: * sie wissen also:- * wessen sie↓ * hier- * beschuldigt werden↑ * daß sie hier also hier den herrn- * meinrath den antragsteller↑ * beleidigt hätten↑ * ohne veranlassung↑ * äh hau doch ab du simpl hätte se also zu ihm gesacht- * un isch mein wenn auch si"mpl- * äh: nach lexikon en simpler un einfacher mensch ist abber- * im u"mgangsto:n kommt ach uf die fo"rm drauf an wie man=s au"sdrückt i"s=es halt doch eine- * belei"digung * >was habbe sie dezu zu sa:che< herr-

(3001/05; 2,28ff.)

<äh jetzt frau kraft sie wissen um was es geht sie haben ja> * mit der * äh: einbestellung zu dem heutigen termin auch die durchschrift erhalten der angaben die: frau beck hier bei uns gemacht hat↑ * äh: un: es dreht sisch also darum daß ihnen frau beck vorwirft sie hätten sie am zehnten dritten beleidigt un zwar * mit den worten du alde drecksau du alde wildsau du gehörst vergast du alder schrubber wenn du keine kinder leiden kannst geh doch ins aldersheim↓ was hawwe sie [...] so frau kraft sie hawwe jetzt also gehört was: anliegt was hawwe sie dezu zu sagen↓

(3001/03; 2,12ff.)

d) Der Schlichter fordert den Antragsgegner unmittelbar zur Stellungnahme auf:

sie han also jelesse wat der do sä:t wat sachn se dazu↓ *3*

(3002/02; 3,9f.)

gut- * nun gehn wir mal- ** dazu herr pech- * sie haben ja mein schreiben bekommen und die beschuldigung von herrn gehlenberg hab ich ihnen ja mitgeteilt- * darf ich sie mal bitten dazu- * sich mit ihrem kontrahenten auseinanderzusetzen↓

(3002/31; 4,21ff.)

Mit der Stellungnahme des Antragsgegners zur Anschuldigung beginnt die Phase der Verhandlung, die besonders durch widersprechende Äußerungen gekennzeichnet ist (vgl. dazu u.a. Spranz-Fogasy 1986). Schon wenn der Schlichter die im Antrag enthaltene Konfliktversion referiert, wird er häufig vom Antragsgegner unterbrochen, der die Anschuldigung oder Teile davon bereits bestreitet, ehe er überhaupt zur Stellungnahme aufgefordert worden ist:

C: ich * würde * sagen↓ * ohne lange umschweife↑ * wir steigen

B: >ja↓<
C: vielleicht gleich ein- * frau (SEUFZT) heuler- <ihnen wird- *

C: vorgeworfen↓ * daß sie- * zeit jahre"n- * die familie- * bauer- *

B: ha ha da muß ich erstmal lachen↓
C: traktiern↓ * in anführungszeichen↓

B: da muß ich erstmal lachen↓
C: ja (SEUFZT) äh frau heuler es ist also folgendes↑ *

(3001/22; 4,4ff.)

B: ja-
C: frau mied- * hier wird ihnen- * zur last gelegt↑ * sie haben

B: ja-
C: meine einladung zum heutigen termin- * bekommen sie hätten

C: üble und böse nachrede- geführt- * über die antragstellerin frau
C: a"rnold dahingehend daß sie" behauptet haben- * hm * sie hätte ihr
C: ki"nd * in trunkenheit mit einem kopfkissen- * erstickt↓ * die
C: konsequenz daraus ist- daß- * wenn frau arnold irgendwohin geht
C: in den supermarkt oder sonstwo die leute tuscheln und erzählen- *
C: weil sie ja weitererzählt haben- * da"s ist die frau die ihr kind

B: eins möcht ich eins möcht ich mal- * gern
C: umgebracht hat↓ * das ist da nun sache sie haben-

B: erst mal richtigstellen- *
C: sie haben also das

(3002/42; 8,1ff.)

Die Stellungnahme des Antragsgegners besteht in den seltensten Fällen aus einem Eingeständnis. Wird das Delikt zugegeben, so werden meist mildernde Umstände geltend gemacht. Im folgenden Fall behauptet der Antragsgegner, zum Zeitpunkt der Tat betrunken gewesen zu sein:

B: ha- ** scheiß ha isch jebaut↑ ** isch war besoffn- et künnt
C: >mhm-< *3*

B: sin- * da isch verrückt war↓ *

(3002/02; 3,10f.)

Ein anderer Antragsgegner gibt an, eigentlich durch die Antragstellerin zur Beleidigung gereizt worden zu sein:

B: darauf kam frau blank wutentbrannt auf=en par/ auf den auf ihre

B: veranda- * und sachte mach den motor aus du umweltverschmutzer ich

B: zeige dich a"n↓ * und da ist mir der kragen geplatzt↓

B: <jawoll↑>
C: >ja-< ** und da haben se diesen berühmten ausdruck von götz von

A: jawoll-
C: berlichingen gesagt

(3002/32; 2,2ff.)

Am häufigsten sind solche Fälle, in denen vom Antragsgegner die inkriminierte Handlung bestritten wird:[31]

C: äh herr boos äh sie habn ja äh zu der heudigen verhandlung öh mit

C: der ladung ja auch den schriftsatz von herrn rechtsanwalt karg

B: ja hier habe ich
C: erhalten↑ haben sie ja hier↓ * äh * was habn sie" dazu zu

C: sagn denn sie sind ja * am dranschten am einfache isch sie sache

B: ja also ich kann nur dazu sa:n die"se aißerung *
C: s=war so↓

[31] Im Gegensatz dazu ist es die häufigste Reaktionsstrategie in der Schiedsstelle für den Gebrauchtwagenhandel und in der Handwerkskammer, die Verantwortlichkeit oder Zuständigkeit für den angeschuldigten Schaden zurückzuweisen; vgl. Nothdurft und Reitemeier (in diesem Band).

B: do schwör ich bei gott do soll i auf de a"lle zwei augen blind

B: wern wann de"s von mein munde gekommen is↓ mehr kann ich nicht
C: a mache se=s net so arg↓ jo

B: dazu sagen↓ *

(3001/08; 2,5ff.)

In diesem Fall bedient sich der Antragsgegner einer geradezu beschwörenden Formel, um die ihm zur Last gelegten beleidigende Äußerungen von sich zu weisen, während im folgenden Beispiel die zur Last gelegte Tat eher lakonisch bestritten wird:

B: ich hab das nicht
C: herr giereck was haben sie" dazu zu sagen↓ *

B: gema"cht was da angegeben was ich angeblich da gemacht haben soll↓ *

(3002/30b; 2,27ff.)

Im folgenden Fall unterstellt der Antragsgegner dem Antragsteller einen Hörfehler, indem er behauptet, er habe etwas völlig anderes und schon gar nicht eine Beleidigung geäußert:

B: hau doch ab du simpl↑ des: hab isch kann isch gar net gesacht
C: mhm-

B: hawwe isch hab nur gsacht das is doch wohl der gip"fel↓ *

(3001/05; 3,1ff.)

Im nächsten Fall wird schließlich zwar die Handlung von der Antragsgegnerin zugegeben, aber nicht als Straftat, sondern als 'Kompensation' für ihr zugefügte Schädigungen gewertet:

B: isch hab=s ja auch isch ha"b=s
C: äh wie stehn sie dazu zu diesem zu dieser hausfriedensbruch-

B: isch bi"n ja dagewes jeb isch ja auch zu↓
C: ja * hausfriedensbruch

B: aber isch zahle
C: und frage jetz ob sie sa=mal dieses äh äh diese hier diese- *

B: nischt nein hab isch-
C: bußgeld und und und und dieses schmerzensgeld

B: nä will isch nisch dä hat noch mehr schmerz mir
C: bezahlen↓ (...)

B: zugefücht wie ich ihr zugefücht eh sie hett noch vill vill zu

B: wenig prügel krischt↓ **

(3002/03; 11,22ff.)

Nachdem dem Antragsgegner Gelegenheit gegeben worden ist, zur Anschuldigung Stellung zu nehmen, besteht die Hauptaufgabe des Schlichters darin, ausgehend von den meist einander widersprechenden Konfliktversionen, zu einer von beiden Parteien akzeptierten Darstellung des Streitsachverhalts zu gelangen. Dies erweist sich deshalb als besonders schwierig, weil normalerweise keine der Parteien von ihrer ursprünglichen Version abrücken will. In aller Regel läuft es schließlich darauf hinaus, daß weniger der Antragsteller als vielmehr der Antragsgegner von seiner Konfliktversion Abstand nehmen, d.h. das ihm zur Last gelegte Delikt zugeben muß. Der Schiedsmann versucht auf unterschiedliche Weise, ihn zu einem solchen Geständnis zu bewegen, sei es durch 'gerichtsförmige' Beweiserhebung durch Ladung und Vernehmung von Zeugen[32], sei es durch eine teilweise kaschierende Konfliktbeschreibung oder sei es durch Hilfe beim drohenden 'Gesichtsverlust'.

In den beiden folgenden Beispielen wird jeweils eine Zeugin hinzugezogen und zur Aussage aufgefordert, im ersten Fall während, im zweiten vor der Verhandlung:

```
C: so" frau boldte bitte darf ich sie nochmal fragen-  * was sie-
Z:                                             ja (...)<

C: da zu dem fall sagen können↑
Z:                                 also ich muß dazu sagen daß ich mit

C:                                            ja-
Z: dem herrn pech an diesem besagten ta"g-        gesprochen hab- *
```

(3002/31; 8,18ff.)

```
C: die angela soll also- * gesagt- * und erzählt haben↑ * die frau

C: arnold hätte- * ihr kind in trunkenheit mit einem kopfkissen

C: ersti"ckt↓ * das ist natürlich eine ga"nz böse verleumdung↓
Z:                                                            ja:-

C: frage haben sie" das gehört daß die frau mied so"was erzäh"lt hat
```

[32] Eine ebenfalls mögliche Ladung eines Sachverständigen, eine sog. Augenscheinnahme oder die Einsichtnahme in Akten und Urkunden kam in den von uns erhobenen Schlichtungsfällen nicht vor.

C: oder ähnlich↓
Z: ja: sie hat mir das erzäh"lt

(3002/42; 2,9ff.)

Im weiteren Verlauf der Verhandlung referiert der Schiedsmann diese Zeugenaussage, durch welche die strafbare Handlung bestätigt wird, die der Antragsgegnerin zur Last gelegt wird. Er läßt keinen Einspruch der Antragsgegnerin mehr zu, sondern betrachtet die Zeugenaussage als ausreichenden Beweis:

C: dazu hab ich eben eine zeu"gin hier verhört- * die hat mir also

C: bestätigt- * unter hinweis auf die rechtlichen- * gegebenheiten- *

C: daß sie" also erzählt↑ haben- * zu der uta manganevski- * und

C: behauptet haben die kerstin arnold hätte- * ihr- * kind mit dem

B: erstens möcht=ich das erst mal richtigstellen- *
C: kopfkissen erstickt-

B: ich hab es nie behauptet↑
C: ja wir haben en zeugen dafür↓

(3002/42; 9,1ff.)

In einem anderen Fall versucht der Schlichter, den Antragsgegner zum Geständnis zu bewegen, indem er ihm eine 'goldene Brücke' baut. Er suggeriert ihm, daß er vielleicht unkontrolliert und im Affekt gehandelt habe:

C: <könnte es nischt sein-> ** äh isch mein mir habbe im vorhergehenden

C: fall herr kreuzer auch so was ä:hnlisches gehabt * könnte nischt sein

C: daß mer sich emal * im a"ffekt im ei"fer des gefechts emal * ä bissel

B: das kann sein-<
C: über die * über die * zügel nau:s springt emal en ausdruck

C: gebraucht den man vielleischt gar net gebrauchen wi"ll aber daß mer

C: im zei/ im laufe der e"rre:gung halt * doch mal * was * von sisch

C: gibt was eigentlich sonscht gar net zu/ zum spra"chgebrauch gehört- *

C: halte sie des für absolut ausgeschlosse glaube sie daß sie sisch

C: immer so fe"scht in der hand habbe-

(3001/06; 8,10ff.)

Schließlich versucht ein Schlichter auch, ein faktisches Geständnis dem Antragsgegner dadurch zu ersparen, daß er das Delikt geradezu nur hypothetisch als mögliches Vorkommnis formuliert:

ich bin gerne bereit hier zu protokollieren sollten im der zuge auseinander/ im zuge der auseinandersetzungen * äh <gegen**einander * persönliche * worte gefallen * sein * die geeignet * waren ** sich gegenseitig zu beleidijen * so nehmen bei"de parteien * nech↑ * dies mit dem ausdruck des bedauerns * zurück↓> * wenn sie beide was gesacht haben ei/ wir wissen das↓ * im jespräch↓ * ergibt ei"n wort das andere↓ * wenn einer laut wird wird der andere auch laut↓ * ei"n wort ergibt das andere da woll mer uns ga"r nichts vormachen↓ * ich bin also bereit * zu protokollieren sollten im zuge dieser auseinandersetzung gegenseitige worte jefallen sein die also geeichnet warn * als beleidigung aufgefasst zu werden so nehmen wir das bei"de mit dem ausdruck des bedauerns zurück

(3002/46; 25,2ff.)

3.2.3. Regelung des Konflikts

Die Regelung des Konflikts erweist sich in der Mehrzahl der Fälle als mindestens ebenso schwierig wie die Reformulierung des Konfliktsachverhalts. Nur selten konvergieren die Interessen der Parteien von Anfang an in der gütlichen Einigung und der Wiederherstellung des sozialen Friedens. In aller Regel möchte der Antragsteller den Antragsgegner bestraft sehen und/oder von ihm eine Kompensation für die erlittene Schädigung erhalten. Der Antragsgegner hingegen ist bestrebt, möglichst ungeschoren oder zumindest kostengünstig das Verfahren zu überstehen.

Sofern die Anschuldigung bzw. die Forderung des Antragstellers 'objektiv' als begründet erscheinen, läßt der Antragsgegner sich vermutlich meist nur deshalb auf einen Vergleich ein, um höhere Kosten und weitere Nachteile zu vermeiden, die sich durch ein anschließendes Gerichtsverfahren ergeben würden.[33] Daher ist für den Schlichter, der in aller Regel den Vergleichsvorschlag in die Verhandlung einbringt, das wesentliche Argument zur Herbeiführung von Einigung das Gerichtsverfahren mit seinen negativen Begleiterscheinungen:

C: wissen se was das- * was das kostet↑ ** wenn sie vor gericht gehn↑ *

C: das kost ne schöne stange geld- ** nich↑ * das kost schon- * das

C: kost schon geld- *

(3002/31; 27,21ff.)

C: herr naku↑ * jetz pass=se=se mal auf↓ * äh wenn wir hie"r uns des

B: >mhm↓<

C: hab isch vorhin gesacht- wenn wir hier nischt ei"nig we"rden

[33] Dies bestätigen auch die Befragungsergebnisse von Jansen in Röhl (1987).

C: ä * dann äh * muß isch * der frau kallmann * bestätigen- daß hie"r *
C: die sache * erfolglos * zu ende gegangen ist↓ * mit dieser
C: bescheinigung↑ * hat die frau kallmann dann das re:scht↑ * beim
C: amtsgericht * gegen sie:" * strafanzeige zu erheben↑ und privatklage
C: zu erheben↑ * und das gerischt do"rt * hat mehr möglischkeiten als
C: i:sch↓ * das gerischt wird dann auch die zeu"gin↑ die die frau
C: kallmann hier hat↑ * äh hören↑ und wird also eine fö:"rmlische- *
C: beweis*aufnahme- * erheben↑ * und auf grund die"ser beweisaufnahme↑
C: ka"nn=s natürlich sein↑ isch weiß net was die zeugen sa"gen↑ *
C: da steck isch net drin- * äh * >kann natürlisch sein- daß sie
C: verurteilt werden und dann hawe=se den ä"rger↓ * deswege wär=s doch
C: vernünftiger↑ wenn wirklisch was passiert i"st <daß sie hier sagen- *
C: gut- * es ist passiert↑ * isch entschuldisch misch dafür↑ * isch
C: übernehme auch die kosten des verfah:rens- * sin bloß zwonzisch mark-
C: * äh: und damit wär die gschichte hie"r * bei u"ns * erledigt↓ ** ne↑
C: anernfalls müssen sie also- * äh vergegen/ vergewärtische↓ * da
C: möglischerweise ä strafverfahre auf sie zukommt↑ * und da
C: möglischerweise in diesem strafverfahren- die zeugen↑ * die
C: da"rstellung von frau kallmann hie"r * bestätigen- * <und donn mu
C: sie der rischter veru"rteilen↓> * ne↑ isch wei"ß net was die zeugen
C: sagen↓ isch weiß es ne"t↑ isch wollt ihnen also nu:r * einmal klar
C: vor augen führen- * was aus der sache we"rden kann↓ **
(3001/2a; 8,2ff.)

Während der sog. Aussprache zwischen den Parteien unterbreitet in der Regel der Schlichter einen Vergleichsvorschlag, den er mitunter schon vorformuliert in die Verhandlung mitgebracht hat, z.B.:

C: also↓ * erstens↓ mein vergleichsvorschlag↓ * an die parteien- * der
C: antragsge"gner- ** bedauert * durch äußerungen ** frau scheer *
C: verängstigt zu haben↓ * da legen wir uns also nicht fest mit
B: ach:-
C: formulierungen ich schlag dich tot oder sonst was↑ durch

C: äußerungen frau scheer * verängstigt zu haben↓ * >das ist hier sache

C: und das muß aus der we"lt↓< ** er entschuldigt sich für sein

B: ja↓ * (...) mache↓

C: verhalten ** und dann ist die sache vom ti"sch↓ und

A: >ja *

C: die kosten des verfahrens müßten hie"r übernommen werden↓

A: das ist normal<

C: ich weise sie drauf hin- * daß die verfahrenskosten vorm

C: <schiedsmann sehr gering sind↓> * die liegen <u"nter siebzig mark↓>

C: * wenn man zum geri"cht geht↓ * da könn=mer also ne null dahinter

B: ja: ja das sowieso↓

C: hängen- * da wird es nämlich teurer↓ äh wenn

C: hier ein vergleich geschlossen wird kostet die vergleichsgebühr

C: vierzig mark hinzu kommen die portoauslagen * in etwa pendelt man

C: sich um die siebzig mark rum ein↓ * das ist mein vergleichsvorschlag

C: * frage * an die parteien * wird dieser vergleichsvorschlag

C: in dieser weise angenommen * und akzeptiert und versprechen sich

C: die parteien * künftig miteinander ** auszukommen * da will ich das

C: hier gerne zu protokoll nehmen *

(3002/43; 10,19ff.)

C: isch würde doch vielleischt folgendes vorschlagen um beide pardeie

C: da irgndwo reschnung zu tragen un um des einvernehmen↓ * äh fer die

C: zukunft widder herzustellen↓ äh herr boos daß sie * einräumen daß

C: ihnen im * eifer des gefeschts halt ewe * möglisch sein kann daß ihne

C: was: da herausgfahre is äh: daß sie des awwer des bedauern un * äh

C: dem herr heilmann wär isch also dankbar wenn er uns hier verspreschen

C: könnde daß er auf die jugendlische soweit=s in seiner macht steht

C: etwas mäßigend einwirkt äh damit also hier äh der herr boos oder

C: die familie boos un auch die übrische nachbarschaft nischt gar

C: zu sehr oder im rahmen des erträglischen belästischt werden↑ [...]

```
C: wär des=n vorschlag
```

(3001/08; 14,25ff.)

Die Vergleichsvorschläge des Schlichters werden durchaus nicht immer sogleich akzeptiert, sondern sind oft Gegenstand erneuter Auseinandersetzungen, nicht zuletzt deshalb, weil sie in den Augen der Antragsgegner keinen Kompromißcharakter besitzen. Wie aus den jeweiligen Kommentaren zur Schiedsmannsordnung bzw. zur Verordnung über das Vergleichsverfahren bei der Vergleichsbehörde hervorgeht, muß jedoch der jeweils erreichte Vergleich gar keinen echten Kompromiß darstellen. Zwar ist der Vergleich allgemein dadurch definiert, daß beide Parteien Zugeständnisse machen, bei Strafsachen reicht es als Zugeständnis des Antragstellers aber bereits aus, daß er seinerseits auf die Privatklage verzichtet, was jedoch jeder in einer Güte- bzw. Sühneverhandlung geschlossene Vergleich voraussetzt bzw. automatisch impliziert. In einer bürgerlichen Rechtsstreitigkeit gilt die Einwilligung in eine Stundung bereits als ausreichendes Zugeständnis. Verallgemeinernd gesagt: Die Parteien müssen während der Verhandlung keineswegs im selben Maße nachgeben, damit schließlich ein Vergleich zustande kommt.

3.2.4. Ergebnissicherung

Besonders wichtig für die Güteverhandlung ist schließlich die Sicherung des erreichten Ergebnisses. Im Falle des Scheiterns der Verhandlung wird förmlich festgestellt, daß die Parteien sich nicht einigen konnten, und der Schlichter stellt dem Antragsteller darüber eine Bescheinigung für die weitere gerichtliche Verfolgung des Falles aus.

Stimmen die Parteien schließlich einem Vergleichsvorschlag zu, so wird dieses Ergebnis sogleich protokolliert. Das Protokoll wird meistens auf der Schreibmaschine geschrieben. Da die Schiedsmänner selten über gute Schreibmaschinenkenntnisse verfügen, dauert das Tippen des Protokolls unverhältnismäßig lange, in einem Fall waren es ganze 15 Minuten. Außer wenn es zu einer völligen Aussöhnung zwischen den Parteien gekommen ist, entsteht dadurch für die Parteien eine eher belastende Situation, in der es mitunter auch zu erneutem Streitausbruch kommt. In der Vergleichsbehörde wurden die Protokolle von einer Sekretärin nach Diktat getippt. So entstanden kaum Pausen, die evtl. zu erneutem „Parteiengezänk" animiert hätten. Einer der Schiedsmänner fertigte das Protokoll von Hand an und formulierte dabei laut. Die Parteien hatten dadurch die Möglichkeit, den Wortlaut genau aufzunehmen, und der Schiedsmann ersparte es sich, das Protokoll noch einmal zu verlesen, ehe er es den Parteien zur Unterschrift vorlegte.

Mit der Unterzeichnung des Protokolls gilt der Fall vom Verfahren her gesehen als „erledigt". In den wenigsten Fällen verlangten die Parteien eine Abschrift des Protokolls. Als bei einem Schiedsmann eine solche verlangt wurde, ermahnte er die Partei, die Abschrift nicht herumzuzeigen und dadurch evtl. neuen Streit zu verursachen. Mitunter wurden die Parteien am Ende der Verhandlung geradezu „vergattert", in der Öffentlichkeit mit Blick auf die Verhandlung nur zu sagen, man habe sich geeinigt oder verglichen. Diese quasi neutrale Sachverhaltsbeschreibung kennzeichnet wohl auch am ehesten den Ausgang der erfolgreichen Schlichtungsverhandlung.

3.2.5. Verhandlungsschließung

Die Verhandlungen enden normalerweise damit, daß der Schlichter die jeweilige Verhandlung förmlich schließt und mitunter die Parteien noch einmal mehr oder weniger ausführlich zur Friedlichkeit ermahnt, z.B.:

```
damit schließ ich hier die verhandlung die sache ist erledigt * und ich
hoffe daß sie beide nunmehr hier nach hause gehn und kei"n wort mehr
hierüber reden * und bei"de auch doch äh zufrieden sind daß * es
jelungen ist hier die sache aus der welt zu schaffen↓ *

(3002/46; 35,11ff.)
```

3.3. Bewertung des Verhandlungsergebnisses

Der Vergleich stellt für den Antragsgegner subjektiv meist das geringere Übel (statt eines Urteils) dar, so daß er ihn oft „zähneknirschend" akzeptiert. Nur in den wenigsten Fällen kann man jedoch auch erwarten, daß der Konflikt tatsächlich gelöst ist, zumeist nur dann, wenn die Parteien ohnehin nicht (mehr) in dauernder oder regelmäßiger Beziehung zueinander stehen. Bei Nachbarschaftsstreitigkeiten stellt die Einigung oft nur eine Art Zwischenbilanz dar, und es ist zu erwarten bzw. zu befürchten, daß der Konflikt bald erneut ausbricht. So z.B. wenn der Antragsteller nach Unterzeichnung des Protokolls die Gelegenheit nutzt, um dem Antragsgegner bestimmte Verhaltensvorschriften in einer völlig anderen Angelegenheit zu machen, was dieser sogleich entsprechend kommentiert:

```
A: äh:- ** herr heinzel dann ich will hier unter zeugen noch ei"ns

A: sagen-         und daß es äh auch unter zeugen ist-        ich möchte
C:         ja:-                                          >ja-<

A: herrn- * >äh pech beten-< * bi"tten-       au"towaschen- * und vor
C:                                       ja-

A: allen dingen autoreparieren auf der straße- * zu unterlassen↓

B: autowasche is stand jetzt letzte woche in der zeitung

A: ist verboten und die reparatur-      die reparatur auch-
B: (...) no"-                      mh
```

B: fängt das jetz schon wieder an-

(3002/31; 42,5ff.)

Nur in ganz seltenen Fällen endet die Verhandlung mit einer wirklichen Aussöhnung der Parteien, im ersten Beispiel spontan, im zweiten nach einem Anstoß durch den Schlichter:

B: aber herr heilmann ich reich ihne die hand wann sie sie mögen *

B: mir san weider gude nachbarn wia mer woarn bisher↓

(3001/08; 24,11ff.)

C: geben sie frau arnold die hand- * entschuldigen sich- * und dann

C: ist die sache erledigt↓ * dann könne wir das hier zu protokoll

C: bringen und sie bekommen eine abschrift darüber- * und denn haben

C: sie alles wieder ins rechte lot gerückt↓ >bitte schön<

A: hm * >(...)<
B: #verzeih- * <es wa"r nicht so gemeint> ne↑ **#
K #A UND B REICHEN EINANDER DIE HAND #

(3002/42; 27,8ff.)

Da die Durchführung der Verhandlung für den Schlichter meist mit einer großen Anstrengung verbunden ist – die Verhandlungen dauern oft über eine Stunde und werden nur durch den vollen Einsatz des Schlichters in Gang gehalten – zeigt vor allem er sich sehr zufrieden, wenn er schließlich mit seinen Bemühungen Erfolg gehabt hat. Bei den Schiedsleuten kommt noch hinzu, daß eine Art Erfolgsstatistik geführt wird, in der ein jeder besonders gut dastehen möchte. Eine Begutachtung der Schlichtungsleistungen wird schon in der oben zitierten Verordnung aus dem Jahre 1859 angekündigt, in der es weiter heißt:

> „Die genannten Behörden übersenden diese Nachweisungen dem Landes-Justiz-Collegium, welches daraus die Nützlichkeit dieser Einrichtung ermessen, darüber nach Befinden der Umstände in den Amtsblättern Mitheilung machen und derjenigen Schiedsmänner, welche ihren Beruf mit besonderer Auszeichnung erfüllt haben, rühmlich erwähnen soll." (Zitiert nach Krumsiek 1986, S. 37).

Dies mag auch eine zusätzliche Erklärung dafür sein, weshalb die Schiedsleute sich stets in den Verhandlungen so intensiv darum bemühen, „die Sache aus der Welt zu schaffen".

Der „Abschirmeffekt" der Schiedmannsinstitution, d.h. die Entlastung der Gerichte durch den Schiedsmann scheint durchaus spürbar zu sein. Selbst wenn man die oben erwähnten Fälle außer acht läßt, die „unsichtbar" bearbeitet werden und daher statistisch nicht erfaßt werden, gelangen von den Schlichtungsfällen nur noch wenige vor Gericht. Bierbrauer u.a. (1978, S. 149) kommen jedenfalls aufgrund ihrer Untersuchung zu dem Ergebnis, „daß heute nur noch in 1 bis 2 von 100 ursprünglich vor dem Schiedsmann eingeleiteten Sühneverfahren ein Urteil ergeht."

4. Die zentrale Aufgabe des Schlichters: Einigung herbeiführen

In allen auf Konsens angelegten Konfliktlösungsverfahren, an denen ein Dritter beteiligt ist, scheint es wesentlich von diesem Dritten abzuhängen, ob die Streitparteien in der Verhandlung zu einer Einigung kommen. Denn ihm obliegt die schwierige Aufgabe, das Gespräch zwischen den Streitparteien zu steuern, indem er einerseits eine Aussprache in Gang setzt, andererseits aber eine Fortsetzung oder gar Eskalation des Konflikts verhindert und insgesamt die Parteien in der Weise beeinflußt, daß sie schließlich ihren Streit beilegen. Insofern besteht ein besonderes Interesse daran, zu erfahren, auf welchem Wege bzw. mit welchen Mitteln oder Techniken der Schlichter es erreicht, daß eine Einigung zwischen den Konfliktparteien zustande kommt.

4.1. Die „Kunst" des Schlichtens: Zum Stand der Untersuchung des Schlichterverhaltens

Es gibt inzwischen aus verschiedenen Schlichtungsbereichen eine Reihe von Publikationen über „konsensuelle", d.h. einvernehmliche Konfliktregelungsverfahren, die sich in diesem Zusammenhang auch mit der Rolle und den Aufgaben bzw. Funktionen des Dritten befassen. Zu diesen zählen z.B. aus dem Bereich der Gruppen- und Gesprächstherapie Walton (1969), Gordon (1973), Pikas (1974). Sie erörtern ausführlich Aufgabe und Funktion des Dritten bei der Konfliktbearbeitung sowie seine Attribute und möglichen Verhaltensstrategien. Dem unparteiischen Dritten wird vielfach die Aufgabe zugeschrieben, in nicht-direktiver Weise – gleichsam als „Katalysator" – die Parteien zu einer autonomen, konsensuellen Konfliktregelung zu führen. In diesem Zusammenhang sollen sich die Aufgaben des Dritten darauf beschränken (aufbauend auf der grundsätzlichen Bereitschaft der Parteien, ihren Konflikt zu lösen), die notwendigen Hilfestellungen zu geben, damit die Parteien dieses Ziel auch erreichen können:

> „Aufgabe dieses Dritten ist es, nicht zu entscheiden, sondern die Bedingungen zu schaffen, die den Parteien eine effektive Kommunikation über ihr Problem und damit die eigenständige Erarbeitung einer Lösung ihrer Probleme ermöglichen." (Hegenbarth/Scholz 1979, S. 96)

Dies ist noch eine sehr globale und unspezifische Aufgabencharakterisierung für den Schlichter. In unserem Zusammenhang interessiert besonders, welches denn im einzelnen jene für eine Einigung der Kontrahenten günstigen Bedingungen sind, die der Dritte schaffen soll und wie er solche Bedingungen effektiv herstellt. In der Literatur finden sich dazu nur wenige detaillierte Aussagen. Walton (1969) führt sog. „strategic third-party functions" an, die sich konkreter auf die Verhandlungen selbst beziehen. Im einzelnen unterscheidet Walton (1969, S. 146f.) die folgenden sieben strategischen Funktionen bzw. Aufgaben der dritten Partei:

(1) ... mehr Symmetrie zwischen den Motivationskräften herstellen, die in der Konfrontation aktiviert werden. ...
(2) ... in der Situationsmacht der beiden Beteiligten Symmetrie herstellen. ...
(3) ... dafür sorgen, daß die Konfrontationsinitiative eines der Beteiligten mit der Dialogbereitschaft des anderen synchronisiert wird, damit frühzeitige Konfrontationen vermieden werden. ...
(4) ... entweder dafür sorgen, daß die Differenzierungsphase des Dialogs vollständig durchlaufen wird, ehe man sich in die Integrationsphase begibt, oder zumindest [dafür sorgen], daß eine ausreichende Menge an Differenzierung erreicht wurde, um eine Grundlage für die zunächst in Betracht gezogene Integrationsmenge bereitzustellen. ...
(5) ... das Ausmaß festlegen, bis zu dem verschiedene Faktoren zur Offenheit in einer Konfrontation beitragen; ...
(6) ... zur Vertrauenswürdigkeit der interpersonellen Verständigung beitragen. ...
(7) ... einen optimalen Spannungszustand im interpersonellen System herstellen. ...[34]

Diese „strategischen Funktionen" charakterisieren zwar etwas konkreter Verhaltensmaximen des Dritten für die eigentlichen Verhandlungen. Aber auch sie sind immer noch zu allgemein gehalten, als daß man sie unmittelbar auf die dort ablaufenden Kommunikationsvorgänge und ihre Strukturierung beziehen könnte, indem man beispielsweise die diesen Funktionen entsprechenden kommunikativen Verfahren aufführte. Was z.B. könnte oder müßte der Schlichter

---

[34] Deutsche Übersetzung durch den Verfasser (W.K.); Formulierungen im englischen Original:

(1) ... to achieve more symmetry in the motivational forces which are activated in the confrontation.
(2) ... to achieve symmetry ... in terms of the situational power of the two principals.
(3) ... ensure that one principal's initiative to confront is synchronized with the others readyness for the dialoge, in order to avoide abortive confrontations.
(4) ... to ensure either that the differentiation phase of the dialogue is worked out fully before moving on to the integrative phase, or at least, that a sufficient amount of differentiation has occured to provide a basis for the amount of integration contemplated for the time being.
(5) ... assess the extent to which various factors contribute to openess in a confrontation;
(6) ... contribute to the reliability of the interpersonal communications;
(7) ... to achieve an optimum level of tension in the interpersonal system.

konkret tun, um zur Vertrauenswürdigkeit der interpersonellen Verständigung beizutragen?

In der einschlägigen Schlichtungsliteratur findet man auf diese Frage kaum eine befriedigende Antwort. Stattdessen stößt man vor allem auf Darstellungen der Dispositionen, die beim Schlichter bzw. Vermittler als Voraussetzung für eine erfolgreiche Tätigkeit vorhanden sein sollen. Seiner Aufgabenstellung entsprechend soll der Dritte mit einer Reihe von (Rollen-) Attributen ausgestattet sein. Walton (1969, S. 150) nennt zusammenfassend deren fünf:

(1) großes Expertenwissen über soziale Prozesse;
(2) geringe Macht über das Schicksal der Beteiligten;
(3) starke Kontrolle über Situation und Verlauf der Konfrontation;
(4) angemessenes Wissen über die Beteiligten, die Streitpunkte und Hintergrundfaktoren;
(5) Neutralität bzw. Ausgewogenheit bezüglich des wesentlichen Ergebnisses, der persönlichen Beziehungen und der Konfliktlösungsmethode.[35]

Solche Attribute sind ohne Zweifel wichtige Voraussetzungen für die Schlichtertätigkeit, sie sind aber eben noch nicht unmittelbar auf die kommunikativen Vorgänge im Verhandlungsgeschehen beziehbar.

Nur ansatzweise finden sich bei Walton auch einige konkretere Ausführungen über Aktivitäten des Schlichters, und zwar im Zusammenhang mit seinen Überlegungen zu „third party interventions". Dort (S. 148) unterscheidet Walton zwischen fünf „tactical opportunities" für solche Interventionen, einer „passiven" und vier „mehr aktiven". Die passive besteht lediglich darin, „...bei der Konfrontation zugegen und verfügbar (zu) sein".[36]

Die vier mehr aktiven sind:

- vorbereitende Interviews durchführen,
- den Kontext für die Konfrontation strukturieren,
- im laufenden Verfahren intervenieren,
- bei Folge-Aktivitäten behilflich sein.[37]

[35] Deutsche Übersetzung durch den Verfasser (W.K.); Formulierungen im englischen Original:
(1) high professional expertise regarding social processes;
(2) low power over fate of principals;
(3) high control over confrontation setting and processes;
(4) moderate knowledge about the principals, issues, and background factors;
(5) neutrality or balance with respect to substantive outcome, personal relationships, and conflict resolution methology.

[36] Im englischen Original:
„... to be present and available in the confrontation."

[37] Im englischen Original:
- preliminary interviewing,

Dieser Katalog von Interventionsmaßnahmen bezieht sich jedoch mehr auf die Organisation des Gesamtverfahrens. Er ist wie die beiden anderen Kataloge ausschließlich als globale Kennzeichnung schlichtungsrelevanter Einstellungen und Verhaltensweisen des Dritten verwendbar und dabei auch vorrangig für offenere Schlichtungsprozesse, d.h. solche, die nicht schon – wie bei der Vergleichsbehörde – in ihrem Verfahrensablauf von Anfang an strenger reglementiert sind.

In seiner typologischen Kennzeichnung des Vermittlers bezieht sich Eckhoff (1967) vornehmlich auf die Verfahren und Mittel, deren sich der Vermittler (***mediator***) – im Unterschied zum Richter (***judge***) und zum Anordnenden (***administrator***) – bedient, um die Parteien zu beeinflussen, damit sie sich einigen. Er hält es für grundlegend, daß der Vermittler an die eigenen Interessen der Parteien appelliert und dabei z.B.

- die Parteien dazu bringt, ihre gemeinsamen Interessen für wichtiger zu halten als ihre gegensätzlichen,
- den Parteien Lösungsmöglichkeiten aufzeigt, auf die sie selbst nicht gekommen sind,
- den Parteien bestimmte Versprechungen macht,
- den Parteien mit Sanktionen droht,
- den Parteien einen Kompromißvorschlag unterbreitet.
  (Eckhoff 1967, S. 254ff.).

Mit dieser Charakterisierung lenkt Eckhoff den Blick auf konstitutive Verfahren für die eigentliche Schlichtungstätigkeit. Aufgrund seines primär typologischen Interesses geht er jedoch nicht weiter auf sprachliche oder interaktive Details von konkreten Schlichtungsverhandlungen ein.

Bei der einvernehmlichen Lösung oder Regelung von Konflikten in Schlichtungsverfahren wird zwar wiederholt der mündlichen Auseinandersetzung bzw. dem Gespräch, und innerhalb des Gesprächs wiederum vor allem dem Schlichter, eine zentrale Funktion zugeschrieben:

> „Das Gespräch ist in jeder sozialen Gruppe ein erstrangiges Mittel, Streit zu vermeiden und dennoch aufgebrochene Konflikte beizulegen. [...] Auch sich einschaltende Dritte bedienen sich mit Erfolg des Gesprächs, um einen Streit zu schlichten, [...]." (Roberts 1981, S. 70)

Aber es bleibt sowohl die Frage unbeantwortet, mit welchen konkreten sprachlichen Verfahren der Schlichter dies bewerkstelligt, als auch die Frage, wo bzw. auf welchem Wege genaueres darüber zu erfahren ist, durch welche sprachlichen Verfahren der Schlichter es erreicht, daß in einer relativ großen Zahl von

---

- structuring the context for the confrontation,
- intervening in the ongoing process,
- assisting follow-up activities.

Verhandlungen zwischen Streitparteien eine Einigung erzielt wird. In der einschlägigen Literatur zum Schiedsmannswesen wird die Fähigkeit des Schiedsmanns, unter den Konfliktparteien wieder Frieden zu stiften, meist mit der Aura des Genialischen umgeben; dort ist die Rede von der „Kunst des Schlichtens" oder der „Kunst des Vergleichs" (Vgl. u.a. Bode 1928 und Hartung 1951), ohne daß im einzelnen Maßnahmen, Methoden, Strategien, Taktiken, Techniken oder Verfahren des Schlichtens vorgestellt würden. „Kunst" wird in diesem Zusammenhang aber nicht – was nahe läge – im Sinne der Schulrhetorik verstanden, wie sie etwa von Lausberg (1963, S. 22) charakterisiert wird:

> „Die Schulrhetorik hat die Produktion der Parteirede [...] besonders für den Modellfall [...] der judizialen Gattung [...] durch Kunstvorschriften [...] geregelt [...]. ≫Kunst≪ ist die handelnd erprobte Fähigkeit eines Menschen zur erfolgreichen Vollbringung von sozial relevanten Leistungen [...], die auf Vollkommenheit [...] zielen, jedoch weder dem naturnotwendigen Geschehens-Ablauf [...] angehören, noch dem Zufall [...] überlassen werden, noch auch als eigentliche Wunder [...] anzusehen sind."

Während im Rahmen der Rhetorik diese Kunst als lehr- und lernbar angesehen wird, wird in der Schiedsmannsliteratur die Fähigkeit zum Schlichten meist ausschließlich als besondere Veranlagung aufgefaßt und in einer eher metaphorischen Diktion – wie beispielsweise durch Jahn (1965, S. 38) – näher charakterisiert:

> „Nicht jedem Menschen – mag er sonst über noch so hervorragende Fähigkeiten und Eigenschaften verfügen – ist es gegeben, einer solchen Aufgabe gerecht zu werden, als Träger dieses „menschenfreundlichen" Amtes eine Atmosphäre der Güte und des Wohlwollens zu schaffen, sich nicht in den Strudel der Auseinandersetzungen der Parteien, auch dort, wo die Meinungen heftig aufeinander prallen, hineinreißen zu lassen und im Einzelfall Verständnis auch dafür aufzubringen, daß eine Partei in begreiflicher Erregung bei der Wahrnehmung ihres vielleicht nur eingebildeten Rechts über das Ziel hinausgeschossen ist und sich zu harten, verletzenden Worten oder gar Tätlichkeiten hat verleiten lassen. Unduldsame und ungeduldige Menschen, denen die sachliche Erörterung einer streitigen Angelegenheit zu zeitraubend und zu langweilig ist, die geneigt sind, auf ein baldiges Ende zu drängen, die nicht zuhören und auf die Sorgen ihrer Mitmenschen nicht mit Anteilnahme eingehen können, besitzen nicht die Weisheit, die erforderlich ist, um die oft genug schwierigen Aufgaben des SchsAmtes in sozialer Weise zu meistern. Mag hierzu auch ein großes Maß gesunden Menschenverstandes gehören, so muß doch in erster Linie das Herz Anteil nehmen. Nicht umsonst bezeichneten die Römer das, was wir heute Zwietracht zwischen den Menschen nennen, als „Discordia", d.h. als einen Zwiespalt oder als eine Entfremdung der Herzen, und das, was wir unter menschlicher Eintracht und Übereinstimmung verstehen als „Concordia", d.h. als Einmütigkeit und Friedfertigkeit der Herzen. Wie könnte es einem Schlichter gelingen, zerstrittene Menschen nachhaltig – und gerade auf diese Nachhaltigkeit kommt es an – zu versöhnen und dort, wo das möglich und erwünscht ist, auch ihre Herzen wieder zur Einmütigkeit zusammenzuführen, ohne daß er sein eigenes Herz mitsprechen läßt!"

Eine derartige Einschätzung des Schlichters findet sich nicht nur in den eigenen Reihen dieser Profession, sondern ist teilweise auch Bestandteil der öffentlichen bzw. veröffentlichten Meinung. So wurde z.B. im Bereich der Tarifschlichtung von einem Schlichter gesagt, er besitze die „Gabe zur pontifikalen Vermittlung zwischen Extremen". Man bezeichnete ihn als „geradezu notorischen Verhandler und Versöhner" und sprach von seinen „Künsten". Andererseits nannte man ihn aber auch einen „raffinierten Versöhner" und bezeichnete ihn sogar als „Schlitzohr" und betonte, daß er inzwischen ein „erfahrener Schlichter" sei, der viel gelernt habe und – trotz seines hohen Alters – immer noch dazu lerne, er, der – wie er selbst bekannte – „vorher von Tarifverträgen so viel verstand wie von der chinesischen Grammatik". (Vgl. Martens 1988, S. 23).

Während hier also unterstrichen wird, daß sowohl besondere Fähigkeiten als auch erlernte Fertigkeiten den Schlichter kennzeichnen und seine Erfolge ermöglichen, wird in der Schiedsmannsliteratur der erfolgreiche Schlichter zu jenen Menschen gezählt,

> „denen die Gottesgabe, ausgleichend zu wirken, gewissermaßen angeboren ist, die es durch die ganze Art, wie sie auftreten, durch den Zauber ihrer Persönlichkeit, ganz von selbst, ohne besondere Mühe oder Anstrengung, dahin bringen, einen Streit, der vor sie gebracht wird, gewissermaßen aufzulösen und in nichts zerfließen zu lassen." (Hartung 1951, S. 7)

Folglich finden sich in der Schiedsmannsliteratur auch keine konkreten und praktischen Hinweise darauf, wie der Schlichter sprachlich auf die Einigung zwischen den Parteien hinwirken könnte. Andererseits ist uns aus Gesprächen mit einzelnen Schiedsleuten bekannt, daß sie gerade mit Blick auf Schlichtungstechniken gerne praktische Anregungen hätten.

Der Schleier des die eigentliche Schlichtung umhüllenden Numinosen läßt sich allerdings durch die direkte Analyse von realen Schlichtungsverhandlungen und den darin zu beobachtenden interaktiven Verfahren lüften.

Nun sind aufgrund der Vertraulichkeit und Nicht-Öffentlichkeit der Verhandlungen die Schlichtungsmaßnahmen des „Dritten" in der Regel jedoch einer Beobachtung durch Nicht-Beteiligte entzogen. Die Verhandlungsprotokolle halten lediglich das jeweils erreichte Ergebnis fest und ermöglichen keine Rekonstruktion des eigentlichen Verhandlungsverlaufs. So erfährt man normalerweise „kaum etwas über die im vermittelnden Dialog ausgetauschten Argumente". Diese Feststellung trifft Herberger (1986, S. 229) nach seiner weitgehend erfolglosen Suche nach „Sprachmustern in der Rechtsgeschichte der Schlichtung". Die von ihm durchgesehenen Protokolle gaben jeweils nur das Verhandlungsergebnis wieder, und so muß er bedauernd feststellen: „Was man aber im einzelnen gesprochen hat, bleibt ausgeklammert." Diese Sachlage besteht im Grunde unverändert bis zum heutigen Tag fort.[38]

---

[38] Ganz anders steht es um die Zugänglichkeit von Gerichtsverhandlungen, die in jüngster Zeit auch hinsichtlich des Richterverhaltens untersucht wurden. Vgl. u.a.

Zu aktuellen bzw. gerade abgelaufenen Verhandlungen gibt es zwar neben den Protokollen auch eine andere, allerdings ebenfalls nur indirekte Zugangsmöglichkeit, nämlich mit den sozialwissenschaftlichen Verfahren des Interviews und der standardisierten Befragung der Beteiligten, die von Jansen u.a. (1987) angewandt wurden. Die so gewonnenen Ergebnisse sind jedoch mehrfach durch die Perspektiven der Beteiligten gebrochen und vermitteln eher retrospektiv ein globales Bild des Verhandlungsgeschehens als eine detaillierte Schilderung des argumentativen Verlaufs.

Demgegenüber bilden unsere Aufnahmen von konkreten realen Schlichtungsgesprächen eine empirische Basis für die Bemühung, auf direkterem Wege zu gesicherten Erkenntnissen über die interaktiven Verfahren der Konfliktbearbeitung und Konfliktlösung im Rahmen von Schlichtungsverhandlungen zu gelangen. Die folgende empirische Analyse setzt bei der zentralen Aufgabe des Schlichters, der Herbeiführung der Einigung, an und fragt, in welcher Weise diese sprachlich bewältigt wird. Das Datenmaterial wird daraufhin untersucht, wie es der Schlichter versucht bzw. bewerkstelligt, prinzipiell (noch) nicht einigungswillige Konfliktparteien im Verlauf der Schlichtungsverhandlung zu einer Einigung zu bewegen. In unserem Zusammenhang soll „Einigung" im schlichtungstechnischen Sinn verstanden werden, d.h., wir sprechen von Einigung immer dann, wenn am Ende der Verhandlung von beiden Parteien ein Vergleichsprotokoll unterzeichnet wird, unabhängig davon, ob gleichzeitig auch tatsächlich eine Aussöhnung zwischen ihnen zustande kommt.

4.2. Schlichtungstechniken zur Herbeiführung von Einigung

Bevor nun das Einwirken des Schlichters auf die Konfliktparteien genauer untersucht wird, ist noch zu klären, wie diese Aktivitäten des Schlichters begrifflich zu kennzeichnen sind, die auf die Herbeiführung einer Einigung abzielen. Bei der Beschreibung des Handlungsziels – die Konfliktparteien kommunikativ zu einer Einigung bewegen – mußte bisher noch offengelassen werden, ob dies durch Überreden oder Überzeugen geschieht. Denn dies kann zu Beginn der Untersuchung noch nicht entschieden werden, und es dürfte sogar fraglich sein, ob man eine solche Entscheidung überhaupt eindeutig treffen kann, da praktisch eine genaue Grenzziehung zwischen beiden Bereichen sehr schwierig ist. Demzufolge scheint es auch nicht angebracht zu sein, mit einer Argumentationstypologie zu arbeiten, wie sie z.B. von Völzing (1979, S. 204) vorgelegt wurde. Völzing unterscheidet dort zwischen drei Typen von Argumentationen: „kooperative", „strategische" und (als deren Sonderfall) „taktische Argumentationen". Kooperative Argumentationen zielen darauf ab, „den Anderen zu überzeugen", und dienen „der Findung eines wahren Konsens". In

Hoffmann (Hg.) (1989), Hoffmann (1991) sowie Philips (1990). Zum Problem der (fehlenden) Beobachtbarkeit von Schlichtungsverhandlungen vgl. auch die Bemerkungen von Nothdurft in der Einleitung zu diesem Band.

strategischen Argumentationen hingegen wird Kooperation nur vorgetäuscht mit dem Ziel, „den Gegenüber zu überreden". Taktische Argumentationen schließlich zielen darauf ab, „den Gegner zu überwinden", „egal mit welchen Mitteln". Nach Völzing (1979, S. 14) sind kooperative Konfliktlösungsversuche als „quantité negligeable" anzusehen. Entsprechend dem tradierten Anspruch von Schlichtung bzw. der Schlichtungsideologie dürften jedoch auf seiten des Dritten in Güte- bzw. Sühneverhandlungen ausschließlich kooperative Argumentationen zu erwarten sein. Demzufolge wären die argumentativen Verfahren des Schlichters auch nicht als Bestandteil einer Rhetorik im Sinne einer Kunst des Überredens oder sogar einer „Kunst des Überlistens" (Cahn 1986) einzustufen. Um einer solchen Entscheidung nicht vorzugreifen, soll im hier gewählten Untersuchungsrahmen eine zu stark wertende Kennzeichnung der Schlichtungsaktivitäten vermieden und stattdessen ein möglichst neutraler Terminus verwendet werden. Kopperschmidt (1976), der in seiner Rhetorik Kommunikation als „überzeugende Argumentation" und nicht als „manipulative Instrumentalisierung" von Sprache versteht, verwendet als deskriptive Termini „persuasive Kommunikation" bzw. „persuasiver Sprechakt" und spricht in diesem Zusammenhang von „persuasiven Techniken und Strategien". Unter persuasiver Kommunikation versteht er eine solche, in der

> „vermittels sprachlicher Argumente die Kommunikationspartner sich wechselseitig zu beeinflussen versuchen mit dem Ziel, durch adäquaten Meinungswandel einen Konsens herzustellen." (S. 99)

In diesem Sinne könnte man den Persuasionsbegriff auch für den Schlichtungskontext übernehmen. Da er aber auch noch konnotativ belastet ist, erscheint es günstiger, die Einigungsaktivitäten als argumentative Techniken zu bezeichnen und auch auf den Strategie-Begriff zu verzichten.

Die vom Schlichter in der Verhandlung angewandten argumentativen Techniken lassen sich in verschiedener Hinsicht gruppieren:

- Eine erste Differenzierungsmöglichkeit ergibt sich aufgrund der Situierung der Techniken im Verhandlungsverlauf, d.h. danach, ob sie entweder bereits im Rahmen der Gesprächseröffnung und der Situationsdefinition 'global' eingesetzt werden, um die interaktiven Bedingungen, Aufgaben und Zielsetzungen der Verhandlung zu markieren, oder ob sie erst im Verlauf der Verhandlung 'lokal' verwendet werden, d.h. im engeren oder unmittelbaren Zusammenhang mit dem jeweiligen Einigungsversuch.

- Zum anderen kann man sie hinsichtlich der unterschiedlichen argumentativen Ressourcen differenzieren, deren sich der Schlichter bedient, d.h. der Sachverhalte, auf die er als „sedes argumentorum" bzw. „Topoi" Bezug nimmt. Denn es scheint ein relativ überschaubares Feld von argumentativ nutzbaren Sachverhalten zu geben, auf die Schlichter im Verlauf der Verhandlung geradezu stereotyp zurückgreifen.

- Schließlich lassen sich die argumentativen Techniken auch anhand der jeweils eingesetzten rhetorischen und stilistischen Mittel charakterisieren, d.h. der besonderen sprachlichen Gestaltungsmerkmale der argumentativen Rede.

4.3. Argumentative Techniken

4.3.1. Einstimmung der Kontrahenten

Die Herbeiführung der Einigung zwischen den Konfliktparteien ist für den Schlichter eine Daueraufgabe während der gesamten Güteverhandlung. Es ist keineswegs so, daß sich Einigungsaktivitäten auf eine bestimmte Verhandlungsphase beschränkten. Nahezu sämtliche Aktivitäten des Schlichters sind mehr oder weniger stark auf die Einigung der Parteien hin orientiert. Allerdings lassen sich Gesprächsbereiche ausmachen, die eine größere Affinität zur Einigung besitzen und in denen der Schlichter die Einigung thematisiert. Dazu gehört auch schon der Verhandlungsbeginn.

Zu Beginn der Verhandlung bietet sich dem Schlichter die Möglichkeit, über die formale Eröffnung hinaus die Parteien über Aufgaben und Ziele der Schlichtungseinrichtung zu unterrichten und gleichzeitig die Vorzeichen zu setzen, unter denen die Verhandlung ablaufen soll. Er kann dabei nur die Art des Miteinander-Umgehens bzw. des Miteinander-Redens zur Sprache bringen wie im folgenden Beispiel:

dann eröffn ich die sühneverhandlung RÄUSPERT SICH und wollte sa:n daß
diese- * daß wer diese in ferer und anständijer weise hier über die
bühne ziehn↓ *

(3002/03; 1,4ff.)

Darüber hinaus kann der Schlichter aber auch schon das von ihm erwartete Verhandlungsergebnis antizipatorisch formulieren:

ich gehe davon aus * daß es uns gelingen wird heute hier * die sache
aus der welt zu schaffen und in aller ruhe und sachlichkeit oh"ne dabei
laut zu wern oder unsachlich * hier über den vorfall * zu * sprechen↓

(3002/46; 2,5ff.)

In beiden Beispielen ist auffällig, daß sich der Schlichter einer besonderen, geradezu camouflierenden Metaphorik bedient, um die Herbeiführung der Einigung zu kennzeichnen:

- [die sühneverhandlung] *über die bühne ziehn*,

- *die sache aus der welt zu schaffen.*

Diese merkwürdige Vagheit hinsichtlich der zentralen Schlichtungsaktivität wiederholt sich bei der Kennzeichnung des zwischen den Parteien vorliegenden

Konflikts: Dieser wird ganz allgemein und neutral als *sache* oder *vorfall* bezeichnet. So führt der Schlichter den Parteien das angestrebte Ziel vor Augen und vermeidet dabei jegliche Brisanz, die allein schon mit der konkreten Benennung des vorliegenden Konflikts verbunden sein könnte.

Schließlich kann der Schlichter bereits zu Verhandlungsbeginn die Parteien auf das Ziel, den Konflikt durch eine Einigung zu lösen, argumentativ einstimmen. Ein Vorteil solcher globaler Einstimmungen besteht für den Schlichter darin, daß er nach einem relativ festen Sprecherplan die Parteien in einer zusammenhängenden Rede routinemäßig bearbeiten kann, um sie zur Einigungsbereitschaft zu motivieren, und zwar ohne bereits auf den vorliegenden Konfliktfall detailliert bezug zu nehmen. Eine solche Vorrede kann gerade deshalb besonders wirksam werden, weil der jeweilige Konfliktsachverhalt noch nicht zur Sprache gekommen ist, weil die Parteien auch noch nicht im Rahmen der folgenden Auseinandersetzung möglicherweise ausschließlich mit ihrer jeweiligen Positionswahrung beschäftigt sind und weil sich die Fronten zwischen ihnen dadurch noch nicht weiter verhärtet haben.

An zwei Beispielen soll nun gezeigt werden, wie Schlichter ihre einleitenden Reden persuasiv anlegen und rhetorisch gestalten. Das erste Beispiel, „Der Pole", ist einer Verhandlung vor dem Schiedsmann entnommen.

S. 1

C: (...) folgendes allgemeine sagen↓ * a"lles was hier erzählt wird
C: gesagt wird- * geschieht freiwillig also hier wird keiner- *
C: zu einer aussage- äh kann keiner zu=ner aussage- * →gezwungen
C: werden-← * äh weiter bemerke ich vorab also daß ich ni"cht *
C: recht sprechen kann- * →hier findet eine aussprache statt←
C: über das äh äh- * äh was ihnen bekannt ist- äh wi"r haben↓ *
C: in deutschland also in preußischen staaten das schiedsmannswesen
C: seit hundertzwanzig jahren- * äh- * seit hundertzwanzig jahr- *
C: äh- * haben sich viele staatsformen hier in deutschland- *
C: gebildet und=äh das schiedsmannswesen i"st über- * a"lle- *
C: staatsformen hinweg erhalten geblieben- * also eine institution
NM: HUSTET
C: also die se"lten so lange gehalten ha"t↑ * was ist der äh sinn
C: und zweck dieser einrichtung- * also man versuchte an neutraler
C: ste"lle↓ * eine regelung bei streitigkeiten- * äh- nicht die
C: privatstreitigkeiten sind- * körperverletzung- *

C: →hausfriedensbruch sachbeschädigung-← * bedrohung↑ *
C: →verleumdung beleidigung-← * herbeizuführen- * denn SEUFZT
C: also he diese streitigkeiten sind sehr teuer wenn sie bei gericht
C: ausgetragen werden →also ich← kann sagen- * daß nach=äh- den-
C: * heutigen gesetzen also in erster instanz- * für jeden- * eine
C: klage bei gericht zunächst mal tausend mark kosten würde- denn:
C: nimmt eine partei einen anwalt ist die andere auch gehalten einen
C: anwalt zu nehmen- * um nicht von vornerein rechtsnachteiliges
C: zu haben-   im gegensatz da"zu sind die kosten die hie"r- *
NW: HUSTET
C: entstehen- gering- * also hier würden kosten- * von maximal
C: achtzig mark insgesa"mt- * entstehen↓ * auch das äh mu"ß sein- *
C: denn alles was umsonst ist- * also würde über die gebühr in
C: anspruch genommen <we"rden> * also achtzig mark- * sechzig
C: mark- *

S. 2
C: halten viele bürger schon a"b äh: streitigkeiten die vielleicht
C: keine sind- * äh- * nich austragen zu lassen↓ * nur noch
C: folgendes noch sagen SEUFZT * das=hm <be"ste ist> im leben- *
C: also wenn man- * eine streitigkeit unter*nander austrägt- *
C: sich ausspricht- * sich einigt- die zweitbeste lösung i"st
C: also wenn man hier: auf dem schiedsamte- * bei mir- * eine
C: einigung erzielt und die schlechteste lösung ist also- * wenn
C: eine gerichtsentscheidung herbeigeführt wird- * denn wie eine
C: gerichtsentscheidung- * <fallen> wird weiß i"ch nicht- * das
C: kann kein a"nwalt sagen- * nicht das kann nicht mal der richter
C: sagen- * wenn der heute hier wäre- * äh: e"r fällt sein urteil
C: na"ch der verhandlung- * beziehung/ trifft beziehungsweise
C: trifft seine entscheidung↑ hat ja auch verschiedene möglichkeiten
C: der kann ein verfahren einstellen- * er kann- * nicht einen

C: verglei"ch vorschlagen- * er kann auch- * ein >urteil
C: sprechen↓< was äh: sie auch noch wissen müssen i"st also daß
C: diese verhandlung hier außer- * äh:- * unter ausschluß der
C: öffentlichkeit stattfindet- * während im gericht also jedermann
C: zugang hat und sie wissen ja- * wie allgemein im leben jeder
C: hat freunde jeder hat feinde jeder hat neider- * bei gericht
C: äh werden auch die wirtschaftlichen verhältnisse- * äh- * nich↑ *
C: geprüft also man hat vor- der öffentlichkeit also seine
C: wirtschaftlichen- * verhältnisse darzulegen also- * das muß sein
C: weil der richter ja auch einen- * nicht überblick haben will- *
C: äh- * über die wirtschaftlichen verhältnisse für eine eventuelles
C: strafmaß was er mal anwenden muß <das allgemein- * nun darf
C: ich sie" bitten

(3002/50; 1,1ff.)

Der Schlichter benutzt hier seine einleitende Rede zunächst dazu, die Schiedsmannseinrichtung und das Güteverfahren als in mehrfacher Hinsicht vorteilhaften Ort für die Regelung von Streitigkeiten vorzustellen. Er nennt explizit als besonders positive Eigenschaften dieser Einrichtung:

- die Freiwilligkeit der Verfahrensbeteiligung,
- die Aussprache als Möglichkeit der Konfliktlösung,
- die lange Tradition der Schiedsmannsinstitution,
- die Kostengünstigkeit des Güteverfahrens,
- die Vermeidung des Prozeßrisikos,
- die Nichtöffentlichkeit des Güteverfahrens.

Auf der Ebene der Redeorganisation nimmt der Schlichter metakommunikativ aufmerksamkeitssteuernde Kennzeichnungen seines Beitrags vor. Er verweist zunächst kataphorisch ankündigend auf seinen Beitrag und stuft ihn im voraus hinsichtlich seiner Relevanz ein: Sein Inhalt ist von generellem Belang und gilt somit einerseits unabhängig vom vorliegenden Einzelfall, andererseits schließt er aber auch diesen bereits mit ein: *folgendes allgemeine sagen* (1,1).

Ferner charakterisiert der Schlichter seinen Beitrag, indem er ihn deutlich gliedert, als eine Art Vorrede zur eigentlichen Verhandlung: *weiter bemerke ich vorab* (1,4).

Und schließlich markiert er auch ausdrücklich den Übergang zur eigentlichen Verhandlung durch eine entsprechende, das Ganze rahmende Reformulierung sowie eine Pause als Gliederungssignal: das allgemein- * nun darf ich sie" bitten (2,26f.).

Durch eine ebenfalls aufmerksamkeitssteuernde Kennzeichnung in Form einer Leitfrage wird deutlich die Aufgabenbeschreibung der Schiedsmannseinrichtung als zentraler Bestandteil der Vorrede markiert: *was ist der äh sinn und zweck dieser einrichtung* (1,12f.)

Auffälligstes rhetorisches Merkmal der gesamten Vorrede ist ihr antithetischer Aufbau. Nahezu durchgängig wird explizit oder implizit mit verschiedenen Gegensatzpaaren operiert, die fast alle dazu dienen, die Schiedsmannsinstitution mit Blick auf die Einigung kontrastiv in besonders günstigem Licht erscheinen zu lassen:

Allgemeines	⟷	Besonderes
Freiwilligkeit	⟷	Zwang
Aussprache	⟷	Recht sprechen
eine Schiedsmannsinstitution	⟷	viele Staatsformen
Schiedsmann	⟷	Gericht
geringe Kosten	⟷	hohe Kosten
Ausschluß der Öffentlichkeit	⟷	Teilnahme der Öffentlichkeit

Auffällig ist ferner, daß der Schlichter sich sehr um Klarheit bemüht, indem er des öfteren einen Ausdruck fast tautologisch expliziert, z.B.:

- geschieht freiwillig also hier wird keiner- * zu einer aussage- äh kann keiner zu=ner aussage- * >gezwungen werden-< (1,2ff.),
- also daß ich ni"cht- * recht sprechen kann- * >hier findet eine aussprache statt< (1,4f.),
- streitigkeiten- * äh- nicht die privatstreitigkeiten sind- * körperverletzung- * >hausfriedensbruch sachbeschädigung-< * bedrohung↑ * >verleumdung beleidigung-< (1,15ff.).

Bestimmte Behauptungen werden durch Detaillierungen belegt, z.B. daß ein Verfahren bei Gericht sehr teuer ist, daß das Prozeßrisiko groß ist oder was Zulassung der Öffentlichkeit bei Gericht bedeutet.

Die Dignität der Schiedsmannsinstitution wird in verschiedener Weise hervorgehoben. Zum einen wird im Sinne der „auctoritas" das durch Tradition gewonnene Ansehen betont, und zwar in doppelter Weise:

- durch die durchaus beeindruckende konkrete und objektive Altersangabe: *seit hundertzwanzig jahren* (1,8),
- durch den Hinweis darauf, daß sie als besonders dauerhafte und geradezu unerschütterliche Einrichtung die verschiedenste Staatsformen überdauert oder

überlebt hat: *das schiedsmannswesen i"st über * alle * staatsformen hinweg erhalten geblieben* (1,10f.).

Zum andern wird in Form einer Anti-Klimax kontrastierend mit weiteren Konfliktlösungsverfahren der Stellenwert des Güteverfahrens betont: Die Einigung vor dem Schiedsmann wird als zweitbeste Lösung nach der autonomen, die Gerichtsentscheidung aber als die schlechteste Lösung (2,3ff.) präsentiert. Damit wird den Parteien indirekt geraten, auf jeden Fall die Chance der zweitbesten Lösungsmöglichkeit wahrzunehmen, nachdem sie bereits die Gelegenheit zur besten Lösung nicht genutzt haben.

Auf das mit dem Gerichtsverfahren verbundene Prozeßrisiko wird ausdrücklich in einer Klimax hingewiesen, aus der nur gefolgert werden kann, daß man dieses Risiko besser nicht eingeht:

- *denn wie eine gerichtsentscheidung * <fallen> wird weiß i"ch nicht * das kann kein a"nwalt sagen * nicht das kann nicht mal der richter sagen * wenn der heute hier wär ** (2,8ff.).

Während einerseits die Kostengünstigkeit des Güteverfahrens herausgestrichen wird, wird andererseits aber auch gerechtfertigt, daß ein solches Verfahren nicht gratis zu haben ist. D.h., auch an der Gebührenforderung läßt sich bis zu einem gewissen Grade die Dignität des Güteverfahrens ablesen.

Die Rechtfertigung für das Vorgebrachte geschieht explizit von den Adressaten her: Der Schlichter bewertet seine Ausführungen als wichtige und notwendige Informationen für die Parteien, wobei er aber die genaue Begründung dafür ausspart: *was äh: sie auch noch wissen müssen i"st* (2,16). D.h., die Zuhörer werden als die Unwissenden angesprochen, die belehrt oder informiert werden müssen. Gleichzeitig wird aber den Zuhörern durch sentenzartige Formulierungen die Geltung des Inhalts der gemachten Aussagen bzw. seine Bekanntheit suggeriert, z.B.: *das=hm <be"ste ist> im leben* (2,3) *und sie wissen ja * wie allgemein im leben* (2,19).

In der gesamten Vorrede wird kein unmittelbarer Bezug zum konkreten Konfliktfall hergestellt, die formale Eröffnung der Verhandlung mit der Feststellung der Identität der Parteien kommt erst danach. Nur an einer Stelle, gleich zu Beginn der Vorrede, ist es notwendig, etwas über den Inhalt bzw. den Gegenstand der vorgesehenen Aussprache zu sagen. Doch auch hier vermeidet es der Schiedsmann geschickt durch das rhetorische Mittel der Anspielung bzw. Periphrase, den konkreten Konfliktsachverhalt bereits konkret zu benennen, was evtl. den Widerspruch einer der Parteien hervorrufen könnte: *>hier findet eine aussprache statt< über das äh äh * äh was ihnen bekannt ist* (1,5f.). Die in diesem Ausschnitt sich wiederholenden *äh* sowie die Pause deuten auf die Formulierungssuche des Schlichters gerade bei der Kennzeichnung des vorliegenden Falles hin.

Insgesamt gesehen hat der Schiedsmann somit in seiner Vorrede bereits die argumentativen Bereiche markiert, die es ihm im Bedarfsfall in der weiteren Verhandlung erleichtern können, die Parteien zu einer Einigung zu bewegen. Dabei handelt es sich vorwiegend um solche Bereiche, auf die weitgehend fallunabhängig geradezu stereotyp in fast allen Vergleichsverhandlungen zurückgegriffen werden kann.

Das zweite Beispiel für die 'Einstimmung' der Konfliktparteien auf das Verhandlungsziel ist einer Verhandlung vor der Vergleichsbehörde, „Alte Sau" (S. 1, Z. 15 bis S. 2, Z. 12) entnommen:

```
S. 1
C:                                   äh * zur bedeutung der
C: vergleichsbehörde die vergleichsbehörde is also kein
C: gerischt↓ * wir können hier also niemanden verurteilen↓ *
C: unsere aufgabe die uns der gesetzgeber zugewiesen hat ist
C: also die" zu versuchen in solchen fällen * die sich halt
C: mal dursch das zusammenleben der menschen ereignen * äh:
C: hier ein nach möglischkeit eine gütlische vorgerischtliche
C: einigung zu finden↑ * denn der gesetzgeber davo/ geht davon
C: aus daß eben solsche fälle nischt u"nbedingt gleisch vor des
C: strafgerischt müssen und zwar aus: einigen gründen zunächst
C: einmal unsere * rischter * s/ sind ja auch nischt wenig
C: beschäftigt * äh und sollten sisch also mit schwerwiegenderen
C: dingen beschäftigen außerdem * äh: wenn hier in einem solchen fall
C: * erst einmal ein stra"fverfahren anläuft und wir ham=s ja hie"r
C: mit der vorstufe eines strafverfahrens zu tun dann sind oft
C: die verhältnisse so verhärtet daß es also * fast nischt
S. 2
C: mehr * weitergehen kann äh daß sisch also keine änderung zum
C: guten mehr ergibt↓ * zum * anderen ist natürlisch auch
C: noch zu bedenken * äh daß ein strafverfahren * höhere
C: gebühren un höhere kosten * verursacht als hier unser
C: verfahren un letztlisch ka"nn es ja auch * im strafverfahren
C: im privatklageverfahren * zu einer verurteilung kommen und
```

```
C: wenn des erscht passiert is donn * is gewöhnlisch schun alles: *
C: äh: donn sin die verhältnisse gewöhnlisch so zerrüttet daß also *
C: die möglischkeit eines: vernünftigen zusammenlebens oft nischt
C: mehr gegeben ist un=des sin alles dinge * die der: gesetzgeber
C: halt eben * nach möglischkeit vermeiden will >das is also<
C: unsere aufgabe↓
(3001/03; 1;15ff.)
```

Auch diese Einleitung dient inhaltlich dazu, die Vergleichsbehörde vorzustellen und sie gleichzeitig positiv zu bewerten. Dabei werden folgende Merkmale hervorgehoben:

- gütliche vorgerichtliche Einigung, d.h. Konfliktregelung ohne Urteil bzw. ohne Verurteilung,
- kostengünstiges Verfahren,
- zukunftsorientierte Konfliktregelung.

Die Ausführungen sind in der Form einer Belehrung gehalten. Der Schlichter markiert dabei sehr deutlich die von ihm behandelte Thematik durch

- eine überschriftartige Einleitung: *zur bedeutung der vergleichsbehörde* (1,15f.),
- eine Charakterisierung seines Auftrags: *unsere aufgabe ... ist* (1,18),
- eine abschließende anaphorische Kennzeichnung des Gesagten: >*das ist also*< *unsere aufgabe* (2,11f.).

Ähnlich wie im ersten Beispiel nimmt der Schlichter seine Darstellung durchgängig kontrastierend vor. Er beschreibt und erläutert die Vergleichsbehörde auf der Folie des Gerichts, indem er antithetisch ihre besonderen Merkmale herausstellt:

Vergleichsbehörde		Gericht
[Sühneverfahren]	←→	*strafverfahren*
vorstufe eines strafverfahrens, gütliche vorgerichtliche einigung	←→	*urteil/verurteilung*
fälle, die sich halt mal dursch das zusammenleben der menschen ereignen (= Bagatellfälle)	←→	*schwerwiegendere dinge*
änderung zum guten, vernünftiges zusammenleben	←→	*verhärtung/zerrüttung der verhältnisse*
[geringe Gebühren]	←→	*höhere gebühren und höhere kosten*

Durch diese holzschnittartige Kontrastierung der beiden Institutionen Vergleichsbehörde und Gericht verdeutlicht der Schlichter die Vorteile des gegenwärtigen Verfahrens. Selbst wenn noch gar nicht explizit auf den vorliegenden Konflikt bezug genommen wird, ist die suggestive Botschaft an die Parteien, sich diese Vorteile vor Augen zu halten und sich zu einigen, sofern sie nicht die Nachteile eines Strafverfahrens in Kauf nehmen wollen.

Erstaunlicherweise bleibt das Gericht in dieser Vorrede argumentativ präsent, obwohl es eingangs ganz lapidar heißt: *die vergleischsbehörde is also kein gerischt* (1,16f.), und dies auch noch analytisch expliziert wird: *wir können hier also niemanden verurteilen* (1,17).

Mag damit zunächst einmal der Antragstellerin die Hoffnung auf einen Sieg und der Antragsgegnerin die unmittelbare Angst vor einer Verurteilung genommen worden sein, zumindest für die Antragsgegnerin bleibt das Gericht dennoch letztlich als Drohinstanz bestehen. Denn wenn das *strafverfahren* (1,28) nicht auf der *vorstufe* (1,29) durch eine Einigung abgeschlossen wird, so wird es schließlich doch beim Gericht landen.

Wenngleich die Vorrede sehr allgemein gehalten ist, wird dennoch bereits auf den zur Verhandlung anstehenden Konflikt indirekt bezug genommen, wobei dieser zunächst einmal als nicht besonders gravierend eingestuft wird. Er wird vielmehr den Fällen zugerechnet, *die sich halt mal dursch das zusammenleben der menschen ereignen* (1,19f.) und die nicht zu den *schwerwiegenderen dingen* (1,26) zählen, mit denen sich die Richter zu befassen haben, die ohnehin überlastet – durch eine Litotes ausgedrückt: *nischt wenig beschäfigt* (1,25f.) – sind. Bei der Kennzeichnung der Alltagskonflikte fällt auf, daß sie gleichsam als naturgegeben und unabwendbar dargestellt werden und daß dabei nicht (bereits) mit Kategorien wie Schuld und Verantwortung operiert wird. Wenn nun solche „Fälle" sich *halt mal dursch das zusammenleben der menschen ereignen* (1,19f.), so ist zu schließen, sollte man *nach möglischkeit eine gütliche vorgerischtlische einigung finden* (1,21f.), damit die *möglischkeit eines vernünftigen zusammenlebens* (2,9) erhalten bleibt. Mit dem Adjektiv *vernünftig* wird angespielt auf Rationalität als Maß für menschliches Verhalten. Es wird unterstellt, daß für Menschen nur vernünftiges Verhalten angemessen ist. Dies suggeriert, es sei für vernünftige Leute geradezu selbstverständlich, sich in solchen Konfliktfällen wieder zu einigen, *die sich halt mal dursch das zusammenleben der menschen ereignen*. Der Schlichter bereitet also gleichsam noch fallunabhängig die Einigung im anstehenden Fall durch die folgenden drei Argumentationsschritte vor:

- Bagatellisierung des Konflikts,
- Stilisierung der Einigung als vernünftige Lösung,
- Präsentation der Vergleichsbehörde als die für die Einigung zuständige Instanz.

Die eigentliche Aufgabe der Vergleichsbehörde bzw. des Schlichters wird in besonderer Weise charakterisiert und legitimiert: Die Vergleichsbehörde ist den Parteien bei dem Versuch, zu einer Einigung zu finden, behilflich, aber nicht aus eigenem Interesse, sondern dies wird deklariert als *aufgabe, die uns der gesetzgeber zugewiesen hat* (1,18). Damit stellt sich der Schlichter als ausführendes Organ dar, das keine eigenen privaten Interessen verfolgt, sondern von einer höheren Instanz angewiesen wurde, die wiederholt als *der gesetzgeber* personifiziert wird. Durch diesen Hinweis wird den Parteien verdeutlicht, daß in Konfliktfällen wie dem ihrigen ein öffentliches, und zwar ein gesellschaftspolitisches Interesse an einer gütlichen Einigung besteht.

Somit hat diese scheinbar nur belehrende und informierende Vorrede in der Schlichtungsverhandlung schon einen ausgesprochenen appellativen Charakter. Die einzelnen Vorreden variieren zwar von Schlichter zu Schlichter und auch von Verhandlung zu Verhandlung, aber sie haben insgesamt die Funktion, die Parteien auf die schlichtungsspezifische Konfliktregelung, die „Einigung", einzustimmen.

4.3.2. Aufbereitung des Konflikts

Im Anschluß an die eigentliche Verhandlungseröffnung übergibt der Schlichter in der Regel das Wort an die Parteien zur sog. Aussprache, indem er ggf. zunächst den Antragsteller auffordert, die Anschuldigung vorzutragen.[39] Dabei bietet sich ihm selten Gelegenheit, eigens auf die Einigung hinzuwirken, außer wenn er selbst für den Antragsteller die Anschuldigung vorträgt und dabei auch schon die Sachlage bewertet und den Lösungsweg aufzeigt, noch ehe er den Antragsgegner überhaupt zur Stellungnahme auffordert. So verfährt z.B. der Schiedsmann im folgenden Gesprächsausschnitt. Nachdem er den Anschuldigungssachverhalt zusammengefaßt hat, nimmt er selbst zu dem Vorfall folgendermaßen Stellung:

```
* und durch diesen sachverhalt ist darüber hinau"s * ein streit unter
ihnen beiden entstanden da"hingehend und da müßte ich hier frau
ritzbecker beipflichten daß es so" natürlich nicht geht↑ * wenn
sie als arzthelferin in der praxis doktor ketzer tätig ist daß sie"
dann da rum * tönen oder rum öhöhöh wirbeln und sagen hier dies und
jenes und bringen hier die frau ritzbecker bei anderen in mißkredit↓
* äh frau ritzbecker ist nicht gewillt derartige üble nachreden *
hinzunehmen und erwartet deswegen heute abend hier daß sie sich für
dieses fehlverhalten entschuldigen

(3002/46; 2,26ff.)
```

Der Schlichter ergreift damit in diesem Ausschnitt einerseits für die Antragstellerin Partei und verurteilt in einer durch die Verwendung eines Modalverbs

---

[39] Vgl. hierzu insgesamt auch Nothdurft (1995, Kap. 4).

im Konjunktiv mehrfach abgeschwächten Modalität (*müßte ich ... beipflichten*) das Verhalten der Antragsgegnerin. Dabei beruft er sich auf eine soziale Norm (*daß es so" natürlich nicht geht*), wonach man in einer Arztpraxis die Helferin nicht (unberechtigterweise) in *mißkredit* bringen darf und derzufolge das Verhalten der Antragsgegnerin als *fehlverhalten* zu bewerten ist. Andererseits stellt er hier die von der Antragsgegerin geforderte Wiedergutmachung ausschließlich als Erwartung der Antragstellerin dar. Damit hält er bereits den Normverstoß der Antragsgegnerin fest und beschreibt außerdem auch schon den Weg zur Einigung. Indem er diesen aber ohne erkennbare Wertung als Erwartung der Antragstellerin präsentiert, läßt er sich noch die Möglichkeit offen, ggf. im Verhandlungsverlauf selbst alternative Einigungsvorschläge zu unterbreiten.

Im Zuge der Aufbereitung des Konfliktsachverhalts werden vom Schlichter vor allem folgende drei Techniken verwandt:

- den Konflikt auf das zentrale Delikt eingrenzen,
- auf die inkriminierte Handlung euphemistisch referieren,
- das Delikt als verständliches Verhalten bewerten.

Die Unterbreitung eines Einigungsvorschlags als eine für Schlichtungsgespräche zentrale Handlung ist in der Regel erst möglich, nachdem in der sog. Aussprache eine gewisse Klärung des Konfliktsachverhalts, die Rekonstruktion des Konflikts, stattgefunden hat. Im Unterschied zur Gerichtsverhandlung läuft diese Rekonstruktion aber nicht notwendigerweise darauf hinaus, daß eine minuziöse Beweiserhebung bzw. eine umfassende und möglichst vollständige Tatbestandsicherung durchgeführt wird. Vielmehr wird die Aufbereitung des Konflikts vom Schlichter meist dann schon als zureichend erachtet, wenn ein mit justitiablen oder normativen Kategorien erfaßbarer (Tatbestands-) Sachverhalt formuliert und von den Parteien, vor allem dem Antragsgegner in dieser Form akzeptiert worden ist. So konzentriert sich z.B. im folgenden Gesprächsausschnitt aus „Götz-Zitat" der Schlichter bei seinem Vergleichsvorschlag auf den unbestrittenen Tatbestand der Beleidigung und blendet alles Übrige (wie z.B. Vorgeschichte, Begleitumstände und Zeitangaben) *expressis verbis* als Gegenstand der weiteren Vergleichsverhandlung aus:[40]

S. 4
07 C: #herr <he"rrmann-># * bei allem was passiert is↓ * mach möglich
K #KLINGT WIE AUFRUF #

C: sein- * aber- * dieser berühmte satz- * den sie dort

C: gegenüber frau blank- * haben laut werden lassen- * das- *

10 C: ist natürlich ne bel/- * ne beleidigung↓ und beleidigungen

[40] Das vollständige Transkript dieser Güteverhandlung wird zusammen mit einer detaillierten Analyse in dem von P. Schröder herausgegebenen Textband *Schlichtungsgespräche* (1995) abgedruckt.

C: #gehn ja- * werden ja nach dem strafgesetzbuch verfolcht- *#
K #PAPIERRASCHELN #

C: und zwar- * nach dem paragraph hundertfünfundachtzig bis

S. 5
01 C: hundertsiebenundachtzig a: und hundertneunundachtzig- * nach

C: dem strafgesetzbuch↓ * wenn wir hier #heute- *# wenn sie
K #QUIETSCHEN#

C: heute- * sich dieses vorfalls auch entschu"ldigen- dann

04 C: entsteht hier ein vergleich- * und dann ist der fall erledigt↑ *

(3002/32; 4,7ff.)

Der Schlichter stellt also nicht in Abrede, daß sich noch weiteres ereignet hat. Er räumt vielmehr sogar ein, daß solches keineswegs ausgeschlossen ist (*mach möglich sein*), und kommt Herrn Herrmann insofern entgegen. Sodann macht er aber geltend, daß dieser sich durch die Äußerung des *berühmten satzes* – gemeint ist das „Götz-Zitat" – vor dem Gesetz gegenüber Frau Blank strafbar gemacht habe. Infolgedessen läuft der Vergleichsvorschlag auch ausschließlich darauf hinaus, daß Herr Herrmann sich für die Beleidigung bei Frau Blank entschuldigt.

In einer anderen Güteverhandlung („Üble Nachrede") macht die Antragsgegnerin, Frau Schade, geltend, daß sie ihrerseits auch eine Entschuldigung von Frau Ritzbecker, der Antragstellerin, verlange, weil diese ihren Sohn zu unrecht verdächtigt habe, auf der Straße einen Geldschein aufgehoben und eingesteckt zu haben. Daraufhin versucht der Schiedsmann, diesem Anspruch zwar in gewisser Weise Rechnung zu tragen, aber letzlich den Fall auf den Tatbestand der „Üblen Nachrede" einzugrenzen:

10 C: * äh sie haben ja hier erklärt daß sie also öh

C: bestreiten daß ihr sohn das geld eingesteckt hat daß er es

C: ihnen auf befragen versichert hat das geld nich in=ne tasche

C: jesteckt zu ham ich bin gerne bereit zu protokollieren daß

C: frau ritzbecker diese erklärung zur kenntnis nimmt↓ *

15 C: #da"s ist ganz klar# ich nehme ihnen das ab wenn sie als
K #ABGEHACKT #

C: mutter das sagen sie ham ihren sohn jefragt * sagen noch sie

C: ham die lehrerin hinzujezojen ihr sohn hatte das geld nich *

C: es war nich da folglich könn wer das nich beweisen wir

C: müssen aber zur kenntnis nehmen daß die mutter das kind

C: jefraacht hat * und es zur rede gestellt hat↓ das nimmt
NW: mhm↓

C: frau ritzbecker ja auch gerne zur kenntnis aber das ändert

C: ni"chts daran daß diese * bö:se * nachrede im raum steht

C: die vielleicht sogar unter zeugen in der praxis jefallen ist

C: es könnte jenauso sein daß sie das geld eingesteckt haben

B: ja↓
C: und das ham sie ja eben selbst jesacht

(3002/46; 9,10ff.)

Der Schlichter berücksichtigt hier die Position von Frau Schade, indem er sich bereit erklärt, ihren Einwand ins Protokoll aufzunehmen und damit gleichsam auch für Frau Ritzbecker offiziell zu machen. Mit seiner kontrastierenden Darstellung erreicht er aber, daß nunmehr nur noch das Frau Schade vorgeworfene Delikt (*diese bö:se nachrede*) auf dem Verhandlungstisch bleibt.

In einem weiteren Fall („Die Rauferei") macht die Antragsgegnerin, Frau Düster, geltend, daß sie Frau May nur deshalb verprügelt habe, weil diese ihr den Ehemann „krank gemacht", 'ausgespannt' und ihr Geschäft geschädigt habe.[41] Der Tatbestand – Körperverletzung verbunden mit Hausfriedensbruch – ist unstrittig. Auch hier versucht der Schlichter wiederholt, den weiteren Ereigniskontext aus der Verhandlung zu eliminieren:

S. 7
C: frau düster dat tut hier jetz hier im moment nichts

B: ja=ja↓
C: zur sache sondern die de die de sachverhalt is ja

C: hier praktisch nun daß sie sang=mal die wohnung betreten

B: hab ich auch↓ ich hab da=n
C: ham- un damit hausfriedensbruch

B: grund für jehabt sie ruft ja tächlich sie ruft ja
C: betrieben- ja ja↓

B: immer wieder an↓ außerdem kann ich ihn
C: ja dat näh aber aber-

[41] Weitergehende Analysen dieses Gesprächs von Klein, Nothdurft, Reitemeier und Schröder sowie das vollständige Transkript sind in Röhl (1987, S. 543-762) veröffentlicht.

B: zeugen bringen die janzen anjestellten wissen
C: aber-

B: wie fertisch wenn er bei ihnen war
C: frau-

B: war der fertisch fix und fertisch der=s in schweiß
C: frau dü/ frau

B: jebadet↓
C: düster ja frau düster dat hat hier jetz damit jar

C: nichts zu tun sondern sie" sind jetz sa=ma in die ja/

B: bin ich↓ jawohl↓
C: wohnung von der frau may eingedrungen-

S. 8

B: ja sie hat sich
C: un und haben sie zerschlagen und und-

B: gewehrt aber gegen mich kam sie ja nich an↓
C: un un un und äh haare

B: ausjerissen hab ich
C: ausjerissen undsoweiter undsofort-

B: nichts sie hat sisch au"ch gewehrt aber sie kommt
C: und-

B: ja gegen isch bin stark geb ich zu↓ *
C: äh-

B: un noch wat ... isch hab se in die ecke verdrängt
C: aber aber- aber das is hier jetz

B: hab ich↓
C: aber das is hier jetz dasjenige weshalb

C: daß wir hier sitzen nich die andere sache↓ * da is

B: isch hab se in die ecke verdrängt das stimmt sischer
C: wahrscheinlich das is ja nur die vorgeschichte ja nur

B: geb ich ja auch zu↓
C: gewesen und die muß ich hier jetz och ma wissen aber

B: hm↓
C: wir müssen uns ja do drüber einig werden was jetz

B: sicher
C: hier geschieht und zwar in der sache

B: ich hab se jepuff/
C: hausfriedensbruch und und und körperverletzung↓

(3002/03; 7,11ff.)

Die dem Delikt vorangegangenen Ereignisse werden vom Schlichter zunächst pauschal als für die Verhandlung irrelevant eingestuft, und zwar in mehreren Reformulierungen, weil Frau Düster ihre Position nicht aufgibt und sie immer wieder vorträgt:

- *frau düster dat tut hier jetz hier im moment nichts zur sache* (7,11ff.),
- *frau düster dat hat hier jetz damit jar nichts zu tun* (7,26ff.).

Diese Relevanzrückstufung des Fokus von Frau Düster wiederholt der Schlichter erneut, indem er ihre Angaben als *andere sache* (8,16) bezeichnet und zur *vorgeschichte* deklariert bzw. degradiert: *das is ja nur die vorgeschichte ja nur gewesen* (8,18ff.).

Dabei honoriert er zwar den Vortrag dieser „Vorgeschichte" in minimaler Form, indem er einräumt: *und die muß ich hier jetz och ma wissen* (8,20), jedoch markiert er sogleich seinen eigentlichen Fokus der Verhandlung: *aber wir müssen uns ja do drüber einig werden was jetz hier geschieht und zwar in der sache hausfriedensbruch und und und körperverletzung* (8,20ff.).[42]

In einer anderen Verhandlung, „Der Pole", weist der Schlichter noch während der Eröffnung prophylaktisch darauf hin, daß man sich nur zum *gegenstand der heutigen verhandlung* äußern solle. Der Schlichter erkennt dabei zwar an, daß ein Konflikt in der Regel kein singuläres Ereignis, sondern Bestandteil oder Produkt einer Konfliktgeschichte ist, klammert diese aber mit dem Hinweis auf eine juristische Normvorschrift, die Verjährungsfrist, weitgehend von der Verhandlung aus:

C: +ja↓ *•13* nun * * zur sache * je"de sache↓ hat
K *PAPIERRASCHELN*

C: meistens eine große vorgeschichte↓ * da möchte ich bitten *

C: nach möglichkeit * sich=äh auf das * zu beschränken * also

C: was äh * äh gegenstand * der heutigen verhandlung ist↑

C: äh sie * können * einige sätze sprechen aber * >müssen

C: auch wissen< also alles was drei monate vorher * a/ an

C: handlungen * >gegangen< sein konnte könnte * also das ist

C: verjährt * also bitte * nach möglichkeit * äh * auf *

[42] Vgl. auch die Analyse dieses Falles in Nothdurft (1995, Kap. 5.3.6).

C: den sachverhalt * der heute gegenstand * der verhandlung ist

C: zurückzukommen↓

(3002/50; 3,19ff.)

Neben dieser juristischen Möglichkeit zur formalen Eingrenzung der Konfliktgeschichte durch den Hinweis auf die Verjährungsfrist, steht der Versuch eines anderen Schlichters, durch eine sprichwörtliche Redensart den Antragsgegner, Herrn Bentz, davon abzuhalten, bei seiner Stellungnahme zu weit auszuholen:

B: um ganz kurz nochemol der sa"chverhalt zu kläre↓ * wie die
C: mhm aber net

B: situation zustandekomme i"s- bitte
C: bei herr bentz net bei adam un eva a:fange ganz korz↓

B: ga"nz kurz genau↓
C: ganz korz net bei adam un eva a:fange ja #hä-#
K #LACHEND#

(3001/05; 3,4ff.)

Der Schlichter 'verpackt' hier die Aufforderung an den Antragsgegner, sich bei der Schilderung des *Sachverhalts* kurz zu fassen, in die zwar mit Nachdruck vorgetragene, aber durch ein abschließendes Lachen 'abgefederte' Redensart (*bei adam un eva a:fange*) und erreicht auch gleich die Zustimmung seines Adressaten. Auf die Verwendung von Redensarten im Zusammenhang mit Einigungsbemühungen soll später noch näher eingegangen werden.

Neben dem vielfach zu beobachtenden Verfahren des Schlichters, die Einigung dadurch vorzubereiten, daß der zu lösende Konflikt erst einmal eingegrenzt wird, fällt ein weiteres auf, das darin besteht, zwar das jeweilige Delikt kategorial zu benennen, dessen inhaltliche Konkretisierung (vor allem bei Beleidigungen) aber nur anzudeuten, vage zu halten und allenfalls paraphrasierend oder metaphorisch darauf zu referieren.

So bezieht sich in der Verhandlung „Götz-Zitat" der Schlichter z.B. stets mit einer euphemistischen Paraphrase auf die beleidigende Äußerung des Antragsgegners:

- *und da haben sie diesen berühmten ausdruck von götz von berlichingen gesagt* (3,03ff.),
- *aber- * dieser berühmte satz- * den sie dort gegenüber frau blank- * haben laut werden lassen-* (4,08f.).

Im zweiten Ausschnitt wird die zurückhaltende Tatbeschreibung außerdem noch an der verklausulierten Umschreibung *haben laut werden lassen* statt eines drastischen Kommunikationsverbs deutlich. Auch im Vergleichsprotokoll ist schließlich nur vom *vorfall* und *beleidigenden äußerungen* die Rede.

Nun mag es in diesem Fall durchaus so sein, daß die beleidigende Äußerung tatsächlich allgemein so sehr tabuisiert ist, daß sie vor allem in offiziellen Handlungskontexten nicht zitiert werden darf. Denn auch die Antragstellerin referiert auf sie in der Verhandlung nur paraphrasierend, wobei auffällig ist, daß sie dabei ins Stottern gerät: *und daraufhin hat er diesen- * berühmten götz von berli/ das berühmte götz von berlichingen zitat von sich gegeben* (7,11ff.).

Im übrigen ist auch davon auszugehen, daß die Bezeichnung „Götz-Zitat" weitgehend lexikalisiert ist. Deshalb könnte man vielleicht einwenden, daß ihre Verwendung im vorliegenden Gespräch nichts Schlichtungsspezifisches enthalte. In anderen Schlichtungsgesprächen wird aber wiederholt betont, daß bewußt auf die konkrete zitierende Wiedergabe der beleidigenden Äußerungen verzichtet wird, um eine Emotionalisierung der Verhandlung – und damit eine eventuelle Gefährdung des Vergleichs – zu vermeiden.

Im folgenden Gesprächsausschnitt aus der Verhandlung „Üble Nachrede" kommentiert und begründet der Schlichter ausführlich die von ihm im Einigungsvorschlag gewählte Formulierung *sollten* [...] *jejenseitige äußerungen/worte jefallen sein*. Er verdeutlicht dadurch den Parteien seine einigungsorientierte Absicht. Dabei geht er durch die konditionale Formulierung (*sollten*) sogar noch hinter den generell bereits als gesichert geltenden Tatbestand zurück:

C: i"ch bin als schiedsmann auch bereit das zu protokollieren

C: hier sollten eben wie jesacht jejenseitige äußerungen jefallen

C: sein so werden diese von bei"den seiten mit dem ausdruck des

C: bedauerns zurückgenommen↓ * denn ich kann mir vorstellen in

C: einem gespräch wenn dies wort fällt und jenes da prasseln

C: irndwelche meinungen und wortschätze aufeinander * da fällt

C: schon mal dies und jenes wort↓ * wi"r lejen uns hier nich

C: fe"st daß hier jesacht worden is #du dumme pute du alte gans#
K #KLOPFT ZWEIMAL AUF DEN TISCH#

C: oder was auch immer↑ * sondern wir saren sollten worte

C: jefallen sein↓ * wir könnten ja auch noch die sache vertiefen

C: und sie anbölken und anschrein und sagen was hat se denn nun

C: gesacht ich könnte ihnen das aus der nase ziehn und ihnen

C: was is da jesacht worn * dann regen sie sich noch einmal

C: auf schreien sich hier an * werden laut nochmal und saren

C: dies und jenes is da jesacht worn das will ich aber doch

C: vermei"den frau schade ich will doch hier * vermei"den daß
C: sie sich hier unnütz aufrejen das bringt nämlich nichts das
C: bringt ihnen nicht und der sache auch nicht↓ * im gejenteil

(3002/46; 23,12ff.)

In einem weiteren Fall, „Die Mopeds", besteht das Einigungsproblem darin, daß der Antragsgegner, Herr Boos, vorgibt, sich nicht mehr erinnern zu können, gegenüber Herrn Heilmann beleidigende Äußerungen getan zu haben. Hier gelingt es dem Schlichter, ihn dennoch schließlich zu einer Einigung zu bewegen, indem er u.a. seinen Vorschlag wie folgt formuliert:

C: isch würde doch
C: vielleischt folgendes vorschlagen um beide pardeie da
C: irgendwo reschnung zu tragen un um des einvernehmen↓
C: * äh fer die zukunft widder herzustellen↓ äh herr boos
C: daß sie * einräumen daß ihnen im eifer des gefeschts
C: halt ewe * möglisch sein kann daß ihne wa:s da herausgefahre
C: is äh: daß sie des awwer des bedauern

(3001/08; 14,25ff.)

Zentral für diesen Vorschlag ist, daß der Schlichter Herrn Boos hilft, sein Gesicht zu wahren, und zwar durch die Formulierung: *daß sie * einräumen daß ihnen im * eifer des gefechts halt ewe * möglisch sein kann daß ihne wa:s da herausgefahre is*. Es wird von Herrn Boos kein direktes Eingeständnis verlangt. Der Vorfall wird als potentiell kategorisiert (*möglisch sein*), die mögliche Beleidigung als affektbedingt (*im eifer des gefeschts*) gekennzeichnet und nur in äußerster Vagheit benannt (*wa:s*) und schließlich das Ganze gleichsam als nicht kontrollierbares Naturereignis eingestuft (*da herausgefahre*). Gegen eine solche Formulierung meldet Herr Boos keinen Einspruch an und er protestiert noch nicht einmal mehr, als es abweichend von diesem Vorschlag im Diktat des Vergleichsprotokolls schließlich heißt:

der antragsgegner räumt in der sühneverhandlung ein da:ß nicht auszuschließen ist daß er im übereifer die im schriftsa:tz der reschtsanwälte [...] huber und kollegen vom [...] aufgeführten äußerungen getan hat↓ er bedauert dies und entschuldischt sisch hierfür↓

(22,1ff.)

Im Gegensatz zur äußerst vagen Kennzeichnung der beleidigenden Äußerungen im mündlichen Vergleichsvorschlag werden diese im protokollierten Vergleich zwar auch nicht im einzelnen aufgelistet, indirekt aber durch den Aktenverweis (*die im schriftsa:tz der reschtsanwälte* [...] *aufgeführten äußerungen*) konkret benannt; und während im Vorschlag nur von *bedauern* die Rede war, wird ins Protokoll auch noch eine Entschuldigung aufgenommen (*und entschuldischt sisch hierfür*). Eine solche Diskrepanz zwischen akzeptiertem Einigungsvorschlag und schließlich formuliertem Vergleichsprotokoll, das zwar vom Antragsgegner ebenfalls akzeptiert und durch die Unterschrift förmlich ratifiziert wird, läßt den Verdacht aufkommen, daß in diesem Fall der Antragsgegner vielleicht doch ein wenig 'geködert' wurde.

Beim Umgang mit dem Sachverhalt, der dem Antragsgegner zur Last gelegt wird, versuchen die Schlichter offenbar im Blick auf die Einigung eine Art Gratwanderung, die darin besteht, daß einerseits das Delikthafte der jeweiligen Handlung festgestellt wird, andererseits aber diese auch zugleich als verständlich bewertet wird, wenn auch nicht als völlig entschuldbar. So zeigt z.B. im Gespräch „Üble Nachrede" der Schlichter Verständnis dafür, daß Frau Schade sich als Mutter aufgeregt hat, als ihr Sohn verdächtigt wurde:

```
ich versteh das wenn ne mutter aufgeregt is wenn ihr kind da irgendwie
in im gespräch ist das is ein normaler vorgang man muß aber trotzdem
wissen was man sagt * die"s hätten sie besser nicht sagen sollen

(3002/46; 9,28ff.)
```

Interessant erscheint hierbei, daß der Schlichter auf einer generellen Ebene bleibt: Er spricht nur allgemein vom Verhalten einer Mutter, nicht direkt von Frau Schade als Mutter. Der Grund der Aufregung wird nicht konkret benannt, sondern nur sehr vage angedeutet (*wenn ihr kind da irgendwie im gespräch ist*). Und auch die Vorhaltung wird zunächst nicht ad personam gemacht, sondern quasi als allgemeine Regel formuliert (*man muß aber trotzdem wissen was man sagt*). Bei allem gezeigten Verständnis beharrt der Schlichter darauf, daß Frau Schade durch ihre Äußerung, zu der sie sich habe hinreißen lassen, eine soziale Norm verletzt habe. Er bezeichnet es sodann als seine Aufgabe, *diese äußerung hier aus der welt zu schaffen*, was letztendlich bedeutet, daß Frau Schade sich dafür entschuldigt.

4.3.3. Inszenierung des Einigungsvorschlags

Wie aus den bisher angeführten Beispielen deutlich wurde, sind in der Regel im Laufe der Güteverhandlung eine Reihe von 'Bearbeitungsschritten' erforderlich, ehe die Schlichter den Konfliktparteien einen Einigungsvorschlag unterbreiten können. Es kommt nun außerdem darauf an, den Parteien, vor allem dem Antragsgegner, den Einigungsvorschlag 'schmackhaft' zu machen. Deshalb wird dieser Vorschlag meist als besonders vorteilhaft präsentiert. Dabei greifen die Schlichter häufig auf folgende Techniken zurück:

- die geforderte Einigungsleistung minimalisieren,
- die Gegenleistung des Antragstellers herausstellen,
- den eigenen Einigungsvorschlag positiv bewerten.

Wie oben wiederholt gezeigt wurde, sind Schlichter bei ihren Einigungsbemühungen darauf bedacht, das jeweilige Delikt nicht unnötig aufzubauschen, es geradezu zu camouflieren, es als durchaus verständlich zu werten, um dem Antragsgegner den Schritt zur Einwilligung in einen Vergleichsvorschlag zu erleichtern. Sie versuchen außerdem, dem Antragsgegner diese Einwilligung bzw. die entsprechende kompensatorische Handlung für die dem Antragsteller jeweils zugefügte Schädigung als zwar wichtige und notwendige, aber gleichzeitig auch unerhebliche Anforderung bzw. Leistung vor Augen zu führen. So bagatellisiert z.B. ein Schlichter die für den Antragsgegner mit einer Entschuldigung verbundene Leistung mit folgender Formulierung:

was was liecht denn nun da drin wenn sie sich entschuldigen ob dieser ausdrücke ist doch- * ist der fall doch erledigt-

(3002/31; 14,11ff.)

In Form einer rhetorischen Frage wird dem Antragsgegner suggeriert, daß – gemessen am Ergebnis, der Erledigung des Falles, – eine Entschuldigung kein großartiges Unterfangen sei. Auch bei dieser Schlichteräußerung fällt wieder auf, daß auf das Delikt weder durch einen justitiablen Terminus (wie z.B. „Beleidigung"), noch durch ein Zitat der beleidigenden Äußerungen, sondern nur 'neutral' (*ob dieser ausdrücke*) referiert wird. Einige Zeit später reformuliert der Schlichter seinen Vorschlag wie folgt:

←äh * herr pech↓ also- was liecht denn nun dadrin wenn sie sich als der jüngere- und der etwas lautere- * aggressivere mann- * sich nun gegen diese drei personen über- * wegen dieses vorfalls entschuldigen↑→ * da liegt doch gar nichts drin↑ für sie- *

(3002/31; 18,31ff.)

Dieses Mal bewertet der Schlichter mit derselben Formel (*was liecht denn nun da drin wenn*) die geforderte Entschuldigungsleistung und liefert sogleich auch noch die (redundante) Antwort (*da liegt doch gar nichts drin für sie*). Dabei wird auf das Delikt wiederum nur in neutraler Form Bezug genommen (*wegen dieses vorfalls*).

Eine weitere Möglichkeit, den Antragsgegner zur Einigung zu bewegen, besteht darin, ihm die jeweilige 'Gegenleistung' des Antragstellers vor Augen zu führen. Häufig besteht diese nur im Verzicht des Antragstellers auf eine weitere gerichtliche Verfolgung des Falles, die allerdings automatisch mit jedem Vergleich verbunden ist. Im folgenden Beispiel dient der Hinweis auf diesen Verzicht dazu, dem Antragsgegner den Einigungsvorschlag deshalb als besonders vorteilhaft zu präsentieren:

aber ich bin der meinung daß sie hierbei- * bei dem was ich ihnen eben vorgelesen habe hervo"rragend bei verfahren↓ * denn auch herr geh"lenberg- * ist ja berei"t- * nehm ich an- * wenn herr pech sich entschuldigt hat- * auf weitere- * gerichtliche schritte zu verzichten-

(3002/31; 35,35ff.)

Im Fall „Üble Nachrede" besteht nach den Worten des Schlichters die Gegenleistung von Frau Ritzbecker darin, daß sie *zur kenntnis nimmt*, daß sich der von ihr behauptete Vorfall, Frau Schades Sohn habe einen gefundenen Geldschein eingesteckt, bei der Nachprüfung durch Frau Schade nicht bestätigt habe. Dieses Zur-Kenntnis-Nehmen stilisiert der Schlichter als besonderes Entgegenkommen von Frau Ritzbecker. Er stellt sie dabei als die Friedliebende dar und übt dadurch auf Frau Schade moralischen Druck aus, sich ebenso zu zeigen und den Einigungsvorschlag anzunehmen:

```
S. 22
16 B:                                            ja also man
   C:                                            ich ich

   B: darf sozusagen zum kind sagen er is=n dieb
   C: brau"chte das ja gar nich * ich brauchte das nich ich will

20 B: und=n kind muß das akzeptieren und sich von erwachsenen fertig

   B: machen lassen                                +ja sitz
   C: sie sitzen    jetz immer auf ihrem * kind noch↓   wir

   B: ich noch ja↑                                 weil
   C: sind ja wir sind ja jetzt so" weit frau schade daß wir

25 B: mein sohn das auch mit verkraften muß↓
   C: daß wir ihre äußerungen die sie          hier ja nun eingehend:

   C: zur sache jemacht haben zur kenntnis jenommen haben↓ * wir ham

   C: ei"ngehend gehört daß sie sich * sogar unter hinzuziehung

   C: der schule mit diesem thema befaßt haben daß sie" sich hier

30 C: versichert haben ihr kind sacht nein ich war=s nich und daß

   C: die"se äußerung von frau * ritzbecker hier ih"re äußerung

   C: nämlich * zur kenntnis jenommen wird↓ * sie könnte ja auch

S. 23
01 C: sagen das intressiert mich alles nich ich hab das jesehn ich

   C: bleib dabei aber sie * is ja bereit zu sagen gut ich nehme

   C: ihre * äußerung zum schutze ihres kindes zur kenntnis das
```

C: is ein entgegenkommen von frau ritzbecker hier↓ * nich und
C: frau ritzbecker würde das si"cherlich nicht sagen sie is ja
C: auch * bemüh"t hier äh hier ruhe und frieden einkehren
C: zu lassen die sache aus der welt zu schaffen↓ * sie könnt ja
C: auch sagen nein↑ * kommt überhaupt nich in frage könnte auch
C: auf stur schalten sie sie=s jetz machen da kommt aber nichts
C: bei heraus im jejenteil * sie is bereit zu saren gut ich
C: nehme die ausführungen von frau schade * zur kenntnis↓ *

(3002/46; 22,16ff.)

Im Fall „Die Mopeds" führt der Schlichter dem Antragsgegner, Herrn Boos, die besondere Gegenleistung von Herrn Heilmann, dem Antragsteller, vor Augen, die in einem Beitrag zur künftigen „Friedenssicherung" besteht:

ja äh herr boos äh sie müssen ja auch eines bedenken schauen sie * der herr heilmann is ja hier auch so fair er hat=s zwar net unmittelbar zugegewwen awwer isch kann net immer erwarte daß hier alles zugegeben wird äh er is ja auch so fair * einzuräumen und hier auch zu verspre"schen↓ * äh und wie er mh äh vorhin zum ausdruck gebracht hat is er ja kirschlisch * tätig un bei solschen leuten glaube isch immer noch daß da doch noch e ehrgefühl da ist daß sie zu de"m was sie hier versprechen dann letztlisch auch stehen↓ [...] net↑ * öh er is ja dann auch öh hier bereit zu erklären daß er auf die jugendlischen mäßigend einwirkt un versucht sie aus=m wohngebiet * öh soweit fernzuhalten soweit sie also einen übermäßigen äh über den üblischen rahmen hinausgehenden lärm verursachen↓ * de=s ja au"ch e zugeständnis↓

(3001/08; 18,31ff.)

Auch in diesem Fall bewertet der Schlichter die Haltung und die Beteiligungsleistung des Antragstellers (die er von diesem zuvor in seinem Vergleichsvorschlag gefordert hatte) als besonders positiv: Er ist *fair* und er macht ein *zugeständnis*. Ferner hebt der Schlichter die Glaubhaftigkeit des von Herrn Heilmann gegebenen Versprechens besonders hervor, indem er diesen aufgrund seines kirchlichen Engagements zu den Leuten mit *ehrgefühl* zählt. Letzteres ist ein besonders geschickter Schachzug des Schlichters. Denn durch diese mehrfach adressierte Äußerung verpflichtet er gleichzeitig den Antragsteller, auch wirklich sein Versprechen zu halten.

Eine weitere Möglichkeit, die Parteien zur Einigung zu bewegen, sehen Schlichter darin, daß sie die Qualität des Vergleichsvorschlags und ihre eigene Beteiligungsleistung besonders hervorheben. So preisen sie z.B. ihren Vorschlag, wie im folgenden Fall, als äußerstes Angebot an: *mehr- * kann ich ihnen also in dieser sache nicht anbieten bei"den nicht↓* (3002/46; 27,3f.).

Oder sie weisen ausdrücklich darauf hin, daß sie

- selbst nur ehrenhalber die Schlichtungsaufgabe wahrnehmen,
- keinen Gewinn durch den Vergleich haben, außer der Genugtuung, zur Wiederherstellung des „Rechtsfriedens" beigetragen zu haben,
- ihre Freizeit opfern und
- andere Nachteile in Kauf nehmen, die sie durch ihre Einigungsbemühungen haben.

So spielt im folgenden Ausschnitt der Schlichter – zwar etwas augenzwinkernd – darauf an, daß er sich sogar die Kritik des anwesenden Anwalts zuzieht, wenn er den Fall durch eine Einigung vom Gericht fernhält:

herr boos isch würde also sachen des war doch en gude vorschlag den isch gemacht hab und so schaue se der herr * heilmann is mit einverstanden * der herr karg wird misch späder widder beschimpfe↑ * äh weil isch em ähä=s attest net gegewwe hab fer=s gerischt * awwer des ertrag widder i"sch sehe se so bin isch widder hähä net↑ * äh: un * des wär doch also=n gangbarer weg wie mer diese sache hier diese kuh vom eis bringen↓

(3001/08; 20,22ff.)

Anhand der verschiedenen Gesprächsausschnitte sollten besonders augenfällige Stellen vorgestellt werden, an denen der Schlichter bei seinen Einigungsbemühungen ansetzt. Es wurde gezeigt, wie Schlichter durch die sprachliche Aufbereitung von Sachverhalten, durch bestimmte Formulierungsverfahren, versuchen, den Fall schlichtungsfähig und die Parteien einigungsbereit zu machen, und dadurch mit den Worten eines Schlichters „die Kuh vom Eis zu holen". Dabei spielen neben den aufgezeigten Verfahren noch weitere Mittel eine Rolle, z.B. die argumentativen Ressourcen, auf die zurückgegriffen wird, um dem jeweiligen Vergleichsvorschlag eine größere Akzeptanz und noch mehr Nachdruck zu verleihen. Darauf soll im folgenden Kapitel näher eingegangen werden.

4.4. Argumente zur Durchsetzung von Einigung

Aus der Charakterisierung der Schlichtungssituation bei der Vergleichsbehörde sowie aus einigen der zitierten Gesprächsausschnitte ist bereits deutlich geworden, daß es dem Schlichter nicht nur obliegt, die Parteien zu einer bestimmten Konfliktregelung zu bewegen, sondern an erster Stelle diese überhaupt erst einmal einigungsbereit zu stimmen. Von daher ist es auch verständlich, daß der Schlichter sehr häufig – wie bereits dargestellt – nicht erst nach der Rekonstruktion des Konflikts, sondern schon vom Verhandlungsbeginn an versucht, die Parteien entsprechend zu 'bearbeiten'.

Bei dieser Bearbeitung bedient er sich einer Reihe von Argumenten, die er aufgrund ihres weitgehend allgemeinen, d.h. wenig fallspezifischen Geltungscharakters immer wieder in den unterschiedlichsten Schlichtungsfällen einsetzen kann, ohne sie wesentlich modifizieren zu müssen. Sie sind argumentative Versatzstücke aus dem Arsenal seiner Schlichtungstechniken, die gleichsam auf Abruf bereitgehalten werden. Das besondere rhetorische Geschick besteht wahrscheinlich eher darin, in der jeweiligen Situation auf das adäquate Argument zurückzugreifen und es interaktiv zur Geltung zu bringen. Wenn es auch schwierig sein dürfte, das Arsenal dieser Argumente vollständig zu erfassen – in speziellen Fällen sind möglicherweise weitere Varianten zu erwarten – so läßt sich doch feststellen, daß es sich im Grunde um eine überschaubare Menge von Typen handelt, die sich – facettenreich ausgearbeitet – vor allem kontrastierend den beiden Polen gerichtliche Konfliktlösung und konsensuelle (einvernehmliche) Konfliktregelung zuordnen lassen.[43]

4.4.1. Nachteile einer gerichtlichen Konfliktlösung

Die feste Einbindung der Vergleichsbehörde in einen juristischen Rahmen der Konfliktbearbeitung legt es nahe, durchgängig den Instanzenweg mit all seinen Implikationen als argumentative Ressource für die Herbeiführung von Einigung zu benutzen. So ist denn auch das Gericht in seinen verschiedenen Teilaspekten das auffälligste argumentative Mittel bei den Einigungsbemühungen des Schlichters. Dies wird auch in der bereits erwähnten Untersuchung zur Schiedsmannseinrichtung von Jansen (1987, S. 191) durch das Ergebnis ihrer Befragung bestätigt:

> „Mit Abstand das wichtigste Argument ist die 'Drohung' mit den Unannehmlichkeiten einer gerichtlichen Konfliktlösung, die bei Nichteinigung wahrscheinlich wird."

Der Schlichter hebt in seinen Darstellungen vor allem auf folgende Punkte ab:

- die Öffentlichkeit der Verhandlung,
- die hohen Verfahrenskosten,
- die Ungewißheit des Ausgangs,
- die Verrechtlichung der Fallbehandlung und
- die lange Verfahrensdauer.

Außerdem wird eine gerichtliche Fallbehandlung insgesamt als unangemessen eingestuft. Im Vergleich dazu erscheint das Güte- bzw. Schlichtungsverfahren in den Ausführungen des Schlichters generell als die bessere Alternative.

---

[43] In der Schiedsstelle für den Gebrauchtwagenhandel spielt demgegenüber 'Kulanz' als Einigungsressource die größte Rolle; vgl. Nothdurft (in diesem Band). Auch vor der Handwerkskammer spielt 'Kulanz' eine zentrale Rolle beim Zustandekommen von gütlichen Einigungen; vgl. Reitemeier (in diesem Band).

Hier nun zunächst einige Beispiele für das Argument „Öffentlichkeit der Verhandlung". Erstaunlicherweise scheint dieses Mittel in der Selbstwahrnehmung der Schiedsleute nur von marginaler Bedeutung zu sein. Aufgrund ihrer Auswertung stellt Jansen (1987, S. 191) jedenfalls fest:

> „Die Öffentlichkeit des Gerichtsverfahrens wird nur selten zur Abschreckung thematisiert."

Unsere Aufnahmen belegen jedoch das Gegenteil: Die Öffentlichkeit erscheint in der Darstellung des Schiedsmanns als etwas Bedrohliches. In der Regel wird von ihm detailliert, was „öffentliche Verhandlung" bedeutet; im ersten Beispiel: Verhandlung vor einer großen Zahl von Zuhörern.

```
also- * folgendes herr pech↓ ** was wir hier besprechen bleibt in diesem
raum- * unter uns weiter hörts keiner wenn sie vor gericht sind ist es
öffentlich- da kommt alles da können fünfzig andre leute zuhören- * was
sie aussagen- * das ist der vorteil dieser- * verhandlung vor dem
schiedsmann- ** nich- *

(3002/31; 9,32ff.)
```

Auffällig in diesem Gesprächsausschnitt ist die sehr eindringliche Verdeutlichung des Gemeinten durch Reformulierung bzw. paraphrasierende Wiederholung (*bleibt in diesem raum - unter uns - weiter hörts keiner*) und iterative hyperbolische Explizierung (*da kommt alles - fünfzig andre leute*). Dadurch wird der Kontrast zwischen den beiden Institutionen Gericht und Vergleichsbehörde – in diesem Fall in erster Linie für den Antragsgegner – besonders drastisch markiert.

Im nächsten Beispiel werden die Implikationen von „Öffentlichkeit" noch weiter durch beispielhafte Veranschaulichungen ausgeführt: Verhandlung vor vielen Zuhörern und Pressevertretern, die über den Konflikt in ihren Gazetten berichten werden, d.h. ihn in eine noch breitere Öffentlichkeit tragen werden. Dadurch gewinnt die „Öffentlichkeit" für die Parteien einen besonders bedrohlichen Charakter.

```
hie"r * vor dem schiedsmann * wird entgegen * verhandlungen bei geri"cht
** in ni"chtöffentlicher verhandlung * verhandelt↓ das heißt also↓ **
bei gericht sitzen hinten jede menge zuhörer * da sitzen schulklassen
da sitzt die presse * alles was da" gesprochen wird steht morgen in der
zeitung↓ *

(3002/46; 1,7ff.)
```

Im folgenden Beispiel wird stärker darauf abgehoben, daß Teile der 'Intimsphäre' vor Gericht offengelegt werden und dadurch auch solchen Personen bekannt werden, vor denen sie eigentlich verborgen bleiben sollten. Als zu dieser Intimsphäre gehörig werden die „wirtschaftlichen Verhältnisse" angesehen:

```
was äh: sie auch noch wissen müssen i"st also daß diese verhandlung hier
außer * äh: * unter ausschluß der öffentlichkeit stattfindet * während
im gericht also jedermann zugang hat und sie wissen ja * wie allgemein
im leben jeder hat freunde jeder hat feinde jeder hat neider * bei
gericht äh werden auch die wirtschaftlichen verhältnisse * äh * nich↑
* geprüft also man hat vor der öffentlichkeit also seine
wirtschaftlichen * verhältnisse darzulegen also * das muß sein weil
der richter ja auch einen * nicht überblick haben will * äh * über
die wirtschaftlichen verhältnisse für ein eventuelles strafmaß was
er mal anwenden muß
```

(3002/50; 2,16ff.)

Allgemein läßt sich feststellen, daß der Schlichter den Hinweis auf die Öffentlichkeit der Verhandlung im Gerichtsverfahren in gewisser Weise zur Einschüchterung der Parteien benutzt. Er operiert mit ihren möglichen Ängsten vor öffentlicher Bloßstellung, um bei ihnen eine größere Bereitschaft zu wecken, sich bei ihm in der Schlichtungsverhandlung zu einigen. In ganz ähnlicher Weise wird mit dem Kostenargument operiert.

Im Gegensatz zu einem Gerichtsverfahren belastet das Güteverfahren die Parteien mit vergleichsweise geringen Kosten (Gebühren und Auslagen):

> „(1) Für das Güteverfahren wird eine Gebühr von 20,– Deutsche Mark erhoben; kommt ein Vergleich zustande, so beträgt die Gebühr 40,– Deutsche Mark.
> (2) Der Schiedsmann kann unter Berücksichtigung der Verhältnisse der Parteien und der Schwierigkeit des Falles die Gebühr auf höchstens 75,– Deutsche Mark erhöhen."
> (SchmO NRW, § 46).

Es liegt infolgedessen nahe, daß der Schlichter im Laufe der Güteverhandlung auf die wesentlich höheren Kosten eines Gerichtsverfahrens hinweist. Wie wir bereits festgestellt haben, tut er dies oft bereits zu Verhandlungsbeginn. Auch diese 'Belehrung' der Parteien über die erhebliche Kostendifferenz kann in unterschiedlicher Weise und Detailliertheit geschehen. Mitunter begnügt sich der Schlichter mit einem sehr knappen Hinweis:

```
also he diese streitigkeiten sind sehr teuer wenn sie bei gericht
ausgetragen werden [...] im gegensatz da"zu sind die kosten, die hie"r
* entstehen * gering *
```

(3002/50; 1,18ff.)

Die Kostendifferenz wird nur pauschal, aber dennoch sehr deutlich herausgestellt: Sehr teure Streitigkeiten bei Gericht vs. geringe Kosten vor dem Schiedsmann.

In den beiden folgenden Beispielen, die aus ein- und derselben Verhandlung entnommen sind, wird der Kostengegensatz ebenfalls noch verhältnismäßig vage aber mit mehr Nachdruck als argumentative Ressource benutzt. Zunächst wird der Kostengegensatz der Verfahren durch die hyperbolische Minimalisierung der Schlichtungskosten markiert: *en paar pfennige* im Kontrast zu *viel geld.*

äh bevor sie zum gericht gehen- * wenn sie viel geld- * ha"ben dann ist ja gut ist ja ihre sache- * das kostet sie viel geld- * vor=m gericht↑ nich↑ * auch wenn sie anwälte einschalten das kostet alles viel geld↓ * hier vor uns hier- * kostet das nur- * im gegensatz zum gericht n paar pfennige↑ * nicht wahr- * da äh das ist kein problem- *

(3002/31; 10,27ff.)

Im nächsten Gesprächsausschnitt werden gleichsam im umgekehrten Verfahren die Gerichtskosten hyperbolisch gewichtet (*das kost ne schöne stange geld*), während die Kosten des Güteverfahrens als preiswertes Angebot präsentiert werden (*hier kommen sie-* [...] *günstig bei wech-*):

hier kommen sie- ** und alle parteien beide- ** günstig bei wech- * und bei allem andern wenn es weitergeht- * äh äh- * wenn sie soviel geld haben↑ [...] wissen sie was das kostet↑ wissen se was das- * was das kostet↑ ** wenn sie vor gericht gehn↑ * das kost ne schöne stange geld- ** nich↑ * das kost schon- * das kost schon geld- *

(3002/31; 27,11ff.)

In beiden vorangehenden Beispielen wird außerdem durch Wiederholungen bzw. Reformulierungen dem jeweils Gesagten ein besonderer Nachdruck verliehen. Und schließlich wird der warnende Charakter der gesamten Äußerung scheinbar dadurch relativiert, daß dieser an eine spezielle Bedingung bzw. Voraussetzung geknüpft wird: Die Kostenfrage ist unerheblich, sofern der Antragsgegner finanzkräftig ist. Da jedoch anzunehmen ist, daß dieser nicht so wohlhabend ist, gewinnt das Kostenargument ein zusätzliches suggestives Gewicht. Denn seine rhetorische Wirkung beruht gerade in dieser kontrafaktischen Unterstellung einer Eigenschaft, nämlich finanzielle Sicherheit, beim Antragsgegner.

Während in den bisherigen Beispielen die Höhe der jeweiligen Kosten nicht beziffert wurde, werden mitunter auch, wie im folgenden Beispiel, konkrete Beträge, einander gegenübergestellt:

sehn se ma ein ein verfahren hier vor dem schiedsmann das kostet sage und schreibe * vierzig mark↓ * und wenn se zum jericht gehn dann könn se ne null dahinterhängen plus rechtsanwaltskosten * das is schon die zweite gerichtsinstanz die beratung in der ersten instanz kommt dazu dann sind se schon unter umständen zweitausend mark los↓ * wollen sie" das risiko eingehn daß sie wejen dieses satzes es könnte sein daß sie das geld in die tasche einjest/ einjesteckt hätte äh vielleicht auf

diesen janzen kosten hängenbleiben also ich würd das risiko nich eingehn↓ *

(3002/46; 14,21ff.)

Der Gegensatz zwischen den als geringfügig markierten (*sage und schreibe*) Kosten von 40,– DM für das Güteverfahren auf der einen Seite und dem durch eine hyperbolische faktorielle Präsentation (*dann könn se ne null dahinterhängen*), (*plus rechtsanwaltskosten*), (*die beratung in der ersten instanz kommt dazu*), als Kostenlawine präsentierten Extrem von 2.000,– DM für das Gerichtsverfahren auf der anderen führt der Antragsgegnerin in aller Deutlichkeit das Kostenproblem vor Augen, das mit einem Gerichtsverfahren verbunden wäre. Außerdem wird ihr explizit davon abgeraten, sich auf das Kostenrisiko eines Gerichtsverfahrens einzulassen (*also ich würd das risiko nich eingehn*). Es ist dabei allerdings äußerst fraglich, ob in diesem Fall die Kosten eines Gerichtsverfahrens tatsächlich so hoch wären, wie der Schlichter sie veranschlagt. Vermutlich setzt er sie besonders hoch an, um die Antragsgegnerin eher abschrecken zu können.

Ein weiteres Argument des Schlichters gegenüber seinen Parteien ist die geringe Vorhersagbarkeit der richterlichen Entscheidung in einem Gerichtsverfahren, das sogenannte Prozeßrisiko bzw. die Ungewißheit des Ausgangs von Gerichtsverfahren. Ein ausführliches Beispiel dafür wurde bereits im Zusammenhang mit der Einstimmung der Verhandlungspartner vorgestellt. Dort wies der Schiedsmann einführend darauf hin, daß weder er, noch ein Anwalt und noch nicht einmal der Richter selbst vorhersagen könnten, wie eine Gerichtsentscheidung schließlich ausfallen würde.

Im folgenden Beispiel steht nun der Verweis des Schlichters auf das Prozeßrisiko in unmittelbarem Zusammenhang mit dem von ihm gerade unterbreiteten Einigungsvorschlag. Um die Antragstellerin zu bewegen, diesen anzunehmen, mystifiziert er geradezu durch Andeutungen die gerichtliche Entscheidungsfindung (*was dort rauskommt weeß isch nadierlisch net*) und verweist gleichzeitig auf die dabei auf jeden Fall zu erwartende höhere Kostenbelastung:

wäre sie domit eiverstanne↑ * <wann ne"t> * muß isch der frau beck die bestätischung geben daß wir heute erfolglos verhandelt hawwe * dann geht=s zum gerischt was dort rauskommt weeß isch nadierlisch net↓ ** vor alle dinge koscht=s mehr geld↓

(3001/03; 15,27ff.)

Während im vorangehenden Beispiel die geringe Prognostizierbarkeit des Ausgangs eines Gerichtsverfahrens betont wird, steht im Kern des folgenden Gesprächsausschnitts die Ergebnislosigkeit von Gerichtsverfahren, allerdings in einer merkwürdigen Vagheit:

un wenn das zum jericht geht was meinen sie wie viele leute mir hier sagen äh ja herr schiedsmann ich bin in einer rechtschutzversicherung mi"r is das ejal was dabei rauskommt↓ * die gehn zum jericht da kommt nichts bei raus das geht aus wie=s hornberger schießen im nachhinein sagen se hä"tten wir doch ihren vergleichsvorschlach anjenommen und wärn wir doch so vernünftig jewesen uns vor dem schiedsmann zu einijen das wäre be"sser jewesen↓ *

(3002/46; 11,10ff.)

Obwohl auf konkrete Verfahren Bezug genommen wird, wird über die angebliche Unergiebigkeit von Gerichtsverfahren nichts Genaues berichtet. Der Schiedsmann verwendet nur verallgemeinernde formelhafte Beschreibungen (*da kommt nichts bei raus – das geht aus wie=s hornberger schießen*); andererseits 'belegt' er gewissermaßen durch Zitate von 'Gewährsleuten' den Wahrheitsgehalt seiner Behauptung.

Während einerseits durch den Hinweis auf die Unvorhersehbarkeit richterlicher Entscheidungen das Gerichtsverfahren als beinahe willkürlich und unberechenbar dargestellt wird, erscheint es andererseits – mitunter fast im selben Atemzug, allerdings meist im Blick auf den wenig kompromißbereiten Antragsgegner – als ein Verfahren, das streng nach Beweislage unerbittlich den Schuldigen zur Rechenschaft zieht:

da sehn sie also vor jericht ga"nz alt aus wenn zwei leute sagen das is sache da:s sind unwiderlegbare tatbestände nich↑

(3002/46; 5,24ff.)

Hier wird damit argumentiert, daß aufgrund vorliegender Zeugenaussagen der Sachverhalt juristisch eindeutig ist. Dies impliziert, daß auch der Schiedsmann von keinem anderen Tatbestand ausgehen kann und daß deshalb darüber auch keine Diskussion mehr möglich ist. Während in diesem Beispiel relativ konkret der Sachverhalt benannt wird, verleiht derselbe Schlichter wenig später in der Verhandlung dem Gericht geradezu etwas Unheimliches:

wenn dies zum gericht geht ** ich möchte also nicht in der haut des ein oder anderen stecken↓ *

(3002/46; 26,4ff.)

In einer vagen und gleichzeitig mystifizierenden oder gar dämonisierenden Weise wird hier die gerichtliche Art der Fallbehandlung als sehr bedrohlich dargestellt. Schließlich wird auch das vom Gericht zu erwartende Urteil der Antragsgegnerin als eine große Bedrohung präsentiert:

>und bezüglich< die"ser äußerung * können sie empfindlich bei gericht verurteilt wern ga"nz empfindlich >sogar↓<

(3002/46; 28,25ff.)

Besonders auffällig an all diesen Beispielen ist, daß die gerichtlichen Folgen nur verhältnismäßig vage angedeutet werden, aber gerade dadurch um so bedrohlicher erscheinen:

- *da sehn sie also vor jericht ga"nz alt aus,*
- *ich möchte also nicht in der haut des ein oder anderen stecken,*
- *können sie empfindlich bei gericht verurteilt wern ga"nz empfindlich sogar.*

Auf die in diesen Beispielen ins Auge springende dominante Verwendung von Redensarten und formelhaften Wendungen soll weiter unten gesondert eingegangen werden. Im übrigen ergibt sich im Zusammenhang mit dieser argumentativen Ressource eine geradezu paradoxe Situation: Die Sachlage wird „im Lichte des Rechts" beurteilt. Angesichts einer solchen „Rechtslage" erscheint der jeweils angebotene Vergleich als das bei weitem geringere Übel. Er liegt vor oder außerhalb strenger juristischer Fallbeurteilung, und dennoch fällt auf ihn bereits insofern der „Schatten des Rechts" (vgl. Mnookin/Kornhauser 1979), als der Sachverhalt stets schon mit juristischen Kategorien definiert wird. Mit anderen Worten: Die dezidiert nicht-juristische Fallbehandlung im Schlichtungsverfahren verläuft immer schon vor dem Hintergrund gerichtlicher Entscheidungsfindung. Der jeweils behandelte Konflikt läuft stets Gefahr, sehr bald verrechtlicht zu werden.

Als weitere Argumente dienen dem Schlichter die Unterschiede in der Verfahrens- sowie in der Verhandlungsdauer. Hinsichtlich der Verhandlungsdauer wird wiederholt betont, daß man vor dem Schiedsmann ohne Zeitdruck verhandeln könne. Im folgenden Beispiel aus dem Eröffnungsteil einer Verhandlung wird explizit die im Vergleich zum Gericht zeitlich unterschiedliche Art der Fallbehandlung hervorgehoben:

```
wir ham hier zeit genuch * entgegen * verhandlungen vor gericht↓ * die
* für solche * fälle natürlich ni"cht so viel zeit haben↓ *
```

(3002/46; 3,23ff.)

Wie die beiden folgenden Beispiele zeigen, wird während der Verhandlung den Parteien auch wirklich reichlich Bedenkzeit eingeräumt, vor allem nachdem ein Einigungsvorschlag gemacht worden ist:

```
und das is mein vergleichsvorschlag↓ * ich unterbreche für fünf minuten
die verhandlung sie dürfen jerne jeder jetz eben zigarette rauchen und
sich das überlejen
```

(3002/46; 18,24ff.)

```
wir ham ja zeit- * aber ich möchte sie bitten in ruhe zu überlegen↑ *
```

(3002/31; 28,7ff.)

Im Blick auf die Verfahrensdauer wird betont, daß die „Angelegenheit" beim Schiedsmann kurzfristig und ohne großen Aufwand erledigt werden kann:

wenn sie heute- * sich dieses vorfalls auch entschu"ldigen- ** dann entsteht hier ein vergleich- * und dann ist der fall erledigt- * und äh: völ/ völlig aus der welt geschaffen- *

(3002/32; 4,7ff.)

Demgegenüber wird beim Gerichtsverfahren allein schon der Umstand als belastend dargestellt, daß man mit einer langwierigen Bearbeitung rechnen muß:

jetzt jetzt stelln sie sich mal vor jetzt geht das weiter- * denn kriegen se vielleicht im <jah"r> ne nachricht vom gericht daß es zum prozeß kommt-

(3002/31; 23,29ff.)

Diese Belastung erhöht sich aus der Sicht des Schiedsmanns noch erheblich, wenn die Konfliktparteien in unmittelbarer Nachbarschaft zueinander leben:

das ist doch fu"rchtbar- * wenn sie in einem hause wohnen- * und sie kommen jetzt hier nicht zu rande↑ * und sie gehen nach das läuft wieder ein halbes dreiviertel jahr- * und es läuft- * kommt zu einer gerichtsverhandlung bei der ga"r nichts rauskommt- * das sag ich ihnen jetzt schon- >äh äh-< * ga"r nix und- * was ham se denn↑ * da laufen se sich noch ein jahr aus=m wege- * oder oder stellen sich die füße oder schmeißen sich steine hin oder machen schlauch (...) zu kurz oder was auch alles da passiert- * das hat doch nicht der sinn der sache

(3002/31; 30,9ff.)

In diesem Beispiel führt der Schlichter den Parteien vor Augen, daß mit einer sich hinziehenden Bearbeitung des Konflikts die große Gefahr verbunden ist, daß dieser nicht nur weiter andauert, sondern sich verhärtet und möglicherweise auch noch eskaliert. Insofern stellt sich implizit auch die Frage, ob ein gerichtliches Verfahren überhaupt ein adäquater Weg wäre, um Konflikte von der Art des vorliegenden zu bearbeiten. Diese Fragestellung führt uns zu einem weiteren argumentativen Mittel, dem der Adäquatheit der Fallbehandlung.

Bekanntlich ist schon seit Jahren in der juristischen Diskussion der Topos vom Recht als „knappem Gut" verbreitet (vgl. Pfeiffer 1981). Mit ihm wird die Forderung nach stärkerer vor- und außergerichtlicher Konfliktlösung für bestimmte Fallgruppen begründet mit dem Ziel, die Gerichte zu entlasten. Die Bundesregierung und einige Justizministerien bemühen sich seither durch entsprechende Öffentlichkeitsarbeit, die Bürger mit den einschlägigen Schieds- und Schlichtungsstellen vertraut zu machen.[44] Auch die Vergleichsbehörde wird als

---

[44] Vgl. u.a. die Broschüre des Presse- und Informationsamtes der Bundesregierung *Schlichten ist besser als richten* (1983). Die Expansion von Schlichtungsstellen im Bereich von Berufs- und Wirtschaftsverbänden veranlaßte allerdings sehr bald

Alternative zum Gericht vorgestellt. Außerdem werden durch bestimmte Verfahrensregelungen bestimmte sog. Bagatellfälle (zunächst) vom Gericht ferngehalten, indem die Staatsanwaltschaft im Vorfeld das Verfahren einstellt und den Fall erst einmal zur Bearbeitung an die Vergleichsbehörde verweist. Der Aspekt „Entlastung des Gerichts" wird folglich in den Güteverhandlungen häufig zur Sprache gebracht. Erste Beispiele dafür haben wir bereits im Zusammenhang mit der Einstimmung der Parteien kennengelernt. Auch während der weiteren Bearbeitung der Parteien weist der Schlichter diese immer wieder darauf hin, daß es unangemessen wäre, mit dem vorliegenden Konflikt die Gerichte zu bemühen:

der schiedsmann ist also die erste gerichtsinstanz im privatklage * verfahren nich↑ * und * zur entlastung der gerichte verhandeln wi"r das hier↓ **

(3002/42; 19,3ff.)

das is für mich ein ein ei/ ein fall der äh nich so" schwerwiejend is daß man da die gerichte mit be*lästigen muß↓ * nich da=s ein fall der hier vom schiedsmann geregelt werden ka"nn * und geregelt werden so"llte da muß man nich groß die gerichte hier noch einspannen *

(3002/46; 21,8ff.)

dieses- ganze was wir hier machen↑ und ich sitze hier auch ehrenhalber hier- * und und äh habe den auftrag die"se sache vom gericht wegzuhalten warum↑ * weil das gericht sich mit solchen sachen gar nicht beschä"ftigen kann mehr-

(3002/31; 23,23ff.)

Damit sind die zentralen Aspekte der gerichtlichen Konfliktlösung vorgestellt, soweit sie dem Schlichter im Verlaufe der Verhandlung als Argumente dienen, um die Parteien zu einer unmittelbaren Konfliktbeilegung im Rahmen des Schlichtungsverfahrens zu bewegen.

Wie die vorgestellten Gesprächsausschnitte insgesamt gezeigt haben, dient die gerichtliche Konfliktlösung im wesentlichen als 'Negativfolie' für die kontrastierende, positive Darstellung des Güteverfahrens. Demgegenüber werden mit den übrigen Argumenten unabhängig von einer solchen durchgängigen 'Negativfolie' eher positive Aspekte der Güteverhandlung betont. Es dominieren dabei die Hinweise auf die Vorteile, die eine Einigung bzw. ein Vergleich für die Parteien hat.

---

die Stiftung Warentest, diese Einrichtungen einmal kritisch unter die Lupe zu nehmen: Vgl. „Schlichten besser als richten?", in *test* 22, 7 (1987).

4.4.2. Vorteile einer konsensuellen Konfliktregelung

Wie die vorgestellten Gesprächsausschnitte gezeigt haben, dient die Kontrastierung der Schlichtungsverhandlung mit einer gerichtlichen Konfliktlösung im wesentlichen zur positiven Darstellung des Güteverfahrens, indem das Gerichtsverfahren stets als die schlechtere Wahl und insofern als Negativbeispiel dargestellt wird. Demgegenüber werden mit weiteren Argumenten unabhängig von einer solchen durchgängigen 'Negativfolie' positive Aspekte der Güteverhandlung betont. Als in dieser Hinsicht in den Gesprächen dominierende Argumente sind vor allem zu nennen:

- die Vorteilhaftigkeit des Vergleichs sowie die Vorteile einer durch eine einvernehmliche Konfliktregelung wiederhergestellten Ordnung bzw. Harmonie für die weitere Befindlichkeit der Parteien,
- das Wohlwollen, Entgegenkommen und Verständnis des Schlichters.

Entsprechend der eingangs vorgestellten Typologie des Konfliktmanagements liegen die Vorteile eines Vergleichs vor allem in der größeren Autonomie der Konfliktbehandlung und der Zukunftsorientierung der (möglicherweise) kompromißartigen Konfliktregelung. In der Schlichtungsverhandlung werden diese Vorzüge häufig nicht explizit gemacht. Vielmehr wird der Vergleich lediglich – ohne weitere Begründung – als vorteilhaft bewertet:

```
das=hm <be"ste ist> im leben * also wenn man * eine streitigkeit
unter*nander austrägt * sich ausspricht * sich einigt ** die zweitbeste
lösung i"st also wenn man hie:r auf dem schiedsamte * bei mir * eine
einigung erzielt und die schlechteste lösung ist also * wenn eine
gerichtsentscheidung herbeigeführt wird *

(3002/50; 2,3ff.)

also wenn wir heu"te hier verhandeln- ** und ko"mmen- * dazu daß wir uns
einigen- * dann ist das für alle parteien am besten↓

(3002/31; 12,20ff.)
```

Die Äußerungen in diesen beiden Gesprächsauszügen basieren auf der unausgesprochenen Voraussetzung, daß ein konfliktfreies Miteinander für die Parteien stets am vorteilhaftesten ist. Im folgenden Beispiel wird diese Voraussetzung in Form einer apodiktischen Behauptung als 'lebensnotwendig' dargestellt:

```
a"ber es wäre kein vergleich wenn nich jeder * versuchen würde seinen
beitrag dazu zu leisten künftig wieder miteinander auszukommen↓ * wir
mü"ssen miteinander auskommen↓ *

(3002/46; 17,5ff.)
```

In den beiden folgenden Beispielen detailliert der Schlichter zunehmend die positiven Konsequenzen, die sich aus einer Einigung ergeben:

und dann ist der fall auch aus der welt- * und sie können sich in ruhe wieder äh äh anschließend die hand geben vertragen und in zukunft besser zusammen wohnen↓

(3002/31; 11,1ff.)

ich stehe auf folgendem standpunkt↓ ** wenn wir uns heute hier einigen- * wenn sie das- * diesen einen fall- * s/ sich dafür entschuldigen- * ist der fall aus der welt- * und ich ho"ffe- ** und das ist ja der tiefere sinn dieser verhandlung- * daß sie sich dann im hause auch wieder begechnen- * und wenn sie sich begechnen und sich auch wirklich wieder guten tag und guten wech sagen-

(3002/31; 29,32ff.)

Mitunter steigert sich die Darstellung der positiven Auswirkungen einer Einigung sogar zur Skizze einer idyllischen Aussöhnung:

herr pech- * [...] wenn wir des jetzt übereingeschlossen haben und das wetter ist wieder schön wie neulich- * da setzen sich doch mal bitte alle zu/ ich kann mir vorstellen- * daß frau boldte und frau herr gehlenberg auch wieder mit ihnen zusammen sitzen >dann-< * machen se mal ne pulle wei"n auf und dann trinken se hier denn is der fall erledigt- ** nich↑ * und dann- * kommt das eben nicht wieder vor↓ *

(3002/31; 36,28ff.)

In der Regel nimmt der Schlichter im Verlauf der Verhandlung auch auf seine eigene Rolle bezug, indem er seine Aufgaben umreißt oder sich in der einen oder anderen Weise charakterisiert. Zu Beginn der Verhandlung, bei der allgemeinen Vorstellung, erfolgt die Selbstcharakterisierung noch häufig in Abgrenzung vom Richter wie in den beiden folgenden Beispielen:

ich bin der schiedsmann↓ ** ich bin kein richter↓ ** nicht vom gericht sondern ich bin der verlängerte arm des gerichts un- ** versuche mit ihnen hier klar zu kommen- *

(3002/31; 2,3ff.)

weiter bemerke ich vorab also daß ich ni"cht * recht sprechen kann * >hier findet eine aussprache statt< über das äh äh * äh was ihnen bekannt ist *

(3002/50; 1,4ff.)

Wenn es dann gilt, die Parteien im konkreten Fall zur Einigung zu bewegen, greift der Schlichter häufig zu Selbststilisierungen, um seinen Bemühungen Nachdruck zu verleihen. Im folgenden Beispiel stilisiert er sich als den verständnisvollen und 'lebenserfahrenen' Menschen:

ich bin wirklich der le"tzte der also nich verstä"ndnis dafür hätte wenn im leben mal das eine oder andere * gesagt wird dazu steh ich viel zu sehr in der öffentlichkeit und in der öffentlichkeitsarbeit *

(3002/46; 18,9ff.)

Er geht sogar soweit und stellt sich selbst in der Folge als fehlbaren Menschen hin, der auch seine Mitmenschen verletzen kann:

auch ich selbst * pack pack dir sülfs an de näse is=n altes sprichwort nich↑ * pack dich selbst an der nase * bin vielleicht auch nich immer so wie es vielleicht der kunde von mir erwartet ich hab auch mal=n schlechten tach mir kann auch mal ne laus über de leber jelaufen sein↓ *

(3002/46; 18,17ff.)

Allerdings erwartet er dann auch von sich und anderen, daß man für seine Fehler gerade steht:

und we"nn man mal was verkehrt macht dann soll man auch so viel schneid haben das einzugestehn und sagen gut is in ordnung dat is mir so rausjeflutscht weil ein wort dat andere ergeben hat und denn is die sache aus der welt

(3002/46; 18,22ff.)

In den beiden folgenden Ausschnitten aus demselben Gespräch stellt sich der Schiedsmann als gütigen, selbstlosen und an der Einigung interessierten Schlichter dar und grenzt sich gegen den Typ des harten und am Schicksal der Konfliktparteien desinteressierten Schlichters ab:

sie haben hier das darf ich also von mir sagen einen seh"r * gütlichen und vä"terlichen schiedsmann vor sich sitzen * es jibt auch andere↓ * es jibt auch schiedsmänner die wenn sie also keine einigungsbereitschaft sehen * sagen is mir doch scheißegal wat die leute machen↓ * erklärt die sache für * äh gescheitert un denn is er den fall lo"s in zehn minuten↓ * das kann ich au"ch das will ich aber nich↓ * ich möchte gern daß sie sich äh * hier doch ei"nigen und vertra"jen dat das is meine au"fgabe und ich wäre unzufrieden glauben se sicher * äh wenn mir das nich gelüngen gelingen würde hier solch eine belanglose sache aus der welt zu schaffen↓ *

(3002/46; 20,32ff.)

ich hab es eben schon mal jesacht daß ich in aller ruhe und sachlichkeit hier die sache angehe * ohne hektik ich lasse mir seh"r viel zeit * bei der verhandlung einer solchen sache * ich könnte auch * das ganze in=ner halben stunde abwickeln und sage n * mir doch ejal was die leute machen was hab ich davon↓ * ich denk aber etwas anders * auch ich bin * froh wenn hier eine rejelung erfolgt und eine einijung erzielt wird * um ihnen beiden da entgegen zu kommen↓ * ha"ben davon * tu ich nichts↓ * im gegenteil ich opfere meine freizeit hier denn ich sitze hier nämlich in * meiner freizeit und ehrenamtlich ich hab da nix von nich * bin nur bemüht hier den rechtsfrieden herzustellen *

(3002/46; 30,23ff.)

Gleichsam als Beleg für seine Rücksichtnahme auf die Belange der Parteien führt er an, daß er sogar den Termin der Güteverhandlung ganz im Interesse der Parteien festgelegt hat:

sehn se mal wir ham gra"d die weihnachtszeit gehabt ich habe bewußt * diesen termin nicht vor weihnachten gemacht um sie bei"de in ruhe weihnachten feiern zu lassen aber jetz haben wir neujahr jehabt und sind im neuen jahr und da sollten wir wirklich nich mit streit hier heute aamd dieses haus hier verlassen↓ *

(3002/46; 24,18ff.)

Allerdings läßt er keinen Zweifel daran, daß auch er, wenn die Parteien keine Einsicht zeigen, ebenfalls mit Härte vorgehen kann. Damit wendet er seinen Appell an die Parteien zur Drohung:

ich sachte ihnen sie haben hier einen gnädijen schiedsmann vor sich * wenn ich anders verfahren würde würde ich alles ausklammern und würde lediglich ihre eine äußerung übrig lassen und würde glattweg noch dazu überjehn hier zu sajen das is eine ganz böse üble nachrede da müssen sie noch fünfhundert mark bußgeld an die deutsche krebshilfe für bezahlen↓ * da"s könnte ihnen bei gericht passieren glaubens se=s↓ und das können se glauben so wahr ich hier sitze↓ * da brauchen se nich nich lächeln und nich äh * äh äh nich mi=m kopf schütteln das * sind tatsachen was nich geht * es is nich das erstemal daß jemand hier aus dem schiedsmannsgebäude herausjeht * ohne von mir einen saftigen denkzettel bekommen zu haben ich habe neulich noch jemand der einen vogel jezeicht hat im straßenverkehr die fünfhundert mark geldbuße auferlecht damit sie mal ganz klar wissen wo meine meinung und der wech hier langgeht ne↑ * und sie können jewiss sein ich bin nicht jewillt * diese äußerung die sie ja jesacht haben hinzunehmen↓ bin ich nich jewillt↓ * und wird auch kei"n richter sein↓ * und die muß vom tisch↓ * darüber müßten und sollten sie sich im klaren sein↓ *

(3002/46; 29,18ff.)

Diese Beispiele haben gezeigt, daß der Schlichter sich je nach Verhandlungssituation in unterschiedlicher Weise stilisieren und seine Rolle bzw. seine Rollenattribute als Argumente benutzen kann, um die Parteien dazu zu bringen, einer Einigung bzw. einem Vergleich zuzustimmen.

4.5. Rhetorische und stilistische Mittel

Aus der eingangs charakterisierten Schlichtungssituation in der Vergleichsbehörde geht bereits deutlich hervor, daß der Schlichtungserfolg in starkem Maße von den Überzeugungs- bzw. Überredungsfähigkeiten des Schlichters abhängt. Die bisher unter dem Aspekt der verwendeten Argumente vorgestellten Gesprächsauszüge haben auch schon, zumindest andeutungsweise, erkennen lassen, wie rhetorische und stilistische Mittel im Sinne der „elocutio" vom „Situationsmächtigen"[45] eingesetzt werden. Unter diesen Mitteln fällt besonders der formelhafte Sprachgebrauch auf.[46] Dieser zeigt sich vor allem in drei Varianten:

- in ritualisierten Formeln,
- in fach- bzw. amtssprachlichen Ausdrücken und Wendungen,
- in Redensarten und Sprichwörtern.

4.5.1. Ritualisierte Formeln

Die Verwendung ritualisierter Formeln hängt besonders eng mit der offiziellen Definition der Interaktionssituation in der Güte- bzw. Sühneverhandlung zusammen. In dieser Situation unterliegt das sprachliche Handeln des Schlichters zumindest teilweise konventionellen Vorschriften. Er agiert und spricht weniger als Individuum denn als Träger einer festen Rolle.[47] Dies zeigt sich vor allem in seinen Rahmungsaktivitäten während der Eröffnung und Schließung der Verhandlung. Hier zunächst einige Beispiele für die Verhandlungseröffnung:

dann eröffn ich die sühneverhandlung

(3002/03; 1,1)

ich eröffne hiermit ordnungsgmäß die verhandlung vor dem schiedsmann * in sachen der frau claudia ritzbecker gejen frau schade↓ * darf zunächst einmal bitten sich hier au"szuweisen vor dem schiedsmann *

(3002/46; 1,1ff.)

>ich eröffne hiermit * die verhandlung * vor dem schiedsmann in sachen scheer gegen franz borg↑ stelle fest daß die parteien zum heutigen termin ordnungsgemäß geladen sind<

(3002/43; 4,2ff.)

[45] Vgl. Lausberg (1963); zur „elocutio" vgl. S. 44ff.; die Bezeichnung „Situationsmächtiger" verwendet Lausberg für den Richter (S. 22).

[46] Zum formelhaften Sprachgebrauch vgl. u.a. Lüger (1980), insbesondere S. 29ff., Kallmeyer/Keim (1994), sowie Werlen (1984).

[47] Vgl. Lüger (1980, S. 23ff.); zum rituellen Charakter von Anfängen und Beendigungen vgl. Werlen (1984, S. 230ff.).

Solche und ähnliche Eröffnungsformeln markieren als performative Äußerungen in unterschiedlicher Explizitheit eindeutig die neue Situation: Im ersten Beispiel wird lediglich das entsprechende Verb (*eröffne*) verwendet. In den beiden anderen wird die Formelhaftigkeit erweitert (*die verhandlung vor dem schiedsmann in sachen* [...] *gegen* [...]); im letzten wird darüber hinaus eine förmliche Feststellung getroffen (*stelle fest daß die parteien zum heutigen termin ordnungsgemäß geladen sind*). Zuvor hat der Schlichter in der Regel schon die Parteien begrüßt und ihnen die Plätze zugewiesen, möglicherweise sich auch schon mit ihnen unterhalten. Nun aber wird durch die sprachliche Formel eine Art Situations- oder Rahmenwechsel vorgenommen. Ganz analog verhält es sich mit der Schließung der Verhandlung:

und schließe dann damit die verhandlung schönen dank

(3002/03; 36,39)

damit schließe ich die heutige verhandlung vor dem schiedsmann * und * die sache ist damit erledigt↓

(3002/42; 32,10ff.)

da"mit schließ ich die verhandlung * die sache ist damit erledigt *

(3002/43; 19,3f.)

ich schließe damit die verhandlung

(3002/46; 35,21)

da"mit ist die sühneverhandlung geschlossen

(3002/50; 19,17f.)

Das Verhandlungsende wird zusätzlich zu allen anderen Abschlußaktivitäten, wie z.B. Unterzeichnung des Protokolls, Regelung der Zahlungsmodalitäten und letzte Ermahnung zur Friedfertigkeit, stets durch den Schlichter explizit markiert und damit die Verhandlungssituation förmlich aufgehoben. Da die verwendeten Eröffnungs- und Schließungsformeln im wesentlichen von der Institution Gericht übernommen sind, bringen sie den Parteien gegenüber auch die 'gerichtsmäßige' Fallbehandlung zum Ausdruck.

4.5.2. Fach- und amtssprachliche Ausdrücke und Wendungen

Die juristische Fallbehandlung spiegelt sich auch in einem teilweise juristischen Sprachgebrauch. Die Redebeiträge des Schlichters sind durchsetzt mit Termini und Phrasen, die der juristischen Fachsprache entlehnt sind. In den schriftlich verfaßten Teilen der Verhandlung, dem Güte- bzw. Sühneantrag und dem Protokoll, die in der Verhandlung verlesen werden, dominiert die Amtssprache. Der wesentliche Grund dafür dürfte sein, daß dem Schlichter für solche Zwecke von Juristen Muster an die Hand gegeben werden, an denen er sich orientieren kann (vgl. z.B. Gain 1985, S. 74ff.). Soweit die Fachsprache in den genuin mündlichen Redebeiträgen auftaucht, handelt es sich eher um 'Versatzstücke', die in eigentümlicher Weise mit dem sonst eher kolloquialen Redestil vermischt werden. Hier nun einige Beispiele (die fachsprachlichen Ausdrücke und Wendungen sind jeweils unterstrichen):

was äh: sie auch noch wissen müssen i"st also daß diese verhandlung hier außer * äh: * unter ausschluß der öffentlichkeit stattfindet *

(3002/50; 2,16ff.)

Die Selbstkorrektur des Schlichters sowie die gefüllte Pause in dieser Äußerung legen die Deutung nahe, daß der Sprecher geradezu nach der entsprechenden Formel sucht. Der folgende Ausschnitt ist besonders reich an Fachtermini und bürokratischen Formulierungen. Dies erklärt sich wahrscheinlich vor allem dadurch, daß der Text bereits weitgehend 'protokollfähig' formuliert wird.

ich nei"ge da"zu in diesem falle zu saren weil ei"n wort das andere ergeben ha"t↓ * <zu saren * die kosten des verfahrens trächt je"de partei * je" zur hälfte↓ * das heißt jeder mit fünfzig prozent↓> * nämlich vierzig mark verfahrenskosten hie"r zwanzig mark verfahrenskosten da" zwanzig mark verfahrenskosten * hie"r die hälfte der entstandenen gerichtsjebühren bezüglich schreibauslagen und portokosten und hier die hälfte der entstandenen schreibauslaren und portokosten↓ * da"s wäre mein vergleichsvorschlach

(3002/46; 17,25ff.)

Im folgenden Beispiel kontrastieren die amtssprachlichen Formulierungen mit den kolloquialen Wendungen (*das können sie also getrost hier erklären* bzw. *einen kleinen ruck sich gegeben*):

das können sie also getrost hier erklären bei"de die sie hier sitzen sie ham nämlich dann bei"de einen kleinen ruck sich gegeben und einen beitrach zur wiederherstellung des rechtsfriedens↓ * hier geleistet↓

(3002/46; 16,25ff.)

Der Ausdruck *Selbstjustiz üben* im folgenden Ausschnitt könnte in der Alltagssprache allenfalls mit ironischem Unterton verwendet werden:

aber se"lbst:justiz zu üben auch bei erwachsenen untereinander↓ * ist immer also da tut man sich selbst den schlechtesten die"nst * nich↑

(3002/50; 10,14ff.)

Der folgende Ausschnitt ist besonders stark vom amtssprachlichen Stil geprägt; er enthält aber auch eine Formulierung, an der deutlich wird, daß es dem

Schlichter mitunter Probleme bereitet, diesen amtssprachlichen Stil durchzuhalten (*den vergleich mangels nichtzahlen der kosten für nichtig erklären zu lassen*). Auf die Feststellung, daß etwas „ordnungsgemäß" stattgefunden hat, sind wir schon im Zusammenhang mit der formelhaften Verhandlungseröffnung gestoßen.

sie waren zum ersten termin ordnungsgemäß entschuldigt↑ [...] hab
ich äh * zu den akten zu protokoll * genommen [...] ich schicke
ihnen eine ko"stenrechnung * über die verfah"renskosten zu↓
[...] ich weise sie darauf hin * daß bei ni"chtzahlung * vollstreckt
werden kann↑ * aus dieser äh * >kostenrechnung< oder ich die
möglichkeit habe * den vergleich * mangels nichtzahlen der kosten
* für nichtig erklären zu lassen↑ * bei gericht *

(3002/42; 16,1ff.)

Generell läßt sich sagen, daß sich der Schlichter durch diese Art der Verwendung einer quasi juristischen Fachsprache gegenüber den in der Regel wenig rechts- und gerichtserfahrenen Parteien gleichsam den Mantel der Amtsautorität überwirft, selbst dann noch, wenn er selbst diese Sprache nur unvollkommen beherrscht.

4.5.3. Ausdrucksstereotype Formen

In auffälligem Kontrast zu diesem im weitesten Sinne institutionellen Sprachgebrauch steht eine dritte Kategorie der Sprachverwendung, die in allen Verhandlungen dominiert: Die Verwendung „ausdrucksstereotyper Formen" (Lüger 1980, S. 29). Es handelt sich dabei um „phraseologische Einheiten", „stehende Redewendungen", zu denen vor allem „Gemeinplätze", „Sprichwörter" und „Redensarten" zu rechnen sind.[48] Diese sind im wesentlichen Bestandteil 'alltäglicher' gesprochener Sprache.

Diese sprachlichen Formen sind im Kontext der vorliegenden Untersuchung nur insoweit von Interesse, als sie offensichtlich eine wichtige, wenn nicht gar die entscheidende Rolle bei der wesentlichen Aufgabe des Schlichters spielen, zwischen den Konfliktparteien eine Einigung herbeizuführen. Die zentrale Frage ist also die nach den möglichen pragmatischen bzw. interaktiven Funktionen, die mit solchen Formen verbunden sind. Diese Frage läßt sich, wie Gülich (1981, S. 355) betont, mit Sicherheit nicht abstrakt beantworten:

---

[48] Es soll hier keine definitorische Abgrenzung der einzelnen Subtypen formelhaften Sprechens versucht werden. Die *Duden-Grammatik* (1984, S. 537ff.) unterscheidet folgende Arten von „stehenden Redewendungen": „Zitate", „Sprichwörter und Redensarten", „Feste (idiomatische) Wendungen" und „Gemeinplätze (Topoi)". Im übrigen sei in diesem Zusammenhang verwiesen auf Gülich (1981), Koller (1977), Pilz (1981) sowie Röhrich/Mieder (1977).

> „Aufzählen zu wollen, welche kommunikativen Funktionen durch das Äußern von Gemeinplätzen vollzogen werden können, schiene mir ein ziemlich aussichtsloses Unternehmen zu sein."

Mit Blick auf die Gemeinplätze vertritt Gülich die These, daß deren Grundfunktion in der Reduktion von Komplexität liege und daß der Sprecher die Komplexität reduziere, um ein bestimmtes kommunikatives Ziel zu erreichen. Für die Schlichtungsverhandlung hatten wir festgestellt, daß das Globalziel des Schlichters unbestritten feststeht. Dies schließt aber nicht aus, daß er je nach Lage des Falles im Laufe der Verhandlung schrittweise eine Reihe von Teilzielen anstrebt, die allerdings – bei rationaler Planung – alle auf das Erreichen des Globalziels ausgerichtet sind. Demzufolge müßte es auch möglich sein, an den jeweiligen Textstellen Teilfunktionen der formelhaften Äußerungen festzustellen.

Auf der Basis seiner Materialien aus anderen Bereichen unterscheidet Koller (1977, S. 72f.) zwischen elf verschiedenen pragmatischen Funktionen von Redensarten:

(1) Funktion als Handlungsanweisung, Situationsorientierung, Situationsbewältigungsmuster,
(2) Ideologem-Funktion,
(3) Einverständnisherstellungs- und -bestätigungsfunktion,
(4) Anbiederungsfunktion,
(5) Übertragungsfunktion (Plausibilitätsargumentation),
(6) Vereinfachungsfunktion,
(7) Argumentations-Ersparungsfunktion,
(8) Unschärfefunktion,
(9) Emotionalisierungsfunktion,
(10) Wertungs- und Bewertungsfunktion,
(11) Anschaulichkeitsfunktion.

Es dürfte jedoch sehr schwierig sein, eine Textstelle mit einer Redensart monofunktional zu interpretieren. Vielmehr ist zu erwarten, daß bei der Verwendung der Redensart an dieser Stelle mehrere Funktionen gleichzeitig auftreten, daß aber jeweils eine von ihnen dominiert.

Hier nun eine Reihe von sehr eindrucksvollen Beispielen, die hinsichtlich ihrer möglichen Funktionen befragt werden sollen (die ausdrucksstereotypen Formen sind jeweils hervorgehoben):

dann eröffn ich die sühneverhandlung RÄUSPERT SICH und wollte sa:n daß diese * daß wer diese <u>in fairer und anständiger weise</u> hier <u>über die bühne ziehn</u>↑

(3002/03; 1,4ff.)

In diesem Beispiel wechselt der Schlichter verhältnismäßig abrupt das Register, indem er unmittelbar an die ritualisierte Eröffnungsformel seine in mehr oder weniger feste sprachliche Form (Hendiadyoin) gegossene einstimmende Ermahnung an die Parteien richtet. Es sei dabei einmal völlig dahingestellt, ob die gewählte Bildlichkeit dem Sachverhalt angemessen ist oder nicht. Die pleonastische Wendung *in fairer und anständiger weise* unterstreicht die geforderte Modalität der Konfliktbehandlung, der bildliche Ausdruck *über die bühne ziehn* lenkt ab von möglichen negativen Aspekten einer Konfliktaustragung und spielt eher metaphorisch an auf den symbolisch-rituellen Charakter der Konfliktbearbeitung.

In den beiden folgenden Beispielen führt der Schlichter die von ihm verwendete sprichwörtliche Redensart sogar explizit als solche ein. Im ersten dient die sprichwörtliche Wendung, die in dieser Form offenbar schon eine sehr lange Tradition hat (vgl. die Sammlung von Rechtssprichwörtern von Grundmann u.a. 1980, S. 119), der Bewertung des Vergleichs, im zweiten als Beleg für die generelle menschliche Fehlbarkeit, für die wiederum eine vage und relativierende Erklärung gegeben wird.

und wenn wir hier einen vergleich schließen dann darf ich da"zu den a"lten spruch * der justiz einmal sagen↓ * ein magerer vergleich * selbst wenn der ein=oder andere der meinung ist * also ganz zufrieden bin ich ja nu nich↓ * aber ein ma"gerer vergleich is besser als ein fetter prozeß glauben >sie=s mir↓<

(3002/46; 17,20ff.)

da geht auch nich immer alles so glatt übern=n über=n tisch↑ * [...] auch ich selbst * pack pack dir sülfs an de näse is=n altes sprichwort nich * pack dich selbst an der nase * [...] ich hab auch mal=n schlechten tach mir kann auch mal ne laus über de leber jelaufen sein↓ * aber auch damit muß man leben↓ * und wenn man mal was verkehrt macht dann soll man auch so viel schneid haben das einzugestehen [...] denn is die sache aus der welt

(3002/46; 18,14ff.)

In den beiden folgenden Ausschnitten nimmt der Schlichter auf die Verfahrenskosten Bezug. Im ersten führt er mit der Wendung *sage und schreibe* der Antragsgegnerin die Unerheblichkeit der Kosten des aktuellen Güteverfahrens vor Augen, im zweiten kontrastiert er mit *günstig wegkommen* und *eine schöne stange geld kosten* Güte- und Gerichtsverfahren:

sehn se ma ein ein verfahren hier vor dem schiedsmann das kostet sage und schreibe * vierzig mark↓

(3002/46; 14,21ff.)

hier kommen sie [...] günstig bei wech [...] wenn sie vor gericht gehn↑ * das kost ne schöne stange geld

(3002/31; 27,11f.)

Das Bedrohliche des Gerichtsverfahrens wird in den nächsten vier Beispielen jeweils den Antragsgegnern vor Augen geführt. Das erste enthält außerdem eine Routineformel (*da brauch ich nich näher drauf eingehen*), für die Coulmas (1985, S. 61) den Terminus „Gesprächssteuerungsformel" vorschlägt.

wenn sie mit dieser sache zum gericht gehn glauben se sicher sie fa"lln au"f=s kreu"z [...] äh bei jericht wird mit etwas härteren bandagen gekämpft das wissen sie ja auch selber da brauch ich ihn nich äh näher drauf eingehn

(3002/46; 14,11ff.)

wenn dies zum gericht geht ich möchte also nicht in der haut des ein oder anderen stecken↓

(3002/46; 26,4ff.)

da sehn sie also vor jericht ga"nz alt aus wenn zwei leute sagen das is sache da:s sind unwiderlegbare tatbestände nich

(3002/46; 5,24ff.)

sie können jewiß sein * daß der richter wegen solch einer * böswilligen * behauptung * sie ganz schön * gehörig äh ins gebet nehmen würde und ihnen einen denkzettel verpassen würde wo sie ihr leben lang dran denken↓ [...] da kommen hier vorm schiedsmann noch mal mit dem blauen auge davon

(3002/42; 14,12ff.)

Das nächste Beispiel ist ein Ausschnitt aus einer erfolglos verlaufenen Verhandlung. Die Anstrengungen des Schlichters haben den Antragsgegner nicht zu einer Einigung bewegen können, auch nicht die sehr ausführlichen Warnungen, es nicht auf einen Gerichtsentscheid ankommen zu lassen. Mit der Wendung *schicksal nimm deinen lau:f* übergibt der Schlichter den Antragsteller gleichsam Justitia.

jetz seh isch also alle meine bemühungen für gescheitert an [...] dann is die verhandlung für heute geschlossen * äh: * schicksal nimm deinen lau:f

(3001/05; 7,39ff.)

Im folgenden Gesprächsausschnitt wird gegenüber den Parteien durch eine redensartliche Reformulierung pleonastisch und damit auch besonders nachdrücklich die Sinn- und Zwecklosigkeit eines Gerichtsverfahrens zum Ausdruck gebracht.

die gehn zum jericht da kommt nichts bei raus das <u>geht aus wie=s hornberger schießen</u>

(3002/46; 11,13f.)

Im nächsten Beispiel geht es um die Verhältnismäßigkeit der Mittel, die zur Konfliktlösung verwendet werden. Den Parteien wird eine gerichtliche Konfliktlösung als ungeeignet vor Augen geführt.

es bringt nix wenn hier <u>große prozesse um nix</u> äh jeführt werden

(3002/46; 15,10ff.)

Die folgenden elf Beispiele enthalten allesamt jeweils Wendungen, die vor allem an den Antragsgegner adressiert sind und ihn zur Annahme des Vergleichsvorschlags bewegen sollen. Im ersten ist der Antragsgegner, dem eine Beleidigung vorgeworfen wird, wesentlich jünger als der Antragsteller. Der Schlichter argumentiert wiederholt auch mit dem Altersunterschied, so daß in seiner folgenden Formulierung das 'geflügelte' Wort „schnell fertig ist die Jugend mit dem Wort" wahrscheinlich 'Pate gestanden hat'.

und daß sie * <u>etwas schnell mit=em wort</u> sind ** nich↑ das * geht aus dieser verhandlung auch hervor

(3002/31; 29,15ff.)

Mit seiner Formulierung im nächsten Ausschnitt reagiert der Schlichter auf den Einwand des Beschuldigten, er sei am fraglichen Tage, an dem er die Beleidigung ausgesprochen haben solle, nachweislich überhaupt nicht zuhause gewesen.

wir sind doch hier <u>nicht päpstlicher als der pa"pst</u>

(3002/31; 23,22f.)

Der folgende Ausschnitt ist eines der zahlreichen Beispiele dafür, wie der Schlichter pauschal das Resultat der jeweiligen Kompensationshandlung (z.B. Entschuldigung) vorstellt.

und dann <u>ist der fall aus der welt-</u> *

(3002/31; 11,1f.)

Analoge Beispiele hierfür sind schon in anderen Zusammenhängen zitiert worden (z.B. *die Kuh vom Eis bringen, die Sache/den Fall/die Geschichte erledigen*). Im folgenden Ausschnitt rekurriert der Schlichter auf Lebensregeln, die ihm offenbar als für den Fall passend erscheinen:

dann äh und nun will ich ihnen mal eins sagen herr pech sie wohnen in einem hause- und das leben ist ja gar nicht so lang wie wir immer annehmen- * [...] jung und alt- * ist zweierlei [...] aber- * die älteren müssen auf die jüngeren etwas eingehen und die jüngeren auch auf die älteren↓

(3002/31; 10,11ff.)

Im Zusammenhang mit der Aufbereitung des Vergleichsvorschlags haben wir bereits festgestellt, daß der Schlichter die Einigungsleistung als geringe Anforderung bewertet oder den Vergleichsvorschlag 'hochlobt'. Dabei spielen natürlich ausdrucksstereotype Formen eine besondere Rolle. Dies zeigen der nächste Ausschnitt beim Verfahren des 'Runterspielens' sowie die beiden darauf folgenden beim Verfahren des 'Anpreisens'.

was ist nun da dran wenn sie zum beisp/ sich entschuldigen- * daß sie das gesagt haben↓ * das ist doch- * >äh< ist doch keine tragische geschichte-

(3002/31; 12,24ff.)

ich bin der meinung daß sie hierbei- * bei dem was ich ihnen eben vorgelesen habe hervo"rragend bei verfahren↓ * denn auch herr geh"lenberg- * ist ja berei"t- * nehm ich an- * wenn herr pech sich entschuldigt hat- * auf weitere- * gerichtliche schritte zu verzichten- * [...] das ist doch glänzender kompromi"ß- * den wir- * besser könn wir ihn doch gar nicht machen↓

(30002/31; 35,35ff.)

dann si"nd se aus=em schneider * frau schade also das is äh:=n a/ ein anjebot mehr kann ich ihnen wirklich hier nich machen↓

(3002/46; 14,8ff.)

Im nächsten Ausschnitt nimmt der Schlichter formelhaft selbst nur allgemein wertend zum Vorfall Stellung, während er im übernächsten darüber hinaus auf die Kompensation anspielt.

also * die beste schlägerei * also hat noch nie" etwas gebracht↓

(3002/50; 10,19f.)

ein wort ergibt das andere nur we"nn ich etwas sa"ge * dann muß ich es überle:"gen vo"rher überlegen was ich sage↓ * nicht erst herausballern und hinterher tut=s mir leid↓ * das >geht nich an< diese sache * die muß vom tisch

(3002/46; 27,21ff.)

Das folgende Beispiel schließlich ist dem 'Schlußwort' des Schiedsmanns entnommen, in dem er nach der Unterzeichnung des Protokolls eine abschließende Bewertung des Falles vornimmt. Hier geht es nicht mehr darum, die Parteien zur Einigung zu bewegen, sondern sie in der Überzeugung zu bestärken, daß sie den Konflikt optimal geregelt haben.

ich sach daß das die beste lösung war für sie wenn sie rückblickend ne↑ * die sache betrachten und auch mal andere hören * nich↑ * sie haben * hier erfahren * und wern=s auch so" erfahren haben also * daß <u>der beste streit nicht taucht</u> *1* nich↑

(3002/50; 19,21ff.)

Die zahlreichen Beispiele haben gezeigt, in wie vielfältiger Weise der Schlichter ausdrucksstereotype Formen verwendet, um bezogen auf den jeweiligen Verhandlungsstand bzw. das jeweils von ihm angeführte Argument die Parteien in seinem Sinne zu beeinflussen. Versucht man, die einzelnen Wendungen hinsichtlich ihrer Funktionen auf der Grundlage der von Koller vorgegebenen Funktionstypologie zu beurteilen, so scheint die Argumentations-Ersparungsfunktion zu dominieren. Soweit es sich um bildliche Ausdrücke handelt, ist gleichzeitig eine merkwürdige Verquickung von Anschaulichkeitsfunktion und Unschärfefunktion festzustellen. D.h., es wird durch den jeweiligen Ausdruck die 'Grundidee' gefaßt und übermittelt, gleichzeitig aber bleibt vieles vage und unausgesprochen, vielfach wahrscheinlich ganz bewußt.

5. Schlußbetrachtungen

Die Untersuchung der Schlichtungsgespräche aus der Vergleichsbehörde unter der Fragestellung, wie Schlichten dort bewerkstelligt wird, d.h. mit welchen Techniken und Verfahren der Schlichter die Einigung zwischen den Konfliktparteien herbeiführt oder eine Einigung herbeizuführen sucht, hat zu einer Reihe von Erkenntnissen geführt:

An erster Stelle ist festzuhalten, daß kein einziges der uns vorliegenden Schlichtungsgespräche einen Anhaltspunkt für die tradierte Annahme bietet, daß die Funktion des Schlichters (nur) darin bestehe, als Katalysator zu wirken, und daß die Einigung zwischen den Streitparteien sich sodann gleichsam wie von selbst vollzöge. Vielmehr bedarf es meist intensiver Anstrengungen auf seiten des Schlichters, um eine Einigung tatsächlich herbeizuführen. Dies ist sicherlich zu einem großen Teil durch die Schlichtungsvoraussetzungen bedingt, durch die Unvereinbarkeit der Motive, Handlungstendenzen und Ziele der Interaktionsbeteiligten, vor allem aber durch die Tatsache, daß die Parteien in der Regel die Schlichtungsverhandlung in den Kontext der gerichtlichen Konfliktbehandlung rücken und nicht eine kooperative Konfliktbearbeitung mit dem Ziel eines zukünftigen friedlichen Miteinander-Lebens, sondern eine „gerechte" Konfliktentscheidung erwarten. Eine solche Erwartung ist nicht völlig unberechtigt. Ist doch die Vergleichsbehörde tatsächlich Bestandteil des öffentlichen Rechtssystems, und ist doch das Sühne- bzw. Güteverfahren letztlich stets eine Vorstufe eines Gerichtsverfahrens.

Für den Schlichter mag dieser Umstand sich tatsächlich insofern ungünstig auswirken, als er nur eingeschränkt eine wirklich mediatisierende Rolle spielen kann. Andererseits kann er jedoch – wie wir gesehen haben – stets auf Recht, Gesetz und Gericht argumentativ zurückgreifen, um die Parteien – und damit auch den jeweils vorliegenden Konfliktfall – zu bearbeiten. Wieviel an solcher Bearbeitung im Verlauf einer Verhandlung jeweils notwendig war, und was die Parteien schließlich zu einer Einigung bewogen hat, geht aus keinem Vergleichsprotokoll hervor.

Wie die Analyse der uns vorliegenden Gespräche zeigt, bestehen die als „Kunst des Schlichtens" apostrophierten Techniken des Schlichters in einer Reihe von sprachlichen und argumentativen Verfahren allgemeiner Art, die jeweils auf den besonderen Fall angewandt und adaptiert werden. Dies geschieht vor allem in der Auseinandersetzung mit dem Antragsgegner, der in der Regel als der Normverletzer oder Gesetzesbrecher erscheint, und von dem eine Kompensation für eine zugefügte Schädigung verlangt wird. In diesem Verfahren ist der Schlichter nicht notwendigerweise unvoreingenommen. Bei seinen Versuchen, den Antragsgegner zu einer Einigung zu bewegen, spielen – wie sich gezeigt hat – sprachliche Formulierungen eine besondere Rolle. Vorschläge und Empfehlungen werden durch besondere rhetorische und stilistische Verfahren für den Adressaten palatabel aufbereitet und suggestiv oder auch mit mehr oder weniger großem (Nach-) Druck präsentiert, so daß in der Mehrzahl der Fälle der Antragsgegner sich diesen nicht (mehr) entziehen kann und sich schließlich bereit erklärt, den Vergleichsvorschlag zu akzeptieren und in eine sog. Einigung einzuwilligen.

In den Verhandlungen vermischen sich aus den eingangs genannten Gründen Merkmale einer gerichtsförmigen und einer alltagspraktischen Konfliktbearbeitung dergestalt, daß auch unter diesem Aspekt der jeweils erzielte Vergleich eine Art Kompromiß darstellt, einen Kompromiß zwischen Urteil und Aussöhnung. Letztere wird zwar offiziell stets zum Ziel einer jeden Güteverhandlung erklärt, aber nur in den seltensten Fällen tatsächlich erreicht. Ursächlich dafür dürfte vor allem die institutionelle Einbettung des gesamten Schlichtungsverfahrens in das Rechtssystem sowie die unzureichende Konfliktbearbeitungspraxis der Parteien selbst sein[49], weniger aber eine unzulängliche Vermittlungsfähigkeit

[49] Möglicherweise spielen hierbei gesamtgesellschaftliche Einstellungen hinsichtlich der Konfliktlösungspraxis eine entscheidende Rolle. Wenn die von Grimshaw (1990, S. 302) vorgetragene These, „we tend to see the world as one of 'winners' and 'losers'", auch für unsere Gesellschaft gilt, so liegt in dieser Sicht ein wesentlicher Grund für die z.T. beobachteten großen Widerstände gegen eine wirklich einvernehmliche Konfliktregelung, die weder einen Sieger noch einen Verlierer hat.

der Schlichter. Die eigentliche „Kunst des Schlichtens", die nicht darin besteht, einen Vergleich durchzusetzen, sondern die Parteien wirklich zu einigen und miteinander zu versöhnen, gedeiht offenbar nicht sonderlich „im Schatten des Rechts". Und wenn es so etwas wie eine Kunst des Schlichtens gibt, ist diese ebenso sehr den institutionellen Verhältnissen geschuldet, in denen der Schlichter agiert, wie seinen persönlichen kommunikativen Fähigkeiten.

PETER SCHRÖDER

Besser ein magerer Vergleich als ein fetter Prozeß – Zur Güteverhandlung im Arbeitsgericht –

1. Zu Anlage und Absicht der Untersuchung

In den letzten zehn Jahres sind eine Reihe von sehr ausführlichen konflikttheoretisch, institutionen- und vor allem rechtssoziologisch orientierten Untersuchungen zur Arbeitsgerichtsbarkeit erschienen, vor allem auch im Zusammenhang mit dem Berliner Projekt „Probleme der Arbeitsgerichtsbarkeit"[1].

Dieses wachsende Interesse am Arbeitsgericht hat im wesentlichen wohl zwei Ursachen: Zum einen wird im Rahmen der Alternativendiskussion im Bereich der Justiz dem Arbeitsgericht besondere Bedeutung geschenkt, gibt es doch für diese Gerichtsbarkeit bereits einen obligatorischen Gütetermin vor dem Vorsitzenden vor jeder streitigen Verhandlung (vgl. § 54 Arbeitsgerichtsgesetz). Zum anderen ist die Institution 'Arbeitsgericht' durch die permanente Krise auf dem Arbeitsmarkt und die diese Krise begleitende Flut von Arbeitsgerichtsverfahren immer stärker ins öffentliche Bewußtsein gerückt.

Was Enstehung von Konflikten in der Arbeitswelt betrifft, die Wege eines Konflikts bis zur Klage, die Zugangsbarrieren zum Recht, was die Zusammenhänge zwischen Konfliktart und -häufigkeit einerseits und Art des Arbeitsverhältnisses oder Art des Arbeitgebers andererseits angeht (also Betriebsgröße, ob mit oder ohne Betriebsrat, Branche, öffentlicher oder privater Arbeitgeber etc.), will und kann diese Studie nicht in Konkurrenz treten mit diesen ausführlichen Untersuchungen; für entsprechende Aussagen und Analysen fehlt mir auch die empirische Basis. Ein Desiderat allerdings kennzeichnet alle bisherigen Untersuchungen zur Arbeitsgerichtsbarkeit, das Rottleuthner in seinem Aufsatz „Probleme der Beobachtung von Arbeitsgerichtsverfahren" auch für das Berliner Projekt einräumt: Es seien keine oder nur sehr ungenaue Aussagen möglich über die konkrete kommunikative Realität, über konkrete interaktive Zusammenhänge in Verhandlungen vor dem Arbeitsgericht. Und Rottleuthner (1978, S. 116) schreibt weiter:

> „Ich sehe zwar gerade in diesem Punkt ungeheure Erhebungsschwierigkeiten (zumal die Verwendung von Tonbandgeräten rechtlichen Restriktionen und auch methodischen Zweifeln unterliegt); aber dies ist sicher ein Punkt, an dem weitergearbeitet werden muß."[2]

---

[1] Zu Vorüberlegungen zu diesem Projekt siehe Rottleuthner (1978); die Projektergebnisse sind veröffentlicht in Rottleuthner (1984); vgl. ferner Blankenburg/Schönholz (1979), Feser u.a. (1978) oder Schönholz (1984).

[2] Dazu ist anzumerken, daß die entsprechenden Paragraphen im Gerichtsverfassungsgesetz Tonaufzeichnungen von Verhandlungen für wissenschaftliche Zwecke offensichtlich nicht ausschließen; keiner der Richter, bei denen wir im Rahmen des Schlichtungsprojekts aufgenommen haben, ob am Amts-, Land-, Sozial-, Arbeits- oder Oberlandesgericht, hatte entsprechende Bedenken; vielmehr gab es Bedenken, die sich auf einen möglichen Einfluß der Aufnahmesituation auf die Verhandlung bezogen, auf eine mögliche Beeinträchtigung der Parteien in ihren Verhandlungschancen.

Genau diese Schwierigkeiten konnten für die vorliegende Untersuchung überwunden und – was das Methodische betrifft – auf der Basis der langjährigen Erfahrung der Projektmitarbeiter mit Tonaufnahmen authentischer Situationen und ihrer Analyse weitgehend kontrolliert werden: Empirische Grundlage der Untersuchung sind solche Tonaufnahmen mündlicher Verhandlungen im Arbeitsgericht und die Verschriftlichungen dieser Aufnahmen. Entsprechend konzentriere ich mich vor allem darauf, über Beschreibungen und Analysen einen Eindruck zu vermitteln von der schillernden und facettenreichen kommunikativen Wirklichkeit der Gütetermine vor dem Arbeitsgericht, von konkreten interaktiven Verläufen und Zusammenhängen, die nur aufdeckbar sind und nachgezeichnet werden können, wenn die Verhandlungen entsprechend dokumentiert sind. Mit 'schillernd' und 'facettenreich' meine ich dabei einmal die Vielfalt der interaktiven Teilereignisse innerhalb der einzelnen Verhandlungen, die atmosphärischen Wechselbäder, denen der Beobachter eines Verhandlungstages im Arbeitsgericht ausgesetzt ist, von turbulenten, dramatischen Verläufen bis zu ereignisarmer, eher langweiliger Routine, aber andererseits auch die stilistisch-rhetorische Vielfalt, das abwechslungsreiche Inventar an inszenatorischen Mitteln, mit denen die Parteien ihre Positionen zu verteidigen oder durchzusetzen bemüht sind und mit denen die Richter ihren Vermittlungsauftrag realisieren. Mit dieser einleitenden generellen Kennzeichnung gebe ich meine ganz subjektive Wahrnehmung von sechs Verhandlungstagen bei drei Arbeitsrichtern wieder. Gerade die rhetorische Flexibilität der Richter, ihr Einfallsreichtum (so habe ich ihre Aktivitäten jedenfalls wahrgenommen) haben mich immer wieder beeindruckt. Da die Art und Weise, wie der Analysierende seine Analysegegenstände wahrnimmt, seine subjektive Einstellung zu diesen Gegenständen, in den verstehenden Wissenschaften immer mit konstitutiv sind für die Qualität seiner Beschreibungen und Analysen, ist es nicht nur gerechtfertigt, sie zu erwähnen, sondern für eine angemessene Einschätzung durch den Leser sogar notwendig.

Wie die Analysen und Beschreibungen der kommunikativen Wirklichkeit der Güteverhandlung selbst dann zeigen werden, dominiert dort die Perspektive des vorsitzenden Richters. Ist darin aber nicht ein Widerspruch zu einer kommunikationstheoretischen Grundannahme des Schlichtungsprojekts zu sehen, daß nämlich Interaktion immer das Produkt kollektiver Anstrengungen, kollektiver Beteiligungsleistungen ist? Wird hier nicht im Analyse- und Darstellungskonzept – in naiver Vereinfachung – die Dominanz des Richters reproduziert und festgeschrieben?

Für eine Beantwortung dieser natürlich rhetorisch gemeinten Fragen will ich die besonderen Bedingungen des Zugangs zum Datenmaterial aufzeigen und reflektieren; ich will dadurch zeigen, daß die Anlage der Untersuchung im Gegenteil methodisch folgerichtig aus den Bedingungen der Datenkonstitution hervorgeht: Ein empirischer Sozialwissenschaftler, ein Rechtssoziologe etwa, der sich den Gütetermin im Arbeitsgericht als Gegenstand wählt, wird quasi von außen die interaktiven Vorgänge beobachten und protokollieren, ihnen Merkmale zuordnen, Konstellationen und Interaktionsgegenstände notieren und klassifizieren, rekurrente Verlaufsmuster isolieren und dabei die Perspektiven der Interaktionsbeteiligten in etwa gleichgewichtig behandeln. – Ganz anders im Fall dieser Untersuchung: Man kann davon ausgehen, daß die Bereitschaft eines Richters, seine Verhandlungen aufnehmen zu lassen und die Aufnahmen für eine wissenschaftliche Analyse aus der Hand zu geben, ein gewisses Maß an Vertrauen in die Person des Aufnehmenden bzw. in die aufnehmende Institution voraussetzt, zumal Tonaufzeichnungen von Gerichtsverhandlungen nicht nur nicht üblich sind, sondern – für eine Veröffentlichung in der Presse – nicht einmal zulässig. Insofern unterscheiden sich die Bedingungen der Datenbeschaffung für die vorliegende Studie schon grundsätzlich von entsprechenden Bedingungen in Projekten, die über Aktenanalysen und das mehr oder weniger systematische Notieren von Beobachtungen 'mit Papier und Bleistift' während der mündlichen Verhandlungen nicht hinausgehen. Für meine Untersuchung mußte die oben erwähnte Vertrauensbasis über persönliche Kontakte zu den jeweiligen Richtern erst einmal hergestellt werden. Darüber hinaus waren jeweils vor einem Verhandlungstag und vor und nach den einzelnen Güteterminen mehr oder weniger intensive Gespräche und Kooperation mit dem Richter notwendig, bzw. sie boten sich an. Auch wenn es gelegentlich nach einer Verhandlung auch zu Gesprächen mit einem Betroffenen oder einem Parteienvertreter kam, hat doch die Richterperspektive in jedem Fall den stärksten Eindruck bei mir hinterlassen und meine Wahrnehmung des Geschehens geprägt. Sicherlich wird auch die Tatsache, daß der Richter in der Regel 'Chef im Ring' ist, nicht ohne Wirkung auf meine Wahrnehmung des Geschehens geblieben sein. Und nicht zuletzt muß ich in diesem Zusammenhang als ganz intuitiven persönlichen Eindruck meine positive Einstellung erwähnen zur Art und Weise, wie die Richter jeweils mit den einzelnen Fällen umgingen: Mein ganz alltäglicher und naiver Gerechtigkeitssinn wurde in wohltuender Weise befriedigt – wohl nicht zuletzt deswegen, weil sich rechtliche Würdigung, lebenspraktische Erwägungen und soziales wie menschliches Engagement immer wieder ergänzten und auch wechselseitig kontrollierten.

Ob – wenn dann zeitlich und organisatorisch zu bewältigen – ein Zugang zum gleichen Feld 'Gütetermin vor dem Arbeitsgericht' möglich ist über vorbereitende und nachbereitende persönliche Kontakte mit Klägern, Beklagten oder Prozeßvertretern, wage ich zu bezweifeln. Mein Zugangsprinzip war ja, mich mit meinen Interessen möglichst hinter der Person des Richters zu verstecken: So hat der Richter in der Regel mit der Ladung zum Gütetermin auch über die Aufnahme informiert (Institution, Modalitäten, Erkenntnisinteressen im Schlichtungsprojekt und generell in einer handlungswissenschaftlich orientierten Linguistik) und um Zustimmung zur Aufnahme gebeten, und so hat auch jeweils der Richter das Aufnahmegerät bedient. Vor allem im Fall der Parteien schien mir die Gefahr zu groß, daß durch zu starke Beobachtereingriffe oder eben nur Beobachterpräsens vor und während der Verhandlung das Interaktionsverhalten und damit möglicherweise auch die Verhandlungschancen beeinträchtigt werden. Eine systematische Befragung von Parteien und Parteienvertretern nach den Verhandlungen wäre natürlich ein wünschenswertes Korrektiv zu meinem Richter-'bias' gewesen, war aber aus zeitlichen und organisatorischen Gründen nicht möglich.

Wenn jetzt meine Analysen und Beschreibungen die besonderen Bedingungen des Feldzugangs reflektieren, dann heißt das nicht, daß etwa die Orientierungen der Parteien und ihrer Vertreter, ihre Reaktionen auf richterliche Initiativen, ihre eigenen Initiativen unberücksichtigt blieben. Sie werden vielmehr jeweils – aus meiner spezifischen Perspektive – mit abgebildet.

2. Zugang zum Feld, 'Feldarbeit' und Ausgangsmaterialien für die Untersuchung

Materialbasis

Von Januar bis April 1986 haben wir[3] vier komplette und zwei halbe Verhandlungstage bei drei Arbeitsrichtern aufgenommen, und zwar jeweils zwei Tage bei jedem Richter. Auf der Tagesordnung standen jeweils knapp zehn Güteverhandlungen für den halben Tag (einmal acht, einmal neun) und zwischen dreizehn und siebenundzwanzig Güteverhandlungen für den ganzen Tag. Insgesamt verfügen wir im Projekt jetzt über 93 Aufnahmen von Verhandlungen, von denen 25 verschriftlicht wurden. In drei Fällen haben wir, nachdem der erste Termin gescheitert war und ein neuer Gütetermin angesetzt wurde, auch den zweiten Termin aufgenommen und dokumentiert. In einem weiteren Fall haben wir, nachdem nach einer gescheiterten Güteverhandlung ein Kammertermin angesetzt wurde (der mit einem Vergleich endete), auch diesen aufgenommen. Zu den 93 Aufnahmen kommen 93 Falldokumentationen sowie eine Reihe von Gedächtnisprotokollen von Gesprächen mit den drei Arbeitsrichtern. Die Art und Weise, wie die Fälle dokumentiert worden sind, wird am Ende dieses Kapitels anhand eines Falles gezeigt. Hinzu kommen eine Reihe von knappen Gesprächen oder Gesprächsfetzen unterschiedlichster Art, die mit aufgenommen wurden, weil das Gerät zwischen zwei Verhandlungen oder nach einer Verhandlung nicht sofort abgeschaltet wurde. Und nicht zuletzt sollten ausdrücklich erwähnt werden meine subjektiven Eindrücke von den Verhandlungen, von der Atmosphäre usw., die – obwohl nicht schriftlich dokumentiert – für die Abfassung des Beitrags eine große Rolle gespielt haben und deshalb als Bestandteil der Materialbasis mitgenannt werden müssen.

---

[3] Aufgenommen und beobachtet habe ich jeweils zusammen mit einer studentischen Hilfskraft; beteiligt waren Karin Herrmann, Heike Jokisch, Axel Stamm und Christina Zahn.

Zugang zur Institution

Die Fülle der Materialien könnte die Vermutung nahelegen, daß sie Ergebnis einer gezielt geplanten systematischen Erschließung des Beobachtungsfeldes wären; das Gegenteil ist der Fall: Ein gezielter Versuch Ende 1983, die Voraussetzungen für die Aufnahme von Güteverhandlungen zu schaffen, gelangte über ein erstes Vorinterview nicht hinaus. Erst Ende 1985, Anfang 1986 ergaben sich aufgrund einer günstigen Verkettung eher privater und persönlicher Zufälligkeiten die Voraussetzungen für die Tonaufzeichnungen von Güteverhandlungen bei drei Arbeitsrichtern eines Arbeitsgerichts in einer süddeutschen Großstadt. Das bestätigt frühere Erfahrungen mit Tonaufnahmen in Institutionen, in denen Aufnahmen so gut wie ausgeschlossen schienen: Oft führt weniger oder eben nicht allein der systematisch und gezielt aufgebaute Kontakt zum Erfolg, sondern es geht immer wieder auch darum, sich spontan und zufällig ergebende Konstellationen ebenso spontan und ad hoc zu nutzen.

Die Einverständniserklärung: Zustimmung der Prozeßbeteiligten und Prozeßvertreter zur Aufnahme

Teils telefonisch, teils schriftlich, teils in direkten Vorgesprächen wurden die Modalitäten für die Aufnahmen ausgehandelt: Mit einem förmlichen Anschreiben, das mit der Ladung zum Gütetermin verschickt wurde, wurden Beteiligte und Prozeßbevollmächtigte über das Institut für deutsche Sprache, das Schlichtungsprojekt, Sinn und Zweck der Aufnahmen, Umgang mit persönlichen Daten durch das Projekt sowie die Bereitschaft des Gerichts, das Projekt zu unterstützen, informiert, auf die Notwendigkeit der Zustimmung aller Beteiligten hingewiesen und darauf, daß sie zu Beginn der Verhandlung nach ihrer Zustimmung gefragt würden. Daß von den wohl fast vierhundert Beteiligten und Bevollmächtigten nur eine Klägerin – ohne Angabe von Gründen – die Aufnahme verweigerte, liegt wohl auch daran, daß das Gericht als Institution bzw. in einem Fall der Richter persönlich für das Schreiben verantwortlich zeichnete und auch Absender war. In einem weiteren Fall äußerten die Prozeßbevollmächtigten – in diesem Fall Rechtsanwälte – Bedenken, und zwar ob der zu erwartenden Härte der Auseinandersetzung. Der Hinweis des Richters auf die Anonymisierung persönlicher Daten und darauf, daß nicht der individuelle Fall Gegenstand des Interesses sei, sondern das Sprachverhalten, konnte die Bedenken ausräumen.

Einfluß der Aufnahmesituation auf das Gesprächsverhalten

In einigen Fällen nahmen die Prozeßbevollmächtigten die Tatsache der Aufnahme zum Anlaß zu Frotzeleien – offensichtlich ein willkommenes Mittel, um den Situationsdruck vor allem der Prozeßbeteiligten ein wenig zu mildern, und wohl auch, um ganz allgemein ein entspannteres Verhandlungsklima herzustellen. In einem Fall apostrophierte der Richter sein Schreiben als *Denkzettel, den sie ja bekommen haben* und in dem nach dem Einverständnis zu einer Tonaufnahme zu wissenschaftlichen Zwecken gefragt werde, und prompt reagiert der Rechtssekretär des DGB als Vertreter des Klägers: *des gilt vor allem für die Gegenseite, sich im Ton zu mäßigen*, womit er entspanntes Lachen auf allen Seiten auslöst und zu einem auflockernden Austausch von Reminiszenzen an einen Fall vom Vortag anregt.

Häufiger von den Prozeßbevollmächtigten, selten von den Parteien selbst wurde ich nach den Verhandlungen auf das Institut, auf das Projekt, auf die Art unserer Arbeit, auf deren Sinn und Zweck angesprochen. Aber selbst für diese Fälle einer expliziten Reaktion auf die Aufnahmesituation und auf die Präsenz von Beobachtern würde ich einen Einfluß der Aufnahmesituation auf den Verlauf der Verhandlung, auf Interaktions- bzw. Kommunikationsstile weitgehend ausschließen wollen: Erstens ist die Anwesenheit von Zuhörern zwar nicht die Regel, aber doch nicht so ungewöhnlich, daß sie als störend empfunden werden dürfte. Zweitens sind die Richter und die Prozeßvertreter in der Regel so routiniert, daß man einen systematischen Einfluß ausschließen kann. Drittens dürfte im Fall der direkt Betroffenen der Situationsdruck so groß sein, der Wille zu gewinnen, die eigene Position bzw. die der Firma zu behaupten, die Angst zu verlieren, die Empörung, die Enttäuschung, die Verletzung, der Wunsch, dem Richter die eigene Position nahezubringen, daß die Anwesenheit Dritter, welches Interesse diese auch immer am Geschehen haben, kaum viel Beachtung finden dürfte. Meine Annahme über den geringen Einfluß der Aufnahmesituation basiert darüber hinaus nicht nur auf solchen Plausibilitätserwägungen; bei zwei Arbeitsrichtern habe ich jeweils einen Verhandlungstag als 'unbeteiligter' Zuhörer miterlebt, das heißt, ich bin für die Interaktionsbeteiligten weder als Aufnehmender noch als besonders Interessierter in Erscheinung getreten. Mir sind dabei keine Unterschiede im Verhalten der Beteiligten aufgefallen.

Erhebungstechnik

Daß die Aufnahmesituation ohne erkennbaren Einfluß blieb, liegt sicherlich auch an der unaufwendigen Aufnahmetechnik. Ein kleines Sony- bzw. Saba-Kassettengerät (nicht größer als ein Diktiergerät) mit sehr kleinem Außenmikrophon, das neben dem zur regulären Ausstattung des Verhandlungsraums gehörenden Saalmikrophon kaum auffiel[4], wurde jeweils vom Richter selbst bedient. Zwei Richter benutzten ohnehin für das Protokollieren von Beschlüssen und Vergleichen ein Diktiergerät; der dritte Richter allerdings arbeitete mit einer Protokollantin. Ein Kassettenwechsel während der laufenden Verhandlungen war nur in ganz seltenen Fällen erforderlich; dann ließ es sich nicht verhindern, daß wir als Aufnehmende in Erscheinung traten.

---

[4] Vgl. dazu unten in diesem Kapitel die Skizze zur äußeren Situation im Rahmen der Falldokumentation.

Daß wir immer zu zweit aufgenommen und beobachtet haben, erwies sich als äußerst nützlich und hilfreich für das zusätzliche Protokollieren von Daten zum Fall und vor allem von interaktiven und nicht interaktiven Ereignissen und Phänomenen, die eine Tonaufzeichnung nicht festhält, die jedoch für eine auch nur annähernd angemessene Rekonstruktion der interaktiven Prozesse berücksichtigt werden müssen. Der zweite Beobachter erwies sich darüber hinaus für ad-hoc-Kontrollen des eigenen Situationsverständnisses als überaus wichtig, ging es doch immer wieder darum, auch bei aufwendigen Rekonstruktionen komplexer und nicht vertrauter Sachverhalte nicht den Faden zu verlieren. Das erwies sich als besonders schwierig, wenn Fallgeschichte und Konfliktsachverhalt von den Beobachtenden erst sukzessive und oft auch nur indirekt im Verlauf der Verhandlung erschlossen werden konnten. Auch für die retrospektive Einschätzung des Verhandlungsgeschehens (z.B. im Rahmen der Falldokumentation) war der zweite Beobachter immer wieder ein wichtiges Korrektiv.

Wegen der unmittelbaren Aufeinanderfolge der meisten Verhandlungen lief das Aufnahmegerät zwischen zwei Verhandlungen in einigen Fällen einfach weiter, so daß auch informelle Situationsauflösungen mit aufgenommen worden sind; hier finden sich ad-hoc–Kommentare des Richters zur voraufgehenden Verhandlung, Erläuterungen zum Fall, zur Fallgeschichte, zur Rechtsrelevanz bestimmter strittiger Punkte, Bemerkungen zu den Einigungsstrategien, knappe Dialoge zwischen Richter und Prozeßbevollmächtigten (wenn diese auch für den nächsten Fall zuständig waren), die z.B. Aufschluß geben über spezifische Formen der Kooperation zwischen dem Richter einerseits und Anwälten, Verbandsvertretern oder Rechtssekretären andererseits; es finden sich in diesen 'Zwischenspielen' auch kurze, oft durch Neugier ausgelöste Gespräche vor allem mit solchen Prozeßvertretern, die jeweils für mehrere Verhandlungen anwesend waren; auch wenn ich dann vor allem über das Institut und das Projekt informieren mußte, erfuhr ich doch auch das eine oder das andere über Verhandlungsposition und -strategie für den konkreten Fall und über die Institution, den Verband, den bzw. die der Anwalt oder Rechtssekretär jeweils vertrat. Gerade diese 'Zwischenspiele' – und natürlich auch die unzähligen nicht aufgenommenen – erwiesen sich häufig als äußerst nützlich für eine Einschätzung von Verhandlungsverlauf und -ergebnis und entsprechend für die späteren Analysen.

Falldokumentation: Ein Beispiel

Möglichst bald nach einem Verhandlungstag wurden dann mit Hilfe der während der Verhandlung angefertigten Protokollnotizen und der Tonaufzeichnung Falldokumentationen von einer halben bis zu maximal zwei Seiten erstellt; festgehalten wurden Klageart und -inhalt, der interaktive Verlauf in den wesentlichen Zügen, interaktive Besonderheiten sowie die Erledigungsart. Zur Demonstration habe ich eine kurze Verhandlung mit klaren Verlaufskonturen ausgewählt:

„Ungewöhnlicher Beweisvorschlag"[5] 3003/121

Buber gegen Hertzbau

Anwesend: Herr Buber (Kläger)
RA Rautenschlag (Anwalt des Klägers)
Herr Heubauer (Betriebsleiter der Beklagten)
RA Beltz (Anwalt der Beklagten)

Beginn: 11.41 Uhr Ende: 11.50 Uhr

Situationsskizze:

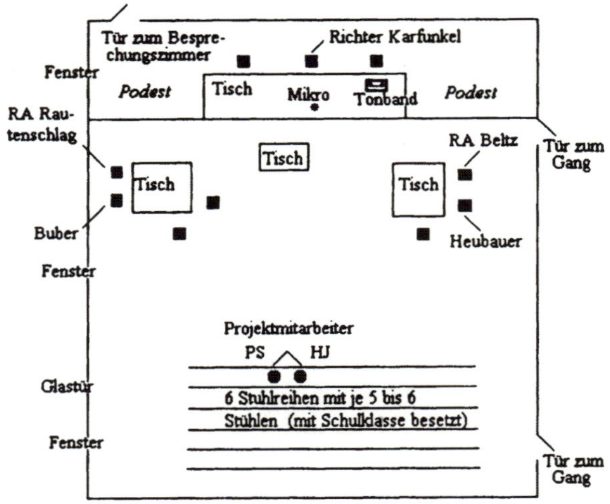

(Saal ist länger, als aus der Skizze hervorgeht;
PS und HJ für Peter Schröder und Heike Jokisch.)

[5] Wie bei den Fallbeschreibungen und den Transkriptionsbeispielen sind auch hier alle Originalnamen getilgt und durch Fantasienamen, also Pseudonyme, ersetzt worden. Es handelt sich um den 8. Fall des Verhandlungstages; die Daten zum Verhandlungstag werden nur einmal vor den Dokumentationen der einzelnen Fälle aufgeführt.

Kommentar: Es handelt sich um eine Kündigungsschutzklage, und zwar wird geklagt gegen eine ordentliche Arbeitgeberkündigung, die wegen einer angeblich falschen bzw. nicht korrekten Krankmeldung ausgesprochen wurde. Der Kläger, inzwischen in einem neuen Arbeitsverhältnis, will über die Klage gegen die Kündigung eine Abfindung erreichen.

Nach der Situationseröffnung durch den Richter trägt der Anwalt der Beklagten (RA Beltz) die Kündigungsgründe vor und unterbreitet einen Vorschlag für einen Abfindungsvergleich. Mit dem Kläger habe er bereits gesprochen. Gleichzeitig bezweifelt er die seinerzeit vom Kläger behauptete Arbeitsunfähigkeit, für die dieser noch die ärztliche Arbeitsunfähigkeitsbescheinigung nachgereicht hatte. Für den Fall, daß die Klägerseite sich mit dem (sehr niedrigen) Abfindungsangebot nicht abfinden würde, droht die Beklagte ihrerseits Regreßforderungen für zu viel bezahltes Gehalt an. Die Tatsache, daß die Klägerseite nicht unmittelbar widerspricht, deutet RA Beltz als Bestätigung seiner Version des Sachverhalts.

Der Richter fordert den Kläger zur Stellungnahme auf. Dessen Version von Krankheit, Arbeitsunfähigkeit, deren ärztlicher Bescheinigung, der Einschaltung von Ärzten etc. fällt deutlich anders aus. Signale des Zweifelns und Nicht-Glaubens von RA Beltz und Herrn Heubauer. Der Streit zwischen den Parteien droht zu eskalieren.

Überraschende Wende: Richter Karfunkel schlägt zur Beweisaufnahme (*ich find das ganz einfach*) eine direkte Befragung des Arztes in dessen Praxis vor, und zwar auf seinem, des Richters, Nachhauseweg (*und dann reden wir weiter*).

Nachdem der Richter durch konkretere Wiederholung des Vorschlags die Beklagtenseite von der Ernsthaftigkeit seiner Absicht überzeugt hat, erklärt sie sich ohne Umschweife bereit, die vom Kläger und dessen Anwalt geforderte (wesentlich höhere) Abfindung zu zahlen.

Der Richter nimmt den Vergleich auf.

Einigungsstrategie: Das faktische Beweisangebot macht die Beklagte zahlungswillig.

Auflösung der Verhandlungssituation nicht aufgenommen.

3. Arbeitsgericht und Güteverhandlung – eine allgemeine Einführung

Dieses Kapitel ist als allgemeine Orientierung für den mit der Institution des Arbeitsgerichts weniger vertrauten Leser gedacht; für eine detaillierte Beschäftigung mit den rechtsgeschichtlichen, den rechts- oder institutionensoziologischen, den rechts- und sozialpolitischen Aspekten des Arbeitsgerichts und der Arbeitsgerichtsbarkeit verweise ich noch einmal auf Feser u.a. (1978), Blankenburg/Schönholz (1979) und Rottleuthner (1984a).

Zur Entstehung des Arbeitsgerichts

Das im Dezember 1926 in dritter Lesung vom Reichstag verabschiedete Arbeitsgerichtsgesetz trat im Juli 1927 in Kraft; es wurde im Arbeitsgerichtsgesetz von 1953 in fast allen Regelungen für die Bundesrepublik übernommen. Wachsende Kritik an der ordentlichen Gerichtsbarkeit (Klassenjustiz, Überforderung) und der sich immer deutlicher zeigende mangelhafte staatliche Schutz für die Rechte eines großen Teils der Arbeitnehmerschaft[6] hatten wohl Mitte der 20er Jahre letztlich für den nötigen strukturellen Druck gesorgt, daß trotz heftiger Widerstände von konservativer Seite, und das heißt vor allem auch von der Justiz selbst, und trotz heftiger Kontroversen auch innerhalb der Gewerkschaften und der Linksparteien die Einrichtung dieser Sondergerichtsbarkeit für die Regelung von Streitigkeiten in der Arbeitswelt möglich wurde.[7]

Zuständigkeit

Zuständig ist das Arbeitsgericht für die Regelung von Konflikten, die sich aus Arbeitsverhältnissen und aus wirtschaftlicher Abhängigkeit ergeben, inklusive aller Konflikte, die in Ausbildungsverhältnissen entstehen.[8] Der Begriff der „wirtschaftlichen Abhängigkeit" ist dabei äußerst dehnbar; er sichert ab, daß Personen, die zwar nicht weisungsabhängig (also in der Arbeit fremdbestimmt), nicht persönlich unselbständig sind, in ihrer wirtschaftlichen Abhängigkeit dennoch den Schutz des Arbeitsgerichtsgesetzes genießen; das trifft z.B. zu auf Pächter von Tankstellen, auf Pächter oder Unterpächter von Gaststätten, von Reitbetrieben etc. Abhängig und damit 'Arbeitnehmer' im Sinne des ArbGG (Arbeitsgerichtsgesetz) wären dann auch ein Fernseh- oder Rundfunkjournalist oder vielleicht ein Regisseur, wenn für ihn, obwohl ohne festes Arbeitsverhältnis mit einer Anstalt, „eine starke Bindung hinsichtlich Ort und Zeit der Tätigkeit bestand und die „Einordnung" in den Betrieb, die Bindung an den „Apparat der Anstalt" und das Mitarbeiterteam Voraussetzung für die Dienstleistung war (BAG EzA § 611 BGB Arbeitnehmerbegriff Nr. 1, 9 und 17)."[9]

---

[6] Die um die Jahrhundertwende eingerichteten Kaufmanns- und Gewerbegerichte (1889 resp. 1904) waren nur für einen kleinen Ausschnitt der Arbeitnehmerschaft zuständig.

[7] Vgl. insgesamt zum Enstehen einer einheitlichen Arbeitsgerichtsbarkeit den Aufsatz von Michel „Der Kampf der Gewerkschaften um die einheitliche Arbeitsgerichtsbarkeit (1926)" in Feser u.a. (1978); Michel führt eine Fülle von Literatur und Quellen an.

[8] Vgl. dazu und zu den folgenden Erläuterungen Stahlhacke (1986, S. 12ff.). Nur der Vollständigkeit halber sei ergänzt, daß Beamte in ihrer Eigenschaft bzw. Funktion als Beamte keine Arbeitnehmer im Sinne des Arbeitsgerichtsgesetzes sind (siehe § 5 ArbGG).

[9] Stahlhacke (1986, S. 13) in seinem Kommentar zum Begriff des Arbeitnehmers.

Inanspruchnahme des Arbeitsgerichts

In der überwiegenden Zahl der Fälle klagt ein einzelner Arbeitnehmer gegen einen persönlichen Arbeitgeber, gegen einen Betrieb, ob Klein-, Mittel-, Großbetrieb, Konzern, Gesellschaft, eine Gemeinde, ein Bundesland oder den Bund.[10] Das Korpus enthält, abgesehen von zwei Arbeitgeberklagen auf Schadensersatz, ausschließlich solche Arbeitnehmerklagen. Daß den Arbeitnehmern die Initiativlast bei der gerichtlichen Klärung von Arbeitsweltkonflikten zufällt, hat strukturelle Gründe: Da der Arbeitgeber die Verfügungsgewalt über die Produktionsmittel hat, da er über die wesentlichen rechtlichen Ressourcen wie etwa das Hausrecht oder rechtlich gesicherte und unter Anwendung von Rechtsmitteln durchsetzbare Anordnungsbefugnisse verfügt, kommt er kaum je in Verlegenheit, Ansprüche gegenüber dem Arbeitnehmer, also dem Weisungsabhängigen und/oder wirtschaftlich Abhängigen, einklagen zu müssen.

Das ArbGG sieht noch die Möglichkeit des Beschlußverfahrens vor, etwa zur Regelung kollektivrechtlicher Fragen wie Tariffähigkeit oder Tarifzuständigkeit einer Vereinigung (vgl. § 97 ArbGG) oder zur Regelung von 'Angelegenheiten aus dem Betriebsverfassungsgesetz' oder von 'Angelegenheiten aus dem Mitbestimmungsgesetz'.[11] Ein Beschlußverfahren habe ich weder aufgenommen noch beobachtet; sie machen – so Blankenburg/Schönholz (1979, S. 96) – einen äußerst geringen Anteil der Verhandlungen vor dem Arbeitsgericht aus. Und Blankenburg/Schönholz (1979, S. 96) liefern dann eine knappe Charakterisierung des Interaktionsgeschehens in Beschlußverfahren, die ich – in Ermangelung eigener Beobachtungen – im Zusammenhang zitiere:

> „Darüber hinaus ist bei den Beschlußverfahren selten eine wirkliche Konfrontation zu erleben. Der Streit ist hier [...] auf rein rechtliche Alternativen reduziert. Aus dem, was vor Gericht erläutert wird, läßt sich kaum noch erschließen, welche Konflikte im Betrieb zu der gerichtlichen Auseinandersetzung veranlaßten. Sowohl auf seiten der Arbeitgeber als auch auf seiten der Arbeitnehmer treten in der Regel Verbandsvertreter auf. Ihre Interaktion ist durch langjähriges gegenseitiges Kennen geprägt, ihr Streit hat sich in der Regel auf eine sehr spezifische Rechtsfrage zugespitzt, zu der sie vor Gericht eine 'grundsätzliche Entscheidung' zu erreichen suchen. Das Verhalten der Verbandsvertreter, das häufig ausgesprochen auf Kooperation mit dem Gericht ausgerichtet ist, verhindert die Ausweitung auf oder Einbeziehung von Konfliktebenen, die als Interessensgegensätze hinter dem rechtlichen Gegenstand des Beschlußverfahrens stehen könnten."

Bekannt ist, daß eine große Zahl von Arbeitsweltkonflikten gar nicht bis zu den Gerichten gelangt; darüber hinaus betreffen die Konflikte, für deren Regelung das Arbeitsgericht als Dritter hinzugezogen wird, vor allem kleinere Betriebe mit wenig Beschäftigten und damit häufig auch Betriebe ohne Betriebsrat. Mein

---

[10] Vgl. im Anhang die tabellarische Übersicht zu Klageanlässen und Erledigungsarten im Güteverhandlungskorpus.

[11] Siehe § 2a ArbGG, und vgl. den Kommentar bei Stahlhacke (1986, S. 10f.).

zwar keineswegs repräsentatives Korpus bestätigt diese Tendenz. Für diese Tendenz lassen sich aus konfliktsoziologischer Perspektive einleuchtende Gründe anführen: In der Regel sind die Arbeitsverhältnisse in größeren Betrieben in jeder Hinsicht stärker formalisiert; Konfliktanlässe werden dadurch reduziert; darüber hinaus gibt es in größeren Betrieben eine große Zahl von 'formalisierten Instanzen der Konfliktbehandlung'[12], die in kleineren Betrieben häufig fehlen. Das ist einmal eine Folge der konsequenteren Anwendung der Mitbestimmungsrechte und des Betriebsverfassungsgesetzes, sicher aber auch von einer stärkeren hierarchischen Differenzierung innerhalb des Betriebs. Blankenburg/Schönholz (1979, S. 53) schreiben dazu:

> „Die Gerichte haben gegenüber dieser innerbetrieblichen Formalisierung nur eine Ergänzungsfunktion: sie werden als Dritte mit größerer Wahrscheinlichkeit dort herangezogen, wo innerbetriebliche Formalisierungen fehlen."

Blankenburg/Schönholz führen weiter an, daß kleinere Betriebe auch schon durch einen einzelnen Konflikt in ihrem Funktionieren erheblich beeinträchtigt werden können. Ensprechend wahrscheinlicher wird dadurch eine gerichtliche Klärung. Vergleichbare Konflikte haben für einen großen Betrieb weniger Bedeutung. Und noch einmal Blankenburg/Schönholz (1979, S. 53):

> „Hinzu kommt, daß der Großbetrieb eher Institutionen und Verfahren zur Behandlung von manifesten Konflikten entwickelt, während Kleinbetriebe, falls sich Konflikte nicht vermeiden lassen, eine geringere Kapazität der Lösung aus eigener Kraft aufbringen. Sie müssen es dann eher auf eine gerichtliche Auseinandersetzung ankommen lassen."

Der Stellenwert des „Güteverfahrens" in der Arbeitsgerichtsbarkeit und einige Organisationsprinzipien[13]

Die Güteverhandlung ist nach § 54 ArbGG einer sog. streitigen Verhandlung vor der Kammer, in der der Kläger ein Urteil erwirken kann, obligatorisch vorgeschaltet. Gerichtskosten entstehen keine. An der Güteverhandlung nimmt außer den Parteien und gegebenenfalls den jeweiligen Prozeßbevollmächtigten von Gerichtsseite nur ein Berufsrichter teil, der die Verhandlungsführung hat. Persönliches Erscheinen der Parteien ist nicht obligatorisch; sie können sich vertreten lassen. Der Richter hat aber die Möglichkeit, das persönliche Erscheinen anzuordnen. Umgekehrt können die Parteien ihre Sache auch alleine vertreten. Im Arbeitsgericht vertreten – ähnlich wie im Sozialgericht – nicht nur Anwälte die Sache der Parteien; häufig vertritt ein Bevollmächtigter einer Arbeitnehmer- oder Arbeitgeberorganisation die Sache einer Partei, Geschäftsführer oder Pro-

---

[12] Vgl. hierzu und zum folgenden Blankenburg/Schönholz (1979, S. 53).

[13] Vgl. auch den Abdruck der gesetzlichen Regelung des Güteverfahrens und der Alleinentscheidung durch den Vorsitzenden im Anhang.

kuristen treten auf; gelegentlich fungiert auch ein Familienangehöriger als Beistand.[14]

Sinn und Zweck des Gütetermins ist – so der Gesetzgeber – die gütliche Beilegung des Rechtsstreits; entsprechend soll auch eine rechtliche Bewertung des Streitgegenstands nicht im Vordergrund stehen.[15] Nur mit Einverständnis der Parteien kann innerhalb der Güteverhandlung – genauer: in unmittelbarem Anschluß an dieselbe – eine „Alleinentscheidung durch den Vorsitzenden" getroffen werden.[16] Auch Beweisaufnahmen sind im Rahmen von Güteverhandlungen in der Regel nicht möglich.

Nach Möglichkeit sollte der Gütetermin vor dem Austausch von Schriftstücken oder -sätzen stattfinden; es sollte möglichst überhaupt nichts Schriftliches eine Rolle in der Güteverhandlung spielen.[17] Nach übereinstimmender Auskunft der Arbeitsrichter, bei denen ich aufgenommen habe, behindern schriftliche Erläuterungen eher, als daß sie einer gesprächsweisen Einigung förderlich sind. So liegt in der Regel meist nur eine summarische Klageabfassung vor, von der der Richter in den Verhandlungen ausgeht. Wenn – was gelegentlich passiert –

---

[14] Den Zusammenhang zwischen „Stufen der Verrechtlichung der Interessenverfolgung" und „Vertretungsarten" erläutert Schönholz (1984, S. 142): „Dabei steht der Rechtsanwalt für die prototypische Form rechtlicher Zuspitzung und Verfolgung von Rechten, die optimale Rechtsverwirklichung im Einzelfall durch Dienstleistungen eines bezahlten Rechtsspezialisten zum Gegenstand hat (Marktmodell). Demgegenüber enthält verbandliche Vertretung auch die Geltendmachung von Individualrechten der der Gewerkschaft angehörenden Arbeitnehmer als Ausprägung und im Rahmen organisierter Gruppeninteressen [...]. Auch bedarf es eines besonders starken Konfliktlösungsdrucks, um zu einem zumeist fremden Anwalt zu gehen [...]. Dagegen sind geringe Hürden zu überwinden, wenn man sich an seine Gewerkschaft wendet, die qua Mitgliedschaft eine Rechtsbetreuung kostenlos anbietet [...]. Schließlich finden wir bei Gelegenheits- und Firmenvertretern eine Mischung verschiedenartigster, nicht externalisierter Formen der Interessenwahrnehmung – sei es durch Bekannte oder Firmenangehörige. Eine selbständige professionelle Orientierung außerhalb des eigenen Interesses der Partei kann hier nur selten erwartet werden. Als niedrigste Ausprägung haben wir das Fehlen einer Vertretung angesetzt."

[15] Vgl. hierzu auch Schönholz (1984, S. 140f.).

[16] Auch Versäumnisurteile oder Entscheidungen bei Klagerücknahme, bei Anerkenntnis oder Verzicht von geltend gemachten Ansprüchen sind Alleinentscheidungen durch den Vorsitzenden; auch wenn vom Gesetzgeber so definiert, markiert der Richter dann nicht explizit den Beginn einer neuen Verhandlung; vgl. den Abdruck von § 54 und § 55 ArbGG im Anhang.

[17] Die häufigste Ausnahme war das Verlesen von Abmahnungen oder schriftlichen Anhörungen des Betriebsrats, die entweder schon bei den Akten lagen oder aber erst während des Gütetermins dem Richter übergeben wurden.

nach dem Scheitern des ersten ein zweiter Gütetermin angesetzt wird[18], spielen dann meist auch schriftliche Stellungnahmen, Erklärungen oder Rekonstruktionen von Sachverhalten eine Rolle.

Häufige Klageanlässe im Arbeitsgericht[19]

Geklagt wird im Arbeitsgericht vor allem gegen Kündigungen. Kündigungen, ordentliche wie außerordentliche, also fristlose, können 'verhaltensbedingt' sein; Anlässe sind dann etwa Zuwiderhandlungen gegen betriebliche Regelungen oder Anordnungen, Störung des Betriebsfriedens, wiederholt nicht oder zu spät gemeldete Krankheiten etc. Kündigungen können aber auch 'personen- oder krankheitsbedingt' sein; es geht dann um die fehlende Eignung oder die nicht ausreichende Leistung eines Arbeitnehmers, um zu viele Fehlzeiten oder auch darum, daß ein Arbeitnehmer wegen eines chronischen Leidens den Anforderungen des Arbeitsplatzes nicht mehr gewachsen ist. In Phasen konjunktureller Einbrüche häufen sich die 'betriebsbedingten' Kündigungen; die Arbeitgeber machen Gewinnverfall geltend, Auftragsrückgang, notwendige Rationalisierungsmaßnahmen, Betriebszusammenlegungen oder auch -verlegungen. Eine große Zahl dieser Kündigungsschutzklagen sind, mehr oder weniger offen, faktisch Abfindungsklagen, d.h. Klagen auf Zahlung einer Abfindung für den Verlust des Arbeitsplatzes oder – wenn auch seltener – einer sog. Sozialabfindung für den Verlust des Ausbildungsplatzes.[20] Die seit Jahren anhaltende 'angestrengte' Situation auf dem Arbeitsmarkt spiegelt sich in der Zusammensetzung des Fallaufkommens bei den Arbeitsgerichten: Kündigungsschutzklagen machen ungefähr die Hälfte aller Fälle aus.[21]

Die zweite große Fallgruppe machen die sogenannten Entgeltklagen aus, also Klagen, in denen ein Arbeitnehmer finanzielle Ansprüche gegenüber dem Ar-

---

[18] Das ist z.B. der Fall, wenn noch Informationen eingeholt, Unterlagen geprüft oder beschafft oder etwa Ansprüche genauer berechnet werden müssen, ehe eine vergleichsweise Regelung protokolliert werden kann. Bei gescheitertem Einigungsversuch wird in der Regel ein Kammertermin festgelegt; bestehen noch Vorbehalte gegen einen Vergleichsvorschlag oder muß erst noch eine nicht anwesende Partei durch ihren Bevollmächtigten befragt werden, so gibt es die Möglichkeit des widerruflichen Vergleichs. Zu einer tabellarischen Übersicht zu den im Korpus vorkommenden Erledigungsarten vgl. Anhang 2 am Ende des Beitrags.

[19] Vgl. hierzu systematischer die einschlägige Literatur; ich verweise hier nur auf Schönholz (1984), Rottleuthner (1984a) und darin vor allem auf den Beitrag von Ellermann-Witt: „Konfliktarten vor dem Arbeitsgericht" und auf die Arbeitsgerichtsprotokolle in Feser u.a. (1978); vgl. auch im Anhang 2 die tabellarische Übersicht über Klageanlässe, Erledigungsarten, Verhandlungskonstellationen und Themenschwerpunkte in den Güteverhandlungen des Korpus.

[20] Vgl. dazu unten das Kapitel 4 „Die besonderen kommunikativen Rahmenbedingungen der Güteverhandlung".

[21] Das gilt auch für das nicht repräsentative Korpus dieser Untersuchung.

beitgeber geltend macht. Da geht es z.B. um nicht oder zu wenig geleistete Lohnfortzahlung im Krankheitsfall, um einbehaltene Gehaltszahlung, um nicht abgeführte vermögenswirksame Leistungen, um Urlaubsgeld, um zu geringe oder nicht bezahlte Auslösung, um falsche Meldung bei der Krankenkasse.

Geringeren Anteil am Fallaufkommen der Arbeitsgerichte haben Klagen auf Herausgabe von Arbeitspapieren, auf Ausstellung eines Zeugnisses, auf Änderung einzelner Zeugnisformulierungen, auf höhere tarifliche Eingruppierung oder auf Rücknahme innerbetrieblicher Umsetzungen, um nur einige Klagearten dieser Restgruppe zu nennen. Die wenigen Arbeitgeberklagen[22] sind in der Regel Klagen auf Schadensersatz.

4. Die besonderen kommunikativen Rahmenbedingungen der Güteverhandlung

In diesem Abschnitt will ich eine Reihe von Aspekten ansprechen, die, sieht man einmal von den 'Merkmalen der äußeren Situation' ab, rechts- oder sozialpolitischer, konfliktsoziologischer und interaktionstypologischer Natur sind. Gemeinsam ist diesen Aspekten, daß sie insgesamt die kommunikativen Rahmenbedingungen der Güteverhandlung ausmachen bzw. einen wichtigen Teil von ihnen. Ich orientiere mich in diesem Kapitel dabei einmal an der einschlägigen Literatur[23], auf die ich dann jeweils entsprechend hinweisen werde. Dies tue ich einmal, weil die jeweiligen Aspekte dort bereits in einer relativ verbindlichen Weise kategorisiert sind, aber auch, weil diese Aspekte, auch wenn sie jeweils die interaktiven Bedingungen der einzelnen Verhandlungen mit konstituieren, auch nicht annähernd in systematischer Weise analytisch-empirisch aus dem Korpus von Güteverhandlungen heraus zu entwickeln sind. Es handelt sich im einzelnen um die Aspekte

- doppelte Situationsorientiertheit der Beteiligten: Zwischen Fallerledigung durch Urteil und Aushandeln selbstbestimmter Lösungen
- Widersprüche zwischen pragmatischen Formen der Konfliktbewältigung und Rechtsbewußtsein der Gesellschaft
- Verkürzung des Rechts durch vergleichsweise Konfliktregelungen vor Gericht
- der 'pro-forma'-Charakter der Güteverhandlung

---

22 Zwei im Korpus dieser Untersuchung.

23 Vgl. Blankenburg/Schönholz (1979); Feser u.a. (1978), darin insbesondere Rasehorn (1978); Schönholz (1984) und Rottleuthner (1984a). Vgl. besonders die ausführliche Erörterung „Vorteile und Nachteile des Prozeßvergleichs" bei Schönholz (1984, S. 104-120); dort findet sich auch eine Vielzahl von Literaturhinweisen.

- Verfahrensdauer und Überlastung des Gerichts
- die besondere Hartnäckigkeit der Fälle, die vor den Arbeitsrichter kommen.

Dann behandle ich in diesem Kapitel kommunikative Rahmenbedingungen, deren Einfluß auf die interaktive Bewältigung der Güteverhandlungen ich ausschließlich aus den Verhandlungen des Korpus selbst ableite, aus meinen Erfahrungen, die ich während der Beobachtung von Güteverhandlungen gesammelt habe, und darüber hinaus aus Gesprächen mit Anwälten und Richtern. Es handelt sich um die Aspekte

- die Rolle taktischer Fehler in Güteverhandlungen
- der Einfluß des begrenzten oder fehlenden Verhandlungsspielraums
- der mögliche Mißbrauch des Arbeitsgerichts bzw. der Güteverhandlung.

Schließlich werde ich mich ausführlicher mit einer interaktionstypologischen Besonderheit von Güteverhandlungen vor dem Arbeitsgericht auseinandersetzen, und zwar mit der paradoxen Situation, daß im Arbeitsgericht in der Regel die Beklagte als die eigentlich anschuldigende Partei auftritt; diesen Aspekt der kommunikativen Rahmenbedingungen werde ich an einem Fall aus dem Korpus entwickeln.

Merkmale der äußeren Situation

Es ist davon auszugehen, daß Aspekte des äußeren Arrangements von Güteverhandlungen eine nicht zu unterschätzende Wirkung auf die Orientierung der Beteiligten, auf ihre Wahrnehmung der Situation haben.

Die Sitzordnung für die Verfahrensbeteiligten entspricht derjenigen in der streitigen Verhandlung vor der Kammer: Dominante Richterposition hinter dem großen Richtertisch (in einem Verhandlungsraum auf einem Podest) und untergeordnete Position der Parteien und ihrer Bevollmächtigten an den kleineren und niedrigeren Parteientischen.[24] Der Richter trägt während der Güteverhandlung die schwarze Robe. Versuche mit gleichberechtigter Sitzordnung und normaler Kleidung hätten sich – so einer der Richter – nicht bewährt. Offensichtlich erleichtern solche Distanz- und Autoritätssignale durch Kleidung und abgestufte Sitzordnung für den Richter die Verhandlungsführung. Sie sind der Verhandlungsökonomie dienlich, der Effizienz, fördern den reibungslosen Ablauf der Verhandlung, weil sie den interaktiven Aufwand zum Herstellen und Aufrechterhalten von Autorität reduzieren helfen. Aber über diese eher formale – um nicht zu sagen 'disziplinarische' – Rechtfertigung solcher Konventionen hinaus, bietet sich auch eine Rechtfertigung an, die in einem funktionalen Zusammenhang mit dem gesellschaftlichen Sinn von Güteterminen steht:

[24] Vgl. dazu die Situationsskizze zur Verhandlung „Ungewöhnlicher Beweisvorschlag" oben in diesem Kapitel im Rahmen der Falldokumentation.

Die Autorität des Richters bzw. der Institution des Gerichts, d.h. das mit der Person oder Institution verbundene Vertrauens-, aber auch Einschüchterungs- und Verunsicherungspotential, gehören zu den häufig benutzten Ressourcen der Richter, wenn sie einer gütlichen Einigung abträgliche Verhandlungspositionen der Streitparteien aufzubrechen versuchen. Sitzordnung und Kleidung sind da sicher willkommene Hilfsmittel.[25]

Die doppelte Situationsorientiertheit der Beteiligten

Die gesetzlichen Vorschriften für den Gütetermin (vgl. Anhang 1) schaffen die Voraussetzungen für lebenspraktische und pragmatische Lösungen von Arbeitsweltkonflikten u.a. auch deswegen, weil das Verfahren 'selbstbestimmte Lösungen'[26] produziert bzw. produzieren soll, mit denen die Betroffenen problemloser umgehen können als mit einer Lösung, die dem einen recht gibt, dem anderen aber nicht. Entsprechend schreibt Grunsky (1981, S. 207f.) in einem Kommentar zum ArbGG auch zur Güteverhandlung:

> „Die Güteverhandlung soll es den Parteien ermöglichen, sich unbefangen mit einem neutralen Richter über den Rechtsstreit aussprechen zu können."

In der Praxis allerdings werden die Richter (und nicht nur die dominanten oder autoritären) im Vorgriff auf eine rechtliche Würdigung, also gleichsam im 'Schatten des Rechts', auch im Gütetermin immer wieder Lösungen favorisieren und hervorbringen, die letztlich ein streitiges Urteil der Kammer nur vorwegnehmen. Das wird zumindest in der Literatur immer wieder betont.[27] Für diese Praxis mag in vielen Fällen mit verantwortlich sein das an der ZPO (§§ 136, 139) orientierte Selbstverständnis vieler Richter, das sicher auch in die Güteverhandlung hineinwirkt; dieses ist – wie Grüner (1982, S. 169) schreibt – geprägt von der Vorstellung eines Richters,

> „[...] der jede Phase der Verhandlung kontrolliert und beherrscht. So eröffnet der Richter die Verhandlung, erteilt den Parteien das Wort, sorgt für ordnungsgemäße Protokollierung, trifft alle prozeßleitenden Anordnungen und schließt letztendlich die Verhandlung. Außerdem hat er auf die Beibringung des im Rahmen der gestellten Anträge zur Rechtsfindung notwendigen Tatsachen- und Beweismaterials hinzuwirken."

Ausschlaggebend für die 'doppelte Situationsorientiertheit' zunächst einmal des Richters in Güteverhandlungen scheinen mir organisationsspezifische Besonderheiten der Institution 'Arbeitsgericht' zu sein: Ein Richter, der immer

---

25 Vgl. dazu insgesamt etwa Rimpl (1980).

26 Vgl. Schönholz (1984, S. 111); Schönholz weist auch auf den Widerspruch einer solchen Interpretation hin zu einer Vorstellung des Richters in seiner „sozialgestalterischen oder auf Rechtsdurchsetzung ausgerichteten Vergleichsrolle".

27 Vgl. etwa Schönholz (1984, S. 116).

wieder mit identischer Konstellation[28] und im gleichen Streitfall sowohl die Güteverhandlung führt als auch – gegebenenfalls – die Verhandlung vor der Kammer leitet, der entsprechend im Gütetermin immer wieder auch (als probate Einigungstechnik) den vermutlichen Ausgang einer streitigen Verhandlung vor der Kammer vorwegnimmt (meist zwar im Potentialis, was aber faktisch kaum einen Unterschied macht), der für die Güteverhandlung die gleiche äußere Situation (Kleidung, asymmetrische Sitzordnung) herstellt wie bei einem Kammertermin, dieser Richter wird notwendigerweise Verhaltensversatzstücke aus dem einen in den anderen Bereich übertragen. Damit wären nicht nur das Vorkommen gerichtsverhandlungsanaloger interaktiver Verläufe und Strukturen, von entsprechenden Haltungen und Einstellungen in Güteverhandlungen erklärt, sondern umgekehrt auch das Eindringen güteverhandlungsspezifischer Elemente in die streitige Verhandlung vor der Kammer.

Für den Fall „Gegen Gotteslohn" haben wir sowohl Güte- als auch Kammertermin aufgenommen; ein Vergleich zwischen Kammer- und Gütetermin, was interaktiven Verlauf und jeweilige 'kommunikative' Atmosphäre betrifft, bestätigt die obige Annahme. Der Kammertermin endete übrigens mit der bereits während des Gütetermins vom Richter unterbreiteten vergleichsweisen Regelung.[29]

Eine entsprechende ambivalente Wahrnehmung der Güteverhandlung und korrespondierende ambivalente bzw. 'gebrochene' Handlungsorientierungen nehme ich für die professionellen Prozeßbevollmächtigten an. Für sie gilt das gleiche wie für den Richter; auch sie agieren regelmäßig im gleichen Fall in fast identischer Konstellation sowohl in der Güteverhandlung als auch in der streitigen Verhandlung vor der Kammer. Für die Parteien und die Gelegenheitsvertreter – zumal, wenn sie prozeß- bzw. gerichtsunerfahren sind – dürfte in der Regel gelten, daß sie sich schwertun werden, gegen die Anzeichen der äußeren Situation, gegen die 'Gerichtsatmosphäre', den Richter nicht als Richter, sondern als Gesprächspartner und Vermittler zu sehen, auch wenn es allen Richtern in der Regel gelang, ein freundliches Verhandlungsklima als erste Voraussetzung für eine gesprächsweise Einigung zu schaffen. Die Art und Weise, wie Parteien und Gelegenheitsvertreter die Situation wahrnehmen, ihre Erwartungshaltungen und Handlungsorientierungen und das damit korrespondierende Verhalten in der Verhandlung haben natürlich umgekehrt wieder rollenfestschreibende Wirkung für den Richter.

---

[28] Einmal abgesehen davon, daß zum Kammertermin – wenn noch nicht geschehen – eine Prozeßvertretung hinzugezogen werden kann oder daß für Beteiligte, die zum Gütetermin nur ihren Bevollmächtigten geschickt haben, vom Richter persönliches Erscheinen angeordnet werden kann.

[29] Vgl. die ausführlicheren Anmerkungen zu diesem Fall am Ende von Kapitel 5.2. im Abschnitt „*Das Auseinanderfallen eines gemeinsamen interaktiven Fokus*".

Diese doppelte bzw. gebrochene Situationsorientiertheit aller Beteiligten in der Güteverhandlung ist ein dominanter Aspekt ihrer kommunikativen Rahmenbedingungen. Das Phänomen scheint charakteristisch zu sein für jede Form von Schlichtung oder Vergleichsverhandlung im Vorfeld einer Regelung durch richterliche Entscheidung.[30]

Pragmatische Formen der Konfliktbewältigung und Rechtsbewußtsein bzw. Vertrauen in das Recht

Die Diskussion zu Alternativen des Rechts widmet sich immer wieder der Gefahr, daß die Tendenz zu lebenspraktischen pragmatischen Formen der Konfliktbewältigung durch Vergleiche negative Folgen für das Rechtsbewußtsein der Gesellschaft haben kann, das Vertrauen in das Recht erschüttert. Ich gehe davon aus, daß die professionell mit Rechtsfragen bzw. Rechtssprechung Befaßten diese Diskussion kennen und sich solcher Gefahren – wenn sie denn eine solche Gefahr sehen – bewußt sind. Entsprechend dürfte ein solches Bewußtsein nicht ohne Einfluß auf die handlungsleitenden Orientierungen der Professionellen in der Güteverhandlung bleiben und ist entsprechend als ein Aspekt der kommunikativen Rahmenbedingungen anzusehen: Die Güteverhandlung ist in diesem Spannungsfeld angesiedelt, und die Professionellen unter den Beteiligten wissen das, wie immer sie auch zu dem Problem stehen. Schönholz (1984, S. 116f.) (um nur eine Sicht zu zitieren) schreibt dazu:

> „Auf gesamtgesellschaftlicher Ebene wird vor allem einer breiten, systematisch von den vorgezeichneten Lösungen des Rechts abweichenden Vergleichspraxis eine Gefährdung des Rechtsbewußtseins nachgesagt.[196)] [Schönholz verweist auf eine Fülle von Autoren, die sich mit diesem Aspekt beschäftigen.] Die Beteiligten könnten das Vertrauen in das Recht verlieren und Nichtberechtigte zur Verweigerung bzw. Verfolgung von Rechten ermuntert werden, um einen ungerechtfertigten Kompromiß herauszuschlagen.[197)] [Literaturverweise] Daß tatsächlich die Autorität des Gesetzes und der Richter durch die Vergleichspraxis gefährdet würde, setzt voraus, daß ‘die Allgemeinheit’ überhaupt derartige Vergleichspraktiken wahrnimmt. Selbst die betroffenen Parteien können oft nicht überblicken, was eine Ausschöpfung des Rechtsweges ihnen gebracht hätte. Gerade umgekehrt könnten Urteile, die, wenn auch in korrekter Anwendung der Beweisvorschriften, auf einem nicht der Wahrheit entsprechenden Sachverhalt aufbauen oder unzulängliche Gesetze vollziehen, das Vertrauen in das Recht viel nachhaltiger beeinträchtigen.[198)] [Literaturverweise]"

Verkürzung des Rechts

In der Diskussion der rechtspolitischen Folgen einer Tendenz zu vergleichsweisen Regelungen – ob nun im Arbeitsgericht oder in anderen Gerichten – hört oder liest man immer wieder das Schlagwort von der ‘Verkürzung des Rechts’, der ‘Verkürzung von Rechtspositionen’, von ‘Reduktion des Rechts’. Daß der Verzicht auf das ‘volle Recht’ oder zumindest auf die Chance, zu sei-

[30] Vgl. dazu vor allem auch Klein (in diesem Band).

nem vollen Recht zu kommen, mehr als aufgewogen werden kann durch die positiven lebenspraktischen Folgen, wurde oben schon in allgemeiner Weise angesprochen: So ist es sicher häufig günstiger für einen Kläger, wenn er, statt sich nach langer Wartezeit in einem streitigen Urteil durch die Kammer die Rechtsunwirksamkeit einer Kündigung bestätigen zu lassen, sich – mit dem 'Trostpflaster der Abfindung' – auf die Suche nach einem neuen Arbeitsplatz macht. Der alte Arbeitgeber hätte ohnehin bald mit einer dann formal korrekten ordentlichen Kündigung nachgestoßen. Der Hinweis auf diese offensichtlich übliche Arbeitgeberpraxis dient den Arbeitsrichtern häufig als argumentative Ressource bei ihren Versuchen, einen Kläger vom 'Weitermachen' abzubringen. In diesen Fällen, aber auch in Fällen, in denen der wahrscheinliche Aufwand zur Aufklärung des komplexen Sachverhalts in keinem Verhältnis steht zu den eingeklagten Ansprüchen, ist ein Vergleich für Kläger und Beklagte in der Regel günstiger, da zeit-, kosten- und nervensparend. Hier bringt ein möglicher Verzicht auf Rechtspositionen, auf einklagbare Rechtstitel sicher Vorteile für die Parteien. Bei „Zweifeln am eigenen Obsiegen" oder „bei unvorhersehbarem Ausgang des Verfahrens" liegt „der Vorteil der Berechenbarkeit des Ergebnisses"[31] bei einem Vergleich ebenfalls auf der Hand, auch wenn damit Rechtspositionen aufgegeben werden. Alles in allem kann der Vergleich eben auch die relativ gerechtere Lösung sein, da der Konflikt hier nicht auf seine rechtliche Dimension reduziert wird, sondern auch seine nicht rechtlichen Ursachen und Implikationen mitbehandelt werden können.

Andererseits aber ist sicher niemals die Gefahr auszuschließen, daß bei der ständigen Überlastung der Arbeitsgerichte ein Richter – den Aktenberg auf seinem Schreibtisch vor Augen – schon einmal, bewußt oder unbewußt, die arbeitssparende vergleichsweise Regelung forciert, auch wenn ein streitiges Urteil, ob nun für den Kläger oder die Beklagte, eigentlich vorteilhafter wäre. Erhebungen im Rahmen des Berliner Projekts zur Arbeitsgerichtsbarkeit, die auf einen Zusammenhang zwischen wachsendem Fallaufkommen und steigender Vergleichsquote hindeuten, scheinen die Vermutung zu bestätigen.[32]

Aber auch ein Anwalt, wohl wissend, daß er nach einem gescheiterten Vergleich beim Gütetermin erst in der nächsten Instanz, also im Landesarbeitsgericht, auf die Kosten für seinen zusätzlichen Aufwand kommt, wird in der Güteverhandlung auch schon einmal gegen die Interessen seines Klienten einen Vergleich anstreben, um sich den Kammertermin zu ersparen. So jedenfalls die Argumentation derjenigen, die den professionell an der gerichtlichen Konfliktregelung Beteiligten unterstellen, sie würden hin und wieder aus prozeßökonomischen Motiven die Rechtsposition der Parteien verkürzen.[33]

---

[31] Schönholz (1984, S. 109).

[32] Vgl. dazu Schönholz (1984, S. 104f.); dort findet sich auch eine Reihe von Literaturhinweisen zur Diskussion dieses Aspekts.

[33] Vgl. dazu Schönholz (1984, S. 104f., 116 u. 519).

Ob solche (für die Parteien nachteiligen) Verkürzungen von Rechtspositionen auch auf von mir beobachtete und aufgenommene Verhandlungen zutreffen, kann ich nicht beurteilen; ich konnte eher feststellen, daß alle Richter dazu tendierten, wenn sehr komplexe und entscheidungserhebliche Sachverhalte noch klärungsbedürftig waren oder wenn etwa einseitige Verletzungen von Rechtspositionen (wie z.B. das rechtswidrige Einbehalten vermögenswirksamer Leistungen) eine Rolle spielten, eher selbst auf eine richterliche Alleinentscheidung zu drängen oder einen Kammertermin anzusteuern.

In jedem Fall ist dieser komplexe Zusammenhang zwischen Regelung durch Vergleich und Rechtspositionen der Parteien ein bestimmendes Moment fast jeder Güteverhandlung und damit ein weiterer zentraler Aspekt ihrer kommunikativen Rahmenbedingungen.

Der 'pro-forma'-Charakter von Schlichten in der Güteverhandlung

Es geht in diesem Abschnitt um die Frage von Idee und Wirklichkeit der Güteverhandlung, um den 'pro-forma'-Charakter von Schlichten in einem Großteil der Güteverhandlungen im Arbeitsgericht. Dieser 'pro-forma'-Charakter ist sicherlich ein ganz bestimmendes Element der kommunikativen Rahmenbedingungen der Güteverhandlung. Ich werde diesen Aspekt daher relativ ausführlich diskutieren.

Das Arbeitsgerichtsgesetz und damit das Arbeitsgericht und – in Ergänzung dazu – das Kündigungsschutzgesetz von 1951 sind rechtliche Einrichtungen zum Schutz der Arbeitnehmer in einer kapitalistischen Industriegesellschaft, in der durch die einseitige Verteilung von Verfügungsgewalt über die Produktionsmittel und damit über die Arbeitsplätze ein strukturelles Machtgefälle zwischen Arbeitnehmern und Arbeitgebern[34] besteht.

Es läge nun nahe, anzunehmen, daß Richter und Parteien in der Güteverhandlung „zum Zwecke der gütlichen Einigung", wie es der Gesetzgeber formuliert, zusammenkommen, also um den sozialen Frieden wiederherzustellen, um mit Hilfe eines Dritten über einen Vergleich die Voraussetzungen für die Fortführung des Arbeitsverhältnisses zu schaffen. Die Wirklichkeit der arbeitsgerichtlichen Praxis – vor allem was die Güteverhandlung betrifft[35] – sieht

[34] Und das schließt den Staat als Arbeitgeber ein.

[35] Unter Berufung auf Feser u.a. (1978, S. 91) führen Blankenburg/Schönholz (1979, S. 123, Anm. 27) aus, daß häufiger Urteile nach streitiger Verhandlung vor der Kammer die Fortführung des Arbeitsverhältnisses zum Gegenstand haben, schreiben dann aber S. 103f. dazu: „Vieles spricht dafür, daß solche Urteile oft Fiktionen herstellen, die von der obsiegenden Partei nicht durchgesetzt werden, weil durch ein Gerichtsurteil die informelle Sozialbeziehung, die hinter dem formalen Arbeitsverhältnis steht, nicht mehr herstellbar ist." Vgl. dazu auch weiter unten in diesem Kapitel den Abschnitt *„Die besondere Hartnäckigkeit der Fälle"*.

ganz anders aus: Klagender Arbeitnehmer und beklagter Arbeitgeber kommen in die Güteverhandlung, um in einem Vergleich die Beendigung des Arbeitsverhältnisses zu regeln. Der Arbeitnehmer klagt zwar auf Rücknahme der Kündigung. Das gekündigte Arbeitsverhältnis ist also offizieller Klageanlaß, offizieller Gegenstand der Verhandlung, und die Wiedereinstellung ist offizielles Klageziel. Aber tatsächlich geht es ihm nur um die Abfindung. Er muß so verfahren, weil er nur so seine Chance auf eine finanzielle Entschädigung für den Verlust des Arbeitsplatzes wahrnehmen kann. Diese Divergenz zwischen offiziellem und tatsächlichem Verhandlungsgegenstand, zwischen offiziellem und eigentlichem Verhandlungsziel des Klägers verleiht der Güteverhandlung den 'pro-forma-Charakter'. Schönholz (1984, S. 524) führt für sein umfangreiches Material aus, daß nur in 4% der Fälle bei Kündigungsschutzklagen und in 6% der Fälle insgesamt, die mit einem Vergleich endeten, das Arbeitsverhältnis fortgesetzt wurde bzw. dessen Fortsetzung zur Debatte stand oder angestrebt wurde. Das Korpus dieser Untersuchung bestätigt diese Tendenz. So kursiert bei den professionell mit dem Arbeitsgericht Befaßten schon längst das Schlagwort vom 'Kündigungsschutzgesetz als Abfindungsgesetz'[36], und Blankenburg/Schönholz (1979, S. 102) überschreiben ein ganzes Kapitel ihrer Abhandlung mit „Der Vergleich als Erledigungsart, die die Beendigung von Sozialbeziehungen regelt". Der Arbeitgeber will sich so schnell wie möglich endgültig von dem klagenden Arbeitnehmer trennen, und für den Arbeitnehmer „wird die Abfindung zum eigentlichen Prozeßziel"[37]. Daß eine solche Orientierung nicht in jedem Fall Produkt freier Willensbildung ist, nehmen Blankenburg/Schönholz (1979, S. 104) an, wenn sie schreiben:

> „Im Arbeitsprozeß kommt hinzu, daß mancher Arbeitnehmer von Anbeginn der Klage oder im Verlauf des Prozesses eine Fortsetzung des Arbeitsverhältnisses selbst nicht mehr wünscht. Dann wird die Abfindung zum eigentlichen Prozeßziel. Allerdings kann auch in diesen Fällen meist nicht von einem geradezu freiwilligen Verzicht die Rede sein, vielmehr spielt das Moment der Machtüberlegenheit des Arbeitgebers bei diesem Entschluß eine entscheidende Rolle."

Der Arbeitsrichter arbeitet diesen Orientierungen der Parteien in der Regel nicht entgegen, hält also nicht wie der Schiedsmann oder der Schlichter bei der Regelung von Nachbarschaftsstreitigkeiten (vgl. Klein in diesem Band) die Fiktion von Schlichten aufrecht. Er beschränkt sich – in der Einsicht in die Sinnlosigkeit einer Fortsetzung des Arbeitsverhältnisses – auf eine vermittelnde Rolle bei der Aushandlung fairer und vernünftiger Modalitäten für eine Beendigung; nicht selten versucht der Richter sogar, einem Kläger die Fortsetzung des Arbeitsverhältnisses als Verhandlungsziel auszureden – aus der Erfahrung heraus, daß der nächste Konflikt mit meist gravierenderen Folgen vorprogrammiert ist. In seltenen Fällen kämpft der Arbeitsrichter auch um die Erhaltung

[36] Vgl. Rasehorn (1978, S. 24f.).

[37] Blankenburg/Schönholz (1979, S. 104).

des Arbeitsplatzes für den Klagenden.[38] Als Fazit könnte man formulieren, daß das Arbeitsgericht und insbesondere die Güteverhandlung weniger in der Weise soziale Schutzfunktion ausüben, daß dort gestörte Arbeitsverhältnisse, also Sozialbeziehungen, repariert werden, den Arbeitnehmern ihre Arbeitsplätze erhalten oder zurückgegeben werden, sondern meist in der Weise, daß der Verlust geregelt, kompensiert wird. Und so schützen Arbeitsgerichtsgesetz und Kündigungsschutzgesetz den Arbeitnehmer vor dem Verlust des Arbeitsplatzes eigentlich eher, solange eine Streitigkeit nicht vor Gericht geht, also eher präventiv oder antizipatorisch.

Die konfliktsoziologische Erklärung, die Blankenburg/Schönholz (1979, S. 52f.) für entsprechende Beobachtungen liefern, ist auch aus alltagsweltlicher Perspektive einleuchtend; ich zitiere die Erklärung, die von der 'hohen Komplexität' arbeitsweltlicher Konflikte ausgeht, ausführlich:

> „In Kleinbetrieben treffen wir vielfach eine Beziehung zwischen Arbeitgeber und Arbeitnehmer an, die wenig durch rechtliche Befugnisse und formalisierte Verfahren strukturiert wird und weite Bereiche der Person in die Interaktion einbezieht. Andererseits nimmt mit steigender Betriebsgröße zwar die Schriftlichkeit von Vereinbarungen und die Institutionalisierung von Wegen der innerbetrieblichen Geltendmachung zu, doch kann die Informalität der Interaktion in Untereinheiten von Großbetrieben ebenso hoch sein wie in Kleinbetrieben – nun allerdings in einem partiellen Gegensatz zu der offiziellen Version des Arbeitsverhältnisses. Bezieht man die informellen Beziehungen, und damit entsprechende Konflikte, in die Betrachtung ein, dann erscheinen Beziehungen am Arbeitsplatz als relativ 'komplex'. Es kann daher nicht wundernehmen, daß der größte Teil der Klagen vor dem Arbeitsgericht nach beendetem Arbeitsverhältnis eingeht. Generelle konfliktsoziologische Mechanismen machen es unwahrscheinlich, daß die Gerichte zur Regelung laufender Sozialbeziehungen angerufen werden."

Es ist unmittelbar einleuchtend: Solange die Sozialbeziehungen nicht irreparabel gestört sind, wird nicht geklagt; wenn geklagt wird, dann, weil nichts mehr geht. Ob es also um eine Klage gegen die Kündigung oder um das Geltendmachen finanzieller Ansprüche aus einem Arbeitsverhältnis geht, geklagt wird in der Regel erst nach Beendigung des Arbeitsverhältnisses und nicht mit dem Ziel, es wiederherzustellen. „Es geht jedoch sehr oft um die rechtliche Form und die sich ergebenden Folgen einer Kündigung."[39] Um was es bei der 'rechtlichen Form' im Rahmen der Auflösung eines Arbeitsverhältnisses gehen kann, welche Modalitäten geregelt werden, fassen Blankenburg/Schönholz (1979,

---

[38] In diese andeutende Darstellung habe ich auch eigene Fallerfahrungen eingearbeitet; auf entsprechende Beobachtungen komme ich später noch zurück, wenn es im Hauptteil dieser Untersuchung um die Beschreibung der kommunikativen Realität in den vor mir beobachteten Güteverhandlungen geht; vgl. besonders die „Fallanalyse 2 ..." im Kapitel 7 „Das überraschende Moment ...".

[39] Blankenburg/Schönholz (1979, S. 105).

S. 105f.) in äußerst informativer Weise zusammen, vor allem weil sie jeweils von den handlungsleitenden Orientierungen der Streitbeteiligten ausgehen:

> „1. Für den Arbeitnehmer ist es oft sehr wichtig, daß er nach der Kündigung sofort Anspruch auf Arbeitslosenentgelt hat und nicht eine vierwöchige Sperrfrist vom Arbeitsamt erhält. Hierfür ist Bedingung, daß er nicht von sich aus gekündigt hat, oder aber sich vertragswidrig so verhalten hat, daß seine Arbeitslosigkeit durch ihn selbst „grob fahrlässig herbeigeführt wurde" (§ 119 Abs. 1 Nr. 1 AFG [=Arbeitsförderungsgesetz]). Um diese Beurteilung durch das Arbeitsamt zu vermeiden, genügen einige Formulierungen in der Begründung der Kündigung, die den Arbeitgeber nichts „kosten", die er sich aber dennoch mit Zugeständnissen des Arbeitnehmers abhandeln lassen kann, weil sie für diesen von existenziellem Interesse sind.
>
> 2. Enthält ein Arbeitnehmer eine „Abfindung" für den Verlust des Arbeitsplatzes (§§ 9, 10 KSchG [=Kündigungsschutzgesetz]), so braucht er hierauf keine Steuern oder Sozialabgaben zu zahlen. Hier bieten sich zwischen den Parteien vor dem Arbeitsgericht Vergleiche zu Lasten Dritter an: Geldansprüche, etwa auch nachträgliche Lohnforderungen, kann der Arbeitgeber als „Abfindung" zahlen und damit dem Arbeitnehmer Steuern und Sozialabgaben ersparen. Im Rahmen von Vergleichsverhandlungen kann er hiervon auch selbst profitieren: Wenn der Richter in seinem Vergleichsvorschlag ausdrücklich „brutto für netto" erwähnt, kann die Vergleichssumme etwas niedriger gehalten sein. Beide Parteien profitieren mithin zu Lasten des Finanzamts und der Sozialversicherung.
>
> 3. Bei der Bewerbung um eine neue Stelle ist es für den Arbeitnehmer oft wichtig, daß er die Arbeitspapiere und ein Zeugnis hat und welche Formulierungen darin stehen. Auch dies wird den Arbeitgeber finanziell nicht belasten, jedoch wird die Ausstellung eines Zeugnisses und sogar zuweilen die Formulierung, die hierin gewählt wird, in den Vergleichsvorschlag aufgenommen. Von seiten des Richters mag dies geschehen, um eine erneute Klage vor dem Arbeitsgericht auf Arbeitspapiere oder Zeugnisse zu vermeiden; für den Arbeitnehmer ist es eine existenziell wichtige Bedingung, für den Arbeitgeber eine kostenlose Gefälligkeit, die aber als Druckmittel einzusetzen ist.
>
> 4. Für den Arbeitgeber können sich nachträgliche Forderungen von seiten der Krankenkasse oder des Arbeitsamtes ergeben, je nachdem, wie der Zeitpunkt der Kündigung durch das Gericht festgesetzt wird. Hat der Arbeitgeber zu einem bestimmten Zeitpunkt die Lohnzahlung eingestellt [...], so kann im Krankheitsfall die Krankenkasse, im Falle der Arbeitslosigkeit das Arbeitsamt mit Zahlungen eingesprungen sein. Sie könnten diese vom Arbeitgeber zurückverlangen, wenn gerichtlich ein späterer Kündigungszeitpunkt festgesetzt wird. Auch hier ergeben sich Vergleichsmöglichkeiten zu Lasten Dritter: [...] Allerdings bedarf es oft der sachkundigen Erläuterungen des Richters, um diese Zusammenhänge den Parteien oder sogar ihren Vertretern klarzulegen.
>
> 5. Für Ausländer, die nicht aus Ländern der Europäischen Gemeinschaft kommen, kann die Tatsache und die Form der Kündigung noch größere, existenzielle Bedeutung haben: die Erlaubnis zum Aufenthalt in der Bundesrepublik ist an eine Arbeitserlaubnis geknüpft, diese aber wiederum kann beschränkt sein und wird in solchen Fällen oft nach einer Kündigung verwirkt, in jedem Fall aber würde sie nach einem Jahr Arbeitslosigkeit erlöschen."

Ich habe diese Zusammenstellung von Blankenburg/Schönholz so ausführlich zitiert, weil sie auch einen großen Ausschnitt der im Rahmen des Schlichtungsprojekts dokumentierten Verhandlungen in den dominanten Handlungsorientierungen treffend wiedergibt.[40]

Die besondere Wirkung taktischer Fehler in der Güteverhandlung

Es gibt eine Reihe von taktischen Fehlern der Beteiligten in Güteverhandlungen, die immer wieder zu beobachten sind und die in besonderer Weise den Erfolg der Güteverhandlung gefährden bzw. die Verhandlungsposition der jeweiligen Partei schwächen. Nicht die Fehler oder das Fehlverhalten selbst sind also charakteristische Elemente der kommunikativen Rahmenbedingungen, sondern die negativen Auswirkungen bestimmter Vorgehens- oder Verhaltensweisen, die über ihre negativen Folgen für die Güteverhandlung selbst oder für die jeweilige Verhandlungsposition ja erst als Fehler oder Fehlverhalten ausgewiesen werden können.

Wählt etwa ein Richter die 'falsche' Einigungstechnik, wird er möglicherweise eher den Widerstandsgeist einer Partei wecken, das Beharren auf der Ausgangsposition bewirken als Einigungsbereitschaft erzeugen, die Bereitschaft zum Nachgeben. So kommt es immer wieder vor, daß der Richter zu früh einen konkreten Vergleichsvorschlag macht, ob er nun eine Zahl für eine Abfindungsregelung nennt oder eine konkrete Summe im Rahmen der Verhandlung einer Entgeltklage: Fortan ist die eine Partei nicht mehr bereit, über den einmal genannten Beitrag hinauszugehen, oder die andere Partei weigert sich strikt, sich mit weniger zufrieden zu geben, als der Richter für 'gerecht' hält. Gütliche Einigungen können an solchen Verhandlungskonstellationen scheitern.

Auch Parteien können 'Fehler' machen, d.h. durch bestimmte Verhaltensweisen ihre Erfolgsaussichten mindern. Hierzu einige Ergebnisse bzw. Hypothesen des Berliner Projekts zur Arbeitsgerichtsbarkeit: So scheint ein Kläger, je mehr er in der Verhandlung aktiv wird, seine Aussichten in der Verhandlung zu mindern.[41] Diesen negativen Zusammenhang zwischen Aktivität des Klägers und Erfolg in der Verhandlung deutet Röhl (1984, S. 239) folgendermaßen:

> „Aktivität in der mündlichen Verhandlung deutet evtl. darauf hin, daß es darum geht, unsichere Forderungen zu begründen. Es ist also nicht so, daß mit steigender Aktivität des Klägers automatisch seine Erfolgschancen steigen; vielmehr deuten die Daten auf einen umgekehrten Effekt: Je niedriger die Erfolgschancen sind, desto aktiver wird der Kläger."

---

[40] Vgl. dazu insgesamt das Kapitel 8 „Zwischen Neutralität und Parteilichkeit ...".

[41] Vgl. dazu Röhl (1984, S. 233): „Je aktiver der Kläger ist, desto geringer ist sein Erfolg." Das ist allerdings lediglich eine Kovarianzaussage, keine Aussage über ursächliche Zusammenhänge

Fatal wäre, wenn sich eine solche Hypothese als professionelle Wahrnehmung von Verhandlungsrealität ausbildet: Der eloquente Kläger mit einer berechtigten Klage wäre benachteiligt. Entsprechend scheinen also Zurückhaltung des Klägers und vor allem Unwissen in rechtsrelevanten Fragen seine Erfolgsaussichten zu erhöhen. Ohne daß ich hier auf empirisches Material zurückgreifen könnte, bestätigen meine eher intuitiven Eindrücke vor allem auch aus Sozialgerichtsverhandlungen, aber auch aus Güteverhandlungen, daß, je hilfloser ein Kläger auftritt, desto größer die Chancen werden, daß sich der Richter seiner Sache engagiert annimmt, auch wenn diese rechtlich auf schwächeren Füßen steht. Die Verhandlung „Ein Kaffee vorm Arzt" scheint diese Annahme zu bestätigen (vgl. den Abschnitt *„Der Umgang mit der Rechtsposition ..."* in Kapitel 8).[42]

Für den Beklagten sieht das anders aus: Je aktiver er in der Verhandlung ist, desto mehr scheint das die Klägeraussichten zu mindern; verrät allerdings die Beklagte Wissensdefizite, so steigert das die Klägerchancen.

Die Tragfähigkeit solcher eigentlich plausiblen Hypothesen einmal unterstellt, bestehen dann die Probleme in der Verhandlung für die Parteien vor allem darin, den Richter mit seinen professionellen Theorien über das Verhalten von Klägern und Beklagten angemessen einzuschätzen und damit jeweils zum eigenen Vorteil umzugehen.

Verfahrensdauer und Überlastung des Gerichts

Auch wenn die große Masse der Arbeitsweltkonflikte bereits vor- oder außergerichtlich geregelt werden[43], so ist als Folge der in den letzten Jahren ständig gewachsenen Arbeitslosigkeit die Flut der vom Arbeitsgericht zu behandelnden Fälle so groß, daß ein Kläger auch schon mal einige Wochen auf seinen Gütetermin warten muß. Noch problematischer ist es – nach dem Scheitern eines gütlichen Einigungsversuchs – mit den Wartezeiten für den Kammertermin. Zwar hat der Gesetzgeber mit der Abwandlung der Vorschrift einer konkreten maximalen Frist in die Formulierung „diese hat alsbald stattzufinden" (§ 54 ArbGG) versucht, den vormals eklatanten Widerspruch zwischen gesetzlicher Regelung und faktischen Verhältnissen ein wenig zu mildern. Aber der Widerspruch bleibt: Wartezeiten von bis zu drei Monaten sind nichts Außergewöhnliches, und sollten zufällig die Gerichtsferien dazwischenkommen, können es auch mehr werden.

Auch ein Gütetermin in einer Kündigungsschutzklage verfehlt natürlich seinen eigentlichen Zweck, wenn der Kläger (wozu er gesetzlich verpflichtet ist) sich schon wieder eine neue Arbeit gesucht hat. Kündigungsschutzklagen sind dann

---

[42] Vgl. Röhl (1984, S. 238).

[43] Vgl. dazu oben den Abschnitt *„Inanspruchnahme des Arbeitsgerichts"* in Kapitel 3 „Arbeitsgericht und Güteverhandlung – eine allgemeine Einführung".

ausschließlich verdeckte Klagen auf Zahlung einer Abfindung.[44] Die Versuche der Richter, jeweils dringende Fälle vorzuziehen und weniger dringende hinauszuschieben, helfen natürlich, allzu große Härten zumindest zu mildern.

Andererseits – und das klingt paradox – kommen die langen Wartezeiten der Absicht des Gesetzgebers entgegen, Konflikte in der Arbeitswelt möglichst durch Vergleiche zu regeln, und zwar auf zweierlei Weise: Einmal bewährt sich der Hinweis des Richters auf die langen Wartezeiten für einen Kammertermin immer wieder als probates Mittel, die Parteien in ihrer Absicht, die Sache entscheiden zu lassen, zumindest zu verunsichern. Der Arbeitsrichter malt dann schon einmal in eingehenden Worten aus, wie es ist, wenn man sich und seine Umwelt noch so lange Zeit mit der leidigen Angelegenheit belastet. In diesem Fall dient die lange Wartezeit als argumentative Ressource. Zum anderen können die langen Wartezeiten selbst einen kathartischen Effekt haben: Über einen doch relativ langen Zeitraum von zwei bis drei Monaten können die meist den Arbeitsweltkonflikt begleitenden Konflikte auf der Ebene der informellen Sozialbeziehungen an Virulenz verlieren, so daß – zwar dann im Rahmen einer Verhandlung vor der Kammer – ein Vergleich einfacher werden kann.

Die Überlastung bzw. Überforderung der Institution „Arbeitsgericht" kann also das interaktive Geschehen in der Güteverhandlung maßgeblich beeinflussen und stellt einen weiteren wesentlichen Aspekt der kommunikativen Rahmenbedingungen dar.

Die besondere Hartnäckigkeit der Fälle

Im Abschnitt zum 'pro-forma'-Charakter der Güteverhandlung wurde bereits entwickelt, daß Güteverhandlungen – entgegen ihrer gesetzlichen Bestimmung – in der Regel nicht dazu genutzt werden, um den sozialen Frieden wiederherzustellen, sondern um die Modalitäten der Beendigung der Sozialbeziehungen zwischen Arbeitnehmer und Arbeitgeber zu regeln. Struktureller Grund für diese Situation – zumindest einer – ist sicher, daß das Arbeitsrecht und insbesondere das Betriebsverfassungsgesetz und das Kündigungsschutzgesetz längst regelnd und konfliktantizipierend im vor- oder außergerichtlichen Bereich greifen.[45] Die Folge ist, daß vor allem auch solche Konflikte vor dem Arbeitsgericht ausgetragen werden, bei denen die vor- und außergerichtlichen

[44] Vgl. dazu oben den Abschnitt *„Häufige Klageanlässe im Arbeitsgericht"* in Kapitel 3 „Arbeitsgericht und Güteverhandlung – eine allgemeine Einführung".

[45] Vgl. dazu den Abschnitt *„Inanspruchnahme des Arbeitsgerichts"* in Kapitel 3 „Arbeitsgericht und Güteverhandlung – eine allgemeine Einführung". Das gilt natürlich nur für die Betriebe, in denen die Einhaltung der gesetzlichen Bestimmungen durch Betriebsräte sichergestellt ist; nach wie vor gibt es viele Betriebe mit 60 bis 70 und mehr Arbeitnehmern, die nach dem Gesetz einen Betriebsrat bilden könnten, ohne Betriebsrat.

Regelungsversuche erfolglos geblieben sind, sprich: der 'hartnäckige Rest'.[46] Bei diesem hartnäckigen Rest sind dann eben häufig auch Fälle, in denen es 'ums Prinzip geht', Fälle, in denen sich Justitiables mit 'großer menschlicher Enttäuschung' mischt, mit 'enttäuschtem Vertrauen', generell formuliert, Fälle, in denen der offizielle Klageanlaß eher sekundär ist, Episode ist in einem komplexen und emotionsgeladenen Konfliktgeschehen auf der Ebene der informellen Sozialbeziehungen, bei dem jetzt der Arbeitsrichter in manchmal schon mißbräuchlicher Inanspruchnahme dem Kläger sekundieren soll. Gerade für die Güteverhandlung bereitet das große Probleme, ist doch der Richter vom Gesetz angehalten, gerade nicht nur die rechtliche Seite eines Konflikts zu bearbeiten. So muß er einerseits immer auch die Ausbreitung 'subjektiver Motive und Relevanzgesichtspunkte'[47] zulassen und bearbeiten, andererseits muß er aber auch immer wieder sanktionierend und steuernd eingreifen und das Verhandlungsgeschehen auf die Bearbeitung von Aspekten des 'offiziellen' Streitgegenstandes zurücklenken, wenn die 'nicht justitiablen Interessen' zu sehr dominieren, allzu streiteskalierend wirken.

Solche Überlagerungen des offiziellen Streitgeschehens durch einen stark emotionalisierten persönlichen Konflikt gestalten also das Verhandeln als äußerst schwieriges und problematisches Geschäft, und häufig scheitern solche Güteverhandlungen auch, und zwar an der Unversöhnlichkeit der Beteiligten. Schönholz (1984, S. 67) hebt hervor, daß 'die Neigung zur Unversöhnlichkeit' davon abhängt, „in welchem Maße die Beteiligten ihre Selbstachtung [...] einem Angriff ausgesetzt sehen [...]." Die einschlägigen Beispiele in meinem Korpus bestätigen diese Behauptung.

Der Einfluß des begrenzten oder fehlenden Verhandlungsspielraums

Eine gesprächsweise gütliche Einigung ist immer dann besonders schwer zu erreichen, wenn bei Abwesenheit des Klägers oder der Beklagten der Verhandlungsspielraum des jeweiligen Prozeßbevollmächtigten eingeschränkt ist. Mit dieser Situation muß ein Arbeitsrichter so häufig umgehen, daß der fehlende oder begrenzte Verhandlungsspielraum zu den typischen kommunikativen Rahmenbedingungen von Güteverhandlungen zu zählen ist. Seltener ist dabei der Spielraum der klagenden Partei eingeengt, auch wenn es schon einmal vorkommen kann, daß ein Anwalt oder ein Verbandsvertreter nur einen widerruflichen Vergleich abschließen kann, weil das Vergleichsergebnis hinter

[46] Entsprechendes gilt z.B. auch für 'Schiedsstelle für Gebrauchtwagenhandel'; vgl. Nothdurft (in diesem Band).

[47] Vgl. hierzu und zum folgenden Schönholz (1984, S. 67f.); Schönholz spricht von der „Doppelbödigkeit" von Konflikten. „Neben der offiziellen Definition des Streitgegenstandes müssen auch die subjektiven Motive und Relevanzgesichtspunkte beachtet werden, wenn man den Ablauf von Konflikten und insbesondere den Abschluß von Vergleichen erklären will" – eine richtungsweisende analytische Perspektive für die empirische Arbeit; vgl. dazu Nothdurft (1995).

den Klägererwartungen zurückbleibt und eine Rücksprache erforderlich wird. Häufiger sind Verhandlungen, in denen aus den gleichen Gründen der Vertreter einer beklagten Firma sich das Widerrufsrecht einräumen läßt. Für all diese Fälle gilt, daß zwar grundsätzlich ein Verhandlungsspielraum gegeben ist, der auch interaktiv in vielfältiger Weise genutzt werden kann, daß aber der letzte Schritt zu einer definitiven gütlichen Einigung blockiert ist. Aber das Mehr an Aufwand macht diese Fälle nicht unbedingt problematisch. Ich habe außerdem den Eindruck gewonnen, daß der Hinweis, daß nun die Grenzen des Verhandlungspielraums erreicht seien, als taktische Ressource im Positionenkampf genutzt wird: Vielleicht gibt die Gegenpartei unter diesen Voraussetzungen noch ein bißchen nach. Wenn die Ansprüche eines Klägers das vom Arbeitgeber gesetzte Limit überstiegen oder wenn z.B. die rechtliche Ausbreitung des Sachverhalts entgegen der Einschätzung der beklagten Firma die Rechtsunwirksamkeit einer Kündigung ergab, die Beklagte aber unter allen Umständen eine Weiterbeschäftigung verhindern will, kam es häufiger vor, daß der Prozeßbevollmächtigte des Arbeitgebers in einer Verhandlungspause telefonisch neue Richtlinien einholte und sich seinen Verhandlungsspielraum erweitern ließ. Eine solche meist kurze Verhandlungsunterbrechung machte dann oft das Ansetzen eines neuen Gütetermins oder gar eines Kammertermins unnötig und ersparte den Beteiligten den zusätzlichen Aufwand, der durch einen widerruflichen Vergleich entsteht.

In einer anderen Gruppe von Fällen allerdings wurde häufig durch den fehlenden Verhandlungsspielraum der Sinn einer Güteverhandlung regelrecht unterlaufen: Es handelt sich um Fälle, in denen die Beklagte (einmal auch der klagende Teil) eine Behörde ist, also eine Gemeinde, ein Bundesland oder der Bund. Der Verhandlungsspielraum der Behördenvertreter ist oft so eng bemessen, daß alle Vergleichsanstrengungen des Richters und auch alles bereitwillige Entgegenkommen der Klagenden müßig sind. Ein Arbeitsrichter meinte dazu, Vergleichsverhandlungen mit dem Land seien immer besonders schwierig; ein anderer Kommentar lautete, Vergleichsverhandlungen mit dem Land hätten keinen Sinn. So scheiterte eine Güteverhandlung, in der der verhandelnde Regierungsdirektor viel Verständnis für die Position der Klägerin zeigte (eine von ihr weder verschuldete noch erkennbare Überzahlung im Ortszuschlag über einen längeren Zeitraum holte sich das Land durch Einbehalten zurück), daran, daß er sich außerstande sah, 'über die Landesoberkasse zu verfügen'.[48] In einem anderen Fall wollte sich der verhandelnde Landesbeamte, obwohl die höchstrichterliche Rechtssprechung für die Position des Klägers sprach, unter keinen Umständen auf eine vergleichsweise Regelung einlassen, die – natürlich zu Lasten des Landes – den Klägeransprüchen zumindest teilweise Rechnung getragen hätte; es mußte ein für alle Beteiligten kosten- bzw. zumindest zeitintensiver Kammertermin angesetzt werden. Der Landesbeamte brauchte als Nachweis, daß er bis zuletzt versucht hatte, Kosten von der Behörde abzuwen-

[48] Es handelt sich um die Verhandlung „Weggefallenes Kind" (3003/77).

den, eine Entscheidung.[49] Die Einbindung in ein enges System von Rechtfertigungsdruck und Weisungsabhängigkeit ist sicherlich mit verantwortlich für ein so 'vergleichsfeindliches' Verhalten. Paralleles habe ich in Sozialgerichtsverhandlungen beobachtet: So erklärte in einem Fall der Vertreter der beklagten Landesversicherungsanstalt, obwohl er großes Verständnis für die Position des Klägers signalisierte, in 'entwaffnender Weise': *ich brauche ein urteil.* Über die Ursachen dieser fehlenden Bereitschaft zur pragmatischen Verkürzung von Verfahren kann ich nur spekulieren, wenn ich auch die nun folgenden Überlegungen für recht plausibel halte: Für die Tendenz, lieber einen höheren Verlust hinzunehmen, für den es dann aber eine rechtlich wasserdichte Begründung gibt, als mit einer vergleichsweisen Regelung Aufwand und Schaden zu begrenzen, einer Regelung allerdings, die sich nur pragmatisch rechtfertigen läßt, könnte vielleicht auch die Antizipation von Rechnungshofprüfungen verantwortlich sein; ob diese Vermutung richtig ist, hängt natürlich davon ab, ob die Prüfer sich bei ihren Urteilen eher von legalistischen oder eher von pragmatischen Kriterien leiten lassen.

Darüber hinaus vermute ich, daß ein pragmatischer und aufwand- wie kostensparender Verzicht auf das Ausschöpfen auch der letzten Möglichkeiten des Rechtsweges deswegen bei Behörden seltener ist als bei privatwirtschaftlichen Arbeitgebern, weil die Entscheidungsträger in den Behörden nicht die 'eigenen' Zeit- und Geldressourcen einsetzen, die eingesetzten Mittel nicht die materielle Basis der eigenen Existenz betreffen.

Der mögliche Mißbrauch des Arbeitsgerichts bzw. der Güteverhandlung

Aus Gesprächen mit Anwälten und Richtern, aber auch aus dem Güteverhandlungskorpus des Schlichtungsprojekts selbst geht hervor, daß die mißbräuchliche Inanspruchnahme des Arbeitsgerichts eine Möglichkeit ist, mit der der Richter ständig rechnen muß. Zwei entsprechende Verhandlungen, „Die verschwundene Quittung" und „Die Bezahlung des sechsten", werden unten noch ausführlicher behandelt (vgl. in Kapitel 8 „Zwischen Neutralität und Parteilichkeit ..." den Abschnitt *„Richterliches Verhalten bei 'Mißbrauch des Gerichts'"*). Hier will ich zur exemplarischen Demonstration möglichen Mißbrauchs zwei Erzählungen eklatanter Fälle wiedergeben; es handelt sich um Gedächtnisprotokolle:

Erzählung 1

Wie man, ohne einen plausiblen Kündigungsgrund zu haben, die gesetzlichen Regelungen ausnutzt, um einen unliebsamen Mitarbeiter loszuwerden, schilderte mir ein Anwalt, der regelmäßig beklagte Firmen in Arbeitsgerichtsprozessen vertritt:

---

[49] Vgl. die Verhandlung „Bereitschaftsdienst 1" (3003/115).

wissen sie, das ist ganz einfach, einen mitarbeiter loszuwerden, das hab ich schon mal praktiziert: da spricht man eine fristlose kündigung aus, nimmt eigentlich haarsträubende gründe, begeht vielleicht noch einen formfehler etwa bei der Anhörung des betriebsrats; der betroffene und der betriebsrat sind empört; arbeitnehmer und sein rechtsschutz wahren die gesetzliche einspruchsfrist; innerbetriebliche einigungsversuche scheitern natürlich; und während alle welt in aufruhr ist über diese kündigung und diesen arbeitgeber, sich sicher ist, daß eine solche fristlose kündiung einer rechtlichen würdigung niemals standhält, reicht reicht man in aller stille eine ordentliche kündigung nach. im sicheren gefühl des sieges im anstehenden rechtsstreit vergißt die klägerseite, jetzt auch noch für die ordentliche kündigung widerspruch einzulegen. in der güteverhandlung vom Richter auf die auch ihm nicht verständliche fristlose kündigung angesprochen, weist man in aller bescheidenheit auf die nachgereichte ordentliche kündigung hin. der richter kann nur achselzuckend die rechtswirksamkeit dieser zweiten kündigung bestätigen. eine verhandlung der ersten fristlosen kündigung ist gegenstandslos geworden.

Erzählung 2

Im Zusammenhang eines Gesprächs über die Probleme in Güteverhandlungen erwähnte ein Arbeitsrichter, daß er sich immer wieder damit konfrontiert sieht, daß Kläger oder Beklagte gezielt Informationen zurückhalten und damit eine sinnvolle Verhandlungsführung eigentlich unmöglich machen. In diesem Zusammenhang berichtete er von einem erstaunlichen Fall:

es stehen oft dinge dahinter, die bewußt uns nicht bekannt gegeben werden - das ist eigentlich immer das schlimmste, wenn man etwas nicht weiß, daß man vorschläge macht, die gehen meilenweit dran vorbei ... ich hatte da mal nen fall mit einem italienischen ingenieur - der war ein jahr beschäftigt - und ich hab so einen üblichen vergleichsvorschlag gemacht - en halbes monatsgehalt - verdiente so viertausendachthundert mark - wären ungefähr gut zweitausend mark gewesen - da hat der kläger nur gelächelt - und da hat die gegenseite gesagt: ja wir wären eigentlich bereit, auch dem kläger also ne abfindung von na sagen wir mal zehntausend zu geben - hab ich gesagt: wie bitte? was? - ja doch äh, sagt der kläger dann - hab ich gesagt: ja moment, jetzt nehme ich nicht mehr teil - wenn sie sich vergleichen wollen, machen se's unter sich und ich protokollier nachher - ich mach mal ne pause - kam ich zurück - und da warn die bei fünfundzwanzigtausend mark - was war geschehen? - was ich nicht wußte: er hat in dem bislang betriebsratslosen betrieb versucht, einen betriebsrat zu installieren - war der einzige, der den mut hatte, da wirklich mal druck zu machen, um den hinzudrehen - und da ham die gesagt: das ist uns das geld wert - das wußte der ganz genau -

und ich bin sogar überzeugt, daß der sich gezielt solche arbeitgeber aussuchte, wo noch kein betriebsrat war - und läßt sich das betriebsratsanleierprinzip teuer bezahlen - wenn sowas dahintersteht, dann sieht man natürlich alt aus mit seiner faustregel ne!

Die Beklagte etabliert die Anschuldigung

Man wird für das Schlichten von Streit von einer Normalformvorstellung ausgehen können, an der sich die Beteiligten bei der Organisation der interaktiven Abwicklung orientieren. Dazu dürfte sowohl in informellen Schlichtungssituationen als auch in institutionell organisierten gehören, daß zunächst die Anschuldigung – ob explizit oder durch Verweis – etabliert wird und daß die Anschuldigung, das also, was einer dem anderen vorwirft, in der Regel die Position des Klägers vor Gericht, des Antragstellers vor der Vergleichsbehörde oder dem Schiedsmann oder etwa des Kunden in der Schiedsstelle einer Handwerkskammer ausmacht. Im Gütetermin vor dem Arbeitsgericht, zumal wenn es um verhaltens- oder personenbedingte Kündigungsschutzklagen geht, ist das anders: In der Regel tritt nicht der Kläger als der Anschuldigende auf, sondern die beklagte Partei; nicht der Klageanlaß wird in der konkreten Verhandlung als Anschuldigung präsentiert und bearbeitet, sondern der Kündigungsgrund oder etwa der Grund für einbehaltenen Lohn, also Aspekte, die sich auf die Person oder auf das betriebliche Verhalten des Klägers selbst beziehen. Mit anderen Worten: Die Konfliktrekonstruktion in der Güteverhandlung, in der zwar auch gemäß der Logik alltagsweltlicher Plausibilität zunächst die Anschuldigung behandelt wird und dann die Stellungnahme zur Anschuldigung, setzt mit dieser Logik in der Konfliktgeschichte vor der Klage an, so daß – und darin liegt so etwas wie eine interaktive Paradoxie – der Kläger zunächst immer wieder in die Situation kommt, zu einer Anschuldigung Stellung nehmen zu müssen, sich rechtfertigen zu müssen, reagieren zu müssen.

Ich will jetzt diese auffällige interaktionstypologische Besonderheit von Güteverhandlungen an einer konkreten Verhandlung aufzeigen. In der Verhandlung „Lohnfortzahlung" (3003/65) geht es um eine Entgeltklage:

> Der Fall:
>
> Die Klägerin Frl. Wipper hat als Bedienung in einer Gastwirtschaft gearbeitet. Sie klagt auf Lohnfortzahlung im Krankheitsfall, die ihr der beklagte Gastwirt Herr Busch vorenthalten hatte. Herr Busch wirft ihr vor, sie habe sich krank gemeldet bzw. krank schreiben lassen und sei in dieser Zeit in einen Kurzurlaub gefahren und habe außerdem bei ihrem Bruder im Blumengeschäft gearbeitet.

Zwar wird mit der die Konfliktrekonstruktion eröffnenden Aufforderung des Richters an den beklagten Herrn Busch formal zunächst die Klage etabliert:[50]

---

[50] Die Gesprächszitate werden jeweils nur durch eine Seitenzahl gekennzeichnet, die sich auf den Computer-Ausdruck bezieht. Für die Verhandlung „Türkischer Wa-

herr busch dann haben sie gelegenheit zur klage stellung zu nehmen-
(S. 1)

Aber Herr Busch nimmt nicht zur Klage Stellung bzw. allenfalls indirekt, indem er ausführlich ausbreitet, was er der Klägerin vorzuwerfen hat. Entsprechend fällt es der Klägerin Fräulein Wipper zu, sich gegen die Vorwürfe zu wehren. Wie das abläuft, will ich exemplarisch für den Vorwurf, sie habe trotz Krankmeldung beim Bruder gearbeitet, skizzieren: Nach Etablierung des Anschuldigungsaspekts fordert der Richter die Klägerin zur Stellungnahme auf: *is des richtig*↑ (S. 2); sie reagiert mit einem knappen definitiven *nein*↓, das der Richter noch einmal halb absichernd, halb fragend rephrasiert: *is ni"cht richtig*↑. Die Klägerin läßt ein weiteres definitives *nein*↓ folgen. Eine so pauschale Zurückweisung eines detailreich präsentierten Vorwurfs läßt der Richter nicht stehen[51]; er zwingt in einem zweiten Durchgang die Klägerin zu einer konkreteren Auseinandersetzung mit dem Vorwurf, indem er selbst den Vorwurf noch einmal konkreter wiederholt. Dieser zweite Durchgang der Stellungnahme der Klägerin zur Anschuldigung ist im folgenden im Zusammenhang wiedergegeben:

```
Kläg:
Rich:                                       der beklagte behauptet

Kläg:
Rich: er hätte sie gesehen- * beim blumenausladen↓

Kläg: das kann gar net sein↓                          nein↓ ** weil mein
Rich:                           +das ka"nn nich sein↑

Kläg: bruder der kommt morgens ziemlich- ** früh von äh: vom markt
Rich:

Kläg: zurück und um diese zeit hab isch noch geschlafen↓
Rich:                                                       also sie ham

Kläg:                                             nein↓
Rich:  ihrem- * bruder nicht im geschäft geholfen- * während der

Kläg:                   nein↓ *2,5*
Rich:  krankheit↓                 so↓
(S. 2)
```

Mit dem *so*↓ schließt der Richter diesen Punkt der Stellungnahme ab und signalisiert gleichzeitig, daß die Exploration zu diesem Vorwurfbestandteil jetzt

genwäscher" gibt es nur eine maschinenschriftliche Transkription. Welches Gespräch gemeint ist, geht jeweils eindeutig aus dem Kontext hervor.

[51] Zur Technik des 'lakonischen' Bestreitens vgl. Nothdurft (1995, Kap. 3.2.).

ausreicht, um ihn für die weitere Verhandlung oder einen möglichen Kammertermin richtig einzuordnen: ***des=is erste was sie zu beweisen hätten- **** (S. 3), wobei mit *sie* der beklagte Herr Busch gemeint ist.

Für den zweiten Vorwurfbestandteil, der Kurzurlaub trotz Krankmeldung, läuft die Geschichte ähnlich ab. Der Beklagte formuliert den Vorwurf, etabliert die Anschuldigung, der Kläger – vom Richter zur Stellungnahme aufgefordert – bestreitet den Vorwurf, weist ihn zurück, und der Richter, der diese Abwicklung in beschriebener Weise organisiert, nimmt die Evaluation vor.

Daß der beklagte Gastwirt sich jeweils außerstande sieht, die verlangten Beweise zu erbringen, und der Gütetermin mit einem Vergleich endet, in dessen Rahmen der Beklagte sich verpflichtet, den einbehaltenen Lohn zu zahlen, sei nur der Vollständigkeit halber erwähnt.

5. Die interaktive Ordnung des Verhandlungsgeschehens

Mit diesem Kapitel beginnt der empirische Teil der Untersuchung. Das Kapitel enthält Verlaufsanalysen von zwei ganz unterschiedlichen Güteverhandlungen, einer 'gesteuerten' und einer 'ungesteuerten'.

'Gesteuert' nenne ich Güteverhandlungen, in denen alle expliziten verfahrenssteuernden Aktivitäten vom Richter ausgehen.[52] Die Parteien und ihre Bevollmächtigten agieren nur auf Aufforderung durch den Richter und im Rahmen der vom Richter vorgegebenen thematischen und interaktiven Foki[53], sieht man einmal von gelegentlichen spontanen Reaktionen auf Vorgänge in der Verhandlung ab. Entsprechend werden Darstellungen und Behauptungen der einen Partei nicht selten erst über eine Reformulierung durch den Richter zur 'Bearbeitung' durch die Gegenpartei freigegeben. Ich nenne solche Verhandlungen – aus meiner Beobachterperspektive – auch 'wohlgeordnete Verhandlungen'; es sind also Verhandlungen, in denen Verfahrensschritt nach Verfahrensschritt markiert wird und die Reihenfolge der Aktivitäten auf eine Normalformvorstellung projizierbar ist.

'Ungesteuerte' Güteverhandlungen sind Verhandlungen, in denen sich der Richter – aus welchen Gründen auch immer – weitgehend jeder expliziten verfahrenssteuernden und sachverhaltsordnenden oder -strukturierenden Aktivität

---

[52] In diesem Konzept lasse ich die Möglichkeit einer 'reaktiven Steuerung' thematischer und interaktiver Foki und Fokuswechsel außer acht; ich will nur der Vollständigkeit halber auf solche interaktiven Verfahren hinweisen.

[53] Unter 'thematischem Fokus' verstehe ich das Zentrum der Aufmerksamkeit, was die behandelten Sachverhalte betrifft; unter 'interaktivem Fokus' verstehe ich die jeweils lokal dominante Handlungsorientierung der Interagierenden; solche 'Aktivitätsorientierungen' könnten in einer Güteverhandlung etwa sein 'Konfliktrekonstruktion', 'Präsentation der Anschuldigung', 'Stellungnahme', 'Vorschlagformulierung' oder '-ratifizierung'.

enthält. Solche Verhandlungen machen auf den Beobachter einen relativ ungeordneten, ja – was die Organisation des interaktiven Geschehens betrifft – fast chaotischen Eindruck. Daß hinter solchen Verhandlungen durchaus ein professionelles richterliches Strukturierungsprinzip stehen kann, wird unten im Rahmen der Verlaufsanalyse der Verhandlung „Die Bezahlung des sechsten" (Kap. 5.2 „Die ungesteuerte Verhandlung ...") noch deutlich werden.

Ich beginne mit der Verlaufsanalyse einer gesteuerten Verhandlung: Das Herausarbeiten der einzelnen Verfahrensschritte und ihrer sequentiellen Ordnung in einer voll ausgebauten Verhandlung, das Beschreiben der Art und Weise, wie der Richter die Herstellung der Verfahrensschritte initiiert und die sequentielle Ordnung organisiert, scheinen mir als erster Zugang zur kommunikativen Realität der Güteverhandlung besonders geeignet.

Noch eine Bemerkung zum Darstellungsverfahren: Für beide Verlaufsanalysen gilt, daß das Detaillierungsniveau nicht durchgängig gleich ist. Über weite Teile beschränke ich mich darauf, Gesprächsausschnitten oder -phänomenen Handlungskategorien zuzuordnen, also auf die Wiedergabe von Bedeutungszuschreibungen. An einigen ausgewählten Gesprächsausschnitten will ich aber dann auch zeigen, wie ich zu diesen Bedeutungszuschreibungen, zu meinen Interpretationen (hier: der verfahrenssteuernden Aktivitäten des Richters und ihrer Wirkung), komme. Der Erkenntnisgewinn einer Interpretation liegt ja oft weniger in der geleisteten Bedeutungszuschreibung als vielmehr in der möglichst akribischen Abbildung der Rechtfertigung, die sie, die Bedeutungszuschreibung, erst überprüfbar macht. Ein solches Darstellungsverfahren ist aber, wenn so umfangreiche Materialien Gegenstand einer Untersuchung sind, nur exemplarisch möglich.

5.1. Die gesteuerte Verhandlung: „Nicht gekommen und nicht angerufen" (3003/120)

Der Fall:

Herr Kerst, Packer im Versand eines Verlages, klagt gegen die ordentliche Kündigung seines Arbeitgebers; Kündigungsgrund ist die wiederholt versäumte Benachrichtigung des Verlags bei krankheitsbedingtem Fernbleiben von der Arbeit. Nach ausführlicher Prüfung der Rechtmäßigkeit der Kündigung, die die äußerst schwache rechtliche Position des Klägers offenlegt, thematisiert der Richter die menschlichen Aspekte des Falls; mit einem aufwendigen und hartnäckigen Appell ringt er der Geschäftsführerin der beklagten Firma Frau Bleyle die Bereitschaft zu einem Abfindungsvergleich ab.

(Der Einleitungstext für das Verlaufsschema auf S. 170/171 folgt auf S. 172.)

Herstellung der Verhandlungssituation	Rekonstruktion des Konflikts
(1) Aufruf des Falls (S. 172)	
↘	(2) Nennung des Klagegegenstandes/Aufforderung der Beklagten zur Stellungnahme (S. 172)
	↓
	(3) Stellungnahme der Beklagten: 'Etablierung der Anschuldigung' (S. 173)
(4) Nachtrag zur Identifizierung der Beteiligten und Aushandlung der Beteiligungsrollen (S. 173)	↙ ↘
	(5) Wiederaufnahme der Stellungnahme der Beklagten: 'Etablierung der Anschuldigung' (S. 175)
	↓
	(6) Fortführung der Stellungnahme der Beklagten und Aufforderung zur Stellungnahme an den Kläger (S. 180)
	↓
	(7) Stellungnahme des Klägers: 'Stellungnahme zur Anschuldigung'(S. 181) →
	→
Wiederaufnahme der Verhandlung:	(9) Nachträge zur Etablierung der Anschuldigung und zur Stellungnahme des Klägers (S. 187)
	↓
	(10) Reformulierung des Konflikts aus der Perspektive des neutralen Dritten: Evaluation durch den Richter (S. 188) →

Regelung des Konflikts	Auflösung der Verhandlungssituation
→	(8) Verhandlungs-unterbrechung (S. 186)
→	
(11) Formulierung des ersten Vergleichsvorschlags und Aushandlungsaktivitäten (S. 189)	
↓	
(12) Aushandlungsaktivitäten und Ablehnung des Vorschlags (S. 193)	
↓	
(13) Formulierung des zweiten Vergleichsvorschlags, Aushandlungsaktivitäten und Ratifizierung des Vorschlags (S. 198)	
↓	
(14) Ergebnissicherung und Protokollierung (S. 201) ↘	
	(15) Knappe Beendigung (S. 201)

Verlaufsschema der Verhandlung „Nicht gekommen und nicht angerufen"

Zur besseren Orientierung stelle ich den Beschreibungen und Analysen zur Herstellung der interaktiven Ordnung in der gesteuerten Verhandlung eine schematische Wiedergabe der Verfahrensschritte bzw. Aktivitätskomplexe voran. (Siehe Schema S. 170/171.) Ich spreche hier auch von Aktivitätskomplexen, weil häufig mit einem komplexen Verhandlungszug zwei oder mehr Verfahrensschritte gleichzeitig vollzogen werden. Ich ordne die einzelnen Aktivitätskomplexe jeweils den vier Hauptphasen von Schlichtungs- bzw. Vergleichsverhandlungen zu. Diese Hauptphasen sind:

- Herstellung der Verhandlungssituation
- Rekonstruktion des Konflikts
- Regelung des Konflikts
- Auflösung der Verhandlungssituation.

Aufruf des Falls

Der Richter eröffnet die Verhandlung mit dem formalen Aufruf, der von Verhandlung zu Verhandlung allenfalls geringfügig variiert; er spricht diesen Aufruf – bereits für die spätere Protokollierung – in ein Diktiergerät:

```
kerst gegen fritz hansele verlag↓ * fünf c. a. zwei aus sechsundachtzig
(...) es erscheint der kläger persö:nlich und für die beklagte deren
geschäftsführerin ←äh frau bleyle mit dem prokuristen herrn↑→ * [...]
aufstreb punkt↓
(S. 1)
```

Es handelt sich hier um die in Güteverhandlungen vorherrschende, aber wohl auch sonst vor Gericht übliche sehr knappe Verhandlungseröffnung, die sich auf die reine Fallidentifizierung und eine generelle Kennzeichnung der Beteiligungsrollen beschränkt.

Nennung des Klagegegenstands / Aufforderung an die Beklagte zur Stellungnahme

Unmittelbar an diesen formalen Aufruf schließt der Richter die Nennung des Klagegegenstands an. Er markiert den Übergang von Aufruf zu Nennung des Klagegegenstands nur durch ein *ja also*:

```
ja also hier geht es um eine- ** kündigung vom v/ dritten januar↑ *
(S. 1)
```

Wie in vielen anderen Güteverhandlungen fordert der Richter im Anschluß an die Nennung des Klagegegenstands die Beklagte auf, Stellung zu nehmen, hier zu den Gründen der Kündigung.

und der grund für die kündigung↑ ** den weiß ich noch nicht↓ **
(S. 1)

Es handelt sich um eine indirekte Aufforderung zur Stellungnahme: Wenn der Richter im Kontext der Verhandlung ein Wissensdefizit konstatiert, das 'noch' besteht, dann hat das für den Adressaten dieser konstativen Äußerung verpflichtende Funktion: Was der Richter nicht bzw. noch nicht weiß, muß ihm gesagt werden. Darüber hinaus markiert der Richter die Äußerung auch suprasegmental als Aufforderung: Er spricht nicht weiter und bedeutet damit dem Adressaten der Äußerung, daß er jetzt die fehlende Information liefern soll. Die spezifische Adressiertheit der Äußerung – die Beklagte soll Stellung nehmen – wird ebenfalls über die Semantik bzw. den Handlungskontext etabliert und nicht durch direktes Ansprechen des Interaktionspartners, der Stellung nehmen soll: Für die Erläuterung der Kündigungsgründe ist der Kündigende zuständig, also die Beklagte.

Stellungnahme der Beklagten: 'Etablierung der Anschuldigung'

Frau Bleyle, die Geschäftsführerin der beklagten Firma, reagiert entsprechend, nennt den Kündigungsgrund (*fe"rnbleiben- * von der arbeit- * (...)*; S. 1) und etabliert damit, wie ich im Kapitel 4 „Die besonderen kommunikativen Rahmenbedingungen der Güteverhandlung" am Beispiel der Verhandlung „Lohnfortzahlung" ausführlich erläutert habe, eigentlich die Anschuldigung für diese Verhandlung.[54] Sie schließt dann auch noch einige Erläuterungen an, denen es allerdings – so zeigt eine spätere Intervention des Richters – noch an der erforderlichen Konkretheit mangelt: Nach dem ersten halben Jahr seien *immer mal wieder fehlzeiten* vorgekommen; man habe *den tag dann im nachhinein zu einem urlaubstag gemacht↑*, und so gebe es *also drei- * tage von- ** november bis dezember- ** in denen* sie – die Verantwortlichen der Firma – *kulanterweise aus den fehltagen dann urlaubstage gemacht* (S. 1) hätten. Und Frau Bleyle will dann den ja ebenfalls anwesenden Herrn Aufstreb ins Spiel bringen als denjenigen, der direkt mit dem Kläger zu tun hatte. Aber ehe sie ihren Vorschlag (*herr aufstreb kann weiter vortragen*) und die Begründung dieses Vorschlags (*ich kann die einzelheiten-* [...] *äh nicht in von dem moment an nicht mehr weiter-* [...] *vortragen weil äh herr aufstreb dann die personalabteilung übernommen hat↓* (S. 2) formulieren kann, unterbricht sie der Richter und unterbricht auch die Verhandlungsphase „Stellungnahme der Beklagten".

Nachtrag zur Identifizierung der Beteiligten und Aushandlung der Beteiligungsrollen

Bei der Erwähnung des zweiten Vertreters der beklagten Firma im Rahmen der Stellungnahme der Geschäftsführerin wird dem Richter ein Versäumnis bewußt;

[54] Vgl. den Abschnitt *„Die Beklagte etabliert die Anschuldigung"* am Ende von Kapitel 4.

vielleicht hat er die Verhandlungseröffnung wohl doch etwas zu routinemäßig abgespult: Frau Bleyle erwähnt in ihrer Stellungnahme Herrn Aufstreb als jemanden, der über fallrelevante Details aus erster Hand berichten kann (*herr- * aufstreb hat herrn kerst- * nachdem er äh krank * geschrieben wa:r und gefehlt hat also krank geschrieben war-*; S. 1); in dieser Weise erwähnt man im Rahmen von Stellungnahmen auch Zeugen. Entsprechend muß er klären, ob Herr Aufstreb als Zeuge auftreten soll; die Klärung dieser Frage duldet aus verfahrensrechtlichen Gründen keinen Aufschub. Der Richter unterbricht die Stellungnahme der Geschäftsführerin mitten in der Äußerung; zwar leitet der Richter seine Intervention mit der Frage *darf ich unterbrechen* ein, macht aber deutlich, indem er keine Pause für eine Antwort läßt, daß es sich um eine rhetorische Frage handelt, eine konventionelle Floskel, mit der einerseits die Unterbrechung in ihrer Gesprächsregeln verletzenden Wirkung gemildert und andererseits die Unterbrechung als solche markiert und vollzogen wird: Der interaktive Fokus „Stellungnahme der Beklagten" ist außer Kraft gesetzt:

darf ich unterbrechen ist denn herr aufstreb sind sie dann zeu"ge↑
(S. 1f.)

Fokus ist jetzt „Aushandlung der Beteiligungsrollen"; diese Möglichkeit des Richters, abrupt den interaktiven Fokus zu ändern, wird hier offensichtlich problemlos akzeptiert; denn die Tatsache, daß Frau Bleyle auf die Frage nach der Funktion Herrn Aufstrebs nicht auf der verfahrensrechtlichen Ebene eingeht, ist sicherlich nicht notwendigerweise als Ausweichmanöver anzusehen:

herr herr aufstreb kann weiter vortragen ich kann die einzelheiten-
[...] äh nicht in von dem moment an nicht mehr weiter- [...] vortragen
weil äh herr aufstreb dann die personalabteilung übernommen hat↓
(S. 2)

Es ist aber zumindest nicht eindeutig entscheidbar, ob Frau Bleyle mit dieser Äußerung allein auf die Frage des Richters eingehen wollte, sie also die rechtlichen Implikationen der Richterintervention nicht verstanden hat, oder ob sie zunächst ihre schon vor der Richterintervention gefaßte Absicht, ihren Part als Stellungnehmende an Herrn Aufstreb zu übergeben, einfach noch zuendeführt – wahrscheinlich ist, daß sie beides in einem vollzieht. Daß sie zumindest auch auf die Richterfrage eingehen will, wird auch daraus deutlich, daß sie keine Anstrengungen unternimmt, die vom Richter unterbrochene Äußerungsproduktion formal wieder aufzunehmen. In jedem Fall zwingt Frau Bleyle den Richter mit dieser Äußerung zu einer Expansion der Aktivität ‘Aushandlung der Beteiligungsrollen’: Eine Belehrung über verfahrensrechtliche Dinge wird erforderlich, wie sie üblicherweise auch im Kontext von Verhandlungseröffnungen plaziert sein kann; der sehr leisen und damit zurückhaltenden Honorierung der Anstrengungen Frau Bleyles, die Rolle Herrn Aufstrebs zu erläutern (*>mhm< **), schließt der Richter ein *nee* an, mit dem er auf sehr kolloquiale Art und Weise markiert, daß Frau Bleyle mit ihrer Anwort ‘danebenlag’. Direkt im Anschluß an das *nee* markiert dann der Richter mit der Floskel *ich frage nur de"swegen* formal und inhaltlich den Beginn einer Aktivität, die sich mit „Belehrung über die verfahrensrechtliche Relevanz der Frage nach der Beteiligungsrolle Herrn Aufstrebs" umreißen läßt:

nee ich frage nur de"swegen wenn herr aufstreb zeu"ge sein sollte für den fall daß es darauf ankommt und wir en zeugen vernehmen- [...] dann wär es nich so sehr gut wenn er jetz hier dabei" is↓ [...] ne↑ * das muß ich ihnen überlassen ich kann das äh: ich kann niemanden verpflichten den saal zu verlassen es wäre nur↑ [EINWURF VON KLÄGER] für die glau"bwürdigkeit eines jeden zeugen natürlich vorteilhaft wenn er nich vorher mitkriegt um was es geht↓ [HÖRERSIGNAL BEKLAGTE] ne↑
(S. 2)

Auf diese Belehrung folgt eine weitere knappe Aushandlungsphase, was die Beteiligungsrolle Herrn Aufstrebs betrifft: Frau Bleyle leitet daraus, daß Herr Aufstreb in allen Fällen, die dann Anlaß für die Kündigung waren, der Ansprechpartner bzw. der Zuständige gewesen ist, ab, daß Herr Aufstreb nicht Zeuge sein kann. Auch wenn das keine rechtlich schlüssige Argumentation ist (der Richter macht das durch die Replik *wenn sie das so sehn-* deutlich), akzeptiert der Richter die Entscheidung der Beklagten (*ja: sie sind der herr des beweises↓* [HÖRERSIGNAL VON DER BEKLAGTEN] *wen sie als beweismittel anbieten↑ **) (S. 2), beendet die Aushandlungsphase über die Beteiligungsrolle Herrn Aufstrebs mit einem abschließenden *gut* und sichert das Ergebnis der Aushandlung unmittelbar anschließend mit einem *dann bleiben sie mal da↓ **.

Wiederaufnahme des Komplexes „Stellungnahme der Beklagten: 'Etablierung der Anschuldigung'"

Mit einem *also* und der Aufforderung *herr* [...] *fahrn sie ma weiter fort↑* an Herrn Aufstreb markiert der Richter das Ende der Phase „Aushandlung der Beteiligungsrollen" und die Wiederaufnahme der „Stellungnahme der Beklagten"; mit dem *fahrn sie ma weiter fort↑* nun nimmt der Richter lediglich die schon vor dem Exkurs zur Rolle Herrn Aufstrebs artikulierte Absicht Frau Bleyles, die weitere Stellungnahme Herrn Aufstreb zu überlassen, als richterliche Aufforderung wieder auf. Parallel zu dieser ersten läuft nun noch eine zweite Übergabeaktivität: Kaum hat der Richter angesetzt, Herrn Aufstreb zur Weiterführung der Stellungnahme aufzufordern, setzt auch Frau Bleyle an, diese interaktive Aufgabe, die sie selbst ja bis zur Aushandlung der Beteiligungsrolle Herrn Aufstrebs wahrgenommen hatte, an Herrn Aufstreb zu übertragen. Der Richter begleitet diese Aktivität Frau Bleyles – er hat seine Aufforderung zuende formuliert – mit einem bestätigenden *mhm* und sanktioniert sie mit einem Akzeptanz signalisierenden deutlichen *ja:↓*, wobei er mit der fallenden Kadenz auch das Ende dieser aufwendigen Übergabeaktivitäten markiert; zur Verdeutlichung noch einmal die parallelen Übergabeaktivitäten in Partiturschreibweise:

Bekl: jetz kann- jetz kann
Rich: also herr> fahrn sie ma weiter fort↑
K: KURZE UNTERBRECHUNG

Bekl: herr aufstreb weitermachen↑
Rich: >mhm↑< ja:↓
(S. 2f.)

Die Frage ist, ob hier die richterlichen Aktivitäten einen latenten Konflikt auslösen, konkreter, ob Frau Bleyle mit ihrer Übergabeaktivität lediglich die verhandlungssteuernden Aktivitäten des Richters bestätigt oder ob sie hier mit der richterlichen Kompetenz konkurriert. Schließlich handelte es sich zunächst um ihre Stellungnahme, und die Annahme ist sicher nicht abwegig, daß sie die Situation nach dem Exkurs über die Beteiligungsrolle Herrn Aufstrebs so einschätzt, daß ihre Beteiligungsrechte als Stellungnehmende noch nicht ordentlich außer Kraft gesetzt sind. Sie könnte sich also auch vom Richter in ihren Beteiligungsrechten übergangen fühlen und startet entsprechend eine konkurrierende Steuerungsaktivität. Ob sie nun tatsächlich mit ihrer Übergabeaktivität konkurrieren will oder nur kooperieren, ist nicht zu entscheiden; die interaktive Qualität ihrer Ordnungsaktivität bleibt ambivalent, und es ist der Richter mit seinen Bestätigungs- und Akzeptanzsignalen, der Frau Bleyles Aktivität als kooperative Leistung interpretiert und honoriert – ein sehr vorsichtiger indirekter Umgang mit einem Kommunikationskonflikt, wenn es denn einen gegeben hat.

Und nun geschieht etwas nicht unbedingt Erwartbares: Nicht Herr Aufstreb übernimmt jetzt wie eigentlich anzunehmen, sondern Frau Bleyle plaziert noch einen Nachtrag zu ihrer eigenen Stellungnahme zu den Kündigungsgründen, den sie mit der einleitenden Kennzeichnung *vielleicht noch eine einzelheit äh* (S. 3) auch als Nachtrag markiert, der die Abtretung der Beteiligungsrechte und -pflichten des Stellungnehmenden an Herrn Aufstreb nicht in Frage stellt. In diesem Nachtrag geht es um eine Schilderung der besonderen Arbeitsbedingungen in der Arbeitsgruppe des Klägers, die ein rechtzeitiges Mitteilen von Fehlzeiten besonders notwendig machen für die reibungslose Abwicklung der Arbeit. Frau Bleyle thematisiert hier einen bisher noch nicht erwähnten Aspekt des Sachverhalts; es handelt sich um einen echten Nachtrag. Es ist aber nicht ganz auszuschließen, daß sie gleichzeitig mit diesem Nachtrag zu ihrer Stellungnahme demonstrieren will, daß sie mitentscheiden kann, wann sie ihren Part an Herrn Aufstreb überträgt. Der Richter nutzt nun – den Nachtrag zwar mit Bestätigungssignalen begleitend – den ersten übergangsrelevanten Punkt dieses Nachtrags, um seine nächste Frage ohne weitere explizite Übergabeaktivitäten an Herrn Aufstreb zu richten:

ja: könnten sie denn mal die daten an denen der klä:ger zu spät oder gar nicht gekommen is oder sich verspätet- * gemeldet hat mal- * mir- * diktie"rn damit ich mir=n bild machen kann↓
(S. 3)

Prokurist Aufstreb entspricht der Aufforderung zur Spezifizierung mit einer detaillierten Aufzählung von Daten und Vorgängen. Während dieser aufwendigen Sachverhaltsschilderung des Prokuristen der beklagten Firma zieht sich der Richter nicht auf eine rein passive Rezeptionshaltung zurück; über die regelmäßig plazierten *mhms* – alle mit schwebender Kadenz – hinaus, mit denen er Aufmerksamkeit signalisiert, die Fortführung der Schilderung ermuntert und wichtige Informationen abhakt, greift er auch aktiv steuernd ein: Die Nennung eines Datums (*das war am RÄUSPERT SICH siebten zehnten fünfunachtzig*↑) ergänzt er durch ein fragendes *da hat er gefehlt*↑ (S. 3), den für die Rekonstruktion eines Fehlverhaltens relevanten Sachverhaltsaspekt festschreibend. Das gleiche wiederholt sich wenig später:

Prok: und er ist denn auch am zweienzwanzigsten nischt erschienen↑
Rich:

Prok: ** und am neununzwanzigsten elften↓
Rich: mhm- mhm nicht gekommen ja:-

Prok: nischt gekommen und auch nischt morgens nischt angerufen-
Rich:
(S. 4)

Mit dem ergänzenden *nicht gekommen ja:-* hält der Richter einmal den relevanten Sachverhalt fest; gleichzeitig regt er dadurch den Prokuristen an, diese Sachverhaltsfestschreibung um einen rechtserheblichen Aspekt zu ergänzen: Der Kläger ist nicht nur nicht gekommen, sondern hat es darüber hinaus versäumt, anzurufen: *und auch nischt morgens nischt angerufen-*, so ergänzt der Prokurist.

Macht der Prokurist Aufstreb in seiner Spezifizierung eine längere Pause, beendet er eine Sequenz in einer Weise, daß nicht erkennbar wird, ob er eine Fortführung der Spezifizierung beabsichtigt, oder bleibt er in seiner Darstellung zu unspezifisch, dann wird der Richter mit seinen auffordernden und unterstützenden Aktivitäten auch expliziter, und zwar jeweils mit oberflächenstrukturell reduzierten knappen Fragesequenzen wie *ja" und dann*↑ oder *für den fünften*↑ (S. 4).

Nach einer etwas ausführlicheren reformulierenden Sachverhaltssicherung durch den Richter fällt die weitere Detaillierungen initiierende Richterfrage ausführlicher aus:

Prok: nein-
Rich: also fünfter und se"chster zwölfter wußten sie nichts davon↑ und

Prok: kam die
Rich: am neunten zwölften am montach war dann die krankmeldung

Prok: krankmeldung ja- ja-
Rich: da rückwirkend fünfter bis fü"nfzehnter- (...↑) mhm↑ *

Prok:
Rich: ging=s dann noch weiter↑
(S. 4f.)

Dafür daß der Richter hier mit einer oberflächenstrukturell vollständigen Frage zu weiterer Detaillierung anhält, gibt es eine einfache Erklärung. In dieser Phase der Sachverhaltsrekonstruktion haben vorübergehend Richter und stellungnehmender Firmenvertreter ihre Beteiligungsweisen an der Sachverhaltsrekonstruktion gewechselt, wie der letzte Gesprächsausschnitt ja zeigt: Der Richter liefert die ausführliche Sachverhaltsschilderung, und der stellungnehmende Prokurist Aufstreb kann sich auf knappe bestätigende Rückmeldungen beschränken. Entsprechend fällt auch jetzt die weiterführende Frage des Richters (*ging=s dann noch weiter↑*) – in Anlehnung an die momentane Beteiligungsmodalität – elaborierter aus.

Dann wieder sichert der Richter einen Aspekt der Sachverhaltsdarstellung des Prokuristen Aufstreb, indem er ihm mit der arbeitsrechtlich verbindlichen Formulierung aushilft:

Prok: das waren die tage als bei denen man eben noch nachträglich den
Rich:

Prok: nebenurlaub- genehmischt hat man hat da also- * <u>äh-</u>
Rich: >mhm-< <u>mit</u> urlaub

Prok: mit urlaub >verreschnet ja↓<
Rich: verrechnet↓
(S. 4)

Den ersten Formulierungsversuch, mit dem der Prokurist diesen Aspekt in seiner Stellungnahme etabliert (*das waren die tage* [...] *genehmischt hat*), hält der Stellungnehmende offensichtlich selbst für weniger geglückt bzw. für erläuterungsbedürftig: Er startet einen neuen Versuch, den er durch das *also* explizit als erläuternde Rephrasierung des ersten Versuchs kennzeichnet (*man hat da also- * äh-*). Die schwebende Kadenz des *also-*, das Absetzen beim Formulieren (*) und das Verzögerungssignal *äh-* sind, da die Rephrasierungsabsicht bereits verdeutlicht ist, als Aufforderung an den Richter zu verstehen, Formulierungshilfe zu leisten, die ja auch dann prompt erfolgt. Durch die umgehende Wiederaufnahme der terminologisch korrekten Richterformulierung und das anschließende *ja↓* mit fallender Kadenz honoriert der Prokurist die terminologische Hilfestellung.

Ausführlicher ordnend und steuernd greift der Richter in die Stellungnahme des Prokuristen ein, als dieser in der Ausbreitung der Daten über den Zeitpunkt der Kündigung hinausgeht. An eine Einordnungsaktivität schließt er eine begründende Belehrung an, die an die Adresse des Stellungnehmenden gerichtet ist und mit der er diese Phase der Stellungnahme abschließt:

das war ja schon jetzt nach den kündigungen ne↑ das könn=wer dann
also mal- * zurü"ckstellen denn sachverhalte die sich na"ch ausspruch
der kündigung ereignen↑ * kam=man nich für die v:orher ausgesprochene
<kündigung zugrundelegen↓> nich↑ *
(S. 6)

Unmittelbar anschließend an diese Belehrung gibt er den nächsten thematischen Fokus der Stellungnahme vor, und zwar die Klärung der Korrektheit der Kündigung, ihrer Wirksamkeit:

die entscheidende fra:ge is jetz- * ob äh- * äh der herr ke"rst- **
denn mal darauf a"ngesprochen worden is un man ihm gesacht hat es er
müsse mit ner kü"ndigung rechnen wenn sich das nich ändere-
(S. 6)

Das ist natürlich die Frage nach der – rechtlich erforderlichen – Abmahnung vor Ausspruch der Kündigung, obwohl der Richter die arbeitsrechtlich verbindliche und übliche Terminologie hier ausklammert; es scheint eher so, als wolle er durch die Beiläufigkeit seiner Formulierung (vgl. das *ob herr kerst denn mal darauf a:ngesprochen worden is*) die rechtliche Tragweite seiner Frage eher herunterspielen. Er hätte ja auch ganz direkt nach der Abmahnung fragen können. In Kenntnis des großen Engagements angesichts der schwierigen sozialen Situation des Klägers scheint mir die Annahme nicht abwegig, daß er dem Prokuristen als Vertreter der beklagten Firma hier eine Falle stellen wollte, daß er zumindest den Beklagtenvertreter dazu zu verleiten sucht, die Vorgänge im Vorfeld der Kündigung so darzustellen, daß man nicht zweifelsfrei vom Vorliegen einer formgerechten Abmahnung ausgehen kann, hätte doch möglicherweise die Erwähnung des Terminus „Abmahnung" sofort 'Alarm' beim Beklagtenvertreter ausgelöst, ihn wachsam gemacht. Ein solches Vorgehen – und damit will ich meine Annahme stützen – gehört durchaus zur gängigen richterlichen Praxis; das bestätigen meine Beobachtungen von Güteverhandlungen und Gespräche mit Richtern. Wenn diese Taktik einer 'negativen Terminologisierung' denn Taktik gewesen ist, sie verfängt nicht[55]; denn der Prokurist Aufstreb versteht die Frage des Richters auch ohne die arbeitsrechtliche Terminologie als Frage nach der korrekten Abmahnung mit all ihren rechtlichen Implikationen und antwortet entsprechend. Er liefert sogar unaufgefordert die Information über die ordnungsgemäße Anhörung des Betriebsrats gleich mit.

Eine solche Episode macht deutlich, daß der Richter mit seinen Aktivitäten die Stellungnahme nicht nur initiiert, voranbringt oder ordnet, sondern daß er darüber hinaus im Rahmen solcher Stellungnahmen die rechtliche Haltbarkeit einer Position testen kann, und da ist dann eine ganze Palette von

[55] Denkbar wäre natürlich auch, daß das Umgehen der offiziellen, 'amtlichen' Begrifflichkeit Ausdruck der richterlichen Bemühungen um einen moderaten Gesprächs- und Verhandlungsstil ist, für Güteverhandlungen allgemein empfohlen.

rhetorischen Verfahren denkbar, derer sich ein Richter bedienen kann, wie etwa: 'Auf-den-Busch-Klopfen', 'Auf's-Glatteis-Führen', 'Unter-Druck-Setzen', 'Fallen-Stellen', 'In-Sicherheit-Wiegen'. Alle genannten rhetorischen Verfahren kommen in meinem Korpus von Güteverhandlungen vor. Im Fall der Verhandlung „Nicht gekommen und nicht angerufen" besteht die Beklagtenposition den 'Härtetest': Der Richter kann nur noch das Ergebnis dieser Phase der Stellungnahme absichern; aus Verdeutlichungsgründen zitiere ich nur die Ergebnissicherungsaktivitäten des Richters:

wann ham se denn die abmahnung geschickt↑ [...] ←also am
dreienzwanzigsten- * zwölften- * abmahnung mü/ schriftlich↑ * und
wann hat er die erhalten↑→ *3* [...] wissen sie nich↓ [...] >mh-<
[...] betriebsruhe war bis zum- ** [...] erster erster↓ * zweiter erster
war er denn dann da:↑ [...] also zweiter erster↑ * gefehlt ne↑ * mhm-
(S. 7f.)

Mit dem absichernden *gefehlt ne*↑ und dem *mhm-* mit schwebender Kadenz schließt der Richter die Exploration zu den Umständen der Abmahnung und zu den Voraussetzungen für eine Kündigung zunächst ab. Diesem *mhm-* und seiner interaktiven Funktion will ich mich im folgenden etwas intensiver widmen: Ein solches *mhm-* mit schwebender Kadenz hat für die Ordnung der interaktiven Vorgänge eine Fülle von Funktionen und ist wohl niemals auf eine eindeutige Funktion zu reduzierbar. Über die Funktion, das Ende einer Teilaktivität zu markieren, hinaus signalisiert es hier den Beginn und den Vollzug einer Phase eigener stiller, d. h. nicht lexikalisch artikulierter, Evaluation des Sachverhalts, signalisiert es Innehalten und Nachdenken; gleichzeitig macht der Richter auf diese Weise (dem *mhm-* folgen noch sieben Sekunden Pause) den Sachverhalt für die Evaluation durch die anderen verfügbar. Solche *mhms* in dieser Position werden nicht selten in taktischer Absicht eingesetzt, und zwar wohl vor allem in asymmetrischen Situationen: Mit einem solchen *mhm* kann der Sprechende signalisieren, daß er gerade eine möglicherweise entscheidungsrelevante Einschätzung des Sachverhalts vornimmt oder vorgenommen hat. Eine solche Inszenierung eigenen Nachdenkens kann die betroffenen Interaktionspartner verunsichern, und nicht selten sind solche Verunsicherungen auch in taktischer Absicht erzeugt. Ob der Richter hier eine solche Wirkung erzielen wollte, ob er sie erzielt hat oder ob das *mhm* hier nur als Ausdruck von momentaner Ratlosigkeit – die Prüfung der Umstände der Abmahnung und der anschließenden Kündigung brachten ja keine Ansatzpunkte – angesehen werden muß und von den Beteiligten auch so verstanden wurde, ist nicht entscheidbar.

Fortführung der Stellungnahme der Beklagten und Aufforderung zur Stellungnahme an den Kläger

Nach Klärung der Umstände der Abmahnung geht der Richter zur Abmahnung selbst über:

```
ham sie die →abmahnung dabei↑← * darf ich die ma sehn↑ *8*
(S. 8)
```

Und er liest die Abmahnung vor. Das Vortragen der Abmahnung hat eine doppelte interaktive Funktion: Einmal komplettiert der Richter – stellvertretend für die beklagte Partei – damit die Stellungnahme der Beklagten, ist die Abmahnung doch der übliche und rechtlich erforderliche Warnschuß vor einer Kündigung.[56] Gleichzeitig ist das Verlesen der Abmahnung bereits eine Aktivität im Rahmen der 'Aufforderung zur Stellungnahme an den Kläger'. Die Abmahnung wird anschließend insgesamt über die Proform *dazu* in die explizite Aufforderung des Richters an Herrn Kerst, Stellung zu nehmen, hineingenommen und damit zum Gegenstand von dessen Stellungnahme gemacht:

```
herr kerst ja was is dazu zu sa:gen↑ [HERVORHEBUNG VON MIR; PS]
(S. 9)
```

Was also zunächst mit der Frage nach der Abmahnung an die Beklagte nur als Bestandteil der Stellungnahme der Beklagten markiert war – die folgende Verlesung der Abmahnung nämlich –, wird durch die anschließende Frage als Einstieg in einen neuen Abschnitt der Konfliktrekonstruktion reinterpretiert, die Stellungnahme des Klägers.

Stellungnahme des Klägers: 'Stellungnahme zur Anschuldigung'

Im Fall der vorliegenden Verhandlung wird die Verhandlungsphase „Stellungnahme des Klägers" fast alleine vom Richter bestritten. Dafür lassen sich eine Reihe von Gründen anführen:

Einmal erweist sich Herr Kerst als nicht fähig oder als nicht bereit, auf die für den Richter relevanten Punkte der Anschuldigung einzugehen; so beginnt er seine Stellungnahme mit dem für die rechtliche Würdigung peripheren Punkt, daß seine am Freitag abgeschickte Krankmeldung erst am Montag zugestellt wurde:

```
→erst ma kann i=mir net erklärn daß erst am: neunten zwölften die
krankmeldung hingekommen is ich hab se am: nächsten tach- * na am
sechsten zwölften is die weggeschickt worden-←
(S. 9)
```

Der Richter kooperiert noch, eine Thematisierung der Fokusverschiebung wohl aus Rücksicht auf den hilflos wirkenden Kläger noch zurückstellend, indem er durch Hinweise auf den Freitag als Absendetag und auf die Überlastung der Post in der Vorweihnachtszeit eine plausible Erklärung anbietet:

---

[56] Das Fehlverhalten, das zum Anlaß der Kündigung genommen wird, muß vorher Gegenstand einer Abmahnung gewesen sein.

ja: das wundert mich ni"ch↑ * daß die post so lange brau:cht (...) ja
ja- *5*
(S. 9)

Dabei nimmt der Richter allerdings mit dem abschließenden *ja ja* mit schwebender Kadenz das zunächst eher Kooperative der Aktivität schon fast wieder zurück, sieht man einmal davon ab, daß auch die einleitende Phrase *ja das wundert mich ni"ch* eine gewisse Distanzierung signalisiert; wie diese Wirkung des *ja ja* zustandekommt, will ich im folgenden zu erläutern versuchen: Das *ja ja* ist, was den Äußerungsausschnitt betrifft, den es kommentierend qualifiziert, und damit in seiner semantischen Qualität, ambivalent. Einmal resümiert es in verstärkender und bestätigender Weise die Aktivität des Sich-Nicht-Wunderns, und zum anderen qualifiziert es verstärkend und bestätigend den Sachverhalt, auf den sich das Sich-Nicht-Wundern bezieht, hat also als metakommunikative Floskel in zweifacher Hinsicht verstärkende Funktion. Hinzu kommt, daß die Tonqualität des *ja ja* – wieder weder mit phonetischen noch intonatorischen Beschreibungskategorien erfaßbar – den Eindruck von 'wer weiß das nicht' vermittelt. Insgesamt signalisiert der Richter damit dem Kläger die Erwartbarkeit des langen Postweges, seine Selbstverständlichkeit, signalisiert, daß der Kläger das hätte wissen müssen. Damit wird, was zunächst eher nach kooperativer Erklärung aussah, durch das *ja ja* retrospektiv zu einer Belehrung uminterpretiert. Das *ja ja* ist – metaphorisch gewendet – der erhobene Zeigefinger des Richters.

Die fünf Sekunden Pause nach dieser ersten Richteraktivität im Rahmen der Stellungnahme des Klägers sind dann wohl auch ein Indiz für eine relative Ratlosigkeit des Richters angesichts der Einsicht, daß diesem Kläger wohl nur schwer zu helfen ist, mit diesem Kläger nur schwer zu reden ist. Nach den fünf Sekunden startet der Richter eine relativ aufwendige Um- bzw. Neufokussierungsaktivität, mit der er die Aufmerksamkeit des Klägers auf den zentralen Punkt der Anschuldigung zu lenken versucht:

Kläg: mh ja (...)
Rich: *5* es geht- * darf ich mal ne zwischenfrage stellen an herrn

Kläg:
Rich: aufstreb herr kerst es geht darum- * daß man ihnen vorwirft-

Kläg: >vertragliche verpflichtung-< →von wegen
Rich: daß sie <ei"ne verpflichtung> äh verletzt

Kläg: vertrach/ vertragliche verpflichtung
Rich: haben
(S. 10f.)

Der Richter macht in diesem Steuerungsversuch zunächst einen relativ unentschlossenen Eindruck – wohl auch wieder ein Ausdruck einer gewissen Ratlosigkeit, wie er mit dem Kläger verfahren soll: Die Phrase *es geht* (als Einleitung und damit Markierung einer Fokussierungs- bzw. Umfokussierungsaktivität zu verstehen) wird nicht komplettiert; erkennbar wird nur die Absicht, nicht die Richtung einer Neu- oder Umfokussierung. Es folgt die Frage an den Kläger nach der Möglichkeit einer Zwischenfrage an den Beklagten – oberflächlich paradox, da ja der Richter selbst bereits am Agieren ist; berücksichtigt man jedoch die handlungskonstellationsspezifischen Beteiligungsrechte und – pflichten, wie sie im Moment der Formulierung der Frage gelten, so ist sie logisch und konsequent, ist doch der lokal gültige interaktive Fokus für die Verhandlungsteilnehmer „Stellungnahme des Klägers", innerhalb derer dem stellungnehmenden Kläger gewisse gesprächsorganisatorische Rechte und Pflichten zukommen, die der Richter nicht ohne weiteres wieder außer Kraft setzen kann. Entsprechend bedarf eine Einbeziehung des Beklagten in die Phase „Stellungnahme des Klägers" der Zustimmung des Klägers. Trotz Zustimmung des Klägers (*mh ja*) stellt dann der Richter die Zwischenfrage doch nicht, sondern er nimmt das eingangs dieser Neufokussierungsphase nicht komplettierte *es geht* wieder auf und führt es zuende als explizite Festschreibung des Fokus für die Stellungnahme des Klägers, wie er durch den Vorwurf der Beklagten, ‘die Anschuldigung’, vorgegeben ist. Dabei kommt dann der Kläger mit seinem Einwurf *vertragliche verpflichtung* dem Richter bei der inhaltlichen Benennung des Fokus noch zuvor, und zwar mit einem direkten Zitat aus der Abmahnung, die dem Kläger also offensichtlich noch gut im Gedächtnis ist. Es spricht also einiges dafür, daß der Kläger sehr wohl weiß, worum es geht, daß die Geschichte mit dem langen Postweg eine Ausflucht war, ein Versuch, einen ‘Nebenkriegsschauplatz’ zu eröffnen, daß die Disziplinierungsmaßnahmen des Richters begründet sind und vom Kläger auch als solche verstanden werden. Herr Kerst wehrt sich nun gegen die Formulierung *vertragliche verpflichtung* – eine Strategie, die er sich offensichtlich bereits vor dem Gütetermin zurechtgelegt hatte. Er setzt für den Aufbau seiner Verteidigungsposition einen empörten Ton ein, stützt diesen noch durch die Floskel *von wegen*, mit der man ja gemeinhin völlig aus der Luft gegriffene, absolut unbegründete Vorwürfe als solche markiert und zurückweist (*von wegen vertrach/ vertragliche verpflichtung*), und beruft sich auf seinen Arbeitsvertrag, in dem davon nicht die Rede sei. Ich zitiere diese Klägeraktivität noch einmal im Zusammenhang:

```
Kläg:  >vertragliche verpflichtung-<
Rich:                  daß sie <ei"ne verpflichtung> äh

Kläg:  →von wegen vertrach/ vertragliche verpflichtung ich hab
Rich:  verletzt haben-

Kläg:  mein arbeitsvertrag dabei↑ * steht #aber nichts von ner#
K:                                        PAPIERGERÄUSCHE
Rich:

Kläg:  von äh daß ich mich melden mu"ß ne also vertragliche
Rich:                                  das steht im gese"tz↑
```

```
Kläg: pflichtung←
Rich:
(S. 9f.)
```

Ob es sich hier um einen plumpen Ausweichversuch des Klägers handelt oder aber um hoffnungslos hilflose Naivität, ist kaum entscheidbar. Der Richter definiert den Rechtfertigungsversuch des Klägers als Ausdruck von Naivität, und zwar vollzieht er diese Einordnung nicht explizit, sondern über die Art und Weise seiner Reaktion: Nachdem er Herrn Kerst mit einem bündigen zweimaligen *das steht im gesetz* (S. 10) bei seinem Rechtfertigungsversuch unterbrochen hat, bearbeitet er – nach einem einleitenden *es ist so:* – den Kläger mit einer aufwendigen und eindringlichen Belehrung über die gesetzliche Pflicht der 'unverzüglichen Mitteilung' an den Arbeitgeber im Krankheitsfall. In dieser Belehrung wird der Richter dann auch sehr plastisch und konkret bei der Begründung der gesetzlichen Regelung:

```
denn wem=man das ni"cht tut dann kommt schon=n arbeitgeber ins
schleudern weil er nich weiß wie er sein persona:l ein*stellen muß
kommt er um neun kommt er um ze:hn um elf is=er no=nich da: da weiß
man nich was los is wie man pla:nen und disponiern soll↓
(S. 10)
```

Das ist einerseits ein eindringlicher Versuch, Einsicht beim Kläger zu bewirken; aber wie so viele Aktivitäten in Verhandlungen, also im Rahmen strategischer Interaktion, so ist auch diese richterliche Aktivität mehrfach adressiert: Mit ihr signalisiert der Richter Verständnis für die Position des beklagten Arbeitgebers. Solche Honorierungen des Standpunktes der geschädigten Partei durch den Richter, wenn er gleichzeitig für die meist schwächere Partei – den klagenden Arbeitnehmer – etwas zu erreichen bemüht ist, haben in der Regel taktische Funktion; denn solche Honorierungen sind immer auch so etwas wie eine Kompensation für die erlittene Schädigung und in dieser Funktion geeignet, den Geschädigten kompromißbereiter zu stimmen. Daß es sich auch hier um eine solche taktische Honorierung des Arbeitgeberstandpunktes handelt, ist vielleicht aus der isolierten Beschäftigung mit der zitierten Richteraktivität nicht so ohne weiteres ersichtlich; da der Richter aber im weiteren Verlauf der Verhandlung vor den Augen des geschädigten Arbeitgebers dann noch so etwas wie eine symbolische Bestrafung des Klägers für sein Fehlverhalten inszeniert, die dann in ihrer Funktion eindeutig ist, gehe ich davon aus, daß er sich auch schon an dieser Stelle der Verhandlung von einem entsprechenden taktischen Konzept leiten läßt.

Das Ende dieser Belehrung und die Wiederaufnahme der Aktivitäten im Rahmen der Stellungnahme zur Anschuldigung markiert der Richter, den Erfolg seiner Aufklärung über die Implikationen des Vorwurfs der 'Verletzung vertraglicher Verpflichtungen' voraussetzend, mit einem ganz direkten *jetz meine fra:ge ob sie das dann geta":n haben↓* (S. 10), d.h. im Sinne der gesetzlichen

Vorschrift den Arbeitgeber unverzüglich zu informieren. Dabei fällt auf, daß der Richter die Frage selbst nicht direkt stellt etwa mit einem 'Haben sie das getan?', sondern die Form des indirekten Fragesatzes benutzt. Mit dem Formulierungsmuster 'jetzt meine Frage + direkter Fragesatz' wäre die Frage als nicht vorerwähnt, als neu gestellt ausgewiesen; das benutzte Muster mit indirektem Fragesatz 'jetzt meine Frage, ob ...' signalisiert, daß diese Frage bereits gestellt wurde, setzt sie als bekannt voraus und stellt sie gleichzeitig neu. So schafft es der Richter, allein schon durch die Wahl des Formulierungsmusters zu signalisieren, daß man jetzt – nach dem Exkurs, nach der Belehrung – an einem Punkt im Verhandlungsgeschehen anknüpft, an dem man bereits war, – auch ein Mittel, Ordnung herzustellen, zu steuern.

Der Kläger bleibt eine klare Antwort schuldig (*daß de andrä: sch/ mündlich oder äh: ja=a:*; S. 10), wobei der Richter diese syntaktisch und lexikalisch defekte Äußerung ohne jede artikulatorische Klarheit als Rückfrage, ob es um das mündliche Melden gehe, versteht. Er bestätigt dies positiv (*ja ja:-*), besteht dann aber nicht auf einer Antwort, sondern inszeniert einen erneuten genauso nachdrücklichen wie geduldigen Versuch, dem Kläger den zentralen Punkt der Anschuldigung nahezubringen. Er markiert jeweils die entscheidenden Punkte mit Formulierungen wie *sagen die*↓ (S. 11) oder etwa *so die version der beklagten* (S. 11) und schließt das ganze noch einmal mit der Formulierung der allgemeinen Regel ab, deren Verletzung dem Kläger vorgeworfen wird. Dabei bildet er die Regel als konkrete Aktivität ab, wie sie der Kläger hätte vollziehen müssen, also in einer sehr eindringlichen und leicht nachvollziehbaren Weise.

wem=man nich kommen muß nich kommen ka"nn↑ * me"lden↓ * irgendwie
telefonisch- * ich kann net kommen →ich bin← immer noch krank attest
folgt nach- ** das is=ses ne↑ *3*
(S. 11)

Das bündige abschließende *das is=ses ne* hat zwei Funktionen, wobei diese doppelte Funktionalität ermöglicht wird durch die vage Referenzleistung der Proform *das*, die in taktischer Umgebung häufig in dieser Weise eingesetzt wird: Einmal markiert die Phrase die Tatsache der ausreichenden Konkretisierung des Vorwurfs; da der Richter jetzt aber – wohl um dem Kläger keine weitere Möglichkeit für Ausflüchte zu eröffnen – die eigentlich erwartbare Frage nach der Berechtigung des Vorwurfs, mit der er den Kläger zu einem Schuldeingeständnis veranlassen könnte, gar nicht mehr gestellt hat, schreibt der Richter hier mit dem *das is=ses ne* gleichzeitig in einem Duktus, der jeden Widerspruch ausschließt, selbst den Schuldanteil des Klägers fest. Er nimmt damit dem Kläger den schwierigen Part des Schuldeingeständnisses ab, und dieser läßt das auch ohne Widerspruch geschehen, wie die folgenden Aktivitäten des Richters zeigen. Daß eine solche Abwicklung der Frage des Schuldeingeständnisses vom Richter intendiert war, geht allein daraus hervor, daß er nach einer knappen Pause von drei Sekunden die Frage nach 'mildernden Umständen' stellt, nach einer ‘Erklärung’, und dabei das Schuldeingeständnis des Klägers, das Zugeben des vorgeworfenen Tatbestandes, präsupponiert:

```
gibt=s denn irgend/ äh könn=se irgendwas zur erklä":rung- * dazu
vortragen warum sie dann nich sich gemeldet haben-
(S. 11)
```

Der Richter bietet dann sogar zwei Erklärungen an, die sowohl konkret als auch exemplarisch gemeint sind: Der Hinweis des Richters auf Krankheiten, die es einem unmöglich machen, sich zu melden, läßt Herr Kerst ungenutzt. Den Richterhinweis, es könnte ja kein Telefon erreichbar gewesen sein, entkräftet der Kläger selbst. Der Richter beendet diese Phase mit einem die Information registrierenden leisen *äha*, macht dann eine längere Pause von ca. sechs Sekunden und läßt ein zögerndes *ja:* (mit schwebender Kadenz) folgen. Dann blättert er in den Fallakten.

Indem er also auf diese Weise signalisiert, daß die Aktivitäten zur Rekonstruktion des Fehlverhaltens des Klägers nunmehr abgeschlossen sind, verschafft er sich gleichzeitig ein wenig Raum zum Nachdenken. Möglich ist natürlich auch, daß er gezielt nach einer bestimmten Information in den Akten suchte.

Das anschließende konstatierende *sie ham fünf kinder-* leitet dann vom Blick in die Akten (diese Einzelheit hat er gerade den Akten entnommen) über zu einer kurzen Skizzierung der sozialen Situation des Klägers, offensichtlich vom Richter als weiterer Entlastungsversuch inszeniert und bereits deutlich an die Beklagte adressiert, in der Absicht, Verständnis bzw. Nachsicht für den Kläger zu bewirken:

```
Kläg:                      >(mh-)< *8*                    nein↓
Rich:  sie ham fünf kinder-            is ihre frau" berufstätig↑

Kläg:                                                    mh-
Rich:  s=geht net mit fünf kindern ne↑ *4* wa=machen se=n jetzt↑

Kläg:                arbeitslos gemeldet↓ *8*
Rich:  sin=se arbeitslos↓
(S. 11f.)
```

Verhandlungsunterbrechung

In diesem Moment betreten die Konfliktparteien in einer anderen Sache den Verhandlungsraum, um einen Vergleich protokollieren zu lassen. Der Richter unterbricht die laufende Verhandlung. Er regelt dabei die Unterbrechung in einem Zug einmal für eine ordentliche Protokollierung der laufenden Verhandlung und zum anderen zur Orientierung der von der Unterbrechung betroffenen Parteien:

achtung die verhandlung →wird unterbrochen entschuldigen sie bitte die parteien wollen nur ihrn vergleich protokollieren nich↑←
(S. 12)

Wiederaufnahme der Verhandlung: Nachträge zur Etablierung der Anschuldigung und zur Stellungnahme des Klägers

Die Wiederaufnahme der Verhandlung markiert der Richter mit einer Art zweitem Aufruf, der syntaktisch wieder die Form einer reduzierten Protokollnotiz hat:

dann fortsetzung äh der sache kerst gegen verlagsgesellschaft↑
(S. 12f.)

Durch die Verhandlungsunterbrechung sind jetzt die besonderen Beteiligungsrechte und -pflichten, wie sie im Rahmen der Stellungnahme des Klägers gegolten haben, aufgehoben, zumal der Richter nicht an den interaktiven Fokus vor der Unterbrechung, also 'Versuch, eine Erklärung für das Fehlverhalten des Klägers zu finden', 'Suche nach entlastenden Momenten für den Kläger', alles Teilaktivitäten im Rahmen der Stellungnahme zur Anschuldigung, anknüpft.

Nach diesem zweiten Aufruf der Sache läßt der Richter eine Pause von ca. vier Sekunden entstehen, dann folgt ein Aufmerksamkeit heischendes langgezogenes *ja:* und nach einer weiteren kurzen Pause unvermittelt die Nennung des interaktiven Fokus, der zunächst gelten soll:

4* ja:↓ ** ja und die anhörung des betriebsrates wenn ich dazu mal fragen darf↑ *4
(S. 12)

Der Richter nennt also den interaktiven Fokus und damit die in der kommenden Verhandlungsphase von den Parteien erwarteten Beteiligungsleistungen nicht explizit, sondern er steuert indirekt über die Thematik: Die Frage nach der ordnungsgemäßen 'Anhörung des Betriebsrats' gehört in die Verhandlungsphase „Stellungnahme der Beklagten: 'Etablierung der Anschuldigung'", eine Teilaktivität im Rahmen der Rekonstruktion des Konflikts, die damit für diesen thematischen Punkt noch einmal eröffnet ist. Der Vertreter der beklagten Firma versteht die Frage dann auch als an sich gerichtet und weist den Richter darauf hin, daß die schriftliche Anhörung dem Richter vorliegt. Dieser liest die schriftliche Anhörung vor; abschließend zitiert er auch die Stellungnahme des Betriebsrats:

empfangsbestätigung un zustimmung dritter erster [=NENNUNG DES DATUMS DER STELLUNGNAHME] häberle- * der betriebsrats*vorsitzende-
(S. 13)

Der Richter schließt dann noch eine zusätzliche Exploration an zu den Punkten 'Betriebsruhe über Weihnachten' und 'Absende- und Zustelldaten der Abmahnung', die erforderlich wird, da in der schriftlichen Anhörung des Betriebsrats, die der Richter ja gerade erst vorgelesen hatte, das Ausmaß des Fehlverhaltens zu ungenau erfaßt war. Entsprechend schließt er diese zusätzliche Exploration mit einer erneuten Ergebnissicherung ab, die er mit einem *wem=man das bereinigt feststellen kann* auch als solche markiert:

```
wem=man das bereinigt feststellen kann daß der kläger am
dreienzwanzigsten zwölften und am zweiten januar gefehlt hat↓ [...]
nich↑ * mhm- * trotz abmahnung↑ * die am dreienzwanzigsten zwölften-
* schriftlich abgesandt aber wohl damals noch nich eingegangen wa:r↓ **
(S. 13f.)
```

Fallende Kadenz und kurze Pause signalisieren, daß dieser Punkt nun abgearbeitet ist.

Es folgt ein zweiter Nachtrag zur Konfliktrekonstruktion, und zwar zu den Umständen der Abmahnung; nach einem einleitenden *is=ses denn richtig*, mit dem der Richter ankündigt, daß es im folgenden um die Stellungnahme zu einer Behauptung geht, markiert er mit einem parenthetischen *darf ich ma fragen herr- * äh kerst↑ ** diesen zweiten Nachtrag als Teil des Aktivitätskomplexes „Stellungnahme zur Anschuldigung".[57]

```
Kläg:
Rich:  is=ses denn richtig darf ich ma fragen herr- * äh kerst↓ * daß

Kläg:
Rich:  herr aufstreb am zwanzigsten zwölften bei ihnen war zu haus↑

Kläg:  →weiß ich nimmer was das für=n tag war ich weiß auf jeden fall
Rich:

Kläg:  daß-ser da war↓←
Rich:
(S. 14)
```

Reformulierung des Konflikts aus der Perspektive des neutralen Dritten: Evaluation durch den Richter

Die Aktivitäten zur Etablierung der Anschuldigung und zur Stellungnahme zur Anschuldigung sind vorerst abgeschlossen. Daß jetzt eine Evaluation des Konfliktsachverhalts folgen soll, die Reformulierung aus der Sicht des neutralen Dritten, kündigt der Richter mit nicht-lexikalischen bzw. nicht-verbalen Mitteln an:

```
mhm mhm mhm↓ SEUFZT *9*
(S. 14)
```

[57] Vgl. dazu den Abschnitt *„Die Beklagte etabliert die Anschuldigung"* am Ende von Kapitel 4 „Die besonderen kommunikativen Rahmenbedingungen ...".

Zur Funktion dieses dreifachen *mhm* mit fallender Kadenz, dem 'Seufzen' und der Pause von 9 Sekunden einige erläuternde Anmerkungen: Die Sachverhaltsrekonstruktion, und zwar sowohl im Rahmen der Etablierung der Anschuldigung als auch im Rahmen der Stellungnahme zur Anschuldigung, war geprägt von Versuchen des Richters, einerseits die Position der Anschuldigung, des beklagten Arbeitgebers also, auf Herz und Nieren zu prüfen, andererseits Entlastendes für den klagenden Arbeitnehmer zu finden. Vor diesem Hintergrund und unter Berücksichtigung der Tonqualität der *mhms* – der Ton signalisiert deutlich Ratlosigkeit – hat diese Sequenz mit dem anschließenden Seufzen und der langen Pause durchaus die Wirkung einer auch inhaltlichen Ankündigung der Tendenz der Richterevaluation: Dem Kläger ist schwer zu helfen. Und entsprechend fällt die auf die Pause folgende explizite Reformulierung des Sachverhalts durch den Richter auch aus.

Formulierung des ersten Vergleichsvorschlags und Aushandlungsaktivitäten

Die Aktivitäten 'Evaluation des Sachverhalts aus der Perspektive des Dritten', 'Vorschlagformulierung' und 'Aushandlungsaktivitäten zum Vorschlag' werden vom Richter nicht durch das Markieren von Zäsuren (mit welchen Mitteln auch immer) oder durch spezifische Fokussierungsaktivitäten voneinander getrennt. Eine Aktivität wird dabei nicht nur gleichsam 'nahtlos' aus der anderen heraus entwickelt, sondern zwei oder mehr interaktive Aufgaben werden parallel bewältigt, d. h. im Vollzug einer Aktivität werden andere handlungslogisch nachgeordnete Aktivitäten bereits teilweise oder vollständig mit vollzogen. Es soll im folgenden zumindest im Ansatz nachgezeichnet werden, wie solche komplexen Interaktionsstrukturen hergestellt werden, und es soll erläutert werden, daß die beschriebenen Strukturen nicht Zufallsprodukte sind, sondern das Ergebnis verhandlungstaktisch orientierter bewußter rhetorischer Planung. Evaluation, Vorschlagformulierung und erste Aushandlungsaktivitäten zunächst im Zusammenhang:

```
also wenn ich=s ihnen offen sage re"chtlich gesehen- * re"chtlich
→das is← die sache hat zwei seiten ne rechtliche und ne menschliche↓
[...] wie ich denke↑ * rechtlich gesehn sieht=s für sie nich so sehr
gut aus↓ * menschlich gesehn fällt es mir sehr schwer- * wenn ich daran
denke- * daß der kläger arbeitslos is und fünf kleine kinder daheim↓
*3* vom menschlichen standpunkt- * würd ich=en vergleichsvorschlach
machen versuchen se=s noch einmal-
(S. 14)
```

Ich erläutere jetzt für die einzelnen Äußerungsteile, welche Aktivitäten bzw. Aktivitätsschritte mit ihnen vollzogen werden:

also: Eröffnungsmarkierung, allgemeine Aufmerksamkeitssteuerung.

wenn ich=s ihnen offen sage: Spezifische Ankündigungsformel für die folgende Evaluation; diese Qualifizierung der eigenen Evaluation hat topischen Charakter, ist ein Offenheitstopos, dem als Ankündigungsformel eine spezifische Verstärkerfunktion zukommt: Die Authentizität des Mitgeteilten, seine unverrückbare Geltung für den Angesprochenen (hier der Kläger) wird gesteigert und (hier) entsprechend der Eindruck von Gewißheit, was die Aussichtslosigkeit der Klage betrifft.

*re"chtlich gesehen- * re"chtlich:* Eine vorausgreifende Aspektualisierung der Evaluation; der Richter grenzt den Relevanzbereich seiner Evaluation ein. Doch er führt dieses Evaluationsmuster nicht zuende, sondern bricht es mit der noch musterkonformen Wiederaufnahme des den Aspekt nennenden Adverbs *re"chtlich* ab.

das is: Markiert als Einleitungsphrase für die eingeschobene Sequenz die Unterbrechung; die Phrase ist fast ein Korrekturmarker, und in der Tat korrigiert der Richter seinen ersten Evaluationsansatz, der nur die rechtliche Seite fokussiert, ja auch durch die eingeschobene Sequenz, indem er den Bewertungsrahmen um einen zweiten alternativen Aspekt erweitert, ehe überhaupt zum ersten konkret etwas ausgeführt ist.

die sache hat zwei seiten ne rechtliche und ne menschliche: Die parenthetisch eingeschobene Erweiterung des Evaluationsrahmens. Mit ihr beginnt der Richter eine komplexe Fokuserweiterung: Er beginnt, ohne die Aktivität 'Reformulierung des Konflikts/Evaluation des Sachverhalts aus der Perspektive des Dritten' beendet zu haben, weitere interaktive Aufgaben zu bearbeiten. Konkret: Die 'menschliche Seite' wurde schon einmal thematisiert, und zwar als der Richter im Rahmen der Stellungnahme zur Anschuldigung nach entlastenden Momenten für den Kläger, nach mildernden Umständen suchte; der Richter bereitet also hier – noch indirekt – seine Vorschlagformulierung vor, beginnt mit der Bearbeitung der Beklagten, mit Aushandlungsaktivitäten zum Vorschlag; damit wird gleichzeitig die beklagte Partei stärker mit adressiert, obwohl explizit noch der Kläger Adressat ist.

wie ich denke: Die Phrase ist in ihrer Funktion vielschichtig: Es kann sein, daß der Richter den doppelten Evaluationsrahmen 'rechtlich/menschlich' als seine Perspektive, die des neutralen Dritten, noch einmal besonders markieren wollte. Allerdings kommt durch die suprasegmental unmarkierte, eher beiläufige Realisierungsweise des *wie ich denke* gleichzeitig der Floskelcharakter mehr zum Tragen: Solche voran- oder nachgestellten metakommunikativen Qualifizierungen haben in gesprochener Sprache häufig gliedernde oder ordnende Funktion nicht nur über ihre Aufmerksamkeit steuernde und äußerungsqualifizierende Leistung, sondern indem sie als redundante semantisch relativ leere 'Schaltelemente' zwischen zwei Propositionen den Adressaten der Äußerung für einen Moment in der geforderten Aufmerksamkeit entlasten. So gesehen, hat die nachgestellte Floskel *wie ich denke* die Funktion, zwischen Etablierung des Evaluationsrahmens und konkreter Fallevaluation für etwas 'Luft' zu sorgen, zu verzögern, vielleicht auch, damit sich die jetzt stärker mit adressierten Frau Bleyle und Herr Aufstreb den erweiterten Evaluationsrahmen 'rechtlich/menschlich' auch wirklich vergegenwärtigen. Ich gehe davon aus, daß die Phrase hier markierende, formal gliedernde und ordnende Funktion sowie die Funktion, durch einen Moment der Entlastung die Wirkung der eigentlichen Mitteilungsabsicht zu verstärken, in einem hat, wobei die Dominanz einer Funktion nicht entscheidbar ist.

rechtlich gesehn sieht=s für sie nich so sehr gut aus: Wiederaufnahme und Komplettierung der zunächst abgebrochenen bzw. unterbrochenen Evaluierungsaktivität; vor allem nach dem einleitenden Offenheitstopos (*wenn ich=s ihnen offen sage*) hat die Litotes *nicht so sehr gut* die eigentliche Bedeutung 'katastrophal'. Die Wirkung dieser Evaluation wird allenfalls dadurch gemildert, daß der Richter mit der eingeschobenen Sequenz ja bereits eine für den Kläger günstigere alternative Bewertung angekündigt hat. Auch wenn hier der Kläger noch explizit adressiert wird, richtet sich die rechtliche Bewertung auch an die beklagte Partei, die ja über die Eröffnung des alternativen Bewertungsaspekts (die 'menschliche Seite') bereits 'gewarnt' sein dürfte. Gesprächstaktisch scheint mir hier hervorhebenswert zu sein, daß der Richter die Bearbeitung der beklagten Partei genau in einer Phase vorbereitet, da er die rechtliche Position der beklagten Partei uneingeschränkt bestätigt. Die Bereitschaft der beklagten Partei, seine Vorschläge zur Milderung der Kündigungsfolgen für den Kläger zu akzeptieren, könnte damit größer werden.

menschlich gesehn fällt es mir sehr schwer: Auffallend ist die Parallelität zwischen dieser und der voraufgehenden Teiläußerung, den beiden zentralen evaluativen Teiläußerungen des gesamten Äußerungskomplexes also: Sie werden von durch kurze voraufgehende Pausen markierte parallel gebaute Partizipialkonstruktionen eingeleitet, die den jeweiligen Bewertungsaspekt auch nennen – ** rechtlich gesehn ... * menschlich gesehen.* Der Richter betont so die Gleichgewichtigkeit der Bewertungsaspekte. Die rechtliche Bewertung war nun noch explizit an den Kläger gerichtet; für diesen zweiten alternativen Evaluationsansatz ist keiner der Beteiligten expliziter Adressat; die menschliche Seite der Situation des Klägers als thematischer Fokus der Äußerung allerdings macht – zwar indirekt – vor allem die beklagte Partei zum Adressaten. Der Appellcharakter[58] der richterlichen Aktivität wird deutlicher. Was das rhetorische Verfahren betrifft, scheint mir noch hervorhebenswert zu sein, daß hier kein expliziter Appell plaziert wird, sondern daß der Richter die Appellwirkung herstellt über die Artikulation seiner eigenen Betroffenheit; daß es sich hier bereits um einen manifesten Bearbeitungsversuch handelt, wird noch plausibler, wenn man sich vergegenwärtigt, daß eine Orientierung der Parteien in der Re-

[58] Vergleichbaren Appellcharakter hat etwa die Einführung von 'Kulanz' in den Kontext von Schlichtungsverhandlungen bei Gebrauchtwagenstreitigkeiten, wobei 'Kulanz' für den Händler allerdings jeweils einen viel stärkeren Verpflichtungcharakter hat als etwa 'Menschlichkeit' für den Arbeitgeber; vgl. Nothdurft (in diesem Band).

gel das Erhalten des richterlichen Wohlwollens für die eigene Position ist; der Richter weiß das, und genau in diesem Sinne ist die Artikulation persönlicher Betroffenheit durch den Richter ein verhandlungstaktischer Zug.

*wenn ich dran denke- * daß der kläger arbeitslos is und fünf kleine kinder daheim:* Oberflächenstrukturell als Konditionalsatz in die evaluative Äußerung *menschlich gesehn fällt es mir sehr schwer* eingebettet; in der rhetorischen Organisation ein selbständiger Schritt, in dem die allgemeine Evaluation konkretisiert wird. Der Adressatenwechsel ist – quasi unter der Hand – vollzogen; der Richter referiert auf den Kläger in der dritten Person (*der kläger*), spricht also jetzt – wenn auch nicht mit expliziter Adressatennennung – die beklagte Partei an.

*vom menschlichen standpunkt- * würd ich=en vergleichsvorschlach machen:* Der Richter vollzieht hier zwei Aktivitäten: Einmal nimmt er nach der Konkretisierung in der *wenn*-Sequenz den nunmehr konkretisierten Evaluationsansatz wieder auf – wie eine Art thematische Setzung für das folgende: Hervorgerufen wird dieser Effekt durch die kleine Pause nach der Phrase *vom menschlichen standpunkt*. Zum anderen markiert er, explizit ankündigend, die Vorschlagformulierung.

versuchen se=s noch einmal: Die Vorschlagformulierung selbst, jetzt explizit an die Beklagte adressiert. Auffallend ist, daß zwischen der Teiläußerung *vom menschlichen standpunkt- * würd ich=en vergleichsvorschlach machen* und der Vorschlagformulierung selbst keine intonatorische Zäsur wahrzunehmen ist. Es entsteht dadurch der Eindruck einer zwingenden Folgerichtigkeit, mit der sich der Formulierungsprozeß im Vollzug der einzelnen sukzessive erläuterten Teiläußerungen auf diese letzte Teiläußerung, die Vorschlagformulierung, zubewegt. In einem komplexen Handlungszug bzw. einem komplexen Formulierungsprozeß wird die Evaluation des Konflikts aus der Sicht des Dritten erweitert um die interaktiven Komponenten 'Aushandlungsaktivitäten zum Vorschlag/Bearbeitung der Beklagten' und 'Vorschlagformulierung'; gleichzeitig vollzieht der Richter – wie beschrieben – unter der Hand einen Adressatenwechsel.

Für die drei Teiläußerungen

- *menschlich gesehn fällt es mir sehr schwer- **
- *wenn ich daran denke- * daß der kläger arbeitslos is und fünf kleine kinder daheim- *3**
- *vom menschlichen standpunkt- * würd ich=en vergleichsvorschlach machen*

will ich noch einmal zeigen, wie rhetorische Absicht und syntaktische Organisation zusammenspielen: Der Appellcharakter dieses komplexen Handlungszugs, seine mitleidstimulierende Wirkung, wird in geschickter Weise durch die syntaktische Struktur gestützt. Die syntaktische Struktur des gesamten Zuges ist die eines sog. Drehsatzes und einer oberflächensstrukturellen Kontamination[59], d.h. einer komplexen syntaktischen Figur, innerhalb derer eine zentrale Teiläußerung Funktion in zwei Syntagmen, zwei Sätzen hat. Dieser doppelt belastete Äußerungsteil ist hier die *wenn*-Sequenz, der komplexe Konditionalsatz. Die beiden Syntagmen, innerhalb derer die *wenn*-Sequenz jeweil qualifizierende Funktion hat, sind:

(1) menschlich gesehn fällt es mir sehr schwer,

wenn ich daran denke, daß der kläger arbeitslos ist und
fünf kleine kinder daheim,

(2) vom menschlichen standpunkt
würd ich=en vergleichsvorschlach machen.

(im zweiten Syntagma wäre die Phrase *vom menschlichen standpunkt* ein appositionelles Element zur *wenn*-Sequenz).

Durch diese doppelte syntaktische Funktion rückt die *wenn*-Sequenz stärker ins Zentrum der Wahrnehmung – und damit auch ihr Inhalt, die konkrete, mitleidstimulierende Lebenssituation des Klägers.

Aushandlungsaktivitäten und Ablehnung des Vorschlags

Der rhetorische Aufwand, der moralische Druck, den der Richter so erzeugt hat, zeigt Wirkung; auf das überraschend, ja fast 'überfallartig' plazierte knappe *versuchen se=s noch einmal-* (vgl. die Interpretation im voraufgehenden Abschnitt), mit dem der Richter einen Wiedereinstellungsvergleich vorschlägt, muß Prokurist Aufstreb sich erst einmal einstellen. Er leitet seine Reaktion auf den Richtervorschlag ein mit einem *herr rischter entschuldigen sie bitte* (S. 14); der Prokurist Aufstreb strukturiert mit dieser aktivitätseinleitenden Floskel bereits die ambivalente Qualität seiner Reaktion auf den Richtervorschlag vor, nämlich – wie noch zu zeigen ist – partielle Honorierung der vom Richter ausgebreiteten Maßstäbe der Fallevaluation, aber Ablehnung des Vergleichsvorschlags. Bei der Interpretation dieses *entschuldigen sie bitte* bin ich zunächst von drei Möglichkeiten ausgegangen, von denen zwei dann allerdings wenig plausibel schienen:

[59] Vgl. Rath (1975); vgl. auch Schröder (1977) und (1984, S. 133-138).

(1) Der Sprechende, hier Prokurist Aufstreb, versucht eine von ihm selbst ausgegangene Verletzung, Beleidigung, Grenzübertretung etc. zu 'heilen'; der Kontext hier gibt eine solche Interpretation nicht her.

(2) Das *entschuldigen sie bitte* ist eine empörte Zurückweisung der Zumutung, 'es noch einmal zu versuchen', hätte Vorwurfqualität; der Ton der Äußerung hat allerdings wenig von Vorwurf oder Empörung, so daß diese Deutung kaum plausibel ist.

(3) Ein solches Entschuldigen muß sich nicht auf eine vorausgegangene Aktivität des Angesprochenen oder des Sprechenden beziehen (wie unter (1) und (2) erläutert), sondern es kann auch sein, daß sich der Sprechende für eine Handlung, die er erst auszuführen im Begriff ist, vorausgreifend entschuldigt, und zwar in der Regel dafür, daß diese Handlung nicht den Erwartungen des Angesprochenen entspricht. Und diese Bedeutung hat das *entschuldigen sie bitte* hier, wobei der Ton, mit dem der Prokurist die Floskel präsentiert, eine entscheidende Rolle für die Bedeutungszuschreibung spielt: Er hat nichts von Konfrontation, sondern signalisiert im Gegenteil Kooperationsbemühen. Entsprechend läßt sich die Mitteilung, die der Prokurist mit dem *entschuldigen sie bitte* macht, mit aller Vorsicht umschreiben als 'Ich verstehe dich zwar, aber ich kann dir nicht helfen'.

Analog zu dem in beschriebener Weise Tendenz ankündigenden *entschuldigen sie bitte* erfolgt dann auch die inhaltliche Konkretisierung der Reaktion auf den Richtervorschlag in einer 'zwar-aber'-Figur: Prokurist Aufstreb entwickelt detailliert, daß eben solche menschlichen Erwägungen bei der Einstellung des Klägers eine große Rolle gespielt hätten, und akzeptiert damit die grundsätzliche Geltung der vom Richter ausgebreiteten Maßstäbe der Fallevaluation, resümiert dann aber:

```
und v:on der seite her da ham wir jetz diese menschlische seite
eigentlisch gezeigt↑ [...] und- * isch muß also sagen daß isch
persönlich sehr- * äh enttäuscht bin über diesen fortlauf↓
(S. 14f.)
```

So indirekt diese Stellungnahme ist, das Perfekt *ham wir ... gezeigt*, das Konstatieren der Enttäuschung, zusammen mit der einleitenden Entschuldigungsformel sind eindeutig: Herr Aufstreb lehnt den Vergleichsvorschlag ab. Es mag nun sein, daß er in beschriebener Weise eine indirekte Form der Ablehnung wählt, weil er weder die Verantwortung für eine explizite Vorschlagablehnung übernehmen noch der Entscheidung der Geschäftsführerin Frau Bleyle vorgreifen will. Der Richter wartet aber eine Reaktion der Geschäftsführerin nicht mehr ab, sondern nach einem zögerlichen *mhm- * mhm- *** schließt er diesen ersten Einigungsversuch mit dem Eingeständnis des vorläufigen Scheiterns dieser Einigungsschiene ab und definiert damit gleichzeitig die Reaktion des Prokuristen als Ablehnung seines Vorschlags:

nun is diese- * >ich-< * kann menschlichkeit nich durch- * urteil
erzwingen↓ * nich↑ ** äh ich hab mal nur die me"nschliche seite in den
vordergrund gestellt↑ *9*
(S. 15)

Vor allem die erste Teiläußerung trägt dabei im Sprachgestus, in der Tonqualität alle Merkmale vorwurfsvoller Verärgerung, von Zurechtweisung, gerichtet an die Adresse der beklagten Partei. Und so wird eigentlich, indem der Richter das vorläufige Scheitern dieser Einigungstaktik eingesteht, eben diese Taktik – und dadurch besonders wirkungsvoll – noch einmal aktiviert. Die überlange Pause von neun Sekunden[60], die der Richter entstehen läßt, unterstützt die Wirkung dieses in die Form einer Zurechtweisung gekleideten Appells: Atmosphärisch entsteht das, was man gemeinhin 'betretenes Schweigen' nennt. Es ist dem Richter gelungen, die beklagte Partei zu beschämen. Ob er hier einen Teilerfolg verbuchen konnte bei seinem Versuch, die beklagte Partei überhaupt in irgendeiner Weise vergleichsbereit zu machen, ist nicht zu entscheiden, allenfalls zu vermuten. Als alternative Möglichkeit zu erklären, warum die beklagte Partei, also die Geschäftsführerin und der Prokurist, diese Pause nicht füllen, hat doch der Richter eine Teilaktivität deutlich abgeschlossen, bietet sich prinzipiell auch eine verhandlungstheoretische Argumentation an: Nachdem die beklagte Partei dem ersten 'Angriff' des Richters widerstanden hat, ist es Sache des Richters, initiativ zu werden, einen neuen Versuch zu starten. Einer solchen Interpretation kann ich nur meinen intuitiven Eindruck aus der Beobachtung der Verhandlung entgegenhalten: Atmosphärisch war das eine 'Wirkungspause' – von der einen Seite inszeniert, von der anderen Seite hingenommen; daß beide, Herr Aufstreb und Frau Bleyle, in diesem Moment den Blickkontakt mit dem Richter mieden und nicht suchten – etwa in Erwartung eines neuen Vorstoßes –, spricht zusätzlich für meine Interpretation.

Nach der Pause leitet dann der Richter mit einem *vielleicht könnte es so: sein* (S. 15) eine neue Bearbeitungsfigur ein[61], einen neuen Versuch, die beklagte Partei zur Rücknahme der Kündigung und zur Wiedereinstellung des klagenden Herrn Kerst zu bewegen. Zunächst entwickelt er ein Erklärungsmodell, das das Fehlverhalten des Klägers auf Unwissenheit zurückführt bzw. diese

[60] Der Leser vergegenwärtige sich, möglichst mit Blick auf die Uhr, das Phänomen, daß fast zehn Sekunden lang in einem bislang sehr 'dichten' Verhandlungsgeschehen niemand etwas sagt.

[61] Die richterlichen Aktivitäten der Verfahrenssteuerung werde ich für den Rest dieser Verhandlung eher in globaleren Paraphrasierungen wiedergeben; nur die wichtigsten Markierungs-, Steuerungs-, Vorschlags- und Sanktionsaktivitäten des Richters werde ich durch Gesprächszitate belegen; Grund ist, daß die letzten aufwendigen und letztlich erfolgreichen Anstrengungen des Richters weiter unten in den Kapiteln 6 und 8 „Der 'evaluative Bruch'" und „Zwischen Neutralität und Parteilichkeit ..." unter jeweils anderen Beschreibungsaspekten ausführlich behandelt werden.

Möglichkeit zu bedenken gibt. Offensichtlich will der Richter nach dem ersten gescheiterten Versuch mit großer Vorsicht zu Werke gehen. Entsprechend nimmt er nach der Elaborierung des Arguments in der conclusio den Potentialis der Ankündigungsfloskel (*viellei"cht könnte es so: sein*), mit dem er den gesamten Erklärungsversuch bereits relativiert hat, wieder auf:

möglicherweise ich **weiß** es nich genau **möglicherweise** hat-
* es herr kerst nicht so richtig begriffen **daß man** eben diese **zwei"**
pflichten hat das attest zu übersenden u"nd aber so schnell **wie**
mö:glich dem arbeitgeber bescheid zu geben [HERVORHEBUNGEN VON MIR; PS]
(S. 15)

Die Häufung der Relativierungs- und Distanzmarkierungen ist auffällig und wohl nur so erklärbar, daß der Richter einem allzu schnellen Widerspruch der Beklagtenseite vorbeugen will.

Unmittelbar im Anschluß an dieses vorsichtige Erklärungsangebot plaziert der Richter noch einmal eine belehrende Erläuterung des Fehlverhaltens des Klägers, die deutlich mehrfach adressiert ist: Die Belehrung gilt einmal dem Kläger, andererseits honoriert der Richter damit noch einmal ausdrücklich die Position der beklagten Partei und konzediert die Berechtigung der Kündigung:

wem=man ne verabredung hat und sie nicht einhalten kann muß man dafür
sorgen- * daß derjenige mit dem man sich abgesprochen hat nicht- * äh
ergebnislos irgendwo wa"rtet↑ * nich↑ * äh- * da steht es- * drin nich↑
* dreienzwanzigster zwölfter sofort nach der erkrankung- * fernmündlich
schriftlich oder durch vermittlung anderer personen eine nachricht
hinterlassen das is schon richtig↓ **
(S. 15)

Nach diesen zwei neuen Bearbeitungsansätzen – Erklärungsangebot und Belehrung – wendet sich der Richter, den ersten Vergleichsvorschlag wieder aufnehmend, mit einem auch im Ton emphatischeren Appell an die beklagte Partei:

ich versuch=s trotzdem nochmal meinen se nich daß man wenn ich ihnen
jetz also ganz klar sage herr kerst noch ein solcher fall gesetzt den
fall die- * der verlag wäre bereit sie nochmal zu nehmen↓ * >nich-< *
(S. 15f.)

Der Richter wartet eine Reaktion auf diese Wiederaufnahme seines ersten Vergleichsvorschlags nicht erst ab, wohl weil er meint, noch nicht genug getan zu haben, und entsprechend einer Vorschlagzurückweisung vorbeugen muß; er nimmt vielmehr unmittelbar die Bearbeitungsfigur „Belehrung des Klägers" wieder auf und baut sie zu einer aufwendig inszenierten engagierten 'Strafpredigt' aus: *sie ham zwei" pflichten verdammt nochmal zwei pflichten- ** [...].[62]

[62] In extenso wiedergegeben wird der gesamte Gesprächsausschnitt unten im Kapitel 8 „Zwischen Neutralität und Parteilichkeit ...".

Ein wahres Feuerwerk geht da ab, alles adressiert vor allem auch an die beklagte Partei und hier als äußerst suggestiver Versuch, die Wahrnehmung der beklagten Partei von den Vorgängen dahingehend zu beeinflussen, daß sie den Eindruck gewinnt, 'nun sei aber der arme Teufel gestraft genug'.[63] Schluß- und Höhepunkt dieses verbalen Feuerwerks ist dann der Versuch des Richters, die Beklagte in ihrer Gewißheit, im Recht zu sein, zu verunsichern, und das, nachdem er schon längst die Rechtsposition der Arbeitgeberseite bestätigt hatte.[64]

Der Eindruck, daß der Richter noch schnell alles 'abbrennen' will, was er 'drauf hat', verstärkt sich durch die Art und Weise, wie er diesen letzten Beeinflussungsversuch in seine Aktivitäten einbindet; dazu zitiere ich die Schaltstelle zwischen „Belehrung/'Strafpredigt'" und „Verunsicherung der Rechtsgewißheit":

```
also ich argumentier nur von der menschlichen seite- * ni"cht von der
juristischen↓ * wie die juristische seite is da kam=man- * geteilter
meinung sein nich da kam=man das is ne v/ ne kippelentscheidung [...]
(S. 16)
```

Der Richter reaktiviert hier also den alternativen Bewertungsrahmen 'rechtlich/menschlich'[65], den er für eine Evaluation des Konfliktsachverhalts bereits eingeführt hatte, um zumindest vordergründig die Kontinuität seiner verbalen Aktivitäten zu wahren, nur daß er an dieser Stelle gar nicht entsprechend alternativ evaluiert: In der 'Belehrung/Strafpredigt' ging es nicht um die menschliche Seite, also die schwierige soziale Situation des Klägers. Und so entsteht dann der Eindruck, daß irgendeine Überleitung her mußte, um diesen Verunsicherungsversuch noch irgendwie zu plazieren.

Immerhin gelingt es dem Richter mit dieser aufwendig inszenierten 'Bearbeitung der Beklagten', jetzt die eigentlich verantwortliche Geschäftsführerin Frau Bleyle zu veranlassen, noch einmal ausführlich zu begründen, warum sie den Kläger nicht mehr beschäftigen will. Hier wird dann noch deutlicher, daß dem justitiablen Konfliktanteil eigentlich geringere Bedeutung zukommt, auch wenn er den Kündigungsgrund abgibt – das Fehlverhalten bei der Krankmeldung

---

63 Wenn ich besonders hier, aber auch an anderen Stellen meines Beitrags solche topischen, konventionalisierten Floskeln benutze, um Gesprächsereignissen eine Bedeutung zuzuschreiben, dann deswegen, weil es in den einschlägigen geistes- und sozialwissenschaftlichen Disziplinen keine eingeführte Terminologie gibt, mit der sich in vergleichbarer Weise Atmosphärisches und interaktive Qualität von Verhandlungsausschnitten wiedergeben ließe; da die Bedeutungskonzepte hinter solchen Floskeln einen hohen sozialen Vermittlungsgrad aufweisen, könnte die Verwendung entsprechender Analyseprädikate darüber hinaus auch die Verständigung mit dem Leser erleichtern.

64 Vgl. dazu unten das Kapitel 6 „Der 'evaluative Bruch'".

65 Vgl. oben in diesem Kapitel den Abschnitt *„Formulierung des ersten Vergleichsvorschlags und Aushandlungsaktivitäten"*.

also. Offensichtlich sind die manifest am Konflikt beteiligten informellen Sozialbeziehungen zwischen Geschäftsleitung und Kläger, aber auch zwischen Kläger und Arbeitskollegen so weitgehend gestört, daß eine Weiterbeschäftigung für alle eine Belastung wäre[66]; ohne daß eine konkrete inhaltliche Spezifizierung notwendig ist, machen die resümierenden Urteile der Geschäftsführerin in ihrer Vorschlagablehnung das sehr deutlich:

[...] und da sieht man eben ganz deutlich äh daß diese bereitschaft ni"cht da ist bei der arbeitsgruppe↓
(S. 17)

[...] und äh von de"r seite her merkt man eben daß auch herr kerst nich bereit ist von seiner seite etwas dazu zu bringen↓
(S. 17)

Und so hat der Richter mit seiner eigenen Argumentationsschiene „menschliche Seite" wohl eher den vorhandenen Widerstand gegen eine Wiedereinstellung des Klägers noch verstärkt; es waren wohl vor allem solche menschlichen und sozialen Erwägungen auf Seiten des Arbeitgebers, von denen er sich schon bei der Kündigung des Arbeitsverhältnisses leiten ließ.

Der Richter leitet dann die Ergebnissicherung dieser Verhandlungsphase selbst ein:

Bekl: wir sind wir sie können auf
Rich: >mhm↓< *5* also kein letzten versuch↑

Bekl: einen vergleich in diesem fall <u>nicht</u> eingehen↓
Rich: <u>>mhm↓<</u>
(S. 17)

Formulierung des zweiten Vergleichsvorschlags, Aushandlungsaktivitäten und Ratifizierung des Vorschlags

Ohne weitere Einleitungs- oder Ankündigungsaktivitäten vorauszuschicken, präsentiert der Richter unmittelbar nach der Ablehnung des ersten Vergleichsvorschlags seinen zweiten:

ja wenn keine weiterbeschäftigung sehen sie die möglichkeit- * äh- ** ihm die erneute arbeitslosigkeit- * im wege einer- * moderaten abfindungsregelung- *4* zu erleichtern- * oder soll=s entschieden werden- *
(S. 17f.)

Mit dem Zusatz *oder soll=s entschieden werden- ** markiert der Richter für alle Beteiligten, daß es sich bei diesem Vorschlag um den letzten Versuch handelt,

[66] Vgl. hierzu Kapitel 4 „Die besonderen kommunikativen Rahmenbedingungen ...".

eine gütliche Einigung zu erreichen. Die verbleibende Alternative ist dann die streitige Verhandlung vor der Kammer[67], und der entsprechende Hinweis ist natürlich auch eine mehr oder weniger offene Drohung in Richtung Arbeitgeber, daß dann wieder alles offen ist. Wieder ohne eine Reaktion auf den Vorschlag abzuwarten, schließt der Richter umgehend eine Plausibilisierung dieses zweiten Vergleichsvorschlags an, indem er argumentiert, daß die Argumente der Beklagten, mit denen diese einen Wiedereinstellungsvergleich verweigert hatte, nicht gegen eine Abfindungsregelung sprechen:

[...] wäre da"s [BEZIEHT SICH AUF: *daß es- * proble":me mit der belegschaft gibt und den vorgesetzten wenn der kläger wieder in betrieb reinkommt↓*] ja nicht ein hinderungsgrund↓ * äh sich in sonstiger weise vom kläger zu tre"nnen
(S. 18)

Diese Plausibilisierung des zweiten Vergleichsvorschlags hat eine komplexe interaktive Funktion:

(1) Der Richter rechtfertigt die Unterbreitung eines zweiten Vergleichsvorschlags: Die Ablehnung des ersten Vorschlags ist kein Widerspruch zur Annahme des zweiten und entsprechend keiner zu dessen Unterbreitung.

(2) Der Richter kündigt eine neue Aushandlungsphase an, für die die Argumente, die beim Scheitern des ersten Vorschlags eine Rolle spielten, nicht mehr gelten.

(3) Mit der Plausibilisierung des zweiten Vergleichsvorschlags beginnt der Richter gleichzeitig, die beklagte Partei zu 'bearbeiten': Die Plausibilisierung läßt sich auch als indirekter Appell verstehen in der Bedeutung 'Ihr könntet doch eigentlich'.

(4) Er signalisiert, daß die Sache damit erledigt wäre und keine Entscheidung erforderlich würde.

Wieder ohne jede intonatorische Zäsur leitet der Richter nach dieser Plausibilisierung des Vorschlags seinen eigentlichen Bearbeitungsversuch ein, mit dem er die beklagte Partei zumindest zu einer Abfindungsregelung bereit machen will, wohl wieder, um vorschnell ablehnenden Reaktionen des Prokuristen oder der Geschäftsführerin zuvorzukommen: Suprasegmentale Gliederungssignale (fallende Kadenz, eine kurze Pause und ein verzögerndes *äh*), die die Eröffnung eines neuen Handlungszuges markieren, folgen erst auf die explizite

[67] Denkbar wäre natürlich, daß man sich an Ort und Stelle über eine Alleinentscheidung des Vorsitzenden verständigt (vgl. § 55 des ArbGG im Anhang 1); denkbar ist aber auch, daß man in der Kammerverhandlung noch eine vergleichsweise Regelung erreicht; was der Richter hier wohl nur sagen will, ist, daß er – sollte auch der zweite Vergleichsvorschlag abgelehnt werden – keine andere Chance als das streitige Urteil sieht.

Ankündigung, mit der sowohl der interaktive Stellenwert der angekündigten Aktivität (neuer Aushandlungsversuch) und der thematische Fokus (*die juristische seite*) markiert werden:

ich muß jetz die juristische seite ansprechen↓ * äh
(S. 18)

Der auf die Ankündigung folgende Richtervorstoß ist dann in seiner Zielrichtung äußerst komplex; er hat gleichzeitig etwas von 'Auf-den-Zahn-fühlen', 'Einen-Versuchsballon-starten' und 'Aufs-Glatteis-führen' und ist wohl insgesamt ein Versuch, die beklagte Partei in ihrer Gewißheit, formal alles korrekt abgewickelt zu haben, zu verunsichern:

es is ja ne zwei"te kündigung ausgesprochen worden offensichtlich is do"ch bei der ersten kündigung etwas nich ganz- * korrekt gelaufen in bezuch auf die anhörung des betrie"bsrats-
(S. 18)

Auch wenn der Richter noch zu Details nachfragt (*ja darf ich fragen* [...] *we"r und wa"nn äh über diesen- * empfangsbestätigungsvermerk noch handschriftlich zu"stimmung geschrieben hat*↑), es gelingt ihm nicht, die Beklagte zu verunsichern. Entsprechend quittiert er das Angebot, sich das Original der Anhörung des Betriebsrats anzusehen, mit einem abwinkenden *jaja- jaja-* und fügt nach einer kurzen Pause ein diesen Verunsicherungsversuch beendendes *gut*↓ hinzu.

Dem Richter bleibt nur die Wiederholung seines zweiten Vergleichsvorschlags, und er formuliert diese Wiederholung in der denkbar knappsten Form und ohne jeden zusätzlichen Ankündigungs-, Qualifizierungs- oder Markierungsaufwand:

<abfindungsregelung↑>
(S. 18)

Gerade dieser formulatorische Minimalaufwand verleiht dem Vorschlag eine Direktheit, der sich die beklagte Partei nicht mehr entziehen kann; mit ihrem *was würden sie denn da sehn*↑ (S. 18f.) leitet dann auch die Geschäftsführerin Frau Bleyle umgehend die Aushandlung über die Höhe einer Abfindungsregelung ein, damit auf den Vorschlag des Richters grundsätzlich eingehend. Nachdem der Richter einen Betrag genannt hat (1/4 Gehalt = DM 500,-), ist es der Prokurist Aufstreb, der zunächst noch Widerstand leistet. Nach einer kurzen Episode, innerhalb derer es dann zwischen Prokuristen, Richter und Kläger auch um Daten und Termine zu den beiden Kündigungen und zur Beendigung des Arbeitsverhältnisses geht, entsteht eine längere Pause, die der Richter mit einem letzten schließlich erfolgreichen Vorstoß füllt: Frau Bleyle ratifiziert – nach einer längeren Überlegungspause – den Abfindungsvergleich in der vom Richter vorgeschlagenen Höhe:

Bekl: mit rücksicht auf die
Rich: mit rücksicht auf die fünf kinder↑ *7,5*

```
Bekl:  fünf kinder sin wir damit einverstanden ja↓
Rich:                                              mach=wer=s so↑ **
(S. 19)
```

Der Vergleich ist mit diesem fragend-bestätigenden *mach=wer=s so*↑ abgemachte Sache. Jetzt gilt es noch, das Ergebnis im einzelnen abzusichern und den Vergleich offiziell zu protokollieren.

Ergebnissicherung und Protokollierung

Mit einem ***dann endet das arbeitsverhältnis*** [...] leitet der Richter eine kurze Episode ein, innerhalb derer dieser Termin und die Höhe der vom Arbeitgeber noch zu leistenden Zahlung abgesichert wird. Mit einem ***gut dann nehm wer=s ma so auf nicht***↑ (S. 19) schließt der Richter die Ergebnissicherung und leitet über zur Protokollierung des Vergleichs. Diese Protokollierung wird dann nur noch durch eine knappe Episode der Exploration zu möglichen Ansprüchen aus noch offenem Urlaub unterbrochen, die ich in der folgenden Wiedergabe des Protokolls ausspare; der Richter spricht das Protokoll in sein Diktiergerät:

```
die parteien äh schließen nach →erörterung der sach und rechtslage←
folgenden vergleich↑ *
erstens- * die parteien sind sich einig darüber komma daß das
arbeitsverhältnis aufgrund o"rdentlicher arbeitgeberkündigung vom
dritten e"rsten neunzehnhundertsechsunda"chtzig mit ablauf äh des
einunddreißigsten ersten neunzehnhundertsechsundachtzig- [...] äh
geendet hat absatz
zweitens äh die beklagte zahlt dem kläger eine abfindung für den
→verlust des arbeitsplatzes gemäß paragraphen neun zehn des
kündigungsschutzgesetzes← in höhe von äh d. m. fü"nfhundert
lohnsteuer und sozialzo/ sozialversicherungsfrei" absatz
dri"ttens [...] mit diesem vergleich sind alle ge"genseitigen
vermögenswerten ansprüche der parteien aus dem arbeitsverhältnis
→komma [...] komma erledigt absatz
nächster punkt dä die kosten des rechtsstreites werden gegenenander
aufgehoben← punkt↓
```
(S. 19f.)

Knappe Beendigung

Wie in den meisten Güteverhandlungen fehlen auch in dieser aufwendigere Beendigungs- und Auflösungsaktivitäten. Ein Grund ist sicher die schnelle Terminfolge an den meisten Verhandlungstagen. Hier wird auch der 'pro-forma'-Charakter von Schlichten im Gütetermin eine Rolle spielen: Da faktisch die irreparabel zerstörte Sozialbeziehung nur noch formal beendet wurde, bieten sich in der Phase der Auflösung der Verhandlungssituation keine aufwendigen

Entlastungs- oder Versöhnungsaktivitäten an, wie sie in 'echten' Schlichtungssituationen durchaus zu finden sind. In jedem Fall ist auch im Fall der Verhandlung „Nicht gekommen und nicht angerufen" die 'Geschichte' mit einem lapidaren *so das war=s dann* vorbei.

5.2. Die ungesteuerte Verhandlung: „Die Bezahlung des sechsten" (3003/124)

In der Verhandlung „Die Bezahlung des sechsten" beschränkt der Richter seine verfahrenssteuernden und -strukturierenden Aktivitäten auf ein Minimum. Er läßt zu, daß die Mehrzahl der thematischen und gesprächsorganisatorischen Initiativen von den Parteien oder deren Bevollmächtigten ausgeht und er selbst in diese Initiativen als Reagierender einbezogen wird. Grund ist in diesem Fall sicher auch seine Verärgerung über den Klageanlaß und über die Art und Weise der Konfliktaustragung in der Güterverhandlung, wie unten noch zu zeigen ist, so daß er keinen Anlaß sieht, 'sich anzustrengen'. Es entsteht darüber hinaus phasenweise der Eindruck, als wolle der Richter durch eine schon demonstrative Weigerung, sich ernsthaft und engagiert um das Anliegen der Streitparteien zu kümmern, diese beschämen[68] und sie auf diese Weise zum Einlenken bewegen. Damit würden die 'Verweigerung' des Richters und sein 'Rückzug aus der Verhandlung' als Konzepte zur Bearbeitung des Streitfalls selbst zu Strukturierungsprinzipien werden.

Ähnliche Verhandlungsverläufe entstehen, wenn ein Richter aus 'kathartischen' Gründen die Konfliktaustragung zwischen den Parteien einfach laufen läßt. Weitere Gründe für das Herstellen bzw. Zulassen von Verhandlungsverläufen, die explizit weitgehend von Parteieninitiativen gesteuert und strukturiert werden, kann ich nicht nennen, sieht man einmal von der Möglichkeit ab, daß ein Richter den Parteienstreit 'nicht in den Griff bekommt', daß er von einer Verhandlungssituation überfordert ist. Beispiele solcher Verhandlungen finden sich in meinem Korpus nicht.

Der Fall:

Es geht um eine Entgeltklage. Der Kläger hatte die Beklagte, seinen Arbeitgeber, Anfang Dezember mündlich von seiner Kündigungsabsicht zum 6. Januar (ein Montag!) unterrichtet; er hatte nach 6jähriger Betriebszugehörigkeit in einer anderen Firma eine besser bezahlte Beschäftigung mit mehr Verantwortung gefunden; die schriftliche Kündigung hatte er dann so terminiert, daß zwischen Kündigungseingang und 6. Januar exakt 14 Tage lagen, also genau die gesetzliche Kündigungsfrist. Dienstag, der 7. Januar, sollte der erste Arbeitstag beim neuen Arbeitgeber sein. Da der 6. Januar („Heilige Drei Könige") in Baden-Württemberg Feiertag ist, kam so der alte Arbeitgeber, die Beklagte, in die Situation, eine ganze Kette von Feiertagen bezahlen zu müssen ohne jede Gegenleistung. Er verweigerte die Zahlung für den Montag. Und diesen einbehaltenen Lohn - genau DM 133,12 - klagt der Kläger ein. Der Kläger ist mit

68 Vgl. dazu auch unten das Kapitel 8 „Zwischen Neutralität und Parteilichkeit ...".

Rechtssekretär Pfeiffer vom DGB erschienen, die beklagte Firma ist durch Assessor Jordan vom Landesverband der Chemischen Industrie vertreten. In der Verhandlung wird schnell deutlich, daß der individuelle Fall letztlich Vorwand für einen Prinzipienstreit zwischen den Verbänden ist. Die Güteverhandlung scheitert; es wird ein Kammertermin angesetzt.

Die Verhandlungseröffnung mit Aufruf des Falls und Identifizierung der Anwesenden laufen noch routinemäßig ab. Dann nennt – wie in anderen Verhandlungen auch – der Richter den Klagegegenstand:

hundertdreiendreißig mark und zwölf pfennig- * werden eingeklagt- *3*
(S. 1)

Die Pause nach der Nennung des lächerlich geringen Betrags – der Richter vermittelt die Lächerlichkeit durch die Nennung des exakten Pfennigbetrags – markiert noch einmal die Geringfügigkeit des Klageanlasses für die Beteiligten; mit der Pause (*3*) nach der gesamten Teiläußerung zum Klageanlaß – durch die schwebende Kadenz vor der Pause signalisiert der Richter, daß er das Rederecht noch nicht abgeben will -, betont er diese Geringfügigkeit zusätzlich; und eine entsprechende Mitteilungsabsicht steht auch hinter der folgenden eher rhetorischen Frage:

gegen die kündigung wird nich geklagt ne↑
(S. 1)

Natürlich weiß der Richter, daß gegen die Kündigung nicht geklagt wird; das geht aus seinen Unterlagen hervor. Auch mit dieser Frage will er die 'unglaubliche' Geringfügigkeit des Klageanlasses markieren. Kläger und Beklagte übergehen die Zurechtweisung und interpretieren die Frage direkt; sie antworten entsprechend:

RechtsS: nei"n↓ er hat selbst gekündigt↓
VerbV: >nä-< es war ne kündigung

RechtsS:
VerbV: des klägers↓ *3*
(S. 1)

Die Frage des Richters wäre damit beantwortet; in einer 'wohlgeordneten' Verhandlung würde nun der Richter die weiteren interaktiven Aufgaben verteilen, und das heißt in der Regel, den Beklagten zur Stellungnahme aufzufordern.

In dieser Verhandlung nutzt die Beklagte die Pause, die nach der gemeinsamen Beantwortung der Richterfrage durch Beklagte und Kläger entsteht, um – assoziativ das Thema „Kündigung" aufgreifend – die Rechtsposition der Beklagten zu präsentieren:

de beklagte leitet aus der kündigung des klä:gers eine beendigung zum dritten ersten her↑ *7*
(S. 1)

Die sieben Sekunden Pause nach dieser Positionsmarkierung durch die Beklagte lassen vermuten, daß der Richter zögert, seine verfahrenssteuernde Rolle wahrzunehmen. Schließlich läßt er sich auf die thematische Vorgabe durch den Verbandsvertreter ein und stellt eine Explorationsfrage:

ja" is das ne mündliche un ne schriftliche kündigung gewesen↑
(S. 1)

Der Rechtssekretär sieht nun seinerseits die Chance, die Beantwortung der Richterfrage um eine Darlegung der Rechtsposition des Klägers zu erweitern:

der kläger hat schriftlich gekündigt abgesandt an einem samstag ging an einem montag der beklagten zu und das arbeitsverhältnis endete genau am sechsten janua:r- * unter einhaltung einer zweiwochenfrist der tarifvertrag sieht keine beendigung zum freitag vor↓
(S. 1)

Die Positionen sind markiert – auf Initiative der Parteien, weniger des Richters, der sich nach dieser Anfangsphase für den Rest der Verhandlung weitgehend jeglicher aktiver verfahrenssteuernder Aktivitäten enthält. So wird der Verbandsvertreter Jordan mit der 'Etablierung der Anschuldigung' selbst initiativ, indem er unaufgefordert eine ausführliche Darstellung des 'rechtsmißbräuchlichen' Verhaltens des Klägers liefert. Nach dieser detaillierten Darstellung, in der es vor allem um die Rekonstruktion eines Vorgesprächs zwischen Arbeitgeber und Kläger über dessen Absicht, zum 6. Januar zu kündigen, geht, überläßt der Verbandsvertreter es nicht etwa dem Richter, den präsentierten Sachverhalt zu evaluieren oder gegebenenfalls weiter zu explorieren, sondern er selbst bringt in seiner abschließenden Frage den Sachverhalt auf den rechts- bzw. entscheidungsrelevanten Punkt:

s=die fra:ge o"b bei diesem- * ja" nach diesem- * vorgespräch- * die beklagte die ja den kläger deutlich darauf hingewiesen hatte wie das- * äh: aus ihrer sicht aussieht- * äh diesen montag noch- * mitbezahlen muß-
(S. 3)

Eine solche Strukturierungs- und Evaluationsaktivität gehört in der Regel zu den Beteiligungsleistungen des Richters; dieser reagiert auch entsprechend irritiert:

ja war das ne frage an mich- * war das ne frage an mi"ch↑ * ob das bezahlt werden soll oder- * war das nur ne rhetorische frage-
(S. 3)

Eine *rhetorische frage* wäre ein Mittel der Vorwurfpräsentation und als solche im Kontext der Präsentation der Anschuldigung erwartbar; die 'echte' Frage würde den Richter auf eine von ihm erwartete Beteiligungsleistung festlegen, würde tendentiell eine Belehrung des Richters über seine Aufgaben und Pflichten darstellen. Möglicherweise spürt Assessor Jordan die noch sehr vorsichtige Zurechtweisung des Richters mit seiner Gegenfrage. Das leichte Lachen, mit dem er seine Antwort begleitet, und die Relativierungssignale *gegebenenfalls* und *letztendlich* scheinen jedenfalls darauf hinzudeuten:

```
VerbV:  BEGINNT LEICHT ZU LACHEN ja herr
Rich:

VerbV:  vorsitzender- * sie werden #gegebenenfalls
K:                                 LACHT
Rich:                     LACHT LEICHT

VerbV:  diese frage beantworten müssen letztendlich↓#
K:
Rich:
(S. 3)
```

Der Richter lacht selbst, die Situation dadurch entspannend, und kontert aber ergänzend, mit Kosten und Aufwand drohend:

```
ja: aber mit der kammer↑ * nich↑
(S. 3)
```

Danach legt nicht der Richter, sondern der Verbandsvertreter Jordan den Fokus der anschließenden Verhandlungsphase fest: Ordnung und Evaluation der bisher ausgebreiteten Sachverhalte nach ihrer rechtlichen Relevanz:

```
→ja also äh-← *2* sicherlich↓ ** es is in der tat äh: äh dieses- *
dieser dialo:g der da vorher stattgefunden hat das entscheidende
weswegen die beklagte diese rechtsansicht- * äh: <ha"t>
(S. 3)
```

Eine ironische Beschreibung des Vorgangs könnte etwa lauten: „Verbandsvertreter Jordan verbirgt nur mühsam seine Irritation ob der wenig kooperativen Antwort des Richters (*ja also äh-*), honoriert dessen Anstrengung aber noch pflichtgemäß (*sicherlich*↓) und nimmt – nach dieser kurzen Unterbrechung durch die Befragung des Richters – den eigentlichen Faden der Verhandlung wieder auf (*es is in der tat* [...])." Wenn der Richter sich in beschriebener Weise das Heft aus der Hand nehmen läßt, dann hat das Symbolfunktion: Er bedeutet durch diesen Stil der Verhandlungsführung den Streitparteien, daß ihr Fall es nicht verdient hat, daß der Arbeitsrichter sich damit befaßt.

Verbandsvertreter Jordan setzt nun nach dem den Fokus wiederaufnehmenden *in der tat* seine ausführlichen Aktivitäten zur Evaluation und Ordnung des Sachverhalts fort; er tut dies mit Relevanz zuschreibenden, Aufmerksamkeit steuernden und Pflichten regelnden Floskeln, die üblicherweise zum Repertoire des Richters gehören. Ich gebe im folgenden einige dieser Floskeln in der Reihenfolge ihres Vorkommens und unter der Auslassung der angesprochenen Inhalte wieder:

```
und es spricht auch: meines erachtens einijes dafür [...] deswegen
sitzen wir hier [...] das gericht wird die frage zu klä"rn ham↑ *
deswegen sitz=mer ja hie"r↑ * ne↑ [...]
(S. 3ff.)
```

Der Rechtssekretär unterbricht diese Evaluations- und Ordnungsaktivitäten des Verbandsvertreters (*äh darf ich ganz kurz was dazu sagen*; S. 4), um über eine kontroverse Stellungnahme zur Anschuldigung mit einer alternativen Evaluation (*→er hat← sich korrekt verhalten er hat eben: seine rechtlichen möglichkeiten wahrgenommen*; S. 4) einen Positionenkampf zwischen den Parteien einzuleiten.

Diesen Positionenkampf beendet nicht etwa der Richter; der Beklagtenvertreter selbst bringt die Auseinandersetzung in einem knappen Resümee auf die entscheidungsrelevante Deutungsalternative, gleichzeitig dem Richter seine Aufgabe zuschreibend:

```
ob sie=s mit pfiffig bezeichnen ob wir=s mit rechtsmißbräuchlich
bezeichnen das gericht wird die frage zu klä"rn ham↑ * deswegen
sitz=mer ja hie"r↑ * ne↑
(S. 5)
```

Nach dieser ordnenden und zusammenfassenden Aktivität des Verbandsvertreters beginnt dann der Rechtssekretär, wohl im Vertrauen auf die starke Position der Klägerseite, den Assessor Jordan 'auf den Arm zu nehmen', ihm mit einem lächerlichen Vergleichsangebot die schwache Position der beklagten Partei vor Augen zu führen:

```
muß da wirklich kammertermin gemacht werrn↑ * drei mark könnt=mer
nachgeben↓
(S. 5)
```

Um die pragmatische bzw. interaktive Qualität einer solchen Äußerung wiederzugeben, benutzt die Umgangssprache die Bezeichnung „Veräppeln", wenn nicht eine gröbere Bezeichnungsvariante sogar angemessener wäre. Und als Assessor Jordan den Vorschlag reformuliert, um sich und dem Kontrahenten die Implikationen zu verdeutlichen, stößt Rechtssekretär Pfeiffer noch einmal nach, den Erfolg seines Vorstoßes auskostend:

```
LACHT LEICHT nachgeben u"m drei mark↓
(S. 5)
```

Wohl nicht zuletzt, um zu verhindern, daß die Verhandlung noch weiter auf diese uneigentliche Ebene abgleitet, schaltet sich an dieser Stelle der Richter ein mit einer Exploration zum Tarifvertrag, auf diese Weise auch der Aufforderung der beklagten Partei nachkommend (***das gericht wird die frage zu klä"rn ham↑ ****). Mit der Ergebnissicherung dieses Explorationsvorstoßes[69] übernimmt aber nicht etwa der Richter die Initiative in der Verhandlung; vielmehr honoriert Assessor Jordan die richterliche Anstrengung und 'hakt sie ab', indem er sie für irrelevant im Kontext der Rekonstruktion und Evaluation des Konflikts erklärt:

das is korrekt- * würd ich gar nich bestreiten äh es geht=n/ geht darum
daß dieses- * gesprä"ch vorher stattgefunden hat-
(S. 5)

Dann nimmt er den Faden seiner evaluierenden und rekonstruierenden Aktivitäten wieder auf. In diesem Kontext versucht Assessor Jordan sogar, eine persönliche Befragung des Klägers zu inszenieren, eine habituelle Beteiligungsaufgabe des Richters:

→also← ich weiß zunächst noch nich ma ob der kläger- * vielleicht
das bestreitet was ich vorgetragen hab- * ne↑
(S. 6)

Der Kläger will dieser Aufforderung nachkommen (*also: RÄUSPERT SICH*), aber Rechtssekretär Pfeiffer übernimmt nach diesen Eröffnungssignalen, dem Kläger lediglich die Rolle der Ratifizierung der Stellungnahme überlassend:

Kläg: also: RÄUSPERT SICH
RechtsS: du wollst den feiertag zahlt kriegen

Kläg: >ja is klar un des< steht mir auch-
RechtsS: und die andern auch- du host sechs jahr

Kläg: >(des is-)<
RechtsS: lang gschafft bei der firma distel und kampfer un wirst

Kläg: >so is=ses↓<
RechtsS: do net auf den fei"ertag verzichten nach sechs jahr

Kläg: >das=s rischtisch-<
RechtsS: beschäftigungszeit↓ * korrekt so wie sie=s sagen
(S. 6)

---

[69] Richter:
→ja denn← gehört=s doch eigentlich zur- * vertragsfreiheit↑ **
zu einem termi:n an dem man immer auch will kündicht↑ * sofern nu"r
die- * fri"st die vorgeschrieben ist einhält↑ (S. 5)

Vgl. dazu das Kapitel 6 „Der 'evaluative Bruch'"; ich komme dort gerade auf diese rechtliche Evaluierung und ihre Bedeutung im Kontext der Verhandlung noch ausführlich zu sprechen.

Entsprechend handelt sich Rechtssekretär Pfeiffer eine Rüge des Verbandsvertreters Assessor Jordan ein, die im Inhalt und im gesamten Duktus einer richterlichen Sanktion gleichkommt.

Das anschließende Geplänkel zwischen den beiden Prozeßbevollmächtigten um die Rolle des Rechtssekretärs als 'Vorsager' beendet der Richter mit seiner ersten und einzigen großangelegten Initiative in der gesamten Verhandlung. Mit dieser Initiative versucht er einen alternativen Bewertungsrahmen zu dem der Parteien („rechtsmißbräuchlich" oder „pfiffig") durchzusetzen, und zwar einen pragmatischen: Er setzt Verfahrensaufwand zu Klageanlaß in Relation, um die Parteien zur 'einzig möglichen Lösung', einem Vergleich zu bewegen. Ich gebe die gesamte Richterinitiative wieder und ebenfalls den fast schon frech-offenen Einwand, mit dem der Kläger die eigentliche Orientierung seines Prozeßbevollmächtigten explizit kenntlich macht und damit die Richterinitiative stoppt:

```
Rich:  es gibt eigentlich nur ein argument jetzt hier- [...] ein neuer

Rich:  termi:n der unvermeidlich wäre würde die ko"sten um die=s

Rich:  hier geht die hundertdreiunddreißig mark →so ziemlich←

Rich:  aufze"hrn- * jetz sind- * sie:- * zu zwei angereist mit

VerbV:                    mit z/ * zwei zü"gen (LACHT)
Rich:  zwei auto"s↑ * sie verliern dadurch- * zei:t- * →wie bitte↑←

VerbV: mit zwei zü"gen↓ LACHT
Rich:                   #mit zwei zügen- # * sie verliern dadurch
K:                      SCHMUNZELND

Rich:  zwei arbeitsstunden mindestens- * sie müßten- * heute für=n

Kläg:                                                   ja isch bin
Rich:  heutigen tach ham se vielleicht urlaub genommen ne↑

Kläg:  vorzeitisch gange↓
Rich:                        vorzeitig gegangen →also← n halben tach

Rich:  u"rlaub →ham sie scho=ma aufgewandt ne↑← * #des könn se ma auf
K:                                                STAKKATO

Rich:  ihr so"ll stellen-# * im kammertermi:n↑ * geht=s nochma":l so:-
K:

Rich:  * kann es kann sei"n →ich weiß nich ob es so is-← * ne↑ * soll

Rich:  die kammer entscheiden↓ * →kam=man so oder so sehn↓← * nich↑ *

Rich:  äh sie gewi"nnen hundertdreiendreißig mark verliern aber das
```

```
Kläg:                                                isch find es geht a:
Rich:  gleiche- * wieder↑ * durch die- * anderthalb tage urlaub odder

Kläg:  (...) im grund geht=s ums prinzip↓
Rich:  zwei halbe tage urlaub-
(S. 7)
```

Der Richter unterbricht seinen Versuch, eine alternative lebenspraktische Bewertungsperspektive durchzusetzen, abrupt und nimmt den Klägereinwurf zum Anlaß, dem angestauten Ärger Luft zu machen:

```
es geht ums prinzip <jawo"ll jawo"ll ich weiß es> ich weiß es ich freue
mich daß es auch ab und zu noch menschen gibt- * die ni"cht um das
schnöde geld klagen sondern weil es ihnen ums prinzip geht↓ * ne↑
* dann machen wer die sache auch gründlich↓ * da"nn machen wer die
sache auch gründlich →und dann hab ich auch keinen
vergleichsvorschlach wenn=s ihnen ums prinzip geht↓← * ne↑ * aber
dann warten se bitte auch schon bis juni↑ * im juni machen wer dann=n
kammertermin↓
(S. 7f.)
```

Tonqualität und gesamter Sprachgestus signalisieren große Erregung und Verärgerung; die Häufung von Doppeltphrasierungen (*jawo"ll jawo"ll / ich weiß es ich weiß es / da"nn machen wer die sache auch gründlich da"nn machen wer die sache auch gründlich*), die hyperbolisierende Stilisierung der streitenden Parteien (*menschen* [...] *die ni"cht um das schnöde geld klagen*) oder etwa das anaphorisch[70] verwendete *dann* als Markierung für die Kette von Teiläußerungen, mit denen der Richter seine Verweigerung artikuliert, mit den Parteien zum Erreichen einer vergleichsweisen Regelung zu kooperieren, alle Phänomene vermitteln in gleicher Weise den Eindruck von Erregung und Verärgerung.

Nach dieser sehr aggressiven Offenlegung der eigenen Haltung überläßt der Richter die weitere Gestaltung des Verhandlungsgeschehens wieder den Parteien und reagiert im wesentlichen nur noch auf deren Vorstöße, ihn zu einem Vergleichsvorschlag zu bewegen. Zwei Ausnahmen sind zu erwähnen, die ich kurz erläutern will:

Nachdem Rechtssekretär Pfeiffer die 'Halbe/Halbe-Lösung' als mögliche Regelung mit dem Hinweis auf das 'korrekte' Verhalten seines Klienten (*des kam=mer net machen↓ *3* halbe halbe der kläger hat sich korrekt verhalten*; S. 9) kontert, initiiert der Richter die zweimal gescheiterte persönliche Befragung des Klägers zu den Umständen der Kündigung, in diesem Falle mit Erfolg; Rechtssekretär Pfeiffer erteilt dem Kläger das Wort:

---

70 „anaphorisch" im poetisch-literarischen Sinn.

```
RechtsS:   er=s (...)← (...)
Rich:      ich hab vom kläger noch kein wort gehört↑ * zu den- *

RechtsS:                                                ja ich hab=n doch
Rich:      begründeten darlegungen von herrn jordan↓

RechtsS:   gefragt aber bitte kannst du nochma was dazu sagen-
Rich:
(S. 9)
```

Nachdem der Kläger zunächst beginnt, die Umstände der Kündigung aus seiner Sicht zu schildern, übernimmt dann die weitere Befragung wieder Assessor Jordan; bald schaltet sich Rechtssekretär Pfeiffer wieder ein, und es kommt zu einer ausgebauten Phase von strittiger Rekonstruktion der Kündigungsumstände und der rechtlichen Implikationen. Sieht man von einer Bemerkung zu Sperrfristen beim Arbeitsamt ab, hält sich der Richter vollständig aus dieser Verhandlungsphase heraus. Diese Phase macht thematisch insgesamt einen wenig geordneten Eindruck, ist thematisch wenig stringent.

Und ein zweites und letztes Mal noch wird der Richter initiativ: Gegen Ende der Verhandlung haben die Parteien schließlich untereinander geklärt, daß es zu keiner vergleichsweisen Regelung kommen wird:

```
RechtsS:
VerbV:     also: äh gut okay dann will ich nur ma sagen äh frage

RechtsS:                                               >nö↓<
VerbV:     hat=s sinn über=n vergleich zu re"den↑           nein↓ * gu"t

RechtsS:                              (...)
VerbV:     #also >das- * war ja- * ne     antwort↓<#
K:         GENUSCHELT
(S. 15)
```

Die anschließende Initiative des Richters vollzieht sich in zwei Schritten; zunächst kündigt er mit einem äußert sarkastischen Kommentar zum Fall die Beendigung der Verhandlung an:

```
also doch wie am anfang es geht ums prinzip ja denn wolln wer auch ne
ger/ prozeßliche entscheidung machen ne berufung womöglich zulassen
wegen grundsätzlicher bedeutung ja↑
(S. 15f.)
```

Dann zieht er eine andere Verhandlung vor, da die Kammertermine – wegen identischer Prozeßbevollmächtigter – organisatorisch aufeinander abgestimmt werden müssen; die Terminregelung inszeniert der Richter dann mit nüchterner und effektiver Routine:

Rich: achtung es geht dann weiter in der sache heller gegen

Rich: distel und kampfer↑ *4* erfolglos↑ ** kammer- *3* ja

Rich: wann↑ BLÄTTERT ham sie irgendwie nee als=is der erste

Rich: termin ü"berhaupt den wer zusammen haben nach- * langer

RechtsS:
VerbV: >ja sagen se ma was was komm was kommt denn in
Rich: pause↑

RechtsS:
VerbV: frage↑<
Rich: fümfter juni: da ging es um neun- * oder zwischen

RechtsS:
VerbV : ja machen
Rich: sechzehn uhr zehn und siebzehn uhr↑ * o:der- *

RechtsS: is der en donnerstag↑ alla das geht dann
VerbV: wer neun↓
Rich: ja:-

RechtsS: meistens↓ * ich schau grad↓ *3* fümfter juni
VerbV: neun uhr-
Richter:

RechtsS: hab ich um sieben uhr schon kammertermin →vermutlich bei
VerbV:
Rich:

RechtsS: ihne-← ja is mein/
VerbV:
Rich: hagemann stadt↓ * ja↑
K: AUFNAHME BRICHT AB
(S. 16)

Abgesehen von diesen beiden Ausnahmen, in denen der Richter die Verfahrenssteuerung in die Hand nimmt oder zumindest einen Bearbeitungsschritt veranlaßt (Beendigung und Ergebnissicherung/Befragung des Klägers), zieht sich – wie oben bereits erwähnt – der Richter für die gesamte zweite Hälfte der ca. 20minütigen Verhandlung entweder auf die Rolle des passiv am Verhandlungsgeschehen Beteiligten zurück, oder er verweigert sich demonstrativ; d.h. nachdem die Devise „Es geht um's Prinzip" einmal ausgegeben ist, überläßt er den Parteien das Feld, jeweils nur mit Verweigerung reagierend, wenn letztere ihre strittige Sachverhaltsrekonstruktion und ihren Prinzipienstreit unterbrechen, um ihn zur Formulierung eines Vergleichsvorschlags zu veranlassen. Drei dieser Vorstöße und die jeweils ironischen bis sarkastischen Verweigerungsaktivitäten des Richters (sieht man einmal von der zweiten Verweigerung ab) will ich im folgenden zitieren:

'Vorstoß-Verweigerungs'-Sequenz 1

```
RechtsS: ja was würden sie denn für=n vorschlag machen-
Rich:                                                     <kei":nen>

Rich:    →um gottes willen nei":n← ich mach doch keinen↓ nei"n ich

Rich:    mach keinen vergleichsvorschlag↓ ** es geht doch wirklich

Rich:    nich↓ [...] →nein nein← ich ich find es wirklich gut daß

Rich:    mal- * nur wegen ner tüftlichen rechtsfrage das gericht

Rich:    angerufen wird nich↑ * und nich immer dieses schnö:de- *

Rich:    äh=äh [...] hascherei nach dem geld↓ * [...] >ne↑< * ich

Rich:    ich kann=s nur auf diese iro"nische art und weise verdauen

Rich:    nich daß man- * äh >auch mal solche fälle- * bekommt
(S. 8f.)
```

Der Richter selbst klassifiziert seine Reaktion als 'Verdauen' auf 'ironische Art und Weise'; Technik der Ironiemarkierung ist wieder die hyperbolisierende Stilisierung der Parteienorientierungen.

'Vorstoß-Verweigerungs'-Sequenz 2

```
VerbV: schließ mich ganz gerne der frage des herrn pfeiffer an:

VerbV: wenn sie:- * einen vergleichsvorschlag machen und äh=er

VerbV: erscheint- * beiden seiten einigermaßen akzeptabel >äh

VerbV: dann wollen wir also-<      (...)
Rich:                    ja man kann doch in so=ner situation weiß

Rich:  gott nur sagen halbe halbe- [...] nich↑
(S. 9)
```

Daß dies – pragmatisch gesehen – kein Vergleichsvorschlag ist, sondern eine Verweigerung, selbst einen solchen Vorschlag zu formulieren, signalisiert der generische Duktus der Äußerung (*man kann* [...] *in so=ner*) und geht aus dem Kontext hervor: Die Parteien geben mit dieser Äußerung nicht wie mit einer konkreten Vorschlagformulierung des Richters um; der Richter selbst formuliert wenig später seine ausführlichste Weigerung, den Parteien einen Vergleichsvorschlag zu machen.

'Vorstoß-Verweigerungs'-Sequenz 3

VerbV: also wenn sie=n: vergleichsvorschlag machen herr vorsitzender

VerbV: dann äh:- * könn wer uns gerne da drübber- * unterhalten↓
(S. 11)

Der Rechtssekretär gibt zunächst dem Richter keine Chance, auf diesen erneuten Vorstoß zu reagieren; über seine Ablehnung eigentlich jeglicher vergleichsweisen Regelung initiiert er zunächst eine neue Phase der Streitaustragung mit Verbandsvertreter Jordan, ehe der Richter zu Wort kommt:

Rich: →also← ich halte es für- * ausgesprochen- * äh fehl am platze

Rich: wenn i"ch einen vergleichsvorschlach mache- * wo sich zwei"

Rich: juristen gegenüber sitzen- * die problematik [...] äh gekannt

Rich: haben seitdem die klage zugestellt war spätestens↓ *

Rich: dann noch zum #geri"cht zu# kommen
K: KLOPFT MIT DER HAND

Rich: und dann=en vergleichsvorschlach zu erwarten- * ja erwarten

Rich: #se von mir denn jetz die salomonische weisheit-# ** >nich↑<
K: ÄRGERLICH

Rich: äh=ähm schauen sie mich dann mit erleuchtenden augen an sagen

Rich: #oh darauf wärn wir ja nie" gekommen# herr vorsitzender- * wir
K: IMITIERT

Rich: schlagen sie vor für=s bundesverdienstkreuz↓ * <erwarten se das

Rich: wirklich daß ich in →so einer solchen situation←

Rich: mich #entblö":de# ihnen en vergleichsvorschlach
K: KLOPFT AUF DEN TISCH

Rich: zu machen↑ * #nei":n# mach ich nich- >[...]
K: MIT HOHER STIMME

Rich: es geht doch wirklich nich also- * →entschuldigen sie←

Rich: es gibt doch- * ta"tsächlich in einer solchen situation

Rich: nur ei"nes das hätten sie →abber auch ohne mich gekonnt↓ * und

Rich: ohne die fahrtkosten aufwenden zu müssen-← * si=nämlich sich

Rich: ans telefon zu hängen und sagen- * äh pfeiffer halbe halbe machen

Rich: wer=s so: ne↑ [...] also ich mache" um gott/ fürs um verrecken

Rich: kein vergleichsvorschlach hier das muß von ihnen wirklich selber

```
Rich:  kommen↓ [...] ne↑ * und wie wenn ich jetz eine za"hl nenne →wenn

Rich:  ich eine zahl nenne hat das dann irgendeine ma:gische

Rich:  wirkung↑← [...] hn↑ * #wieso eigentlich↑#
K:                                UNTER LACHEN
(S. 13f.)
```

Das rhetorische Mittel, mit dem der Richter seine Ironie transportiert, ist auch wieder eine hyperbolische Stilisierung, hier eines möglichen Vergleichs im vorliegenden Fall und seiner Implikationen.

Als dann der Richter nach diesen demonstrativen Verweigerungsaktivitäten im Vorgriff auf einen Kammertermin auf die Notwendigkeit einer detaillierten Rekonstruktion des mündlichen Kündigungsgesprächs zwischen Kläger und Firma hinweist, korrigiert ihn wieder der Kläger, wohl ganz im Vertrauen auf die inzwischen vom Rechtssekretär Pfeiffer immer deutlicher bezogenen Position der Stärke:

```
also des isch find des gespräsch war eigentlisch eher unwischtisch- *
(S. 15)
```

Insgesamt macht diese 'ungesteuerte' Verhandlung, in der der Richter sich aus der aktiven Verhandlungssteuerung weitgehend heraushält, einen wenig geordneten Eindruck, zumal im Vergleich mit der 'gesteuerten' Verhandlung „Nicht gekommen und nicht angerufen". Die Verlaufsanalyse hat aber auch gezeigt, in welcher Weise richterliche Passivität, was die Beeinflussung des Verhandlungsverlaufs betrifft, und demonstrative Verweigerung, sich eines Falls in der 'üblichen' Weise anzunehmen, professionelle Konzepte der Konfliktbearbeitung im Gütetermin sein können, auch wenn – wie im vorliegenden Fall – ohne Erfolg.

5.3. Zur Aufhebung der Kontinuität einer Verhandlungssituation

Der Normalfall: Kontinuität eines gemeinsamen interaktiven Fokus der Beteiligten

Der überwiegende Teil der beobachteten Güteverhandlungen wurde 'ordentlich' eröffnet, 'ordentlich' durchgeführt und 'ordentlich' geschlossen. Zwischen den Eröffnungsformeln des Richters und den ergebnissichernden und die Beendigung markierenden Floskeln wird von den Beteiligten in der Regel ein gemeinsamer interaktiver Fokus aufrechterhalten. Auch die gelegentliche knappe Verständigung zwischen den Prozeßbevollmächtigten und ihren Klienten hebt in der Regel diesen gemeinsamen Fokus nicht auf: Man kann davon ausgehen, daß jeweils parallel zu dem 'Beiseite-Sprechen', ob es sich nun um kurze Kommentare, um Rückfragen, um knappe Anweisungen oder etwa Warnungen handelt, die Aufmerksamkeit der Betroffenen immer weiterhin auch dem laufenden Verhandlungsgeschehen gilt.

Die Situationsunterbrechung als verhandlungstaktisches und arbeitsökonomisches Instrument

Die Verhandlungsunterbrechung, ob nun vom Richter vorgeschlagen oder inszeniert oder auf Wunsch einer oder beider Parteien verabredet, ist eine verfahrenspraktische Möglichkeit, die verhandlungstaktisch und arbeitsökonomisch vielfältig einsetzbar ist. Die häufigsten von mir beobachteten Anlässe und Zwecke solcher Unterbrechungen will ich jetzt skizzieren:

Wenn sich eine Situation festgefahren hatte oder sich im Kreise drehte, tendierte vor allem einer der drei Arbeitsrichter dazu, die Verhandlung zu unterbrechen (... ***unterbrechen wer mal***), manchmal mit einer Terminierung (***für fünf minuten, n paar minuten***), manchmal ohne definierten Zeitraum, letzteres meist, wenn er eine solche Unterbrechung nutzte, um den nächsten Fall vorzuziehen. Die Unterbrechungen sollen in diesen Fällen den Beteiligten die nötige Bedenkzeit geben, die Möglichkeit zu einer informellen Aussprache, in welcher Konstellation auch immer.

Außer diesen in ihrer Begründung eher pauschalen und unspezifizierten Unterbrechungen gibt es immer wieder gezielt begründete; die Initiative zu diesen Unterbrechungen geht meist von den Parteien bzw. von deren Bevollmächtigten aus; ich nenne einige Anlässe:

- Partei und Prozeßbevollmächtigte wollen sich auf einen Betrag verständigen, unter den sie nicht gehen wollen oder bis zu dem ihre Zahlungsbereitschaft im Rahmen einer vergleichsweisen Regelung geht. Weder Richter noch Gegenpartei sollen dieses Limit vorzeitig erfahren, damit noch Verhandlungsspielraum bleibt. Statt eines konkreten Geldbetrags kann es bei solchen Absprachen natürlich auch um andere Forderungen gehen, für die die Grenze der Kompromißbereitschaft festgelegt wird.

- Grund für eine notwendige diskrete Verständigung zwischen Partei und Bevollmächtigtem kann darüber hinaus sein, daß Informationen ausgetauscht, Absprachen getroffen werden müssen, ob diese nun die Partei persönlich betreffen oder innerbetriebliche Vorgänge und Zusammenhänge, die strafrechtlich oder steuerrechtlich relevant sein könnten.

- Es gibt von den Parteien bzw. ihren Prozeßbevollmächtigten initiierte Unterbrechungen, während derer die Bevollmächtigten unter sich eine Regelung aushandeln, die dann nur noch vom Richter protokolliert wird. Bei solchen Regelungen spielen verbands- oder gewerkschaftspolitische Konzepte oder auch Interna eines Betriebes oder Konzerns eine Rolle, die man vor dem Richter nicht ausbreiten will.

- Die Verhandlung unterbrochen wurde auch, damit sich ein Prozeßbevollmächtigter für eine bestimmte vergleichsweise Regelung (meist ging es um die Höhe der Abfindung) telefonisch das Plazet bei der Beklagten rsp. beim

Kläger[71] einholen konnte. Einmal unterbrach ein Richter, um sich in einem bestimmten Punkt durch einen Anruf kundig zu machen.

In den Verhandlungen des bereits erwähnten Richters, der besonders zu Unterbrechungen tendierte, entstand durch diese Unterbrechungspraxis bisweilen ein richtiges 'Gedränge' am Richtertisch: Während der laufenden 'eingeschobenen' Verhandlung kamen dann die vier oder fünf Beteiligten der unterbrochenen Verhandlung vom Flur zurück, setzten sich teils auf freie Stühle an den Parteientischen, teils auf Stühle der ersten Zuschauerreihe. Wenn dann die eingeschobene Verhandlung protokolliert war und die Beteiligten (vielleicht auch vier oder fünf) die Situation auflösten, nahmen dann gleichzeitig die Beteiligten der unterbrochenen Verhandlung wieder ihre Plätze ein (sofern sie nicht schon an den Parteientischen saßen); in diese gegenläufigen Bewegungen hinein wurden schnell noch letzte Einzelheiten im Rahmen der Beendigung der eingeschobenen Verhandlung geregelt, wurde auch 'Entlastendes' ausgetauscht und nahm der Richter die unterbrochene Verhandlung wieder auf. Dieses bewegte Bild – das leichte Gedränge unten und vorn und erhöht der Richter, der in dieses Gedränge hineinspricht – erweckte bei mir die Assoziation 'fliegender Händler in Fußgängerzone oder auf dem Markt vor kommenden und gehenden neugierigen Passanten', auch wenn diese Situation jeweils nur für diesen kurzen Moment der Wiederaufnahme und des Aufbruchs anhielt.

Das Auseinanderfallen eines gemeinsamen interaktiven Fokus

Wie eingangs erwähnt, ist die Regel, daß alle Beteiligten der Güteverhandlung in ihrer Wahrnehmung auf einen gemeinsamen interaktiven Fokus hin orientiert sind. Ich habe allerdings beobachtet, daß es eine Gruppe von Güteverhandlungen gibt, in denen partiell oder durchgängig von einer solchen Orientierung an einem interaktiven Fokus nicht mehr gesprochen werden kann. Gemeinsam ist diesen Güteverhandlungen eine charakteristische Konfliktkonstellation: Es handelt sich um Fälle, für die der offizielle Klageanlaß, der ja notwendig das Arbeitsverhältnis betrifft, vordergründig ist, funktionalisiert ist im Kontext eines stark emotionalisierten komplexen Konfliktgeschehens auf der Ebene der informellen Sozialbeziehungen zwischen den Kontrahenten. Die gerichtliche Auseinandersetzung soll das Forum für das Austragen persönlicher Konflikte abgeben. Dazu zwei Beispiele:

---

[71] In der überwiegenden Zahl der Fälle handelte es sich um Anrufe bei der beklagten Firma.

Beispiel 1: „Gegen Gotteslohn" (3003/99b)[72]

Der Fall:

Die Kläger, Student und Studentin, klagen gegen einen Reformhausbesitzer. Gegen die mündliche Zusage einer möglichen Geschäftsübernahme (der schon ältere Reformhausbesitzer suchte angeblich nach einem Nachfolger für sein Geschäft) und die Zusage der Übernahme der erforderlichen Ausbildungskosten hatten die beiden gegen ein Taschengeld im Reformhaus ausgeholfen. Nach kurzer Zeit haben sich Reformhausbesitzer und Studentenpaar hoffnungslos zerstritten. Man ist wechselseitig enttäuscht. Der Student klagt die versprochenen Ausbildungskosten als 'Entgelt' für geleistete Arbeit ein, die Studentin nicht bezahlten Lohn für Putz- und Inventurarbeiten.

Im Verlauf des emotionsgeladenen Verhandlungsgeschehens – Tränen fließen – sehen sich die Anwälte der beiden Parteien immer wieder veranlaßt, ihre Klienten mit aufwendigen Aktivitäten zu bremsen, zu belehren, zu beschwichtigen, darüber aufzuklären, daß sie mit diesem oder jenem Verhalten ihre Verhandlungschancen mindern. Im Wortlaut kann ich diese Vorgänge nicht wiedergeben, da sie jeweils parallel zum 'offiziellen' Verhandlungsgeschehen abliefen und die Aufnahme keine Rekonstruktion mehr ermöglicht. Phasenweise ließen die Professionellen – also Richter und Anwälte – die Betroffenen mit ihrer Empörung 'allein', um über deren Köpfe hinweg weiterzuverhandeln, während das Klägerpaar ein emphatisches Zwiegespräch über 'die Ungerechtigkeit der Welt und die Schlechtigkeit der Mitmenschen' führte – so ließen jedenfalls die rekonstruierbaren Bruchstücke und der gesamte Gestus dieses Teildialogs vermuten. In einer solchen Verhandlung bzw. in solchen Verhandlungsphasen teilt sich die gemeinsame Wahrnehmung der Beteiligten immer wieder; der verhandlungsoffizielle interaktive Fokus wird zeitweise überlagert und 'durchsetzt' von den Foki kurzfristiger Interaktionsbeziehungen zwischen einzelnen Verhandlungsteilnehmern. Ein durchgängig gemeinsamer interaktiver Fokus zwischen allen Beteiligten kommt nicht zustande.

Beispiel 2: „Etwas bleibt immer hängen" (3003/51)

Der Fall:

Die Klägerin arbeitete als Ballettlehrerin – ob als freie Mitarbeiterin oder innerhalb eines ordentlichen Beschäftigungsverhältnisses ist strittig – in der Ballettschule der Beklagten. Diese hatte zunächst ordentlich und dann fristlos gekündigt, fristlos, nachdem sie erfahren hatte, daß die Klägerin am gleichen Ort die Gründung einer eigenen Schule plante und – so jedenfalls die Interpretation der Beklagten – Abwerbung unter ihren Schülerinnen betrieb. Eine Fülle von Verdächtigungen, Beschuldigungen, ehrrührigen Anspielungen und Verleumdungen sind im Spiel. Eigentlich handelt es sich um einen 'Charak-

[72] Es handelt sich um einen Kammertermin, der jedoch als Vergleichsverhandlung mit dem Ziel einer gütlichen Einigung abläuft, sich also, sieht man einmal von der (stillen) Anwesenheit der beiden Laienrichter ab, in nichts von einer Güteverhandlung unterscheidet.

terwettkampf'[73], eigentlich geht es den Parteien um ihren 'guten Ruf'. Die Güteverhandlung scheitert. Ein Kammertermin wird festgesetzt. – Beide Parteien sind mit Anwalt erschienen.

Auch in dieser Verhandlung überlagert und verdrängt die verbissene Auseinandersetzung auf der Ebene der informellen Sozialbeziehungen immer wieder den Versuch von Richter und Anwälten, Relevantes zur Regelung des Konflikts auf der Ebene der formalen Sozialbeziehung, des Arbeitsverhältnisses, zusammenzutragen und zu verhandeln. Die Folge ist auch hier eine Fülle von teilweise parallel laufenden Teildialogen zwischen Klägerin bzw. Beklagter und ihren Anwälten, zwischen den gegnerischen Anwälten und zwischen Richter und jeweils dem einen oder dem anderen Anwalt. Die jeweils an den Teildialogen Beteiligten nehmen das restliche interaktive Geschehen kaum noch oder gar nicht mehr wahr. Ein gemeinsamer interaktiver Fokus existiert phasenweise nicht mehr.

Der Ausnahmefall: Die 'disintegrierte' Verhandlung

Zum Abschluß dieses Kapitels will ich einen Gütetermin schildern, während dessen ein 'ordentlicher' äußerer Verhandlungsrahmen (also: Richter, Parteien und Bevollmächtigte an den für sie vorgesehenen Plätzen im angekündigten Gerichtssaal) überhaupt nicht hergestellt wurde und bei dem das Verhandlungsgeschehen sich aufsplitterte in eine Reihe von Teilereignissen, Episoden mit wechselnder 'Besetzung' und an wechselnden Plätzen. Das ganze war in dieser Weise nicht geplant, sondern eher das Produkt von Zufälligkeiten.

Der Fall: „Einführung neuer Technologien" (3003/66a, b)

In dieser Verhandlung werden zwei gleichlautende Klagen gegen denselben Arbeitgeber zusammen behandelt. Arbeitgeber ist ein größerer metallverarbeitender Betrieb, der in der Verhandlung durch einen Assessor vom zuständigen regionalen Metallarbeitgeberverband vertreten wird. Die Kläger sind mit einem Rechtssekretär vom DGB erschienen. Es geht um eine betriebsbedingte Kündigung im Gefolge einer betrieblichen Umstellung. Der erste Gütetermin, während dessen der Rechtssekretär unter Hinweis auf seine Detailkenntnisse von innerbetrieblichen Zusammenhängen starke Zweifel an der Tragfähigkeit der Kündigungsgründe angemeldet hatte (sich widersprechende Aussagen der Firma spielen da eine Rolle), war gescheitert; für diesen zweiten Gütetermin hatten die jeweiligen Prozeßbevollmächtigten eine zusätzliche Sachaufklärung zugesagt.

Und nun der Verlauf des zweiten Gütetermins:

[73] Zu diesem begrifflichen Konzept vgl. Goffman (1975, S. 262).

Erste Episode:[74]

Zehn Minuten vor der Verhandlung trifft der Rechtssekretär seine auf dem Flur wartenden Klienten – das Treffen scheint nicht verabredet zu sein. Dem Optimismus der Kläger (sie könnten ja nur gewinnen, das hätte ihnen der Betriebsrat gesagt) versetzt der Rechtssekretär einen empfindlichen Dämpfer: Er erläutert Prozeßaussichten, die Funktion der Kammer, die zu erwartende lange Wartezeit bis zum Prozeß und, daß bei einer möglichen Niederlage auch die Abfindung hin sei. Er rät, die Abfindung zu akzeptieren und neue Arbeit zu suchen, denn bei der nächsten betrieblichen Umstellung würde 'das ganze Theater von vorne anfangen'. Die Kläger zeigen Wirkung ('Das hat uns niemand gesagt').

Ich verlasse die Szene und nehme im Gerichtssaal Platz.

Zweite Episode:

Kurz nach dem festgesetzten Termin erscheint der Assessor vom Arbeitgeberverband und dann auch der Richter. Der Assessor setzt sich auf einen Parteienstuhl; kurze Unterredung zwischen Richter und Assessor und Übergabe des Protokolls vom ersten Gütetermin.

Der Richter verläßt den Sitzungssaal, um den Rechtssekretär zu suchen (ich hatte ihn von dessen Anwesenheit im Gericht unterrichtet). Die Kläger warten weiterhin im Flur, offensichtlich aus Befangenheit ohne ihren Prozeßbevollmächtigten nicht in der Lage zu irgendwelchen Initiativen.

Dritte Episode:

Gut zehn Minuten nach dem angesetzten Termin erscheint der Rechtssekretär im Saal und beginnt sofort – ohne sich zu setzen – eine Unterredung mit dem Assessor vom Arbeitgeberverband; es wird über Zahlen gesprochen.

Nach dem kurzen Gespräch geht der Rechtssekretär zurück zu seinen Klienten auf dem Flur.

Vierte Episode:

Gespräch zwischen Klägern und Rechtssekretär auf dem Flur: Offensichtlich holt er das Einverständnis der Kläger für die mit dem Assessor ausgehandelte Abfindungsregelung ein.

Der Richter kommt zurück, und die Prozeßbevollmächtigten nehmen an den Parteientischen Platz. Die Kläger setzen sich auf Zuschauerstühle, und insofern kann man auch zu diesem Zeitpunkt nicht von einer 'ordentlichen' gemeinsamen Interaktionssituation sprechen, denn dazu würde auch der äußere Verhandlungsrahmen mit der habituellen Sitzordnung gehören.

---

[74] Diese Episode habe ich natürlich nicht aufgenommen; ich wurde zufällig und unfreiwillig (ebenfalls im Flur auf die Verhandlung wartend) Zeuge dieser Unterredung.

Fünfte Episode:

Ohne förmliche Eröffnung geht der Richter – nachdem er die Aushändigung des Protokolls vom ersten Gütetermin protokolliert hat – sofort über zu einer kurzen und informellen Verständigung über den in den ersten vier 'Teilepisoden' ausgehandelten und vorher schon außergerichtlich vorbereiteten Vergleichsvorschlag. Dann folgt schon die offizielle Protokollierung des Vergleichs: *nach erörterung der sach- und rechtslage ....* Die Güteverhandlung ist beendet.

6. Der 'evaluative Bruch'

Was ist ein 'evaluativer Bruch'?

Mit diesem 6. Kapitel beginnt eine Reihe von insgesamt drei Kapiteln, die sich jeweils mit Phänomenen beschäftigen, deren Beschreibung besonders Typisches für Güteverhandlungen vor dem Arbeitsgericht hervorzubringen verspricht. Außer diesem Kapitel sind es die Kapitel 7 zum 'überraschenden Moment' und 8 zu Phänomenen im Spannungsfeld zwischen 'Neutralität und Parteilichkeit'.

Jede interaktive Situation wird mit bestimmt sowohl von elementaren als auch von interaktionstypspezifischen Vorstellungen der Beteiligten, was die Ordnung der interaktiven Vorgänge betrifft. Diese Ordnungserwartungen sind sozial vermittelt, sie sind konventionell. Die Existenz solcher wechselseitigen Ordnungserwartungen ist eine der Voraussetzungen für die Handlungskoordination in der interaktiven Praxis.

Die Ordnungserwartungen der Verhandlungsteilnehmer richten sich dabei in gleicher Weise auf die Kontinuität von einmal in eine Situation eingebrachten Einschätzungen, Evaluationen von Sachverhalten, auf die Kontinuität von manifest gemachten Einstellungen und Wertungen.

Daß solche Kontinuitätserwartungen und entsprechende Ansprüche an widerspruchsfreies Handeln eine große Rolle in jeder Form von Interaktion spielen, geht allein schon aus dem großen Inventar von genau diese Kontinuität kontrollierenden, sichernden und herstellenden Formulierungsmustern hervor wie z.B. *vorhin hast du / haben sie doch gesagt; eben hieß es doch noch; sie können doch nicht ..., dann müssen sie doch auch ...; wer das behauptet, kann doch nicht gleichzeitig ...*, um nur einige zu nennen. Solche Muster kommen in allen formelleren und in allen informellen interaktiven Kontexten immer wieder vor. Sie sind ein Reflex solcher Erwartungen.

Natürlich kann eine im Verlauf einer Situation einmal vorgenommene Einschätzung, ein Urteil, eine Evaluation eines Sachverhalts wieder zurückgenommen, korrigiert oder abgewandelt werden. Ursache können veränderte Evaluationsvoraussetzungen sein, also etwa Ergänzungen oder Korrekturen zu einem bestimmten Sachverhalt, müssen es aber nicht notwendigerweise. In jedem Fall erwarten wir dann, daß eine veränderte Evaluation explizit gemacht wird, als veränderte Evaluation markiert wird, damit wir in der Kontinuität der Wahrnehmung der Situation, in der wir handeln, nicht irritiert und in der Koordination unseres Handelns nicht behindert werden. Bleiben solche Markierungen eines offensichtlich veränderten Evaluationsverhaltens aus, empfinden wir das als Bruch, und zwar besonders, wenn nicht erkenntlich ist, daß sich an den Evaluationsvoraussetzungen etwas geändert hat. Ich nenne eine solche Diskontinuität im Evaluationsverhalten entsprechend 'evaluativen Bruch'.

Zwei Fallanalysen zum 'evaluativen Bruch'

In den von mir aufgenommenen Güteverhandlungen habe ich eine Reihe solcher 'evaluativer Brüche' entdeckt, und zwar vornehmlich, wenn es um die rechtliche Würdigung von Sachverhalten bzw. von Prozeßaussichten durch den Richter geht.[75]

Ich will nun anhand von zwei Fallanalysen solche evaluativen Brüche aufzeigen und ihre kommunikative Funktionsweise erläutern:[76]

Fallanalyse 1: „Nicht gekommen und nicht angerufen" (3003/120)[77]

Ich will hier die beiden zentralen Evaluationsaktivitäten des Richters, mit denen er den Fall juristisch einschätzt, einander gegenüberstellen und damit ein Detail der ausführlichen Verlaufsanalyse, natürlich unter veränderter Perspektive, noch einmal aufgreifen.

Zur ersten expliziten Evaluation des Konfliktsachverhalts durch den Richter: Nach der genauen Rekonstruktion der Kündigungsgründe und der formalen Abwicklung des Kündigungsverfahrens im Rahmen der Stellungsnahme der Beklagten und des Klägers hatte der Richter zunächst das Verhalten des Klägers in unmißverständlicher Weise als schuldhafte Verfehlung ausgewiesen; ich zitiere die entsprechende Richter-Äußerung noch einmal (vgl. auch die Erläuterungen im Abschnitt „*Stellungnahme des Klägers ...*" in Kapitel 5.1):

---

[75] Ähnliches läßt sich z.B. auch in Schiedsmannsverhandlungen beobachten; vgl. Klein (in diesem Band).

[76] Ich habe auf bereits ausführlich behandelte Verhandlungen zurückgegriffen, weil ich mir so die überaus aufwendigen zusätzlichen Fallbeschreibungen, in die dann die Analysen zum hier diskutierten Phänomen einzubetten wären, sparen kann. Ich halte dieses Verfahren in einer Untersuchung, die Exemplarisches aufzeigen will, für nicht nur vertretbar, sondern auch für sinnvoll, da mit wachsender Zahl der herangezogenen Fälle allein aus Platzgründen stärker und stärker von den konkreten Vorgängen und ihrer differenzierten Beschreibung abstrahiert werden müßte.

[77] Siehe die globale Fallbeschreibung oben am Anfang von Kapitel 5.1 „Die gesteuerte Verhandlung ..."; vgl. dort auch die ausführliche Verlaufsanalyse.

wem=man nich kommen muß nich kommen ka"nn↑ * me"lden↓ * irgendwie telefonisch- * ich kann net kommen →ich bin← immer noch krank attest folgt nach- ** das is=ses ne↑ *3* gibt=s denn irgend- äh könn=se irgendwas zur erklä":rung- * dazu vortragen warum sie dann nich sich gemeldet haben-
(S. 11)

Es folgte dann – auch als deutlicher Appell in Richtung Arbeitgeberseite – die Befragung des Klägers zu seiner desolaten sozialen Situation. Auf der Basis der arbeitsrechtlichen und der menschlich-sozialen Seite des Falls nimmt dann der Richter diese erste Fallevaluation vor, der er dann den Vorschlag zu einem Wiedereinstellungsvergleich unmittelbar anschließt; Fallevaluation und Vergleichsvorschlag zitiere ich ebenfalls noch einmal (vgl. die ausführliche Analyse im Abschnitt *„Formulierung des ersten Vergleichsvorschlags ...“* in Kapitel 5.1):

also wenn ich=s ihnen offen sage re"chtlich gesehen- * re"chtlich ←das is→ die sache hat zwei seiten ne rechtliche und ne menschliche↓ [...] wie ich denke↑ * rechtlich gesehn sieht=s für sie nich so sehr gut aus↓ * menschlich gesehn fällt es mir sehr schwer- * wenn ich daran denke- * daß der kläger arbeitslos is und fünf kleine kinder daheim↓ *3* vom menschlichen standpunkt- * würd ich=en vergleichsvorschlach machen versuchen se=s noch einmal-
(S. 14)

Die rechtliche Würdigung des Falls scheint eindeutig und unproblematisch zu sein.

Anschließend versucht der Richter dann ja, die ablehnende Haltung der Arbeitgeberseite gegenüber seinem Vorschlag in einem aufwendigen Vorstoß zu erschüttern. In diesem Rahmen formuliert er die zweite rechtliche Evaluation des Falls:[78]

also ich argumentier nur von der menschlichen seite- * ni"cht von der juristischen↓ * wie die juristische seite is da kam=man- * geteilter meinung sein nich da kam=man das is ne v/ ne kippelentscheidung [...]
(S. 16)

Neue Aspekte des Konfliktsachverhalts sind nicht aufgetaucht; der Widerspruch zwischen erster markierter rechtlicher Evaluation und der zweiten ist eklatant. Diese Diskontinuität in der rechtlichen Fall-Würdigung durch den Richter irritierte meine Beobachter-Erwartungen von Kontinuität der rechtlichen Evaluationen in einer Verhandlung. Auffallend ist nun zunächst, daß die Verhandlungs-

---

[78] Zur Einbettung dieser Evaluation in den Kontext der Aktivitäten des Richters vgl. oben den Abschnitt *„Aushandlungsaktivitäten und Ablehnung des Vorschlags“* in Kapitel 5.1.

beteiligten offensichtlich nicht in gleicher Weise irritiert waren. Möglicherweise wird der Kläger diese 'Korrektur' der rechtlichen Evaluation zu seinen Gunsten gar nicht registriert haben, einmal abgesehen davon, daß er ja auch keinen Anlaß zum Protest hätte. Die Geschäftsführerin Frau Bleyle jedoch geht in ihrer Ablehnung des Vorschlags „Wiedereinstellung" mit keinem Wort auf diese Korrektur der rechtlichen Einschätzung ein. Sie war offensichtlich in der Kontinuität ihrer Situationswahrnehmung nicht gestört.

Der Grund dafür wird sein, daß solche rechtlichen Evalutationen im Kontext von Schlichtung meist ambivalenter Natur sind. Ein Aspekt solcher Evaluationen ist schon die ein strittiges Urteil antizipierende Subsumption des Falles unter geltendes Recht; zu einem nicht geringen Teil aber werden solche rechtlichen Evaluationen meist auch von verhandlungstaktischen Erwägungen gesteuert, und diese verhandlungstaktische Komponente kann durchaus dominieren – wie im vorliegenden Fall.

Im Falle der rechtlichen Evaluation des Konfliktsachverhalts gegenüber dem Kläger ging es nicht um eine an diesen adressierte Einschätzung seiner Rechtspositionen, jedenfalls nicht vorrangig. Diese Evaluation war vor allem auch an die beklagte Arbeitgeberseite adressiert, ist eine demonstrative Honorierung der Rechtsposition der Beklagten. Solche Honorierungen der Rechtsposition einer Partei reichen, wie andere Verhandlungen zeigen, nicht selten als Kompensation für erlittene Schädigungen aus, reichen aus, um die geschädigte Partei 'zufriedenzustellen'. In dieser Verhandlung bleibt dieser Versuch, zusammen mit dem Appell, die menschliche Seite des Falls zu bedenken, ja bekanntlich erfolglos. Die zweite Evaluation, die der ersten zu widersprechen scheint, ist in vergleichbarer Weise ambivalenter Natur: Die 'rechtliche' Würdigung ist vorrangig der Versuch, die beklagte Partei in ihrer Gewißheit, in einer streitigen Verhandlung nicht verlieren zu können, zu verunsichern. Der 'evaluative Bruch', der Widerspruch im Evaluierungsverhalten des Richters, wird aufgehoben in der Wahrnehmung der Kontinuität seiner Verhandlungsstrategie, und diese Wahrnehmung unterstelle ich auch den Verhandlungsbeteiligten. Der rechtliche Aspekt der Evaluation hat in diesen Fällen in der Verhandlung nur begrenzte lokale Relevanz; Kontinuitätserwartungen werden an sie nicht geknüpft.

Fallanalyse 2: „Die Bezahlung des sechsten" (3003/124)

Ein vergleichbarer – wenn auch vielleicht nicht so eklatenter – strategisch motivierter Bruch im Evaluationsverhalten des Richters findet sich in der Verhandlung „Bezahlung des sechsten".[79]

---

[79] Siehe die globale Fallbeschreibung oben am Anfang von Kapitel 5.2 „Die ungesteuerte Verhandlung ..."; vgl. dort insgesamt auch wieder die ausführlichen Erläuterungen des interaktiven Geschehens in dieser Verhandlung.

Zunächst zum interaktiven Geschehen bis zur ersten expliziten rechtlichen Würdigung des Falls durch den Richter:[80] Gleich zu Beginn der Verhandlung markieren die Prozeßbevollmächtigten jeweils knapp und unmißverständlich ihre Verhandlungspositionen, und zwar nutzt als erster der Rechtssekretär des DGB die Beantwortung einer Frage zur Modalität der Kündigung, um seine Konfliktversion gleich anzuschließen:

[...] und das arbeitsverhältnis endete genau am sechsten janua:r- * unter einhaltung einer zweiwochenfrist der tarifvertrag sieht keine beendigung zum freitag vor↓
(S. 1)

Assessor Jordan vom Arbeitgeberverband kontert direkt, und zwar mit der klassischen 'zwar-aber'-Replik, mit der er dann gleichzeitig die Tendenz der dann folgenden Detaillierung des Konfliktsachverhalts aus Arbeitgebersicht – 'Rechtsmißbrauch' – plakativ ankündigt:

Zwar: das is im grunde korrekt dem ganzen äh wäre auch nichts hinzufügen dann hätte die beklagte auch: abgerechnet und bezahlt

Aber: wenn dem nicht etwas vorausgegangen wäre und das ist der grund weswegen die- * beklagtä: ähm- * aus gründen des rechtsmißbrauchs äh: nicht bereit ist und glau"bt auch diesen montag →nicht bezahlen zu müssen-← *
(S. 1f.)

Der Assessor schließt dann eine ausführliche Erläuterung des 'rechtsmißbräuchlichen Verhaltens' des Klägers an. Darüber hinaus bringt er diese Strukturierung des strittigen Sachverhalts aus der Sicht der Beklagten auf den rechts- bzw. entscheidungsrelevanten Punkt. Ich zitiere diese Sachverhaltsdarstellung aus der Sicht des Arbeitgebers im Zusammenhang, damit ein Eindruck von der Detailliertheit der Informationen entsteht, die dem Richter als Voraussetzung für seine Falleinschätzung geliefert werden. Gelegentliche Hörersignale des Richters spare ich aus. Es geht mir hier um die Substanz der Sachverhaltsdarstellung, nicht um ihren interaktiven Vollzug:

der kläger hatte sich anfang dezember es: d/ datum ist nicht mehr genau bekannt an die personalabteilung gewandt un hat erklärt er wolle zum se"chsten januar kü"ndigen↓ * sechster januar ein montag und zugleich feiertag- * dann hat man ihm erklärt↑ * da"ß- * ←diese kündigung we"gen des feiertags- * aus der damaligen sicht anfang dezember eben→ zum freitag den dritten oder samstag dem vierten januar

[80] Für dieses zweite Beispiel eines 'evaluativen Bruchs' müssen diese Rekonstruktionen ausführlicher ausfallen, da die Fallbeschreibung im Kapitel 5.2 „Die ungesteuerte Verhandlung ..." für diese Verhandlung die Abfolge der einzelnen Bearbeitungsschritte nicht so lückenlos erfaßt.

erfolgen <so"llte↓> [...] das hat der kläger zur kenntnis genommen hat
aber auch dann durchblicken lassen- * daß er ab dem siebten ersten jetz
weiß ich nich genau ich will da nichts falsches sagen ob das damals
schon klar war- * äh daß er einen neuen arbeitsplatz hat oder- *
äh ob des ähm- ** erst später bekannt wurde auf jeden fall ab
dem siebten ersten wollte er einen neuen arbeitsplatz antreten un er
hat dann gegenüber dem personalleiter erklärt- * ja und wer bezahlt
mir den sechsten ersten↓ * das wa:r die ausgangssituation in der
folgezeit wurd der kläger- * ne woche oder →auf jeden fall← einige
tage kra"nk und dann kam wie herr pfeiffer sacht die- * kündigung↓
* äh vom einunzwanzigsten wegge/- * äh weggeschickt- * eingegangen
bei der beklagten das is alles korrekt vorgetragen am dreienzwanzigsten
zum sechsten auch- * gü"ltig- [...] s=die fra:ge o"b bei diesem- * ja"
nach diesem- * vorgespräch- * die beklagte die ja den kläger deutlich
darauf hingewiesen hatte wie das- * äh: aus ihrer sicht aussieht- *
äh diesen montag noch- * mitbezahlen muß-
(S. 2f.)

An dieser Stelle wird Herr Jordan unterbrochen: Ein Vertreter der beklagten Firma erscheint, stellt sich vor, wird in seiner Rolle für die Verhandlung identifiziert und nimmt neben Assessor Jordan Platz. Nach einem kurzen Intermezzo, einem Geplänkel zwischen Assessor Jordan und dem Richter über dessen richterliche Pflichten, präzisiert Assessor Jordan noch einmal den für die Arbeitgeberseite entscheidenden Punkt:

es is in der tat äh: äh dieses- * dieser dialo:g der da vorher
stattgefunden hat das entscheidende weswegen die beklagte diese
rechtsansicht- * äh: <ha"t> und äh diese rechtsansit/ sicht vertri"tt↑
[...] und es spricht auch: meines erachtens einijes dafür daß man
hier die"se gezielte kündigung zu diesem datum nach diesem vo"rgespräch-
* ni"cht so ohne weiteres rausspréchen kann↑ * äh:- * deswegen sitzen
wir hier↓
(S. 3f.)

Die Substanz des Sachverhalts, wie ihn der Assessor vom Arbeitgeberverband ausgebreitet hat, ziehe ich noch einmal systematisch aus den Gesprächsausschnitten heraus:

(1) Erwähnung der Tatsache eines Vorgesprächs Anfang Dezember, also 14 Tage vor Abschicken der schriftlichen Kündigung

(2) Inhalt des Vorgesprächs

- Kläger-Mitteilung seiner Absicht, zum 6. Januar zu kündigen
- Tatsache, daß der Personalleiter den Kläger auf die Arbeitgeberposition hingewiesen hat, der Kläger solle zum 3. oder 4.1., also zum Freitag oder Samstag vor dem fraglichen Montag kündigen

- Klägermitteilung, er würde am 7.1. bei einem neuen Arbeitgeber anfangen oder zumindest einen neuen Arbeitsplatz haben (ob der 7.1. im Gespräch genannt wurde, ist nicht sicher; die Information kann den Arbeitgeber auch später erreicht haben)
- der Kläger selbst hat das Problem der Bezahlung des sechsten thematisiert

(3) Die weiteren Umstände der Kündigung

- die mehrtägige bis einwöchige Krankheit des Klägers nach dem Vorgespräch
- das Absenden der schriftlichen Kündigung am 21.12. (ein Samstag)
- der Eingang der Kündigung beim Arbeitgeber am 23.12. (ein Montag).

Die Detaillierungen des Konfliktsachverhalts werden vom Rechtssekretär des DGB nicht angezweifelt. Die Stellungnahme von Rechtssekretär Pfeiffer zu dieser ausführlichen Sachverhaltsdarstellung beschränkt sich darauf, auf dem 'korrekten Verhalten' des Klägers zu bestehen und auf seinem Anspruch auf die 'Bezahlung des sechsten'.

Mit diesen Informationen ausgestattet und nach einer zusätzlichen Exploration zu den einschlägigen Regelungen des Tarifvertrags zu diesem strittigen Punkt, plaziert der Richter eine in ihrer Tendenz unmißverständliche rechtliche Würdigung des Konfliktsachverhalts zugunsten der Position des Klägers, sieht man einmal von dem wohl eher 'rhetorischen' Distanzmarkierer *eigentlich* ab:

```
→ja denn← gehört=s doch eigentlich zur- * vertragsfreiheit↑ **
zu einem termi:n an dem man immer auch will kündigt↑ * sofern nu"r die-
* fri"st die vorgeschrieben ist einhält↑
(S. 5)
```

Angesichts der Tatsache, daß es ja die Arbeitgeberseite war, die den strittigen Sachverhalt differenziert ausbreiten konnte, kommt einer solchen richterlichen Evaluation der Positionen der Streitparteien natürlich großes Gewicht für den weiteren Verlauf der Verhandlung zu.[81] Die Positionsmarkierungen des Rechtssekretärs vor allem nach dieser richterlichen Evaluation bestätigen diese Annahme: Rechtssekretär Pfeiffer macht keinen Hehl daraus, daß er sich

---

[81] Nicht zuletzt diese Evaluation des Konfliktsachverhalts durch den Richter dürfte Rechtssekretär Pfeiffer in seiner im Verlauf der Verhandlung immer offener artikulierten Weigerung bestärkt haben, sich auf eine vergleichsweise Regelung einzulassen. Eine mikrostrukturelle Analyse würde unschwer Gesten des Triumphs aufdecken können; diese 'Siegesgewißheit' – auch das kann man analytisch leicht aufzeigen – überträgt sich auf den Kläger: Im Verlauf der Verhandlung wagt er sich mehr und mehr aus dem Schutz seiner Rechtsvertretung hervor.

auf eine vergleichsweise Regelung nicht einlassen wird.[82] Im folgenden einige dieser Positionsmarkierungen:

(1) Einen Versuch Assessor Jordans, den Richter vom rechtsmißbräuchlichen Verhalten des Klägers zu überzeugen, kontert Rechtssekretär Pfeiffer mit einem auch in der Tonqualität und im Sprachgestus lässig-lapidaren

```
→alleinentscheidung↑←
(S. 6)
```

(2) Nachdem der Richter, der sich ja zunächst weigert, überhaupt über einen Vergleichsvorschlag zu reden, geschweige denn, den Parteien einen Vorschlag zu machen, schließlich doch verlauten läßt, wie ein solcher Vergleichsvorschlag nur aussehen könnte, ohne ihn – wie bereits beschrieben – faktisch zu unterbreiten, bezieht Rechtssekretär Pfeiffer wieder eindeutig Stellung:

```
RechtsS:
Rich:     ja man kann doch in so=ner situation weiß gott nur sagen

RechtsS:                #uah"#        #ah# also des is-
K:                      AUSRUF        ABLEHNEND
Rich:     halbe halbe-         nich↑

RechtsS:  ** des kam=mer net machen↓ *3* halbe halbe der kläger hat
Rich:

RechtsS:  sich korrekt verhalten
Rich:
(S. 9)
```

(3) Assessor Jordan hat gerade versucht, den Richter endlich zu einem Vergleichsvorschlag zu bewegen. Rechtssekretär Pfeiffer interveniert diesmal mit einer relativ elaborierten und emphatisch-engagierten Weigerung, von der Forderung nach der Bezahlung des sechsten abzurücken:

```
es gibt doch keinen grund warum der kläger freiwillig auf
sagen=mer=ma ru"nd ein zweiundzwanzigstel seines monatseinkommens
zugunsten der beklagten verzichten soll↓ * da gibt=s doch kei"n
vernünftigen gru"nd dafür↓ [...] →wem=mer zweienzwanzig
arbeitstage ham oder einenzwanzig komma dreiundreißig oder wieviel
es sin im im monatsdurchschnitt-← * <e"r soll> zugunsten des
```

82 Damit schließe ich nicht aus, daß die Verhandlungsposition bzw. dieses Verhandlungsziel 'keine gütliche Einigung' (es sei denn eine symbolische durch das Nachlassen um drei DM; vgl. Gespräch S. 5) von Beginn an die Orientierungen des Rechtssekretärs ausmachte; ich gehe sogar davon aus; nur die immer deutlichere Artikulation der Gewißheit der stärkeren Position wird von dieser eindeutigen Evaluation mit beeinflußt sein.

arbeitgebers nach sechs jahr beschäftigungszeit ä andre kündigungsfrist wählen und <da"für> um ä auf ein zweienzwanzigstel seines monatseinkommens verzichten da gibt=s kein grund dafür↓
(S. 11f.)

(4) Wenig später dann, im Rahmen einer weiteren Phase der direkten Auseinandersetzung zwischen den Prozeßbevollmächtigten, läßt Rechtssekretär Pfeiffer wieder ein eher gelangweiltes (wodurch die Gewißheit, im Recht zu sein, besonders demonstrativ markiert wird) und beiläufiges

>jo (mach?laß) mer=s halt entscheiden mir is egal↓<
(S. 12f.)

einfließen.

(5) Im Duktus dezidierter, markiert er dann noch einmal kurz vor Ende der Verhandlung die Klägerposition als nicht kompromißbereites 'entweder-oder':

entweder zahlt die beklagte oder wir lassen=s entscheiden↓
(S. 14)

Auf die zweite der oben skizzierten Weigerungen des Rechtssekretärs, sich auf einen 'echten' Vergleich einzulassen, reagiert der Richter mit der zweiten expliziten rechtlichen Evaluation des Sachverhalts:

ich hab vom kläger noch kein wort gehört↑ * zu den- * begründeten darlegungen von herrn jordan↓
(S. 9)

Mit den *darlegungen von herrn jordan* bezeichnet der Richter den ausführlichen Versuch des Beklagtenvertreters, für den vorliegenden Fall eine Einschränkung der Vertragsfreiheit geltend zu machen. Indem der Richter diese *darlegungen* als 'begründet' qualifiziert, macht er sich die entsprechende rechtliche Position partiell zu eigen. Nun sind aber genau diese *begründeten darlegungen von herrn jordan* dem Richter bereits bekannt gewesen, als er seine erste rechtliche Evaluation formulierte, mit der er die Art der Kündigung des Klägers als zur 'Vertragsfreiheit gehörend' rechtfertigte. Neue oder ergänzende Informationen bzw. Korrekturen sind zum Sachverhalt nicht eingebracht worden. Auch diese Diskontinuität im Evaluationsverhalten hat mich als externen Beobachter der Verhandlung zunächst irritiert. Aber auch für dieses zweite Beispiel eines 'evaluativen Bruchs' gilt, daß an den Aktivitäten der Verhandlungsteilnehmer nicht festzumachen ist, daß auch sie von dieser 'spontanen' Veränderung des richterlichen Evaluationsverhaltens irritiert waren. Die Reihe der Verweigerungsaktivitäten des Rechtssekretärs Pfeiffer kann ja auch als Indiz dafür interpretiert werden, daß er nicht einen Moment lang die neue Evaluation als eine faktische Verschlechterung der Prozeßaussichten für den Kläger interpretiert. Offensichtlich war er als der Hauptbetroffene dieser veränderten Evaluation in keiner Weise in der Kontinuität seiner Situationswahrnehmung beeinträchtigt. Grund ist wieder, daß er den ambivalenten Charakter der Evaluation verstanden hat: Es ging dem Richter nicht tatsächlich um eine Einschätzung der rechtlichen Relevanz der Sachverhaltsdetaillierungen Assessor Jordans, sondern die veränderte Evaluation stellt einen Versuch dar, den Rechtssekretär Pfeiffer in seiner 'Siegesgewißheit' zu verunsichern, weil diese in erkennbarer Weise einer gütlichen Einigung im Wege steht. Die zweite Evaluation entspringt lokal begrenzten verhandlungstaktischen Erwägungen; so verstehen es auch die Verhandlungsteilnehmer. Das Verhältnis von erster zu zweiter Evaluation allerdings dürfte im Fall der Verhandlung „Die Bezahlung des sechsten" anders sein als in der Verhandlung „Nicht gekommen und nicht angerufen": Die erste Evaluation im vorliegenden Fall, also die Rechtfertigung der Kündigung als zur 'Vertragsfreiheit der Parteien gehörend', hat auch wegen des Rekurses auf rechtlich relevante begriffliche Konzepte ('Vertragsfreiheit der Parteien') eher Subsumptionscharakter; sie ist auch nicht in erkennbarer Weise taktisch plaziert; es scheint eher so, als sei sie dem Richter nach seiner Exploration zum Tarifvertrag in spontaner Anwendung seines professionellen Wissens einfach 'rausgerutscht'; und es ist nicht abwegig, davon auszugehen, daß diese erste Evaluation – selbst nicht taktisch ausgerichtet oder motiviert – ein verhandlungstaktischer Fehler war, den der Richter mit der zweiten Evaluation zu korrigieren versuchte. Der Verlauf der Verhandlung spricht dafür.

7. Das überraschende Moment: Die Rolle von spontanen Initiativen in Güteverhandlungen

Was sind 'überraschende Momente'?

Die Güteverhandlung soll – so lautet ihre gesetzliche Bestimmung – im Vorfeld einer Entscheidung durch Urteil gesprächsweise eine gütliche Einigung in Arbeitsweltkonflikten herbeiführen. Der Gesetzgeber hat dem Arbeitsrichter dazu für seine Verhandlungsführung in Güteterminen relativ große Freiheiten eingeräumt: „Zur Aufklärung des Sachverhalts kann er [der Richter] alle Handlungen vornehmen, die sofort erfolgen können", heißt es in § 54,1 ArbGG.[83] Man kann hierin durchaus die Aufforderung des Gesetzgebers an die Arbeitsrichter sehen, spontan jede günstige Gelegenheit auch zu unkonventionellen Konfliktregelungstechniken oder -verfahren zu nutzen. Diese Interpretation der gesetzlichen Regelung korrespondiert mit meinen Beobachtungen, daß in Güteterminen immer wieder Verhandlungskonstellationen entstehen, in denen die Richter mit spontanen Initiativen diesen größeren Spielraum für ihre Verhandlungsführung nutzen. Überraschende Aktionen und spontane Initiativen werden sicher auch bisweilen von den Parteien oder ihren Bevollmächtigten inszeniert; in meinem Korpus gibt es dafür aber nur wenige Beispiele. Allerdings können die Verhand-

[83] Vgl. Anhang 1.

lungsteilnehmer – ob in aktiver Weise oder eher unfreiwillig – am Zustandekommen von Konstellationen beteiligt sein, in denen sich eine solche Spontanität anbietet.

Ich nenne diese spontanen Initiativen 'überraschende Momente' und klassifiziere sie damit von ihrer Wirkung her auf den Beobachter und auf die Beteiligten selbst, die mit diesen Initiativen umgehen müssen, wobei ich von 'Wirkung auf die Beteiligten' nur spreche, wenn Aktivitäten von Verhandlungsteilnehmern als spezifische Reaktionsweisen auf das 'überraschende Moment' interpretierbar sind.

Solche 'überraschenden Momente' wirken sich in der Regel produktiv für den Verhandlungsverlauf und damit meist auch für das Herstellen einer gütlichen Einigung zwischen den Streitparteien aus. Es kommt allerdings auch vor, daß solche Initiativen das Gegenteil bewirken, kontraproduktiv sind und den Verhandlungserfolg gefährden.

Es folgen jetzt zwei Fallanalysen, eine zu einer produktiven unkonventionellen Richterinitiative („Ungewöhnlicher Beweisvorschlag") und eine zu einer kontraproduktiven („Türkischer Wagenwäscher").

Zwei Fallanalysen zu spontanen Richterinitiativen

Fallanalyse 1 – Die produktive Initiative: „Ungewöhnlicher Beweisvorschlag" (3003/121)

> Der Fall:[84]
>
> Es handelt sich um eine Kündigungsschutzklage, und zwar wird geklagt gegen eine ordentliche Arbeitgeberkündigung, die wegen einer angeblich falschen bzw. nicht korrekten Krankmeldung ausgesprochen wurde. Der Kläger Herr Buber, inzwischen in einem neuen Arbeitsverhältnis, will über die Klage gegen die Kündigung eine Abfindungsregelung erreichen. Nach der Situationseröffnung durch den Richter trägt RA Beltz für den beklagten Arbeitgeber die Kündigungsgründe vor und unterbreitet einen Vorschlag für einen Abfindungsvergleich. Mit dem Kläger habe er bereits gesprochen. Gleichzeitig bezweifelt er die seinerzeit vom Kläger behauptete Arbeitsunfähigkeit, für die dieser eine ärztliche Arbeitsunfähigkeitsbescheinigung nachgereicht hatte. Für den Fall, daß die Klägerseite sich mit dem (sehr niedrigen) Abfindungsangebot des Arbeitgebers nicht abfinden sollte, droht der Arbeitgeber seinerseits

[84] Die Fallbeschreibung übernehme ich bis zum Punkt der 'überraschenden Wende' aus dem Kapitel 2 „Zugang zum Feld, 'Feldarbeit' und Ausgangsmaterialien für die Untersuchung". Ich habe den Text der Falldokumentation an einigen Stellen leicht verändert, um hier die Identifikation der Beteiligungsrollen zu erleichtern.

Regressforderungen für zu viel bezahltes Gehalt an.[85] Die Tatsache, daß die Klägerseite nicht unmittelbar widerspricht, deutet der Rechtsanwalt des Arbeitgebers als Bestätigung seiner Version des Sachverhalts. Der Richter fordert den Kläger zur Stellungnahme auf. Dessen Version von Krankheit, Arbeitsunfähigkeit, deren ärztlicher Bescheinigung, der Einschaltung von Ärzten etc. fällt deutlich anders aus. Signale des Zweifelns und Nicht-Glaubens von RA Beltz und Herrn Heubauer, dem Betriebsleiter der beklagten Firma. Der Streit zwischen den Parteien droht zu eskalieren.

Die Auseinandersetzung zwischen den Parteien über die 'richtige' Version des Sachverhalts gerät aus den Fugen, sie beginnt in einen für die Verhandlung nicht mehr produktiven Streit zu münden, in einen Charakterwettkampf[86], in dem es nicht mehr um die Rekonstruktion des Konfliktsachverhalts, sondern um die persönliche Integrität der Kontrahenten geht. Anzeichen für eine solche Entwicklung des Verhandlungsgeschehens sind Äußerungen wie die folgende des Betriebsleiters Heubauer:

```
isch möscht net sage sie lüge herr bube:r-
(S. 5)
```

was er damit natürlich bereits getan hat.

Eine solche Äußerung ist gleichzeitig für den Richter ein Indiz dafür, daß die Möglichkeiten einer kontroversen Sachverhaltsrekonstruktion erschöpft sind. Die Frage ist nunmehr: Wessen Version ist richtig, bzw. wessen Version läßt sich durch Zeugenbefragung oder Beibringen von Beweismaterial substantiieren?

Die üblichen Verfahrensvarianten sind in einer solchen Situation: Der Richter kann einen neuen Gütetermin vereinbaren, für den dann entsprechende Auflagen für die Parteien zur Substantiierung der jeweiligen Version des Konfliktsachverhalts formuliert werden. Der Richter kann für diesen zweiten Termin eine Zeugenbefragung durch den Vorsitzenden durchführen. Es kann ein Kammertermin angesetzt werden, für den dann die Ladung der einschlägigen Zeugen festgelegt wird. Denkbar ist auch der Abschluß eines widerruflichen Vergleichs, wobei dann ein bestimmtes Ergebnis der zusätzlichen Sachverhaltsaufklärung antizipiert wird. Ein solcher widerruflicher Vergleich wird dann etwa unter der Bedingung abgeschlossen, daß der Arbeitnehmer dem Arbeitgeber noch diesen oder jenen Nachweis erbringen muß. In solchen Fällen wird dann in der Regel für den Fall des Widerrufs bereits ein vorsorglicher zweiter Gütetermin oder ein

---

[85] RA Beltz:

```
für den fall der durchführung des verfahrens müßten wir vortragen daß
eben keine echte arbeitsunfähigkeit be:"stand↓ * und müßten gegebenenfalls-
* äh die- * entgeltzahlung für die zeit vom achten bis zum ausscheiden
—>also vierunzwanzigsten gegebenenfalls zurückfordern↓<— (S. 2)
```

[86] Vgl. dazu oben den Abschnitt *„Das Auseinanderfallen eines gemeinsamen interaktiven Fokus"*, und zwar Beispiel 2 in Kapitel 5.3.

vorsorglicher Kammertermin vereinbart, die sich nach Verstreichen der Widerrufsfrist erübrigen. Nichts dergleichen geschieht im vorliegenden Fall. Es läuft alles ganz anders, als es der Beobachter und wohl auch die Parteien und ihre Anwälte erwartet haben.

Der Richter unterbricht die Streitaustragung der Kontrahenten kurzerhand und inszeniert das, was er selbst den Beteiligten gegenüber noch während der Verhandlung als 'unorthodoxes Schnellverfahren' kennzeichnet:

(...) einfach was wer da machen ich find das ganz einfach↓ * s/ das arbeitsgerichtsgesetz sieht die möglichkeit vo:"r- * daß auch au"ßerhalb des gerichtsortes- [SPRICHT SEHR BETONT, DEZIDIERT] * äh- * →zeugen vernommen werden können durch den vorsitzenden a"llein↓← *4* wenn der doktor pisack auf meinem we:ch nach zuhause sein: praxis hat- * fahr ich mit dem diktiergerät hin- * [...] sprech en termin- * mit ihm ab- * benachrichtige sie:- * und wir hörn ihn halt- * in eile- * äh zwischen zwei- * äh patiententerminen↑ ** erfahrungsgemäß macht=s nämlich immer große schwierigkeiten wem=mer nu=en arzt hierher holt ne↑ * geht dann viel schneller- [...] is auch für mich einfacher als diesen schriftverkehr das- * ödet mich mittlerweile so an- * eh man da- * äh- * en termin kriegt↓ * <das könnten wer-> * ja von mir aus heut nachmittag noch machen↓ ** dann fragt könn=klärn wer die frage auf ob der kläger krank wa:r [...] wollen wer das so machen nich↑ * dann könnten wer dann sehn wer danach weiter↑ * nich↑
(S. 5f.)

Das responsive *könn wer machen ja↓* des Arbeitgeberanwalts ist zwar nicht grundsätzlich unkooperativ, aber letztlich wohl doch nicht mehr als das pflichtgemäße Honorieren der richterlichen Anstrengung, des richterlichen Angebots. Vor allem die Tonqualität der Reaktion ('lässig-beiläufig', 'selbstsicher') läßt vermuten, daß Rechtsanwalt Beltz das ganze wohl noch nicht so richtig ernst nimmt.

Nach einer kurzen Episode, in der Richter noch einmal die rechtsrelevanten Punkte reformuliert, stößt er nach und beginnt, 'Nägel mit Köpfen zu machen':

doktor pisack hartmannsweiler straße nehm ich an ne↑ * genau auf=em weg [...] zu meiner wohnung↓ [...] ich sprech=s natürlich mit ihnen dann ab wa"nn wer das genau machen ne↑ * ich bin da flexibel↓
(S. 6)

Mit dieser Konkretisierung seiner Absicht und dem ersten Schritt zum Treffen einer konkreten Verabredung hat der Richter dann Erfolg: Die 'Arbeitgeberfront' wankt, Rechtsanwalt Beltz 'bläst zum Rückzug':

Heub:
RA B: ich meine herr vorsitzender (...) ja: im moment äh is das ja en
Rich:

```
Heub:
RA B: neuer sachvortra:g↓     äh daß er tatsächlich schon=en siebten
Rich:                    mhm↓

Heub:           stimmt ja↑
RA B: dort war-              drum äh- * wundert uns das ärztliche attest
Rich:

Heub:
RA B: wo eben- * festgestellt am achten steht↓ * also- * angesichts
Rich:

Heub:
RA B: dieser- * umstände hab ich gerade- * von herrn heubauer gehört- *
Rich:

Heub:
RA B: sind wir also bereit zu sagen abfindung tausend mark↓
Rich:
(S. 6f.)
```

Von einem ‘neuen Sachvortrag’ kann nun überhaupt keine Rede sein; eben diesen Sachvortrag, von dem der Kläger behauptet hatte, er könne ihn beweisen (*des konn=ma=jo jederzeit beweise-;* S. 5), hatte Betriebsleiter Heubauer direkt vor dieser spontanen Initiative des Richters noch mit der indirekten Bezichtigung der Lüge qualifiziert (vgl. den Beginn der Fallanalyse). Und so handelt es sich bei der Wendung *is das ja en neuer sachvortrag* um die in Gerichtsverhandlungen schon notorische Floskel, einen Topos, mit dem man, ohne das explizit machen zu müssen, die momentane oder grundsätzliche Unhaltbarkeit der eigenen Verhandlungsposition zugibt, hier ein famoser Euphemismus für das faktische Eingeständnis ‘wir geben auf, wir streichen die Segel’.[87] Wie erfolgreich diese Richterinitiative war, wie wirkungsvoll, geht auch aus der äußerungsstrukturell und intonatorisch deutlich zögernden Formulierungsweise hervor und natürlich aus dem Vorschlag ‘tausend Mark Abfindung’ selbst: Die hatte der Kläger auch gefordert.

Der Anwalt des Klägers ratifiziert den Vorschlag umgehend (*gut↓ * >das mach mer↓*), der Richter fragt noch einmal knapp zurück (*tausend↑*), der Anwalt plaziert, halb in Richtung Richter, halb in Richtung seines Mandanten, ein abschließendes und definitives *das machen sie↓*, und der Richter geht ohne Umschweife an die Protokollierung des Abfindungsvergleichs:

[87] Natürlich wird die Floskel auch ohne diese quasi symbolischen Implikationen verwendet, wenn etwa eine Partei für die Würdigung neuen Beweismaterials etc. signalisieren will, daß sie eine Vertagung oder eine Unterbrechung wünscht.

ja gut dann nehm ver=s auf ne↑ [...] >absatz< die parteien äh schließen-
*** nach erörterung der sach und rechtslage folgenden vergleich:- ***
e"rstens [...]
(S. 7)

Ergänzend sei hinzugefügt, daß solche unbürokratischen Beweisaufnahmen außerhalb des Gerichts durch den Vorsitzenden durchaus vorkommen. Hier allerdings – so 'gestand' der Richter nach der Verhandlung – hatte er schon erwartet, daß allein die glaubhafte Präsentation des Vorschlags ausreichen würde, um die Position der Arbeitgeberseite aufzubrechen und schon diesen ersten Gütetermin erfolgreich abzuschließen.

Fallanalyse 2 – Die kontraproduktive Initiative: „Türkischer Wagenwäscher" (3003/129)

Die Fallbeschreibung übernehme ich wieder der Korpusdokumentation, und zwar bis zur unkonventionellen Richterinitiative, um dann mit Gesprächsausschnitten aus der Verhandlung die Initiative selbst und ihre Folgen für den Verlauf der Verhandlung aufzuzeigen.

> Der Fall
>
> Der Kläger, Herr Müftüoglu, klagt gegen eine ordentliche Arbeitgeberkündigung, die wegen Arbeitsmangel ausgesprochen wurde. Der Kläger wird wegen seiner schlechten Deutschkenntnisse von der Dolmetscherin Frau Günney begleitet. Der Verhandlungsfluß leidet teilweise unter den ständigen Pausen, die durch das Hin- und Rückübersetzen entstehen. Beklagte ist das Autohaus Rosenau, für die der Gesellschafter Herr Rosenau mit RA Hardt erschienen ist. Im Zentrum der Aktivitäten steht zunächst eine Auseinandersetzung darüber, warum gerade dem Kläger als einzigem unter 14 Mitarbeitern betriebsbedingt gekündigt worden ist. Bei der momentanen Geschäftslage könne die Arbeit des Klägers – im wesentlichen Wagenwäsche – ohne Folgen für den Betriebsablauf von den Mechanikern übernommen werden; ohne Führerschein und ohne ausreichende Deutschkenntnisse komme der Kläger für eine andere Arbeit nicht in Frage – so die Arbeitgeberseite. Die Frage nach der 'sozialen Auswahl' scheint sich damit zu erübrigen. Der Kläger bestreitet den Arbeitsmangel und versucht den Richter davon zu überzeugen, daß seine Arbeit jetzt mit Überstunden und 'mißbräuchlichem' Einsatz von Auszubildenden bewältigt wird. In einer ersten Reformulierung der 'entscheidungserheblichen' Punkte nimmt der Richter diese ungeklärten Fragen der vielleicht durch Überstunden kompensierbaren Störung des Betriebsablaufs und des mißbräuchlichen Einsatzes von Lehrlingen auf, beschwört die Ungewißheit des Prozeßausgangs und rät den Parteien eindringlich zu einer vergleichsweisen Regelung. Seinen Routinevorschlag einer Abfindungsregelung verfolgt der Richter dann selbst nicht weiter, sondern sichert über die positive Klärung einer möglichen Wiederbeschäftigung des Klägers bei verbesserter Auftragslage zunächst einmal prinzipiell die Möglichkeit einer Wiedereinstellung. Auf den anschließenden Vorschlag des Richters, 'Kurzarbeit zu fahren'[88] und so eine Wiedereinstel-

[88] Bei Kurzarbeit wird die Stundenzahl aller Beschäftigten um das gleiche Maß gesenkt.

lung zu ermöglichen, reagiert der Arbeitgeber mit der Wiederaufnahme eines früheren Richtervorschlags einer halbtägigen Weiterbeschäftigung des Klägers, die der Kläger unter Hinweis auf seine soziale Situation (Miete, drei Kinder) bereits abgelehnt hatte. An diesem Punkt der Verhandlung reagiert die Ehefrau des Klägers (die bis dahin die Verhandlung schweigsam von einem Stuhl in der ersten Zuschauerreihe aus verfolgt hat) zum erstenmal auf das Verhandlungsgeschehen – zunächst noch auf türkisch – und macht hier wohl den Richter zuallererst auf sich aufmerksam. Und als dann RA Hardt – den Hinweis des Richters konternd, bei einer halbtägigen Beschäftigung stünde sich der Kläger schlechter als mit dem Arbeitslosengeld – darauf hinweist, daß die Ehefrau ja berufstätig sei, spricht der Richter die Ehefrau direkt an.

Auf die am Ende der Fallbeschreibung schon angesprochene Behauptung des Arbeitgeberanwalts

naja seine frau is ja auch berufstätig↓
(S. 31)

reagiert der Richter mit einem erstaunten *ja↑*, wobei das Erstaunen sicher vor allem auch ausgelöst wird durch die qualifizierenden Partikel *naja* und *ja auch* in dieser Behauptung, mit denen Anwalt Hardt ihren Inhalt als selbstverständlichen Bestandteil des gemeinsamen Wissens aller am Streit Beteiligten ausweist. Mit dem *ja↑* artikuliert der Richter gleichzeitig einen Aufklärungsbedarf, konnte er doch von dem früheren Hinweis des Klägers auf die drei zu versorgenden Kinder, mit dem er sich von der Unmöglichkeit einer Halbtagsbeschäftigung überzeugen ließ, auf eine 'normale' Familiensituation des Klägers schließen, innerhalb derer die drei Kinder zuhause von der Ehefrau versorgt werden und die eine Berufstätigkeit der Ehefrau nicht zuläßt.

Mit diesem Aufklärungsbedarf nun wendet er sich spontan an die Ehefrau selbst, die ja mit der in der bisherigen Fallbeschreibung bereits erwähnten ersten expliziten Reaktion auf die Verhandlung ihre Identität zumindest angedeutet hatte. So soll das dem *ja↑* folgende *sind sie die frau↑* wohl auch nur die Identität noch formal absichern.

Diese spontane Initiative des Richters zur Integration der Ehefrau des Klägers ins Verhandlungsgeschehen vollzieht sich nun in drei deutlichen Schritten oder Phasen:

(1) Der Richter befragt die Ehefrau des Klägers zur sozialen Situation der Familie.

(2) Die Ehefrau nutzt diese Befragung zu einem ersten aktiven Vorstoß ihrerseits: Sie artikuliert noch einmal direkt und nicht gefiltert durch die Übersetzung, die die Aussagen des Klägers jeweils in der dritten Person referiert, die Vorwürfe, die sie und ihr klagender Ehemann gegen den Arbeitgeber erheben. Sie expandiert damit ihre passive Rolle als 'Zeugin', als Auskunftgebende, wie sie ihr zunächst vom Richter zugeschrieben worden war, zu einer aktiven Beteiligungsrolle. In dieser zweiten Phase des Inter-

mezzos zwischen Richter und Ehefrau des Klägers etabliert sich diese, wenn auch zunächst nur für dieses Intermezzo, selbst als Beistand des Klägers.

(3) Der Richter, der es an dieser Stelle noch in der Hand gehabt hätte, das ganze bei einem Intermezzo zu belassen, honoriert und ratifiziert den Schritt der Ehefrau: Er weist ihr in einem dritten Schritt – jetzt unter der Verwendung der rechtsrelevanten Terminologie – offiziell die Beteiligungsrolle eines Beistands für den Kläger für das weitere Verhandlungsgeschehen zu.

Es folgt jetzt der gesamte Gesprächsausschnitt. Ich habe ihn nach den drei Schritten, die ich eben bereits beschrieben habe, gegliedert, in denen sich – unter aktiver Mithilfe der Ehefrau – die Initiative des Richters vollzieht, und ich habe die Schritte nach ihrer Bedeutung für die Herstellung einer veränderten Verhandlungskonstellation inhaltlich kategorisiert:

1. Schritt: Exploration zur sozialen Situation/die lokal begrenzbare 'Zeugen'-Anhörung

```
Ehef:                     ja↓                                 ja↓
Rich:  sind sie die frau↑    ja↓** wer sorgt für die kinder↑    wer↑ *

Ehef:       ich↓                     sieben vier und ein↓
Rich:  sie↑      wie alt sind=n die↑                    sieben vier und

Ehef:                                                ich arbeite nicht
Rich:  ein↓ * ja- * wie geht das wenn sie: arbeiten-

Ehef:  mehr↓                                         ja: ich habe auch
Rich:        #ach sie ha/ sie arbeiten ni"cht mehr↑#
K:           ÜBERRASCHTER TONFALL

Ehef:  gekündigt na"chdem ich gekündigt habe hat herr rosenau zu ihm
Rich:

Ehef:  gekündigt↓                                          ja das ist
Rich:             >ah: aja< das is natürlich en schlag ne↑

Ehef:  ein schlag ja↓**
Rich:
```

2. Schritt: Initiative der 'Zeugin'/Expansion der eigenen Beteiligungsrolle zum 'Beistand des Klägers'

```
Ehef:  nämlisch- * denn herr rosenau hat doch sehr viel arbeit geha"bt
Rich:

Ehef:  für ihn↓ * er war sehr fleißig- * er hat ihn sehr gelo"bt↓
Rich:                                                            ja↓
```

Ehef: und dann noch- ** ich weiß net was wir ihnen sagen
Rich: * jaja↓

Ehef: sollen aber rosenau haben genug arbeit für atila↓
Rich: immer noch↑

Ehef: immer noch ja↓ ** ich weiß net wa/ wie ich ihnen des beweisen
Rich:

Ehef: ka"nn↑
Rich:

3. Schritt: Ratifizierung und offizieller Vollzug der Einsetzung der Ehefrau als Beistand des Klägers

Ehef:
Rich: sie können sich hier neben ihren mann setzen denn können sie den

Ehef:
Rich: prozeß mitbetreiben als bei"stand↓ ** sie brauchen nicht hinten

Ehef: mhm↓ NIMMT AM KLÄGERTISCH PLATZ
Rich: zu sitzen↓
(S. 31ff.)

Die Frage ist hier, ob der fast offen agressive Ton, mit dem die Ehefrau ihren Mann zu unterstützen versucht (vgl. 2. Schritt), den Richter nicht hätte davor warnen müssen, daß er sich hier möglicherweise Zündstoff in eine Verhandlung hineinholt, in der – wie in diesem Fall – der Arbeitgeber sich bereits vergleichsbereit gezeigt hat und sich in durchaus kooperativer Weise an Überlegungen beteiligt, unter welchen Bedingungen er den Kläger weiterbeschäftigen kann. Nach der Verhandlung erklärte der Richter dann, er sei von der weiteren Entwicklung völlig überrascht worden, zumal er Herrn Rosenau von früheren Fällen als äußerst umgänglichen und kooperativen Verhandlungspartner kenne. Das Anzeichen einer möglichen Streiteskalation ignorierend, hat sich der Richter bei seiner Intiative von den Vorteilen einer direkteren Verhandlungsführung leiten lassen, die er sich von den guten Deutschkenntnissen der Ehefrau des Klägers wohl versprach.

Zunächst aber nimmt nach dem Intermezzo alles seinen normalen Gang. Der Richter greift seinen Vorschlag, die Weiterbeschäftigung des Klägers über die Anmeldung von Kurzarbeit zu ermöglichen, wieder auf, nachdem er die 'betriebsbedingte Kündigung' noch einmal als *das letzte mittel zu dem man greifen soll* (S. 34f.) qualifiziert hat:

[...] als mi"lderes mittel könnte es vielleicht angebracht sein we"nn de"r- * auftrag wenn das auftragsvolu"men- * rückläufig is zunächst mal mit ku"rzarbeit das aufzufangen →es gibt dann ja kurzarbeitergeld↓←

`** nicht↑ * das hätte den vortei:l <daß man den mangel- * auf a"lle arbeitnehmer vertei:lt↑>`
(S. 35f.)

Herr Rosenau leistet 'kooperativen Widerstand', indem er zwar das Konzept 'Kurzarbeit' zurückweist, im gleichen Atemzug aber ein anderes Konzept in die Verhandlung einbringt, das dann letztlich zur eigentlichen Substanz der späteren vergleichsweisen Regelung wird, hier allerdings noch präsentiert als bereits gescheiterter Versuch:

ich hätte ihn ja gern auch ich- * ich hätte ihn gern als als als anlern/ nd so weiter des will er aber alles net und=äh=und und ka"nn=s ja auch net und-
(S. 36f.)

Ob der Arbeitgeber mit diesem nur zitierten, aber nicht eigentlich unterbreiteten Vorschlag letztlich nur seinen 'guten Willen', sein Bemühtsein um den Kläger demonstrieren wollte, um in der Verhandlung 'Punkte zu sammeln' – wohl wissend, daß der Kläger auf einen solchen Vorschlag nicht eingehen wird – oder ob 'echtes' Bedauern artikuliert wird, wird nicht zu klären sein.

Der Richter jedenfalls ergreift die Chance und befragt seinerseits den Kläger zu einem solchen Konzept für die Weiterbeschäftigung. Der läßt durch seine Dolmetscherin mitteilen, daß ein solcher Vorschlag ihm nie gemacht worden sei:

und er sagt äh er wurde nicht äh →danach gefragt ob er was anderes-← * machen will↓
(S. 39)

Der Richter nutzt diese 'halbe' Vorschlagsratifizierung und reformuliert den nur zitierten als unterbreiteten Arbeitgebervorschlag, diese 'gewagte' Reinterpretation der illokutiven Qualität der Äußerung Herrn Rosenaus gerade durch ein *quasi* als solche markierend:

aber jetzt äh bie"tet herr rosenau es quasi an↑ da sollte man den versuch doch ma machen↑
(S. 39)

Auf die positive Reaktion des Klägers – wieder durch die Dolmetscherin vermittelt – stößt der Richter noch einmal nach, jetzt in Richtung Arbeitgeber, sicher um jetzt die vergleichsweise Regelung endgültig zu sichern:

is das en wo"rt herr rosenau↑
(S. 40)

Der Fall scheint gelöst und der Rest nur noch eine Frage der Aushandlung und Festlegung einzelner Modalitäten zu sein wie Arbeitsbeginn, Art der Arbeiten, für die der Kläger angelernt wird, oder die Frage, wo der Kläger arbeiten soll

(Herr Rosenau ist für zwei Betriebe an verschiedenen Orten verantwortlich). Ich habe den Verlauf der Verhandlung vom 'Intermezzo' bis zur 'Vorschlagratifizierung', die der Richter durchzusetzen versucht, deswegen relativ lückenlos nachgezeichnet, weil nur so verständlich werden kann, wie unerwartet zumindest für den Richter und den externen Beobachter und wie dysfunktional im Kontext des wahrnehmbaren Verlaufs der Verhandlung die Reaktion des Arbeitgebers auf diesen letzten Richtervorstoß ausfällt; denn eigentlich kann er ja nur noch einschlagen, hat er den Vorschlag doch selbst in die Verhandlung eingebracht und als aus Arbeitgebersicht praktikable Lösung positiv bewertet. Es folgt jetzt der Gesprächsausschnitt mit der überraschenden Reaktion des Arbeitgebers, der ich die Richteräußerung, auf die er 'reagiert', noch einmal voranstelle, und mit dem Anfang der Auseinandersetzung zwischen der Ehefrau des Klägers und Herrn Rosenau, die er mit seiner Reaktion auslöst:

```
Ehef:
ArbG:                                 ja ich hör jetz grad ich hör jetz
Rich:  is das en wo"rt herr rosenau↑

Ehef:
ArbG:  aber grad daß drei kinder da sind die kinder sind doch in der

Ehef:                   >ich habe sie ja vor drei wochen hergeholt
ArbG:  türkei alle drei↓

Ehef:  (...)<             ich war vor drei wochen in türkei un ich habe
ArbG:        +<→bitte↑←>

Ehef:  mein kinder hergho"lt↑
ArbG:                        ach so →des weiß=i=net← die ware die

Ehef:
ArbG:  ganze jahre in der türkei →al/=also hat zu mer gsat die kinder

Ehef:
ArbG:  sind alle in türkei↑← * jetz sind sie plötzlich alle drei da↑

Ehef:  wieso plötzlich hätt ich ihnen fragen sollen vielleicht als ich
ArbG:

Ehef:  mein kinder herkommen lassen↑
ArbG:
(S. 40ff.)
```

Daß Herr Rosenau mit dem *ja ich hör jetz grad ich hör jetz aber grad* auf die Aufforderung des Richters zur Vorschlagratifizierung antworten will bzw. seine Äußerung als Antwort verstanden haben möchte, markiert er mit dem adversativen *aber*. Aber was hat seine fälschliche und über die Befragung der Ehefrau durch den Richter jetzt korrigierte Annahme, die drei Kinder seien noch in der Türkei, mit dem Richtervorschlag, Herrn Müftüoglu als Anlernling zu beschäftigen, zu tun? Wieso ist – so muß man annehmen – diese veränderte Organisation der Familiensituation des Klägers ein Grund, den Richtervorschlag hinhaltend zu behandeln oder ihn gar abzulehnen?

Ich will zwei Deutungsmöglichkeiten zur Diskussion stellen:

(1) Herr Rosenau fühlt sich durch den 'cleveren' Schachzug des Richters, aus einem zitierten, eher im Irrealis angeführten Vorschlag einen faktisch unterbreiteten zu machen, ausmanövriert, 'auf's Kreuz gelegt'. Um sich – und wenn es nur vorläufig ist – der unausweichlichen Vorschlagratifizierung zu entziehen, eröffnet er einen 'Nebenkriegsschauplatz'. Das letztlich nicht unkooperative Verhalten bei der Befragung des Klägers zum Konzept „Anlernling" (er schlägt die Befragung selbst vor: *mer könnt ruhig mal fragen nach dem- ** vielleicht-*; S. 38) und – das ist natürlich ein schwaches Argument – der Gesamteindruck, den Herr Rosenau während der Verhandlung auf mich gemacht hat, machen diese Deutung eher unwahrscheinlich.

(2) Die Frage der veränderten Familiensituation hat ihn so sehr irritiert, ihn so erregt, daß er seit der Befragung der Ehefrau auf eine Chance, einen Verhandlungseinschnitt wartet, um seiner Irritation, seiner Erregung Luft zu machen. Da er aber situationsbedingt und schon aufgrund seiner Beteiligungsrolle in der Verhandlung gleichzeitig den offiziellen interaktiven Fokus (Vorschlagaushandlung, Vorschlagformulierung und Ratifizierung) mitbearbeiten mußte, sah er bisher keine Chance für eine Artikulation dieser Irritation. Andererseits wäre nach der Vorschlagratifizierung die letzte 'sinnvolle' Chance dahin. Danach, d.h. nach einer gütlichen Einigung, ist kein Platz mehr für eine Auseinandersetzung dieser Art. Also nutzt er die letzte Chance vor der gütlichen Einigung und kaschiert die Dysfunktionalität seiner Intervention im Kontext der Güteverhandlung mühsam mit dem adversativen *aber*, das er ja auch erst der Korrektur der Eröffnung der Intervention hinzufügt, die Notwendigkeit einer minimalen Einbindung realisierend: *ja ich hör jetz grad ich hör jetzt aber grad* [...]. Ich halte diese zweite Deutungsmöglichkeit für die plausiblere.

Der Richter versucht zwar noch, den sich anbahnenden Streit zwischen der Ehefrau und Herrn Rosenau abzuwenden, indem er ihr mit einem vernünftigen Argument beispringt; aber Herr Rosenau läßt sich nicht mehr bremsen:

```
Ehef:                                           gell↑
ArbG:                                                     wenn sie
Rich:  das kam=man einer mutter nich übelnehmen wenn sie die kinder

Ehef:                    eben↓
ArbG:  denn- do"ch dablei-/ * mir wolle da nichts vertie"fen es wäre
Rich:  mal holen will (...)                                 nee:-
```

```
Ehef:
ArbG:  vielleicht besser gwesen für=d/ kinder- * #in der türkei dort-#
K:                                           SPRICHT SEHR ERREGT
Rich:
(S. 42f.)
```

Aber statt sich an diese Richtlinie zu halten, 'vertieft' er, und es beginnt etwas, was man gemeinhin als 'schmutzige Wäsche waschen' bezeichnet: Er schildert mit teilweise hocherregten Worten Episoden aus dem krisengeladenen und turbulenten Zusammenleben des Paares, deutlich von der Empörung über das Verhalten der Ehefrau getragen und von immer noch anhaltender Verärgerung über die Auswirkungen dieser privaten Katastrophen auf die Arbeitsleistung des Klägers und damit auf den Betrieb. Ich gehe dieser Phase nicht mehr im einzelnen nach: Hier ging es mir darum, zu zeigen, wie eine Verhandlung über eine solche spontane Richterinitiative außer Kontrolle gerät, und diesen Vorgang habe ich detailliert nachgezeichnet. Pauschal zum weiteren Verlauf will ich der Vollständigkeit halber nur noch erwähnen, daß nach mehreren zunächst ergebnislosen 'Bremsversuchen' des Richters und den Versuchen der Ehefrau, sich gegen die Einmischung zu wehren, es dem Richter schließlich gelingt, die unterbrochene Vorschlagaushandlung wiederaufzunehmen und – erfolgreich – die Modalitäten der Wiedereinstellung des Klägers als 'Anlernling' zu regeln. Sein erschöpftes, aber glückliches *da freu ich mich abba-* (S. 68), mit dem er die Protokollierung des Vergleichs dann schließlich beendet, ist ein Reflex der Anstrengungen, die er unternehmen mußte, um die außer Kontrolle geratene Güteverhandlung wieder in den Griff zu bekommen.

Zusammenfassend läßt sich sagen: Der Richter hat bei der spontanen Hinzuziehung der Ehefrau als Beistand des Klägers nicht gewußt, daß das Arbeitsverhältnis zwischen den Parteien in vielfältiger Weise von Konflikten und Problemen auf der Ebene informeller Sozialbeziehungen beeinflußt und überlagert war.[89] Mit dem Auftritt der Ehefrau in der Verhandlung werden die Konflikte auf der Ebene der informellen Sozialbeziehungen, für die der Arbeitgeber die Ehefrau schuldhaft verantwortlich macht, virulent und gefährden den erfolgreichen Verlauf der Verhandlung.

---

[89] Vgl. dazu oben den Abschnitt „*Die besondere Hartnäckigkeit der Fälle*" in Kapitel 4.

8. Zwischen Neutralität und Parteilichkeit – oder: Der Umgang mit den rechtlichen Positionen der Streitparteien

Inwiefern ein Arbeitsrichter 'parteilich' ist

Das Arbeitsgerichtsgesetz weist den Richter in der Güteverhandlung als neutralen Gesprächspartner und Vermittler aus. Ihm wird eine überparteiliche Rolle zugewiesen. Andererseits ist der Richter – ebenfalls vom Gesetzgeber – dazu angehalten, in der Güteverhandlung nicht vorrangig nur die rechtlichen Gesichtspunkte eines Arbeitsweltkonflikts zu bearbeiten, sondern auch die sozialen und menschlichen Implikationen und Folgen des Rechtsstreits mitzubehandeln. Man kann in diesen institutionellen Vorgaben durchaus eine indirekte Aufforderung des Gesetzgebers an die Arbeitsrichter sehen, dem sozial Schwächeren zu helfen, also bis zu einem gewissen Grad parteilich zu sein. Tatsächlich vermittelt die arbeitsgerichtliche Praxis in Güteverhandlungen deutlich den Eindruck, daß die Institution Schutzfunktionen für die Arbeitnehmer wahrnimmt. Wenn der Arbeitsrichter bis zu einem gewissen Grad parteilich ist, dann hat das allerdings nicht nur institutionsspezifische Ursachen; es gibt auch eine kommunikationstypologische Begründung: Ob in privatem oder institutionellem Kontext, in Schlichtungs- oder Vergleichsverhandlungen scheint allein von der Tatsache der Artikulation einer Schädigung oder einer Klage ein Druck auf den neutralen Dritten auszugehen, sich dieser Klage oder Schädigung anzunehmen, wenn nicht gar – und wenn nur in minimaler Weise – für Kompensation zu sorgen. Dieser spezifischen handlungslogischen und sozialpsychologischen Dynamik von Schlichtungsinteraktion haben wir im Projekt mit dem Konzept der 'strukturellen Parteilichkeit' Rechnung getragen. Eine solche strukturelle Parteilichkeit spielt auch in den Güteverhandlungen im Arbeitsgericht eine Rolle.[90]

Ich will jetzt im folgenden anhand einiger Verhandlungsbeispiele einige typische Formen richterlichen Agierens im Spannungsfeld zwischen den Anforderungen von Neutralität, von rechtlicher Würdigung und von Parteilichkeit aufzeigen.

Der Umgang mit der Rechtsposition des Arbeitgebers bei menschlichem Engagement für den klagenden Arbeitnehmer – zwei Fallanalysen

Fallanalyse 1: „Nicht gekommen und nicht angerufen" (3003/120)

Diese Verhandlung und insbesondere auch die für dieses Kapitel interessanten Gesprächsausschnitte sind in den Kapiteln 5.1 „Die gesteuerte Verhandlung" und 6 „'Der evaluative Bruch'" ausführlich analysiert worden. Ich beschränke mich daher hier auf wenige globale Hinweise, mit denen ich deutlich machen

[90] Das Konzept der strukturellen Parteilichkeit wäre ein anregender Ausgangspunkt für eine Diskussion der Frage der Gerechtigkeit in Güteverhandlungen; das Korpus enthält darüber hinaus eine Fülle von interessanten Details für eine solche Diskussion.

will, daß die Verhandlung auch in diesem Kapitel zu Neutralität und Parteilichkeit hätte analysiert werden können.

Der Richter zieht in dieser Verhandlung alle persuasiven Register, um für den klagenden Arbeitnehmer zumindest eine Abfindung für den Verlust des Arbeitsplatzes herauszuholen, obwohl ja nach der detaillierten Sachverhaltsrekonstruktion deutlich ist, daß es für eine solche Abfindung keine rechtliche Basis gibt, daß also ein Urteil nach streitiger Verhandlung nur die Rechtmäßigkeit der Kündigung bestätigen könnte. In diesem Fall wie in vielen ähnlich gelagerten versucht der Richter durch einen eindringlichen Appell, die menschliche Seite zu bedenken, den rechtlich in seiner Position honorierten und bestätigten Arbeitgeber zu einem Verzicht auf das Ausschöpfen seiner rechtlichen Möglichkeiten zu bewegen[91], eine fast aussichtslose Aufgabe, wenn, wie hier, die Vertragsverletzungen des Klägers nicht nur als Verletzung der formalen Sozialbeziehungen gehandhabt werden, sondern auch als schwere 'menschliche Enttäuschung', also als Verletzung auf der Ebene der informellen Sozialbeziehungen zwischen Arbeitgeber und Arbeitnehmer.

Der Richter erreicht trotz hartnäckigster Anstrengungen nur eine Abfindungsregelung.

Fallanalyse 2: „Ein Kaffee vorm Arzt" (3003/119)

In einer Reihe von Verhandlungen geht der Arbeitsrichter in seinem Engagement für den klagenden Arbeitnehmer noch weiter: Er versucht dann, einerseits die Rechtsposition des beklagten Arbeitgebers aktiv zu erschüttern, gegebenenfalls Ungeschicklichkeiten in der Präsentation der Arbeitgeberposition nutzend, und darüber hinaus von rechtlich schwachen oder fragwürdigen Aspekten der Verhandlungsposition des klagenden Arbeitnehmers abzulenken. „Ein Kaffee vorm Arzt" ist eine solche Verhandlung:

> Der Fall:
>
> Es geht um eine Kündigungsschutzklage. Die Klägerin, Frau Rainer, eine ältere Frau, unter starkem Asthma leidend, mit Anzeichen, die einen regelmäßigen Alkoholkonsum vermuten lassen, war bei der Reinigungsfirma Säuberle beschäftigt. Sie hatte sich mit einer 'schweren Grippeerkrankung' telefonisch krankgemeldet, war aber fast unmittelbar nach dieser telefonischen Benachrichtigung von einem Betriebsangehörigen in einem Kaufhaus in der Innenstadt gesehen worden, und zwar in geselliger Runde beim Bier, so jedenfalls die Beklagte, die daraufhin fristgerecht gekündigt hat. Für die Beklagte führt RA Krantz die Verhandlung, die Klägerin ist ohne Beistand erschienen. Die Klägerin macht einen verwirrten Eindruck. Nach vielen Umwegen erreicht der Richter schließlich eine Abfindungsregelung.

---

[91] Vgl. dazu Nothdurfts Ausführungen zum Kulanzprinzip im Rahmen der Regelung von Streitigkeiten im Gebrauchtwagenhandel in diesem Band.

Zur Verdeutlichung der Position der beklagten Firma folgt jetzt der Kündigungsbrief der Firma Säuberle, den der Richter zu Beginn der Konfliktrekonstruktion vorliest. Er etabliert damit, stellvertretend für den in Untervollmacht erschienenen Anwalt Krantz, die Anschuldigung:

```
da steht=s ja drin↓ * sie haben sich durch ein anruf an ihrem
arbeitsplatz im horst bär gymnasium entschuldigen lassen sie seien
schwe"r an einer gri"ppe erkrankt und könnten dieses jahr nich mehr
zur arbeit kommen↓ * sie wa:"r/ sie wurden jedoch am gleichen
vormittag von ihrem vo"rarbeiter dem herrn heinz wassma"nn im
kellerlokal des kaufhauses horten alkohol trinkend in einer geselligen
ru"nde angetroffen↓ * herr wassmann sprach sie a"n↑ * daß sie doch
angeblich kra"nk seien↑ worauf sie ihm zur antwort gaben- * wenn sie
ausgetrunken haben gingen sie zum arzt und ließen sich krank schreiben↓
* aus diesem grund kündigen wir das mit ihnen bestehende
arbeitsverhältnis fristgerecht zum dritten e"rsten↓ [...] das is=ses↓
(S. 3)
```

Zunächst zum Umgang des Richters mit einer Schwachstelle in der Verhandlungsposition der Klägerin. Ich gehe in meiner Darstellung vom ersten Versuch der Klägerin aus, ihre Anwesenheit am 'Tatort' „Maxim" zu rechtfertigen:

```
des war an dem tag wo der herr wassmann misch getroffe hot↓ * es war
voll beim arzt- * un=do bin isch in de horten hab ich schnell ä tass
kaffee getrunke- [...] →un=da hab isch gsacht← wenn isch
au"sgetrunke hab geh isch zu meim a"rzt zurück↓
(S. 5)
```

Das wäre eigentlich eine ganz plausible Erklärung; aber der Richter fragt detaillierter nach. Diese Explorationsaktivität fördert dann zutage, daß die Wohnung der Klägerin und die fragliche Arztpraxis sicher mehr als eine halbe Stunde Weg und Fahrt mit öffentlichen Verkehrsmitteln vom 'Tatort' Kaufhaus „Maxim" im Stadtzentrum entfernt liegen:

```
Kläg:                               zum doktor meister↓
Rich: zu welchem arzt sind se denn↑

Kläg:
Rich:  doktor mei"ster wo- * sitz=n der↓ * wo hat der seine

Kläg:      in bruchtal↓
Rich:  nie:derlassung-  in bruchtal↓ *

Kläg:                                  nein in bruchtal↓
Rich:  *oder in der bruchtaler straße↓*
K:     [DAS WÄRE WESENTLICH NÄHER AM HORTEN]
```

```
Kläg:          häuserplatz↓
Rich:  doktor-                  #←meister bruchtal häuserplatz↓→ *2*
K:                              [DAS HORTEN IST IM ZENTRUM VON

Kläg:
Rich:  wadelbach bruchtal mhm-# *2* <und der hat sie krank
K:     WADELBACH]

Kläg:  geschrieben↓> ja↓ *2* isch konnt nämlisch vor schnuppe kaum
Rich:

Kläg:  aus de a:ge gucke↓
Rich:
(S. 5)
```

Vor dem Hintergrund dieser zusätzlichen Exploration zum Sachverhalt wirkt die Rechtfertigung der Klägerin allerdings äußerst fadenscheinig und ist eher dazu angetan, die Position der Anschuldigung zu stützen. Der Richter ist auf einen sehr schwachen Punkt in der Stellungnahme der Klägerin zum Vorwurf des Arbeitgebers gestoßen. Üblich und erwartbar wäre jetzt eigentlich, daß der Richter die Klägerin mit dem Widerspruch zwischen exploriertem Sachverhalt (relativ weiter Weg von der Praxis zum „Horten" und zurück) und den Formulierungen in ihrer ersten Rechtfertigung konfrontiert, die eher suggerieren, daß der „Horten" und die Arztpraxis gerade ein paar Schritte voneinander entfernt liegen. Der Richter aber bricht diese Phase der Verhandlung umgehend ab. Er verzichtet auf eine Ergebnissicherung nach der Stellungnahme zur Anschuldigung und bemerkt nur, während er etwas unschlüssig in seinen Unterlagen blättert, zögernd und eher zu sich selbst:

```
n=ja ja ja hm- *2,5* ja das:- * macht es mir aber schwierig↓
(S. 5)
```

Nachdem Frau Rainer dieses Zögern des Richters, auf dem eingeschlagenen Weg (Exploration zum Konfliktsachverhalt) weiterzumachen, noch einmal genutzt hat, ihrer Empörung über den Arbeitgebervorwurf, sie habe an dem fraglichen Tag Alkohol getrunken, Luft zu machen, lenkt der Richter dann schnell von dem kritischen Punkt ab, mit einem sehr dezidierten und forschen *je"tzt* ein ganz anderes Thema einleitend:

```
je"tzt- * erstmal en paar formalitäten↓ *2* wenn sie sich nich gütlich
einigen- * ka=man ja immer machen nich↑ is ja nich verboten↓ ** da"nn-
** kann ich ihnen en anwalt beiordnen- ** damit der nämlich genauso
gut argumentieren kann↑ ** wie der herr rechtsanwalt krantz↓ * ne↑
* damit wer waffengleichheit haben verstehn se↓
(S. 5f.)
```

Im Rahmen der rechtlichen Würdigung der Arbeitgeberposition versucht der Richter, die Schwachstelle in der Verhandlungsposition der Klägerin dann erneut zu überspielen. Um dem Leser eine bessere Einschätzung dieser Richteraktivität und der Reaktionen des Arbeitgeberanwalts zu ermöglichen, zunächst ein Überblick über das interaktive Geschehen zwischen den beiden Ablenkungsversuchen. Den Umgang mit der Schwachstelle und die Versuche des Richters, die Rechtsposition des Arbeitgebers zu erschüttern, handle ich anschließend gemeinsam ab:

Über die Frage des Richters, ob denn die Klägerin überhaupt bei der beklagten Firma weiterarbeiten will (Frau Rainer erklärt zunächst *nei"n in däm moment nischt mehr isch streit misch net noch mol rum met ene↓* und führt später auch noch gesundheitliche Gründe an), kommen eine Fülle von Themen ins Spiel wie die Krankheiten der Klägerin, ihre desolate finanzielle Situation, ihre Absicht, vom Sozialamt zu leben, die inzwischen vom Arbeitgeber zugeschickte Lohnfortzahlung für die Zeit der Krankschreibung, die Unterstützung durch ihre Tochter, Stromabschaltungen durch die Stadtwerke wegen nicht bezahlter Rechnungen. Die Klägerin ist den Tränen nahe. Sie erweckt einen erschütternden Eindruck von Not, Krankheit und Hoffnungslosigkeit.

Im Verlauf dieser assoziativ organisierten Phase wird nun auch deutlich, daß, nachdem das Restentgelt gezahlt ist und die Klägerin eine Weiterbeschäftigung ablehnt, es einen einklagbaren Rechtstitel für sie gar nicht gibt. Der Klägerin geht es vielmehr um ihren guten Ruf, dessen Schädigung eigentlicher Klageanlaß und dessen Wiederherstellung Klageziel ist:

```
Kläg:
Rich:   <ja warum sind se denn jetzt vors a"rbeitsgericht gegangen↓>

Kläg:
Rich:   * wa=mal wenn wer mal von den sie"benhundert mark absehen die

Kläg:                                 weil des auch en falsche
Rich:   sind ja jetzt bezahlt worden↓

Kläg:   anschuldigung mir geggeübber war was herr wassmann dort
Rich:

Kläg:   dargebracht hot↓      <weil des ni"scht↓ * stimmt↓ * isch hab
Rich:   mhm-             mhm-

Kläg:   e"tliche zeuge wo des bezeuge könne- * daß isch #kaffee#
K:                                                      KLOPFT AUF

Kläg:   getrunke> hab↓     es war ge/ warn ledinglisch besuchsgäste aus
K:      DEN TISCH
Rich:                  ja↓
```

Kläg: holland da- * <und #die"# habbe bier getrunke ne"t i"sch↓>
K: KLOPFT AUF DEN TISCH
Rich: mhm↓
(S. 7)

Nachdem nunmehr offenkundig ist, daß es für die Klägerin keinen einklagbaren Rechtstitel gibt, ist die anschließende Frage an den Arbeitgeberanwalt nach einer *vergleichsmöglichkeit* – wie in vielen vergleichbaren Fällen – eher ein Appell an die Arbeitgeberseite, über eine Abfindungsregel ein finanzielles 'Trostpflaster' zu gewähren.

Anwalt Krantz will ohne Rückfrage bei der beklagten Firma keinen Vergleich abschließen und zieht sich auf die Rechtsposition der Arbeitgeberseite zurück:

allenthalben: mit einem: widerrufsrecht denn: so wie die sache hier aussieht und wie sie mi"r bekannt ist- * seh ich an un=für sich keine veranlassung die- * klägerin sa"gt sie- * will- * gar net weiterhin arbeiten bei säuberle- * will ni"cht weiter beschäftigt sein- * und diese ordentliche kündigung- * die is meines erachtens wirksam- ** >ob des:-< * hat bis heute keine arbeitskraft angebo:ten so daß ich also- * keinerlei-
(S. 7f.)

Wie der Richter diese Rechtsposition zu erschüttern versucht und wie er in dem Zusammenhang mit der Schwachstelle in der Verhandlungsposition der Klägerin umgeht, will ich jetzt wieder genauer nachzeichnen. Es folgt zunächst der Gesprächsausschnitt mit den beiden Vorstößen des Richters und der jeweils knappen Reaktion des Arbeitgeberanwalts, wobei dieser den ersten mit einem *naja* abwehrt, das vor allem durch den Ton die Mitteilungsqualität von 'das ist ja doch wohl eine sehr gesuchte Deutung der Klagezustellung' transportiert, und den zweiten mit der definitiven Auskunft *es liegen keine krankmeldungen vor↓* kontert, den ersten Vorstoß damit ebenfalls endgültig abfangend:

RA K: >ja das is-<
Rich: ja da is- * vielerlei zu zu sagen↓ äh zunächst müßte man

RA K:
Rich: sagen wem=man mi=m letzten- * anfängt daß die klägerin sehr wohl

RA K:
Rich: ihre arbeitskraft angeboten hat dadurch daß sie- * die kla"ge- *

RA K: >(naja)<
Rich: hat zustellen lassen↓ muß man nich nochmal tun↓ * zum

RA K:
Rich: zweiten- * mu"ßte sie gar nicht ihre arbeitskraft anbieten weil

RA K: was: mir ni"cht
Rich: sie ja noch kra"nk war und krank i"st↓ ne↑

RA K: bekannt is↓ es liegen keine krankmeldungen vor↓
Rich: ja- * [...]
(S. 8)

Der dritte Vorstoß des Richters, um die Rechtsposition des Arbeitgebers aufzubrechen, berührt dann wieder die bekannte Schwachstelle in der Verhandlungsposition der Klägerin, die sicher anderthalb Stunden von der Arztpraxis zum Kaufhaus und zurück. Schon vor der Aufdeckung dieser Schwachstelle hatte der Richter die Bewertung der fraglichen Situation im Restaurant des Kaufhauses „Maxim" durch den Arbeitgeber deutlich zurückgewiesen:

das versteh ich denn nich ganz↓ äh- * äh es gibt ja kei"nen- ** keine
verhaltenspflicht de"s inhaltes daß ein arbeitnehmer der kra"nk i"st-
* nicht ein bier trinken darf↓
(S. 4)

Nach der Aufdeckung des schwachen Punktes in der Rechtfertigung der Klägerin stellt sich die Frage des 'einen Biers vor dem Arzt' eigentlich ganz anders; das hatte ja auch der Richter – wenn auch eher zu sich selbst sprechend – mit seiner Bemerkung *ja das:- * macht es mir aber schwierig* schon eingestanden. Dennoch versucht er jetzt, seine anfängliche Taktik, die Relevanz des einen Glases Bier herabzustufen, in seiner Auseinandersetzung mit den Kündigungsgründen weiter zu verfolgen, 'wohlweißlich' den schwachen Punkt ausklammernd. Offensichtlich hatte er gehofft, durch das Unterlassen der Ergebnissicherung und einer expliziten Bewertung dieses Aspekts der Sachverhaltsrekonstruktion sowie durch das schnelle Umfokussieren den Arbeitgeberanwalt erfolgreich von der Schwachstelle abgelenkt zu haben:

das dritte is was den kündigungsgrund selbst angeht↑ * äh wenn es
unstreitig ist daß die klägerin kra"nk geschrieben wu"rde- ** dann
steht doch bloß der vorwurf im raum daß die klägerin mo"rgens wäh":rend
eines gangs zum arzt oder vo"r einem gang zum arzt- * [DAS ÜBERSPIELEN
DES SCHWACHPUNKTES] möglicherweise bier getrunken hat- * ja
rechtfertigt da"s eine kündigung↑ ** rechtfertigt das eine kündigung↑
* wenn die klägerin unstreitig kra"nk war- * so gibt es meines erachtens
keinen erfahrungssatz de"s inhaltes- * daß ein arbeitnehmer- * äh
sich gesundheitsschä"digend- * verhält wenn er ein: glas bier trinkt
oder ähnliches↓ * exzesse sind was ganz anderes↓ [...] a"ber↓ * so"
einfach kann es sich die firma säuberle nich machen daß sie sacht
wir haben sie mit einem glas bie"r gesehn also deswegen kü"ndigung↓
* nich↑
(S. 8f.)

Zunächst kontert der Anwalt diesen dritten Richtervorstoß mit dem Versuch einer Fokuskorrektur:

>n:ein< des geht weniger um des glas bier sondern es geht um des vertrauensverhältnis un auch eine gewisse wahrheitspflicht wird doch net- * äh aberkannt werden wenn die klägerin anruft sie sei grippekrank und lie:ge im be"tt und dann is=ses doch sehr se"ltsa"m wenn se dann ne viertelstunde später- * äh und →wie gsacht-← * ich bleibe jetz zunächst mal bei- * >der darlegung< alkoholtrinkenderweise im <ho"rten gesehen wird↓ * das paßt halt net zusammen↓>
(S. 9)

Die Relevanz dieser Fokuskorrektur für eine Begründung der Kündigung versucht der Richter – wenn auch nicht sehr erfolgreich – zu bestreiten; dann aber 'stößt' Anwalt Krantz nach:

ich ich verstehe auch andrerseits ni"cht wenn die- * klägerin zum arzt nach bruchtal mu"ß ja"↑ * daß se dann- * in de innenstadt im horten- * <kaffee trinkt↓>
(S. 10)

Ihm ist der kritische Punkt nicht entgangen. Bei den wenig überzeugenden und in sich nicht stimmigen Ausflüchten der Klägerin (*isch hatt daheim keine zeit mehr d/ kaffee zu trinke weil- * isch konnt mir auch keiner mache weil mir der stro:m abgestellt worre is* ...; S. 10) läßt der Richter die Klägerin allein; an diesem Punkt kann oder will er nicht mehr helfen.

Die beiden Formen richterlicher Parteinahme bleiben in der Verhandlung „Ein Kaffee vorm Arzt" ohne Erfolg: Es gelingt dem Richter nicht, vom schwachen Punkt der Verhandlungsposition der Klägerin abzulenken, und die Arbeitgeberseite läßt sich in ihrer Gewißheit, im Recht zu sein, nicht verunsichern. Der Anwalt der Arbeitgeberseite sieht für einen Vergleich keine Chance:

denn wie soll den hier n verglei"ch aussehn ich ph: seh da gar keine >chance" für n vergleich< ne weiterbeschäftigung is net möglich wird auch net gewü"nscht↑ * ne beendigung↑ * nu gut wem=mer die um acht tag raussetzt- * STÖSST LUFT AUS was bringt des↓
(S. 11)

Darüber hinaus hatte auch die Klägerin bereits erklärt, daß sie 'weitermachen' will:

isch loss es druff okumme↓
(S. 10)

Entsprechend leitet der Richter bereits erste Schritte zur Organisation eines Kammertermins ein.

Daß es dann, nachdem der Gütetermin von allen Beteiligten eigentlich schon als gescheitert abgehakt ist, doch noch zu einer Einigung kommt, liegt daran, daß der Richter kurz vor Beendigung der Verhandlung unvermittelt seine Verhandlungsstrategie ändert. Er gibt seinen Konfrontationskurs auf und wählt die 'Mitleidsschiene':

die klägerin is- * im augenblick meines- * erachtens nich in der la"ge
einen- * äh in ihrer situation eine- * rational- * fundierte
entscheidung zu fällen was man sicherlich machen könnte wär ne
abfindungsregelung↓ * nich da is von nu"ll bis ne million: äh is da
ein großer spielraum↓ * nich da- * das wär nich das erste mal daß
wer das so gemacht haben↑
(S. 11f.)

Der Arbeitgeberanwalt läßt sich nach diesem Appell auf eine Abfindung von einem Monatslohn für den Verlust des Arbeitsplatzes ein, eine karitative Lösung, wie sie auch in der Verhandlung „Nicht gekommen und nicht angerufen" ausgehandelt wurde.

Was ich in diesen beiden Verhandlungen, aber auch in vielen anderen des Korpus beobachtet habe, stellt Schönholz (1984a, S. 264f.) als generelle Vergleichspraxis im Arbeitsgericht hin, auch wenn seine Aussage sich auf den Prozeßvergleich im Rahmen der Kammerverhandlung bezieht:

> „[...] der Prozeßvergleich [erweist sich] als flexibles Instrument, Modalitäten der Auflösung, insbesondere Kompensationen dem Arbeitnehmer zuzusprechen, die nach der Rechtslage nicht beansprucht werden können. Die Voraussetzung einer Auflösung des Arbeitsverhältnisses aufgrund des Gesetzes und der Festlegung einer Abfindung sind nämlich nur in den seltensten Fällen gegeben. Der Vergleich dient also der Verwirklichung eines Bedürfnisses, das bescheidener als der gesetzlich verbriefte Kündigungsschutz sich lediglich auf Kompensation im Falle der Entlassung richtet, dessen Durchsetzung aber vom Gesetz praktisch nicht abgesichert ist."

Die 'kleine Manipulation' auf Kosten von Arbeitsamt, Finanzamt oder Sozialversicherung

Mit 'kleinen Manipulationen' an den Gründen einer Kündigung oder an der Art und Weise, wie eine Zahlung des Arbeitgebers an den klagenden Arbeitnehmer dann offiziell definiert wird, kann der Arbeitsrichter, wenn der Arbeitgeber mitspielt, etwas für den sozial Schwächeren tun, und zwar jeweils zu Lasten des Arbeitsamts, des Finanzamts oder auch der Sozialversicherung. Es handelt sich um Formen praktischer Parteinahme.

In der Regel werden solche Manipulationen kurz vor oder auch – parenthetisch eingeschoben – während der Protokollierung vollzogen. Ich will jetzt zwei typische Fälle vorführen. Da keine komplexeren interaktiven Vorgänge nachgezeichnet werden müssen, können die entsprechenden Erläuterungen sehr knapp ausfallen. Außerdem sind die beiden Verhandlungen in anderem Zusammenhang bereits ausführlich diskutiert worden:

Fall 1: „Ein Kaffee vorm Arzt" (3003/119)

In dieser Verhandlung geht es um eine verhaltensbedingte Kündigung. Das Arbeitsamt behandelt solche Kündigungen als selbstverschuldet und verhängt in der Regel eine Sperrfrist von vier Wochen oder mehr. Der Kläger, der nicht sofort einen neuen Arbeitsplatz hat, steht ohne Arbeitslosengeld da und muß sich ans Sozialamt wenden. Das droht auch der Klägerin in der Verhandlung „Ein Kaffee vorm Arzt". Durch eine kleine Manipulation während der Vergleichsprotokollierung bewahrt sie der Richter vor dieser Härte:

die parteien schließen nach erörterung der sach und rechtslage folgenden vergleich↓ e"rstens die parteien sind sich einig darüber komma daß das arbeitsverhältnis auf*äh* grund o"rdentlicher kra"nkheitsbedingter arbeitgeberkündigung köm=mer so machen ne↑ [...]
(S. 12)

Noch in das fragend-auffordernde *köm=mer so machen ne↑* hinein signalisiert der Anwalt der Arbeitgeberseite mit einem knappen *ja↓* sein Einverständnis mit dieser Umdefinition der Kündigungsgründe. Das Arbeitsamt muß zahlen, wenn es nichts merkt.[92]

Fall 2: „Gegen Gotteslohn" (3003/99b)[93]

Nachdem sich die Parteien in dieser Verhandlung nach teilweise erbittert geführter Auseinandersetzung zu einer vergleichsweisen Regelung überreden lassen, werden die Entgeltansprüche – und um solche handelt es sich ohne jeden Zweifel – umdefiniert in eine 'Sozialabfindung für den Verlust des Ausbildungsplatzes'. Hier bringt der Anwalt der Kläger die Geschichte ins Rollen: Er nutzt eine etwas entspanntere und auch unkonzentriertere Phase in der Verhandlung nach dem in aller Härte ausgetragenen Positionenkampf und nach gerade erfolgreich vereinbartem Vergleich, um die Frage nach einem 'Tätigkeitsnachweis' für den Kläger zur Sprache zu bringen. Der Richter weiß natürlich sofort, was gemeint ist: Es geht darum, die Aushilfsarbeiten im Reformhaus als Ausbildungszeit auszuweisen:

---

92 Im Rahmen des Schlichtungsprojekts habe ich in mehreren Kammern eines Sozialgerichts eine umfangreiche Aufnahmeaktion durchgeführt. Es wurde immer wieder deutlich, daß dem Arbeitsamt diese gängige Praxis der Arbeitsgerichte sehr wohl bewußt ist. Nicht selten konnten die Prozeßvertreter des Arbeitsamtes die Zweifel an entsprechenden Arbeitsgerichtsprotokollen so glaubhaft substantiieren, daß sie vom Sozialrichter als valide Argumentationsressource für die Verweigerung von Arbeitslosengeld in Betracht gezogen wurden.

93 Vgl. die Fallbeschreibung oben im Abschnitt „*Das Auseinanderfallen eines gemeinsamen interaktiven Fokus*" in Kapitel 5.3.

n=tätigkeitsnachweis ja de=s vielleicht=s beste↓ *9* ja also mehr
kann ich ihnen halt halt au net sagen ne↑ ** wir könn=s probieren wer
könn für den verlust des ausbildungsplatzes äh äh ne abfindung von
elfhundert un neunhundert vereinbaren- * und dann warten se mal äh ab
was passiert ne↑ * wahrscheinlich geht=s↓ * aber des hängt sehr
f/ bearbeitenden finanzbeamten ob der jetz sagt naja gott is sowieso so
ne kleine summe oder ob der sagt halt halt was is da los↓
(S. 17)

Der Anwalt des beklagten Reformhausbesitzers kooperiert:

ja so=n kleines reformhaus die ham sowieso zu krebsen und dann- [...]
ich mein so wie se=s formuliert haben könnt man sich fast- * sagen es
ist ein schadensersatzanspruch für den verlust des aus/ (...)
(S. 17)

Und der Richter fällt ihm bestätigend ins Wort:

ja ja des is ja auch so ne das is äh-
(S. 17)

Entsprechend fällt dann auch die Protokollierung aus, in der der Richter diese Sachverhaltskosmetik berücksichtigt. Ich zitiere aus der Protokollierung des Vergleichs zwischen der klagenden Studentin Frau Leopold und dem Reformhausbesitzer:

die parteien schließen [...] folgenden vergleich↓ * in der sache
leopold- * de:r beklagte verpflichtet sich an die kläger*rin d. m.- *
eintausendeinhundert in monatlichen raten a jeweils d. m. fünfhundert
beginnend ab- * ersten sechsten neunzehnhundertsechsundachtzig zu
zahlen- ** dieser betrag- * dient als abfindung für den verlust des-
* ausbildungsplatzes und ist netto fällig↓
(S. 18)

Und *netto* heißt, daß der Betrag lohnsteuer- und sozialversicherungsfrei ist. Wenn kein Verdacht geschöpft wird, gehen Sozialversicherung und Finanzamt leer aus.

Kompensation für den Arbeitgeber für den erwarteten Verzicht auf Rechtspositionen

Nicht selten kompensieren die Arbeitsrichter ihr deutliches Engagement für den Schwächeren dadurch, daß sie die moralische und rechtliche Position des beklagten Arbeitgebers honorieren. Eine solche Honorierung inszenieren die Arbeitsrichter häufig indirekt, und zwar indem sie den Kläger – oft in drastischer Weise – über sein Fehlverhalten belehren, ihm Vorhaltungen machen, ihm die untragbaren Folgen seines Verhaltens für den Betrieb oder den Arbeitgeber vor

Augen führen. Eine überaus aufwendige 'Strafpredigt' dieser Art inszeniert der Richter in der Verhandlung „Nicht gekommen und nicht angerufen":

sie ham zwei" pflichten verdammt nochmal zwei pflichten- * wenn sie krank sind is=ses selbstverständlich daß man- * äh sofort ne nachricht gibt → stellen sich folgendes vor← sie ham:- * tagelang auf den termin gewartet sie auch sie wußten heute hat der richter sein termin nich↑ * man richtet sich darauf ein- * heute morgen stelle ich fest daß die grippe in mir hoch kommt und ich drehe mich rum↓ * im bett↓ * und sach ich werd heut nachmittach werd ich en arzt anrufen der kommt dann↑* und dann werd ich auf der po/ auf=em postwege meine arbeitsunfähigkeitsbescheinigung hinschicken dauert vier tage↓ * ne↑ * aber in der zwischenzeit is der sitzungssaal voll↑ * was meinen se was hier für ne kochende stimmung is- * wenn der richter einfach glaubt er könnte sich rumdrehn is ja kra"nk is ja entschuldigt wenn er ni/ wenn er krank is kann er nich denken↓ [GELÄCHTER] ne↑ * vor allen →dingen← macht er dann: lauter falsche entscheidungen↓ * aber er hat einen einen gedanken hätt er noch fassen müssen →nämlich← zum telefo:n gehn und sagen müssen hebt die termine auf ruft die parteien an daß sie nich- * umsonst hierher kommen↓ * manche kommen bis von rimstein her↓
(S. 16)

Natürlich handelt es sich bei dieser Strafpredigt auch um eine Präventivmaßnahme, mit der der Richter für den Fall einer Wiedereinstellung oder auch für künftige Arbeitsverhältnisse des Klägers einem entsprechenden Fehlverhalten vorbeugen will. Dominant aber ist die andere Funktion: Es handelt sich um einen Fall taktisch eingesetzter struktureller Parteilichkeit. Indem der Richter dem Arbeitgeber verbale Kompensation für die erlittene Schädigung anbietet, will er ihn gleichzeitig einigungsbereit machen, um so die Voraussetzung für eine Wiedereinstellung oder zumindest für eine Abfindungsregelung zu schaffen.

Richterliches Verhalten bei 'Mißbrauch des Gerichts'

In diesem Abschnitt geht es um Fälle, in denen sich der Richter nicht in besonderer Weise für die Situation des klagenden Arbeitnehmers engagiert, ja, sich sogar weigert, etwas für den Kläger zu tun bzw. sogar gegen ihn eingenommen ist. Ich will in drei ausgewählten Fällen aufzeigen, warum jeweils das Prinzip der strukturellen Parteilichkeit für den Kläger nicht zum Tragen kommt und das institutionsspezifische richterliche Engagement für den Schwächeren ausbleibt.

Fall 1: „Die Bezahlung des sechsten" (3003/124) – Rückzug aus der Verhandlung und Widerstand gegen das Anliegen des klagenden Arbeitnehmers

Wie bereits gezeigt, weigert sich der Richter in dieser Verhandlung vehement, auch nur irgendetwas zu tun, was den Parteien bei einer vergleichweisen Regelung helfen könnte.[94] Er weigert sich grundsätzlich, sich des Falls, sich der Situation des Klägers anzunehmen. Einmal liegt keine Notlage vor, dann handelt es sich um einen lächerlich geringen Betrag, der eingeklagt wird, und drittens – diesem letzten Punkt gilt wohl die größte Empörung des Richters – es geht dem Kläger bzw. seinem Prozeßbevollmächtigten ums Prinzip. Der Richter fühlt sich durch Rechtssekretär Pfeiffer und seinen Mandanten 'mißbraucht'. Der Rechtssekretär hat offensichtlich nur auf einen solchen Fall gewartet, den er vorschieben kann, um diesen Streit ums Prinzip auszulösen. Eine solche Auseinandersetzung gehört allenfalls in ein Beschlußverfahren, das ja für die Regelung von Kollektivstreitigkeiten vorgesehen ist, nicht aber in die Güteverhandlung. Und so kommt es, daß der Richter sich einmal weitgehend aus der Verhandlung zurückzieht, sich weigert, für das Anliegen der Parteien tätig zu werden, und daß er darüber hinaus trotz einer Bestätigung der Rechtsposition des Klägers ([...] *gehört=s doch eigentlich zur- * vertragsfreiheit↑ * zu einem termi:n an dem man immer auch will kündigt↑ * sofern nu"r die- * fri"st die vorgeschrieben ist einhält↑*) im Verlauf der Verhandlung eher für die Position der beklagten Firma Verständnis signalisiert: *ich hab vom kläger noch kein wort gehört↑ * zu den- * begründeten darlegungen von herrn jordan*, dem Assessor vom Arbeitgeberverband.

Fall 2: „Über 400 Titel" (3003/126) – Versuch einer Verweigerung oder: Kein 'Nachsitzen' für Versäumnisse der Tarifpartner

Auch in der Verhandlung „Über 400 Titel" gibt der Richter wegen eines faktischen oder vermeintlichen Mißbrauchs des Gerichts seine neutrale Rolle auf. Hier ist es der lückenhaft formulierte Tarifvertrag, für den nun der Arbeitsrichter – in einer Höhergruppierungsklage gegen das Land – 'nachsitzen' soll. So jedenfalls sieht es der Arbeitsrichter, und entsprechend reagiert er auch.

> Der Fall:
>
> Ein nach BAT bezahlter Medizindozent verlangt – unter Berufung auf den Tarifvertrag – wegen 'überwiegend hochwertiger Arbeit' (er verweist auf seine 'über vierhundert Titel') vom Land eine Höherstufung von BAT Ib nach BAT Ia. Die Verhandlung wird dominiert von langen und detaillierten Streitphasen zwischen dem Anwalt des Klägers Herrn Rehberger und dem Richter. Vor allem geht es auch um die Fragwürdigkeit gutachterlicher Beweisführung in einem solchen Fall. Trotz aufwendigster Versuche des Richters, RA Rehberger die

[94] Vgl. die Beschreibung der Verweigerungsaktivitäten des Richters in Kapitel 5.2 ('Vorstoß-Verweigerungs'-Sequenz 1, 2 und 3).

mißbräuchliche Inanspruchnahme und die Überforderung des Gerichts zu verdeutlichen, besteht dieser auf einem durch Gutachten unterstützten Kammertermin.

Wie der Richter förmlich dagegen rebelliert, daß er gezwungen wird, sich mit einer solchen Klage zu befassen, zeigt der folgende Gesprächsausschnitt:

→herr rehberger← das problem liegt in den tari"fvertra:chsparteien- * die eine solche unmögliche regelung [PRONONCIERT] getroffen haben- * nicht↑ ** von eim- * die eine solche unmögliche regelung getroffen haben und da"nn noch obendrein den re"chtsweg eröffnen wo das hingehört solche sachen das sind- * ausschüsse- * äh die von der sache etwas ve"rste:hn aber nich=en weltfremder arbeitsrichter der von einem medizi:"ner sagen soll ob er hochwertige lei"stungen auf einem schwierigen fo"rschungsgebiet verrichtet↓ * ich find das eine so=äh- * bodenlose zu"mutung [SEHR PRONONCIERT] an=en tarifvertrag an die an die=äh- * äh begü"nstigten von tarifverträgen- * äh- * daß ich- * äh- * schon stimmen gehört habe das is →also von einer l. a. g. [=LANDESARBEITSGERICHT] in=in=nen urteil reingeschrieben-← * daß ab einer bestimmten vergütungsgruppe das nich mehr justitia"bel sei↓
(S. 6f.)

Nach einer kritisch-ironischen Erwähnung des BAG-Urteils, mit dem dieses LAG-Urteil wieder aufgehoben und die Sache an das Landesarbeitsgericht zurückverwiesen wurde, beendet der Richter seine 'Klageschelte':

es is es i"s einfach eine zu"mutung an a"lle↓ * nich so etwas kam=man nich entscheiden↓ * ni↑ * ich ich bi"n ra:"tlos ich weiß nich- * unter was ich meine unterschrift setzen soll hinterher↓ * ich muß ja dahi"nterstehn nich [...] ich muß davon ü"berzeu"gt sein- * das i"s schwierig↓ [IMITIEREND]
(S. 7)

Zu diesem engagierten Ausbruch hat sich der Richter hinreißen lassen, obwohl, vielleicht aber sogar weil der Anwalt des Klägers ihn unmittelbar zuvor auf die Zuständigkeit des Gerichts hingewiesen hatte und auf den moralischen und gesetzlichen Anspruch des Klägers, 'sein Recht zu suchen':

also i"rgenwie muß ja dem kläger äh=äh formal die möglichkeit eröffnet werden äh: sein recht zu suchen →nich wahr ma kann ja nich sa:en ihre ma/ materie is so komplizie:"rt← äh bleiben se weg nich wahr wir brau/ →wir brauchen hier mehr hi"lfsarbeiterfälle←
(S. 6)

Fall 3: „Die verschwundene Quittung" (3003/54) – Der 'erschlichene Anspruch' oder: Die widerwillige Anspruchsbefriedigung

Diese Verhandlung gehört zu einer Gruppe von Fällen, in denen sich der Richter eher gegen den Kläger und dessen Ansprüche engagiert bzw. diese nur widerwillig bearbeitet, aber dennoch nicht umhin kann, ihm zum 'Sieg' zu verhelfen. Es sind Fälle, in denen eine vermutete oder fast wahrscheinliche Unredlichkeit, eine betrügerische Aktivität oder gar eine nicht auszuschließende, aber nicht beweisbare kriminelle Handlung dem geltend gemachten Anspruch zugrunde liegt.

Hier nun die Verhandlung „Die verschwundene Quittung", wahrscheinlich das Beispiel für einen durchs Arbeitsgericht sanktionierten Betrug an der beklagten Firma:

> Der Fall:
>
> Es geht um eine Entgeltklage. Herr Jung, der Kläger, schon lange nicht mehr bei der beklagten Baufirma beschäftigt, klagt unter Vorlage eines nicht unterschriebenen Schecks der Firma über das Februargehalt im Dezember, also zehn Monate später, das angeblich nicht erhaltene Februargehalt ein. Dieser Scheck war – so Frau Ruf für die beklagte Firma – seinerzeit an die Auszahlungsunterlagen geheftet gewesen, ist aber dann nicht unterschrieben worden, da dem Kläger – er ist Aussiedler, und es handelte sich um sein erstes Arbeitsverhältnis in der BRD – auf dessen Hinweis, er habe noch kein Bankkonto, das Gehalt bar ausgezahlt worden sei. Für diese Barauszahlung kann Frau Ruf keine Quittung vorlegen. Ob es eine Quittung gegeben hat, und wenn ja, warum keine Quittung vorhanden ist bzw. unter welchen Umständen diese Quittung verschwunden ist, ist nicht mehr aufzuklären. Der Kläger und seine Anwältin reduzieren ihre Argumentation im wesentlichen – der Kläger manchmal fast triumphierend – auf das faktische Fehlen der Quittung, und sie setzen sich damit durch: Eine vergleichsweise Regelung, in die noch Restansprüche auf Erstattungen aus einer Baukasse einbezogen werden, sichert dem Kläger das (zweite?) Februargehalt.

Zunächst versucht der Richter, Herrn Jung in aller Förmlichkeit und in deutlich abschreckender Absicht auf die strafrechtlichen Konsequenzen hinzuweisen, die ihn träfen, sollte sich die Position der beklagten Firma substantiieren lassen:

```
herr jung↑ * wenn nachgewiesen wird daß sie des februargeha"lt- *
in- * ba"r gekriegt haben↓ * un legen hier jetzt einen * scheck vor- *
dann is des betrug- * is ihnen des klar↑
(S. 2)
```

Der Kläger zeigt sich unbeeindruckt:

```
ja- * ja des is mir klar aber ich hab doch den scheck net ausgestellt
(S. 2)
```

Und er kontert sofort mit einem Hinweis auf den 'wunden' Punkt der rechtlichen Position der beklagten Firma:

```
[...] wo is die unterschrift wo ich das geld in bar bekommen habe↓ *
sie soll doch mal zei"gen wo das wo ich das geld bekommen habe↓
(S. 2)
```

Ein weiterer Versuch des Richters, die Position des Klägers und seiner Anwältin auszuhebeln, besteht aus alltäglichen Plausibilitätserwägungen, die er zunächst noch in fragend-explorierender Weise anstellt:

```
ja nun aber- * passen=se auf- * sie sagen sie hätten ihn verlegt und
äh erst jetzt wieder gefunden den scheck↓ * [...] dann frag ich sie
von was ham sie denn dann damals gelebt ham sie nich gemerkt daß ihnen
des ganze monatsgehalt fehlt↑
(S. 4)
```

Auch dieser Vorstoß prallt ab:

```
nein hab ich net bemerkt↓ * na die soll doch mal zeigen wo ich das
geld unterschrieben die (...) äh-
(S. 4)
```

Und der Richter, Herrn Jung unterbrechend (*nein nein nein nein moment moment halt*; S. 4), empört über den unverhohlenen Triumph in der Äußerung des Klägers, massiert seinen Vorstoß, jetzt schon deutlich die moralische Integrität des Klägers anzweifelnd:

```
da- * da komm wir auch noch dazu net aber zunächst möcht ich mal von
ihne eine für mich- * na"chvollziehbare plausible erklärung- *
darüber haben wie es dazu kommen kann daß sie gar nicht gemerkt
haben für februar kein gehalt gekriegt zu haben↓ [UND ER KLOPFT
DABEI MIT NACHDRUCK AUF DEN TISCH] * äh- * es is schon toll↑ * das
muß man sich mal vorstellen↓
(S. 4)
```

Schließlich – nach einer langen Phase nutzloser Auseinandersetzung, die sich immer wieder an dem Punkt der 'verschwundenen Quittung' festläuft – prangert zunächst Frau Ruf für die beklagte Firma noch einmal die 'raffinierte' betrügerische Strategie des Klägers an:

```
mein guter herr jung da heben sie doch drauf ab↓ * des is doch ihre- *
des is doch ihre raffinesse↓
(S. 12)
```

Und der Richter, der schon Frau Rufs Interpretation mit einem *ja is klar*↓ zugestimmt hatte, resümiert mit drastischer Eindeutigkeit:

```
die sache- * die sache stinkt natürlich zum himmel ne↑
(S. 12)
```

Aber es hilft alles nichts: Rechtlich ist da nichts zu machen.

Rückzug auf die Position des neutralen Dritten

Es gibt Güteverhandlungen, in denen sich der Arbeitsrichter ganz explizit auf die Position des neutralen Dritten zurückzieht. Es handelt sich um Fälle, in denen der Konflikt auf der Ebene der formalen Sozialbeziehungen, des Arbeitsverhältnisses, letztlich nur Vorwand ist, um einen Konflikt auf der Ebene der informellen Sozialbeziehung mit Hilfe des Gerichts zu regeln. Der gute Ruf, die verletzte Selbstachtung, die persönliche Ehre sollen wiederhergestellt werden. In meinem Korpus von Güteverhandlungen gibt es zwei prägnante Fälle dieser Art, die Verhandlung „Gegen Gotteslohn" und die Verhandlung „Es bleibt immer etwas hängen".

In der Verhandlung „Gegen Gotteslohn"[95] konstruiert der Richter eine korrespondierende Schädigung des beklagten Reformhausbesitzers hinzu, die von diesem gar nicht 'klagend' erwähnt wurde:

```
hörn sie für ihn wär doch de/ is doch des au"ch en wert wenn er einen
nachfolger ha"t↓ * un wenn der sukzessive in=s geschäft hineinwächst
→hörn se bitte mal weiter zu↓← * da"nn is doch de/ für ihn des auch
sinnvoll daß der die kurse finanziert und wenn sie zehndausend mark
kosten weil er dann sagt ich kann des geschäft mit einigem gewinn
übernehmen wenn er=s nämlich nur liquidiert↑ * dann zahlt er drauf↓
* wenn er des aber übergeben kann unter umständen gegen entsprechend
→ich weiß net was da üblich ist bei solchen geschäften← * wenn
er=s übergeben kann mit entsprechend schönem kaufvertrag oder auf
auf rentenbasis oder sonst irgendwie da hat es doch für ihn au"ch en
wert er is nämlich genau"so geschädigt durch dies des scheitern der
ganzen geschichte↓
(S. 17f.)
```

Auf diese Weise entzieht sich der Richter dem 'strukturellen' Druck, sich einseitig der Schädigung der Kläger annehmen zu müssen. Er kann sich auf die Position des Neutralen zurückziehen, um von dort aus – nicht minder engagiert – die Streitenden zum Einlenken zu bewegen.

In der Verhandlung „Etwas bleibt immer hängen"[96] ist es die wechselseitige Verletzung der Selbstachtung, des 'guten Rufs', für deren Behandlung der Richter sich als nicht zuständig erklärt. Auch hier ergreift er nicht Partei, sondern zieht sich auf die Position des Neutralen und – wie erwähnt – Nicht-Zuständigen zurück, ohne damit allerdings in seinen engagierten Anstrengungen nachzulassen, auf die Zerstrittenen einzuwirken:

[95] Vgl. die Fallbeschreibung oben im Abschnitt „*Das Auseinanderfallen eines gemeinsamen interaktiven Fokus*" im Kapitel 5.3.

[96] Vgl. die Fallbeschreibung oben im Abschnitt „*Das Auseinanderfallen eines gemeinsamen interaktiven Fokus*" im Kapitel 5.3.

```
ich will ihnen mal folgendes sagen- * ←ich habe das gefü:hl daß sie-
* von diesem verfahren- * äh me"hr die wiederherstellung ihres rufes- *
erwarten oder mehr eigentlich erwarten daß:- * das gericht in seiner
entschei"dung eindeutig bestimmt wer hier- * äh→ nicht im recht ist
sondern wer der gute und wer der böse ist >und das wird nicht erfolgen↓<
[...] weil sie nämlich beide sachen erzählen die eigentlich mit dem
rechtsstreit se"hr wenig zu tun haben- * mit der entscheidung- * die
aber se"hr viel damit zu tun haben was für einen persö"nlichen
konflikt sie mitnander auszufechten haben↓ * und da" kann ihnen- * da
kann ihnen vielleicht ein ein therapeut helfen >ich nicht↓<
(S. 11)
```

In den voraufgehenden Kapiteln 5 bis 8 habe ich versucht, jeweils aus unterschiedlicher Analyseperspektive Charakteristisches der kommunikativen Wirklichkeit der Güteverhandlung im Arbeitsgericht aufzuzeigen. Eine Reihe von möglichen Ursachen für das große Spektrum an Verlaufsvarianten, für die atmosphärischen Wechselbäder, denen sich der Beobachter immer wieder ausgesetzt sieht, und dafür, daß auch immer wieder kaum Erwartbares passiert, habe ich im Kapitel 4 zu den besonderen kommunikativen Rahmenbedingungen bereits angesprochen. Ich will diese Ursachen noch einmal zusammenfassend nennen:

- Widerspruch zwischen institutionellem Anspruch (gütliche Einigung, Wiederherstellung des sozialen Friedens) und Wirklichkeit (formale Beendigung einer Sozialbeziehung)
- Vielfalt der Beteiligungskonstellationen
- doppelte Situationsorientiertheit des Arbeitsrichters zwischen Rechtsprechen/Entscheiden und lebenspraktischer Konfliktlösung
- häufige wechselseitige Durchdringung von formalem Arbeitsverhältnis und informellen Sozialbeziehungen bei den Konfliktsachverhalten.

9. Schlußbetrachtungen

Ein Ziel der vorliegenden Studie war immer auch, exemplarisch zu zeigen, wie interaktive Vorgänge an Details der syntaktischen und rhetorischen Organisation einzelner Formulierungen festzumachen sind, und umgekehrt, wie, ausgehend von einer mikroanalytischen Bestimmung solcher Details, auf Aspekte des interaktiven Umgangs mit Schlichten zu schließen ist. So gesehen, hat die Studie über die Beschreibung der kommunikativen Wirklichkeit von Schlichten in der Güteverhandlung vor dem Arbeitsgericht hinaus – auf methodologischer Ebene – auch die Funktion, eine konsequent gesprächsanalytische Art und Weise des Umgangs mit sprachlichen Strukturen zu erproben. Insofern liegt ein Ertrag der vorliegenden Studie in den Analysen der konkreten interaktiven Vorgänge selbst, und das heißt vor allem: in den nur exemplarisch möglichen ausführlichen Rechtfertigungen der Bedeutungszuschreibungen.

Was die Bestimmungen der besonderen kommunikativen Wirklichkeit von Schlichten in der Güteverhandlung vor dem Arbeitsgericht betrifft, nehme ich in dieser Retrospektive noch einmal zwei der impressionistischen Kennzeichnungen von Schlichten wieder auf, wie sie Nothdurft in der Einleitung zu diesem Band entwickelt hat, den persuasiven Charakter von Schlichten und den fragilen Charakter. Für den persuasiven Charakter von Schlichten übernehme ich auch das Etikett. Das Fragile von Schlichtungsinteraktion allerdings scheint mir nur ein Aspekt des grundsätzlich empfindlichen interaktiven Gleichgewichts von Schlichten zu sein. Ich komme auf das Persuasive von Schlichten und auf die Empfindlichkeit des interaktiven Gleichgewichts deswegen an dieser Stelle noch einmal zu sprechen, weil die beiden Aspekte der kommunikativen Realität der Güteverhandlung zwar in allen Analysen eine Rolle gespielt haben, aber nur selten zum eigentlichen Gegenstand der Beschreibung gemacht worden sind. Die beiden Prädikate scheinen mir besonders geeignet, abschließend noch einmal das Typische der Güteverhandlung im Arbeitsgericht hervorzuheben.

Zur besonderen Empfindlichkeit des interaktiven Gleichgewichts in der Güteverhandlung

In der Einleitung zu diesem Band hat Nothdurft bereits eine Reihe von Gründen für die besondere Störanfälligkeit jeder Schlichtungsinteraktion genannt, für ihren 'fragilen' Charakter: Erstens ist der interaktive Umgang mit Streit immer auch von erneutem Streitausbruch bedroht. Zweitens sind die Beteiligten häufig gar nicht an einer gütlichen Einigung interessiert, sondern sie wollen den eigenen Sieg, die Niederlage des Streitgegners, wollen ihr Recht, alles Orientierungen, die auch einen erfolgreichen Abschluß von Güteterminen im Arbeitsgericht gefährden. Drittens sind eben neben dem offiziellen Streitgegenstand meist auch ganz andere komplexe Zusammenhänge der Streitgeschichte mit betroffen, Aspekte der informellen Sozialbeziehungen zwischen den Streitgegnern, mit denen sie Empfindungen wie Enttäuschung, Ärger, Wut, Scham, Verletztsein usw. verbinden. Der fragile Charakter von Schlichten – so haben die Analysen gezeigt – ist nun nur ein Aspekt des empfindlichen interaktiven Gleichgewichts in Güteverhandlungen: Die Komplexität der Orientierungen der Beteiligten und die Komplexität der Streitzusammenhänge können sich unter bestimmten Voraussetzungen auch produktiv auswirken, so daß ich in einem neutralen Sinne von der besonderen Empfindlichkeit von Schlichtungsinteraktion sprechen möchte – empfindlich in der einen oder in der anderen Richtung. Typisch für die interaktive Konfliktregelung in der Güteverhandlung ist, daß nicht nur fast schon erfolgreich abgeschlossene, scheinbar glatt laufende Güteverhandlungen (wie etwa die Verhandlung „Türkischer Wagenwäscher") durch einen 'falschen' Zug zu scheitern drohen, plötzlich blockiert sind, sondern auch, daß Verhandlungen, die festgefahren scheinen, durch einen 'richtigen' Zug plötzlich zum Laufen gebracht werden. Die Verhandlungen „Ein Kaffee vorm Arzt" und „Ungewöhnlicher Beweisvorschlag" sind einschlägige Beispiele.

Der persuasive Charakter von Schlichten

Voraussetzung für eine gütliche Einigung ist in der Regel, daß die Streitparteien die ursprünglichen Verhandlungspositionen revidieren, zumindest auf einen Teil von Forderungen verzichten, in irgendeiner Weise aufeinander zugehen. Daß sich in einem solchen Handlungsfeld eher persuasive Verfahren anbieten, um zum Ziel zu kommen, als Verfahren, die mit Begründungen operieren, auf das Erzeugen von Einsicht aus sind, wurde bereits in der Einleitung zu diesem Band ganz allgemein erwähnt. Die Güteverhandlung im Arbeitsgericht wird nun ganz maßgeblich von solchen persuasiven Techniken und Verfahren geprägt: Über die dominante Rolle des Richters in der Güteverhandlung wird sein persuasives Agieren gegenüber den Streitparteien zu einem wesentlichen Charakteristikum dieser Interaktionssituation. Das wurde in allen Einzelfallanalysen dieser Untersuchung deutlich, sieht man einmal von der Verhandlung „Die Bezahlung des sechsten" ab, in der man natürlich selbst noch die richterlichen Strukturierungskonzepte „Verweigerung" und „Rückzug aus der Verhandlung" als persuasive Verfahren ausgeben könnte. In der Güteverhandlung schmeichelt der Richter, lobt, honoriert die Position des Stärkeren, inszeniert symbolische Bestrafungen, tadelt, droht, warnt, verunsichert, appelliert, lenkt von kritischen Punkten ab, benutzt suggestive Rephrasierungen, stilisiert sich – je nach Einschätzung der Parteien – in einer Situation als den Erfahrenen, der weiß, wie alles ausgeht, in einer anderen als den, der sich da gar nicht so sicher ist, und schließlich auch einmal als den restlos Überforderten. Es kommt vor, daß er in einer Verhandlung jeweils in unterschiedlichen Kontexten einmal dieses und einmal jenes Selbststilisierungskonzept benutzt. In gleicher Weise setzt der Richter Wut, Empörung, Verärgerung, Enttäuschung usw. in sehr flexibler Weise taktisch ein. Vor allem in den Verhandlungen „Nicht gekommen und nicht angerufen", „Türkischer Wagenwäscher" und „Ein Kaffee vorm Arzt" habe ich die persuasiven Techniken des Richters, mit denen er die Verhandlungspositionen der Streitparteien aufzubrechen bzw. zu stützen versucht, bis in die syntaktische Organisation und die rhetorische Feingliederung hinein verfolgt und nachgezeichnet.

Anhang 1

„Güteverfahren" und „Alleinentscheidung durch den Vorsitzenden": die gesetzliche Regelung[97]

§ 54 Güteverfahren

(1) Die mündliche Verhandlung beginnt mit einer Verhandlung vor dem Vorsitzenden zum Zwecke der gütlichen Einigung der Parteien (Güteverhandlung). Der Vorsitzende hat zu diesem Zwecke das gesamte Streitverhältnis mit den Parteien unter freier Würdigung aller Umstände zu erörtern. Zur Aufklärung des Sachverhalts kann er alle Handlungen vornehmen, die sofort erfolgen können. Eidliche Vernehmungen sind jedoch ausgeschlossen.

(2) Die Klage kann bis zum Stellen der Anträge ohne Einwilligung des Beklagten zurückgenommen werden. In der Güteverhandlung erklärte gerichtliche Geständnisse nach § 288 der Zivilprozeßordnung haben nur dann bindende Wirkung, wenn sie zu Protokoll erklärt worden sind. § 39 Satz 1 und § 282 Abs.3 Satz 1 der Zivilprozeßordnung sind nicht anzuwenden.

(3) Das Ergebnis der Güteverhandlung, insbesondere der Abschluß eines Vergleichs, ist in die Niederschrift aufzunehmen.

(4) Erscheint eine Partei in der Güteverhandlung nicht oder ist die Güteverhandlung erfolglos, schließt sich die weitere Verhandlung unmittelbar an oder es ist, falls der weiteren Verhandlung Hinderungsgründe entgegenstehen, Termin zur streitigen Verhandlung zu bestimmen; diese hat alsbald stattzufinden.

(5) Erscheinen oder verhandeln beide Parteien in der Güteverhandlung nicht, ist das Ruhen des Verfahrens anzuordnen. Auf Antrag einer Partei ist Termin zur streitigen Verhandlung zu bestimmen. Dieser Antrag kann nur innerhalb von sechs Monaten nach der Güteverhandlung gestellt werden; § 251 Abs.2 der Zivilprozeßordnung ist nicht anzuwenden. Nach Ablauf der Frist ist § 269 Abs.3 der Zivilprozeßordnung entsprechend anzuwenden.

(6) Angriffs- und Verteidigungsmittel, die erst nach Ablauf einer nach Absatz 1 Satz 2 Nr.1 gesetzten Frist vorgebracht werden, sind nur zuzulassen, wenn nach der freien Überzeugung des Gerichts ihre Zulassung die Erledigung des Rechtsstreits nicht verzögern würde oder wenn die Partei die Verspätung genügend entschuldigt. Die Parteien sind über die Folgen der Versäumung der nach Absatz 1 Satz 2 Nr.1 gesetzten Frist zu belehren.

§ 55 Alleinentscheidung durch den Vorsitzenden

(1) Der Vorsitzende entscheidet allein

1. bei Zurücknahme der Klage;
2. bei Verzicht auf den geltend gemachten Anspruch;
3. bei Anerkenntnis des geltend gemachten Anspruchs;

---

[97] Um den in den folgenden Gesetzestexten enthaltenen Verweisen auf andere Paragraphen des ArbGG sowie auf Paragraphen der ZPO (Zivilprozeßordnung) sinnvoll nachzugehen, fehlt mir die juristische Kompetenz; entsprechend enthalte ich mich einer Kommentierung. Den Leser verweise ich auf die Kommentierung von Stahlhacke (1986), auf die ich für die Abfassung der vorliegenden Studie zurückgegriffen habe.

4. bei Säumnis einer Partei;
5. bei Säumnis beider Parteien;
6. über die einstweilige Einstellung der Zwangsvollstreckung.

(2) Der Vorsitzende kann in den Fällen des Absatzes 1 Nr.1, 3, 5 und 6 eine Entscheidung ohne mündliche Verhandlung treffen. Dies gilt mit Zustimmung der Parteien auch in dem Fall des Absatzes 1 Nr.2.

(3) Der Vorsitzende entscheidet ferner allein, wenn in der Verhandlung, die sich unmittelbar an die Güteverhandlung anschließt, eine das Verfahren beendende Entscheidung ergehen kann und die Parteien übereinstimmend eine Entscheidung durch den Vorsitzenden beantragen; der Antrag ist in die Niederschrift aufzunehmen.

(4) Der Vorsitzende kann vor der streitigen Verhandlung einen Beweisbeschluß erlassen, soweit er anordnet

1. eine Beweisaufnahme durch den ersuchten Richter;
2. die Einholung schriftlicher Auskünfte von Zeugen nach § 377 Abs.3 und 4 der Zivilprozeßordnung;
3. die Einholung amtlicher Auskünfte.

Der Beweisbeschluß kann vor der streitigen Verhandlung ausgeführt werden.

(Arbeitsgerichtsgesetz in der Fassung der Bekanntmachung vom 2. Juli 1979 (BGBl. I S.853). Geändert durch Gesetz vom 13. Juni 1980 (BGBl. I S. 677), vom 13. August 1980 (BGBl. I S. 1308) und vom 18. August 1980 (BGBl. I S. 1503). Zitiert nach Stahlhacke (1986, S. 90f. u. 93f.).

Anhang 2

Die häufigsten Klageanlässe, die Erledigungsarten, die Beteiligungskonstellationen und die Verhandlungsschwerpunkte in den im Schlichtungsprojekt aufgenommenen Güteterminen: Eine Übersicht

In dieser Übersicht habe ich die Versäumnisurteile nicht berücksichtigt; einmal gehören sie – formal – nicht mehr zur Güteverhandlung; zum anderen gab es keinen Klagetyp, bei dem es häufiger rsp. seltener zu einem Versäumnisurteil kam. Die Kategorien habe ich den Verhandlungen selbst entnommen; ihre Rechtsverbindlichkeit kann ich nicht garantieren; auf die numerische Angabe von Vorkommenshäufigkeit verzichte ich, um falschen Schlüssen vorzubeugen: Das Korpus ist für solche Aussagen zu klein.

KÜNDIGUNGSSCHUTZKLAGEN

Anlässe

[Verhaltensbedingt]
(fristlos/fristgerecht bzw. ordentlich/außerordentlich)
- (wiederholt) nicht gemeldete Krankheit
- Störung des Betriebsfriedens
- Mißbrauch von Urlaub
- Abwerbung von Schülern (für eigene Schulgründung)
- sexuelle Belästigung von Abhängigen

[personen- und krankheitsbedingt]
- zu viele Fehlzeiten (für den jeweiligen Arbeitsplatz)
- fehlende gesundheitliche Voraussetzungen nach Krankheit
- zu wenig Leistung
- fehlende Eignung

[betriebsbedingt]
- Betriebsverlegung oder -zusammenlegung
- Betriebs- oder Produktionsumstellungen
- Gewinnverfall
- Auftragsrückgang
- saisonbedingter Auftragsrückgang
- Betriebsauflösung
- Konkurs

Erledigungsarten

- Wiedereinstellung(svergleich)[98]
  ohne Bedingung ('einseitige Erklärung')
  auf Zeit
  bis Ende der Ausbildungszeit
  bis zu einer verabredeten Auflösung

[98] Alle Vergleiche können auch widerruflich abgeschlossen werden, meist entweder mit vorsorglichem neuen Gütetermin, vorsorglichem Kammertermin oder mit neuem Güte- oder einem Kammertermin auf Antrag; wegen den Erledigungsarten bei Kündigungsschutzklagen habe ich diese gröbere Differenzierung dort weggelassen.

- Umwandlung einer fristlosen/außerordentlichen in eine fristgerechte/ordentliche Kündigung
- Umwandlung einer verhaltensbedingten in eine ordentliche krankheitsbedingte Arbeitgeberkündigung
- Abfindung für den Verlust des Arbeitsplatzes/Sozialabfindung für den Verlust des Ausbildungsplatzes
- neuer Gütetermin (mit oder ohne Auflagen)
- Kammertermin (meist mit Auflagen für die Parteien)
- außergerichtliche Einigung
  ohne Bedingung (neuer Gütetermin oder Kammertermin nur auf Antrag)
  mit vorsorglichem Kammertermin
  mit vorsorglichem neuen Gütetermin

ENTGELTKLAGEN

Anlässe

- einbehaltenes Gehalt
- nicht abgeführte vermögenswirksame Leistungen
- falsche Meldungen bei der Krankenkasse
- zu geringe oder vorenthaltene Lohnfortzahlung im Krankheitsfall
- nicht bezahltes Urlaubsgeld
- zu geringe/fehlende Akkordberechnung
- vorenthaltene Auslösung
- nicht erstattetes Fahrgeld

Erledigungsarten

- einseitige Erklärungen
  Klagerücknahme
  Anspruchsbefriedigung
- widerruflicher Vergleich
  mit vorsorglichem neuen Gütetermin
  mit vorsorglichem Kammertermin
  mit der Möglichkeit eines Kammer-/neuen Gütetermins auf Antrag
- Vergleich
- neuer Gütetermin (mit oder ohne Auflagen)
- Kammertermin (meist mit Auflagen für die Parteien)
- außergerichtliche Einigung
  ohne Bedingung (neuer Gütetermin oder Kammertermin nur auf Antrag)
  mit vorsorglichem Kammertermin
  mit vorsorglichem neuen Gütetermin

ANDERE KLAGEN

Anlässe

- nicht ausgestelltes Zeugnis[x)]
- Zeugnisformulierung[x)]
- nicht herausgegebene Arbeitspapiere[x)]
- Ein- oder Höhergruppierungsstreit[y)]
- innerbetriebliche Umsetzung[y)]

Erledigungsarten

- x)-Fälle: immer mit Vergleich
- y)-Fälle: immer mit Festlegung von Kammertermin

THEMATISCHE SCHWERPUNKTE IN VERHANDLUNGEN

- Rekonstruktion von Kündigungsgründen
  Fristen/Daten/Termine/Zeiten (bei Krankheit)
  Umstände und Inhalt von Abmahnungen
  einzelne Gespräche und Auseinandersetzungen
  zwischen Arbeitgeber und Arbeitnehmer
- Rekonstruktion von Ansprüchen
  detaillierte Aufrechnung von Zeiten
  detaillierte Aufrechnung von bezahlten/nicht bezahlten Beträgen

- Aushandlungen über
  Höhe einer Abfindung
  Formulierung eines Zeugnisses

- Rekonstruktion von Arbeitsplatzanforderungen

Beteiligungskonstellationen im Korpus der Güteverhandlungen

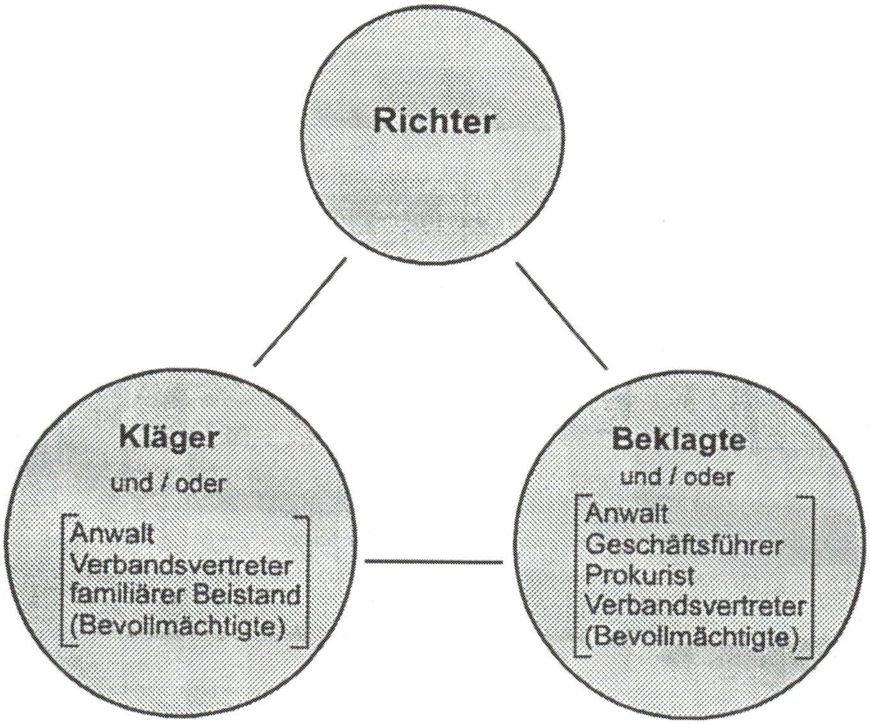

ULRICH REITEMEIER

Der Streit mit dem Handwerker

Zur Mikrosoziologie der Güteverhandlung vor der Handwerkskammer

1. Einleitung

Dieser Beitrag befaßt sich mit dem von den Handwerkskammern durchgeführten Güteverfahren zur Regelung von Streitigkeiten zwischen Handwerkern und ihren Kunden. Ziel ist es, die im Rahmen dieses Güteverfahrens stattfindende mündliche Verhandlung als institutionenspezifische Ausprägung der Gesprächssituation 'Schlichtung' zu beschreiben. Dazu werden die Rahmenbedingungen, in die diese Situation eingebettet ist, aufgezeigt sowie die charakteristischen Handlungsperspektiven und Kommunikationsleistungen der Beteiligten herausgearbeitet. Ich stütze mich dabei auf empirische Materialien aus der Gütestelle einer Handwerkskammer: Interviews mit dem Leiter der Gütestelle, Gedächtnisprotokolle und Tonbandmitschnitte von mündlichen Verhandlungen. Diese Materialien wurden nach Prinzipien der soziologisch-ethnographischen Feldforschung[1] erhoben und mittels interpretativer Analyseverfahren ausgewertet.

Das sprachliche Handeln in Situationen institutioneller Streitbehandlung zu untersuchen, ist nicht nur für interaktionsanalytisch und kommunikationstypologisch orientierte Disziplinen von Interesse, auch in der Rechtssoziologie ist eine zunehmende Sensibilität für die kommunikativen Prozesse in Situationen gerichtlicher wie außergerichtlicher Streitregelung festzustellen.[2] Die wenigen wissenschaftlichen Arbeiten, die es allgemein zur außergerichtlichen Behandlung von Verbraucherstreitigkeiten und im besonderen zur Güteverhandlung vor der Handwerkskammer gibt, befassen sich nicht mit kommunikativen Vorgängen. Sie fragen hauptsächlich nach den Organisations- und Abwicklungsbedingungen sowie nach der Tauglichkeit außergerichtlicher Verfahren für die Regelung von Verbraucherstreitigkeiten.[3]

---

[1] Einen Überblick über diese Forschungstradition und die darin praktizierten Analyseverfahren bietet Schütze (1987a und b). Zu den Untersuchungsinteressen und zur Arbeitsweise ethnographischer Feldforschung siehe auch Geertz (1983).

[2] Siehe hierzu auch Hegenbarth/Scholz (1979); Falke/Gessner (1982); Schönholz (1984). Ein umfassender Überblick über den Stand der Erforschung gerichtlicher und vorgerichtlicher Kommunikationssituationen findet sich in Reitemeier (1985).

[3] Wissenschaftliches Interesse fand das von den Handwerkskammern durchgeführte Güteverfahren bisher nur bei Rechtswissenschaftlern und Rechtssoziologen. Miletzki (1982) befaßte sich mit dem Güteverfahren der Handwerkskammern im Rahmen vergleichender Analysen mit anderen Schlichtungsstellen; sein Ziel dabei war, Schlichtungsstellen hinsichtlich ihres Beitrages zur Rechtsverwirklichung auf dem Sektor des Verbraucherschutzes zu untersuchen. Unter ähnlichen Gesichtspunkten wie bei Miletzki – Arbeitsweise der Schlichtungsstellen, Rechts- und Sachkompetenz, Fallaufkommen, Erfolgsquoten – wurde von der Gesellschaft für Mathematik und Datenverarbeitung, Bonn, eine Bestandsaufnahme und Praxisanalyse der Schieds- und Schlichtungsstellen im Handwerk, Handel und Dienstleistungsgewerbe erarbeitet (siehe Morasch 1984). Mit dieser Bestandsaufnahme wurden rechtspolitische und -reformerische Ziele verfolgt (Entlastung der Justiz, Erhöhung des Bekanntheitsgrades und Erweiterung des Angebotes zeit- und ko-

Die Darstellung der Untersuchungsergebnisse erfolgt in sukzessiver Annäherung an die Handlungsbedingungen und das kommunikative Geschehen in der Gütestelle der Handwerkskammer. Ich beschreibe zunächst den Weg, auf dem ich selbst in dieses Untersuchungsfeld gelangt bin, sowie die Vorgehensweise und Probleme bei der Datenerhebung (Kapitel 2). Dann wende ich mich – in Kapitel 3 – den Streitigkeiten zwischen Handwerkern und Kunden zu, frage nach den typischen Merkmalen solcher Streitfälle und gebe einen Überblick über die Anlässe, die zur Einschaltung der Handwerkskammer führen. Im Anschluß daran stelle ich die Schlichtungstätigkeit der Handwerkskammer als Geschäftsangelegenheit[4] in diesem institutionellen Kontext dar, zeige die institutionell verankerten Handlungsbedingungen auf und stelle am Beispiel der Handwerkskammer, zu der ich Zugang hatte, Fallaufkommen, Erfolgsquoten und Abwicklungsschritte des dort praktizierten Güteverfahrens dar. Zum Schluß dieses Kapitels beschreibe ich den Schauplatz und die Verlaufsstruktur der mündlichen Verhandlung. Anschließend (Kapitel 4) befasse ich mich mit den kommunikativen Prozessen der Güteverhandlung. Ausgehend vom Handlungssinn, den die Beteiligten mit dieser Situation verknüpfen, und ausgehend von den Sichtweisen, die sie in der Streitsache einnehmen, versuche ich, charakteristische kommunikative Beteiligungsleistungen des Kunden, des Handwerkers und des Verhandlungsleiters herauszuarbeiten. In Kapitel 5 werden die Analyseergebnisse zusammengefaßt, allgemeine Befunde zur Situationsorientiertheit der streitenden Parteien formuliert und die Güteverhandlung als Instrument der außergerichtlichen Streitregelung gewürdigt. Im Anhang (Kapitel 6) finden sich Kurzbeschreibungen der Verhandlungen, an denen ich teilnehmen konnte. Sie sollen dem Leser einen vergleichenden Überblick über die verschiedenen Güteverhandlungen und auch eine Orientierung über den Verlauf der Verhandlungen ermöglichen, aus denen ich Gesprächsausschnitte auswähle und analysiere.

---

stensparender Verfahren zur außergerichtlichen Beilegung von Verbraucherstreitigkeiten). Auf Ergebnisse dieser Studie greife ich – soweit sie die Handwerkskammern betreffen – verschiedentlich zurück. Seit einiger Zeit wird den Verbraucherbeschwerden auch in den Wirtschaftswissenschaften größeres Interesse gewidmet. Ausschlaggebend dafür sind Bestrebungen, das Beschwerdemanagement in Unternehmen zu effektivieren, d.h. so zu gestalten, daß Verbraucherbeschwerden zu einem Instrument der Markterschließung und der Verkaufspolitik werden. Eine Aufarbeitung der Forschungs- und Diskussionsbeiträge sowie eine eigene empirische Erhebung zu dieser Thematik enthält die Arbeit von Graf (1990).

[4] In den Handwerkskammern wird diese Geschäftsangelegenheit als „Vermittlungsarbeit/-tätigkeit" oder einfach nur als „Vermittlung" bezeichnet. Eine Diskussion begrifflicher Abgrenzungsprobleme zwischen Schlichtung, Vermittlung und anderen Konfliktregelungsformen ist hier entbehrlich; siehe hierzu auch die Arbeitsdefinition von Schlichtung in der Einleitung zu diesem Band. Zur begrifflichen Klärung und Abgrenzung der verschiedenen Konfliktregelungsformen siehe Eckhoff (1967), Koch (1978) sowie Falke/Gessner (1982).

Dem Vorsitzenden der untersuchten Gütestelle möchte ich an dieser Stelle für seine Kooperationsbereitschaft herzlich danken. Ohne seine Unterstützung wäre diese Studie nicht zustandegekommen. Dank sagen möchte ich auch den Personen, die bereit waren, mich an ihrer Verhandlung teilnehmen zu lassen und aus Gründen der Anonymisierung nicht namentlich erwähnt werden können.

2. Zugang zum Untersuchungsfeld und Bedingungen der Datengewinnung

Sofern Behörden, Betriebe und andere formale Organisationen nicht selbst ein großes Interesse daran haben, daß interne Handlungsabläufe untersucht werden, ist der Zugang zu solchen Untersuchungsfeldern nicht ganz einfach und der Prozeß der Datenerhebung nicht unproblematisch. Auch die empirischen Materialien, auf die sich dieser Beitrag stützt, sind Ergebnis eines am Anfang wenig erfolgversprechenden Bemühens um Feldzugang und um Gesprächsaufnahmen auf dem Sektor der Schieds- und Schlichtungsstellen für Verbraucherstreitigkeiten. Wenn ich im folgenden über den Ablauf dieser Bemühungen berichte, geschieht dies nicht nur um praktische Erfahrungen der Felderschließung für andere Forscher verfügbar zu machen, sondern auch um die durch institutionelle Restriktion bzw. Unterstützung bedingte „Methodizität der Erkenntnisproduktion" offenzulegen.[5] Ferner liefert die Beschreibung der Zugangs- und Datenerhebungsbedingungen erste ethnographische Charakterisierungen des Untersuchungsfeldes.

Bei Beginn des Forschungsvorhabens bestand in der Projektgruppe Konsens darüber, daß Schlichtungsstellen von Berufsverbänden, Innungen und Kammern wichtige Einrichtungen auf dem Sektor der außergerichtlichen Konfliktregelung darstellen und daß dort – zumindest ausschnitthaft – empirische Daten erhoben werden sollten. Es lag uns eine Adressenliste von Schieds- und Schlichtungsstellen für Verbraucherstreitigkeiten vor, aus der ich zwei Adressen auswählte. Ich nahm schriftlich Kontakt mit einer Schlichtungsstelle der Radio- und Fernsehtechniker-Innung sowie mit einer Schlichtungsstelle in einer Architektenkammer auf. Mit der Auswahl dieser Schlichtungsstellen war beabsichtigt, Materialien zu gewinnen, die kontrastierende Aussagen über Rahmenbedingungen und Verfahren zur Regelung von Verbraucherstreitigkeiten ermöglichen. Außerdem strebte ich an, Zugang zu Schlichtungsverhandlungen mit unterschiedlicher Streitmaterie zu bekommen.[6]

Auf schriftlichem Wege informierte ich die ausgewählten Schlichtungsstellen über die Projektinteressen und fragte an, ob ich im Rahmen eines Interviews nähere Informationen über die Arbeit der Schlichtungsstelle und den Ablauf

[5] Diese Problematik wird ausführlich diskutiert in Lau/Wolff (1983).

[6] Für diese Schlichtungsstellen sprach allerdings auch, daß sie sich in einer Stadt befanden, zu der bereits wichtige Kontakte für das Forschungsprojekt bestanden.

der Schlichtungstätigkeit bekommen könnte. Mit diesem Anschreiben erzielte ich bei der Architektenkammer einen bescheidenen Erfolg – der Vorsitzende des dort eingerichteten Schlichtungsausschusses, ein Richter a. D., erklärte sich zu einem Interview bereit. Im Rahmen dieses Interviews thematisierte ich mein Interesse an Teilnahme an Verhandlungen sowie an Tonbandaufzeichnungen dieser Situationen. Beides wurde abgelehnt mit Hinweis auf die „Vertraulichkeit der Verhandlungsatmosphäre", die durch einen Beobachter zerstört werden würde. Das Anschreiben an die Radio- und Fernsehtechniker-Innung wurde von der Post falsch zugestellt, es wurde der Handwerkskammer dieser Stadt zugeleitet, von dort an die Innung weitergeleitet; ein Antwortschreiben blieb allerdings aus. Vom Erhalt und der Weiterleitung des „Irrläufers" wurde ich von der Handwerkskammer unterrichtet. Diese Mitteilung nahm ich zum Anlaß, die Handwerkskammer ebenfalls über unser Forschungsvorhaben zu informieren und um einen Interviewtermin zu bitten, der dann auch zustande kam.

Im Verlaufe dieses Interviews mit dem Leiter der Gütestelle stellte sich heraus, daß dieser Forschungsaktivitäten auf dem Sektor der außergerichtlichen Streitregelung begrüßte und nicht abgeneigt war, unser Forschungsvorhaben zu unterstützen. Daher konzentrierte ich meine weiteren Bemühungen um Feldzugang auf diese Gütestelle. Die damit getroffene Auswahlentscheidung war also vor allem durch Zugangsprobleme bei anderen Schlichtungsstellen bedingt, gleichwohl hatte sie forschungsstrategische Vorteile: Die Tatsache, daß für Handwerkskammern ein gesetzlicher Auftrag zur Vermittlung bei Streitigkeiten zwischen Mitgliedern der Kammer und ihren Kunden besteht, Innungen hierzu lediglich das Recht, nicht aber die Pflicht haben, sprach dafür, daß Verbraucherstreitigkeiten routinemäßig und wohl auch häufiger in der Handwerkskammer verhandelt werden. Und da ihr der Status einer Dachorganisation des gesamten Handwerks zukommt, war gewährleistet, daß die Gütestelle es mit sehr unterschiedlichen Streitfällen und -gegenständen zu tun hat.

Darüber hinaus gelangte ich schon im Erstinterview zu der Überzeugung, daß die Regelung von Streitigkeiten in dieser Handwerkskammer keine periphere Geschäftsangelegenheit darstellt, daß die Vermittlungstätigkeit mit hoher Kompetenz und Erfahrung ausgeübt wird und daß darin auch ein gewisses Streitbeilegungsethos zum Tragen kommt. Abgesehen von der persönlichen Begegnung mit dem Vorsitzenden der Gütestelle spielten bei dieser Einschätzung folgende Anhaltspunkte eine Rolle:

- Die Gütestelle kann auf eine vergleichsweise lange Tradition in der Regelung von Handwerkerstreitigkeiten zurückblicken (sie wurde auf Erlaß des Preußischen Ministers für Handel und Gewerbe aus dem Jahre 1926 eingerichtet[7], in anderen Handwerkskammern wurden Gütestellen sehr viel später eingerichtet).

---

[7] Diese Angabe entnehme ich einem Artikel, der in einem Geschäftsbericht der untersuchten Handwerkskammer erschienen ist und in dem Geschichte,

- Die Vermittlung zwischen den streitenden Parteien zielt in dieser Handwerkskammer primär auf Verständigung zwischen den Parteien, sei es schriftlich oder mündlich. Andere Gütestellen beschränken sich in ihrer Vermittlungsarbeit weitgehend auf die Benennung von Sachverständigen (diese Information hinsichtlich unterschiedlicher Handhabungsweisen des Vermittlungsauftrages erhielt ich im Erstinterview mit dem Vorsitzenden; sie wird in Miletzki (1982) und in Demant et al. (1984) bestätigt).
- Auch die hierarchische Einbindung des Vorsitzenden – er ist zugleich stellvertretender Geschäftsführer der Handwerkskammer – wertete ich als Indiz dafür, daß die Regelung von Handwerkerstreitigkeiten nicht als unbedeutende oder gar zu vernachlässigende Geschäftsangelegenheit angesehen wird.
- Schließlich sprach die Tatsache, daß der Vorsitzende auch als Verhandlungsleiter in anderen Schlichtungsgremien tätig ist, dafür, daß eine gewisse Professionalität im Umgang mit Streitfällen besteht und Schlichtungsverhandlungen mit viel Erfahrung geführt werden. Und zwar sitzt der Vorsitzende der Gütestelle auch einem Ausschuß für sogenannte Lehrlingsstreitigkeiten vor, der ebenfalls in der Handwerkskammer eingerichtet ist[8]; außerdem ist er als Vorsitzender eines Schlichtungsausschusses für Streitigkeiten im Kfz-Handwerk tätig.[9]

Die Erhebung empirischer Materialien über die Streitfallbehandlung in dieser Gütestelle ging in folgender Weise vonstatten: Im Rahmen des Erstinterviews erkundigte ich mich nach der Möglichkeit, an Güteverhandlungen zu wissenschaftlichen Zwecken teilzunehmen. Unter der Voraussetzung, daß die Streitparteien damit einverstanden sind, wurde mir die Teilnahme in Aussicht gestellt. Um das Einverständnis der Parteien bemühte ich mich auf folgende Weise: Ich verfaßte ein Schreiben, in dem ich die Projektinteressen darlegte und um Zustimmung zu meiner Verhandlungsteilnahme bat. Dieses Schreiben fügte der Vorsitzende den offiziellen Einladungen zur Güteverhandlung bei. In diesem Einladungsschreiben wurden die Adressaten gebeten, die Handwerkskammer rechtzeitig zu benachrichtigen, wenn sie nicht mit der Teilnahme eines Beobachters einverstanden waren (nur einmal sprach sich eine Partei von vornherein gegen meine Teilnahme aus). Vor Beginn der Verhandlungen verwies der Vorsitzende auf mein Schreiben, begründete kurz meine Anwesenheit und vergewis-

---

Zuständigkeit und Tätigkeit der Gütestelle dargelegt werden. Er wurde vom Leiter der Gütestelle verfaßt.

[8] Bei Lehrlingsstreitigkeiten geht es gewöhnlich um Kündigungen von Ausbildungsverhältnissen in Handwerksbetrieben. Nach dem Arbeitsgerichtsgesetz sind Schlichtungsgespräche vor der Handwerkskammer zwischen Lehrherren und Auszubildenden vorgeschrieben, bevor die Arbeitsgerichtsbarkeit in Anspruch genommen werden kann.

[9] Die Schlichtungsstelle für das Kfz-Wesen, in der der Vorsitzende tätig ist, ist nicht identisch mit der von Nothdurft (in diesem Band) untersuchten Schlichtungsstelle.

serte sich nochmals, daß die Parteien keine Einwände gegen meine Teilnahme hatten.

Nachdem ich an zwei Verhandlungen als Beobachter teilgenommen hatte, sprach ich mit dem Vorsitzenden noch einmal über die Wichtigkeit von Tonbandaufnahmen für unser Forschungsvorhaben. Seinerseits wurden keine grundsätzlichen Einwände geltend gemacht, aber wiederum nannte er die Zustimmung der Parteien als Vorbedingung. Wir verabredeten, daß ich bei künftigen Güteverhandlungen den Verhandlungsteilnehmern mein Anliegen kurz erläutere und vor dem Einstieg in die Verhandlung um das Einverständnis zur Aufnahme bitte. So konnte ich an insgesamt neun Güteverhandlungen teilnehmen, ferner konnte ich an zwei Verhandlungen des Schlichtungsausschusses für Lehrlingsstreitigkeiten teilnehmen; in fünf Güteverhandlungen waren die Parteien mit einer Tonaufnahme einverstanden. Diese liegen transkribiert vor. Von den Verhandlungen, in denen die Parteien mit einer Aufnahme nicht einverstanden waren (bzw. nicht um Erlaubnis gefragt wurden, da dies nicht dem Stand der Verabredungen mit dem Vorsitzenden entsprach), habe ich im Anschluß an die Verhandlung Gedächtnisprotokolle angefertigt. Meine Bemühungen, auch Verhandlungen zur Beilegung von Streitigkeiten zwischen Handwerksbetrieben und Lehrlingen aufzunehmen, scheiterten im einen Fall am mitanwesenden Rechtsanwalt, im anderen Fall am Lehrherren.

Vor den Verhandlungen informierte mich der Vorsitzende gewöhnlich kurz über den jeweiligen Streitfall. Sofern es zeitlich möglich war, sprachen wir nach den Verhandlungen kurz über die Besonderheiten des Verhandlungsablaufs, über Eindrücke von den Parteien und dergleichen. Diese Gespräche habe ich ebenfalls protokollarisch festgehalten.

Als besonders problematisch habe ich das mündliche Einholen der Zustimmung zur Aufnahme vor einer Verhandlung erlebt. Wenngleich die Parteien über meine Anwesenheit bereits informiert worden waren, mußte dies ja nicht automatisch heißen, daß ihnen meine Teilnahme nichts ausmachte und daß sie keine Schwierigkeiten mit einer akustischen Aufzeichnung ihrer Verhandlung hätten. Mußte ein solches Ansinnen für die Betroffenen nicht etwas Voyeuristisches an sich haben? Würde ein mitlaufendes Tonbandgerät die Betroffenen nicht zu sehr irritieren und verunsichern? Und warum sollten sie einem Anliegen nachgeben, von dem vielleicht andere, nicht aber sie selbst profitierten? Da in den meisten Fällen eine Tonbandaufzeichnung möglich war, habe ich solche Ablehnungsmotive möglicherweise zu Unrecht auf die Verhandlungsteilnehmer projeziert. Möglicherweise war es ihnen aber auch durch die situativen Rahmenbedingungen (Einverständniseinholung im Beisein des Vorsitzenden und unmittelbar vor dem Einstieg in die Verhandlung) schwer gemacht, das Einverständnis zu verweigern. Ablehnungen von Tonbandaufnahmen wurden teils nicht weiter begründet, teils mit Erklärungen folgender Art kommentiert: „wir wollen doch erst mal sehen, was hier dabei rauskommt" oder „ich kenne ihr Institut ja überhaupt nicht". Ein Rechtsanwalt reagierte auf meine Bitte um Zustimmung zu einer Tonbandaufnahme folgendermaßen: Er erklärt, daß er nicht mit einer Tonbandaufzeichnung einverstanden ist, aber gegen „Mitstenographieren" keine Einwände hätte. In Fällen, in denen die Parteien mit einer Tonbandaufnahme einverstanden waren, wurden die Zustimmungen gewöhnlich mit Äußerungen wie „hab ich nichts dagegen" bekundet. In einer Verhandlung hat sich die eine Seite witzelnd („er wird ja nicht vom Verfassungsschutz sein"), die andere Seite eher in Sorge um den Zeitaufwand einverstanden erklärt („mir is das egal, wenn es dadurch nicht zu lange dauert").

3. Rahmenbedingungen der Streitbehandlung und Abwicklungsschritte des Güteverfahrens in der Handwerkskammer

Bevor ich das kommunikative Geschehen in der Güteverhandlung untersuche, möchte ich den Handlungskontext der zugrundeliegenden Streitigkeiten sowie die institutionellen Bedingungen der Streitbehandlung darstellen. Ich skizziere zunächst die typischen Interessenkonstellationen bei Streitigkeiten zwischen Handwerkern und ihren Kunden; danach befasse ich mich mit der Institution Handwerkskammer und dem dort praktizierten Güteverfahren zur Beilegung solcher Streitigkeiten.

3.1. Zur Typik der Streitigkeiten zwischen Handwerkern und ihren Kunden

Im wesentlichen ist der Handwerkerstreit[10] entweder ein Streit um die Qualität der Arbeitsleistung des Handwerkers oder um den dafür geforderten Preis; oft resultieren die Streitigkeiten aus einer Kombination von Mängel- und Preisbeanstandung. Die häufigsten Anlässe zur Beschwerde bei den Handwerkskammern sind Beanstandungen der Qualität einer Handwerkerleistung (53%) und Beanstandungen der Rechnung des Handwerkers (41,1%). Weitere, aber wesentlich seltenere Beschwerdeanlässe sind Terminverzögerungen (4,4%) und Zahlungsrückstände (1,3%; alle Zahlen aus Demant et al. 1984, S. 32). Bei den Streitfällen, die im Verlaufe meiner Erhebungsaktion verhandelt wurden, waren der Preis oder die Güte der geleisteten Arbeit strittig bzw. lagen beide Beanstandungsgründe vor (siehe hierzu auch die Fallbeschreibungen im Anhang).

Bei Beanstandungen der Handwerkerrechnung können verschiedene Faktoren den Ausschlag geben: „Manchem erscheint die Rechnung schlicht zu hoch,

[10] Wenn ich hier den Ausdruck „Handwerkerstreit" zur Benennung des Streittyps verwende, liegt es mir fern, zu präjudizieren, daß der Handwerker derjenige ist, dem die Schuld für den Streit zu geben ist oder der ursächlich hierfür verantwortlich zu machen ist. Der auch geläufige Ausdruck „Verbraucherstreitigkeiten" wäre zwar auf diesen Streittyp anwendbar, da er aber als Sammelbegriff für sämtliche Streitigkeiten in Handel, Dienstleistung und Gewerbe Verwendung findet, ziehe ich den Begriff „Handwerkerstreit" vor. Er ist geeignet, die besondere Parteienkonstellation dieser Variante des Verbraucherstreits wiederzugeben; zudem vermittelt er eher eine Vorstellung von der Streitmaterie und der Erfahrungsqualität der zugrundeliegenden Streitigkeiten als der Begriff „Verbraucherstreitigkeiten".

manchem ist sie zu wenig aufgegliedert, anderen wiederum scheint das Preis-Leistungsverhältnis aus dem Gleichgewicht" (Demant et al. 1984, S. 31). Nach Einschätzung der Handwerkskammern sind „die unklare und meist nicht schriftlich fixierte Auftragsvergabe" die häufigste Ursache der Verbraucherstreitigkeiten. Als weitere Gründe werden „Rechtsunkenntnis des Verbrauchers, vor allem aber auch betriebliche Schwierigkeiten des Auftragnehmers" genannt (vgl. Demant et al. 1984, S. 33). Der Vorsitzende der untersuchten Gütestelle führt Reklamationen der Handwerkerrechnung sowohl darauf zurück, daß kein schriftlicher Kostenvoranschlag verlangt bzw. erstellt wurde, als auch darauf, daß Kunden oft irrige Vorstellungen darüber haben, wie teuer die Arbeit des Handwerkers ist. Vor allem hinsichtlich der Höhe ortsüblicher Stundenlöhne befinden sich Kunden – nach Aussage des Vorsitzenden – oft im Irrtum.[11] Auch die jeweiligen Berechnungsgrundlagen für die geleistete Arbeit – etwa das „Aufmaß" für Dächer, Böden, Wandflächen und dergleichen – geben Anlaß für Rechnungsbeanstandungen.

Die Interessenkonstellationen zwischen den Streitparteien ergeben sich aus dem wechselseitigen Schuldverhältnis, das Kunde und Handwerker mit der Auftragsvergabe bzw. -annahme eingehen. Der Handwerker verpflichtet sich, durch seine Arbeitsleistung ein „Werk" (so der juristische Terminus) zu erstellen, beispielsweise ein Wohnhaus. Der Kunde schuldet dem Handwerker hierfür einen Geldbetrag. Wie beim Kaufvertrag kann der Kunde sich auf gesetzlich abgesicherte Garantien, sogenannte Gewährleistungsansprüche, berufen, falls das Werk mit Mängeln behaftet ist oder nicht die vereinbarten Qualitätseigenschaften aufweist. Solche Ansprüche müssen innerhalb bestimmter Fristen geltend gemacht werden; sie verjähren im allgemeinen nach sechs Monaten, bei Bauwerken allerdings erst nach fünf bzw. drei Jahren.[12]

Ist die Arbeit des Handwerkers mit Mängeln behaftet, kann der Kunde Gewährleistungsansprüche folgender Art geltend machen: Er kann „Nachbesserung" fordern, also vom Handwerker verlangen, daß Qualitätsmängel beseitigt werden. Der Kunde kann allerdings auch einen Anspruch auf „Minderung" geltend machen, also eine Kürzung des Rechnungsbetrages fordern. Ob die Forderung nach Nachbesserung oder die Forderung nach Kürzung des Rechnungsbetrages zur Debatte steht, hängt entscheidend von handwerklich-technischen Eigenschaften des Auftragsgegenstandes und dem sich daraus ergebenden Aufwand zur Mängelbeseitigung ab. So ging es bei-

---

[11] Irrige Vorstellungen auf Verbraucherseite spielen auch in den Streitfällen eine Rolle, die in der Schiedsstelle für Gebrauchtwagenstreitigkeiten verhandelt werden. Sie betreffen dort vor allem die Einschätzung der Fahrtüchtigkeit des gebrauchten Autos; siehe hierzu auch Nothdurft (in diesem Band).

[12] Bauherr und Handwerker können nach der sogenannten Verdingungsordnung für das Baugewerbe (kurz: VOB) eine Gewährleistungsfrist von 3 Jahren vereinbaren. Treffen sie keine besonderen Vereinbarungen, gelten die einschlägigen Bestimmungen des BGB.

spielsweise in dem Streitfall *Zu dünner Anstrich* (siehe auch die Fallbeschreibung im Anhang) um eine Mängelbeanstandung, die der Kunde damit begründete, daß bei dem Außenanstrich eines größeren Gebäudes nicht die vom Farblieferanten – aus Garantiegründen – vorgeschriebene Farbmenge aufgetragen wurde. Wollte man die fehlende Farbmenge nachträglich auftragen, würden die Kosten für den Wiederaufbau eines Gerüstes in keinem wirtschaftlich vertretbaren Verhältnis zur Höhe der durch den zu dünnen Farbauftrag verursachten Wertminderung stehen. Die Forderung des Kunden zielte daher auch von vornherein auf Kürzung des Rechnungsbetrages.

Kommt es noch während der Arbeiten am Auftragsgegenstand zu Qualitätsbeanstandungen, hat der Kunde die Möglichkeit, vom Vertrag zurückzutreten, also eine „Wandelung" vorzunehmen. Ein Beispiel hierfür ist der Streitfall *Komplikationen bei der Reparatur eines Flügels.* Sieht man davon ab, daß es in solchen Fällen immer ein Streitpunkt ist, ob die Qualitätsbeanstandung fachlich gerechtfertigt ist, geht es bei solchen Streitigkeiten vor allem um die Frage, ob und unter welchen Bedingungen die Arbeiten fortgeführt werden bzw. um die Frage, wie die bereits erbrachten Arbeitsleistungen zu honorieren sind, wenn der Kunde vom Vertrag zurücktritt.

Bei Streitigkeiten um die Handwerkerrechnung will der Kunde nicht so viel bezahlen, wie der Handwerker für seine Arbeitsleistung fordert. Brechen Streitigkeiten um Preise des Handwerkers aus, bevor die Arbeit aufgenommen oder abgeschlossen wurde, wie im Fall *Zu teure Rollos*, haben wir es ebenfalls mit einer Interessenkonstellation zu tun, bei der der Kunde den in der Auftragsbestätigung genannten Preis gekürzt wissen will, der Handwerker hingegen auf Einhaltung des Vertrages zu seinen preislichen Konditionen besteht. Wenn der Handwerker die Arbeit noch gar nicht aufgenommen hat, kann der Kunde seiner Forderung nach Preisnachlaß zwar Nachdruck verleihen, indem er mit Rücktritt vom Vertrag droht. Aber er muß auch damit rechnen, daß der Handwerker dann Entschädigungszahlungen für entgangenen Gewinn fordert.

Sowohl bei Forderungen nach Kürzung der Rechnung als auch bei Forderungen nach Mängelbeseitigung verfügt der Kunde mit der Möglichkeit der Zahlungsverweigerung über ein wichtiges Druckmittel zur Durchsetzung seiner Forderungen (so geschehen in den Streitfällen *Zu dünner Anstrich* und *Zu hoher Stundenlohn*). Die Zahlungsverweigerung eines Kunden ist daher auch ein häufiger Anlaß für Handwerksbetriebe, die Handwerkskammer einzuschalten.

Durch bestimmte Umstände können die Streitigkeiten zwischen Handwerker und Kunde noch verkompliziert werden. So können Vertragsverhältnisse hineinwirken, die ein Handwerker mit anderen Geschäftspartnern eingegangen ist, um das gesamte Werk zu erstellen. Ich will dies am Beispiel des Streitfalles *Durchnässung der Innenwand* erläutern: Der Kunde hatte ein schlüsselfertiges Wohnhaus bei einem Bauunternehmer in Auftrag gegeben; dieser hatte andere Handwerksbetriebe als Subunternehmer beauftragt, bestimmte Leistungen zur Fertigstellung des Wohnhauses zu erbringen. Die Verträge zwischen Generalunternehmer und den Subunternehmern sahen vor, daß eventuelle Gewährleistungsansprüche des Kunden direkt an die Subunternehmer zu richten sind. Bedingung hierfür war, daß alle Geldforderungen, die der betreffende Subunternehmer an den Generalunternehmer hatte, beglichen waren. Dies war nicht geschehen, einige Subunternehmer hatten noch Geld für die geleistete Arbeit zu bekommen, sie weigerten sich daher, den Forderungen des Hauskäufers nach Mängelbeseitigung nachzukommen. Die Vertragsbeziehungen eines Handwerksbetriebes mit Betrieben, die Teilaufträge zur Erstellung des Werkes übernehmen, können also die Durchsetzungschancen von Kundenforderungen nach Mängelbeseitigung usw. verschlechtern. Der Handwerksbetrieb, der fachlich verantwortlich ist, kann Gewährleistungsansprüche des Kunden aus rechtlichen Gründen ablehnen; der Generalunternehmer, der somit wieder in der Pflicht steht, ist personell oder fachlich hierzu nicht in der Lage. Streitregelungsversuche müssen in solchen Fällen zuerst auf die ungeklärten Geschäftsbeziehungen zwischen den verschiedenen Betrieben gerichtet sein. Erst wenn diese Geschäftsbeziehungen ins Lot gebracht worden sind, bestehen Aussichten, daß der fachlich verantwortliche Betrieb den Forderungen des Kunden nachkommt.

Der Handwerkerstreit kann schließlich auch noch durch einen anderen Umstand verkompliziert und womöglich verschärft werden, nämlich dem, daß zwischen Handwerker und Kunde nicht nur geschäftliche, sondern auch private und gesellige Beziehungen bestehen oder bestanden, wie im Fall *Der Freundschaftspreis*. Solche Konfliktkonstellationen ergeben sich, wenn im Rahmen gemeinsamer Ortsansässigkeit oder auf der Grundlage schon bestehender Bekanntschaft Aufträge erteilt werden. Tendenziell erhöht sich bei solchen Streitkonstellationen das Konfliktpotential, die Auseinandersetzung erstreckt sich nicht mehr allein auf technische oder rechtliche Dinge, sondern auch auf den moralischen Charakter der Kontrahenten (siehe hierzu auch die Erläuterungen zum Fall *Der Freundschaftspreis* in Kapitel 4.3.3.).

Unabhängig davon, welcher Art das Konfliktpotential ist, bleibt festzuhalten, daß es vor allem kommunikative Schwierigkeiten[13] in face-to-face-Situationen sind, die die Parteien daran hindern, ihre Streitigkeiten selbst zu bereinigen, und die dann eine Partei veranlassen, die Handwerkskammer einzuschalten.

3.2. Zum institutionellen Standort der Handwerkskammern

Nachdem ich die typischen Interessenkonstellationen im Handwerkerstreit beleuchtet habe, sollen nun die allgemeinen Rahmenbedingungen aufgezeigt werden, unter denen in der Handwerkskammer versucht wird, Streitigkeiten zu

---

[13] Diesbezüglich kommen Demant et al. zu dem Ergebnis, daß die „Kommunikation der Kontrahenten ... vor allem durch enttäuschte Erwartungshaltung auf der Verbraucherseite beeinflußt" wird (Demant et al. 1984, S. 33).

regeln (Kap. 3.2. – 3.4.). Im Anschluß daran gehe ich auf den Geschäftsanfall und den Ablauf der Vermittlungsarbeit in der untersuchten Handwerkskammer ein (Kap. 3.5. – 3.7.).

Für jeden Handwerksbetrieb ist die Mitgliedschaft in der Handwerkskammer – der Eintrag in die „Handwerksrolle"[14] – gesetzlich vorgeschrieben. Stellung und Auftrag der Handwerkskammern sind im Gesetz zur Ordnung des Handwerks geregelt. Sie sind Körperschaften öffentlichen Rechts und werden zur Vertretung der Interessen des Handwerks von den obersten Landesbehörden für bestimmte Bezirke (in der Regel Regierungsbezirke) errichtet. Ihre Finanzierung erfolgt über Beiträge der Mitgliedsbetriebe. In der (alten) Bundesrepublik Deutschland gibt es insgesamt 44 Handwerkskammern (Stand Dezember 1981, vgl. Demant et al. 1984, S. 28).

Als Selbstverwaltungsorgan des Handwerks nehmen die Handwerkskammern folgende Aufgaben[15] wahr:

„a) die Interessen des Handwerks zu fördern,
b) die Behörden in der Förderung des Handwerks durch Anregungen und Gutachten zu unterstützen und regelmäßig Berichte über die Verhältnisse des Handwerks zur erstatten,
c) die Handwerksrolle zu führen,
d) die Berufsausbildung der Lehrlinge zu regeln, Vorschriften hierfür zu erlassen und eine Lehrlingsrolle zu führen,
e) Gesellen- und Meisterprüfungsordnungen zu erlassen,
f) Maßnahmen zur Steigerung der Leistungsfähigkeit des Handwerks zu treffen".

Die Aufgaben der Handwerkskammern sind denen der Industrie- und Handelskammern, Innungen und Kreishandwerkerschaften ähnlich. Unterschiede zwischen diesen Organisationen bestehen vor allem hinsichtlich der Mitgliedsbetriebe und der Zuständigkeitsbereiche: In der Industrie- und Handelskammer sind Gewerbetreibende, also Kaufleute, zusammengeschlossen. Innungen sind freiwillige Zusammenschlüsse der Betriebe eines Handwerks auf der Ebene der Landkreise und der kreisfreien Städte. Kreishandwerkerschaften sind Zusammenschlüsse der in einem Land- oder Stadtkreis ansässigen Innungen. Die Handwerkskammern haben gegenüber Innungen und Kreishandwerkerschaften

[14] Die Handwerksrolle ist ein Verzeichnis der selbständigen Handwerksbetriebe des Bezirkes, für den eine Handwerkskammer zuständig ist. Ein Handwerksmeister darf nur dann einen selbständigen Betrieb führen, wenn er in der Handwerksrolle eingetragen ist. Sie gibt Auskunft über die Art des Handwerks, über die Zahl der gelernten und ungelernten Mitarbeiter sowie über die Qualifikationen des Betriebsinhabers und des Betriebsleiters.

[15] Ich zitiere die in der Handwerksordnung, § 84, festgelegten Aufgaben der Handwerkskammern aus Sinz (1977, S. 257).

Aufsichtsbefugnisse. Während für die Handwerkskammern ein gesetzlicher Auftrag zur Errichtung von Schlichtungsstellen besteht, sind Innungen, Kreishandwerkerschaften sowie Industrie- und Handelskammern dazu nicht verpflichtet.

3.3. Der Vermittlungsauftrag

Die von den Handwerkskammern eingerichteten Vermittlungsstellen sollen Streitigkeiten zwischen einem Handwerksbetrieb und einem Kunden auf außergerichtlichem Wege, also gütlich, beilegen. Diese Aufgabe hat der Gesetzgeber den Handwerkskammern in dem Gesetz zur Ordnung des Handwerks (HwO, § 91) übertragen. Der gesetzliche Auftrag enthält (a) eine Zuständigkeitsregelung – die Gütestellen der Handwerkskammern sind zuständig für Streitigkeiten zwischen Handwerkern und ihren Auftraggebern (nicht etwa für Streitigkeiten zwischen verschiedenen Handwerksbetrieben). Der gesetzliche Auftrag schreibt (b) vor, Sachverständige zu bestellen und zu vereidigen, die in Streitfällen „Gutachten über die Güte der von dem Handwerker gelieferten Waren oder erbrachten Leistungen und über die Angemessenheit der Preise" erstatten (Demant et al. 1984, S. 28).

Die Vermittlungsarbeit der Handwerkskammern soll sowohl dem Handwerker als auch seinem Auftraggeber dienen, so die Absicht des Gesetzgebers. „Sie hat den Kunden vor mangelhafter handwerklicher Arbeit und einer preislichen Überforderung, den selbständigen Handwerker dagegen vor unbegründeten Beanstandungen und nicht gerechtfertigten Verzögerungen bei der Zahlung des vereinbarten oder des ortsüblichen Preises zu schützen" (Zitat aus dem Geschäftsbericht der untersuchten Gütestelle). Beiden Seiten soll der Gang zum Gericht erspart werden.[16] Unter Berücksichtigung sowohl rechtlicher als auch fachlicher Belange bemühen sich die Gütestellen darum, die entstandenen Streitigkeiten auf außergerichtlichem Wege beizulegen. In den Handwerkskammern wird daher auch betont, daß das Güteverfahren ein sachgerechtes Streitregelungsverfahren ist. Den rechtlichen Sachverstand können die Leiter der Gütestellen – dies sind in den meisten Handwerkskammern ausgebildete Juristen – selbst einbringen;[17] eine Verfahrensabwicklung, unter Beachtung handwerklich-technischer Gesichtspunkte ist durch die Möglichkeit der Hinzuziehung eines Gutachters gewährleistet. Der Gutachter gehört dem Handwerk an, dem auch der Auftragnehmer angehört. Als Sachverständiger wird von den

---

[16] Natürlich ist es für beide Seiten von finanziellem Vorteil, nicht prozessieren zu müssen, für das Handwerk hat das Güteverfahren aber einen zusätzlichen Vorteil: Streitigkeiten mit Kunden lassen sich so regeln, daß möglichst wenig Schaden für das Ansehen eines einzelnen Betriebes oder einer ganzen Branche entsteht. So meint auch Prütting, daß es „im gewerblichen Bereich höchst erwünscht (ist), statt einer öffentlichen Verhandlung in Zivilsachen eine nicht-öffentliche Schieds- und Schlichtungsverhandlung vor sich zu haben" (Prütting 1985, S. 263).

[17] Zur personellen Ausstattung der Gütestellen der Handwerkskammern siehe auch Demant et al. (1984, S. 29f.).

Handwerkskammern nur bestellt, wer dort als fachlich und charakterlich zuverlässig gilt. In ihrer gutachterlichen Tätigkeit sind sie – ebenso wie der Vorsitzende – zur Neutralität verpflichtet.

Im Vergleich zum Gerichtsverfahren hat das Güteverfahren den Vorzug, daß nur Streitigkeiten eines ganz bestimmten Typs anfallen. Und da das Güteverfahren weitgehend frei von Formalia ist, können diese Streitigkeiten auch wesentlich schneller als in den Gerichten erledigt werden. Je nach Streitfall umfaßt der übliche Bearbeitungszeitraum ein bis drei Monate.[18]

Auch ist das Güteverfahren wesentlich kostengünstiger als ein Gerichtsverfahren. Nach den Umfrageergebnissen in Demant et al. über die Arbeitsweise der Gütestellen werden im allgemeinen keine Verfahrensgebühren erhoben. Dies gilt auch für die Handwerkskammer, zu der ich Zugang hatte. Die Finanzierung der Vermittlungstätigkeit wird ausschließlich aus dem Etat der Handwerkskammern bestritten; nur in Ausnahmefällen (vier von 25 Handwerkskammern) werden teilweise Gebühren erhoben. Hierzu heißt es in Demant et al. (1984, S. 30), daß es bemerkenswert sei, „daß das Handwerk selber mit Hilfe der Beiträge seiner Mitglieder eine Aufgabe übernimmt, die zwar auch ihm selber zugute kommt (Imagepflege, Aufklärung), die aber durchaus auch Entscheidungen gegen einzelne Handwerker oder Handwerksbetriebe bewirken kann". Kosten fallen bei einem Güteverfahren allerdings dann an, wenn ein Sachverständiger beauftragt wird. In der Regel werden Sachverständige nur bei Streitigkeiten mit einem relativ hohen Streitwert eingeschaltet; nach Angaben des Vorsitzenden der untersuchten Gütestelle werden in etwa 30 bis 50% der Fälle Gutachter hinzugezogen. Für die gutachterliche Tätigkeit muß ein Honorar gezahlt werden, dessen Höhe sich nach dem Zeitaufwand und den branchenüblichen Stundensätzen eines Handwerkers richtet.

3.4. Rechtsvorschriften und Verfahrensgrundsätze

Die Vermittlungsarbeit bei Streitigkeiten zwischen Handwerkern und ihren Kunden muß mit den geltenden Rechtsbestimmungen vereinbar sein. Folgende Gesetze und Regelungen sind dabei zu beachten:

- Das Bürgerliche Gesetzbuch (BGB), und zwar die Paragraphen, die die Werkvertragsvorschriften zum Gegenstand haben (§§ 631-651), sowie der allgemeine Teil des Schuldrechts, der die Rechtsbeziehungen zwischen Gläubigern und Schuldnern regelt.
- Die Verdingungsordnung für Bauleistungen (kurz: VOB); hier handelt es sich nicht um ein Gesetz, sondern um Sondervorschriften zur Abwicklung von Bauverträgen, die erst aufgrund vertraglicher Vereinbarungen in Kraft treten. Die VOB besteht aus einem Teil A, der Vorschriften über Ausschreibungen öffentlicher Aufträge enthält, einem Teil B, der die vertragsrechtlichen

[18] Vgl. hierzu auch die Angaben in Demant et al. (1984, S. 33f.).

Bestimmungen enthält, und einem Teil C, der Vorschriften über technische Ausführungen bestimmter Arbeiten enthält. Mit der VOB wird der Regelungsbedarf abgedeckt, der insbesondere bei Werkverträgen zwischen Bauherren und Bauunternehmern entsteht und mit den Bestimmungen des BGB unzureichend abgedeckt ist. So ist beispielsweise im BGB nicht vorgesehen, daß während der Bauphase Abschlagszahlungen des Bauherrn an den Bauunternehmer zu leisten sind.

- Darüber hinaus sind verschiedentlich Bestimmungen des „Gesetzes zur Regelung des Rechts allgemeiner Geschäftsbedingungen" (kurz: AGB) und neuerdings auch Bestimmungen des „Gesetzes über den Widerruf von Haustür- und ähnlichen Geschäften"[19] betroffen.

Für die Durchführung eines Güteverfahrens werden in der Gütestelle, zu der ich Zugang hatte, folgende allgemeine Grundsätze genannt.[20] Eine schriftlich fixierte Verfahrensordnung existiert – wie vermutlich auch in anderen Handwerkskammern – nicht:

- Der Grundsatz der Freiwilligkeit: Die Vermittlungsarbeit der Gütestellen wird nur aufgrund eines Antrages einer Partei aufgenommen, die Gegenpartei muß mit der Vermittlungstätigkeit einverstanden sein; für keine Seite besteht also ein Zwang, sich auf das Güteverfahren einzulassen.
- Der Grundsatz des rechtlichen Gehörs: Die Klagen, Beanstandungen usw., die die antragstellende Seite vorbringt, werden dem Gegner unterbreitet; dieser wird gebeten, sich zur Angelegenheit zu äußern; anhand der Beschwerden des Antragstellers und der entsprechenden Stellungnahme des Kontrahenten versucht die Gütestelle herauszufinden, inwieweit die Angelegenheit für die Parteien strittig oder unstrittig ist und welche Möglichkeiten der Streitregelung sich überhaupt eröffnen.
- Neutralitätsgebot: Wie in Kapitel 3.3. schon angesprochen, beinhaltet der gesetzlich fixierte Vermittlungsauftrag der Handwerkskammer ein Neutralitätsgebot. In dem bereits erwähnten Geschäftsbericht wird der Neutralitätsgrundsatz folgendermaßen erläutert:

---

[19] Mit diesem Gesetz soll dem Unwesen der sogenannten Fassadenhaie ein Riegel vorgeschoben werden. Auf dem Sektor der Hausrenovierung und Fassadenerneuerung hatten in den letzten Jahren ausgesprochen unseriöse Geschäftsmethoden Schule gemacht: Vertreterkolonnen waren tätig, um ganze Straßenzüge für eine „einmalig preisgünstige Fassadenerneuerung" zu gewinnen. Wenn es dann ans Werk ging, tauchten plötzlich Komplikationen auf, die angeblich dem Haus vorher nicht anzusehen waren und Sonderleistungen erforderlich machten, so daß das verlockende Preisangebot, das ursprünglich gemacht worden war, weit überschritten wurde.

[20] Ich beziehe mich hier auf mündliche Erläuterungen des Vorsitzenden und auf den von ihm verfaßten Artikel.

„Der beteiligte Unternehmer (darf) nicht erwarten, daß die Handwerkskammer, weil er in ihrer Handwerksrolle oder in ihrem Verzeichnis der handwerksähnlichen Gewerbe eingetragen ist, ihn auch in den Fällen zu schützen versucht, in denen er nicht im Recht ist. Die Vermittlungsstelle muß ihn dann unmißverständlich auf die Sach- und Rechtslage aufmerksam machen. Unterließe sie das, erwiese sie ihrem Mitgliedsbetrieb einen sehr schlechten Dienst; denn der Betriebsinhaber würde sich jetzt möglicherweise auf einen für ihn von vornherein aussichtslosen Rechtsstreit einlassen und so mehr Ärger und größere Kosten haben als notwendig. Durch ihre richtig verstandene, also neutrale und objektive Tätigkeit trägt die Vermittlungsstelle folglich dazu bei, daß unwirtschaftliche Prozesse vermieden werden."

3.5. Daten zur Vermittlungsarbeit der untersuchten Handwerkskammer

Der untersuchten Handwerkskammer gehören insgesamt 14.000 Handwerksbetriebe an, damit ist sie eine Handwerkskammer mittlerer Größenordnung. Die Handwerkskammern in München und Düsseldorf beispielsweise haben ca. 40-50.000 Mitglieder.

Die Gütestelle dieser Handwerkskammer ist besetzt mit einem Leiter und zwei Sekretariatsmitarbeiterinnen. Der Leiter der Gütestelle ist gleichzeitig Vertreter des Hauptgeschäftsführers der Handwerkskammer. Neben der Vermittlungsarbeit und neben Stellvertreterfunktionen werden von ihm noch Aufgaben der Neuorganisation der Handwerkskammer auf Kreis- und Regierungsbezirksebene wahrgenommen, die mit der Verwaltungs- und Gebietsreform angefallen sind.

In dieser Gütestelle sind durchschnittlich etwa 400 Streitfälle pro Jahr zu bearbeiten.[21] Im Vergleich zum Fallaufkommen in den 70er Jahren ist ein leichter Rückgang festzustellen. Damals waren es zwischen 500 und 600 Fälle jährlich. Den Rückgang des Fallaufkommens erklärt der Vorsitzende folgendermaßen: Aus fachlichen Gründen kann oft nur mit Hilfe eines Sachverständigen festgestellt werden, ob und inwieweit Qualitätsmängel vorliegen, wer für die Mängel verantwortlich ist, ob die berechneten Preise angemessen sind usw. Dieser Umstand macht sich als eine Kostenbarriere bemerkbar – Kunden (oder Handwerker) antizipieren, daß sich die Streitigkeiten nur mit Hilfe eines Sachverständigen klären lassen; die Kosten, die sie dabei auf sich zukommen sehen, halten sie davon ab, ein Güteverfahren anzustreben. Auch in den anfallenden Güteverfahren werden Sachverständige nicht mehr so häufig hinzugezogen wie in den 70er Jahren (jedenfalls in der untersuchten Handwerkskammer). Die Vermittlungsarbeit ist für den Vorsitzenden – nach eigenem Bekunden – dadurch schwieriger geworden.

[21] Das Fallaufkommen sah für die letzten Jahre folgendermaßen aus:
1983 – 425 Streitfälle,
1984 – 410 Streitfälle,
1985 – 416 Streitfälle,
1986 – 400 Streitfälle.

Die Einschaltung der Gütestelle erfolgt in den meisten Fällen auf Antrag der Kunden. In der untersuchten Handwerkskammer kommen auf einen Antrag eines Handwerkers fünf Anträge von Kunden. Die Gütestelle bemüht sich zunächst auf schriftlichem Wege um Vermittlung; etwa 90% der Fälle werden auf diese Weise erledigt.[22] In den übrigen Fällen sind mündliche Verhandlungen notwendig. Für die schriftlichen Vermittlungsbemühungen lassen sich nur nach grober Schätzung Erfolgsquoten angeben, da das Ergebnis der schriftlichen Vermittlungsbemühungen nur selten der Handwerkskammer rückgemeldet wird. Für die Jahre 1983-1986 liegt der Erfolg schriftlicher Vermittlungsbemühungen nach Schätzung des Vorsitzenden zwischen 33 und 66%, in den übrigen Fällen mußte die Vermittlungsarbeit für gescheitert erklärt werden. Das Ergebnis mündlicher Verhandlungen wird protokollarisch festgehalten, daher lassen sich hier auch genauere Angaben machen. Bei durchschnittlich 40 Verhandlungen pro Jahr ist für die Jahre 1983-1986 ist eine Erfolgsquote von 94% zu verzeichnen.

3.6. Der Ablauf der Güteverhandlung am Beispiel der untersuchten Handwerkskammer

Dem schriftlichen Antrag zur Aufnahme der Vermittlungsarbeit geht häufig eine telefonische Kontaktaufnahme oder ein Vorsprechen in der Gütestelle voraus. Bei diesen Erstkontakten werden die Beschwerdeführenden darüber informiert, daß die Gütestelle erst tätig werden kann, wenn ein schriftlicher Antrag mit Angabe des Beschwerdegrundes vorliegt. Hin und wieder werden diese Schriftstücke auch gemeinsam von Antragsteller und Vorsitzendem in der Gütestelle angefertigt. Da nach Auffassung des Vorsitzenden telefonische Vermittlungsbemühungen nicht weiterführen, verfährt er generell nach dem Schriftlichkeitsprinzip.

Liegt nun ein schriftlicher Antrag vor, wird anhand der Handwerksrolle oder des Verzeichnisses der handwerksähnlichen Gewerbe die Zuständigkeit der Handwerkskammer geprüft. Sollte der in die strittige Angelegenheit verwickelte Handwerksbetrieb nicht Mitglied der Handwerkskammer sein, wird der Antragsteller an die zuständige Kammer verwiesen. Außerdem prüft der Vorsitzende die „Erheblichkeit" der Streitsache – stellt sich etwa heraus, daß sich die antragstellende Partei eindeutig im Unrecht befindet oder einem Irrtum unterliegt, klärt er sie darüber auf. Handelt es sich um eine „erhebliche" Streitsache, sieht der weitere Gang folgendermaßen aus:

- Der Antragsgegner erhält eine Kopie des Antrags mit der Bitte um Stellungnahme; der Antragsteller erhält eine Durchschrift dieses Begleitschreibens.

---

[22] In der von Nothdurft (in diesem Band) untersuchten Schiedsstelle für den Gebrauchtwagenhandel kommt es in noch weniger Fällen (ca. 1,5%) zu einer mündlichen Verhandlung.

- In dem Begleitschreiben wird der Antragsgegner darum gebeten, innerhalb einer bestimmten Frist Stellung zu nehmen. Liegt nach Ablauf dieser Frist keine Stellungnahme des Antragsgegners vor, dann wird dieser bis zu zwei Mal daran erinnert. Sollte dann die Gegenseite noch immer keine Reaktion zeigen, wird der Antragsteller auf den Gerichtsweg verwiesen. Sollte sich die antragstellende Partei nach Ablauf der Fristen, die dem Antragsgegner eingeräumt wurden, nicht mehr melden, betrachtet der Vorsitzende die Streitsache als erledigt.

- Ist die Hinzuziehung eines Sachverständigen erforderlich, besichtigt dieser gemeinsam mit den Parteien das Streitobjekt. Dabei kann es durchaus schon zu einer Einigung vor Ort kommen. Ist dies nicht der Fall, erstellt der Sachverständige ein schriftliches Gutachten; sollte dann noch immer keine gütliche Einigung möglich sein, werden die Parteien zu einer mündlichen Verhandlung geladen.

- Kommt es zu einer mündlichen Verhandlung, sind Rechtsbeistände sowie den Parteien nahestehende Personen zur Verhandlung zugelassen (siehe hierzu auch die entsprechenden Angaben im Anhangsteil).

- In Fällen, in denen die Hinzuziehung eines Sachverständigen als unökonomisch oder sachlich entbehrlich erscheint, wird die Güteverhandlung sofort anberaumt.

- Verschiedentlich werden mündliche Verhandlungen auch durchgeführt, um herauszufinden, ob die Parteien imstande sind, sich ohne einen Sachverständigen zu einigen. So kann eine mündliche Verhandlung auch damit enden, daß die Einschaltung eines Gutachters beschlossen wird. Unter Umständen findet dann eine weitere Verhandlung statt, sobald das Gutachten vorliegt.

- Kommt es zu einer Vereinbarung, die von beiden Seiten anerkannt wird, ist diese rechtsverbindlich.[23] Solche Vereinbarungen können auch unter Einräumung von Fristen, innerhalb derer die Vereinbarungen widerrufen werden können, getroffen werden.

3.7. Die Güteverhandlung: Schauplatz und Verlaufsstruktur

Die mündliche Verhandlung findet in den Räumen der Handwerkskammer statt. Bei geringer Teilnehmerzahl (bis zu 5 Personen) findet sie im Geschäftszimmer des Vorsitzenden statt, bei größerer Teilnehmerzahl, etwa wenn Anwälte, Angehörige, Mitarbeiter oder ein Sachverständiger beteiligt sind, in einem beson-

[23] Der Studie von Demant et al. (1984) entnehme ich, daß Schlichtungsbemühungen der Handwerkskammern auch mit einem Schiedsspruch enden können; diese haben aber keine rechtsverbindliche Wirkung.

deren Verhandlungsraum. In „großer Besetzung" wird allerdings selten verhandelt.

Die Verhandlungen werden in der Regel für 10.00 Uhr vormittags anberaumt. Beim Eintreffen in der Handwerkskammer melden sich die Parteien im Sekretariat der Gütestelle oder sie warten auf dem Gang, auf dem die Geschäftsräume der Gütestelle liegen. Bei meinem Eintreffen kurz vor Beginn der Verhandlungen fand ich gewöhnlich eine Situation vor, die an Behörden mit Publikumsverkehr erinnerte: Wartende Personen, die scheinbar nichts miteinander zu tun haben und darauf warten, an die Reihe zu kommen. Wenn es dann soweit ist, bittet eine Mitarbeiterin oder der Vorsitzende selbst die Parteien zur Verhandlung und geleitet sie durch das Sekretariat in das Büro des Vorsitzenden. Dort angekommen gibt der Vorsitzende den Parteien Gelegenheit, Garderobe abzulegen und bittet sie, Platz zu nehmen.

Bei „kleiner Besetzung" sitzen die Parteien nebeneinander, in etwa anderthalb Meter Entfernung zum Schreibtisch des Vorsitzenden, der von dort aus die Verhandlung leitet. Bei Verhandlungen im großen Sitzungssaal sitzen die Beteiligten an einem großen rechteckigen Tisch, die eine Partei an der einen, die andere an der gegenüberliegenden Längsseite, der Vorsitzende sitzt an der Stirnseite. Wenn ein Sachverständiger anwesend ist, sitzt dieser neben dem Vorsitzenden.

Zumeist gibt der Vorsitzende vor Beginn der Verhandlung in der Telefonzentrale Bescheid, daß eine Güteverhandlung stattfindet und bittet darum, keine Anrufe weiterzuleiten. Dennoch kann es zu Störungen durch Telefonanrufe kommen. Entweder bittet der Vorsitzende den Anrufer dann um nochmaligen Anruf zu einem späteren Zeitpunkt oder er verbindet ihn mit dem Sekretariat. Ist der Anruf von besonderer Wichtigkeit für den Vorsitzenden, kann es auch zu einer kurzen Unterbrechung der Verhandlung kommen.

Nun zur Verlaufsstruktur der Güteverhandlung, ich beschreibe sie analog zu den in der Einleitung zu diesem Band beschriebenen Komponenten des Handlungsmusters 'Schlichten'. Aufgezeigt werden die Funktionen der einzelnen Phasen für den Gesamtablauf der Verhandlung, die charakteristischen Aktivitätsverläufe in den einzelnen Phasen sowie typische Markierungsleistungen von Phasengrenzen und -übergängen.

a) Situationseröffnung

In der Eröffnungsphase werden die Streitparteien mit dem besonderen Charakter der Situation und mit den verfahrensmäßig vorgegebenen Bedingungen der Streitfallbehandlung vertraut gemacht. Bis auf Frage-Antwort-Sequenzen, in denen es um die Feststellung von Personalia der Parteien geht, wird die Eröffnung weitgehend vom Vorsitzenden gestaltet.

Nach der Begrüßung stellt der Vorsitzende die Identität der Parteien fest; sofern weitere Personen (Ehepartner, Lebensgefährte, Mitarbeiter, Rechtsanwalt, Gutachter, Beobachter) anwesend sind, wird ge- bzw. erklärt, in welcher Funktion diese an der Verhandlung teilnehmen. Gewöhnlich erläutert der Vorsitzende dann die Zweckbestimmung des Güteverfahrens. Dazu nennt er den Auftrag zur Streitvermittlung, den der Gesetzgeber den Handwerkskammern erteilt hat oder weist auf die Entlastungsfunktion für die Gerichte hin und betont Kosten- und Zeitvorteile gegenüber einem Gerichtsverfahren. Weitere Aktivitäten der Situationsherstellung schließen sich an, dazu gehören:

- Der Hinweis darauf, daß die Bemühungen der Handwerkskammer um Streitregelung in Orientierung am geltenden Recht erfolgen.

- Die Umschreibung der Ausgangslage; soweit der Vorsitzende aus dem Schriftwechsel und eventuell stattgefundenen Vorgesprächen strittige und aufklärungsbedürftige Punkte herausfiltern konnte, nennt er diese und formuliert den Verhandlungsgegenstand (etwa: Art der Forderung, die erhoben wird; Frage der Verantwortlichkeit für aufgetretene Mängel; Höhe des Streitwertes; Streitregelung mit Hilfe eines Sachverständigen); oft ist zu beobachten, daß er sich auch zu antizipierten Schwierigkeiten und zu den Erfolgsaussichten der Verhandlung äußert oder in Vorab-Erklärungen erste Orientierungen über die Rechtslage gibt.

- Ferner gehören zur Herstellung der Verhandlungssituation Appelle an die Parteien, in Ruhe und Sachlichkeit zu verhandeln und vor allem „miteinander" zu reden; dabei charakterisiert der Vorsitzende zumeist auch die Rolle, die er selbst dabei einzunehmen beabsichtigt (etwa: das Gespräch zwischen den Kontrahenten „mit sanfter Hand" zu leiten und nur einzugreifen, wenn die Parteien selbst nicht mehr weiterkommen).

Im Anschluß an diese Aktivitäten der Situationsherstellung organisiert der Vorsitzende den Einstieg in die Verhandlung der Streitsache; dazu paraphrasiert er nochmals die klärungsbedürftigen Punkte, bevor er dann meist die Partei, die das Güteverfahren initiiert hat, bittet, ihre Forderungen zu benennen, den Werdegang der Streitsache zu schildern usw.[25]

b) Rekonstruktion des Konflikts

In dieser Verhandlungsphase geht es darum, die strittigen Punkte – den Verhandlungsgegenstand – gemeinsam zu definieren, die Rechtsstandpunkte darzulegen und die jeweiligen Verhandlungspositionen zu begründen. Im Anschluß an die Stellungnahme der antragstellenden Partei erhält die antragsgegnerische Partei Gelegenheit zur Stellungnahme. Bis alle strittigen Punkte aufgeklärt und die Positionen der Parteien ausreichend verdeutlicht sind, werden oft mehrere

[25] Die Situationseröffnung der Güteverhandlung weist strukturelle Gemeinsamkeiten mit der Verhandlungseröffnung in der Schiedsmanns-Institution auf; siehe hierzu auch Klein (in diesem Band).

Runden des Abgebens von Erklärungen, Stellungnahmen und Gegenstellungnahmen durchlaufen.

Der Vorsitzende setzt die entsprechenden Rekonstruktionsaktivitäten in Gang und steuert sie. Falls notwendig nimmt er dabei auf ihm vorliegende oder in der Verhandlungssituation vorgelegte Unterlagen Bezug (Kostenvoranschläge, Rechnungen, Stundenzettel, Zeichnungen, Gutachten und dergleichen). Von den Parteien werden verschiedentlich auch Werkstücke oder Teile davon herangezogen, etwa um aufgetretene Mängel oder Schwierigkeiten zu demonstrieren und die Verantwortlichkeit des Handwerkers hierfür zu dokumentieren.[26]

Oft ist die Rekonstruktion des Konfliktes ein im Verhältnis zu den anderen Verhandlungsphasen sehr langwieriger Vorgang, insbesondere dann, wenn die vertraglichen Ausgangsbedingungen nicht ohne weiteres zu klären sind oder wenn es sich um eine sehr komplizierte technische oder vertragsrechtliche Materie handelt. Der Abschluß dieser Verhandlungsphase ist durch Formulierung eines Zwischenergebnisses markiert. Der Vorsitzende benennt jene Sachverhalte, die er aus den Ausführungen der Parteien als „Knackpunkte" herausgefiltert hat: Die in den ersten Stellungnahmen vorgebrachten Forderungen, Rechtfertigungen, Erklärungen usw. der Parteien transformiert er in Verhandlungsgegenstände. Desweiteren deutet er vorgreifend Schwierigkeiten für die Herbeiführung einer gütlichen Einigung an oder aber sich abzeichnende Chancen der Annäherung in den Positionen. Da die Parteien vor allem zu Beginn der Verhandlung Positionen beziehen, die auf maximalen Gewinn abzielen, sind die Prognosen, die der Vorsitzende hier hinsichtlich des Ausgangs der Verhandlung stellt, zumeist pessimistisch gefärbt.

c) Regelung des Konflikts

Gibt es zur Streitsache und zu den jeweiligen Positionen nichts mehr vorzubringen, treten die Verhandlungsteilnehmer in eine neue Verhandlungsphase ein; sie zeichnet sich hauptsächlich durch Aktivitäten des Präsentierens, des Verwerfens und des Neufassens von Einigungsvorschlägen aus. Ferner vollzieht der Vorsitzende Aktivitäten zur Überwindung von Verhandlungsflauten und zur Sicherung des ausgehandelten Ergebnisses. Die Regelung des Konfliktes geht in zwei Etappen vor sich, zunächst werden die Bedingungen für eine gütliche Streitbeilegung ausgehandelt, sofern dies gelingt, werden diese dann in einem Protokoll genau festgelegt. Zu diesen Schritten im einzelnen:

---

[26] So brachte in der Verhandlung *Der geplatzte Boiler* die Kundin das defekte Gerät mit; in einer anderen Verhandlung hatte der Handwerker ein Bauteil sowie eine Zeichnung mitgebracht, um daran das Schwierigkeitsniveau der handwerklichen Arbeiten bzw. die ordnungsgemäße Ausführung seiner Arbeit zu demonstrieren. In der Verhandlung *Das unbrauchbare Haarteil* demonstriert die Kundin ihre Qualitätsbeanstandungen und -erwartungen am mitgebrachten Toupet.

- Aushandlung der Bedingungen für eine gütliche Einigung: Entweder zeigt der Vorsitzende den Parteien prinzipielle Möglichkeiten der Streitbeilegung auf, oder er bittet sie, selbst Vorschläge zu unterbreiten bzw. ihre Verhandlungsspielräume zu überdenken. Erste Reaktionen hierauf sehen meistens so aus, daß eine Partei Bedenken vorbringt oder Widerstände nennt, die sie davon abhalten, der anderen Seite geradewegs entgegenzukommen. Dadurch kann es erneut zu langwierigen, zyklisch verlaufenden Auseinandersetzungen über konkrete Ausführungsbedingungen von Nachbesserungsleistungen, über die Höhe von Wertminderungen und dergleichen kommen. Thematisch relevant können hier also wiederum jene Aspekte werden, die bereits im Zuge der Streitfallrekonstruktion behandelt wurden, aber noch nicht endgültig geklärt werden konnten. Die Parteien beharren noch auf ihren Ausgangspositionen, verdeutlichen weiterhin ihre guten Gründe für die eingenommenen Positionen, tun sich schwer damit, dem Kontrahenten entgegenzukommen, wollen andererseits aber auch nicht das Scheitern der Verhandlung riskieren. Häufig bedarf es dann besonderer Anstrengungen des Vorsitzenden, die Parteien dazu zu bringen, von ihren Ausgangspositionen Abstriche zu machen oder von sich aus einen Kompromißvorschlag zu unterbreiten. Der Verhandlungsleiter muß aber nicht immer auf beide Seiten einwirken. Oft stagniert eine Verhandlung nur deshalb, weil eine Partei nicht bereit ist, ihre Position zu lockern. Ist dann endlich eine Seite bereit, Zugeständnisse zu machen, wird der Positionswandel auch als Bemühen um Aussöhnung, als Beitrag zur Wiederherstellung einer geordneten Geschäftsbeziehung kenntlich gemacht. Abgeschlossen wird diese Verhandlungsphase mit einer resümierenden Umschreibung einer konsensfähigen Regelung. Da der Vorsitzende darauf bedacht ist, daß eine wirtschaftlich vernünftige Regelung – gemessen am Streitwert – und eine rechtlich einwandfreie Vereinbarung zustandekommt, läßt sich davon sprechen, daß diese Regelung auch für den Vorsitzenden akzeptabel sein muß.

- Protokollierung des Verhandlungsergebnisses: Erst nachdem der Vorsitzende sich vergewissert hat, daß beide Parteien mit der ausgehandelten Regelung einverstanden sind, geht er dazu über, das Verhandlungsergebnis zu protokollieren. Das kommunikative Geschehen dieser Verhandlungsphase ist dadurch geprägt, daß der Vorsitzende mittels stenographischer Notizen einen Protokollentwurf erstellt, der dann von ihm verlesen und von den Parteien ratifiziert wird. Zu den jeweiligen Punkten der getroffenen Vereinbarung entwickelt der Vorsitzende – in Rücksprache mit den Parteien – Formulierungsvorschläge und notiert sich diese. Oft ergibt sich dabei noch Klärungsbedarf in Detailfragen (etwa hinsichtlich der zeitlichen Abwicklung oder der genauen Ausführung einzelner Nachbesserungsarbeiten). Soll für die ausgehandelte Regelung eine Widerrufsfrist gelten, werden die Parteien gebeten, diese selbst festzulegen. Ferner weist der Vorsitzende die Parteien darauf hin, daß der Widerruf schriftlich zu erfolgen hat und daß ein Widerruf in einem einzigen Punkt der getroffenen Vereinbarung das gesamte Verhandlungsergebnis außer Kraft setzt. Sind für alle klärungsbedürftigen Punkte akzeptable Vereinbarungen und Formulierungen gefunden, verliest der Vorsitzende den stenographischen Entwurf. Zuvor informiert er die Parteien darüber, daß eine mündliche Einverständniserklärung nach Verlesen des Protokolls ausreichend ist für die rechtliche Wirksamkeit der Vereinbarung. Und er kündigt an, daß den Parteien eine Kopie des Protokolls in den nächsten Tagen zugeschickt wird. Die formelle Sicherung des Verhandlungsergebnisses ist mit den Zustimmungsbekundungen und Richtigkeitsbestätigungen der Parteien abgeschlossen.

d) Auflösung der Schlichtungssituation

Mit dem Verlesen des Verhandlungsprotokolls und den anschließenden Zustimmungsbekundungen ist ein erster Schlußpunkt hinter das bisherige Geschehen gesetzt. Der Vorsitzende geht mit performativen Äußerungen zur Schließung der Verhandlung über, die Beteiligten fangen an sich zu erheben, und gewöhnlich bedanken sich die Parteien beim Vorsitzenden, bevor sie sich von ihm (meistens auch voneinander) verabschieden. Im Zuge der Verhandlungsschließung kommt es verschiedentlich auch zu Entschuldigungen, etwa wenn eine Partei vom Vorsitzenden wegen unsachlicher oder zu lautstarker Äußerungen ermahnt werden mußte. Auch ist zu beobachten, daß Vorhaltungen, die bereits während der Verhandlung ausgiebig zur Sprache kamen, erneut, nun aber etwas moderater, an den Kontrahenten gerichtet werden oder daß eine Partei – nachdem die andere schon den Raum verlassen hat – versucht, dem Vorsitzenden weitere Einblicke in Hintergründe des Streitfalles zu eröffnen. Kommt es zu solchen Formen des „Nachgeplänkels" und der Ergebnisverarbeitung, forciert der Vorsitzende die Situationsauflösung dadurch, daß er hierauf nicht sonderlich eingeht und auf nonverbalem Wege demonstriert, daß die Verhandlung vorüber ist und alles, was jetzt noch geäußert wird, nicht mehr von Belang ist.

4. Kommunikative Charakteristika der Güteverhandlung

4.1. Theoretische Perspektive und analysemethodisches Vorgehen

Menschen handeln ausgehend von Bedeutungen, die Objekte und Ereignisse für sie haben – so eine Grundannahme des symbolischen Interaktionismus. Allerdings haben Objekte und Ereignisse nicht für alle Menschen die gleiche Bedeutung, vielmehr kann ein Objekt oder Ereignis von unterschiedlicher Bedeutung für verschiedene Individuen sein (vgl. Blumer 1973, S. 90). In exorbitanter Weise treffen disparate Bedeutungen in Schlichtungsgesprächen aufeinander; sie manifestieren sich in unvereinbaren Interessen gegenüber Streitobjekten, in unterschiedlichen Realitätsdeutungen und in rivalisierenden Rechtsauffassungen. Gleichwohl werden Schlichtungsgespräche in der Absicht geführt, gegensätzliche Sicht- und Deutungsweisen so weit aufeinander abzustimmen, daß eine konsensuelle Streitbeilegung möglich wird.

Mein Vorhaben, die Güteverhandlung vor der Handwerkskammer als institutionenspezifische Ausprägung des Interaktionstyps 'Schlichtung' zu beschreiben, setzt an bei den Sichtweisen der Verhandlungsteilnehmer. In den unterschiedlichen Perspektiven, die in der Streitsache eingenommen werden, in den unterschiedlichen Bedeutungen, die der zugrundeliegende Streit für die Akteure hat, sehe ich die entscheidenden Bestimmungsmomente für die in der Güteverhandlung ablaufenden kommunikativen Prozesse. Dabei bestehen nicht nur zwischen Handwerker und Kunde Interessengegensätze und konkurrierende Rechtsauffassungen. Hinzu kommt, daß der Vorsitzende seinerseits eine Perspektive einnimmt, die sich von der der Parteien (aufgrund seiner Stellung als neutraler Dritter und aufgrund seines institutionellen Auftrags zur Streitregelung) unterscheidet. Ich halte daher einen Beschreibungsweg für adäquat, der teilnehmerspezifische Kommunikationsleistungen beschreibt und sie aus der je besonderen Betroffenheit in der Streitsache verständlich macht. Ich frage nach den Sinnbezügen und Handlungsrelevanzen der Beteiligten und versuche so zu zeigen, wie die Verhandlungssituation von ihnen selbst erfahren und gestaltet wird.

Zur Rekonstruktion der Sinnbezüge und Handlungsrelevanzen stütze ich mich auf Äußerungsformen, in denen die Akteure – der Kunde, der Handwerker, der Vorsitzende – ihre je besondere Betroffenheitsweise, ihre spezifischen Interessen in der streitigen Angelegenheit sowie ihre jeweiligen Rechtsauffassungen darstellen. Ich orientiere mich dabei am Konzept des Darstellungshandelns, das auf Goffman zurückgeht. Er versteht Darstellungshandeln „als die Gesamttätigkeit eines bestimmten Teilnehmers an einer bestimmten Situation ..., die dazu dient, die anderen Teilnehmer in irgendeiner Weise zu beeinflussen" (Goffman 1969, S. 18). Wenn ich hier das Darstellungshandeln[24] untersuche, das Verhandlungsteilnehmer mit ihren Äußerungen vollziehen, geht es um die Typik kommunikativer Beteiligungsleistungen und der zugrundeliegenden Orientierungsmuster, um Untersuchungsinteressen also, wie sie auch in der kulturanalytischen Sprachforschung verfolgt werden. Ihr geht es nicht um die Rekonstruktion der rein subjektiven Bedeutungen von Handlungen, sondern darum, die kulturellen Formen zu rekonstruieren, mit denen die Handelnden gelernt haben, ihre Praxis zu kontrollieren und mit anderen zu koordinieren" (Maas 1986, S. 36).

Auswahl und Analyse von Gesprächsausschnitten und Protokollnotizen erfolgen in der Absicht, die Charakteristik der verschiedenen Erlebnisperspektiven herauszuarbeiten und den Ereignishorizont dieses Schlichtungstyps auszuleuchten. Einschränkend muß ich aber darauf hinweisen, daß diese Untersuchung

[24] Unter dem Gesichtspunkt des Darstellungshandelns habe ich in einer Einzelfallanalyse die Geltendmachung subjektiver Rechtsauffassungen in der Schiedsmann-Institution untersucht, siehe Reitemeier (1987). Der in der Ethnomethodologie verwendete Begriff „account" ist eng verwandt mit diesem Konzept, er bezieht sich auf die Eigenschaft kommunikativer Aktivitäten, sich selbst und Mitakteuren erklärlich und verständlich zu machen, was vor sich geht.

nicht allen Beteiligungsrollen, die in der mündlichen Verhandlung vorkommen können, gerecht werden kann. Die Beteiligungsweisen des Rechtsanwaltes und des Sachverständigen lasse ich hier unberücksichtigt. Zwar konnte ich an einer Verhandlung teilnehmen, an der auch ein Anwalt teilnahm, diese konnte aber nicht auf Tonband aufgezeichnet werden. Auch konnte ich in einer Verhandlung einen Sachverständigen beobachten, dabei handelte es sich sogar um den Handwerker, der von der Handwerkskammer offiziell als Sachverständiger berufen wurde. Aber auch diese Verhandlung konnte nicht aufgezeichnet werden, außerdem war der Gutachterauftrag direkt vom Kunden ergangen, dementsprechend agierte der hinzugezogene Handwerker eindeutig als Parteienvertreter, nicht wie ein neutraler Gutachter.

Meine Beschreibung der Güteverhandlung ist sicherlich auch durch persönliche Eindrücke vor Ort und subjektive Akzentsetzungen bei der Materialauswertung gefärbt. Der Hinweis auf die nicht-hintergehbare Subjektivität von Darstellungen (sowohl alltagsweltlicher wie auch wissenschaftlicher Art) entlastet aber nicht davon, Aussagen über das kommunikative Geschehen möglichst gründlich und vorurteilsfrei an empirischen Belegen festzumachen und in einer nachvollziehbaren Form zu präsentieren.

4.2. Handlungsrelevanzen und kommunikative Beteiligungsweise des Kunden

Mit seiner Auftragsvergabe verbindet der Kunde spezifische Erwartungen und Interessen. Kann der Handwerker ihnen nicht gerecht werden, sind die enttäuschten Erwartungen und nicht befriedigten Ansprüche orientierungsleitend für das Beschwerdeverhalten des Kunden und somit auch für seine Beteiligungsweise an der mündlichen Verhandlung. So ist der Kunde enttäuscht darüber, daß der erwartete Gebrauchswert[27] nicht realisiert wurde und verlangt, daß der Handwerker Anstrengungen unternimmt, bestimmte Gebrauchswerteigenschaften noch zu erstellen. Er ist über die Preisforderungen des Handwerkers empört und fürchtet, einen zu hohen Preis für die erbrachte Arbeitsleistung zahlen zu müssen. Schließlich kann er während der Bearbeitung seines Auftrags das nötige Engagement für seine Interessen als Kunde und ein gewisses Maß an Respekterweisung vermißt haben und darüber sehr erbost sein. In manchen Streitfällen dominiert nur einer der genannten Aspekte, in anderen können diese Aspekte eng miteinander verknüpft sein. Im folgenden behandle ich diese Aspekte für sich und frage nach der Charakteristik der kommunikativen Anstrengungen zur Geltendmachung dieser Relevanzgesichtspunkte.

[27] Der Begriff „Gebrauchswert" wird in der marxistischen Theorie verwendet, um den Wert eines Arbeitsproduktes, den es aufgrund seiner Eigenschaft, von praktischem Nutzen zu sein und spezifische Bedürfnisse befriedigen zu können, von seinem „Tauschwert" unterscheidet. Letzterer bestimmt sich nach Angebot und Nachfrage. Zu Gebrauchswertorientierungen im Verbraucherstreit siehe auch den Beitrag von Nothdurft (in diesem Band).

4.2.1. Auf Erstellung des erwarteten Gebrauchswertes bestehen – Beseitigung von Gebrauchsmängeln fordern

Als besonders häufiger Auslöser für den fast schon sprichwörtlichen Ärger mit dem Handwerker wurde in Kap. 3 die Unzufriedenheit des Kunden mit der Qualität des abgelieferten Werkes genannt. Ob der Kunde zu Recht oder zu Unrecht die Arbeit des Handwerkers beanstandet, ob seine Gütekriterien realistisch und dem Auftragsgegenstand angemessen oder überzogen sind, ist unerheblich für das hier verfolgte Untersuchungsinteresse. Entscheidend für die kommunikative Beteiligungsweise des Kunden ist, daß seine Gebrauchswerterwartungen nicht zufriedengestellt wurden und der Handwerker noch nichts unternommen hat (oder nicht in ausreichendem Maße), ihn zufrieden zu stellen.

Das Interesse des Kunden an einwandfreier Qualität des Auftragsgegenstandes wird während der Verhandlung hauptsächlich in Darstellungszusammenhängen entwickelt, in denen Mängelbeschreibungen vorgenommen und daraus resultierende Forderungen nach Nachbesserung oder Ersatzleistung erhoben werden. Diese Forderungen lassen sich mit Aussicht auf Erfolg nur behaupten, wenn sie als wohlbegründete, als legitime Forderungen ausgewiesen sind.

Im folgenden gehe ich auf zwei Verhandlungen ein, an denen sich zeigen läßt, daß der Aufwand, Forderungen nach Mängelbeseitigung zu legitimieren, unterschiedlich groß sein kann. Als erstes befasse ich mich mit einem Streitfall, in dem besondere Legitimierungsnotwendigkeiten bestehen; hier kommt es mir darauf an, die Darstellungsressourcen herauszuarbeiten, derer der Kunde sich zur Einnahme einer legitimen Verhandlungsposition bedient. Als zweites befasse ich mich mit einer Verhandlung, in der der Kunde von besonderen Legitimierungserfordernissen entlastet ist; an diesem Fall läßt sich verfolgen, wie der Kunde – im Zusammenspiel mit dem Vorsitzenden – von Beginn an als Partei mit legitimen Ansprüchen agiert. Für beide Verhandlungen beschränke ich mich auf die Gesprächspassagen, in denen die Kunden die erste Gelegenheit zur Präsentation ihrer Nachbesserungsforderungen wahrnehmen.

a) Geltendmachung von Nachbesserungsforderungen unter besonderen Legitimierungserfordernissen

Der folgende Gesprächsausschnitt ist der Verhandlung *Das unbrauchbare Haarteil*[28] entnommen; in diesem Streitfall hatte die Kundin bereits mehrfach das für sie angefertigte Haarteil in den Geschäftsräumen des Friseurmeisters beanstandet. Sie wollte, daß Nachbesserungen vorgenommen werden, weil sie das Haarteil, so wie es war, nicht tragen konnte. Ihre Qualitätsbeanstandungen wurden bei Reklamationen im Friseurbetrieb nur teilweise anerkannt. Beim

---

[28] Zur Sprecherkennzeichnung in den Gesprächsausschnitten:
K = Kunde/Kundin
V = Vorsitzender
H = Handwerker.

Verhandlungstermin vor der Handwerkskammer muß die Kundin davon ausgehen, daß ihre Nachbesserungsforderungen erneut auf Widerstand stoßen, zumal inzwischen die Gewährleistungsfrist abgelaufen ist. Dementsprechend fällt ihre erste Stellungnahme zur Streitsache relativ expandiert aus:

K: äh: ich hab also bei herrn plack- * letztes jahr ein
haarteil bestellt und bei der bestellung hab ich
ausdrücklich: äh gesagt daß=es wi"chtigste für mich is
ein haarteil zu bekommen- * äh ich hab des: mein altes
haarteil äh mitgehabt un ich hab gesagt es darf auf
kei"nen fall von der montu"r her- * di"cker sein wie des
alte haarteil und weil ich wahnsinnig fei"ne- * haare hab
und das haarteil in meine haare- * ei"nfrisieren möchte↓ *

K: es muß- ja↓
V: ist das richtig war das im ju"ni- * vierenachtzig↑ die

K: ja↓ un ich hab gesacht ba/ auf was
V: bestellung- >(...) ja↓<

K: es mir beso"nders ankommt des wichtigste is eben daß die
montu"r↑ * ganz flach ganz dünn is ich hab ihn sogar gefragt
ob es noch äh- * eine andre no"ch eine no"ch dünnere montur
gibt als die ich bis jetz immer hatte- * und der zweite
punkt hab ich gesacht is für mich ganz wichtig daß=es en
haarteil is das nich- * aussieht so wie oben drau"f gesetzt
sondern das sich einfach in meine eigenen- * haare- * äh
einfügt un integrieren läßt↓ * und es ga"nz natürlich und
ganz- * äh: locker- * fällt↓ * un als ich des haarteil
dann- * abgeholt hab es beziehungsweise dann auch beza"hlt
hab und- * äh: hab ich also festgestellt daß es- * nich: so
geworden is wie wie ich mir des vorgestellt hab wie ich=s
beste"llt hab auch↑ * hab also bei der firma plack angerufen
un hab gesagt äh daß es so" nich in ordnung is daß ich so
ni"cht zurechtkomme damit- ** und äh:- ** es warn dann
verschiedene änderungen notwendig die also=äh von vornerein
schon falsch vom herr von herrn plack vermutlich
aufgeschrieben worden warn die ponys warn zu kurz- * äh des
is dann- * geändert worden- * äh: aber ich kann=es haarteil
trotz alledem bis jetz ni"ch tragen weil die montu"r viel zu
dick is das is also äh:- * mein mann hat es äh in zentimeter
oder in millimeter nachgemessen- * mein altes haarteil des
sin drei" millimeter un des neue haarteil was ich bei herrn
plack gekricht hab sin fümf komma noch was also fast se"chs
millimeter HOLT TIEF LUFT und es steht einfach vie"l zu hoch
aus meinen eigenen haaren- * a"b also mer sieht des von weitem

daß das en- * haarteil is und daß des- * äh es fü"gt sich
einfach nich in meine eigenen haare ein nich so wie das was

K: ich jetz tra:ge zum beispiel↓ un ich hab immer und was
V: ja↓

K: ich herrn plack noch vorwerfen mu"ß↑ * ich hab immer
angerufen un hab gesacht herr plack ich komm mit dem
haarteil nich kla"r das is nich so geworden wie ich=s
wollte↑ * un von herrn plack seiner seite kam absolut
ü:"berhaupt kein vorschlag das heißt i"ch bin immer
gekommen un hab gesacht HOLT LUFT äh:- *

(3005/21, S. 1-3)

Im Zuge der Verhandlungseröffnung hatte der Vorsitzende die Kundin aufgefordert, ihre Ansprüche, die sie gegen Herrn Plack geltend machen will, darzulegen. In dem vorstehenden Redebeitrag kommt sie dieser Aufforderung nach, indem sie den gesamten Geschäftsvorgang darlegt, wobei sie den Friseurmeister als Vertragspartner darstellt, der ihr wesentliche Leistungen schuldig geblieben ist. Auf diese Weise macht sie eine Position geltend, zu der sie sich wegen des vertragswidrigen Handelns des Friseurmeisters berechtigt sieht. Den Berechtigungsnachweis erbringt sie im einzelnen auf folgende Weise:

- Sie stellt die Mängel am Haarteil als Verletzungen expliziter Absprachen mit dem Handwerker dar. Sie beruft sich darauf, dem Friseurmeister bei Auftragserteilung ausdrücklich und unter Vorlage ihres alten, einwandfreien Haarteils ihre Qualitätsansprüche dargelegt zu haben. Und sie führt aus, bei Abholung des Haarteils habe sich herausgestellt, daß dieses nicht so ausgefallen ist, wie sie es *bestellt* hat. Mit Formulierungen[29] wie *bei der bestellung hab ich ausdrücklich ... gesagt daß es wichtigste für mich is ... un ich hab gesagt es darf auf keinen fall von der montur her dicker sein wie des alte haarteil ...* (Z. 2-8), ... *un ich hab gesacht auf was es mir besonders ankommt des wichtigste is eben daß ...* (Z. 11-13); unterstreicht sie, daß ihre Qualitätsansprüche Gegenstand von Absprachen mit dem Handwerker waren.

- Die Kundin räumt zwar ein, daß der Friseurmeister nach Fertigstellung des Haarteils auf ihren Wunsch hin noch einige Änderungen vorgenommen hat (wobei sie allerdings fehlerhaftes Arbeiten des Friseurmeisters als Grund für diese Änderungen anführt), im Kern ihrer Aussage hält sie aber daran fest, daß nach wie vor Beanstandungsgründe vorliegen, da das Haarteil nicht dem

[29] Bei Gesprächsausschnitten, die ich im Beschreibungstext zitiere, habe ich aus Gründen der besseren Lesbarkeit Transkriptionszeichen weggelassen. Zitate aus mitgeschnittenen bzw. transkribierten Verhandlungen sind durch kursive Schreibweise markiert.

erwarteten Gebrauchswert entspricht (... *aber ich kann es haarteil trotz alledem bis jetz nich tragen weil die montur viel zu dick is*, Z. 31-33).

- Die Kundin deklariert den Beanstandungsgrund als einen durch Messen objektivierbaren Beanstandungsgrund (... *mein mann hat es äh in zentimeter oder in millimeter nachgemessen*, Z. 33-34); sie erläutert den fehlenden Gebrauchswert (... *es fügt sich einfach nich in meine eigenen haare ein nich so wie das was ich jetz trage zum beispiel*, Z. 39-41) und unterstreicht den mangelnden Gebrauchswert durch den Hinweis auf die schon *von weitem* erkennbare Künstlichkeit des Haarteils.
- Schließlich wirft die Kundin dem Handwerker vor, sich nicht in dem Maße um ihre Änderungswünsche gekümmert zu haben, wie sie dies erwartet hatte (*und was ich herrn plack noch vorwerfen muß ich hab immer angerufen un hab gesacht herr plack ich komm mit dem haarteil nich klar* ..., Z. 41-45). Sie bekundet Verärgerung darüber, daß der Friseurmeister wenig Hilfsbereitschaft gezeigt hat, als sie ihn mit ihren Problemen mit dem Haarteil konfrontiert hat.

Verallgemeinert formuliert läßt sich somit festhalten, daß die Kundin den Legitimitätsanspruch ihrer Verhandlungsposition hier konstruiert

- in Aktivitäten der Beschreibung und Benennung von Mängeln der Arbeit des Handwerkers,
- unter Bezugnahme auf Leistungs- und Qualitätsversprechungen des Handwerkers sowie
- anhand der Unannehmlichkeiten und zusätzlichen Ärgernisse, die sie wegen der Qualitätsmängel hinnehmen mußte.

Daß Kunden, die Forderungen nach Mängelbeseitigung erheben, diese nicht nur anhand „offensichtlicher" Gebrauchsmängel sowie anhand der Zusagen und Versprechungen des Handwerkers begründen, sondern sie auch anhand der daraus resultierenden Ärgernisse bekräftigen, wurde auch in anderen Verhandlungen deutlich. So macht in der Verhandlung *Der geplatzte Boiler* der Kunde geltend, daß der Defekt des Boilers besonders ärgerlich war, weil dies an einem Sonntag vor Weihnachten passierte, Vorbereitungen des Weihnachtsfestes gestört wurden und es große Schwierigkeiten bereitet hat, einen Notdienst zu bekommen. In der Verhandlung *Risse in den Wänden* empört sich der Kunde darüber, daß auf seine Nachbesserungsforderungen sehr lange nichts passiert ist (*sieben jahre lang sehe ich mir die risse schon an*)[30]; auch führt er an, seit dieser Zeit in ständiger Angst vor einem Einsturz des Gebäudes zu leben.[31]

---

[30] Zitat aus dem Gedächtnisprotokoll

[31] Nothdurft (in diesem Band) zeigt, wie in Verhandlungen vor der Schiedsstelle für den Gebrauchtwagenhandel solche Unannehmlichkeiten in ausgebauter Form („Schadenskette") präsentiert werden.

b) Geltendmachung von Nachbesserungsforderungen bei Entlastung von Legitimierungserfordernissen

Bei Streitfällen, bei denen die Korrespondenz zwischen Handwerkskammer und Streitparteien ergeben hat, daß der Qualitätsbeanstandung nicht viel entgegengesetzt werden kann, ist der Kunde weitgehend davon entlastet, die Legitimität seiner Forderungen zu dokumentieren. Dies gilt natürlich nur dann, wenn die Gewährleistungsansprüche fristgerecht geltend gemacht wurden. Die Legitimität der Forderungen des Kunden kann unter solchen Voraussetzungen in bloßer Benennung oder Aufzählung der noch bestehenden Mängel zum Ausdruck gebracht werden, so daß das Verhandlungsgeschehen zügig auf rein technische Fragen der Mängelbeseitigung gelenkt werden kann. Hierzu ein Ausschnitt aus der Eröffnungsphase der Verhandlung *Durchnässung der Innenwand*:

```
V: daß sie zunächst mal das wort ergreifen und- * und=äh- **
   da"rstellen worauf es ihnen ankommt und was je"tzt- * von
   von heu"te aus gesehen- * äh aus ihrer sicht noch wichtig
   ist↓ *3,5* was machen sie noch geltend- * sind noch

K:           +also von der- * aufgeführten mängelliste↑ *
V: mängel da-

K: wurde- * bis jetzt äh- * nur der schornstein abgenommen- **
   herr habenbachler hat die- * reinigungsklappen umgesetzt
   aber ich glaub des war auf- * mein- * bestreben hin gemacht
   worden↑ ** und- * was ich noch- * geltend machen möchte↑ *
   ist einmal- * die:- * durchnässung- * der- * innenwand- *
   im kinderzimmer- * ich hatte mit der firma- * brunner
   telefoniert↑ * auch mit=em dachdecker bauer- * äh
   gesprochen- * beide- * lehnen eine verantwortung dafür ab- *
   i"ch kann es nicht beurteilen (...)
```

(3005/25, S. 2-3)

Sowohl an der Aufforderung des Vorsitzenden zur Stellungnahme als auch an der nachfolgenden Äußerung des Kunden ist erkenntlich, daß die Mängelbeanstandung des Kunden als Angelegenheit, die bereits in vorausgegangenen Situationen hinreichend legitimiert wurde, behandelt wird. Dies zeigt sich am Äußerungsformat, mit dem der Vorsitzende dem Kunden Gelegenheit zur ersten Stellungnahme gibt: Die Aufforderung des Vorsitzenden, darzulegen, *was jetzt von von heute aus gesehen äh aus ihrer sicht noch wichtig ist*, und auch die nachgeschobenen Fragen *was machen sie noch geltend- sind noch mängel da-* zeigen, daß es im folgenden darum gehen soll, sich dieser Mängel anzunehmen (und nicht etwa darum, erst einmal zu klären, ob tatsächlich Mängel vorliegen, aus denen sich berechtigte Nachbesserungsforderungen ergeben).

Daß auch der Kunde seine Position als nicht weiter legitimierungsbedürftig ansieht, zeigt sich daran, daß er – nachdem er den Vorsitzenden über den Stand seiner Reklamationsbemühungen in Kenntnis gesetzt hat (*bis jetzt äh nur der schornstein abgenommen herr habenbachler hat die reinigungsklappen umgesetzt ... was ich noch geltend machen möchte ist einmal die durchnässung der innenwand im kinderzimmer ...*) – das Hauptproblem der Durchsetzung seiner Nachbesserungsforderungen thematisiert: Er berichtet über den Ausgang seiner Bemühungen, in direkten Verhandlungen mit den Handwerkerbetrieben (Subunternehmen) eine Nachbesserung zu erreichen. Er macht ferner deutlich, daß das, was bei seinen Bemühungen herausgekommen ist (*beide lehnen eine verantwortung dafür ab*), ein Streitpunkt ist, der von einer kompetenten Instanz geklärt werden müßte (*ich kann es nicht beurteilen*). Da die Nachbesserungsforderungen des Kunden von vornherein unstrittig sind, kann er sich in seiner ersten Stellungnahme auf knappe Benennungen der Mängel beschränken und auf die Frage der Verantwortlichkeit für die beanstandeten Mängel hinlenken.

Zum Abschluß dieses Kapitels sei festgehalten: Die im Abschnitt (a) und (b) zitierten Gesprächsausschnitte dokumentieren Aktivitäten, wie sie typischerweise von Kunden zur Behauptung ihrer Forderungen nach Mängelbeseitigung erhoben werden: Benennung und Beschreibung von Mängeln, Bezugnahme auf Qualitätszusagen, Bezugnahme auf vom Handwerker zu verantwortende Unannehmlichkeiten. Je nach Vorgeschichte kann das Geltendmachen solcher Forderungen von vornherein ein unumstrittener, wenig aufwendiger Vorgang sein, der lediglich der Aushandlung von Nachbesserungsmodalitäten vorgeschaltet ist. Es kann aber auch eine sehr umstrittene Angelegenheit sein, die weite Strecken des Verhandlungsgeschehens dominiert.

4.2.2. Sich finanziell nicht übervorteilen lassen

Der Auftrag, den ein Kunde einem Handwerker erteilt, ist über die spezifischen Gebrauchswerterwartungen hinaus auch mit Normalitäts- und Akzeptabilitätsvorstellungen hinsichtlich des Preis-Leistungsverhältnisses verknüpft. Das Preis-Leistungsverhältnis kann für den Kunden nicht nur wegen überzogener Preisforderungen nicht mehr stimmig oder wegen undurchsichtiger Abrechnungen fragwürdig sein. Auch dann, wenn die Qualität des Werkes nicht einwandfrei ist, eine Mängelbeseitigung aber aus technischen Gründen ausscheidet, ist das Preis-Leistungsverhältnis nicht mehr im Lot. Wie auch immer der Kunde zu der Auffassung gelangt, daß die Rechnung des Handwerkers zu hoch ist, für ihn stellen die Geldforderungen des Handwerkers eine finanzielle Übervorteilung dar, die es abzuwehren gilt.

Um die Übervorteilung im Rahmen der mündlichen Verhandlung abwenden zu können, muß der Kunde plausibel machen, inwiefern die Geldforderungen des Handwerkers überzogen sind bzw. inwiefern seine Forderungen nach Kürzung der Rechnung berechtigt sind. Wie ich an einigen Gesprächsausschnitten genauer zeigen werde, setzt sich der Kunde dazu (a) mit der Handwerkerrechnung unter Seriositätsaspekten auseinander, versucht (b) das Mißverhältnis zwischen Arbeitsleistung und dem dafür geforderten Preis zu demonstrieren und ist (c) darauf bedacht, sich selbst als fairen und seriösen Geschäftspartner darzustellen.

a) Die Handwerker-Rechnung als Verstoß gegen seriöses Geschäftsgebaren interpretieren

Ein zentraler Aspekt, unter dem Kunden Unstimmigkeiten des Preis-Leistungsverhältnisses darstellen, ist der der Seriosität des Geschäftsgebarens des Kontrahenten. So präsentiert sich das Kundenehepaar in der Verhandlung *Zu hoher Stundenlohn* als Opfer einer Hinhalte-Taktik des Handwerkers:

K2: >ja↓< * also ich habe- viele male herrn
V: gespräch> haben↓←

K2: li"nsenmann gebeten einen kostenvoranschlach zu machen↓ *
darauf erhielt ich jeweils die antwort wir werden schon im
preis uns einig werden↓ * so"↓ * jetzt mußte=ich als otto
normalverbraucher ich und meine frau davon ausgehn↑ * da=s
ja üblich- * es wär nämlich die- * ich hab aber von
leistungslohn hab ich noch nie" was gehört →des hör=ich
jetzt zu/ zum ersten mal- * grundsätzlich sind bei
reparaturaufwendungen werden immer- * stunden oder

K2: anderthalb stunden abgerechnet↓<← * also ich↑ <ja"↓>
V: >kommt drauf an↓<

K2: →das=is ja"↓ aber es=ist mir also nicht erklärt worden daß

K2: (...) nach dem leistungs/ den abgerechnet wurden↑ * äh
V: mhm-

K2: werden soll↑ * also weil ja kein kostenvoranschlach
gemacht wurde↑ ** äh nun müßt=ich also davon ausgehn was
üblich=is daß ich wenn=ich=n=n handwerker zur reparatur
hole daß=ich dann ne stunde oder zwei stunden bezahl↓← *
das war unsere vor/ voraussetzung↑

(3005/23, S. 6-7)

Es handelt sich bei dieser Gesprächspassage um einen Ausschnitt aus der ersten Stellungnahme des Kundenehepaares. Der Vorsitzende hatte zuvor das Kundenehepaar darüber aufgeklärt, daß die beanstandete Rechnung insofern korrekt sei, als nach einem üblichen und durchaus zulässigen Berechnungsprinzip – dem sogenannten Leistungslohn-Tarif – abgerechnet wurde. Auf diese Rechtsbelehrung des Vorsitzenden hin erklärt der Ehegatte des Kundenehepaares (K2), daß er sich mehrfach um ordnungsgemäße Abwicklung der Geschäftsbeziehung bemüht habe (*also ich habe viele male herrn linsenmann gebeten einen kostenvoranschlach zu machen*), der Handwerker aber nur hinhaltend reagiert habe (*darauf erhielt ich jeweils die antwort wir werden schon im preis uns einig werden*). Daß er darin ein unseriöses Vorgehen des Handwerkers sieht, bringt der Kunde folgendermaßen zum Ausdruck: Er erklärt, daß die Auskünfte des Handwerkers ihn veranlaßt haben, von einem allgemein üblichen Abrechnungsmodus auszugehen, einem Abrechnungsmodus, wie er dem nicht speziell unterrichteten Kunden (*ich als otto normalverbraucher*) geläufig bzw. vorstellbar ist, und er weist darauf hin, daß ihm der „Leistungslohn-Tarif" nicht erklärt worden ist. Mit der Selbsttypisierung als *otto normalverbraucher* spielt er darauf an, daß es eine selbstverständliche Pflicht des Handwerkers gewesen wäre, Besonderheiten der Geschäftsabwicklung, die über den Wissensstand des einfachen Kunden hinausgehen, diesem vorher auch zu erklären.

Im weiteren Verlauf dieser Verhandlung stuft der Kunde (K2) die Reaktionen des Handwerkers auf Bitten um einen Kostenvoranschlag noch deutlicher als Verstoß gegen korrektes und seriöses Geschäftsgebaren ein:

K2: hmm↑ →aber jetz ma auf ihren n=n=ähm↓ * tari"f zurückzukommen↑ *
wenn zu mir jemand kommt↑ * naja weil sie das grade äh zitiern äh
und zo(...↑) ** wenn zu mir jemand kommt- * denn mach=ich ihm klar
und er is zum ersten mal bei mir↑ ** daß=ich nach der nach der
gebührenordnung der steuerberatenden berufe abrechne↑ ** und sage
in welchen fällen zeitlohn in=äh in frage kommt und=in welchen äh
welchen fällen die tabelle↓ ** ja↑ * und=das hat nämlich herr
linsenmann versäu:mt- * er hat nich=gesacht daß=er hier nach
diesem=äh leistungs/ ähm↓←

(3005/23, S. 19)

Hier wirft der Kunde dem Handwerker wiederum vor, gegen ein allgemeines Prinzip des Geschäftslebens verstoßen zu haben, da er es *versäumt* habe, korrekt Auskunft über seine Abrechnungsmodalitäten zu geben. Daß er das (rechtzeitige) Auskunftgeben über Abrechnungsmodalitäten als Selbstverständlichkeit ansieht, nach der geschäftliche Beziehungen abzuwickeln sind, macht er hier unter Bezugnahme auf eigenes Geschäftsgebaren in seinem Beruf als Steuerberater deutlich.

In der Verhandlung *Zu teure Rollos* ist es die Auftragsbestätigung, die der Kundin Anlaß gibt, dem Handwerker unkorrektes Geschäftsgebaren vorzuwerfen:

K: und und vor allen dingen ne↑ * äh sie äh sie sie machen da
auch aufträge ja- * ich weiß überhaupt nich was sie mir
dafür liefern↓ * wenn sie jetz sagen hier <ja ja wenn sie
jetz sagen allu: ja wenn ich sage jetz=en auto en fiat
is=sen auto das is aus blech und mercedes is auch en auto
ihre ganzen ihre ganzen äh aufträge- * das is doch nix↑ *

da kann ich mir=n hintern mit abwischen↓ ja↑ * sie müssen

K: äh-> <ja↑> <ja er soll das-
V: was soll das frau- gänsemüller↓

K: nein das sch/
V: das is doch unsinn↓ das is schlechtweg schlichtweg

K: nei"n↓ * es ähm- * da steht nun drei *
V: unsinn was sie >da sagen↓<

K: drei dreize"hn mal einszweienfünfzich> ja↑ * und denn steht
allupanzer- * <das is s/ ein so wei"ter begri"ff äh- * über
ihre leistungen nix ni"x ste"ht i"m ve"rtrach↓ * ich weiß ja
gar nich was sie dafür machen für das geld↓>

(3005/24, S. 19-20)

Die Kundin wirft hier dem Handwerker vor, daß seine Auftragsbestätigung zu unspezifisch ist, also nichts über den genauen Leistungsumfang aussagt. Daß die Auftragsbestätigung für sie nicht korrekt ist, stellt sie in explizit bewertenden Äußerungen (*das is doch nix da kann ich mir n hintern mit abwischen*) sowie in dem Ansatz zur Formulierung von Anforderungen an Auftragsbestätigungen (*sie müssen äh*) heraus.

Es sind aber nicht nur Modalitäten der Geschäftsanbahnung (Nichterteilung eines Kostenvoranschlags, Detaillierungsgrad einer Auftragsbestätigung), an denen Verstöße gegen seriöses Geschäftsgebaren festgemacht werden. Allein schon die Höhe des Rechnungsbetrages ist Anlaß genug, dem Handwerker finanzielle Übervorteilungsabsichten zu unterstellen. Typisch hierfür sind Äußerungen, in denen Kunden Fassungslosigkeit und moralische Entrüstung gegenüber den Geldforderungen des Handwerkers bekunden. Hierzu folgendes Beispiel aus der Verhandlung *Zu teure Rollos*:

K: gucken se mal↑ * da nehmen sie je"tzt äh- ** für dies ei"ne rollo↑
* da wollen se jetz äh- * da ham se geschrieben drei sechs ne↑ un
jetz wollen sie fü"r für diese für diese hier wollen se drei sechs
haben↓ * und für die:se kleinen- * dinger- * da wollen se noch mal
dreitausend mark ha:m↑ * <ja" schämen sie sich nich mir so: viel
geld davon abzunehmen für diese- * so=ne klei"n/

(3005/24, S. 34)

Dieser Ausschnitt ist einem Äußerungszusammenhang entnommen, in dem die Kundin zwei Positionen der Auftragsbestätigung gegenüberstellt und deutlich zu machen versucht, daß der für die zweite Position geforderte Preis unverständlich hoch ist. Mit der rhetorischen Frage *ja schämen sie sich nich mir so viel geld davon abzunehmen* ... drückt sie ihre Empörung darüber aus, daß die kleinen Rollos beinahe genau so viel Geld kosten sollen wie die großen.

Auch in der Verhandlung *Zu hoher Stundenlohn* steht das Kundenehepaar der Handwerkerrechnung verständnislos gegenüber:

K2: <äh nur um=es ma jetzt treudeutsch auszudrücken des will einfach
nich in unsern ko"pf rein daß hier stu"ndenlöhne von über hundert
mark bei rauskommen↓ * das können=wir nich begreifen↓ **

(3005/23, S. 24)

Daß der Kunde von Verstehensschwierigkeiten spricht (*des will einfach nich in unsern kopf rein*), heißt hier: Das Zustandekommen bzw. die Höhe der Preisforderungen des Handwerkers ist mit dem gesunden Menschenverstand nicht mehr nachvollziehbar und deshalb – so die implizite Argumentationslogik – einfach nicht in Ordnung.

Vorstehend zitierte Äußerungen greifen die Höhe der Handwerkerrechnung in allgemein-moralischen Kategorien an, ohne explizit auf die vom Handwerker erbrachten Leistungen einzugehen. Zur Untermauerung und vor allem zur Verteidigung des Kundenstandpunktes bedarf es aber spezifischerer Begründungs- und Plausibilisierungsleistungen. Insbesondere bedarf es der Konkretisierung, inwiefern die vom Handwerker geleistete Arbeit nicht den Preis wert ist, der in der Rechnung dafür gefordert wird.

b) Das Mißverhältnis zwischen der Arbeitsleistung und dem dafür geforderten Preis demonstrieren

Thematisierungen des Preis-Leistungsverhältnisses durch den Kunden sind darauf gerichtet, die vom Handwerker erbrachte Arbeitsleistung zu bewerten und so den Nachweis zu führen, daß der vom Handwerker geforderte Preis – gemessen an der erbrachten Leistung – überteuert ist. Dabei werden zumeist Bewertungskriterien mit hoher Alltagsplausibilität herangezogen: Vergleiche mit anderen Handwerksbetrieben, Vergleiche mit der eigenen Berufswelt sowie laienhafte Vorstellungen hinsichtlich des handwerklich-technischen Arbeitsablaufes und des Marktwertes der Handwerkerleistung. Zu diesen Darstellungsressourcen einige Gesprächsausschnitte:

– Kontrastierung der Handwerkerleistung mit Eigenleistungen: Der Kunde definiert den Wert der Handwerkerarbeit, indem er eine „Selbermacher"-Perspektive einnimmt. Er wertet die Handwerkerleistung unter Hinweis darauf ab, daß ein entsprechendes Arbeitsergebnis von ihm auch selbst hätte erbracht werden können und so viel billiger gekommen wäre. Die Leistung des Handwerkers reduziert der Kunde auf das Schwierigkeitsniveau von „do-it-yourself"-Leistungen, um so zu verdeutlichen, daß die Arbeit des Handwerkers mit dem dafür geforderten Preis überbezahlt ist:

K: ich hab mir das denn zuhause du"rchgerechnet un habe festgestellt
daß dieser vertrag- * äh bald doppelt so hoch is wie=äh wie wer
vorher abgeschlossen haben nur um so=n bißchen daß die=äh daß

die schienen bißchen lackiert sind und dann gleich so tausendfünfhundert mark me"hr nehmen ich find bin der meinung das is=sen bißchen zu":viel↓ * ja denn kann ich mir auch en=äh- * farb*topf nehmen und kann mir die anstreichen ja↑

(3005/24, S. 17)

K2: hab=ich gesacht na schön hast ha"ndwerker im hau:se also wird=das hier damit das ruck zuck geht- * gleich gemacht denn← ich hätte- * e"bensogut mir die möbel selber=äh besorgen können↑ * und=dann wären=se äh äh hätt=ich se selber montiert und=dann hätt=ich=n haufen geld gespart↓ * weil ich auch die möglichkeit hätte die gü"nstiger einzukaufen darauf hab=ich verzi"chtet-←

(3005/23, S. 8)

– Evaluativer Nachvollzug einzelner Arbeitsgänge: Einzelne Leistungen des Handwerkers werden hinsichtlich ihres Arbeitsaufwandes und ihres Schwierigkeitsgrades gewürdigt und in Beziehung zu dem dafür berechneten Preis gesetzt. Der vom Handwerker erbrachten Leistung wird auch hier ein sehr geringer Aufwand bzw. Schwierigkeitsgrad bescheinigt und so der Nachweis 'erbracht', daß der berechnete Preis überhöht ist:

K1: wenn wir jetzt ein preis/ rausgreifen wollen zum beispiel die chromhaken wo waschlappen und sowas drangehängt wird↓ * es koste"t pro: haken zu montiern dreizehn mark zwanzig da=is ein lo"ch zu machen und ein dübel zu liefern und die schraube is dran am haken↓ der brauch nur eingedreht werden↓

(3005/23, S. 9-10)

– Mustergültige Erfahrungen mit anderen Geschäftspartnern: Auch gute Erfahrungen, die der Kunde mit einem anderen Handwerksbetrieb gemacht hat, fungieren als Darstellungsfolie und Plausibilisierungsressource der Rechnungsbeanstandung. So führt der Kunde in dem folgenden Gesprächsausschnitt die für ihn akzeptable Preis-Leistungs-Relation eines anderen Handwerksbetriebes ins Feld, bevor er sein Unverständnis gegenüber den berechneten Lohnkosten bekundet:

K2: ich will nur sa"gen wir haben äh bei uns haben ja auch andere handwerker gearbeitet die haben ganz korrekt einen kostenvoranschlach gemacht- * und das=is auch nach kostenvoranschlach genau abgerechnet worden↓ * und wenn ich das sehe- * welchen zeitaufwand diese leute eingesetzt haben- * und welchen äh zeitaufwand sie eingesetzt haben mnä das sind ja auch fachhandwerker gewesen mnä denn kann=ich nur mit=m kopf schütteln↓ * weiter kann ich dazu nichts sagen

(3005/23, S. 16-17)

Der Kunde beruft sich hier auf eine mustergültige Geschäftsabwicklung mit einem anderen Betrieb (*die haben ganz korrekt einen kostenvoranschlach gemacht und das=is auch nach kostenvoranschlach genau abgerechnet worden*), um deutlich zu machen, daß die Geschäftsbeziehung mit dem Kontrahenten von Anfang an nicht in einer vergleichbar korrekten Weise abgewickelt wurde. Im Anschluß daran stellt er den vom Kontrahenten berechneten Arbeitsaufwand dem Abrechnungsmodus des 'mustergültigen' Handwerksbetriebes gegenüber (*und wenn ich das sehe welchen zeitaufwand diese leute eingesetzt haben und welchen äh zeitaufwand sie eingesetzt haben ...*), um die Unverhältnismäßigkeit des von seinem Kontrahenten berechneten Zeitaufwandes zu demonstrieren (*... kann=ich nur mit=m kopf schütteln weiter kann ich dazu nichts sagen*).

An anderer Stelle beschreibt derselbe Kunde mustergültiges Arbeitsverhalten von Mitarbeitern einer anderen Firma und bringt damit zum Ausdruck, daß er bei einem entsprechenden Arbeitseinsatz der Mitarbeiter eines Betriebes auch keinen Grund zur Beanstandung der Rechnung hat:

```
K2: ich will da nur mal erwähnen↑ * wie das is wenn also natürlich
    →is=es schwierig (...) geb=ich ihnen völlig recht↑ * es gibt leute↑
    * ich mein wie lange jetz meine heizung ei"ngebaut worden=is↓ * die
    ham in akkord das hab=ich gewu"ßt↓ * die kriechten von ihrem chef
    akkord die kriegten für die heizung so=un=soviel↑ * un die ham im
    dauerlauf die hei"zkörper hochgetragen nich damals hatten wir noch
    keinen fahrstuhl↓ * also daß äh: ich hab auch gesehn nun die ham
    auch rei"ngehauen da gab=s nich keine pausen ne↑← * das is ja
    →das is aber=ne betriebssache und äh äh das will=ich auch gar
    nich zugrunde legen↑
```

(3005/23, S. 28)

– Den akzeptablen Preis definieren: Daß Kunden ein enormes Mißverhältnis zwischen der Arbeitsleistung des Handwerkers und dem dafür berechneten Preis sehen, wird auch unter Bezug auf Preise und Stundensätze demonstriert, die sie als allgemein übliche Preise oder Löhne – und für sie daher als annehmbar ansehen. Hierzu die Fortsetzung des eben zitierten Gesprächsausschnittes:

```
K2: sondern wir ham nun das mal überschla"gen↑ * äh wieviel stunden
    dabeigewesen sind und wir sind bereit↑ * die stundenzahl
    gemessen an dem preis von fünfunvierzich mark wie=s in dünsebach↓
    * üblich is- * äh zu bezahlen↑ * und äh daß ich=mein es ging
    ja hier nich um große beträge↑ * aber daß=is doch immerhin
    ich seh einfach nich ein daß=ich da äh äh: gut tausend mark
    (...) tausend mark↓>←
```

(3005/23, S. 28)

Mit dieser Äußerung kommt der Kunde der Aufforderung des Handwerkers nach, den Betrag zu nennen, den er zu zahlen bereit ist. Er beruft sich dabei auf den in Dünsebach üblichen Stundenlohn als Grundlage für eine korrekte Berechnung der geleisteten Arbeitsstunden. Interaktiver Fokus ist hier der Versuch, einen konkreten Betrag als Verhandlungsgegenstand zu etablieren.

c) Sich selbst als fairen und seriösen Geschäftspartner stilisieren

Neben den diskutierten Darstellungsverfahren, mit denen Kunden versuchen, die Unstimmigkeit des Preis-Leistungsverhältnisses zu dokumentieren und Forderungen nach Kürzung des Rechnungsbetrages zu untermauern, lassen sich kommunikative Anstrengungen beobachten, in denen sie sich selbst als faire und seriöse Geschäftspartner darstellen. Sie versuchen ihre Position als eine legitime zu festigen, indem sie dem Verdacht entgegenwirken, sie wollten den Spieß nur umdrehen und ihrerseits den Handwerker finanziell übervorteilen. Charakteristisch hierfür sind Äußerungen, mit denen der Kunde möglichen Fremdtypisierungen als „Pfennigfuchser" oder „durchtriebener Geschäftemacher" entgegenarbeitet.

So wollen Herr und Frau Bauschert in der Verhandlung *Zu hoher Stundenlohn* nicht als „Meckerpötte" angesehen werden: Nachdem im Verlaufe der Verhandlung sowohl vom Vorsitzenden als auch vom Handwerker mehrfach die Höhe der Handwerkerrechnung verteidigt worden ist („Leistungslohn-Tarif"), begründet der Ehemann seine Rechnungsbeanstandung zunächst nochmals mit dem Fehlen eines ordnungsgemäßen Kostenvoranschlags und bringt dann zur Sprache, daß er auch noch kleinere Mängel festgestellt hat. Er erwähnt diese Mängel allerdings nicht, um Forderungen nach Nachbesserung geltend zu machen, sondern um anhand des Verzichts auf entsprechende Forderungen zu demonstrieren, daß sie nicht zu den Kunden gehören, die bei jeder Kleinigkeit etwas zu „meckern" haben:

```
K2: jetzt kommt noch hinzu"↓ * wenn- * die du"sch/ * äh verkleidung
    erst nach äh nach dem vierten anlauf↓ * dicht wird und wie die
    heute verschmiert=is das muß man nämlich auch ma sagen die is
    nämlich echt verschmiert und bis heute schmutzig- * →wir ham=dat
    bewußt so gelassen das=s nämlich eine müh:selije arbeit die
    wieder sauber zu kriegen wir ham weiter nicht behandelt um bloß=mal
    zu sagen daß=wir keine meckerpötte sind- * der monteur- * hat
    falsch gebo:hrt↓ * wir ham jetzt auf alle zeiten sichtbar in euerm-
    * in unserm neuen badezimmer- * es=is zwar zugemacht worden abber
    die fliese ist beschädigt↓← *
```

(3005/23, S. 17)

Eine andere Möglichkeit sich als fairer und seriöser Geschäftspartner zu stilisieren besteht darin, zu beteuern, daß man nichts geschenkt haben will und dem Handwerker durchaus seinen Verdienst gönnt. Hierzu folgender Gesprächsausschnitt aus der Verhandlung *Zu hoher Stundenlohn*:

K2: <ich will ja↓ * ga"r nicht um ne viertelstunde streiten↓ ** das
tun wir ja auch nicht↑ * und wir sind bei →unserer berechnung
sinn=wir von e"chten stundenlöhnen ausgegangen↑← * und äh:
da"s wollen wir wollen ni↓ nichts jeschenkt haben des äh äh
jede arbeit soll bezahlt werden

(3005/23, S. 27)

Die Stilisierung als fairer, Gewinninteressen des Handwerkers durchaus respektierender Geschäftspartner erfolgt auch in Äußerungen, in denen darauf hingewiesen wird, daß man immer pünktlich bezahlt habe bzw. daß man zu den Kunden gehöre, für die es selbstverständlich ist, daß man Rechnungen umgehend bezahlt. Ferner wird mit der Figur des Auftraggebers, der dem Handwerker bereits anderweitig gute Verdienstmöglichkeiten verschafft hat, operiert:

K2: ich weiß daß trotzdem noch genuch bei über gewesen is↓ * denn wir
ham=ja nich das bi"llichste gekauft für unser badezimmer sondern↓
* doch↓ * äh sa=mal gehobene äh klasse schon nich↑ * s=gibt von
zwei/ * natürlich=s gibt wohl zweifelsohne teu"rere sachen aber äh
es bi"llichste ham=wir nich genommen↓← * denn bloß mal zum↓ *
kann nur sagen daß unsere toilette mehr kostet als in andern- * äh
wohnungen wo=es also vom↓ * ähm verkäufer angegeben wurde↓ *
→das ganze nich so viel gekostet hat die ganzen einrichtungen
einschließlich badewanne wie unsere toile"tte allein↓← *

(3005/23, S. 9)

Hier spielt der Kunde unter Erwähnung der Badezimmer-Möbel darauf an, daß es dem Handwerker nicht schwer fallen sollte, die Beanstandung der Stundenlöhne zu akzeptieren, da er bereits anderweitig am Auftraggeber verdient hat. In gleicher Funktion erinnert auch in der Verhandlung *Der geplatzte Boiler* die Kundin daran, daß der Installateurmeister schon beim Bau des Wohnhauses Aufträge bekommen hat und die Rechnungen stets pünktlich bezahlt wurden.

Die vorgestellten Praktiken der Selbststilisierung als fairer und seriöser Geschäftspartner wirken nicht nur Deutungsmöglichkeiten entgegen, durch die eine Preisbeanstandung ihrerseits als unseriöses Geschäftsgebaren eingeordnet werden könnte. Solche Distanzierungen vom Typus des kleinlichen und beckmesserischen Kunden zielen auf eine Selbsttypisierung als Kunde, der nur in wirklich gravierenden Fällen eine Handwerkerrechnung beanstandet, ab.

4.2.3. Ärgernisse kompensieren

Qualitätsmängel oder zu hohe Preise sind bereits für sich genommen gravierende Ärgernisse für den Kunden, oft ist die Geschäftsbeziehung aber noch durch weitere Ärgernisse belastet. Dabei handelt es sich um Vorfälle, die zwar keine Handhabe zur Einschaltung der Gütestelle bieten, aber zur Suche nach einer solchen Handhabe führen können oder als zusätzliche Begründungs- und Plausibilisierungsressource der Verhandlungsposition des Kunden eingesetzt werden.

Wie schon gesehen, ist die Kundin in dem Streitfall *Das unbrauchbare Haarteil* nicht nur darüber verärgert, daß sie das Haarteil nicht tragen kann, sie wirft dem Friseurmeister auch einen schlechten Dienst am Kunden vor. Auch in der Verhandlung *Zu dünner Anstrich* stellt sich heraus, daß ungebührliches Benehmen und eine laxe Arbeitsauffassung von Malergesellen den Kunden sehr verärgert haben, und zwar dermaßen, daß er – wie er später noch expliziter erklärt – regelrecht nach einer Handhabe für eine Qualitätsbeanstandung gesucht hat:

```
K: herr tucher ich will ihnen mal was sagen↓ * äh
   wahrscheinlich hätten se heute das geld- * wenn mich
   einfach diese äh diese ihre gese"llen da nich so verärgert
   hätten↓ * denn in der a"rt wie die mich behandelten und
   ihre art wie sie blöde fragen stellten und denn in der art
   wie sie a"rbeiteten↓ * das hat mich ja stutzig gemacht↓ *
   als sie das erste drittel machten sie haben die rechnung
   geschickt ham=sie ihre dreitausend mark gekriegt das ging

H:                              >(...) (...)
K: ruck zuck↑ * ja das stimmt          so     * und dann saß der

K: kerl da und hat den pinsel gehabt und hier die zigare"tte so
   und da ha"↓ * hei wie geht=s denn so nach dem motto↓ * ne
   →und da hab=ich gesagt und da hinten da wollt ihr das nicht
   machen ach da hinten is au"ch noch was und da müssen wir
   auch noch bissel was machen und dann ma"cht er so=n
   bissel↓ * so↓ * und dann wurd=ich ja stutzig↓ *
```

(3005/22, S. 54)

Dieser Gesprächsausschnitt zeigt, daß ein Auftrag, den ein Kunde einem Handwerker erteilt, auch mit Erwartungshaltungen verknüpft ist, die auf eine Art Respekterweisung durch fachlich solides Arbeiten, durch engagiertes Sich-Kümmern um die Wünsche des Kunden hinausläuft. Werden solche Erwartungen mißachtet, können daraus Kompensationsbedürfnisse erwachsen, die ebenfalls bestimmend für das weitere Verhalten des Kunden in der Streitsache sind.

Aus den Verärgerungen und Frustrationen, die der Kunde im Verlaufe der geschäftlichen Beziehung hinnehmen mußte, kann dieser allerdings keine juristisch haltbaren Forderungen herleiten. Kundenfreundlichkeit läßt sich nicht einklagen, mangelnde Kundenfreundlichkeit nicht mit rechtlichen Mitteln bestrafen. Ärgerliche Vorkommnisse werden gleichwohl in Darstellungszusammenhängen thematisiert, in denen es um die argumentative Stützung der offiziellen Beschwerde-Anlässe geht. Hierzu folgender Gesprächsausschnitt aus der Verhandlung *Zu hoher Stundenlohn*, in dem der Kunde eine Begebenheit auf der Baustelle erzählt:

K2: →wir wollen ni/ nichs jeschenkt haben des äh äh <jede arbeit↑ *
soll bezahlt werden↑← aber äh:↓ * so um auf die →schnellichkeit
es war mir direkt pei"nlich ich will ihnen ga"nz ehrlich sagen↑ *
jetz ich muß ja mal=die jeschichte zum be"sten geben↑← * ich hörte
kein geräusch mehr↓ ** komme rein↑ * pfei"fe noch extra↓ * →denke
na↑ * du willst nicht nur unbedingt↓← * da liecht=n mongteur und
schläft↓ * →was soll ich=n sa"gen↓ * ich bin ja nich der
betriebsleiter

(3005/23, S. 27)

Berücksichtigt man den Interaktionszusammenhang, in dem diese Äußerung steht, wird deutlich, daß der Kunde mit der Schilderung dieser Episode rechtliche Begründungsschwächen seiner Verhandlungsposition kompensiert. In vorausgegangenen Interaktionsbeiträgen des Handwerkers und auch des Vorsitzenden war der „Leistungslohn" als rechtlich einwandfreies Abrechnungsprinzip deklariert worden. Da die Kundenseite an der Rechtmäßigkeit des Leistungslohn-Prinzips nicht rütteln kann, versucht der Ehemann anhand der Begebenheit mit dem schlafenden Gesellen plausibel zu machen, weshalb er den über den ortsüblichen Stundenlohn weit hinausgehenden Stundensatz nicht zu akzeptieren vermag. Darüber hinaus ist in der Inszenierung einer peinlichen Enthüllung auch eine Kompensationsleistung für den damals bereiteten Ärger zu vermuten. Es ist nicht nur die Episode mit dem schlafenden Gesellen selbst, die den Charakter einer peinlichen Enthüllung ausmacht, er wird auch in erzählvorbereitenden Aktivitäten aufwendig markiert (*so um auf die schnellichkeit es war mir direkt peinlich ich will ihnen ganz ehrlich sagen jetz ich muß ja mal=die jeschichte zum besten geben*).

Daß Kunden unter Anführung der Frustrationen und Unannehmlichkeiten, die Handwerker ihnen bereitet haben, versuchen, Schwächen ihrer rein rechtlichen Position zu kompensieren, zeigt sich besonders deutlich in der Verhandlung *Das unbrauchbare Haarteil*: Da die Kundin sich nicht auf Gewährleistungsansprüche stützen kann, zieht sie den schlechten Dienst am Kunden als subsidiäre Begründungsressource heran. Hierzu ein Gesprächsausschnitt aus einer späteren Verhandlungsphase:

V: und wenn ich herrn plack richtig verstanden habe dann sagt
er- ** die arbeit is in ordnung↓ ** aber- * hilfsweise- **
>oder< zur vereinfachung grad wie man=s sieht- ** >mach
ich auch- * auf- * gewährleistungsablauf au"fmerksam↓< *4*

K: ja

V: wie- * stellen sie sich dazu >das muß ich ja fragen↓<

K: daß:- * der termin insofern überschritten is is mir auch
bewußt aber ich sag ihnen daß des einfach daher kommt weil
ich zuhause mit dem haarteil alleine stand und es nich- *
tra"gen konnte und ich selbst immer versucht hab- * äh ne
mö/ ne lösung zu finden ne möglich*keit zu finden und äh:- *
wenn ich angerufen hab bei herrn plack äh oder bei mit
frau plack gesprochen hab un hab gesacht- *
frau plack de/ ich ka"nn=s immer noch nich tra"gen sie
müssen mir he"lfen hab ich sogar zu ihr mal gesagt- * ich
komm damit nicht zurecht so" ge"ht es nich dann war des
einziche was ich zu hörn gekricht hab so machen wir des
schon seit- * soundso vielen ja"hren↑ * und i"ch war immer
diejenige dann die die initiative gesucht hab hi"ngegangen
is

(3005/21, S. 20)

Der Vorsitzende fragt die Kundin, warum sie die Gewährleistungsfrist verstreichen ließ. Daraufhin räumt sie ein, daß sie sich der fehlenden Rechtsgrundlage ihrer Forderungen bewußt ist und macht hierfür den schlechten Kundendienst des Friseurmeisters verantwortlich: Sie hat darauf gebaut, im direkten Kontakt mit dem Friseurmeister Nachbesserungen zu erzielen, ist dabei aber vom Handwerker hingehalten und im Stich gelassen worden.

Zusammenfassend ist festzuhalten: Wird der schlechte Dienst am Kunden, das lasche Engagement in der Bearbeitung des Auftrages, der brüskierende Sozialstil des Handwerkers oder seiner Mitarbeiter usw. in der mündlichen Verhandlung zum Thema gemacht, geschieht dies in einem Duktus, der zeigt, daß es sich für den Kunden dabei um Vorkommnisse handelt, die seinen legitimen Ansprüchen als Auftraggeber und auch seinen Selbstachtungsbedürfnissen zuwiderlaufen und somit kompensationswürdig sind. Aus der Verärgerung über das unzulängliche Engagement für die Interessen des Kunden kann dieser zwar keine offiziell verhandlungsfähigen Forderungen herleiten, aber es steckt insofern ein Begründungspotential für die Verhandlungsposition des Kunden darin, als er damit sein Beschwerdeverhalten vor dem Hintergrund gravierender Fehlleistungen des Handwerksbetriebes verständlich machen kann. Auch verschafft der Kunde sich gewissermaßen Genugtuung für die Frustrationen, die ihm vom Handwerker bereitet wurden, indem er die unerhörten Vorkommnisse in der Gütestelle der Handwerkskammer publik macht.

4.3. Handlungsrelevanzen und kommunikative Beteiligungsweise des Handwerkers

4.3.1. Reklamationsberechtigung bestreiten

Auf die Beanstandung des Kunden reagiert der Handwerker zumeist mit Äußerungen des Anzweifelns oder des Bestreitens der Reklamationsberechtigung. Ob ein Handwerker wirklich davon überzeugt ist, daß sein Werk frei von Mängeln ist bzw. daß die festgestellten Mängel andere zu verantworten haben, oder ob er diesen Standpunkt aus rein verhandlungstaktischem Kalkül einnimmt, ist nicht einfach zu entscheiden, braucht uns hier auch nicht weiter zu beschäftigen. Entscheidend ist, daß der Handwerker sich auf den Standpunkt stellt: die Kundenreklamation erfolgt zu Unrecht. Vor allem zu Beginn einer Verhandlung sind oft intensive Bemühungen des Handwerkers zu beobachten, die Kundenreklamation als fragwürdige Angelegenheit einzustufen, um Forderungen nach Nachbesserungsleistungen oder nach Kürzung der Rechnung zurückweisen zu können.

Um zu zeigen, daß seine Arbeitsleistung zu unrecht beanstandet wird, bezieht sich der Handwerker (a) auf die vom Kunden dargestellten Mängel und versucht die Beanstandungsgründe fachlich zu widerlegen. Er bezieht sich (b) auf die Person des Reklamierenden; dabei werden Gründe für die Reklamation angeführt, die in der Person des Kunden liegen und die das Reklamationsverhalten tendenziell diskreditieren. Anstrengungen des Bestreitens der Reklamationsberechtigung bestehen (c) darin, andere für die festgestellten Mängel verantwortlich zu machen. Schließlich können sie sich (d) auch auf juristische Voraussetzungen beziehen – die Reklamation wird dabei unter Hinweis auf nicht bestehende Gewährleistungsansprüche zurückgewiesen.

Diese prinzipiell unterscheidbaren Reaktionsweisen auf Reklamationen von Kunden sollen nun am Gesprächsmaterial erläutert werden. Ich beginne mit der ersten Stellungnahme des Friseurmeisters zu den Beschwerden der Kundin aus dem Gespräch *Das unbrauchbare Haarteil*:

V: >ja- *5* herr plack können sie sich jetz mal bitte äußern↓<

H: ja sehr ge"rne↓ RÄUSPERT SICH äh erstmal äh:m- * möcht ich
natürlich äh zu der sache sagen daß es natü"rlich unser
bestreben- * schon ganz normal als wirtschaftsbetrieb ist
daß unsre kunde - * zufrieden sind↓ ** das is das e"rste
mal in in einer- * vierunzwanzig/ denn vierenzwanzig jahre
bin ich selbständig- * daß: äh ein kunde oder eine kundin
überhaupt zur handwerkskammer gegangen is- * hier zur
gütestelle um sich über unsere sachen zu beschweren↓ * wir
stellen im jahr einige hundert- * solcher und ähnlicher
stücke her- * das dürfte eintlich ein bild davon abgeben
daß im gru"nde genommen unsre kunden zufrieden sind und

zufrieden gestellt werden- * kö"nnen↓ *
das also grundsätzlich zu der ganzen sache↓ **
äh beginnend mit der montu:renstärke habe ich
materialproben mitgebracht↑ * die ich äh- * herrn- * frau
klocke und herrn breierdorf zeigen möchte- * die
materialstärke das ist ihre

K: ich hab die beiden mit ja↓
H: (arbeit↓) ja- * ja da sind jetz haare
V: sie haben haben das (...)

H: drauf un das is die der aufbau dieser geschichte- * daß
es also einige millimeter äh=dick sein soll ist- * äh-
* nicht- * richtig↑ * es ist- →es=is=so:← * daß äh
das der aufbau für dieses haarteil ist↑ * das ka=man insofern
noch das besteht also aus drei" schichten un einem band↑ * un
einem band↑ * man könnte ei/ höchstens noch ei"ne
schicht↑ weglassen- * das kann das ganze aber nun
nich entscheidend no"ch dünner machen denn es ist- * von- *
von der fachlichen seite her- * sehr dünn↓ * wa"s frau klocke
meint is eintlich etwas a:ndres↓ * ←sie meint es is- relativ
dick und voll als so"lches optik- * optisch→ damit meint sie

H: also nicht die montu"r ←die da is oder- * als fertiges
K: >nein< das mein ich nicht↓

H: die ist nämlich hau"chdünn↑→ * s=genau das gleiche-

H: ja↑ <da"s is die montur die ba"sis->
V: das nennt man montur↑

H: eigentlich auf der die haare gemacht sind- * sondern
sie meint eigentlich die haarf:ü"lle- * die die
haarfülle als solche↓ ** →wenn← wir uns
vorstellen RÄUSPERT SICH daß- * die behaarte
kopfhaut ja nun bis zum nacken hin und bis zur stirn und
bis zu den ohren wenn wir eine ganze perücke machen- * dann
wird die montur auch in dieser fläche gemacht- * u"nd gesamt
←be"knüpft-→ * sagen wer ruhig be"haart↓ * denn je kleiner
ich diese fläche jetz mache un reduzie:"re auf eine- * größe
im oberkopf muß ich die"se fläche- * wenn die haare
weitgehend wiederum de"cken sollen diese
zweiten haare- * re"lativ dicht beknüpfen↓ *
wir haben diese haararbeit in einer stärke
hergestellt- * äh: ←daß sie also nicht zu schwer wird-→ *
frau klocke hatte auch gesagt machen sie=s mir nich zu dick↓
* haben wir auch gemacht↓ * beim abholen- * äh war es frau

```
klocke da"nn ni"cht dicht genuch- * und wir haben kostenlos-
im ra"ndbereich nach hinten haare nachgearbeitet damit es
noch dichter fällt↓ * zusätzlich- * vorne haare- *
entfernt weil sie jetzt lä"nger werden soll↓ *
es is natürlich- * auch sehr schwierig
für eine kundin sich eine fertige arbeit- *
vorzustellen↑ * über haardinge zu sprechen das ist alles
problematisch und wir bemühen uns- * so gut wie möglich die
kundin zu verstehn damit sie natürlich zufrieden is das is
selbstverständlich unser ziel↓
```

(3005/21, S. 5-8)

In dieser ersten Stellungsnahme greift der Friseurmeister nicht nur die fachlichen Beanstandungsgründe, die die Kundin vorgebracht hat, auf, er thematisiert zu Beginn und gegen Ende seiner Stellungnahme auch die Tatsache, daß die Qualität seiner Arbeitsleistung beanstandet wird und eine Kundin sich erstmals bei der Handwerkskammer beschwert. Somit lassen sich in dieser Stellungnahme zwei Darstellungsverfahren unterscheiden, die der Handwerker einsetzt, um die Reklamationsberechtigung zu bestreiten. Er reagiert auf die Mängeldarstellung der Kundin und entwickelt Gegendarstellungen dazu. Ferner bezieht er sich auf die Kundenpersönlichkeit und versucht so, das Reklamationsverhalten abzuqualifizieren. Die Besonderheiten dieser Verfahren seien im folgenden aufgezeigt.

a) Gegendarstellungen zur behaupteten Mängelbehaftung

Im Mittelpunkt der eben zitierten Stellungnahme des Friseurmeisters steht die Auseinandersetzung mit den fachlichen Beanstandungsgründen der Kundin. Dabei tragen folgende Gestaltungsmerkmale seines Redezuges zur Konstruktion von Fragwürdigkeit der Reklamationsberechtigung der Kundin bei:

- Er widerspricht einer von der Kundin gemachten technischen Angabe, auf die diese ihr Monitum gestützt hatte (*daß es also einige millimeter äh=dick sein soll ist äh nicht richtig*; Z. 22-24).

- Er erläutert in schulmeisterlich-dozierendem Tonfall die handwerkliche Anfertigung des Haarteils und weist auf den engen Spielraum der Ausführungsmöglichkeiten dieser Arbeiten hin (*das besteht also aus drei" schichten un einem band man könnte ei/ höchstens noch eine schicht weglassen das kann das ganze aber nun nich entscheidend noch dünner machen*; Z. 26-29).

- Dann formuliert er unter Beibehaltung des schulmeisterlich-dozierenden Tonfalls, was die Kundin *eigentlich* meint (*also nich die montur ... sondern sie meint eigentlich die haarf:ü"lle die die haarfülle als solche*; Z. 33-40) und erklärt anschließend, daß er in diesem Punkt getreu des handwerklich Üblichen und Machbaren vorgegangen ist – er führt aus, wie man vorgehen muß, wenn die Haare *decken sollen* (vgl. Z. 40-51). Und im Widerspruch zur

Behauptung der Kundin macht er geltend, den Wünschen der Kundin, die diese bei Auftragserteilung und auch bei Abholung des Haarteils vorgebracht hatte, nachgekommen zu sein (*frau klocke hatte auch gesagt machen sie=s mir nich zu dick*; Z. 52).

Zusammenfassend läßt sich sagen, daß der Handwerker hier die Reklamationsberechtigung unter rein fachlichen Gesichtspunkten bestreitet: Erläuterungen zu handwerklichen Arbeitsabläufen, zum besonderen Schwierigkeitsniveau des Kundenauftrags, zum einwandfreien technischen Zustand des Endproduktes und dergleichen zielen darauf ab, die vom Kunden angeführten Beanstandungsgründe zu widerlegen, die Güte der Arbeitsleistung zu untermauern.

b) Das Reklamationsverhalten abqualifizieren

Der Friseurmeister beginnt seine Stellungnahme mit einer Vorab-Erklärung zur streitigen Angelegenheit (Z. 2-14). Darin wird das Reklamationsverhalten der Kundin als absolute Ausnahmeerscheinung eingestuft. Er betont zunächst, daß es das selbstverständliche Bestreben seines Betriebes ist, Kunden zufriedenzustellen, weist dann darauf hin, daß während seiner vierundzwanzigjährigen Tätigkeit als selbständiger Friseurmeister jetzt zum ersten Mal eine Kundin *überhaupt zur handwerkskammer gegangen is*. Er verweist ferner auf die hohe Stückzahl an Haarteilen, die jährlich bei ihm hergestellt werden, um damit zu belegen, daß im Prinzip seine *kunden zufrieden sind und zufriedengestellt werden*. Mit der Aussage, erstmals von einer Kundenbeschwerde betroffen zu sein sowie unter Angabe der Jahresproduktion an Haarteilen bzw. zufriedenen Kunden, wird eine Einordnung des Beschwerdeverhaltens der Kontrahentin als Ausnahmeerscheinung, als Sonderfall geleistet.

Gegen Ende (Z. 60-63) seiner Stellungnahme spricht der Friseurmeister davon, daß es für Kunden schwierig ist, sich eine fertige Arbeit vorzustellen und beteuert, sich darum zu bemühen, Kunden so gut wie möglich zu verstehen. Er entwickelt in dieser Äußerung gewissermaßen eine Theorie darüber, wie es zu der Qualitätsbeanstandung kommen konnte – für ihn ist ausschlaggebend, daß Kunden sich keine richtigen Vorstellungen vom Endprodukt machen können, was hier auch bedeuten soll: Es ist nichts Ungewöhnliches, daß Kunden unzufrieden sind, wenn sie aufgrund mangelnder Sachkenntnis zu hochgeschraubte Erwartungen haben.

Aktivitäten, die das Reklamationsverhalten mit Eigenarten der Kundenpersönlichkeit zu erklären versuchen, bewirken tendenziell eine Verunglimpfung des Kunden bzw. eine Diskreditierung des Diskreditierenden.[32] Dem Diskreditierungsvorgang liegt eine Argumentationslogik zugrunde, die man – verkürzt – so wiedergeben könnte: Nicht mit dem Arbeitsergebnis, sondern mit dem Kunden ist etwas nicht in Ordnung. Bevorzugte Darstellungsressourcen sind Kategorisierungen des Kontrahenten als schwieriger Kunde, als Kunde, der

[32] Zu dieser Form des Rechtfertigungshandelns siehe auch Sykes/Matza (1979).

überzogene Qualitätsansprüche hat, oder als Kunde, der gerissen ist und für den es zum Geschäftsprinzip gehört, mit einem Handwerker nicht zufrieden zu sein. In der Verhandlung *Risse in den Wänden* wird eine solche Diskreditierung noch deutlicher als im eben diskutierten Fall vorgenommen, allerdings in Abwesenheit des Kunden. Es kam zu einer kurzen Unterbrechung, weil der Rechtsanwalt sich mit dem Kunden beraten wollte; während der Abwesenheit der beiden – sie gingen hinaus auf den Flur – beginnt der Maurermeister ein Gespräch mit dem Vorsitzenden; er kommentiert aus seiner Sicht die streitige Angelegenheit, erwähnt, daß er mit dem Kunden schon länger bekannt sei und für ihn auch schon andere Arbeiten gemacht habe und ihn von daher auch als jemanden kenne, *der immer etwas sucht.*[33]

c) Verweis auf Mitverantwortliche

In den Güteverhandlungen, in denen Qualitätsmängel nicht bestritten werden, läßt sich beobachten, daß Handwerker sich als die falschen Adressaten für die Kundenbeschwerde darstellen, also andere Beteiligte für die Mängel verantwortlich machen. Die Kundenreklamation erscheint hier insofern als unberechtigt, als der Handwerker behauptet, für die aufgetretenen Mängel nicht ursächlich oder nicht allein verantwortlich zu sein. So macht in einer Verhandlung der Handwerker die Auftraggeberseite selbst für den Schaden verantwortlich; der Installateur, der den Einbau eines falschen Boilers zu verantworten hat, erklärt in seiner ersten Stellungnahme, daß dieser Defekt darauf zurückgehe, daß jemand an dem Boiler *herumgefummelt* haben muß. Er spielt damit auf den Ehemann der Auftraggeberin an, wie im weiteren Verlauf der Verhandlung noch deutlich wird.

In der Verhandlung *Zu dünner Anstrich* räumt der Malermeister ohne weiteres ein, daß der Farbanstrich nicht den vom Lieferwerk gemachten Auflagen entspricht. Gleichwohl macht er geltend, daß der Anstrich *optisch* tadellos sei und alle handwerklich notwendigen Arbeiten ausgeführt wurden. Ferner führt er an, daß die Werksangaben, die der Farblieferant hinsichtlich der zu erzielenden Farbmenge pro Quadratmeter macht, etwas mit den Geschäftsinteressen des Lieferwerkes zu tun haben (*vom vom werk aus die wollen farbe verkaufen deshalb stehe ich einsam da*; 3005/22, S. 36). Der Handwerker kann sich mit dieser Äußerung zwar nicht der Verantwortung für den zu dünnen Farbauftrag entziehen, gibt aber zu verstehen, daß der Kunde nur deshalb eine Handhabe zur Beanstandung der Qualität des Anstrichs hat, weil er sich auf Gütekriterien berufen kann, die aus verkaufsstrategischem Kalkül festgelegt wurden. Man könnte die Position, die der Handwerker hier bezieht, auch folgendermaßen

[33] Nach Auskunft des Vorsitzenden kommt es auch bei telefonischen oder mündlichen Vorgesprächen, die hin und wieder auf Initiative eines Handwerkers oder eines Kunden geführt werden, zu solchen Verunglimpfungen. Der Gebrauch des Stereotyps des Kunden, der nachträglich „noch was rausschlagen" will, wurde auch von Nothdurft (in diesem Band) in der Schlichtungsstelle für den Gebrauchtwagenhandel beobachtet.

paraphrasieren: „Der Farbhersteller hat mich mit seinen Werksvorschriften in eine Lage gebracht, in der ich zwar technisch verifizierbare Qualitätsmängel zu verantworten habe, aber trotz Unterschreiten der Werksvorschriften habe ich noch eine gute Qualität erzielt".

Die besten Voraussetzungen, sich als derjenige darzustellen, der zu unrecht für aufgetretene Mängel verantwortlich gemacht wird, sind dann gegeben, wenn noch andere Handwerker mit dem Werk zu tun hatten. So erklärt ein Klavierbauer, daß die Restaurierung nicht in der vom Kunden gewünschten Weise durchgeführt werden konnte damit, daß bereits vor Jahrzehnten Restaurierungsarbeiten stattgefunden haben und damals keine originalgetreuen Ersatzteile eingebaut wurden. Wenn Gebäude Gegenstand der Streitigkeiten sind, ist der Verweis auf Mitschuldige bzw. auf die „eigentlich Schuldigen" besonders naheliegend. So gibt der Maurermeister, der für die Risse in den Wänden belangt wird, dem Statiker und dem Architekten (die zwar zur Verhandlung geladen wurden, aber nicht gekommen sind) die Hauptschuld. Daß es sich bei dem Verweis auf andere Beteiligte um eine bevorzugte Strategie von Handwerkern zur Abwehr von Nachbesserungsforderungen handelt, wird in der Verhandlung *Durchnässung der Innenwand* sogar problematisiert. Und zwar macht der Generalunternehmer dem Kunden (Dr. Koschorecke) Vorhaltungen, weil dieser mit seinen hypothetischen Aussagen über mögliche Schadensverursacher den in Frage kommenden Betrieben eine Handhabe geliefert habe, sich wechselseitig für die Durchnässung der Wand verantwortlich machen zu können:

```
H: das sieht dann wie folgt aus- * herr doktor koschorecke wendet sich
   an uns↑ * ich telefoniere im ersten durchgang die handwerker an- *
   keine reaktion↓ * im zweiten durchgang werden die handwerker
   angeschrieben↑ * es finden auch nachbesserungen statt↑ * seitens
   des tischlers- * der das so=en bißchen abspritzt: der dachdecker
   kommt- * und- * wie das ist im leben sacht ich hab keine schuld↑ **
   der maurer kommt und sagt ich hab keine schuld↑ ** und und nun sagt
   herr- ** doktor koschorecke selber- * es könnte auch der maurer
   sein
```

(3005/25, S. 8)

Dieser Gesprächsausschnitt ist zwar kein typisches Beispiel dafür, wie sich Handwerker durch Schuldzuweisungen an andere einer möglichen Verantwortlichmachung zu entziehen versuchen. Das bei Qualitätsbeanstandungen im Bauwesen leicht praktizierbare Verweisen auf andere Gewerke wird darin aber als Erschwernis für die Durchsetzung von Gewährleistungsansprüchen thematisiert. Der Generalunternehmer bezieht sich hier auf eine Äußerung des Kunden, durch die der Kreis der potentiell für den Schaden verantwortlichen Gewerke erweitert worden ist. In der abschließenden Formulierung *und nun sagt herr doktor koschorecke selber es könnte auch der maurer sein* hebt er hervor, daß die hypothetischen Äußerungen des Kunden es ihm als Generalunternehmer noch schwerer machen, seine Gewährleistungsansprüche gegenüber den Subunternehmern durchzusetzen.

Wenngleich in einigen Fällen die Handwerker sehr hartnäckig versucht haben, die Verantwortlichkeit anderer Beteiligter für aufgetretene Mängel ins Feld zu führen, waren sie damit doch nicht sehr erfolgreich. Gelingt es einem Handwerker allerdings, die Verantwortlichkeitsfrage als noch klärungsbedürftigen Sachverhalt zu etablieren, kann mit Aussicht auf Erfolg nur weiter verhandelt werden, wenn gesonderte Schritte zur Klärung dieser Frage vollzogen werden. Dies muß nicht immer durch Einschaltung eines Sachverständigen geschehen; in der zuletzt erwähnten Verhandlung beispielsweise wurde vereinbart, daß eine gemeinsame Schadenbesichtigung mit allen Handwerkern, dem Generalunternehmer und dem Kunden vorgenommen wird.

d) Bezug auf Ablauf der Gewährleistungsfrist

Hat der Kunde die Gewährleistungsfrist verstreichen lassen, verfügt der Handwerker eigentlich über das effektivste Mittel, mit dem die Reklamationsberechtigung des Kunden bestritten werden kann. Im Grunde genommen könnte der Handwerker den Abbruch der Güteverhandlung erzwingen, indem er sich auf den Standpunkt stellt: „Ich stehe nicht mehr in der Gewährleistungspflicht und bin deshalb auch nicht bereit, mit dem Kunden noch zu verhandeln". Vermutlich wird der Vorsitzende aber von der Anberaumung einer mündlichen Verhandlung absehen, wenn sich bereits im schriftlichen Vorverfahren gezeigt hat, daß sich der Handwerker konsequent auf Ablauf der Gewährleistungsfrist beruft. Jedenfalls verfügt der Handwerker bei abgelaufener Gewährleistungsfrist über ein Argument, daß geeignet ist, die Reklamationsberechtigung des Kunden zu bestreiten, was ja nicht heißen muß, daß er dieses von vornherein heranzieht.

So kommt beispielsweise die Verhandlung *Das unbrauchbare Haarteil* zustande, obwohl die Gewährleistungsfrist schon verstrichen ist. Wie gesehen versucht der Handwerker in dieser Verhandlung zunächst die Reklamationsberechtigung der Kundin unter rein fachlichen Gesichtspunkten zu bestreiten, die Kundin wiederum hält an ihrer Qualitätsbeanstandung fest und und wirft dem Friseurmeister einen schlechten Kundendienst vor. Der Vorsitzende schneidet dann die Frage der Gewährleistungsfrist an; daraufhin stellt der Handwerker klar, daß nach seinen Geschäftsbedingungen bzw. nach einschlägigen Paragraphen im BGB die Gewährleistungsfrist bereits verstrichen ist. Obwohl seine Position durch die Rechtslage abgesichert ist, setzt er diese im weiteren Verlauf der Verhandlung nicht durch, sondern stilisiert sich vor dem Hintergrund der überlegenen Rechtsposition als kulanter, um Kundenzufriedenheit bemühter Geschäftspartner (siehe hierzu auch Kapitel 4.3.3.).

4.3.2. Drohende finanzielle Einbußen abwehren

Die Reklamation eines Kunden tangiert immer auch finanzielle Interessen des Handwerkers. Es drohen ihm Einnahmeverluste, und zwar nicht nur in solchen Fällen, in denen der Kunde eine Rechnungskürzung fordert, sondern auch in den Fällen, in denen dieser die Beseitigung von Qualitätsmängeln fordert. Arbeitsleistungen zur Erfüllung der Gewährleistungsansprüche des Kunden eröffnen keine neuen Verdienstmöglichkeiten, stattdessen halten sie von der Ausführung anderer Kundenaufträge ab. Auch die Annullierung oder die Reduzierung eines schon erteilten Auftrages bedeutet für den Handwerksbetrieb, daß ein erwarteter finanzieller Gewinn ausbleibt oder niedriger ausfällt. Lassen sich die Preis- bzw. Qualitätsbeanstandungen des Kunden nur im Rahmen einer Güteverhandlung regeln, geht es für den Handwerker in dieser Situation auch darum, drohende finanzielle Einbußen abzuwenden oder sie zumindest zu begrenzen. Dazu muß er darlegen, daß Forderungen nach Mängelbeseitigung bzw. nach Kürzung der Rechnung zu Unrecht erhoben werden. Dies wird in Streitfällen, in denen es um die Beseitigung von Mängeln geht, hauptsächlich mittels der in Kapitel 4.2.1. beschriebenen Praktiken geleistet. Indem der Handwerker nachzuweisen versucht, daß das Ergebnis seiner Arbeit zu Unrecht beanstandet wird, kann es ihm gelingen, Forderungen nach einer kostenintensiven Mängelbeseitigung oder nach einem Preisnachlaß runterzuschrauben oder gänzlich zurückzuweisen.

In solchen Verhandlungen, in denen eine Preisbeanstandung oder die Höhe der Wertminderung im Mittelpunkt steht, ist der Handwerker bemüht, finanzielle Einbußen abzuwehren, indem er (a) die beanstandeten Preise verteidigt, indem er (b) die Preisreklamation als unseriösen und unfairen Akt einstuft und schließlich indem er (c) im Zuge der Aushandlung eines Kompromißbetrages die Forderungen des Kunden zu drücken versucht.

a) Den geforderten Preis als gerechte Entlohnung verteidigen

In den aufgenommenen Verhandlungen lassen sich verschiedene Rechtfertigungsmittel feststellen, die Handwerker heranziehen, um ihre (Geld-)Forderungen gegenüber den Forderungen nach Kürzung der Rechnung zu behaupten: Sie beziehen sich auf erbrachte Leistungen und entstandene Kosten; sie setzen sich mit den vom Kunden angewandten Maßstäben zur Bewertung der Arbeitsleistung auseinander, und sie berufen sich auf Entlohnungssätze anderer Berufe und auf Preise anderer Branchen.

– Bezug auf erbrachte Leistungen und entstandene Kosten: Der Handwerker begegnet der Forderung nach Kürzung der Rechnung, indem er daran festhält, daß durch seine wertschaffende bzw. kostenintensive Arbeitsleistung ein fragloser Anspruch auf ein finanzielles Äquivalent erworben wurde. In dem folgenden Gesprächsausschnitt beispielweise macht der Handwerker geltend, eine Arbeitsleistung erbracht zu haben, die trotz der eingestandenen Mängel einen Wert hat und einen Anspruch auf wertentsprechende Gegenleistungen begründet:

H: →wir ham doch die↓ * die die anstriche au"sgeführt die arbeit wurde doch so äh↓ * gelei"stet jeder einzelne arbeitsgang wurde doch au"sjeführt↓ * daß das nun=n bißchen- * dü"nner geworden is das zeug das will ich ja nich abstreiten nich- * aber die die äh ich hab doch die gesellen doch bezah:len müssen also ich kann doch da nich jetz- * se"chzehntausend mark noch zu"zahlen >auf deutsch gesacht↓< * dann ham sie ja ihrn anstrich bald umso"nst >das=s so so s:o das geht doch nich↓<

(3005/22, S. 46-47)

Dieser Gesprächsausschnitt ist einer Verhandlungsphase entnommen, in der die Beteiligten versuchen, die Höhe der Wertminderung auszuhandeln. Zwar will der Malermeister nicht an dem ursprünglich von ihm geforderten Preis festhalten, er versucht aber – angesichts der Tatsache, daß er um die Einräumung einer Wertminderung nicht herumkommt – einen Minimalanspruch auf gerechte Entlohnung geltend zu machen. Der Kunde hatte zuvor einen Betrag genannt, um den die Rechnung gekürzt werden sollte; der Vorsitzende wie auch der Handwerker hatten den genannten Betrag als zu hoch eingestuft. Zur Begründung seiner ablehnenden Haltung führt der Malermeister dann – wie vorstehend zitiert – an, daß alle Arbeitsgänge von ihm ausgeführt wurden und er seine Gesellen bezahlen muß; desweiteren begründet er seine ablehnende Haltung damit, daß bei dem vorgeschlagenen Betrag der Kunde den Anstrich *bald umsonst* bekommen würde. Daß dies gegen allgemeine Prinzipien des Geschäftslebens verstößt und er es für unbillig hält, kein finanzielles Äquivalent für seine Arbeitsleistung zu bekommen, bringt er mit der abschließenden Äußerung *das=so so so das geht doch nich* zum Ausdruck.

– Die Bewertungsmaßstäbe des Kunden als nicht sachgerechte zurückweisen: Zur Verteidigung der Handwerker-Preise werden die vom Kunden angeführten Bewertungsmaßstäbe als nicht-sachgerecht eingeordnet und die Kundenperspektive wird als inkompetent und verkürzt hingestellt. In Kapitel 4.2.2 habe ich erörtert, wie in der Verhandlung *Zu hoher Stundenlohn* das Kundenehepaar vorgeht, um das Mißverhältnis zwischen geleisteter Arbeit und dem berechneten Stundenlohn zu demonstrieren; anhand der ersten Stellungnahme zu diesen Ausführungen des Kundenehepaares sei gezeigt, wie der Handwerker auf die vorgebrachten Gründe für die Rechnungsbeanstandung reagiert:

H: →ja erstmal vorweg mit dem↓ * preisgestaltung↑ * öhm die familie bauschert hat sich beim lieferanten sachen rausgesucht↑ * äh kriechte die auftrachs/ b/ beziehungsweise den vor/ de:n äh auftrags/ sagen=wer mal=n angebot von der firma was so sachen kosten brutto kosten wern- * und da ham=wer uns geeinicht auf fümpfzehn prozent nachlass- * zu dem ersten pauschal hingesetzten vorwurf daß die fümpfzehn prozent zu gering sind- →äh kann=ich nur sagen daß ich also auf ni"cht mehr fümpfzehn

prozent über habe↓ * es=is natürlich richtich daß auf sanitärsachen teilweise fünfzich prozent gegeben wird aber nicht auf einrichtungsgegenstände↓ und schon gar nicht auf irgendwelche- etwas außer/ äh gewöhnlichen einrichtungsgegenstände↓ * da liegen die rabatte zwischen äh fünfundzwanzich und achtundzwanzich prozent↓ * jo und wenn=ich dann fünfzehn prozent weitergebe pauschal auf alles- * ich gehe dann nich von aus daß=n wasserhahn äh=n bißchen weniger oder=n oder=n schra"nk=n bißchen mehr oder umgekehrt bekommt- * dann is das nich mehr wie korrekt↓ * und zu den montagezeiten das=is schon so wie sie sachten es geht na"ch- * n=äh nach dem leistungslohn- * irgendwo eine kalkulationsbasis muß man haben↑ * ja und die is angewandt worden und wenn nun ein↓ * äh handtuchhaken oder=n handtuchhalter für- * dreizehn mark eingebaut wird↑ * äh dann sind die zeiten eben mit drin ich kann natürlich davon ausgehn daß ich nur- * die bohrmaschine oben liegen habe- * denn die abnützung der gerä"te die gestellung der geräte ist für mich alles mit rein wenigstens (...) leistungen mache selber mache- * ohne schwarzarbeiter↑ * komm=ich natürlich billiger mit hin↓ * das=is vollkommen richtich↓← **

(3005/23, S. 11-13)

Der Installateurmeister geht zunächst auf die Behauptung der Familie Bauschert ein, er habe bereits anderweitig schon gut an ihr verdient, da er bei den sanitären Einrichtungsgegenständen einen vergleichsweise niedrigen Rabattsatz gewährt habe. Er führt demgegenüber an, daß dieser Rabattsatz Ergebnis eines Aushandlungsprozesses mit Familie Bauschert war (womit er wohl auch sagen will, daß Familie Bauschert beizeiten Gelegenheit hatte, mit ihm über die Höhe des Rabattsatzes zu reden und es kein seriöses Verhalten ist, sich im nachhinein über solche Absprachen zu beklagen). Der Installateurmeister stellt dann klar, daß der von ihm eingeräumte Rabattsatz ein allgemein üblicher ist und seine Gewinnspanne keineswegs so groß ist, wie der Kunde unterstellt. Die Gewährung des Rabattsatzes von 15% deklariert er dann explizit als korrektes Geschäftsgebaren (*jo und wenn=ich dann fünfzehn prozent weitergebe pauschal auf alles ... dann is das nich mehr wie korrekt*). Im zweiten Teil seiner Stellungnahme geht er auf die Beanstandung des Arbeitslohnes ein. Er stellt klar, daß er so abgerechnet hat, wie dies für Arbeiten von Handwerkern üblich sei und weist so die Unterstellung zurück, überhöhte Lohnkosten berechnet zu haben. Mit der Formulierung *das=is schon so wie sie sachten es geht nach n=äh nach dem leistungslohn ...* bezieht sich der Handwerker auf Ausführungen des Vorsitzenden zu Beginn der Verhandlung, in denen dieser die Abrechnung nach dem Leistungslohn als durchaus zulässiges Abrechnungsprinzip dargestellt hatte. Er beruft sich darauf, daß der Leistungslohn-Tarif ein notwendiges Instrument für die Abrechnung mit dem Kunden ist (*...irgendwo eine kalkulationsbasis muß* *man haben*) und führt dann – am Beispiel eines Handtuchhalters, für dessen Einbau nach dem Leistungslohn-Tarif 13,- DM zu veranschlagen sind – Kostenanteile an (Geräteverschleiß, arbeitsvorbereitende Leistungen), die der Kunde nicht berücksichtigt hat. Der Handwerker gibt dann zwar dem Kunden, der behauptet hatte, daß ihn Selbermachen billiger gekommen wäre, recht (*komm=ich natürlich billiger mit hin das=is vollkommen richtich*); da er aber die vom Kunden nicht bedachten Kostenanteile anführt (Geräteverschleiß und arbeitsvorbereitende Leistungen) und diese als Prämisse der Kundenbehauptung kenntlich macht (*ich kann natürlich davon ausgehn*), hebt er mit dieser „Zustimmung" einen Mangel an Beurteilerkompetenz und Sachverstand der zuvor vom Kunden aufgestellten Behauptung hervor.

An anderer Stelle bringt der Handwerker in einem Vergleich mit Honorarsätzen, die der Kunde für seine Tätigkeit als Steuerberater fordert, zum Ausdruck, daß er die Urteilsperspektive des Herrn Bauschert für unsachlich und nicht kompetent hält:

H: <ich=mein sicher das=is korrekt wenn=man sacht ich hätt also ich hätt nur sechs dübel reinzubringen- * hmnä"↓ * umgekehrt is=es für mich genauso unverständlich wenn herr bauschert=n lohnsteuer und einkommenssteuerantrach ausfüllt den er von der↓ * äh von: äh der regierung gestellt kriegt↑ * und kann dafür →sagen wir mal← siebenhundert achthundert mark berechnen↓ muß ja nur ein (antrach) ausfüllen↑ * äh↓ * kommt ja auch vom wert dann wird vom wert berechnet ob ich nun=n antrach für↓ * dreißigtausend mark ausfülle oder für dreihunderttausend sind die gebühren anders die arbeit is die gleiche↓ * is doch wäre ja praktisch dasselbe↓>

(3005/23, S. 16)

Der Handwerker räumt zunächst ein, daß seine Preise als überhöht angesehen werden können, wenn man die vom Handwerker erbrachten Leistungen auf den Leistungsumfang reduziert, den der Kunde – in seinem inkompetenten Verständnis für die Aufwendigkeit der Installateurarbeiten – zu sehen imstande ist. Der Handwerker zitiert hier eine zuvor vom Kunden gemachte Äußerung und stimmt der darin enthaltenen Behauptung – ähnlich wie in dem zuvor diskutierten Ausschnitt – zu. Er bestätigt zwar, daß der Kunde zu einem schlüssigen Urteil gelangt ist (*nur sechs dübel reinzubringen* heißt hier, daß der Arbeitsaufwand für diese Leistung längst nicht den dafür geforderten Preis rechtfertigt). Die äußerungszitierende Formulierung des Handwerkers bringt auch hier zum Ausdruck, daß dieses „schlüssige Urteil" des Kunden von Unverständnis für die Gesamtleistungen des Handwerkers und für die verdeckten Kosten getragen ist. Im zweiten Teil dieser Äußerung (*umgekehrt is=es für mich genauso unverständlich ...*) dreht der Handwerker sozusagen den Spieß um und führt am Beispiel des Berufes, den der Kunde ausübt, vor, daß dessen Honorarsätze *genauso unverständlich* sind. Mit der Bekundung von Unverständnis gegenüber dem Steuerberater-Honorar und der geringschätzenden Umschreibung der Arbeit, die dafür erbracht wird (*muß ja nur ein antrach ausfüllen*), will der Handwerker hier klarmachen: seine Arbeitsleistung ist auf gleichermaßen unsachliche Art vom Kunden bewertet worden.

– Berufung auf Entlohnungssätze anderer Berufe und auf Preise anderer Firmen: Bezüge zu den Honorarsätzen, die der Kunde in seinem Beruf berechnet, stellt der Handwerker in der Verhandlung *Zu hoher Stundenlohn* auch an anderer Stelle her; hier allerdings in einem Darstellungszusammenhang, der hohe Preise als normale Bedingung des Geschäftslebens und das fraglose Akzeptieren dieser Preise als selbstverständliches Abwicklungsmuster geschäftlicher Beziehungen ausweist:

H: gerade nur mal da"zu möchte ich sagen nur weil- * zur familie bauschert der mann is ja au"ch selbständig er schreibt au"ch rechnungen die mit sicherheit öh für manchen auch sauer aufstoßen↑ * ich kriege zum beispiel ne rechnung die ich auch →(...) von einer firma (...) viellei"cht was is so ne regel- * regelfirmen↓ ähm die berechnet nu"r von dünsebach nach kleinheim↑ anfahrtskosten- hundertundneunundfümpfzig mark↓ * so das hab=ich zu akzeptiern↓ * ohne was damit so das ha"b ich zu bez/ das darf=ich bezahlen nur weil sie ihre steu"ergeräte überprüfen ob=se funktioniern oder nich↓ * ich meine- * für hundertfünf neunundfünfzig: mark plus steuer↓ * fahre ich jeden tach zwanzig mal zwischen uns und dünsebach spaziern↓ * sogar in der zeit daß=ich keine anzeige bekomme↓ * da mach=ich kein minus dabei↓←

(3005/23, S. 14-15)

Der Handwerker erwähnt auch hier die Rechnungen, die Herr Bauschert seinen Mandanten zuschickt und behauptet, daß diese *mit sicherheit ... für manchen auch sauer aufstoßen*. Er führt dann ein weiteres Beispiel dafür an, daß der Empfang von Rechnungen Verstimmungen auslösen kann, das Beispiel ist seinen eigenen Geschäftsbeziehungen entnommen. Zwar versetzt sich der Handwerker hier zweimal in die Perspektive von Rechnungsempfängern, aber weniger um damit Verständnis für die Rechnungsbeanstandung zu bekunden, als vielmehr um den Geltungsanspruch einer allgemeinen Norm, nach der Geschäftsbeziehungen funktionieren sollten, zu untermauern. Diese allgemeine Norm, könnte man folgendermaßen umschreiben: Rechnungen sind nicht zu hinterfragen, sondern anstandslos zu bezahlen.

b) Die Preisreklamation als unredliches Geschäftsgebaren darstellen

In Kapitel 4.2.2. habe ich gezeigt, daß der Kunde auf die zu hohe Handwerkerrechnung mit dem Vorwurf der Unseriosität reagiert, in ähnlicher Weise reagiert auch der Handwerker auf die Preisreklamationen des Kunden. Dabei ist er bemüht, seine (Geld-)Forderungen zu verteidigen, indem er sich als Vertragspartner stilisiert, der durch unseriöse und unfaire Geschäftsmethoden des Kunden geschädigt zu werden droht. Diese allgemein formulierte Beobachtung möchte ich an einem weiteren Gesprächsausschnitt aus der Verhandlung *Zu hoher Stundenlohn* erläutern.

Nachdem der Kunde zum wiederholten Male Unverständnis gegenüber den berechneten Stundenlöhnen geäußert, aber auch die Bereitschaft zur Zahlung des ortsüblichen Stundenlohnes von 45,- DM zu erkennen gegeben hat, fordert der Handwerker das Ehepaar Bauschert auf, einen Gesamtbetrag zu nennen, den es zu zahlen bereit ist. Er fährt dann folgendermaßen fort:

H: →wissen=se ich hab↑← * äh diese sache↑ * bei ihrm äh in ihrem
fall möcht=ich es nich behaupten daß es nur um=en
nachträchlichen prei"snachlaß geht daß äh das will=ich (...)
lassen=se mich jetz bitte ausreden ich hab ihnen auch zugehört↓
* äh das will=ich außer frage stellen nich was es es hat sich
langsam ei"ngebürgert in dem kundenkreis↓ * ←äh daß- * generell
um↓ * um beträge →zwischen zehn und zwanzich prozent- *
gestritten wird daß sie gar nich mehr bezahlt werden und da=es
vor gericht↑ * sehr schwierig=is von einer handwerkssache
solange wie=ne firma noch halbwegs liquid is↓ * we"chzukriegen
bei gericht is=es also sehr schwer↓ * äh daß=is die situation
draußen↓* und äh die verbraucheraufklärung hat=es dahin gebracht
daß↓ * äh mittlerweile jeder handwerksbetrieb und jede
handwerksleistung äh von hintenrum als betrüger anerkannt
wird↓← *

H: (...) und somit auch behandelt wird↓ * do"ch
V: >nein↓<

H: →so sieht=es draussen aus fragen=se doch ma rum in ihren
kollegenkreisen↓← * die zah"lungsmoral is derart miserabel↑ *

H: sie is se/ derart schlecht↑ * <u>äh-</u>
V: <u>>das</u> kann ich nich

H: nö:↓ * des is aber so↓ * →ich habe also bin
V: verallgemeinern↓<

H: bin nun mittlerweile dreißich jahre in diesem gewerbe drin←
und was in den letzten↓ * vier jahrn an verfahren angefallen
is↓ * →vielleicht auch aus der situation heraus daß die
preise also nich mehr so=sind wie=se früher mal warn un
daß=man früher gesacht=hat was=weiß=ich für fünfhundert oder
tausend mark lohnt=es sich nich zu klagen↓← * wenn ein
vergleich rauskommt →hab=ich fünfhundert mark un=denn kriecht
davon noch siebzig prozent das finanzamt↓ * dann hab=ich doch

so gut wie gar nix verdient↓ * dann lass=ich=s den bach
runtergehn↓ * aber da da und und das mag auch mit=n grund
gewesen sein daß=sich viele kunden dann nur↓ * äh dahingehend
orientiern daß=se sagen der kla:cht sowieso nich↓ ** es=is so↓←

(3005/23, S. 29-30)

Der Handwerker äußert hier seinen Unmut über eine in Kundenkreisen um sich greifende Praxis, durch Preisbeanstandungen oder nicht vollständige Begleichung der Rechnung nachträglich einen Preisnachlaß zu erwirken. Zwar will er nicht so weit gehen, das Kundenehepaar gleicher unseriöser Machenschaften zu bezichtigen, wie sie sich nach seiner Meinung *langsam eingebürgert* haben. Er stellt sich aber als Opfer solcher Machenschaften dar, als Geschäftspartner, der von vornherein einen schweren Stand bei nachträglichen Preisbeanstandungen hat, weil Handwerker von der Verbraucheraufklärung verunglimpft worden sind und von den Gerichten keine Rückendeckung zu erwarten haben.

c) Verhandlungsangebote machen und dabei die Grenzen der Verhandlungsbereitschaft abstecken

Eine weitere Möglichkeit, drohende finanzielle Einbußen zu begrenzen, besteht für den Handwerker darin, in die Verhandlung konkreter Beträge einzutreten, Verhandlungsbereitschaft zu zeigen, aber auch Grenzen des Verhandlungsspielraums abzustecken. Der Handwerker geht also auf die Preisreklamation ein (was aber nicht heißt, daß er sie als berechtigt anerkennt), um auf dem Verhandlungswege zu erreichen, daß der Preisnachlaß in einer für ihn noch akzeptablen Höhe bleibt. Wenn solche Preiszugeständnisse gemacht werden, treten auf beiden Seiten die zuvor vorgenommenen Positionsbegründungen in den Hintergrund, dominanter interaktiver Fokus wird das Aushandeln eines Kompromißbetrages.

Der Eintritt in ein solches Aushandlungsgeschehen wird gewöhnlich vom Vorsitzenden initiiert, nachdem alle Parteien Gelegenheit hatten, ihre Standpunkte darzulegen. In der Verhandlung *Zu hoher Stundenlohn* ist es der Handwerker, der sich nicht lange mit den Reklamationsgründen der Familie Bauschert aufhalten will, sondern rasch zu dem Punkt kommt, um den es seiner Meinung nach geht:

H: und ich meine →diese ganze- * diese ganzen sachen die wir hier
die wir ja machen↑ * äh ich hab mich dazu die korrespondenz
liecht ja vor was=ich wie ich dazu stehe das=is auch- * das geht
ja lediglich darauf hinaus daß man wieder nachträglich nachlaß
gibt↓ * dann soll die familie bauschert sagen was sie bezahlen
wollen ich kann=s mir überlegen ob ich=s akzeptiere oder nich↑ *
und sonst ist die sache sowieso für mich illusorisch kann=ich
meine zeit woanders verbringen und es ko"mmt nichts dabei raus↓←

(3005/23, S. 13)

Bei diesem Gesprächsausschnitt handelt es sich um den abschließenden Teil der ersten Stellungnahme des Handwerkers; er schließt sich unmittelbar an die in Abschnitt (a) dieses Kapitels bereits abgedruckte Passage an. In dieser ersten Stellungnahme hatte er versucht klarzustellen, daß der von ihm gewährte Rabattsatz für sanitäre Einrichtungsgegenstände korrekt ist, und er hatte die von ihm zugrundegelegte Kalkulationsbasis als korrekt verteidigt. Mit der oben zitierten Äußerung erklärt er den Austausch weiterer Stellungnahmen für überflüssig und will ohne Umschweife in die Aushandlung eines Preisnachlasses eintreten. Der Versuch, das Situationsgeschehen zu straffen und auf den für ihn relevanten Punkt hinzulenken, besteht aus folgenden Teilschritten: Der Handwerker eröffnet seine Fokussierungsaktivität, indem er beginnt, sein Situationsverständnis zu formulieren (*und ich meine diese ganze diese ganzen sachen die wir hier die wir ja machen*). Er bricht diese Formulierung ab und schiebt einen Hinweis auf vorliegende Korrespondenz ein (*äh ich hab mich dazu die korrespondenz liecht ja vor was=ich wie=ich dazu stehe das is auch*). Die Erwähnung der Korrespondenz besagt hier, daß der Handwerker seinen Standpunkt in der streitigen Angelegenheit bereits offengelegt hat und daß nichts mehr hinzuzufügen ist. Er setzt dann die begonnene Formulierung seines Situationsverständnisses fort, indem er das Interesse der Gegenseite charakterisiert (*das geht ja lediglich darauf hinaus daß man wieder nachträglich nachlaß gibt*). Aus dem Streitinteresse, das er der Gegenseite unterstellt, zieht der Handwerker den Schluß, daß die Bauscherts dann auch den notwendigen Schritt tun sollten, um konkret über einen Preisnachlaß verhandeln zu können (*dann soll die familie bauschert sagen was sie bezahlen wollen*). Die Ankündigung, daß er es sich dann überlegen werde, ob er diese Forderung akzeptiert, weist ihn als nur bedingt verhandlungsbereiten Akteur aus. Er drängt dann nochmals darauf, zur Sache zu kommen, indem er die Verhandlungssituation als ein zeitverschwenderisches Unterfangen einstuft, sofern nicht gleich über die Höhe des Preisnachlasses verhandelt wird (*und sonst ist die sache sowieso für mich illusorisch kann=ich meine zeit woanders verbringen und es kommt nichts dabei raus*). Wie ein Blick auf den weiteren Gang der Verhandlung zeigt, ist der Handwerker mit diesem Zug des Forcierens zwar noch nicht sehr erfolgreich, aber es gelingt ihm so beizeiten, eine Position der bedingten Verhandlungsbereitschaft zu beziehen.

Von solchen Initiativen zum beschleunigten Eintritt in die Aushandlung eines Kompromißbetrages sind die Aktivitäten zu unterscheiden, die dann im Verlauf des Aushandlungsgeschehens vollzogen werden. Hierzu ein Blick auf einen weiteren Gesprächsausschnitt aus der Verhandlung *Zu hoher Stundenlohn*; der Handwerker nimmt darin Stellung zu einem Betrag, den Familie Bauschert zuvor genannt hatte:

```
H: äh mit den tausend zwohundert mark rund- * bin ich nicht
   einverstanden↓ * ganz (generell) damit bin ich nicht einverstanden↓
   * um- * ihnen bei dieser sache entgegenzukommen- * können wir uns
```

meinetwegen- * was auch- * also wirklich nur entgegenkommen →mein=also← bei achtzehnhundert mark einigen sind fünfhundert mark nachlaß auf diese sache- * äh- ** dann- * wird der rest- * kriegen sie für den rest ne gutschrift damit die rechnungen wieder stimmen- * (...) sonst auf- * muß es den weg gehen den es gehen sollte↓ * wenn des nicht auf diese art- *

(3005/25, S. 39)

Der Handwerker macht deutlich, daß er mit dem geforderten Betrag nicht einverstanden ist und kündigt dann ein Verhandlungsangebot an, das er als besonderes Entgegenkommen verstanden wissen will. Er nennt dann den Betrag, der für ihn noch akzeptabel ist (*was auch also wirklich nur entgegenkommen mein also bei achtzehnhundert mark einigen*), und er erläutert die buchungstechnische Abwicklung seines Angebotes (*kriegen sie für den rest ne gutschrift damit die rechnungen wieder stimmen*). Er erklärt abschließend, daß er sich nicht davor scheut, den Streit auch auf anderem Wege – gemeint ist wohl ein gerichtliches Verfahren – auszufechten, falls sein Entgegenkommen der Familie Bauschert nicht ausreicht. Er betont also auch hier die Position bedingter Verhandlungsbereitschaft.

Somit läßt sich verallgemeinernd festhalten: Um seine finanziellen Einbußen in akzeptabler Höhe halten zu können, werden vom Handwerker Aushandlungszüge folgenden Typs vollzogen:

- Anzeigen von Akzeptanz oder Nichtakzeptanz der Vorschläge des Kunden (*mit den tausend zwohundert mark rund bin ich nicht einverstanden ...*),
- Unterbreitung von Gegenvorschlägen und deren Deklaration als Leistung großzügigen oder äußersten Entgegenkommens[34] (*um ihnen bei dieser sache entgegenzukommen können wir uns meinetwegen was auch also wirklich nur entgegenkommen mein=also bei achtzehnhundert mark*),
- Demonstration bedingter Verhandlungsbereitschaft (*sonst auf muß es den weg gehen den es gehen sollte wenn des nicht auf diese art*).

4.3.3. Rufschädigung verhindern – Vertrauen des Kunden zurückgewinnen

Mit einem Kunden Streit zu haben, ist für einen Handwerker nicht zuletzt auch hinsichtlich seines guten Rufes von Bedeutung. Es kann ihm nicht vollkommen gleichgültig sein, wie ein Kunde sich über die Zuverlässigkeit, das handwerkliche Können, die Arbeits- und Geschäftsmoral usw. seines Betriebes äußert. Wird über den Betrieb des Handwerkers schlecht geredet, läuft er nicht nur Gefahr, Kundschaft zu verlieren, er kann dadurch auch in seiner Handwerkerehre und seinen Selbstachtungsbedürfnissen verletzt werden. Die Sorge um das

[34] Die Unterbreitung „letzter Angebote" ist auch in der Gebrauchtwagenschlichtung eine gängige Praxis der Autohändler; siehe Nothdurft (in diesem Band).

Ansehen des Handwerksbetriebes kann sowohl im Hinblick auf das spezielle belastete Kundschaftsverhältnis als auch mit Blick auf den Kundenstamm bzw. auf potentielle Kunden handlungsleitend für den Handwerker sein.[35]

Anstrengungen zur Wahrung seines guten Rufes unternimmt der Handwerker in der Güteverhandlung, (a) indem er rufschädigenden Deutungsmöglichkeiten entgegentritt und indem er (b) sich um Wiederherstellung eines Vertrauensverhältnisses zum Kunden bemüht. Auch läßt sich beobachten, daß der Handwerker (c) den Vorsitzenden als Schutzinstanz bemüht und mit Angriffen auf das moralische Selbst (Goffman) seines Kontrahenten reagiert.

a) Rufschädigenden Deutungsmöglichkeiten entgegentreten

Auf Sachverhaltsdarstellungen, durch die der Handwerker sich diskreditiert sieht, reagiert der Handwerker mit korrektiven Zügen. Hierzu folgendes Beispiel aus der Verhandlung *Durchnässung der Innenwand*: Im Zuge der Streitfallrekonstruktion ist der Handwerker in ein ungünstiges Licht geraten, der Kunde hatte ausgeführt, daß mehrere Subunternehmer Nachbesserungsleistungen verweigert haben, da sie vom Generalunternehmer noch Geld zu bekommen hätten. In einer Gesprächspassage, in der die Beteiligten einzelne Mängel am Wohnhaus durchgehen, um genau festzulegen, welcher Art die Nachbesserungsleistungen sein müßten und welcher Subunternehmer hierfür zuständig wäre, kommen die Beteiligten auf einen Subunternehmer zu sprechen, dessen Rechnung vom Generalunternehmer schon beglichen worden ist. Der Handwerker hebt dieses Faktum hervor und versucht so, dem zuvor entstandenen Eindruck, er nehme es mit seinen Zahlungsverpflichtungen nicht so genau oder könnte ihnen nicht mehr nachkommen, entgegenzuwirken:

H: die firma äh- * kalkwerk äh bernocker gemacht↑ * und um hier mal gleich auf den- * angesprung/ ja ja auf den angesprochenen punkt zurückzukommen der hat auch bi"s auf den letzten pfennig sein geld bekommen ne * ich will ja nich so to"tal im falschen licht erscheinen- auf sicherheitsanleihen oder irgendsowas-

(3005/25, S. 13)

Der Generalunternehmer kommt noch mal auf den *angesprochenen punkt* (die noch offenen Rechnungen bei Subunternehmern) zu sprechen, um hervorzu-

---

[35] Auch innerhalb des Sebstverwaltungsorgans des Handwerks sind Unterscheidungen zwischen „einwandfreien Betrieben" und „schwarzen Schafen" geläufig. Ausschlaggebend für eine negative oder positive Typisierung ist vor allem die Häufigkeit, in der ein Betrieb in Güteverfahren verstrickt war. Daß solche Typisierungen auch in Güteverhandlungen eine Rolle spielen, zeigte sich während einer Verhandlung auf folgende Weise: Der Vorsitzende interveniert als der Kunde dazu überging, den Handwerksbetrieb in pauschaler Form schlecht zu machen; er hielt dem Kunden entgegen, daß der Betrieb nicht so schlecht sein kann, da er während seiner gesamten Amtszeit noch nichts mit dem Betrieb zu tun hatte.

heben, daß diese Firma ihr Geld bekommen hat. Daß er diesen Hinweis als dringend notwendige „Image-Korrektur" versteht, macht er dann auch explizit kenntlich (*ich will ja nich so total im falschen licht erscheinen*).

Während in dem vorstehenden Fall der Handwerker sich aufgrund von Aussagen, die seine Zahlungsmoral betreffen, in ein falsches Licht gestellt sieht, ist es – wie bereits gesehen – in der Verhandlung *Das Haarteil* die bloße Tatsache, daß die Handwerkskammer eingeschaltet wurde, die imagekorrigierende Aktivitäten auslöst. Der Friseurmeister stilisiert sich als ein bisher unbescholtener Handwerker und gibt eine Vorab-Erklärung, die besagen soll, daß er trotz dieses einzigartigen Falles über einen guten Ruf verfügt, der durch langjährige Berufserfahrung und bisher stets zufriedengestellte Kunden erworben wurde (siehe auch Kap. 4.3.1.).

b) Das Akzeptieren der Kundenreklamation als Gelegenheit, Ansehens- und Vertrauensverluste wettzumachen

Hier handelt es sich um Aktivitäten, die Handwerker verschiedentlich im Zuge der Lockerung von Verhandlungspositionen vollziehen; das gezeigte Entgegenkommen wird dabei als ein Schritt zur Wiederherstellung eines gestörten Vertrauensverhältnisses, als besondere Leistung, die sie bereit sind, auf sich zu nehmen, um den Kunden nachträglich zufriedenzustellen, deklariert (siehe auch Kap. 4.3.2., Abschnitt c). Beispiel: In der Verhandlung *Risse in den Wänden* wehrt sich der Maurermeister sehr lange dagegen, für die entstandenen Risse im Wohnhaus gerade zu stehen, weil er meint, daß andere dafür verantwortlich sind. Auch sträubt er sich dagegen, daß ihm Kosten für ein Beweissicherungsverfahren aufgebürdet werden sollen; ferner steht er einer vom Vorsitzenden ins Auge gefaßten Regelung ablehnend gegenüber (er befürchtet, daß der Kunde – nach Beseitigung der Risse – auch die Zimmer tapezieren läßt, in denen keine Risse sind). Nach langem Hin und Her akzeptiert der Maurermeister dann mit folgendem Kommentar den Einigungsvorschlag, der ihm verschiedene Leistungen und Kosten aufbürdet: *Ja machen wir's so, ich möchte's aus der Welt haben, ich möchte Herrn Trägerbold auch mal wieder gerade in die Augen gucken* (Zitat aus Gedächtnisprotokoll).

In ähnlicher Weise demonstriert auch der Friseurmeister nach einigem Hin und Her Bereitschaft, auf die Forderungen der Kundin einzugehen; er macht selbst einen Vorschlag zur Beilegung der Streitigkeiten (wie in Kapitel 4.3.1 gezeigt, hatte er zu Beginn der Verhandlung die Reklamationsberechtigung mit fachlichen und rechtlichen Argumenten zurückgewiesen):

```
H:  frau Klocke wir möchten ihnen gerne nochmal anbieten kommen

H:  sie ruhig nochmal- * zu uns-          daß wir gemeinsam
V:                                    ja (das müßte nochmal) (...)

H:  wir- * bemühen uns wirklich wir- * wir sind nun
V:  direkt- * direkt gemacht werden
```

H: wirklich de"r herstellungsbetrieb- * hie:"r und- * können
auch nur von zufriedenen und wi"rklich nicht von
u"nzufriedenen kunden leben * das kann also wirklich kein
wirtschaftsunternehmen ** und äh: daran sehn sie ja
wenn nun wirklich die anderen kunden zufrieden sind denn
is=es nich weil die also angst hatten jetz hier zur
handwerkskammer zu gehn →oder zum gericht← sondern
weil sie wirklich zufrie"den sind →nur davon können
wir leben-← * und ich kann ihnen wirklich nur anbieten- *
<kommen sie zu uns- * da"ß wir gemeinsam uns alles nochmal
ansehn> und nach lö":sung suchen da"ß sie=es wirklich
tragen →können← denn das wollen wir ja auch gerne-
* wir wollen ihnen keine haararbeit liefern wo sie nur das geld
zum fenster rausgeworfen haben un nich nutzen können↓

(3005/21, S. 23-24)

Der Friseurmeister versucht, in diesem Redezug mögliche Ansehensverluste wettzumachen, indem er der Kundin genau das anbietet, worum sie sich in direkten Reklamationsversuchen schon mehrfach vergeblich bemüht hatte, und indem er sich als Handwerker darstellt, dem die Zufriedenheit des Kunden das Wichtigste ist. Im Gestus des großzügigen Entgegenkommens bietet der Friseurmeister Frau Klocke an, sich gemeinsam mit ihr um eine Nachbesserung zu bemühen. Er bezeichnet seinen Betrieb wiederholt als den führenden Herstellungsbetrieb am Ort und betont, daß eine solche Stellung nur durch zufriedene Kunden zu erreichen ist und es für seinen Betrieb von existenziellem Interesse ist, Kunden zufriedenzustellen. Er bezieht sich dann auf eine Äußerung der Kundin, in der diese erklärt hatte, daß es einiger Überwindung bedarf, ein Haarteil zu reklamieren, dies vielen nicht leicht falle und auch ihr nicht leicht gefallen sei, da – wie sie sagt – das Tragen eines Haarteils *in den tabubereich ... fällt*. Der Friseurmeister widerspricht diesem Erklärungsversuch, er führt das Ausbleiben von Kundenreklamationen darauf zurück, daß seine Kunden *wirklich zufrieden* sind. Er betont nochmals die existenzielle Notwendigkeit zufriedener Kunden für seinen Betrieb (*nur davon können wir leben*) und bekräftigt dann sein Angebot, gemeinsam mit der Kundin noch einmal nach einer *lösung* [zu] *suchen*, die gewährleistet, daß sie das Haarteil tragen kann und sie nicht das Gefühl haben muß, *nur das geld zum fenster rausgeworfen* zu haben.

Die bisher erwähnten Beispiele zeigen, daß die Lockerung von Verhandlungspositionen seitens der Handwerker nicht nur als großzügiges Entgegenkommen, sondern auch als Leistung zur Reparatur gestörter Geschäfts- und Vertrauensbeziehungen inszeniert wird.[36]

---

[36] Nothdurft (in diesem Band) hat beobachtet, daß diese Leistung in der Gebrauchtwagenschlichtung eher vom Kommissions-Vorsitzenden erfüllt wird; sie dient ihm auch dazu, sich stärker als neutraler Verhandlungsleiter zu stilisieren.

Nun zu einem Fall, der zeigt, daß es für einen Handwerker durchaus von existenzieller Bedeutung sein kann, welches Ansehen er bei einem bestimmten Kunden genießt und ob dieser Kunde seinem handwerklichen Geschick noch vertraut. Im Streitfall *Komplikationen bei der Reparatur eines Flügels* ging es darum, daß der Kunde den Auftrag zurückziehen wollte, weil er dem Klavierbauer nicht mehr zutraute, den Flügel wunschgemäß restaurieren zu können. Der Handwerker ist in der mündlichen Verhandlung bemüht, durch sehr weitreichendes Entgegenkommen den Kunden davon abzubringen, Konsequenzen aus dem belasteten Vertrauensverhältnis zu ziehen. Der Klavierbauer will den Kunden – wie er selbst in einem Vorgespräch mit dem Vorsitzenden erklärt hat – nicht etwa wegen finanzieller Einbußen davon abbringen, ihm dem Auftrag zu entziehen, sondern wegen Verschlechterung seiner Chancen, sich als Branchenneuling zu etablieren.

In der mündlichen Verhandlung stellt sich der Klavierbauer durchgängig als Handwerker dar, der sich durch den Restaurierungsauftrag in seinem handwerklichen Können herausgefordert fühlt und sich den speziellen Wünschen des Kunden in hohem Maße verpflichtet sieht. So gibt er für die Annahme des Auftrags folgende Erklärung ab (ich zitiere hier aus dem Gedächtnisprotokoll der Verhandlung):

> Die Nannens hatten ihn gefragt, ob er das Klavier für reparabel hielte. Er habe damals gesehen, daß es mit dem Stimmstock Schwierigkeiten geben könnte, habe den Auftraggeber auch darauf aufmerksam gemacht, die Restaurierung des Flügels aber prinzipiell für möglich gehalten; auch habe er darin eine Herausforderung an sein berufliches Können gesehen. Ihn habe die Arbeit gereizt, und außerdem habe er die Nannens sympathisch gefunden, habe ihnen helfen wollen. Den Rat, den andere Kollegen den Nannens erteilt hätten, nämlich auf eine Reparatur zu verzichten und sich einen anderen Flügel zu kaufen, habe er nicht erteilen können, da der Flügel sehr alt sei, aus dem Jahre 1886, und nicht mehr gebaut werde. Frau Nannen ergänzt diese Ausführungen mit dem Hinweis, daß ihr Mann ja auch großes Interesse am Erhalt des Flügels gehabt hätte („... er hängt sehr an dem Flügel ...").

Diese Selbststilisierung als Handwerker, der sich fachlich herausgefordert fühlt und dem Kunden helfen will, kommt auch gegen Ende der Verhandlung, als es um die Aushandlung konkreter Streitregelungsbedingungen geht, deutlich zum Tragen: Der Klavierbauer betont, prinzipiell bereit zu sein, die Restaurierungsarbeiten zu dem vereinbarten Preis fortzuführen, auch wenn er dabei *finanziell zubuttere*. Nachdem grundsätzlich Einigkeit darüber erzielt worden ist, daß der Handwerker die Arbeiten am Flügel fortführt, gehen die Verhandlungsteilnehmer dazu über, die Leistungen, die im einzelnen noch erbracht werden sollen, exakt festzulegen und für das Verhandlungsprotokoll zu formulieren. Auch diesen Vorgang nutzt er in sehr auffälliger Weise zu Selbststilisierungen als entgegenkommender, hilfsbereiter, fachlich ehrgeiziger Handwerker: Er akzeptiert bereitwillig kleinere Arbeiten, die bislang nicht Gegenstand des Auftrags waren (*gut machen wir das auch noch*); auch bietet er von sich aus an, Originalsaiten für den Flügel auf eigene Kosten zu beschaffen, obwohl er schon einen

Satz (der allerdings nicht mehr verwendbar ist) besorgt hatte. Ferner regt er an, nach Abschluß der Restaurierung ein Gutachten über die Qualität seiner Arbeit erstellen zu lassen und die Kosten hierfür zur Hälfte zu übernehmen.

c) Inanspruchnahme des Vorsitzenden als Schutzinstanz – Angriffe auf das moralische Selbst des Kontrahenten

Bisher habe ich in diesem Kapitel Fälle diskutiert, in denen Handwerker rufschädigende Details korrigieren oder versuchen, das gestörte Vertrauensverhältnis zu reparieren. Wie das Beispiel *Der Freundschaftspreis* zeigt, kann es für den Handwerker auch darum gehen, Rufschädigungen, die der Kunde in der Öffentlichkeit bzw. in der Geschäftswelt betrieben hat oder betreiben könnte, zu unterbinden. In dieser Verhandlung verlangt der Handwerker vom Vorsitzenden, protokollarisch festzuschreiben, daß sein Kontrahent nicht mehr im Ort rumerzählen dürfe, er hätte schlecht gearbeitet. Daß der Vorsitzende einem solchen Ansinnen des Handwerkers nicht stattgeben kann, ändert nichts an der Tatsache, daß der Handwerker den Vorsitzenden als eine Instanz in Anspruch zu nehmen versucht, die ihn vor verleumderischem und geschäftsschädigendem Gerede des Kunden schützen soll. Offensichtlich ist ihm ein Gerede zu Ohren gekommen, das seinem guten Ruf im Ort bzw. in Geschäftskreisen, die für ihn wichtig sind (der Kunde ist von Beruf Architekt), abträglich ist.

In dieser Verhandlung setzt sich der Handwerker aber nicht nur auf die eben erläuterte Weise zur Wehr, er attackiert auch den moralischen Charakter des Kunden. Bevor es in diesem Fall zum Streit kam, hatten Handwerker und Kunde nicht nur anderweitige geschäftliche Beziehungen zueinander, sie pflegten auch freundschaftlich-private Kontakte. Beide sind in einer Kleinstadt ansässig; aus beruflichen Gründen hatten beide bei diversen Bauprojekten miteinander zu tun. Zum Streit kam es, als der Architekt für sich ein Haus bauen ließ, für das der Elektromeister die Elektroinstallationsarbeiten übernahm. Wie in der mündlichen Verhandlung von beiden Seiten bestätigt wird, wurde für diese Arbeiten ein Freundschaftspreis vereinbart.

Die geschäftlichen Beziehungen wie auch das freundschaftliche Verhältnis wurden nun dadurch getrübt, daß der Kunde Schadenersatzforderungen stellte, die er folgendermaßen begründete: In einer Verteilerdose waren die Elektrokabel nicht richtig angeklemmt; dieser Fehler wurde festgestellt, als bereits Mieter eingezogen waren. Die Behebung dieses Fehlers hat ihm Kosten verursacht, da er Tapezierarbeiten zweimal ausführen lassen mußte. Neben dieser Schadenersatzforderung macht der Kunde Forderungen nach Kürzung der Rechnung geltend. Er beklagt sich darüber, daß auf der Rechnung zwar Mehr- und Minderleistungen (im Verhältnis zum ursprünglichen Auftragsumfang) aufgeführt sind, bei den in Rechnung gestellten Mehraufwendungen aber nicht mehr der vereinbarte (freundschaftlich-großzügige) Rabattsatz gewährt worden ist.

Der Handwerker fühlt sich – da er für einen Freundschaftspreis gearbeitet hat und sein Kontrahent dann noch die Rechnung moniert – *über den Löffel bar-*

biert. Seine Verbitterung hierüber bringt er im Verlaufe der Verhandlung sehr massiv zum Ausdruck:

- Er bezeichnet den gewährten Freundschaftspreis als große Dummheit, für die er jetzt bestraft werde, die ihm aber nicht noch einmal passieren werde.
- Er typisiert seinen Kontrahenten als habsüchtigen und geldgierigen Menschen (Zitat aus dem Gedächtnisprotokoll: *du kannst ja den Hals nicht vollkriegen*).
- Er deckt auf, daß die ganze Angelegenheit auch für das private Verhältnis folgenreich ist: Als der Architekt das Zustandekommen des Auftrags bzw. des Freundschaftspreises schildert, bemerkt er nebenbei, daß man ja zusammen kegele, daraufhin wirft der Handwerker energisch ein: *nicht mehr!*.
- Der Handwerker beschämt den Kunden und demonstriert diesem, daß ein Feilschen um kleine Beträge, wie vom Kunden praktiziert, unter seiner Würde ist: Nachdem die Verhandlung in ein Stadium gelangt ist, in dem über die Regelung der Streitigkeiten geredet wird und ein bestimmter Geldbetrag im Raume steht, gibt der Kunde zu bedenken, daß er bei diesem Betrag um etwa 80,- DM besser wegkomme, als er sich eigentlich ausgerechnet habe; der Elektromeister gibt dennoch seine Zustimmung zu dem zur Debatte stehenden Betrag, und zwar mit den Worten *weißt du was, ich schenke sie dir!* (die 80,- DM, um die der Kunde besser wegkommt).

Diese Aktivitäten des Handwerkers zeigen, daß die ganze Streitangelegenheit für den Handwerker unter dem Vorzeichen der persönlichen Verärgerung und Enttäuschung über das geldgierige und trickreiche Geschäftsgebaren des Kunden steht. Der Handwerker reagiert auf diese Enttäuschung in der Weise, daß er das Streitgeschehen auch in moralischen Kategorien präsent macht (z.B. indem er seinen Kontrahenten als geldgierig typisiert) und unter Aspekten der Selbstachtung Position bezieht (sich nicht auf ein Feilschen um 80,- DM einlassen); unabhängig vom Ausgang der Güteverhandlung steht für ihn fest: menschlich wie geschäftlich ist der Kontrahent für ihn „gestorben".

Im ganzen gesehen wird an diesem Streitfall deutlich, daß die Sorge um den guten Ruf eng mit Selbstachtungsbedürfnissen der Person des Handwerkers verknüpft sein kann. Man könnte daher auch in einem doppelten Sinne von Image-Problemen sprechen, die für einen Handwerker im Streit mit seinem Kunden akut werden können: Einmal in dem Sinne, wie der Ausdruck „Image" zur Bezeichnung des Ansehens eines Produktes oder eines Unternehmens im Geschäftsleben verwendet wird. Zum anderen im Sinne Goffmans, der mit dem Imagebegriff die Selbstachtungsbedürfnisse des Individuums faßt, die es in sozialen Begegnungen zu befriedigen sucht.

4.4. Interaktive Problemstellungen der Verhandlungsführung und deren Bewältigung durch den Vorsitzenden

Während die kommunikativen Beteiligungsleistungen des Handwerkers und des Kunden von dem Bemühen um Behauptung ihrer subjektiven Interessen und Rechtsauffassungen geleitet sind, ist die Beteiligungsweise des Vorsitzenden durch einen institutionell definierten Auftrag zur Streitbeilegung sowie durch institutionell abgesicherte Kompetenzen als Verfahrenswalter bestimmt. Die Ausübung der Rolle des neutralen Dritten erfolgt im Kontext der Handwerkskammer insbesondere unter folgenden Bedingungen:

- Der Streit zwischen Kunde und Handwerker muß als Rechtsfall abbildbar sein, genauer gesagt, der Streit muß, ausgehend von vertraglichen Abmachungen und nachweisbar erbrachten Leistungen zur Erfüllung von Vertragspflichten als verhandlungsfähiger Sachverhalt definiert und unter Beachtung geltender Rechtsbestimmungen einer Regelung zugeführt werden.

- Für die Definition des Verhandlungsgegenstandes und für die Herbeiführung eines Verhandlungsergebnisses stehen institutionell verankerte Ressourcen zur Verfügung. Zu denken ist hier an die Rolle des Gutachters, an die Möglichkeit, Regelungen zu treffen, die innerhalb vereinbarter Fristen widerrufen werden können, an den juristischen Sachverstand des Vorsitzenden sowie an dessen Kompetenz zur Beurteilung von Prozeßrisiken und zur Einbeziehung von Wirtschaftlichkeitserwägungen bei der Suche nach Konfliktlösungen.

- Zwischen den Verhandlungsteilnehmern besteht eine asymmetrische Verteilung von Handlungschancen; als Verfahrenswalter hat der Vorsitzende Initiativ- und Kontrollkompetenz gegenüber der Beteiligungsweise der Streitparteien inne.

Ob der Vorsitzende seinen institutionellen Auftrag erfüllen kann und wie er von seinen Handlungsressourcen als Verfahrenswalter Gebrauch macht, hängt in wesentlichem Maße davon ab, wie Handwerker und Kunde ihre gegensätzlichen Interessen, ihre Rechtsauffassungen und ihre emotionale Betroffenheit ausagieren. Institutionelle Aufgabenbestimmung und Kompetenzausstattung einerseits und konfligierende Interessen der Parteien andererseits werfen für den Vorsitzenden Handlungsprobleme auf, die die Sicherung von Durchführungsvoraussetzungen einer gelungenen Güteverhandlung betreffen. Ich bezeichne sie auch als Probleme der Herstellung und Aufrechterhaltung von Verhandlungsfähigkeit der Streitsache.

Im folgenden zeige ich die interaktionsstrukturellen Zusammenhänge auf, unter denen solche Probleme akut werden und beschreibe typische Praktiken, mit denen der Vorsitzende diese Probleme bewältigt. Die Kapitelüberschriften enthalten neben einer allgemeinen Benennung des Problemtyps Äußerungszitate des Vorsitzenden. Prägnant und in der Sprache des Schlichtungspraktikers wird darin der Stellenwert des jeweiligen Handlungsproblems für das Gelingen der Güteverhandlung benannt.

4.4.1. Klärung streitfallrelevanter Sachverhalte. Oder: *Nur wer seine Position kennt, kann einen Vergleich schließen!*

Die kommunikative Beteiligungsweise des Vorsitzenden an der mündlichen Verhandlung ist zuallererst von Erfordernissen des richtigen Informiertseins und von Fragen der Sachverhaltsaufklärung bestimmt. Er benötigt zum einen selbst Informationen über die streitige Angelegenheit, um seinen Aufgaben als Verfahrenswalter gerecht werden zu können. Zum anderen muß er Informationen weitergeben und die Parteien über Sachverhalte aufklären, die von unmittelbarer Bedeutung für ihre Verhandlungspositionen sind. Die Aktivitäten des Vorsitzenden zur Herstellung von Verhandlungsfähigkeit lassen sich somit danach unterscheiden, ob sie (a) rekonstruierender oder (b) instruierender Art sind.

a) Rekonstruierende Sachverhaltsklärung

Die Funktion der rekonstruierenden Sachverhaltsklärung für die Herstellung und Aufrechterhaltung von Verhandlungsfähigkeit der Streitsache liegt darin, den Streitgegenstand selbst aufzuklären, die in der Streitsache verfolgten Interessen und eingenommenen Rechtsstandpunkte klarzulegen sowie die prinzipiell in Frage kommenden Regelungsmöglichkeiten der Streitigkeiten zu identifizieren. Auch wenn der Vorsitzende im schriftlichen Vorverfahren bereits wichtige Informationen über den Streitfall erhalten hat, muß er sich in der mündlichen Verhandlung ein aktualisiertes Bild davon verschaffen, was zwischen den Parteien strittig ist, welche Positionen sie beziehen und welche Begründungen sie hierfür liefern. Erst wenn der Vorsitzende über die handwerklich-technischen sowie über die rechtlichen Besonderheiten des Streitfalles informiert ist, kann er Ausgangspunkte für den weiteren Gang der Verhandlung fixieren. Für Teilergebnisse einzelner Rekonstruktionspassagen gilt, daß sie den weiteren Verhandlungsgang entscheidend strukturieren. Diese allgemeinen verhandlungsorganisatorischen Funktionen möchte ich kurz erläutern, bevor ich den Vorgang rekonstruierender Sachverhaltsklärung genauer untersuche und die hierfür charakteristischen Beteiligungsleistungen des Vorsitzenden aufzeige.

Erhebt ein Kunde Forderungen nach Mängelbeseitigung, muß zunächst einmal die Art der Mängelbehaftung dem Vorsitzenden transparent gemacht werden. Die Mängelbeschreibungen der einen Seite werden dabei selten sofort von der anderen Seite als stimmig akzeptiert. Wenn nun aber unterschiedliche Auffassungen über die Mängelbehaftung bzw. über die Güte der Arbeit des Handwerkers bestehen, kommt es darauf an, herauszufinden, in welchen konkreten Punkten unterschiedliche Qualitätsbeurteilungen bestehen und wie wichtig den Parteien eine exakte Klärung der Qualitätsmängel und auch der Verantwortlichkeit hierfür ist. Kann in der Verhandlungssituation nicht einvernehmlich geklärt werden, ob Mängel vorliegen und wer diese zu verantworten hat, muß über Schritte zur Klärung dieser Streitpunkte verhandelt werden (z.B. Hinzuziehung eines Sachverständigen oder eine gemeinsame Ortsbesichtigung). Ähnliches gilt auch für Preisbeanstandungen, hier müssen die Differenzen in den Preisvorstellungen ermittelt werden, um die Höhe des Streitwertes festlegen zu können. Ferner muß sich der Vorsitzende über die vertraglichen Abmachungen, die zwischen Handwerker und Kunde getroffen wurden, kundig machen, denn mit den vertraglichen Abmachungen bzw. den darauf anwendbaren Rechtsbestimmungen sind weitreichende Vorentscheidungen darüber getroffen, welche Streitregelungen überhaupt möglich bzw. zulässig sind. Ich will dies an zwei Beispielen verdeutlichen:

- Im Fall *Komplikationen bei der Restauration eines alten Flügels* hat der Auftraggeber Zweifel an der Geschicklichkeit des Handwerkers bekommen und ihm eine Weiterarbeit untersagt. Die nun in Betracht kommenden und vom Vorsitzenden dann auch aufgezeigten grundsätzlichen Möglichkeiten der Streitregelung sind: Entweder werden die Arbeiten vertragsgemäß zu Ende geführt oder die Parteien lösen ihre Geschäftsbeziehung auf.

- Beispiel *Durchnässung der Innenwand*: In vorausgegangenen Reklamationen des Hauskäufers haben die in Frage kommenden Handwerksbetriebe die Verantwortlichkeit für die aufgetretenen Schäden bestritten bzw. Nachbesserungsleistungen aufgrund der gestörten Geschäftsbeziehung zum Generalunternehmer abgelehnt. Nach Aufklärung dieses Sachverhaltes steht eine gewisse Stufenfolge des weiteren Bearbeitungsganges fest: Zunächst muß darauf hingewirkt werden, daß die geschäftlichen Komplikationen zwischen Generalunternehmer und Subunternehmer behoben werden, so daß letztere notfalls mit juristischen Mitteln zur Einhaltung ihrer Gewährleistungspflicht gezwungen werden können (konkret: der Generalunternehmer muß seinen Zahlungsverpflichtungen nachkommen). Erst nachdem dieser Punkt geklärt ist, läßt sich darüber verhandeln, welche weiteren Schritte zur Beseitigung der aufgetretenen Mängel zu unternehmen sind (Schadensbesichtigung aller beteiligten Handwerksbetriebe gemeinsam mit dem Generalunternehmer und dem Kunden; sollte bei dieser gemeinsamen Schadensbesichtigung keine Klärung erreicht werden können, verbleibt nur noch die Möglichkeit, einen Sachverständigen zu beauftragen).

Nun zu den typischen Aktivitäten, mit denen der Vorsitzende die rekonstruierende Klärung von Sachverhalten organisiert. Im Kapitel über die Phasenstruktur der Güteverhandlung habe ich bereits erwähnt, daß er seinen Informations- und Orientierungsbedarf durch Initiierung von Erklärungen und Stellungnahmen der Parteien abdeckt. Oft geschieht dies auch durch Einsichtnahme vorliegender Schriftstücke. Der Vorsitzende versucht, aus den Beanstandungen, Forderungen, Stellungnahmen, Rechtfertigungen usw. der Parteien jene Streitfallmerkmale zu selegieren, die, ausgehend von den Streitbehandlungsprämissen der Handwerkskammer, überhaupt als verhandelbar und thematisierungsbedürftig anzusehen sind. Für diese Aktivitäten läßt sich ein typisches Sequenzmuster aufzeigen: Der Vorsitzende konstatiert, daß ihm bestimmte Informationen über den Streitfall fehlen und fordert dann eine Partei auf, entsprechende Auskünfte zu geben. Nachdem die Partei sich zum klärungsbedürftigen Sachverhalt geäußert hat, folgt ein ergebnissichernder Zug des Vorsitzenden. Dieser letztgenannte Schritt besteht – in ausgebauter Form – aus zwei Komponenten, nämlich einer paraphrasierenden Äußerung und einer Äußerung, die den nun erreichten Stand der Sachverhaltsklärung auf praktische Implikationen für den weiteren Gang der Verhandlung hin interpretiert. Dieses Sequenzmuster sei an einem Ausschnitt aus der Verhandlung ***Zu hoher Stundenlohn*** erläutert:

```
K1: da warn zweihunderte"lf mark berechnet↓ * und jetzt sind
    es noch hundertdreienfümpfzich für eineinhalb stunden- *
    ATMET TIEF gut wenn sie wie das nun zu rechnen is was sie
    vorher erklärt ham- ** weiß nich ob das dann so viel

K1: au"smacht↓> *                                    ja↑
K2:                                              ja"↓
V:                >und so gehen sie punkt für pu"nkt vor und

K1:                       ja↓
K2:                                       ja ja↓
V:  sagen daß in jedem fa"ll ohne jede ausnahme↑ * die montage

K2:    ja↓                alle↓ *
V:  zu hoch berechnet sei↑<         —>ja dann werden=wer das

V: wohl ohne sachverständigen nich klärn können aber
   vielleicht äh: machen=wer hier mal=ne zäsur und geben
   herrn linsenmann mal gelegenheit
```

(3005/23, S. 11)

In diesem Gesprächsausschnitt schließt der Vorsitzende die Befragung des Kundenehepaares ab. Zuvor hatten die Bauscherts bekräftigt, daß die Preisreklamation sich auf jede einzelne Rechnungsposition, die Montage- bzw. Lohnkosten enthält, bezieht. In diesem Zusammenhang untermauert Frau Bauschert (K1) am Beispiel der 153,- DM, die für 1,5 Arbeitsstunden (Montage von Hängeschränken) berechnet wurde, ihren Standpunkt, einen zu hohen Preis bezahlen zu müssen. Daraufhin vergewissert sich der Vorsitzende, daß die Beanstandung der Stundenlöhne ***punkt für punkt*** gemeint ist. Beide Eheleute ratifizieren das vom Vorsitzenden formulierte Zwischenergebnis der Streitfallrekonstruktion (sie bejahen beide die Reformulierung des Vorsitzenden). Im Anschluß daran interpretiert der Vorsitzende dieses Zwischenergebnis auf die sich daraus ergebenden praktischen Konsequenzen für die weitere Streitfallbehandlung hin: Er äußert sich skeptisch darüber, ob man ohne einen Sachverständigen auskommen wird. Er initiiert dann eine erste Stellungnahme des Handwerkers zur streitigen Angelegenheit.

b) Instruierende Sachverhaltsklärung

Über die Funktion der instruierenden Klärung streitfallrelevanter Sachverhalte für das Verhandlungsgeschehen ist verallgemeinernd folgendes sagen: Sie soll den Parteien zu einer realistischeren und verläßlicheren Einschätzung der Justitiabilität, der Stärke der eigenen sowie der gegnerischen Position verhelfen. Insofern sind Aktivitäten zum Abbau von Informationsdefiziten auch als Beitrag zur Konstruktion von Entscheidungskriterien für das weitere Verhalten in der Streitsache anzusehen. Anders gesagt: Mit Aktivitäten zur Aufklärung über die Rechtslage und zur Einschätzung der Chancen vor Gericht liefert der Vorsitzende den Parteien bereits zwingende Gründe zur Überprüfung ihrer Ausgangspositionen, insbesondere dann, wenn der Vorsitzende Fehleinschätzungen der Rechtslage korrigiert, auf Gepflogenheiten der Rechtssprechung sowie auf Prozeßkosten und -risiken aufmerksam macht. Und auch wenn er den Parteien Entscheidungsalternativen im Rahmen des Güteverfahrens aufzeigt (etwa einen Sachverständigen hinzuziehen, einen zweiten Verhandlungstermin anberaumen, Einigungsvorschläge unter Einräumung einer Widerrufsklausel vereinbaren), leistet er Aufklärungsarbeit mit hohem instruierendem Gehalt.

Sofern die Fehlannahmen und Informationslücken einer Partei schon aus dem Schriftwechsel für den Vorsitzenden ersichtlich sind, liegt es nahe, daß er hierauf bereits im Zuge der Verhandlungseröffnung, vor der ersten Stellungnahme der Parteien also, eingeht und vorgreifend über die Rechtslage orientiert. So in der Verhandlung *Zu hoher Stundenlohn*:

V: mnäh- ** →>ich will- * auf eins- * damit↑ * sie gleich↑ ** äh
ihre position richtig- * abschätzen können=n hinweis↓<← ** bei
arbeiten dieser art →bei handwerklichen arbeiten↑← * ist nicht
von vornherei":n und nur=in besonderen fä":llen↑ * →der
tatsä"chliche zeitaufwand maßgebend↓← * man ka"nn eine
re"chnunk↑ * ä:hm↓ * für eine →handwerkliche arbeit nicht von
vornherein ausschließlich messen am tatsä"chlichen zeitaufwand↑
* zu me"ssen ist sie:↑ * a"m↓ ** o"bjektiven we"rt↓ ** äh n=ganz
einfaches beispiel↑ *

(3005/23, S. 2-3)

Bevor der Vorsitzende das Kundenehepaar über die Rechtslage aufklärt, verdeutlicht er, welche Funktion er diesem Aufklärungsschritt für das weitere Verhandeln beimißt, nämlich die *position richtig abschätzen*. Das Kundenehepaar wird nicht nur über die rechtliche Lage aufgeklärt, sondern bekommt gewissermaßen auch eine Gebrauchsanweisung für diese Informationen. Der instruierende Gehalt der oben zitierten Äußerung besteht in folgendem: Der Vorsitzende stellt klar, daß nicht ausgehend von den subjektiven Rechtsauffassungen des Kundenehepaares verhandelt wird, sondern in Orientierung an dem Tarif, der für Arbeiten eines Handwerkers gilt, sofern keine besonderen Abmachungen getroffen wurden. Mit dieser Klarstellung weist er das Ehepaar Bauschert noch vor dem Einstieg in die Rekonstruktion des Konflikts an, sich bei der Einnahme ihrer Verhandlungsposition an einer rechtlich maßgeblichen Lagebeurteilung zu orientieren.

Solche Aktivitäten, mit denen der Vorsitzende Fehlannahmen und Wissensdefizite der Parteien bearbeitet, leisten insofern Beiträge zur Herstellung der Verhandlungsfähigkeit der Streitsache, als rechtlich maßgebliche Beurteilungskriterien des Streitfalles als gemeinsame Orientierungspunkte der Verhandlungsteilnehmer verankert werden. Bei wiederholten Verdeutlichungen rechtlich relevanter Beurteilungsgesichtspunkte nimmt das In-Kenntnis-Setzen den Charakter gezielter Bearbeitungen der Verhandlungsposition einer Partei an. Ich komme auf diesen Aspekt in Kapitel 4.4.3. zurück.

4.4.2. Wahrung von Verhandlungsdisziplin. Oder: *Wenn sie sich nicht mäßigen, muß ich die Verhandlung abbrechen!*

In seiner Funktion als neutralem Dritten und als Verfahrenswalter ist der Vorsitzende auf einen geordneten Kommunikationsablauf, auf sachbezogene Interaktionsbeiträge und ein einigungsförderliches Verhandlungsklima bedacht. Rechthaberische und emotionsgeladene Beteiligungsweisen sowie hitzige Wortgefechte zwischen den Parteien unterlaufen diese Bestrebungen. Das Problem der Sicherung von Verhandlungsfähigkeit der Streitsache stellt sich somit auch unter dem Gesichtspunkt des zulässigen und unzulässigen Kommunikationsverhaltens der Parteien.

Verstöße gegen die erwartete Verhandlungsdisziplin erschweren die Durchführung der Güteverhandlung. Sie manifestieren sich als Krisenmomente und machen besondere Steuerungsaktivitäten des Vorsitzenden erforderlich, damit ein vorzeitiges Scheitern der Verhandlung verhindert werden kann. Eine sehr massive Steuerungsleistung besteht darin, mit dem Abbruch der Verhandlung (siehe Zitat in der Überschrift) zu drohen. Das Problem der Wahrung von Verhandlungsdisziplin bearbeitet der Vorsitzende nicht bloß anläßlich gravierender Verstöße hiergegen, er bearbeitet es auch auf prophylaktischem Wege, d.h. in vorgreifenden Festlegungsversuchen auf sachliches und kooperatives Gesprächsverhalten. Daher ist zwischen Aktivitäten zu unterscheiden, die (a) auf Krisenprophylaxe zielen, und (b) solchen, die akute Krisensituationen zu bereinigen versuchen, in denen also Krisenmanagement betrieben wird.

(a) Krisenprophylaxe

In den Ausführungen über die Phasenstruktur der Güteverhandlung habe ich bereits darauf hingewiesen, daß der Vorsitzende im Zuge der Verhandlungseröffnung Anlaß und Zweck des Zusammentreffens definiert und Gesprächsbedingungen sowie Beteiligungsaufgaben charakterisiert, an denen das nachfolgende Geschehen orientiert sein soll. Mit diesen routinemäßigen Bestandteilen der Situationseröffnung versucht der Vorsitzende die Streitparteien auf die Erreichung des gemeinsamen Handlungszieles 'gütliche Einigung' sowie auf Gesprächsbedingungen und kommunikative Beteiligungsweisen, unter denen die Realisierung dieses Handlungszieles vonstatten gehen soll, festzulegen. Der Vorsitzende bearbeitet sozusagen antizipatorisch Durchführungsprobleme des Handlungsschemas 'Güteverhandlung'. Er versucht möglichst von vornherein solche Verhaltensqualitäten zu unterbinden, die einem sachlichen, kooperativen und friedlichen Klärungsversuch abträglich sind (etwa das Ausagieren emotionaler Streitbetroffenheit und persönlicher Animositäten). Der Vorsitzende vollzieht also gewissermaßen Aktivitäten zur Einsozialisierung der Streitparteien in die kommunikativen Gelingensvoraussetzungen der Güteverhandlung, indem er erwünschte Verhaltensqualitäten und Gesprächsbedingungen definiert. Hierzu ein Ausschnitt aus der Eröffnung der Verhandlung *Zu teure Rollos*:

```
V: den sachverhalt wollen wer also so aufklären/ * und zwa":r soll dazu
   natü"rlich * ein persönliches gespräch hie"r zwischen beiden
   streitparteien geführt werden- * äh das ist das wesentliche daß
   sie" hie"r in ein gesprä"ch * mh=hinein kommen/ * äh- * daß ich
   nur mit sanfter ha"nd leiten will äh * um die ordnung einigermaßen
   zu wahren aber- * verhandeln/ und re:den sollen sie" vor allen
   dingen miteinander * äh ich will dann * soweit das überhaupt möglich
   ist dazu beitragen- * daß aufgru"nd dieses gespräches oder daß
   dieses gespräch einmündet in eine- ** außergerichtliche einigung/
```

(3005/24, S. 1)

Der Vorsitzende gibt hier eine Vororientierung über das anstehende Interaktionsereignis (*den sachverhalt ... aufklären*). Er charakterisiert die Interaktionsform, in der dieses Ereignis abgewickelt werden soll. Ferner vergegenwärtigt er den Parteien, daß sie die Hauptakteure der Verhandlung sind, diejenigen, für die das Ereignis von besonderer Bedeutung ist (*in ein gespräch mh=hinein kommen ...*; *verhandeln und reden sollen sie vor allen dingen miteinander*). Auch orientiert er die Parteien über seine Beteiligungsrolle in diesem Gespräch (*daß ich nur mit sanfter hand leiten will äh um die ordnung einigermaßen zu wahren*).

Krisenprophylaxe betreibt der Vorsitzende hier erstens insofern, als er vorgreifend Kommunikationsbedingungen und -aufgaben verdeutlicht und diese als elementare Gelingensvoraussetzung des anstehenden Interaktionsereignisses deklariert (*den sachverhalt ... aufklären ... ein persönliches gespräch hier zwischen beiden streitparteien ...*; *verhandeln und reden sollen sie vor allen dingen miteinander...*). Zweitens insofern, als er das Verhandlungsziel *außergerichtliche einigung* als ein Ziel einstuft, bei dem nicht sicher ist, ob es erreicht werden kann (*ich will dann soweit das überhaupt möglich ist dazu beitragen daß...*). Dieser Hinweis vergegenwärtigt nicht nur die prinzipielle Unsicherheit des Zustandekommens einer gütlichen Einigung, sondern bringt auch zum Ausdruck, daß es zuallererst auf die Parteien ankommt, auf ihre Verhandlungsbereitschaft und auf die Art und Weise, wie sie miteinander verhandeln, wenn dieses Ziel erreicht werden soll.

Eine krisenprophylaktische Wirkung geht nach meinem persönlichen Eindruck tendenziell auch von dem betont ruhigen und sachlichen Gesprächsführungsstil des Vorsitzenden aus. Dieser Verhandlungsstil zeichnet sich auch dadurch aus, daß er nicht auf jede Undiszipliniertheit reagiert, sondern ihr Eskalationspotential unterdrückt, indem er entsprechende Äußerungen auch mal überhört.

b) Krisenmanagement

Die krisenprophylaktischen Maßnahmen des Vorsitzenden fruchten allerdings nicht in jedem Fall. Kommt es im Verlaufe einer Verhandlung zu schwerwiegenden Verstößen gegen die Verhandlungsdisziplin, muß der Vorsitzende besondere Maßnahmen ergreifen, um die Krisensituation zu bereinigen. Auf der Grundlage der vorliegenden Verhandlungsprotokolle läßt sich sagen, daß schwerwiegende Krisensituationen durch folgende Verhaltensweisen der Parteien ausgelöst werden:

- Verunglimpfungen und affektgeladene Beschimpfungen der Gegenseite (hierzu gleich ein längerer Ausschnitt aus der Verhandlung *Zu teure Rollos*, der auch einen darauf reagierenden Disziplinierungsvorgang des Vorsitzenden beinhaltet).

- Verhaltensäußerungen, die von einem hochgradigen Erregungszustand und von kognitiven Schwierigkeiten im Umgang mit der Streitmaterie zeugen: In der Verhandlung *Zu teure Rollos* kann die Kundin den Bemühungen des Vorsitzenden um Sachverhaltsaufklärung nicht recht folgen; auch tut sie sich schwer damit, die technischen Erläuterungen des Handwerkers zur Höhe der veranschlagten Preise nachzuvollziehen. Sie ist andererseits selbst nicht in der Lage, ihre Beanstandungsgründe in einer für den Vorsitzenden auf Anhieb verständlichen Weise darzulegen. Bei der dann vom Vorsitzenden anhand vorliegender Schriftstücke initiierten Rekonstruktion der Streitpunkte fällt sie ihm und auch dem Handwerker immer wieder lautstark ins Wort. Auch unterläuft sie Bemühungen des Vorsitzenden um Klärung der Streitsache und um Strukturierung des Verhandlungsablaufs dadurch, daß sie nicht angemessen auf gezielte Fragen antwortet, sondern nur auf ihren Forderungen insistiert oder ihren Unmut über das Verhandlungsgeschehen äußert (*ach is das das is aber wirklich ein ein ein kram hier also*).

- Äußerungen, die Aussagen des Vorsitzenden zur Rechtslage in Zweifel ziehen oder ihnen gar widersprechen: In der Verhandlung *Zu dünner Anstrich* wird eine Klarstellung des Vorsitzenden zur Rechtslage vom Kunden –

irrtümlicherweise – als *quatsch* bezeichnet; die dadurch entstandene Krisensituation wird dadurch bereinigt, daß der Kunde seine Äußerung zurücknimmt und er sich beim Vorsitzenden entschuldigt, nachdem er von diesem in scharfer Form gerügt worden war: ... *quatsch ähm meistens erzähl ich nich ... ich bin gern bereit ihnen hier zu helfen ... ja ich bin allerdings nicht bereit widerspruchslos hinzunehmen ähm hm so ne frechheit wie daß ich völligen quatsch erzähle ... wenn sie äh sich in der richtung nicht mäßigen können und wollen dann brech ich die verhandlung ab ich erzähle keinen völligen quatsch sondern ich erzähle ihnen das was rechtlich richtig ist und wenn äh sich parteien darauf einigen daß auf eine nachbesserung verzichtet wird und statt dessen eine wertminderung zum tragen kommt dann kann man natürlich nach jahren nicht kommen und sagen wir machen doch die nachbesserung denn und das is kein völliger quatsch sondern das is das geltende recht ob sie das nun akzeptieren oder nich...* (3005/22, S. 31).

– Neutralitätszweifel bzw. Aufforderungen zur Parteilichkeit: Gemeint sind hier Äußerungen, in denen der Vorsitzende verdächtigt wird, mehr für die Interessen der anderen Seite zu tun bzw. Äußerungen, in denen der Vorsitzende direkt oder indirekt aufgefordert wird, mehr für die Interessen einer Partei zu tun. Während Kunden wohl eher zu Neutralitätszweifeln gegenüber dem Vorsitzenden tendieren, besteht bei den Handwerkern – so meine Vermutung – eher die Erwartungshaltung, daß der Vorsitzende sich ihrer Interessen annimmt. So bekundet in der Verhandlung *Zu dünner Anstrich* der Malermeister mit den Worten *ich hatte mir das bißchen anders vorgestellt hier*, daß er sich vom Vorsitzenden im Stich gelassen fühlt. Daß Parteilichkeitserwartungen die Durchführung einer Güteverhandlung nicht nur erschweren, sondern auch unmöglich machen, geht aus einem Erfahrungsbericht des Vorsitzenden hervor. Er erzählte mir von einer Verhandlung, die ein Handwerker zum Scheitern brachte, da er seine Interessen nicht angemessen vertreten sah und deshalb mitten in der Verhandlung einfach ging.

Wie schon gesagt, besteht das Krisenmanagement des Vorsitzenden entweder aus einem taktischen Übergehen von Verstößen gegen die Verhandlungsdisziplin oder er droht mit dem Verhandlungsabbruch; im folgenden möchte ich die Aktivitätstypen, die die letztgenannte Methode des Krisenmanagements auszeichnen, genauer bestimmen. Ich ziehe dazu eine Gesprächspassage aus der Verhandlung *Zu teure Rollos* heran. Zum besseren Verständnis dieses Gesprächsausschnittes sei das turbulente Vorgeschehen kurz erläutert:

Im Rahmen der Rekonstruktion des Streitsachverhaltes kann zwischen den Beteiligten nicht eindeutig geklärt werden, welche der vertraglichen Abmachungen zwischen dem Handwerker und der Kundin gültig ist. Von der Kundin sind zwei Aufträge erteilt worden; mit dem zweiten Auftrag erweiterte sie den ersten. Gleich zu Beginn der Verhandlung kommt es zu Streitigkeiten über Preisgestaltungs- und Ausführungsmodalitäten des zuletzt erteilten Auftrags bzw. darüber, welcher Auftrag maßgeblich ist. In diesem Zusammenhang hält die Kundin dem Handwerker vor, kein neues schriftliches Angebot unterbreitet zu haben; der Handwerker stuft eine erneute Angebotserteilung als unsinnig ein und macht geltend, daß seinerseits schon alles getan worden ist, was für eine Auftragserteilung zu tun ist: *was soll ich ihnen denn noch=n angebot machen wenn ich nu schon zwei aufträge habe was soll ich denn nu noch machen.* Hierauf reagiert die Kundin mit einer lautstarken Äußerung, aus der hervorgeht, daß sie kurz vor einem finanziellen Fiasko steht und daß sie sich womöglich bald in einer Lage befindet, in der sie überhaupt keinen Zahlungsverpflichtungen mehr nachkommen kann: *wissen se was machen se die aufträge gucken se ich hab ihnen erzählt daß unser haus hier mit (menke) KUNDIN HOLT EINE ZEITUNG HERVOR UND ZEIGT AUF EINEN ARTIKEL ja vielleicht geht s sowieso untern hammer und dann machen se doch ihre rolläden rein und wenn se hunderttausend mark kosten denn sehn se zu wo se ihr geld kriegen.* Die Kundin will hier dem Handwerker sagen: Wenn er darauf besteht, seinen Auftrag zu den von ihm veranschlagten Bedingungen auszuführen, wird er sich selber schaden, weil er es womöglich mit einem kompletten Zahlungsausfall zu tun bekommen wird. An dieser Stelle greift nun der Vorsitzende ein und versucht Frau Gänsemüller zur Räson zu bringen:

```
K:                                       ja↑          ich kann solchene
V: frau frau frau gänsemüller (...) (...)

K: teure moneten nich beza"hlen→                            <ja↑>
V:                                         frau gänsemüller (...) da

K:                                      <ja↑>
V: muß ich jetz ma eingreifen          wir sind hier dazu da:-

K: <ja ich kann sie nich bezahlen für->
V:                                            und vielleicht lassen

V: se mich nochmal zu wort kommen ich möchte u:/ u/ ungern
   meine stimme noch- * höher- * heben↓ ** ←wir sind hier
   dazu da: wie ich anfangs gesa:cht habe- * den sachverhalt

K:                                      hie"r↑          dat sehn
V: zu klä"ren soweit das geht-            +und→ ja fra/ au

K: se↓
V: gänsemü/ * frau →gänsemü"ller↓← ** wollen=se (nu mich) ma

K: ja↓                ja ich hör doch↓
V: anhörn oder nich↑                         ja denn denn fallen se

V: mir nich ständig ins wo"rt↑ * das is nich nur unhöflich
   sondern äh das is auch- * äh durchaus nicht geeignet- * äh

K:                                            ja: stimmt schon↓
V: die verhandlung hier weiterzuführen↓                        äh
```

V: also richten=se=sich mal danach↓ * ich habe von anfang an
gesacht daß wir den sachverhalt klären möchten↓ * das- *
bring/ geht natürlich nu"r wenn je"de partei↑ * die- *
notwendige sachlichkeit walten läßt↓ * das geht nicht- *
wenn sie hier herrn schmal anschrein und runterputzen oder
runterzuputzen versuchen und ähnliches- * äh und äh m/ wenn
sie hier drohen die ganze sache geht unter=n hammer und sehn

K: <ja natürlich wenn se (a/) unbedingt
V: se zu woher ihr geld- kommt

V: vertrachspartner sind immer noch> sie" und ihr mann und sie
haben sich zu bestimmten lei"stungen verpfli"chtet- * und
ich sehe bis*her- * ni"chts- * was dieser verpflichtung
entgegensteht oder sie aus dem wege räumt↓ * vielleicht
kommt ja noch was aber im au"genblick ham sie noch nichts
konkretes vortragen können daß sie von der- * pfli"cht von
der vertragspflicht die sie eingegangen sind mit
unterschrift↓ * befreit- * und deshalb sollten sie nich so
tuen- * als seien sie die"jenige die hier wer weiß wie auf

K: ja aber ich fühle mich irgendwie
V: den pu"tz hauen könnte↓ sie müssen- * selber ein

K: betro":gen↓
V: großes- nein↓ * von betruch kann keine rede sein↓ * sie

V: müssen- * äh- * da würd ich sehr vorsichtig sein das is
nämlich kann unter umständen ihnen als- * belei"digung oder
falsche anschuldigung ausgelegt werden↓ * da müssen=se sehr
vorsichtig sein↓ * äh- * es hat keinen zwe"ck in der
bisherigen form hier weiterzumachen wenn sie ni"cht in der
lage sind- * sachlich die sache hier mit herrn schmal zu
erörtern dann muß ich die verhandlung abbrechen und dann
müssen sie mit ihrem anwalt- * sich klar darüber werden- *
ob sie das risiko eines prozesses den sie eventuell
verlieren eingehen wollen oder- * äh ob sie das nicht tun
wollen↓ * ich will jetz erst mal lesen äh das- * müßte mir
doch wenigstens mal gestattet werden n=äh in einiger
ruhe- * äh wenichstens das was ihr anwalt zu ihren gunsten
ja auch wie ich annehme wohl vo"rgetragen hat↓ *6,5*

(3005/24, S. 22-24)

In diesem Gesprächsausschnitt reagiert der Vorsitzende darauf, daß Frau Gänsemüller durch Bekundung einer fatalistischen Haltung zur eigenen Finanzmisere bzw. einer gleichgültigen Haltung gegenüber Zahlungsverpflichtungen sowie durch die angeschlagene Lautstärke die Grenzen eines für den Vorsitzenden noch akzeptablen Verhandlungsstils überschreitet. Wie dieser die Krisensituation zu bereinigen versucht, sei nun sequenzanalytisch herausgearbeitet:

1. Segment (Zeile 1-10): Der Vorsitzende nimmt die vorausgegangene Äußerung der Kundin (*vielleicht geht s sowieso untern hammer ... dann machen se doch ihre rolläden rein ... sehn se zu wo se ihr geld kriegen ...*) zum Anlaß, in den Streit zwischen ihr und dem Handwerker einzugreifen; mit der Formulierung, die er gebraucht, um zu Wort zu kommen (*da muß ich jetz ma eingreifen*), betont er, daß nun ein Punkt erreicht ist, der seine Intervention notwendig macht. Er setzt dann dazu an, die Kundin an den Sinn und Zweck der Verhandlung zu erinnern, wird von ihr aber daran gehindert: Sie beteuert nochmals ihre Zahlungsschwierigkeiten (*ja ich kann sie nich bezahlen*). Daraufhin ermahnt der Vorsitzende die Kundin, ihm nicht das Wort abzuschneiden, und betont, daß er nicht die Mittel der Kundin (Lautstärke anheben) einsetzen möchte, um das Rederecht zu erhalten und rügt so ihren Kommunikationsstil als Verstoß gegen die Verhandlungsdisziplin (*und vielleicht lassen se mich nochmal zu wort kommen ich möchte ... ungern meine stimme noch höher heben*).

2. Segment (Zeile 10-22): Der Vorsitzende setzt den in Zeile 6 angefangenen Redezug der Erläuterung des Zwecks der Güteverhandlung fort (*wir sind hier dazu da wie ich anfangs gesacht habe den sachverhalt zu klären soweit das geht und*). Ein weiterer Einwurf der Kundin (*dat sehn se* – ich vermute, daß die Kundin hier sagen will: es liegt am Handwerker, daß der Sachverhalt bisher nicht aufgeklärt werden konnte) veranlaßt den Vorsitzenden nun dazu, sie zu fragen, ob sie bereit ist, ihm zuzuhören. Nachdem die Kundin erklärt hat, doch zuhörbereit zu sein (*ja ich hör doch*), fordert er sie nochmals explizit auf, ihm nicht mehr ins Wort zu fallen (Zeile 17-18). Zur Begründung seiner Aufforderung betont er den Störungscharakter des Kommunikationsverhaltens der Kundin, stuft ihr zuvor gezeigtes Verhalten als unhöflich ein und versucht ihr nochmals klarzumachen, daß so nicht weiter verhandelt werden kann. Die Kundin zeigt Verständnis für die Ermahnung des Vorsitzenden (*ja stimmt schon*); dieser appelliert daraufhin nochmals an Frau Gänsemüller, die Ermahnungen zu befolgen (*also richten=se=sich mal danach*). Die Besonderheit dieses Segments besteht somit darin, daß eine sekundäre Krisensituation bereinigt wird. Sie ist dadurch entstanden, daß der Versuch des Krisenmanagements von der Kundin behindert wurde.

3. Segment (Zeile 22-27): In diesem Segment bearbeitet der Vorsitzende wieder die primäre Krisensituation, die die Kundin durch Einnahme einer Gleichgültigkeitshaltung gegenüber den Forderungen des Kunden ausgelöst hatte (*denn machen se doch ihre rolläden rein und wenn se hunderttausend mark kosten denn sehn se zu wo se ihr geld kriegen*). Der Vorsitzende erläutert nochmals das Ziel der Güteverhandlung (*daß wir den sachverhalt klären*) und expliziert dann Verhaltensqualitäten, die er von den Parteien erwartet bzw. hebt hervor, daß das zuletzt gezeigte Verhalten der Kundin einer Realisierung

dieses Zieles zuwiderläuft (*geht natürlich nur wenn ... das geht nicht wenn sie hier herrn schmal anschrein und runterputzen ...*).

4. Segment (Zeile 27-41): Anschließend stellt der Vorsitzende klar, daß das von der Kundin bisher Vorgebrachte nichts an dem bestehenden Vertragsverhältnis zwischen ihr und dem Handwerker ändert. Mit der Äußerung (*und deshalb sollten sie nich so tuen als seien sie diejenige die hier wer weiß wie auf den putz hauen könnte*) weist er die Kundin sozusagen in die Schranken. Indem der Vorsitzende dann einen Zug zur Vorbereitung der weiteren Sachverhaltsklärung vollzieht (*und ich sehe bisher nichts was dieser verpflichtung entgegensteht oder sie aus dem wege räumt vielleicht kommt ja noch was aber im augenblick ham sie noch nichts konkretes vortragen können daß sie ...*), signalisiert er, daß es nach dieser Ermahnung weitergehen kann.

5. Segment (Zeile 40-47): Auf die Zurechtweisungen des Vorsitzenden hin rechtfertigt sich die Kundin, indem sie ihr subjektives Rechtsgefühl bekundet (*aber ich fühle mich irgendwie betrogen*). Der Vorsitzende stellt nun nochmals klar, daß dieser Standpunkt rechtlich nicht abgesichert ist, und macht die Kundin darauf aufmerksam, daß sie wegen solcher Äußerungen eines Rechtsvergehens beschuldigt werden kann (*kann unter umständen ihnen als beleidigung oder falsche anschuldigung ausgelegt werden da müssen=se sehr vorsichtig sein*).

6. Segment (Zeile 47-54): Der Vorsitzende erklärt dann ein weiteres Mal, daß die Fortführung der Verhandlung durch das bisher von der Kundin gezeigte Kommunikationsverhalten gefährdet ist, und droht mit Verhandlungsabbruch für den Fall, daß die Kundin sich nicht sachlich verhält (*wenn sie nicht in der lage sind sachlich die sache hier mit herrn schmal zu erörtern dann muß ich die verhandlung abbrechen*). Diese Drohung mit Abbruch der Verhandlung verstärkt der Vorsitzende noch durch den Hinweis, daß der Kundin dann nur noch eines übrig bleibt, nämlich sich mit ihrem Anwalt zu beraten, ob sie es auf einen Prozeß ankommen lassen will, sowie durch Andeutung einer Niederlage vor Gericht als möglichem Ergebnis (*und dann müssen sie mit ihrem anwalt sich klar darüber werden ob sie das risiko eines prozesses den sie eventuell verlieren eingehen*).

7. Segment (Zeile 54-57): Der Vorsitzende unternimmt dann den Versuch, die Konfliktrekonstruktion wiederaufzunehmen. Er bekundet seine Absicht, Schriftstücke einsehen zu wollen, die die Kundin von ihrem Anwalt erhalten und bereits zu Beginn der Verhandlung dem Vorsitzenden ausgehändigt hat. In diesem Schritt zur Wiederaufnahme des unterbrochenen Aktivitätsstranges versucht er – unter Bezugnahme auf den Störungscharakter des zuvor gezeigten Beteiligungsverhaltens der Kundin –, Durchführungsbedingungen für dieses spezielle Vorhaben herzustellen (*ich will jetz erst mal lesen äh das müßte mir doch wenigstens mal gestattet werden n=äh in einiger ruhe äh wenichstens das was ihr anwalt zu ihren gunsten ja auch wie ich annehme wohl vorgetragen hat*).

Auf der Grundlage dieser Sequenzanalyse lassen sich nun als charakteristisch für das Krisenmanagement des Vorsitzenden folgende Aktivitätstypen nennen:

- Störungsdefinition:[37] Ein vorausgegangener Interaktionsbeitrag einer Partei wird vom Vorsitzenden als gravierende Störung der Verhandlungssituation deklariert und als unzulässiges Verhalten eingestuft (Beispiele: *frau gänsemüller ... da muß ich jetz ma eingreifen ...*, Z. 2-6; *und vielleicht lassen se mich nochmal zu wort kommen ich möchte u u ungern meine stimme noch höher heben*, Z. 8-10).
- Vergegenwärtigung des Handlungszwecks und Definition erforderlicher Verhaltensqualitäten: Der Vorsitzende fordert die Partei, die die Störung des Verhandlungsgeschehens ausgelöst hat, auf, solche Handlungszüge zu unterlassen bzw. versucht erneut, sie für den verabredeten Handlungszweck in die Pflicht zu nehmen. Als Ressource zur Durchsetzung bestimmter Verhaltensqualitäten fungiert die Drohung mit dem Abbruch der Verhandlung sowie die daraus resultierenden negativen Konsequenzen (Z. 48-54). Auch werden die geforderten Verhaltensqualitäten – ähnlich wie in der Eröffnung der Verhandlung – vom Vorsitzenden nochmals explizit definiert (*geht natürlich nur wenn jede partei die notwendige sachlichkeit walten läßt das geht nicht wenn ...*; Z. 24-27).
- Reorganisations- und Renormalisierungsanstrengungen: Zum erfolgreichen Krisenmanagement gehört es natürlich auch, daß Maßnahmen zur Fortsetzung der Verhandlung ergriffen werden. Das heißt, nachdem der Störungscharakter des Parteienverhaltens moniert und geforderte Verhaltensqualitäten aufgezeigt worden sind, müssen Schritte zur Wiederaufnahme des unterbrochenen Aktivitätsstranges vollzogen werden. Diese werden in expliziten Zuweisungen von Beteiligungsaufgaben für den Fortgang der Verhandlung realisiert. Die Aufgabenzuweisung kann an eine Partei oder auch an den Verhandlungsleiter selbst gerichtet sein (*ich will jetz erst mal lesen ... was ihr anwalt zu ihren gunsten ... vorgetragen hat*; Z. 54-57).

4.4.3. Lockerung von Verhandlungspositionen. Oder: *Die Kuh vom Eis holen!*

Die Tatsache, daß Handwerker und Kunde sich auf ein Güteverfahren eingelassen haben und zur mündlichen Verhandlung erschienen sind, legt den Schluß nahe, daß sie selbst ein Interesse an der Beilegung ihrer Streitigkeiten haben und eine gewisse Bereitschaft zur gütlichen Einigung mitbringen. Erlebt man das Verhandlungsgeschehen mit, wird man allerdings mit einem Verhalten der Parteien konfrontiert, das eher den gegenteiligen Eindruck erweckt. In manchen Fällen gar kann man sich nicht des Eindrucks erwehren, daß die Güteverhandlung von den Parteien lediglich als Forum zur Durchsetzung ih-

[37] Diesen Begriff übernehme ich aus Kallmeyer (1979).

rer persönlichen Interessen verstanden wird. Nur zögerlich und meist erst nach langwierigen Auseinandersetzungen sind sie in der Lage, eingenommene Verhandlungspositionen so weit zu revidieren, daß einer gütlichen Einigung nichts mehr im Wege steht. Kann eine Annäherung der Positionen nicht erzielt werden, muß der Versuch der gütlichen Einigung scheitern. Zur Aufrechterhaltung von Verhandlungsfähigkeit der Streitsache kommt es also auch darauf an, daß Handwerker und Kunde ihre Ausgangspositionen lockern und der anderen Seite entgegenkommen. Das heißt nicht, daß stets beide Parteien von ihren Ausgangspositionen abrücken müssen, oft hängt der entscheidende Durchbruch auch nur von der Konzessionsbereitschaft einer Partei ab.

Es handelt sich hier um die Hauptschwierigkeit der Aufrechterhaltung von Verhandlungsfähigkeit der Streitsache, dies macht der Vorsitzende zumeist auch in situationseröffnenden Aktivitäten deutlich. Etwa wenn er vorgreifend Verständnis dafür bekundet, daß es den Parteien nicht leicht fallen wird, einen Kompromiß einzugehen. Oder wenn er sich – aufgrund der im schriftlichen Vorverfahren bezogenen Standpunkte – sehr skeptisch über die Erfolgsaussichten der Güteverhandlung äußert, gleichwohl aber andeutet, daß diese Standpunkte zur Disposition gestellt werden müssen, wenn eine Einigung zustande kommen soll. In diesen für die Situationseröffnung typischen Aktivitäten bearbeitet der Vorsitzende zwar noch nicht gezielt und im Detail die Verhandlungspositionen der Parteien, wohl aber vergegenwärtigt er ihnen damit, daß die Realisierung des angestrebten Verhandlungszweckes an spezifische Bedingungen – an Bedingungen, die in den Verantwortungsbereich der Parteien fallen – geknüpft ist.

Eine wichtige Voraussetzung dafür, daß die Kontrahenten sich entgegenkommen können, sind sicherlich die Dialogverläufe, in denen sie mit der Sichtweise und Rechtsauffassung der Gegenpartei konfrontiert werden.[38] Darüber hinaus müssen aber auch vom Vorsitzenden interaktive Leistungen erbracht werden, damit die Güteverhandlung nicht am zu starren Verfechten von Verhandlungspositionen scheitert. Schritte zur Lockerung der Verhandlungspositionen der Parteien vollzieht der Vorsitzende bereits im Zuge der instruierenden Sachverhaltsklärung, also dann, wenn er die Parteien über die Rechtslage aufklärt und ihnen Stärken und Schwächen der jeweiligen Verhandlungsposition aufzeigt. Mit solchen Aktivitäten sind zwar wichtige argumentative Ressourcen zur Bearbeitung der Verhandlungspositionen eingeführt, das heißt aber nicht, daß damit auch schon ein Verhandlungsergebnis in Sicht ist. So ist es nichts Ungewöhnliches, wenn eine Partei auch nach mehrfacher Darlegung der Rechtslage an ihren subjektiven Rechtsvorstellungen festhält und nicht bereit ist, ihre Ansprüche zurückzunehmen. Das Problem der Aufrechterhaltung

[38] Ich schließe mich hier Hegenbarth/Scholz (1979) an; sie sehen „die Tatsache, daß die Konfligierenden über ihren Konflikt sprechen, selbst (als) Bestandteil des Konfliktlösungsprozesses" an (1979, S. 91).

von Verhandlungsfähigkeit durch Lockerung der Positionen muß in solchen Gesprächszusammenhängen lokal, also in unmittelbarer Auseinandersetzung mit den Widerständen bzw. den Positionsmarkierungen und -begründungen einer Partei vom Vorsitzenden bearbeitet werden. Ein interaktives Verfahren, das er dabei anwendet, besteht darin, (a) die Parteien stärker für das Gelingen des Streitregelungsversuches in die Verantwortung zu nehmen und ihnen entsprechende Initiativlasten aufzubürden. Ein anderes, ähnliches, besteht darin, (b) „zwingende Gründe" für eine konzessionswilligere Haltung einer Partei anzuführen.

a) Konstruktion von Initiativlast für das Gelingen der Güteverhandlung

Allgemein läßt sich dann von interaktiven Leistungen zur Konstruktion von Initiativlast sprechen, wenn ein Gesprächsteilnehmer einem anderen Teilnehmer (oder auch mehreren Beteiligten) die Aufgabe zuweist, die für die weitere Durchführung des Gespräches erforderlichen nächsten Schritte zu vollziehen. In Güteverhandlungen vor der Handwerkskammer konstruiert der Vorsitzende solche Initiativlasten unter Hinweis darauf, eigene Handlungsmöglichkeiten ausgeschöpft zu haben, unter Vergegenwärtigung der Gefahr des Scheiterns und unter Hinweis auf dann noch verbleibende Streitregelungsmöglichkeiten (Gerichtsverfahren, kostenpflichtiges Sachverständigengutachten). Unter Heranziehung dieser argumentativen Mittel versucht er, die Parteien zu neuen Angeboten oder Einigungsvorschlägen zu veranlassen. Insbesondere der Übergang von Aktivitäten der Rekonstruktion des Konfliktes zu solchen der Regelung des Konfliktes wird durch Aufbau entsprechender Initiativlasten für die Parteien bewerkstelligt. Und auch am Aushandlungsgeschehen eines Einigungsvorschlages beteiligt sich der Vorsitzende, indem er den Parteien Initiativlasten für das Gelingen der Güteverhandlung aufbürdet.

An einem Gesprächsausschnitt aus der Verhandlung *Zu dünner Anstrich* sei exemplarisch nachgezeichnet, wie der Vorsitzende darin Initiativlasten aufbaut und so die Lockerung einer Verhandlungsposition herbeiführt:

```
V: äh: sowei"t zur sache selbst is jetz wohl neu"es nich mehr

H:                     →ja": ich meine-←
V: vorzubringen↓ * da is ja nur          die frage noch

V: zu stellen ob sie- *2,5* äh wie sie auseinandergehn

H: →ja das liecht jetz an herrn watzlawik↓← nich↑
V: wollen↓             im mome"nt seh ich also

V: kei"n gutes licht * für * für=ne * gütliche

H:            hmm↑
V: regelunk weil sie sich doch noch zu sehr äh weit
```

```
K:                    →äh (...)
V: auseinander sind * >wir kö"nnten meinetwegen auch

K: (...↑)←
V: einen   sachverständigen einschalten-<

H: naja a/
K:          +→ich werd=en vorschlag machen- *
```

(3005/22, S. 39)

Der Vorsitzende macht hier von seiner Kompetenz als Verhandlungsleiter folgendermaßen Gebrauch: Er konstatiert, daß der vorausgegangene Aktivitätskomplex (vorausgegangen waren Stellungnahmen der Parteien zum Streitsachverhalt und Verdeutlichungen der jeweiligen Ausgangspositionen) keiner weiteren Bearbeitung mehr bedarf (*äh soweit zur sache selbst is jetz wohl neues nich mehr vorzubringen*). Er lenkt dann das Verhandlungsgeschehen auf einen neuen Aktivitätskomplex hin (*da is ja nur die frage noch zu stellen ob sie äh wie sie auseinandergehn wollen*). Dieser Aktivitätskomplex, auf den der Vorsitzende hier fokussiert, ist als ein verfahrensmäßig noch ausstehender, als obligatorischer Aktivitätskomplex markiert. Auch ist er als Aktivitätskomplex, der für beide Streitparteien von besonderer Relevanz ist, ausgewiesen (das vom Vorsitzenden verwendete Anredepronomen *sie* adressiert den Redezug an beide Seiten). Diesem Fokussierungszug läßt der Vorsitzende eine pessimistische Beurteilung der Chancen für eine gütliche Einigung sowie eine Einstufung der bisher eingenommenen Verhandlungspositionen als nicht überbrückungsfähig folgen (*im moment seh ich also kein gutes licht für für=ne gütliche regelunk weil sie sich doch noch zu sehr äh weit auseinander sind*). Er gibt den Parteien damit zu verstehen, daß sie bisher zu wenig Kompromißbereitschaft gezeigt haben und daher von der Erreichung des Verhandlungsziels 'gütliche Einigung' weit entfernt sind.

Der dann folgende Hinweis auf die Möglichkeit der Hinzuziehung eines Sachverständigen verstärkt den Druck auf die Parteien, ihre Positionen zu überdenken. Der Vorsitzende bietet zwar eine Verfahrensressource an, die geeignet sein könnte, die strittigen Punkte, die sich im vorausgegangenen Interaktionsgeschehen herauskristallisiert haben, zu bereinigen. Es handelt sich dabei aber – wie allen Beteiligten klar ist – um eine Verfahrensressource, die die Streitregelung hinauszögert und verteuert und daher eine wenig attraktive Alternative darstellt.

Verallgemeinernd läßt sich der interaktive Mechanismus, durch den der Vorsitzende den Parteien Initiativlasten für die weitere Durchführung der Verhandlung aufbürdet, so umschreiben: Er verdeutlicht, eigenen Beteiligungsaufgaben in ausreichendem Maße nachgekommen zu sein, eigene Kompetenzen ausgeschöpft zu haben bzw. nur noch wenig attraktive Verfahrensressourcen anbieten zu können. Zugleich bringt er die Handlungsautonomie der Parteien ins Spiel und behandelt sie als Verhandlungsteilnehmer, die für den weiteren Gang der Güteverhandlung selbst verantwortlich sind bzw. die für die Beilegung ihrer Streitigkeiten selbst etwas tun müssen. Mit Formulierungen wie *tja weiß ich auch nich weiter* oder *bleibt die frage wie sie auseinandergehen wollen* macht er solche Aktivitäten zu konditionell relevanten, die es erforderlich machen, daß die Parteien sich selbst um Überbrückungsmöglichkeiten ihrer Verhandlungspositionen bemühen.

b) Aufbau von Zugzwängen zur Konzessionsbereitschaft

Selbst dann, wenn die Beteiligten schon dazu übergegangen sind, konkrete Einigungsbedingungen zu verhandeln, kann es noch zu Blockaden im Verhandlungsgeschehen kommen. Mit Aktivitäten des Fokussierens auf den noch strittigen Punkt und auch mit argumentativen Positionsbearbeitungen versucht der Vorsitzende dann solche Blockaden zu beseitigen.

Argumente, mit denen der Vorsitzende versucht, die Konzessionsbereitschaft zu erhöhen, sind zum einen die „guten Gründe", die prinzipiell für eine gütliche Einigung sprechen und die er zumeist auch schon in der Situationseröffnung erwähnt hat. Zum anderen bezieht er wichtige Argumente aus den Positionsmarkierungen und -begründungen, die im Verhandlungsgeschehen von den Parteien vorgenommen wurden.[39] Wenn beispielsweise der Handwerker bereits ein entgegenkommendes Angebot unterbreitet hat, kann der in seiner Ausgangsposition verharrende Kunde unter Zugzwang gesetzt werden, indem der Vorsitzende das Entgegenkommen des Handwerkers als eine Leistung würdigt, die eine entsprechende Honorierung durch den Kunden verdient. Auch kann der Vorsitzende sich gezielt mit den Begründungen auseinandersetzen, die eine Partei für ihre Verhandlungsposition gegeben hat, um so einen Zugzwang zur Lockerung der Position aufzubauen oder zu verstärken.

In dem folgenden Gesprächsausschnitt aus der Verhandlung *Zu hoher Stundenlohn* greift der Vorsitzende in die Aushandlung eines Kompromißbetrages zunächst mit einem Wirtschaftlichkeitsargument ein (unverhältnismäßig hohe Kosten der Streitregelung bei Einschaltung eines Sachverständigen). Anschließend – nach einem Geplänkel mit dem Kunden um die Frage, ob Kosten für ein Sachverständigengutachten von einer Rechtsschutzversicherung getragen werden – argumentiert er dafür, daß auch der Kunde noch einen Verhandlungsspielraum hat und diesen ausschöpfen sollte:

V: also mich beschäftigt die frage ob es denn- ** zwischen
diesen beiden po:len- ** tausendeinhundert- ** äh
geforderter nachlaß von fünfhundertfünfzig angebotener
nachlaß- * ob es da vielleicht noch- * irgend- * einen
kompromiß dazwischen gibt↑ * äh- ** der so: geartet ist

[39] Vgl. auch Klein (in diesem Band), der argumentative Ressourcen zur Durchsetzung einer Einigung in der Schiedsmanns-Institution beschreibt.

daß man ihn wirtschaftlich- * noch vertreten könnte
sonst hat=s natürlich keinen zweck- *2,5* (...↓) *
immer wieder ausgehend davon- * daß- * geme"ssen an
dem was je"tzt noch so als streitwert übrig ist- *
die gutachtenkosten mit si"cherheit zu hoch würden↓

K1: mhm↓
V: selbst wenn die bei zweihundert werden- *
gemessen an dem was je"tzt hier- * runde fünfhundert
mark an streitwert noch übrig ist- * wären zweihundert
mark vie"l zu viel↓ *2,5* also- * rein ökonomisch
gesehen- * äh- * kann ich ihnen da- ** äh als als
vertreter einer einer organisation- * äh die im im
wirtschaftsleben- * steht äh nun- * nicht mehr sagen- *
lassen=s=es prüfen durch=en sachverständigen↓

K1: mhm↓
K2: +→na ja ich ja ich sage ihnen
H: es wird zu teuer↓

K2: ja← uns würden keine kosten anfallen das die zusage

(THEMATISIERUNG DER ÜBERNAHME VON GUTACHTERKOSTEN DURCH
EINE RECHTSSCHUTZVERSICHERUNG)

V: ja die frage ist ob es jetzt zwischen
den beiden polen tausendeinhundert und fünfhundertfünfzig
mark- * noch irgendwas gibt äh was ihnen akzeptabel

K1: >/tja also bitte↓)< *6,5*
V: ist↑ *5,5* also daß sie

V: nicht↑ *1,5* von vornherein einfach die von ihnen
ermittelten stunden↑ *2,5* nehmen- * mit fünfunvierzig- *
multiplizieren und dann als abrechnung zugrunde legen

K1: naja sicher↓
V: können↑ * das- * dürfte klar sein >nich↑<

V: un deshalb müßte ja vielleicht en bißchen luft auch bei

K1: >mhm↓< *7,5*
K2: naja um es kurz zu machen
V: ihnen drin sein↑

K2: denn- * teilen wir doch die hälfte nochmal denn bums

(3005/23, S. 44-46)

Beide Teile dieser Gesprächspassage (Zeile 1-23 und Zeile 24-38) bestehen aus einer fokussierenden Komponente und aus einer – auf den erreichten Verhandlungsstand bezogenen – argumentativen Komponente. Bereits durch Vollzug der fokussierenden Aktivitäten werden solche Interaktionsbeiträge, die die Suche nach einer einvernehmlichen Regelung voranbringen, für die Parteien konditionell relevant. Die angefügten argumentativen Sequenzen verstärken diese Zugzwänge bzw. setzen eine bestimmte Partei unter Zugzwang. Dem ersten Fokussierungschritt (*also mich beschäftigt die frage ob es denn ...*, Z. 1-5) läßt der Vorsitzende eine ergebnissichernde Äußerung folgen, mit der er die Einschaltung eines Sachverständigen als mögliches Ergebnis der Verhandlung verwirft. Indem er die Hinzuziehung eines Sachverständigen als wirtschaftlich unvernünftige Möglichkeit ausklammert, versucht er, die Parteien darauf festzulegen, jetzt und hier zu einer Vereinbarung zu kommen. Unter Bezugnahme auf seine institutionelle Beteiligungsrolle verleiht er dem Wirtschaftlichkeitsgesichtspunkt besonderes Gewicht für die Regelung der Streitigkeiten (*also rein ökonomisch gesehen äh kann ich ihnen da äh als als vertreter einer einer organisation äh die im im wirtschaftsleben steht äh nun nicht mehr sagen lassen=s=es prüfen durch=en sachverständigen*, Z. 15-19); er formuliert damit als Arbeitskonsens für die weiteren Bemühungen um Regelung des Konfliktes den Verzicht auf einen Sachverständigen.

Im zweiten Teil des Gesprächsausschnittes (Zeile 24-38) lenkt der Vorsitzende – bedingt durch die Thematisierung der Rechtsschutzversicherung – wieder auf die Frage der Positionsannäherung hin (*ja die frage ist ob es jetzt zwischen den beiden polen tausendeinhundert und fünfhundertfünfzig mark noch irgendwas gibt ...*, Z. 24-28). Nachdem auf diesen Fokussierungszug eine Pause von gut 5 Sekunden entstanden ist (Z. 28), die Ehefrau des Kundenpaares zu einem Redebeitrag angesetzt hat (*tja also bitte*) und eine weitere Pause von gut 6 Sekunden entstanden ist, läßt der Vorsitzende wiederum eine argumentative Sequenz folgen. Vermutlich werden die argumentativen Aktivitäten des Vorsitzenden hier ausgelöst durch die mangelnden Übernahme- und Bearbeitungsleistungen des interaktiven Fokus 'Annäherung zwischen den Polen'. Diese argumentative Passage ist jetzt speziell an die Kundenseite adressiert, und zwar stuft der Vorsitzende das Berechnungsmodell, auf dessen Grundlage das Kundenehepaar einen akzeptablen Rechnungsbetrag genannt hatte, als unzulässiges Rechenmodell ein. Und er setzt voraus, daß Familie Bauschert sich über diesen Punkt im klaren ist (*also daß sie nicht von vornherein einfach die von ihnen ermittelten stunden nehmen mit fünfunvierzig multiplizieren ... können das dürfte klar sein nich*, Z. 28-33). Nachdem dieser „Schwachpunkt" in der Position von Familie Bauschert offengelegt ist, formuliert der Vorsitzende die Konsequenz, die er für das weitere Verhandeln mit dem Handwerker haben müßte (*deshalb müßte ja vielleicht en bißchen luft auch bei ihnen drin sein*, Z. 34-37). Unmittelbar darauf schlägt Herr Bauschert dann auch einen Kompromißbetrag vor (*naja um es kurz zu machen denn teilen wir doch die hälfte nochmal denn bums*, Z. 36-38) und einer gütlichen Einigung steht nichts mehr im Wege.

5. Schlußbetrachtungen

a) Die Analyseergebnisse im Überblick

Als prägend für das kommunikative Geschehen in der Güteverhandlung vor der Handwerkskammer erwiesen sich sprachlich-interaktive Leistungen, mit denen die Beteiligten ihre je besonderen Sichtweisen und Handlungsrelevanzen in der Streitsache darstellen. Herausgearbeitet wurden zum einen die Relevanzgesichtspunkte, die für die Akteure orientierungsleitend sind. Zum anderen wurden die charakteristischen kommunikativen Aktivitäten beschrieben, in denen die jeweiligen Perspektiven und Interessen als relevant für die Verhandlungssituation dargestellt werden. Zusammenfassend lassen sich für die Beteiligungsrollen des Kunden, des Handwerkers und des Vorsitzenden folgende Befunde formulieren:

Der Kunde entwickelt Forderungen nach Herstellung des erwarteten Gebrauchswertes unter Bezug auf vorliegende Gebrauchsmängel und unter Bezug auf Qualitätszusagen des Handwerkers. Er stellt handwerklich-technisch spezifizierbare Mängel ausführlich dar und/oder gibt die Mängel als evidente Erscheinungen wider. Wie aufwendig Forderungen nach Mängelbeseitigung begründet werden, hängt vom Stand der Vorverhandlungen zwischen Kunde und Handwerker bzw. von den Zwischenergebnissen des schriftlichen Vorverfahrens ab. Ärgerliche Begleitumstände, die der Kunde infolge der Geschäftsbeziehung mit dem Handwerker hinnehmen mußte, können als allgemeine Plausibilisierungsressource des Reklamationsverhaltens ebenso herangezogen werden wie zur Kompensation juristischer Schwachstellen der Verhandlungsposition. Bei Beanstandungen der Preise des Handwerkers operiert der Kunde mit Seriositäts- und Normalitätsvorstellungen, die er auf das Geschäftsgebaren bzw. auf das Preis-Leistungsverhältnis anwendet. Auch ist er bemüht, sich selbst als fairen Geschäftspartner zu stilisieren und möglichen Auslegungen seiner Preisbeanstandung als gleichermaßen unseriöses Geschäftsgebaren entgegenzutreten.

Für den Handwerker ist die Kundenreklamation unter verschiedenen Aspekten eine fragwürdige, ja, illegitime Angelegenheit. Er versucht, Qualitätsbeanstandungen zu widerlegen, indem er ausführt, in fachgerechter Weise gearbeitet zu haben und indem er „richtigstellt", daß die behaupteten Mängel keine – oder nur geringfügige – sind. Um seine Preise zu verteidigen bzw. um Forderungen nach gerechter Entlohnung aufrechtzuerhalten, bezieht er sich auf das allgemeine Äquivalenzprinzip geschäftlicher Tauschbeziehungen sowie auf Kosten, die ihm durch die Auftragsausführung entstanden sind (Material, Werkzeug, Abnutzung, Fahrtzeiten usw.). Er setzt sich mit den vom Kunden herangezogenen Maßstäben zur Bewertung der Arbeitsleistung auseinander, und versucht, sie als nicht-sachgerechte einzuordnen. Er rechtfertigt seine Preise unter Hinweis auf branchenübliche Tarife sowie im Vergleich mit anderen Berufsgruppen und Firmen. Der Handwerker zieht die Reklamationsberechtigung auch dadurch in Frage, daß er seinen Kontrahenten als schwierigen Kunden typisiert, als Kunden, der übertrieben hohe Qualitätsansprüche hat oder als Kunden, für den es zum Geschäftsprinzip gehört, nicht mit einer Arbeit zufrieden zu sein. Steht die Aushandlung eines Kompromißbetrages oder noch zu erbringender Arbeitsleistungen im Mittelpunkt, gestaltet der Handwerker seine Aushandlungszüge im Gestus großzügigen Entgegenkommens oder aber als „letzte Angebote". Seinen guten Ruf versucht er durch Korrekturen an ihn diskreditierenden Aussagen, durch demonstratives Entgegenkommen und gezieltes Werben um das Vertrauen des Kunden zu wahren.

Während die Perspektiven des Kunden und des Handwerkers durch die spezifischen Interessen, die sie als Geschäftspartner haben, sowie durch vorausgegangene Störungen der Geschäftsbeziehung geprägt sind, ist die, die der Vorsitzende in der Streitsache einnimmt, von institutionell verankerten Bedingungen der Streitbehandlung bestimmt. Dazu gehört vor allem die Orientierung an Bestimmungen des geltenden Rechts sowie an Wirtschaftlichkeitsmaximen der Streitregelung. Die Beteiligungsweise des Vorsitzenden ist darauf gerichtet, die streitige Angelegenheit in kognitiver, emotionaler und verlaufsorganisatorischer Hinsicht verhandlungsfähig zu machen. Als die wichtigsten Durchführungsvoraussetzungen der Güteverhandlung wurden diskutiert: die Klärung streitfallrelevanter Sachverhalte, die Wahrung von Verhandlungsdisziplin und die Lockerung von Verhandlungspositionen. Die praktischen Methoden, mit denen der Vorsitzende diese Durchführungsvoraussetzungen sicherzustellen versucht, sind: die rekonstruierende und die instruierende Sachverhaltsklärung, Maßnahmen zur Krisenprophylaxe und des Krisenmanagements sowie das In-die-Pflicht-Nehmen der Parteien für das Gelingen der gütlichen Einigung und die argumentative Herbeiführung von Konzessionsbereitschaft.

b) Die ambivalente Orientiertheit der Streitparteien und der fragile Charakter der Güteverhandlung

Die empirisch-analytische Beschäftigung mit den Handlungsrelevanzen der Verhandlungsteilnehmer zielte auf charakteristische Herausarbeitung der Darstellungsaktivitäten und des Ereignishorizontes der Güteverhandlung vor der Handwerkskammer. Darüber hinaus haben sich Einblicke in die Art des Involviertseins der Teilnehmer in das Situationsgeschehen und in damit zusammenhängende Probleme der interaktiven Organisation dieses Kommunikationsereignisses ergeben. So geht aus den Analysen der kommunikativen Beteiligungsweisen des Kunden und des Handwerkers hervor, daß sie ambivalente Situationsbezüge realisieren: Sie vollziehen einerseits Interaktionsbeiträge, die durch Situationsherstellungs- und durch Steuerungsaktivitäten des Vorsitzenden evoziert werden (sofern sie situativ aufgebaute Aktivitätsverpflichtungen Rechnung tragen, betrachte ich sie als kooperative Züge). Kunde und Handwerker gestalten das Verhandlungsgeschehen aber auch ausgehend von ihren subjektiven Interessen und Situationswahrnehmungen und realisieren dabei konfrontative Situationsbezüge. Aus diesen ambivalenten Situationsbezügen der

Parteien erklärt sich, daß die Güteverhandlung – wie andere Schlichtungsgespräche auch – ein Kommunikationsereignis ist, das zwischen Streitbeilegung und Streitaustragung oszilliert.

Kooperative Situationsbezüge der Parteien lassen sich auch als Hinweis darauf interpretieren, daß die Parteien selbst ein Interesse am Gelingen der Verhandlungssituation haben und daß sie eine gewisse Bereitschaft mitbringen, sich auf den Versuch einer gütlichen Einigung einzulassen. Entsprechende Aktivitäten finden sich vor allem im Zuge der Rekonstruktion des Konflikts, etwa wenn sich die Parteien an der Konfliktrekonstruktion, an der Klärung dessen, was eigentlich strittig ist, mit detaillierten Angaben zur Sache beteiligen. Kooperative Situationsbezüge der Parteien sind verschiedentlich auch dann zu beobachten, wenn ein Verhandlungsstillstand eintritt oder wenn konkrete Bedingungen der Streitregelung verhandelt werden und durch Züge überraschenden oder großzügigen Entgegenkommens die entscheidenden Hürden auf dem Weg zur gütlichen Einigung genommen werden.

Die Parteien vollziehen allerdings auch Aktivitäten, die deutlich machen, daß ihre Beteiligungsrolle wesentlich von der Konfliktgeschichte, von ihren enttäuschten Erwartungen, unbefriedigten Ansprüchen, von persönlichen wie auch von betriebswirtschaftlichen Belangen bestimmt ist. Dabei handelt es sich um Beteiligungsleistungen, in denen sie aufgebauten Aktivitätsverpflichtungen nicht oder nicht adäquat nachkommen. Damit demonstrieren die Parteien, daß sie nur so weit bereit sind, an der Güteverhandlung mitzuwirken, wie dies der Behauptung ihrer subjektiven Interessen dienlich ist.

Konfrontative Situationsbezüge realisieren die Parteien nicht nur in Aktivitätsverläufen, in denen sie Ansprüche an den Kontrahenten richten, die dieser (vorläufig) nicht anzuerkennen bereit ist (etwa wenn eine Partei nur bedingte Verhandlungsbereitschaft zeigt oder Entschlossenheit demonstriert, es notfalls darauf ankommen zu lassen). Konfrontative Sotuationsbezüge kommen auch darin zum Ausdruck, daß die Parteien auf Distanz zur Verhandlungssituation und zur institutionellen Zweckdefinition der Güteverhandlung gehen und stattdessen ihre persönliche Betroffenheit in der Streitsache zum situationsdefinierenden Moment der Güteverhandlung machen. So, wenn ein Handwerker sich als Leidtragender der Verbraucheraufklärung und einer handwerkerfeindlichen Rechtsprechung darstellt (siehe *Zu hoher Stundenlohn*) oder wenn ein Kunde versucht, die Verhandlungssituation in ein Tribunal gegen den Handwerker umzufunktionieren (so geschehen in der Verhandlung *Das unbrauchbare Haarteil*, in der die Kundin bereits während der regulären Verhandlungsdauer als speziellen Beschwerdepunkt den schlechten Kundendienst des Handwerkers zu etablieren versucht und auch nach der formellen Schließung der Verhandlung damit fortfährt, Beschwerden gegen den Handwerker vorzubringen und den Vorsitzenden zuletzt noch um ein Gespräch unter vier Augen bittet). Wie am Beispiel der Verhandlung *Zu teure Rollos* gesehen, sprengt eine Kundin den Aktivitätsrahmen Rekonstruktion des Konfliktes durch Äußerungen, in denen sie bekundet, daß bestimmte Hintergrundereignisse (*vielleicht gehts sowieso untern hammer*) sie stärker tangieren als vertragliche Abmachungen mit dem Handwerker. Besonders krass tritt der konfrontative Situationsbezug auf, wenn eine Partei am Sinn der Verhandlung zweifelt, ihre Interessen nicht vom Vorsitzenden angemessen vertreten sieht und deshalb einfach den Verhandlungsraum verläßt.

Die ambivalente Situationsorientiertheit der Parteien macht die Güteverhandlung zu einem fragilen Kommunikationsereignis, zu einer Gratwanderung zwischen vorzeitigem Abbruch und erfolgreicher Streitbeilegung, zu einem Ereignis, das durch unnachgiebige Haltungen und Parteilichkeitserwartungen gegenüber dem Vorsitzenden ebenso vom Scheitern bedroht ist, wie durch eingeschränkte Mitwirkungsbereitschaft und undiszipliniertes Kommunikationsverhalten. Die ambivalenten Situationsbezüge der Parteien machen die Güteverhandlung zu einem Kommunikationsereignis, dessen praktischer Zweck der Herbeiführung einer gütlichen Einigung nur durch besonders aufwendige Ordnungs- und Stabilisierungsleistungen des Vorsitzenden erreicht werden kann.

c) Anmerkungen zur Güteverhandlung als Instrument außergerichtlicher Streitregelung

In diesem Beitrag ging es hauptsächlich darum, die kommunikative Realität der Güteverhandlung zu beschreiben, andere Problembezüge und Fragestellungen waren ausgeklammert. So auch die Frage nach der Tauglichkeit dieses Streitbehandlungsverfahrens für die Regelung der zugrundeliegenden Streitigkeiten, wie sie in der Rechtssoziologie und auch in der Rechtspolitik von Bedeutung ist. Auf der Grundlage meiner Beobachtungen und Analysen möchte ich hierzu abschließend zwei Anmerkungen machen:

Erstens: Hinsichtlich einer globalen Charakterisierung der Güteverhandlung vor der Handwerkskammer als Streitregelungsverfahren wäre hervorzuheben, daß die Verhandlungspositionen und Rechtsstandpunkte der Streitparteien nicht allein in vertragsrechtlichen Kategorien entwickelt werden, sondern auch ausgehend von alltagsweltlichen Normkonzepten und Selbstachtungsbedürfnissen der Kontrahenten. Daß Kunde und Handwerker auch unter den letztgenannten Aspekten ihre Streitverstrickung darstellen und ihre Interessen in der Streitsache begründen können, führt zwar zu turbulenten und emotionsgeladenen Interaktionsverläufen, aber diese sind dem Zustandekommen einer gütlichen Einigung nicht unbedingt abträglich. Die Offenlegung der jeweiligen Parteienperspektive, also die Möglichkeit, alles vorzubringen, was den Kontrahenten in der Streitsache wichtig ist (etwa: das Gekränktsein wegen mangelnder Kundenfreundlichkeit), macht die Forderungen des Kunden für den Handwerker nicht unbedingt akzeptabler, aber die Konfrontation mit der Erfahrungsperspektive des Kunden macht ihm dessen Verdruß vielleicht verständlicher und macht es ihm so auch leichter, seinen Forderungen entgegenzukommen. Womöglich ist auch der Kunde eher imstande, eine kompromißbereite Haltung einzunehmen, nachdem er beispielsweise die „unerhörten Vorkommnisse", die ihm während der Geschäftsbeziehung zugemutet wurden, in der Handwerkskammer publik machen konnte.

Zweitens: Das Güteverfahren vor der Handwerkskammer steht – wie andere Schlichtungsstellen für Verbraucherstreitigkeiten auch – verschiedentlich im Verdacht der mangelnden Neutralität. Anhand der von mir beobachteten Verhandlungen erscheint mir dieser Parteilichkeits-Vorbehalt nicht gerechtfertigt. Wie ich in Kapitel 4.4. ausgeführt habe, ist die Verhandlungsführung des Vorsitzenden von dem Bemühen um Aufklärung der Rechtslage und um Wahrung justitiabler Rechtspositionen der Parteien geleitet. Ich konnte verschiedentlich beobachten, daß der Vorsitzende sowohl im Interesse des Handwerkers als auch im Interesse des Kunden darauf bedacht war, Lösungswege sofort zu verwerfen, wenn diese für eine Seite eine Verschlechterung ihrer juristischen Position bedeuteten. Beistand leistete der Vorsitzende vielleicht insofern, als er zur Verdeutlichung der besseren Rechtsposition einer Partei beitrug. Wenn ich für den Vorsitzenden der von mir untersuchten Gütestelle eine neutrale, an den rechtlichen Ausgangsbedingungen sowie am Willen der Parteien orientierte Verhandlungsführung feststelle, kann ich natürlich nicht ausschließen, daß in diesen Verhandlungen eine besondere Neutralität und Sachlichkeit durch meine Anwesenheit evoziert wurde. Festzuhalten aber bleibt, daß in allen der von mir beobachteten Verhandlungen gütliche Einigungen zustande gekommen sind. Eine wesentliche Voraussetzung dafür sehe ich in der betont sachlichen – rechtliche wie wirtschaftliche Aspekte abwägenden – Verhandlungsführung des Vorsitzenden.

6. Anhang: Die beobachteten Verhandlungen im Überblick

Diese Übersicht folgt der Chronologie der Verhandlungstermine. Die Titel, die für die einzelnen Verhandlungen gewählt wurden, geben die Beanstandungsgründe wieder, die zur Einschaltung der Handwerkskammer geführt haben. Vermerkt wurde neben der Datenaufbereitung (Gedächtnis- oder Tonbandprotokoll), welche Partei den Antrag auf Güteverhandlung gestellt hat, ferner die Verhandlungsdauer und die Zahl der Verhandlungsbeteiligten (wobei die Teilnahme des Vorsitzenden und Beobachters nicht extra erwähnt wird). Für die Handwerker gebe ich den jeweiligen Handwerkszweig an, dem sie angehören. Sofern bekannt geworden, nenne ich auch den Beruf des Kunden. Die Kurzbeschreibungen der Verhandlungsverläufe informieren über die zentralen Streitpunkte, über die eingenommenen Verhandlungspositionen und über das Verhandlungsergebnis.

1. *Der Freundschaftspreis*

Datenaufbereitung: Gedächtnisprotokoll

Antragsteller: Handwerker

Verhandlungsdauer: ca. 2 Stunden

Teilnehmer: Kunde (Architekt) – Handwerker (Elektromeister)

Kurzbeschreibung:

Für Elektroinstallationsarbeiten in einem Neubau ist ein Freundschaftspreis zwischen Handwerker und Kunde vereinbart worden (beide kennen sich gut aus geschäftlichen und privaten Kontakten). Schon während der Durchführung der Installationsarbeiten kommt es zum Zerwürfnis, da einige Elektroanschlüsse nicht zur Zufriedenheit des Kunden ausgefallen sind. Die Handwerkskammer wird eingeschaltet, als der Kunde sich weigert, die Rechnung des Elektromeisters vollständig zu begleichen. Der Rechnungsbetrag liegt über dem ursprünglich vereinbarten Freundschaftspreis. Der Kunde moniert, daß bei Mehraufwendungen, die in Rechnung gestellt wurden, nicht der zugesagte (großzügige) Rabattsatz berücksichtigt worden ist, während bei den aufgeführten Minderleistungen vom vereinbarten Rabatt ausgegangen wurde. Die Konfliktrekonstruktion während der mündlichen Verhandlung ist sehr kompliziert und langwierig. Nachdem der Vorsitzende klargestellt hat, daß für Mehr- und Minderleistungen ein einheitliches Bewertungssystem gelten muß, wird die Höhe des streitigen Betrages gemeinsam errechnet. Dabei räumt der Kunde ein, daß der Handwerker ihm einen extrem günstigen Preis gemacht hat und meint dazu, daß der Handwerker dies ja nicht hätte machen müssen. Es kommt zu Streitigkeiten darüber, ob die vom Kunden vorgebrachte Mängelbeanstandung berechtigt ist. Nach hitzigem Verhandlungsverlauf, der auch von persönlichen Feindseligkeiten geprägt ist, kommt schließlich folgende Regelung zustande: Der Handwerker verzichtet auf seine Restforderung, es wird protokollarisch festgehalten, daß er die Reklamation des Kunden nicht anerkennt und daß seinerseits der Kunde an der Berechtigung seiner Reklamation festhält.

2. *Der geplatzte Boiler*

Datenaufbereitung: Gedächtnisprotokoll

Antragsteller: Kunde

Verhandlungsdauer: ca. 1 3/4 Stunden

Teilnehmer: Kundin und ihr Lebensgefährte – Handwerker (Klempner- und Installateurmeister)

Kurzbeschreibung:

Der Handwerker hatte im Haus der Kundin einen Warmwasserboiler installiert. Dieser ist nach 3 Jahren geplatzt. Es steht einwandfrei fest, daß es sich dabei um ein Gerät handelt, das nicht hätte angeschlossen werden dürfen. Die Kundin fordert nicht nur Ersatz für den defekten Boiler, sondern auch Schadensersatz für die Inanspruchnahme eines handwerklichen Notdienstes und für einen durchnäßten Teppichboden. Die Parteien einigen sich darauf, daß ein neuer Boiler vom Handwerker eingebaut wird. Ansprüche auf Kostenerstattung für den Notdienst und für den beschädigten Teppichfußboden werden nicht anerkannt.

3. *Komplikationen bei der Restaurierung eines Flügels*

Datenaufbereitung: Gedächtnisprotokoll

Antragsteller: Handwerker

Verhandlungsdauer: ca. 2 1/2 Stunden

Teilnehmer: Kundin und ein von ihr beauftragter Gutachter – Handwerker (Klavierbauermeister, englischer Nationalität)

Kurzbeschreibung:

Streitobjekt ist ein 100 Jahre alter Flügel, ein Liebhaberstück, das vom Handwerker restauriert werden sollte. Da vor Erteilung des Auftrags abzusehen war, daß es zu Komplikationen kommen kann, wurden im Kostenvoranschlag zwei Beträge genannt: Einer für den Fall, daß kein neuer Stimmstock eingebaut werden muß, einer für den Fall, daß dies doch erforderlich werden sollte. Nachdem Komplikationen aufgetreten waren, haben die Eigentümer des Flügels Zweifel an der Geschicklichkeit des Handwerkers bekommen und ihn nicht mehr am Flügel arbeiten lassen. Sie haben einen anderen Klavierbauer mit einer Begutachtung des Flügels beauftragt. Von Kundenseite wird erwogen, den Auftrag von einem anderen Handwerker zu Ende führen zu lassen, der Klavierbauer hingegen will die Arbeiten zu Ende führen. In der Verhandlung legt der Handwerker sehr ausführlich seine Arbeitsschritte und die dabei aufgetretenen technischen Probleme dar. Er erläutert die handwerklichen Schwierigkeiten anhand eines mitgebrachten Stimmstockes und anhand von Zeichnungen. Der vom Kunden als Gutachter eingeschaltete Klavierbaumeister (es handelt sich dabei um den von der Handwerkskammer offiziell eingesetzten Sachverständigen für diesen Handwerkszweig) bringt anhand eines schriftlich verfaßten Gutachtens eine Reihe kleinerer Mängel und „einen großen Brocken" vor. Es kommt zu einem längeren Streitgespräch zwischen den beiden Handwerkern, wobei der Sachverständige im Überlegenheitsgestus auftritt und sich als der Kompetentere stilisiert. Unter Einräumung eines Widerrufsvorbehaltes wird vereinbart: Der Handwerker erhält Gelegenheit, die Restaurationsarbeiten zu Ende zu führen, hierfür soll der ursprünglich vereinbarte Betrag bezahlt werden.

4. *Das unbrauchbare Haarteil*

Datenaufbereitung: Tonbandaufzeichnung/Transkription (3005/21)

Antragsteller: Kundin

Verhandlungsdauer: ca. 60 Minuten

Teilnehmer: Kundin – Handwerker (Friseurmeister)

Kurzbeschreibung:

Die Kundin hatte ein Haarteil (Toupet) in Auftrag gegeben, das aber nicht zu ihrer Zufriedenheit ausgefallen ist. Darüber hinaus beklagt sie sich über den schlechten Kundendienst und die unfreundliche Behandlung. Der Friseurmeister steht auf dem Standpunkt, einwandfrei gearbeitet zu haben. Auch beruft er sich auf Ablauf der Gewährleistungsfrist, läßt sich aber dann doch auf einen erneuten Nachbesserungsversuch – im Beisein der Kundin – ein.

5. *Zu dünner Anstrich*

Datenaufbereitung: Tonbandaufzeichnung/Transkription (3005/22)

Antragsteller: Handwerker

Verhandlungsdauer: ca. 1 1/2 Stunden

Teilnehmer: Kunde (Bauingenieur) – Handwerker (Malermeister)

Kurzbeschreibung:

Beim Außenanstrich eines Gebäudes ist die vom Farblieferanten vorgeschriebene Farbmenge nicht eingehalten worden. Der Handwerker hat im Vorfeld der Güteverhandlung die Kundenreklamationen akzeptiert und eine Wertminderung angeboten. Strittig zwischen den Parteien ist die Höhe der Wertminderung. In der Verhandlung gibt es einen langen Streit um die Berechnungsmethode, nach der die Höhe der Wertminderung zu ermitteln ist. Eine Einigung kann schließlich erzielt werden, nachdem vom Vorsitzenden klargestellt worden ist, daß dann, wenn eine Wertminderung eingeräumt wird, der Handwerker von der Gewährleistungspflicht für diesen speziellen Mangel entlastet ist (Handwerker und Kunde gingen irrigerweise davon aus, daß die Gewährleistungspflicht hierfür weiterhin bestehen bleiben würde). Die Aushandlung des Wertminderungsbetrages ist langwierig; obwohl der Kunde (er ist selbst in der Baubranche tätig) anfangs sehr hart verhandelt, kommt er dem Malermeister später entgegen. Die Parteien einigen sich auf einen Wertminderungsbetrag in Höhe der vom Kunden noch nicht bezahlten Summe.

6. Zu hoher Stundenlohn

Datenaufbereitung: Tonbandaufzeichnung/Transkription (3005/23)

Antragsteller: Kunde

Verhandlungsdauer: ca. 1 1/4 Stunden

Teilnehmer: Kunde (Steuerberater) – Handwerker (Geschäftsführer
Ehefrau des Kunden eines Installationsbetriebes)

Kurzbeschreibung:

Der Kunde hat den Lohnkostenanteil einer Rechnung über Installationsarbeiten nicht bezahlt, da ihm der berechnete Stundenlohn zu hoch erscheint. Der Vorsitzende klärt über Berechnungsgrundsätze für Handwerkerstunden auf und weist darauf hin, daß die Angemessenheit des berechneten Stundenlohnes letztendlich nur durch Einschaltung eines Gutachters zu klären ist. Auf Drängen des Handwerkers wird vom Kunden ein Betrag genannt, den er zu zahlen bereit ist. Dieser Betrag wird vom Handwerker abgelehnt. Nachdem andere Regelungsmöglichkeiten verworfen wurden (Gutachter, Gericht), handeln die Parteien schließlich einen Kompromiß aus.

7. Zu teure Rollos

Datenaufbereitung: Tonbandaufzeichnung/Transkription (3005/24)

Antragsteller: Kundin

Verhandlungsdauer: ca. 1 1/2 Stunden

Teilnehmer: Kundin – Handwerker (Geschäftsführer eines
Betriebes für Rollos, Jalousien usw.)

Kurzbeschreibung:

Auf einer Messe hat die Kundin einen Auftrag über den Einbau von Rollos – zu sehr günstigen Konditionen – erteilt. Dieser Auftrag wurde auf Wunsch der Kundin erweitert. Die jetzt veranschlagten Kosten sind der Kundin im Vergleich zu dem ersten Auftrag entschieden zu hoch. Da im Laufe der Verhandlung nicht detailliert geklärt werden kann, was Gegenstand des Vertrages sein soll, wird vorgeschlagen, daß die Parteien vor Ort gemeinsam festlegen, welche Rolloausführung geliefert werden soll und daß der Handwerker dann nochmals ein schriftliches Angebot unterbreitet. Die Rechtsgültigkeit der ursprünglich getroffenen Vereinbarung bleibt davon unberührt. Die Kundin ist sehr erregt und verursacht durch ihr Kommunikationsverhalten beinahe den Abbruch der Verhandlung. Der Vorsitzende rügt die Kundin nicht bloß wegen ihrer chaotischen Verhandlungsbeteiligung, sondern auch weil sie einen Rechtsanwalt eingeschaltet hatte, diesen aber nicht von der Güteverhandlung unterrichtet hat.

8. *Risse in den Wänden*

Datenaufbereitung: Gedächtnisprotokoll

Antragsteller: Handwerker

Verhandlungsdauer: ca. 2 1/2 Stunden

Teilnehmer:	Kunde (Gastwirt)	– Handwerker (Bauunternehmer)
	Rechtsanwalt des Kunden	Mitarbeiter des Bauunternehmers

Kurzbeschreibung:

Der Bauunternehmer hat vor 7 Jahren ein Wohnhaus gebaut, in dem ein halbes Jahr später Risse aufgetreten sind. Der Kunde hat daraufhin die sofortige Beseitigung dieser Mängel gefordert. Da der Handwerker dieser Forderung auch nach mehreren Mahnungen nicht nachgekommen ist, hat der Kunde dann einen Rechtsanwalt eingeschaltet, der ein Beweissicherungsverfahren eröffnet hat. Dieses Verfahren war Voraussetzung dafür, daß Ansprüche auf Mängelbeseitigung nicht verjähren. Im Zuge des Beweissicherungsverfahrens wurde ein Sachverständiger damit beauftragt, die entstandenen Risse zu begutachten. Die Frage der Verantwortlichkeit ist in diesem Gutachten zu Lasten des Handwerkers beantwortet worden. Dieser und sein Mitarbeiter stellen sich dessen ungeachtet auf den Standpunkt, daß eine Mitschuld auf seiten der Bauaufsicht, vor allem aber des Architekten und des Statikers besteht. Zum Gütetermin waren auch der Gutachter sowie der Architekt geladen, beide sind aber nicht erschienen. Beide Parteien unterbreiten verschiedene Vorschläge zur Beilegung des Streites. Der Kunde zeigt sich sehr besorgt um die Sicherheit seines Hauses; anfangs ist er weniger kompromißbereit und sieht sich in der besseren Rechtsposition. Folgende Vereinbarung wird getroffen: Der Bauunternehmer beseitigt die Risse, ohne damit eine Rechtspflicht anzuerkennen. Der Bauunternehmer übernimmt auch die Lohnkosten der notwendig werdenden Malerarbeiten. Der Kunde übernimmt die Materialkosten. Die Kosten des Beweissicherungsverfahrens werden zu 2/3 vom Handwerker, zu 1/3 vom Kunden getragen. Das Verhandlungsgeschehen wird sehr stark vom Rechtsanwalt mitgesteuert. Das Aushandlungsgeschehen um die Übernahme der Malerkosten und der Kosten für das Beweissicherungsverfahren ist wesentlich langwieriger als das um die Mängelbeseitigung. Der Rechtsanwalt drängt den Kunden zur Einwilligung in den Lösungsvorschlag des Vorsitzenden. Nach einer Unterredung zwischen den beiden außerhalb des Verhandlungszimmers ist der Kunde bereit, den Lösungsvorschlag zu akzeptieren.

9. *Durchnässung der Innenwand und andere Mängel am Haus*

Datenaufbereitung: Tonbandaufnahme/Transkription (3005/25)

Antragsteller: Kunde

Verhandlungsdauer: ca. 1 Stunde

Teilnehmer: Kunde – Handwerker (Generalunternehmer für schlüsselfertige Neubauten)

Kurzbeschreibung:

Der Kunde hat vom Handwerker einen schlüsselfertigen Neubau gekauft. An diesem Haus sind mehrere Mängel festgestellt worden; der Kunde verlangt hauptsächlich die Beseitigung von Wasserschäden und undichten Stellen an einer Hausseite; außerdem sollen Mängel an der Kanalisation beseitigt werden. Auf die Beseitigung einiger kleinerer Mängel verzichtet der Kunde. Da der Handwerker mit Subunternehmern gearbeitet hat, ist die Gewährleistungsfrage nicht ohne weiteres zu klären. Die Parteien einigen sich darauf, unter Hinzuziehung der in Betracht kommenden Gewerke (Bauunternehmer, Dachdecker, Tischler) die Verantwortlichkeit für die Schäden der Durchnässung zu klären. Scheitert dieser Versuch, soll ein Gutacher eingeschaltet werden. Der Firma, die den Abwasserkanal eingebaut hat, will der Generalunternehmer Nachbesserung durch eine andere Firma androhen.

WERNER NOTHDURFT

... und wie is es mit kulanz?

Schlichtung in einer Schiedsstelle für den Gebrauchtwagenhandel

1. Einleitung

Gegenstand der folgenden Darstellung ist das kommunikative Geschehen in Schlichtungsverhandlungen, die im Rahmen einer Schiedsstelle für den Gebrauchtwagenhandel stattfinden.

Ziel der Darstellung ist es, zu einem genaueren Verständnis des kommunikativen Geschehens in diesen Schlichtungsverhandlungen beizutragen.

Dies soll in mehreren Schritten erfolgen:
- erstens dadurch, daß der institutionelle Kontext, innerhalb dessen sich das Geschehen ereignet und dessen wesentlicher Bestandteil es ist, beschrieben wird (3., 4.);
- zweitens dadurch, daß die Kommunikationsbedingungen, die für das Geschehen gelten, und die Orientierungen und Handlungschancen der Beteiligten erläutert werden (5.);
- drittens dadurch, daß die sprachlichen Mittel und interaktiven Prozesse herausgearbeitet werden, durch die die wichtigsten Handlungskomponenten von Schlichtung hervorgebracht werden (6.);
- viertens dadurch, daß die charakteristischen Kommunikationsprobleme bestimmt werden, die sich den Beteiligten dieser Erscheinungsform von Schlichtung ergeben (7.);
- und schließlich dadurch, daß eine Qualität von Schlichtung diskutiert wird, die für diese Erscheinungsform eine besondere Rolle spielt (8.).

2. Datenaufnahme

Die empirischen Daten dieser Darstellung sind Tonbandaufnahmen von Schlichtungsverhandlungen, die ich im Laufe des Jahres 1985 bei der Schiedsstelle für Gebrauchtwagenstreitigkeiten für Lippe und Westfalen machen konnte. Die Aufnahmen (sechs Verhandlungen von je einer Stunde Dauer) habe ich durch Beobachtungen, Interviews und interne Materialien der Stelle ergänzt, um ein vertieftes Verständnis der institutionellen Bedingungen und Rahmungsverhältnisse, unter denen sich das Schlichtungsgeschehen ereignet, zu gewinnen.

Das Problem des Datenzugangs bestand für mich vor allem darin, eine Schiedsstelle zu finden, in der überhaupt Schlichtungsverhandlungen stattfinden. Viele Schiedsstellen nämlich bearbeiten die an sie herangetragenen Fälle, ohne daß es überhaupt zu Schlichtungsgesprächen kommt (s. Kap. 3.).

Mein Zugang zu der beobachteten Schiedsstelle erfolgte über die Kontaktaufnahme mit dem Geschäftsführer der Stelle, der mein Anliegen bereitwillig aufnahm. Nach einer ersten Erhebungsphase, in der ich Verhandlungen nur beobachtend protokollierte (s. 9. Anhang), konnte ich in einer nachfolgenden Phase Verhandlungen auch auf Tonband aufnehmen. Die Haltung der Beteiligten gegenüber meinen Erhebungen reichte von Interesse und Unterstützung (bei den Kommissionsmitgliedern) bis zur Indifferenz (bei manchen Streitbeteiligten). Die Kommissionsmitglieder informierte ich zu Beginn jedes Sitzungstages „daß ich mal wieder da wäre, um aufzunehmen", die Streitbeteiligten bat ich zu Beginn ihrer Verhandlung darum, der Tonbandaufnahme zuzustimmen. Ablehnungen erfolgten nicht. Ein Käufer erkundigte sich ausführlich nach der geplanten Auswertung der Gespräche, bevor er sein Einverständnis gab.

Ich möchte an dieser Stelle nochmals allen Beteiligten dafür danken, daß sie die Bandaufnahmen ihrer Gespräche zugelassen haben.

3. Organisation und Zweck der Schiedsstelle

In der Bundesrepublik gibt es 14 „Schiedsstellen zur außergerichtlichen Erledigung von Streitigkeiten aus Gebrauchtwagenverkäufen".

Träger der Stellen sind die Landesverbände des Kraftfahrzeuggewerbes, d.h. die Berufsorganisationen des Kraftfahrzeughandels und des -handwerks in den Bundesländern. Die Landesverbände stellen die Räume für die Schiedsstellen, unterhalten ihre Verwaltung und kommen für die anfallenden Unkosten auf.

Der Kauf eines Gebrauchtwagens ist eine Angelegenheit, bei der beide Parteien stets mit Streit und Ärger rechnen müssen. Wie bei allen Objekten aus zweiter Hand weiß der Käufer nicht genau, 'was' er gekauft hat, in welchem Zustand der Wagen tatsächlich ist, welche 'Mucken' auftreten werden, wie der Vorbesitzer das Fahrzeug gefahren und behandelt hat, ob dem Käufer Schäden, Defekte oder Unfälle verschwiegen worden sind. Die allgemeine Problematik von Second-hand-Käufen erfährt im Fall gebrauchter Autos noch einige Zuspitzungen. Erstens ist da der Kostenfaktor: Beim Autokauf handelt es sich um eine relativ kostspielige Angelegenheit, sowohl was den Kauf als auch was nachfolgende Reparaturen angeht. Zum zweiten handelt es sich bei einem Auto um ein kompliziertes technisches Objekt, das in seinem Funktionieren aller Regel nach nicht komplett durchschaut und geprüft werden kann. Zum dritten stellt das Auto in unseren Breiten oft ein emotional hoch besetztes und bewertetes Prestigeobjekt dar, auf das viele Wünsche und Sehnsüchte projiziert werden und mit dem sich der Besitzer identifiziert. Schäden und Mängel am Gebrauchtwagen treffen den Besitzer dann über den rein materiellen Schaden hinaus auch emotional und in seinem Selbstbild.[1]

---

[1] „Die Menschen neigen dazu, sich mit ihrem Auto zu identifizieren. Männer sind häufig in ihrem Narzißmus gekränkt, wenn ihr Auto unvorhergesehen einen Schaden aufweist und nicht mehr funktionstüchtig ist." (Sievers, 1960, S. 179).
Zur sozialen und kulturellen Bedeutung des Autos vgl. z.B. Armanski (1986), Fünfschilling/Huber (1985).

So gibt es Streit um Gebrauchtwagen wahrscheinlich, seitdem Gebrauchtwagen verkauft werden.

Bis es zur Einrichtung einer Schiedsstelle kam, die sich eigens solcher Streitigkeiten annahm, mußten allerdings noch einige besondere gesellschaftliche Entwicklungen eintreten:

Anlaß für die Einrichtung der Schiedsstellen war nämlich, daß Anfang der 70er Jahre das Image der Kraftfahrzeugbranche in der Öffentlichkeit zunehmend schlechter wurde (Presseberichte über „schwarze Schafe", steigende Lohnkosten) und daß sich der Konkurrenzdruck durch nicht organisierte Betriebe mit niedrigen Preisen verstärkte. Diesen Tendenzen versuchte man seitens der Berufsorganisationen des Kraftfahrzeug-Handwerks durch die Einführung eines sogenannten Vertrauenssiegels und der Einrichtung der Schiedsstellen entgegenzuwirken.[2]

---

[2] Die Einrichtung der Stelle erfolgte also vor allem unter Gesichtspunkten der Imageverbesserungen des betreffenden Handwerks und Gewerbes. Auch heute wird die Stelle aus der Perspektive des Verbandes vor allem als Bestandteil der Öffentlichkeitsarbeit betrachtet.
„Imagepflege (73%) und Kundenbetreuung bzw. -aufklärung (64%) sind die wichtigsten Ziele nach Meinung der Schiedsstellenbetreiber. Daneben wird angegeben, es gelte bei Streitigkeiten, die Justiz zu vermeiden (45%) und zu schlichten bzw. zu vermitteln (18%). Häufig wird darauf hingewiesen, daß bewußt eine Disziplinierung der weniger seriösen Gebrauchtwagenhändler angestrebt wird. Gegenüber dem KFZ-Handwerk ist hier eine Verschiebung der Ziele in Richtung Imagepflege zu beobachten. Diese Tatsache wird gefördert durch eine verbandsinterne Broschüre der ZDK zur Einrichtung und zum Betrieb von Schiedsstellen, nach der die Schiedsstellen z.B. ein „wirkungsvolles Instrument der Public Relation für den KFZ-Handel" darstellen oder eine Schiedsstelle „zweifellos das Image des KFZ-Handels hebt"." (Demant et al. 1984, S. 50).
Im Gegensatz zu den Schiedsstellen der Handwerkskammern handelt es sich also um eine verbandspolitische Initiative und keine Initiative des Gesetzgebers.

Mit Aushang des Vertrauenssiegels – einer Metallplakette (siehe Abbildung oben) – verpflichtete sich ein Händler auf ein festgelegtes, kundenfreundliches Geschäftsgebaren, das in einer Siegelordnung beschrieben ist. Bestandteil der Siegelordnung ist auch die Organisation einer Schiedsstelle, der gegenüber der Händler sich verpflichtet,

„a) der Schiedsstelle die angeforderten Auskünfte zu erteilen und Unterlagen zur Verfügung zu stellen
b) Anordnungen der Schiedsstelle nachzukommen, insbesondere zu Verhandlungen zu erscheinen, oder sich durch einen zum Vergleichsabschluß schriftlich bevollmächtigten Firmenangehörigen vertreten zu lassen
c) Beschlüsse und Empfehlungen der Schiedsstelle zu befolgen"
(Siegelordnung, II. 2.)

Mit der Einführung von Vertrauenssiegel und Schiedsstelle versprach man sich seitens der Berufsorganisation im wesentlichen drei Effekte:

(1) Vertrauensgewinn beim Kunden:

Die Einrichtung von Siegel und Schiedsstelle erschien als ein Instrument, verlorenes Vertrauen bei den Kunden zurückgewinnen zu können und damit den

Kunden wieder an die im Verband zusammengeschlossenen Betriebe zu binden: Die Händler wurden durch den Verband auf ein dem Kunden transparentes und attraktives Geschäftsgebaren verpflichtet, und für den Fall von Reklamationen wurde ein geordnetes Bearbeitungsverfahren bis hin zur Verhandlung vor der Schiedsstelle angeboten. Dem Kunden stand damit eine Alternative zur Regelung „auf eigene Faust" und zum langwierigen und gegebenenfalls kostenintensiven Gang zum Gericht zur Verfügung. Das Schiedsverfahren selbst ist gebührenfrei.

(2) Disziplinierung der Mitgliedsbetriebe:

Mit der Einführung des Vertrauenssiegels erhielt der Verband ein Disziplinierungsmittel unseriösen Betrieben gegenüber; zum einen konnte der Verband auf die Einhaltung kodifizierter Geschäftsregeln pochen und zum anderen liefen Reklamationen jetzt häufiger über den Verband, und die verwickelten Betriebe wurden beim Verband entsprechend 'aktenkundig'. Dies hatte den Effekt, daß die Betriebe sich den Kunden gegenüber kulanter verhielten – oder als 'schwarze Schafe' im Verband auffällig wurden und ihnen gegebenenfalls das Siegel entzogen wurde.

(3) Selektion gegenüber nicht-organisierten Betrieben:

Das Vertrauenssiegel als Markenzeichen erlaubte dem Kunden eine einfache Identifizierung verbandszugehöriger Betriebe und eine Selektion solcher Betriebe gegenüber nicht-organisierten Unternehmen.

Dieser Zielsetzung der Schiedsstelle entspricht die Aufgabenstellung, die der Schiedsstelle in der „Geschäfts- und Verfahrensordnung" gegeben ist:

> „Die Schiedsstellen haben die Aufgabe, Streitigkeiten aus Kaufverträgen über gebrauchte Fahrzeuge mit einem zulässigen Gesamtgewicht von nicht mehr als 2,8t – mit Ausnahme über den Kaufpreis – zwischen Käufern und den das Vertrauenssiegel führenden Händlern im Bereich Nordrhein-Westfalen möglichst gütlich beizulegen oder zu entscheiden."
> (§ 1)

Solche Streitigkeiten äußern sich vor allem in Beschwerden von Autokäufern über Mängel[3] und Defekte am Fahrzeug, die erst nach dem Kauf auftreten bzw. aufgefallen sind, und Konflikten mit den Händlern wegen Vereinbarungen von Nachbesserungen und Garantieleistungen.

---

[3] Mängel sind auch Gegenstand von Streitigkeiten, die Reitemeier in seiner Studie einer Handwerkskammer behandelt; auf seine Aussagen dieses Typs von Streitobjekt kann ich hier verweisen (in diesem Band).

4. Die Position der Schlichtungsverhandlung im Prozeß der Streitbearbeitung

Nach Eingang einer Beschwerde durchläuft jeder Fall ein mehrstufiges Bearbeitungsverfahren in der Schiedsstelle, an dessen Ende die Schlichtungsverhandlung[4] selbst steht.

Bevor ein Kunde sich an die Schiedsstelle wendet, hat er sich in aller Regel zunächst an seinen Kaufpartner, das Autohaus selbst, gewandt, oft mehrmals und immer ohne Erfolg. Resultat solcher erfolglosen Versuche ist eher eine Verhärtung der Standpunkte und Zunahme der Gestörtheit in den Geschäftsbeziehungen. Ging es zunächst zum Beispiel nur um einen Defekt am Fahrzeug, kam im Zuge eigener Aktivitäten, Nachbesserungen zu erzielen, der Ärger um das arrogante Benehmen des Autoverkäufers hinzu. Oder: Ein Schaden am gekauften Fahrzeug wurde auch vom Händler anerkannt, aber der geforderte Nachbesserungsumfang erweckte bei ihm den Eindruck, er solle ausgenommen werden wie eine Weihnachtsgans, so daß er insgesamt 'auf stur schaltete'.[5] Fälle, die vor die Schiedsstelle geraten, haben alle eine solche Verschlechterung in den Beziehungen zwischen den Streitparteien erfahren. Oberstes Ziel des Bearbeitungsverfahrens ist daher – entsprechend den oben geschilderten Zwecksetzungen – das gestörte Geschäftsverhältnis zwischen Kunde und Händler wieder zu reparieren, „die Kommunikation zwischen Betrieb und Kunde wieder zu verbessern", wie es der Geschäftsführer der beobachteten Stelle formulierte.

Zur Erreichung dieses Ziels ist die Schlichtungsverhandlung eines aus einer Reihe von Mitteln der Konfliktlösung. Grundsätzlich versucht man, den Streit so aufwandsarm und früh wie möglich zu lösen. Die Schlichtungsverhandlung steht in der Wahl der Lösungsinstrumente erst an letzter Stelle. Sie dient nur zur Bearbeitung besonders schwieriger Fälle und hartnäckiger, nicht kompromißbereiter Streitparteien. Vorgeschaltete Stationen im Bearbeitungsgang sind:

(1) Prüfung des Falles auf Zuständigkeit

(2) Erledigung im Vorverfahren
- durch Rücknahme des Antrags durch den Kunden
- durch Aufklärung des Kunden über den Sachverhalt
- durch vorherige gütliche Einigung

---

[4] Der offizielle Terminus ist „Schiedskommissionsverfahren" bzw. „Schiedskommissionsverhandlung". Der Einfachheit halber spreche ich im folgenden von „Schlichtungsverhandlung".

[5] In einer Schlichtungsverhandlung (3005/04) deckt der Händler in einer Phase getrennter Verhandlung (der Käufer ist außerhalb des Sitzungszimmers) der Kommission auf, daß eine solche Trotzhaltung seine zentrale Orientierung ist. Ähnliche Fälle erwähnt auch Reitemeier (in diesem Band).

Erst wenn all dies scheitert, erfolgt die Verhandlung vor der Schiedskommission.

Das Verfahren beginnt damit, daß ein Käufer sich schriftlich oder mündlich an die Schiedsstelle wendet und einen Autokauf reklamiert. Der Kunde erhält einen formellen Antrag zum Ausfüllen zugesandt, mit der Aufforderung, Beweismittel und andere Unterlagen (Kaufvertrag) der Stelle zuzusenden.

Nach Eingang dieser Unterlagen prüft der Schiedsstellenleiter die Zuständigkeit der Stelle (der Händler muß das Vertrauenssiegel besitzen, die Übergabe des Fahrzeugs weniger als drei Monate zurückliegen und die Stelle muß örtlich zuständig sein). Ist die Stelle zuständig, versucht der Schiedsstellenleiter, den Fall bereits aufgrund der vorliegenden Unterlagen zu erledigen. Hier bieten sich an Lösungswegen an:

- Der Schiedsstellenleiter kommt zu dem Ergebnis, daß der Kunde wichtige Aspekte der getroffenen Vertragsvereinbarung nicht verstanden oder übersehen hat. Aus der Sicht des Geschäftsführers der nordrhein-westfälischen Schiedsstelle kommen viele Reklamationen durch Unkenntnis des Kunden über die vertraglichen Verpflichtungen zustande, die er mit dem Kaufvertrag eingegangen ist. Diese Unkenntnis resultiert aus einer Diskrepanz zwischen seiner subjektiven Wahrnehmung und den „Realitäten" eines Gebrauchtwagenkaufs. Geprägt von der Vorstellung, daß ein Gebrauchtwagen ein fast neuwertiges Fahrzeug sei, unterschätze der Kunde häufig vorhandene oder erwartbare Verschleißerscheinungen; orientiert an einem alltagsweltlichen Begriff von „Kauf" übersehe der Kunde häufig die Konsequenzen des getätigten Vertrages. Mehr Aufklärung durch die Händler über die tatsächlichen Gegebenheiten eines Gebrauchtwagenkaufs würde viele Reklamationen erst gar nicht entstehen lassen.[6]

  Dieser Auffassung des Geschäftsführers der Stelle korrespondiert die Vielzahl eingegangener Reklamationen, die durch „Aufklärung über den Sachverhalt" erledigt werden (44% aller zur Bearbeitung angenommenen Reklamationen). Der Geschäftsführer setzt sich in diesen Fällen mit dem Kunden telefonisch in Verbindung und erläutert ihm die Folgen der von ihm getroffenen Vereinbarung.

- Der Schiedsstellenleiter informiert die Firma über die eingegangene Beschwerde und fordert von ihr eine Stellungnahme an. In größeren Betrieben kommt es vor, daß die Betriebsleitung erst aufgrund dieser Unterrichtung von der Beschwerde erfährt, weil sie bis dahin von dem Streitbeteiligten im Betrieb nicht weitergeleitet worden war. Aufgrund der Aufforderung zur Stellungnahme kommt es oft auch schon zu Einigungsangeboten

[6] Vgl. die ähnliche Auffassung des Leiters der Handwerkskammer im Beitrag von Reitemeier (in diesem Band).

der Firma, die vom Schiedsstellenleiter dann an den Kunden weitergeleitet werden („vorherige gütliche Einigung").

- Der Schiedsstellenleiter leitet die eingegangene Stellungnahme der Firma an den Kunden weiter mit der Aufforderung, sich direkt mit der Firma auseinanderzusetzen.[7] Allein die Tatsache, daß die Stelle zwischengeschaltet ist, kann zu einer erhöhten Kompromißbereitschaft beider Seiten führen.

Nach einer gewissen Frist prüft der Leiter, ob zwischenzeitlich eine Einigung erfolgte. Ist dies nicht der Fall, bereitet er die Schlichtungsverhandlung vor; dazu kann auch gehören, daß ein Sachverständiger das umstrittene Fahrzeug bereits vor der Verhandlung begutachtet.

An diesem Bearbeitungsgang und den eingesetzten Bearbeitungsmitteln lassen sich die Zwecke, die der Stelle vorgegeben sind, sehr gut wieder ablesen: Im Falle der Abweisung wegen fehlendem Vertrauenssiegel beim Händler wird dem Kunden gleichsam negativ die besondere Qualität des Gebrauchtwagenkaufs bei einem Händler mit Vertrauenssiegel vorgeführt. Nur in diesem Fall nämlich kann er den gewünschten Service in Anspruch nehmen. In den Abweisungen wird dem Kunden indirekt mitgeteilt, welche Vorteile der Kauf bei einem Händler mit Vertrauenssiegel gehabt hätte. Hier kommt der Selektionsauftrag der Stelle (s.o.) zum Tragen.

Die Intervention der Schiedsstelle beim Händler macht diesem die Wachsamkeit und Kontrollfähigkeit der Stelle den Betrieben gegenüber deutlich und kann zur Reorganisation von Betriebsabläufen führen (Disziplinierungsauftrag). Die Aktivitäten der Stelle dem Kunden gegenüber können diesem den Eindruck verschaffen, daß etwas für ihn getan wird und er mit seinem Ärger nicht 'allein gelassen ist' (Schaffung von Vertrauen).[8]

Im Falle der Schlichtungsverhandlung selbst wird sich zeigen, daß sich dort die drei Zwecksetzungen gleichsam in mikroskopischer Form wiederfinden lassen.

---

[7] Hier steht dem Geschäftsführer der Stelle das ganze Spektrum von Schlichter-Stilen zur Verfügung: vom reinen Übermittler von Angeboten bzw. Forderungen bei Kontaktabbruch zwischen den Parteien über den Gesprächs-„Manager", der die Kommunikation zwischen den Streitparteien wieder zustande bringt bis hin zur aktiven Rolle desjenigen, der den Parteien Einigungsvorschläge unterbreitet; zu Schlichtungsstilen ausführlich Gulliver (1977).

[8] Diese Zielsetzung ist für das Schlichtungsgeschehen von erheblicher Bedeutung. Folgt man den Überlegungen zur sogenannten 'procedural justice', so ist die Beurteilung von Streitparteien, ob ihnen in einem Konflikt-Regelungsverfahren Gerechtigkeit widerfahren ist, wesentlich stärker von dem Empfinden abhängig, man habe sich ihres Falles ausführlich und mit Ernst angenommen als vom protokollierten Ergebnis des Verfahrens (siehe zum aktuellen Stand der Forschung Lind et. al. 1990); das Thema des Vertrauens wird in der Schlußbetrachtung dieses Beitrags wieder aufgegriffen.

Zur Illustration der Konfliktlage im Vorverfahren nachfolgend die Korrespondenz der Streitparteien in einem Fall, der später vor der Schiedsstelle verhandelt wurde.

Der Käufer eines Gebrauchtwagens, Herr Edelmann, hatte sich an die Schiedsstelle gewandt, weil er nach Kauf eines Gebrauchtwagens einen Schaden entdeckte und der Händler sich weigerte, diesen unentgeltlich im Rahmen der Garantieleistungen zu beheben.

Die Schiedsstelle schrieb daraufhin dem Händler, der folgendermaßen Stellung nahm:

Betrifft: Edelmann/Fahrlos

Sehr geehrte Damen und Herren,

In Beantwortung Ihres Briefes vom 27.6.85 teilen wir Ihnen mit, daß Herr Edelmann das Fahrzeug nicht bei uns erworben hat. Es handelt sich um einen PKW, den unser Herr Kirschkern für eine befreundete Familie, mit unserem Wissen, von unserem Betriebsgelände aus verkauft hat. Herr Edelmann wurde vor Kaufabschluß hierüber ausdrücklich informiert. Außerdem wurde Herr Edelmann mit dem Vorbesitzer, Herrn Zögling, zusammengebracht und beide Teile sprachen ausführlich miteinander. Es wurde sogar noch eine Preisermäßigung zwischen den Parteien vereinbart. Herr Kirschkern fertigte lediglich die Bestellung aus und vermittelte eine Finanzierung.
Wir bedauern, daß wir aus den obigen Gründen nicht weiter Stellung beziehen können.

Mit freundlichem Gruß

Autohaus Fahrlos GmbH

Der Geschäftsstellenleiter leitete den Brief an Herrn Edelmann weiter, der daraufhin zurückschrieb:

Sehr geehrte Damen und Herren!

Hiermit teile ich Ihnen mit, daß die Angaben der Firma Fahrlos nicht den Tatsachen entsprechen. Es wurde weder ein Preisnachlaß, noch ein Gespräch mit Herrn Zögling vereinbart. Ich wurde erst von Herrn Kirschkern darauf aufmerksam gemacht, daß der Wagen privat verkauft wird, als der erste Schaden am Auto festgestellt wurde und ich das bei der Firma Fahrlos reklamierte.
Hiermit möchte ich Sie höflich bitten, ein Verfahren gegen die Firma einzuleiten.

Mit freundlichem Gruß

Ulrich Edelmann

Diese Auffassung teilte der Geschäftsführer wiederum dem Händler mit, der in seiner Antwort auf seiner Position beharrte:

Schiedsverfahren Edelmann/Fahrlos

Sehr geehrte Damen und Herren,

in Beantwortung Ihres Schreibens vom 23.8.85 können wir nur noch einmal erklären, daß Herr Edelmann sehr wohl wußte von wem er das Auto kaufte. Wir können Herrn Edelmann nur empfehlen, wie ihm schon gesagt, er möge sich an den Vorbesitzer und Verkäufer des PKW an Herrn Zögling, Bachweg 12, Straßendorf 12, zu wenden.
Wir bedauern von unserem Standpunkt nicht abgehen zu können, sehen aber keine Möglichkeit für etwas einzutreten, wofür wir beim besten Willen keinen Grund sehen.

Mit freundlichem Gruß

Autohaus Fahrlos GmbH

Wenn es im Vorverfahren nicht zu einer Einigung kommt, bereitet der Geschäftsführer der Schiedsstelle die Schlichtungsverhandlung vor.

Wegen des relativ hohen organisatorischen Aufwands – die Kommissionsmitglieder kommen aus verschiedenen Städten Nordrhein-Westfalens angereist – werden mehrere Fälle zur Verhandlung auf einen Sitzungstag zusammengelegt. Die Streitparteien werden zum Sitzungstermin geladen. Wird in der Verhandlung eine Einigung erreicht, ist der Fall damit abgeschlossen. Kommt keine Einigung zustande, fällt die Kommission einen Schiedsspruch. Die betroffene Firma ist verpflichtet, diesen anzuerkennen. Falls der Käufer den Spruch nicht akzeptiert, steht ihm der Rechtsweg offen (entsprechende Fälle sind freilich nicht bekannt).

Verfolgt man den tatsächlichen Verlauf der Beschwerdefälle durch den Bearbeitungsgang hindurch, stellt man fest, daß nur ein sehr geringer Teil der Fälle den ganzen Verfahrensgang durchläuft und tatsächlich vor der Schiedskommission verhandelt wird; der weitaus größte Teil der Fälle ist bereits vorher erledigt.[9]

Die nachfolgende Übersicht gibt Aufschluß über die Häufigkeit der Erledigungsweise der Fälle in Nordrhein-Westfalen insgesamt, der beobachteten Schiedsstelle für Westfalen und dem Gesamt der bundesrepublikanischen Schiedsstellen im Vergleich 1986 zu 1985; die Werte für die Schiedsstellen der übrigen Bundesländer sind der Übersichtlichkeit halber weggelassen.

---

[9] „So sind bei den 29 Schiedsstellen des Gebrauchtwagenhandels 1981 70% aller eingegangenen Anträge mangels Zuständigkeit (!) abgewiesen worden, weitere 25% haben sich vor einer Verhandlung (in der Regel durch Rücknahme) erledigt.
Im Jahre 1980 wurden bei den Schiedsstellen des Kfz-Handwerks 25% der Anträge mangels Zuständigkeit abgewiesen und 57% haben sich vor der Verhandlung erledigt". (Prütting 1985, S. 267).
Ähnliche Daten findet auch Reitemeier bei seiner Untersuchung der Schlichtungstätigkeit einer Handwerkskammer (in diesem Band).

	NRW	nur Westf.	insg. 1986	insg. 1985	Veränderung 1986 gegenüber 1985 in v.H.
	696	539	4.772	4.615	+ 3,4
I. Es wurden abgewiesen:	405	273	2.905	2.940	- 1,2
wegen Reparaturreklamationen	22	19	433	481	- 10,0
wegen örtlicher Unzuständigkeit	30	23	275	238	+ 15,5
wegen Fristenversäumnisses	25	21	358	379	- 5,5
wegen Verkaufs Privat an Privat	59	43	511	557	- 8,3
wegen fehlender Siegelführungsbefugnis*)	248	155	1.057	1.030	+ 2,6
wegen Neuwagenkaufs	21	12	271	255	+ 6,3
II. Es wurden im Vorverfahren erledigt:	280	255	1.703	1.512	+ 12,6
durch Rücknahme des Antrags	17	15	111	107	+ 3,7
durch Aufklärung des Kunden über den Sachverhalt	251	237	838	756	+ 10,8
durch vorherige gütliche Einigung	12	3	754	649	+ 16,2
III. Es wurden vor der Schiedskommision verhandelt:	10	10	123	128	- 3,9
durch Schiedsspruch	1	1	38	33	+ 15,2
durch Vergleich erledigt	6	6	57	44	+ 29,6
durch gütliche Einigung nach Schiedskom.-Sitzung	1	1	26	44	- 40,9
durch Rücknahme des Antrags in der Schiedskom.-Sitzung	2	2	2	7	- 71,4
IV. Sonstige noch anhängige Verfahren:	1	1	41	35	+ 17,1

Trotz regionaler Unterschiede im einzelnen ist als Tendenz beobachtbar: Der Großteil der in der Schiedsstelle eingegangenen Fälle wird nicht durch eine Vergleichsverhandlung gelöst, sondern bereits vorab auf eine andere Erledigungsweise bearbeitet. Das Schlichtungsverfahren selbst stellt nur das „letzte Mittel" im Bearbeitungsrepertoire der Stelle dar. Zuvor werden erst alle anderen Möglichkeiten zur Konfliktbewältigung ausgeschöpft. Sowohl in der Perspektive des Stellenleiters als auch angesichts der tatsächlichen Erledigungshäufigkeiten ist die Schlichtungsverhandlung für die Arbeit der Schiedsstelle von nur marginaler Bedeutung. Das ist insofern bemerkenswert, als der Anspruch mit Einrichtung der Stelle ja gewesen war, dem Kunden im Streitfall ein transparentes

*) Betrieb ist nicht Mitglied oder führt das Siegel aus anderen Gründen nicht.

Verfahren anzubieten, in dem der Fall aus neutraler Position heraus geschlichtet werden sollte. Faktisch scheint es so, daß durch Institutionalisierung eines solchen Verfahrens der Schiedsstellenleiter über Verhandlungs- und Einigungsressourcen verfügt, die es ihm ermöglichen, schon im Vorfeld der ins Auge gefaßten Schlichtungsverhandlung zwischen den Streitparteien eine Einigung zustandezubringen. In Erwartung der Verhandlung werden ihm von den Streitbeteiligten offenbar Handlungsmöglichkeiten zugestanden, die es ihm ermöglichen, den angestrebten Zweck einer Einigung bereits zustandezubringen, ohne die Verhandlung selbst noch durchführen zu müssen; der Leiter agiert quasi „im Schatten der Verhandlung".[10]

5. Der Situationsrahmen der Schlichtungsverhandlung

5.1. Das Arrangement der Schlichtungsverhandlung

Die Vorbereitung der Schlichtungsverhandlung erfolgt durch die Geschäftsstelle. Die Verhandlung selbst wird von der Schiedskommission durchgeführt. Die Kommission besteht aus fünf Mitgliedern:

„a) einem zum Richteramt befähigten Juristen als Vorsitzenden
b) einem Vertreter des ADAC oder eines anderen Automobil-Clubs
c) einem öffentlich bestellten und vereidigten Kraftfahrzeug-Sachverständigen, der Vertragspartner der Deutschen Automobil-Treuhand GmbH (DAT) ist
d) einem vom Vorstand des jeweiligen Kraftfahrzeughandels- bzw. -gewerbeverbandes berufenen Vertreter von Presse, Rundfunk oder Fernsehen
e) einem Vertreter des Kraftfahrzeughandels- bzw. -gewerbeverbandes."
(Geschäfts- und Verfahrensordnung, § 2)

Der Landesverband fordert die angeführten Gremien auf, Kandidaten zu benennen, die vom Landesverband offiziell berufen werden. Die Zusammensetzung soll aus der Perspektive des Verbandes die Überparteilichkeit der Kommission insgesamt gewährleisten: Der Automobilclubvertreter gilt als Verbraucheranwalt, der Vertreter des Kraftfahrzeughandels als Interessenvertreter des betroffenen Händlers, der Sachverständige ist die Instanz für Begutachtungsfragen, der Jurist der Verfahrenswalter und Fachmann für juristische Fragen, und der Vertreter der Presse fungiert als neutrale Instanz der öffentlichen Meinung, dessen Anwesenheit wohl auch auf die oben erwähnten Image-Erwägungen zurückzuführen ist.

---

[10] Ob der Kunde in diesem Vorfeld der Verhandlung beschwichtigt oder abgewimmelt wird, wie Demant et al. „beinahe zwangsläufig" (1984, S. 48f.) vermuten, kann ich aufgrund meiner Beobachtungen nicht beurteilen. Richtig ist allerdings, daß der Kunde im Falle des Vorverfahrens nicht beobachten kann, ob der Schiedsstellenleiter sich neutral verhält. Die Arbeit ist für ihn also nicht so transparent wie im Falle einer Verhandlung, bei der er beteiligt ist. Daß ein abgewiesener oder nicht zufriedengestellter Kunde die o.a. Vermutungen äußert, ist angesichts der Struktureigenschaften des Vorverfahrens unvermeidbar.

Die beobachtete Schiedsstelle ist wegen des großen Einzugsbereichs mobil; sie tagt je nach Wohnort der beteiligten Parteien in Dortmund oder in Bielefeld.

Die Kommission bearbeitet an einem Sitzungstag mehrere Fälle hintereinander. An den von mir beobachteten Sitzungstagen (insgesamt 6) reichte die Fallzahl von drei bis sechs Fällen. Die angesetzte Zeit pro Verhandlung ist großzügig bemessen (man rechnet mit 1 Stunde) und reicht in aller Regel aus. Nur in einem Fall drängte die Kommission nach dieser Zeit auf schnellen Verhandlungsabschluß (*da draußen warten noch andere*). Manchmal entstanden Lücken dadurch, daß Streitparteien nicht erschienen waren; diese Lücken nutzen die Mitglieder zu informellen Unterhaltungen über Urlaubs- und Arbeitserlebnisse. In den Verhandlungen arbeiten die Mitglieder sehr konzentriert. Auch an sehr fallreichen und intensiven Sitzungstagen konnte ich Ermüdungserscheinungen nicht beobachten.

Die Kommission bearbeitet die Fälle in Anwesenheit der Streitparteien und ggf. eines Rechtsbeistands in mündlicher, nicht-öffentlicher Verhandlung. Nach meinen Beobachtungen beträgt die Verhandlungsdauer pro Fall zwischen 30 und 60 Minuten.

Die beobachteten Sitzungen fanden seinerzeit noch in einem Sitzungszimmer im ehemaligen Domizil des Landesverbands in Dortmund-Marten statt. Die Sitzordnung war wie folgt:

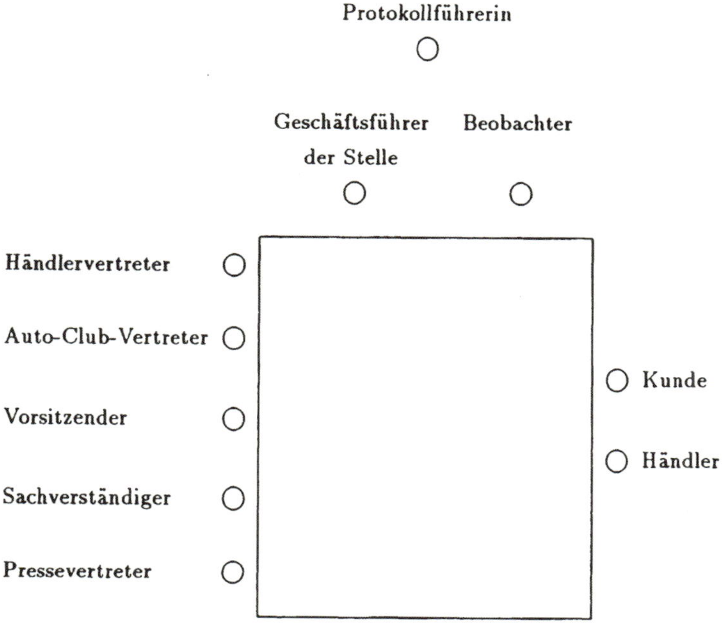

Die Kommissionsmitglieder versorgten sich während der Sitzung mit Kaffee und Säften. Auf dem Tisch standen einige Tischwimpel des Zentralverbandes des Kraftfahrzeuggewerbes. Die Sitzordnung soll nach Auskunft des Geschäftsführers den Eindruck eines sachlichen, seriösen Verhandlungsrahmens vermitteln.

5.2. Handlungsbedingungen des Verhandlungsgeschehens

5.2.1. Das Streitobjekt

Autos zeichnen sich in unserer Kultur über ihren „reinen" Gebrauchswert hinaus – Distanzen überwinden, Aufhebung von Zwängen der menschlichen Natur, ständige Verfügbarkeit, privater Charakter der Nutzung – durch „ungeplante Verwendungsmöglichkeiten" aus (vgl. zum folgenden Krämer-Badoni et al. 1971, S. 54ff). Zu diesen gehören:

- das Auto als Prestigesymbol: Im Unterschied zu vielen anderen Gebrauchswertobjekten eignet sich das Auto besonders zur Symbolisierung eines besonderen gesellschaftlichen Anspruchs, weil es privat verwendet wird, dem Besitzer also zuzurechnen ist, diese Verwendung aber im öffentlichen Raum stattfindet, also allgemein wahrnehmbar ist.

- das Auto als Ausdehnung der Privatsphäre in den öffentlichen Raum: Im Unterschied zu anderen Fortbewegungsmitteln verfügt das Auto über einen nur privat verfügbaren Innenraum, der indivuell ausgestaltbar ist. Dies ermöglicht es, sich auch im öffentlichen Raum schon wie zu Hause zu fühlen.

  > „Sicherlich kann dieser Raum kein adäquater Ersatz für die wirkliche Wohnung sein. Trotzdem kann der Seufzer der Erleichterung, der ausgestoßen wird, wenn man sich im Getriebe der Städte in sein Auto gerettet hat, anzeigen, daß hier in der Tat eine Entlastung eintritt. Das Auto als physisch stabiler Raum wirkt psychisch stabilisierend." (S. 65f.)

- das Auto als Mittel zur Identitätsgewinnung: In dreifacher Weise kann das Auto das Selbstwertgefühl des Fahrers beeinflussen:
  Im Gegensatz zu anderen technischen Instrumenten erfordert der Umgang mit dem Auto relativ komplexe Prozesse der Bedienung, die sich auf Benutzerseite als fahrtechnisches Können manifestieren. Diese Fähigkeit kann der Benutzer sich selbst zurechnen („sein Auto beherrschen").
  Zweitens führt die starke Orientierung des Benutzers auf sein Auto zu einer Identifikation mit diesem und zur Übertragung „emotionaler Selbstverwirklichungstendenzen". (S. 71)
  Drittens sind die Verkehrsverhältnisse auf den Straßen wesentlich durch Konkurrenz geprägt. Sich in diesem Wettbewerb zu bewähren, vermag das Selbstwertgefühl – wenn auch signifikant eindimensional – zu erhöhen.

- das Auto als Aggressionsinstrument: Das Auto eignet sich in besonderer Weise zum Ausagieren aggressiver Strebungen, weil unmittelbare körperliche

Aggressionen durch eine vermittelte, scheinbar ungefährlichere Form ersetzt werden und dadurch die psychodynamische Hemmschwelle heruntergesetzt wird; die Folgen der Aggressionen mit dem Auto sind entfernter, „was die Schuldgefühle vermeiden oder doch verhindern hilft" (S. 79) und man ist persönlich nur vermittelt in den aggressiven Akt verwickelt, macht sich 'die Hände nicht schmutzig'.

- das Auto als Tauschwert: In die Gebrauchswertbestimmung von Autokäufern bzw. Benutzern geht der Gesichtspunkt des Wiederverkaufswerts des Wagens mit ein. Dieser Umstand

> „gibt dem Satz, daß der Tauschwert zum eigentlichen Gebrauchswert geworden sei, eine neue, beinahe wörtliche Bedeutung. Wenn man bereits beim Kauf eines neuen Wagens damit rechnet, ihn über kurz oder lang wieder zu verkaufen, wenn man bereits während des Gebrauchs den Zeitpunkt kalkuliert, an dem der Wagen am besten zu verkaufen sei, damit man 'noch etwas für ihn bekommt', so heißt dies nichts anderes, als daß der Tauschwertstandpunkt auch während des Gebrauchs der Ware im Bewußtsein der Menschen eine dominierende Rolle spielt."(S. 127)[11]

5.2.2. Der Ausgangskonflikt

Den meisten Fällen vor der Schiedskommission liegt nach meinen Beobachtungen folgende Konfliktkonstellation zugrunde: Der Kauf eines Gebrauchtwagens ist ein Geschäft mit Risiken – vor allem für den Käufer: Er erwirbt ein kompliziertes technisches Objekt mit Abnutzungserscheinungen und einer eigenen Fahrgeschichte (Fahrgewohnheiten des Vorbesitzers, spezifische Beanspruchungen etc.). Ob das Fahrzeug in allen Einzelheiten und -teilen einwandfrei funktioniert, kann nicht vorab vollständig überprüft werden. Daß der Käufer beim Kauf die Geschichte des Fahrzeugs vollständig erfährt, kann nicht erwartet werden. Daß das Fahrzeug abgenutzt ist, davon muß der Käufer ausgehen. Vorsicht und Bedachtsamkeit bei der Verkaufsverhandlung sind daher angebracht, und bei der Kaufentscheidung müssen eine Vielzahl möglicher Einwände und Bedenken hintangestellt werden, aber ein letzter Verdacht, „geleimt zu werden", bleibt meist bestehen. Voraussetzung für die Kaufentscheidung ist, daß der Käufer die Verhandlungssituation als hinreichend transparent beurteilt und den Verkäufer als vertrauenswürdig einschätzt. Vertrauen in den Verkäufer dient als Entlastungsmechanismus des Käufers, um sich gegen etwaige Bedenken psychisch

---

[11] Merkwürdigerweise bleibt in der breit angelegten Darstellung von Krämer-Badoni et al. (1971) der distributive Sektor (bis auf ein Kapitel über Autowerbung) ausgespart. Der Gebrauchtwagenhandel wird auf ganzen vier Seiten – von 320 – abgehandelt, und dann auch nur aus der Perspektive des privaten Autobesitzers, der seinen Wagen verkauft. Die für meine Untersuchung v.a. wichtige Perspektive des Privatmanns als Käufer eines Gebrauchtwagens kommt überhaupt nicht vor, auch angesichts der gesellschaftlichen Bedeutung des Gebrauchtwagenmarkts ein Manko der sonst sehr verdienstvollen Studie.

abzuschotten.[12] Nach dem Kauf tritt kurze Zeit später am gekauften Fahrzeug ein Defekt auf – und dieser Defekt führt beim Käufer dazu, daß er seine Interpretation der Kaufsituation grundlegend revidiert: Angesichts dieses Defektes kommen die hintangestellten Bedenken wieder auf, Mißtrauen wird wach, nach weiteren Defekten wird gesucht – und oft genug stellen sie sich zusätzlich von selbst ein. Das globale Deutungsmuster der Kaufsituation beim Käufer ändert sich, hin zu der Figur 'übers Ohr gehauen worden zu sein'.[13]

Der aufgetretene Schaden wird dem Verkäufer zugeschrieben und Kompensation für den Schaden wird verlangt (Reparatur, Minderung des Kaufpreises oder Wandlung).[14]

Daß ein Schaden vorliegt, ist in den meisten Fällen zwischen Käufer und Verkäufer von Anfang an unstreitig. Strittig ist vielmehr, ob der Verkäufer für den Schaden verantwortlich gemacht werden kann.

Für den Verkäufer stellt sich die Situation grundsätzlich anders dar: Für ihn ist mit der Fahrzeugübergabe der Kauf abgeschlossen, das Geschäft getätigt und die Angelegenheit erledigt. Von Fällen bewußter Täuschung einmal abgesehen, in denen der Händler die Beschwerde des Kunden erwarten muß, kommt für ihn die Reklamation unerwartet und stellt einen Versuch dar, nachträglich das vereinbarte Geschäft zu seinen Ungunsten zu verändern. Für ihn bedeutet das ebenfalls eine Revision seiner Einschätzung hin zum Bild des Kunden, 'der immer noch was rausschlagen will'.[15]

Diese beiden korrespondierenden Wahrnehmungsmuster setzen die konfliktäre Auseinandersetzung in Gang, schaukeln das Ausmaß der gegenseitigen Verdächtigungen hoch, erzeugen zusätzliche persönliche Kränkungen und führen zu einer zunehmenden Verhärtung der Positionen.

---

[12] Zur Bedeutung von Vertrauen als Entlastungsmechanismus in Situationen aufgabenbezogener Kommunikation vgl. Nothdurft (1994); siehe auch die Schlußbetrachtung dieses Beitrags.

[13] Dieser Gesichtspunkt spielt offenbar auch für die Schlichtungsverhandlungen in der Handwerkskammer eine große Rolle; vgl. den Beitrag von Reitemeier (in diesem Band).

[14] Diese drei Forderungstypen sind aufgrund der juristischen Rahmenbedingungen jedenfalls strukturell erwartbar; sie folgen aus § 459 BGB „Haftung für Sachmängel". Ob damit freilich die Forderungen oder Interessen der Betroffenen tatsächlich getroffen bzw. abgegolten werden, ist eine Frage des Aushandlungsprozesses im jeweiligen Verhandlungsfall.

[15] Ähnlich auch die Handwerker in der Studie von Reitemeier (in diesem Band).

Diese Konfliktkonstellation bildet die Grundstruktur der meisten Fälle, mit denen die Schiedskommission befaßt ist.

5.2.3. Die Rechtslage

Juristisch gesehen hat der Käufer einen schweren Stand: Ihm obliegt die Beweispflicht dafür, daß aufgetretene Mängel bereits vor dem Kauf vorhanden waren. Will er der Beweispflicht nachkommen, stellt ihm die Schiedsstelle einen Sachverständigen zur Verfügung. Juristisch gesehen ist die Sache klar: Der Käufer hat das Fahrzeug nach den in der Siegelordnung festgesetzten Regelungen erworben. Wenn der Verkäufer sich an diese Regelungen gehalten hat, ist er meist 'aus dem Schneider'. Der Kunde ist gezwungen, im Falle eines nachträglich festgestellten bzw. aufgetretenen Schadens auf der Basis alltagsweltlich plausibler Verursachungskonzepte über das Zustandekommen des Schadens zu agieren. Aufgrund fehlender juristischer Ansprüche werden andere Verhandlungsressourcen wichtig, allen voran die 'Kulanz'.

5.2.4. Kulanz

Die Effektivität von Kulanz als Motor des Verhandlungsgeschehens beruht darauf, daß der Antragsteller sie nicht einklagen, sondern an sie nur appellieren kann. Andererseits aber kann die Kommission vom Antragsgegner, dem Händler, aufgrund dessen Verpflichtung gegenüber der Siegelordnung Kulanz erwarten. Kulanz erweist sich damit als Verhandlungsinstrument, das den Interessen der Kommission auf den Leib geschneidert ist. Die Verhandlungsposition des Antragstellers ist aufgrund der juristischen Rahmenbedingungen geschwächt, und somit ist er auf den Beistand der Kommission angewiesen; Kulanz ist ein Instrument, mit dem die Kommission dem Händler gegenüber wesentlich effektiver umgehen kann als der Kunde dem Händler gegenüber.

Der Antragsgegner unterliegt Verpflichtungen gegenüber der Kommission. In dieser Konstellation gewinnt die Kommission Verhandlungsmacht, die sie zur Stützung der Position des Käufers und der Erzeugung von Verhandlungsbereitschaft einsetzen kann.

5.2.5. Die Schiedskommission

Im Gegensatz zu allen anderen in diesem Band analysierten Schlichtungssituationen ist im Falle der Schiedsstelle für Gebrauchtwagenkäufe die Dritte Instanz nicht eine einzige Person, sondern eine fünfköpfige Kommission. Die Kommission soll nach den Vorstellungen des Trägers Neutralität in der Bearbeitung des Falles, Sachverstand in technischen Fragen und Seriosität in der Einschätzung der Rechtslage garantieren. Da der Träger der Stelle zugleich Interessensvertreter des Händlers ist, versprach man sich von dem Einsatz einer Kommission, den Vorwurf der Parteilichkeit des Verfahrens entkräften zu können.

> „Das wesentlich Neue bei den Schiedsstellen ist der Versuch, die Vermittlungstätigkeit aus dem Odium der Parteilichkeit herauszuheben, indem sie mit einem unabhängigen Vorsitzenden, neutralen Sachverständigen und auch mit einem Verbrauchervertreter besetzt wird. Dadurch soll von vornherein ein größeres Vertrauen in diese Einrichtung erzeugt werden, noch unterstützt durch eine verstärkte Öffentlichkeitsarbeit." (Demant et al. 1984, S. 38)

Die Leistung der Kommission für die Schlichtungsverhandlung besteht darin, daß in ihr verschiedene Orientierungen und unterschiedliche professionelle Wissensbereiche zusammenkommen und dadurch die Beurteilungsdimensionen bei der Fallbearbeitung komplexer werden und die Suche nach einer Einigung anregungsreicher wird. Technischer Sachverstand, juristisches Formulierungsgeschick, kaufmännische Erfahrungen im Formulieren alternativer Angebote kommen zusammen. In einem Fall waren Käufer und Händler auf eine bestimmte streitige Forderung des Käufers fixiert und die Kommission folgt dieser Fixierung - mit Ausnahme des Vertreters des Kraftfahrzeug-Händlers, der aufgrund seiner spezifischen professionellen Erfahrung eine ganz andere Lösungsperspektive entwickelte, die dann auch in der Tat zu einer Einigung führte.

Die erweiterten Handlungsmöglichkeiten der schlichtenden Instanz im Falle einer mehrköpfigen Kommission wirken sich nach meinen Beobachtungen auf das interaktive Geschehen in unterschiedlicher Weise aus:

- Die Kommissionsmitglieder spielen sich bei hinreichendem Einverständnis einander Bälle zu, z.B. wenn Einigungsvorschläge wechselseitig paraphrasiert werden und den Streitparteien verständlicher gemacht werden oder ihnen mehr Nachdruck verliehen wird.

- Die Kommissionsmitglieder üben, wenn sie in einem Beurteilungspunkt gleicher Meinung sind, Konformitätsdruck auf die Streitparteien aus.

- Die Kommissionsmitglieder verfolgen in ihren Gesprächsbeiträgen oft ihre jeweiligen Einzelinteressen und verhindern so, daß eines der Mitglieder eine konsistente Verhandlungsstrategie aufbauen kann.

- Die Kommissionsmitglieder, denen die Rolle von Parteienvertretern zugedacht ist, übernehmen die Position 'ihrer' Streitparteien und debattieren untereinander den umstrittenen Fall, so daß die Parteien phasenweise 'überflüssig' erscheinen (die Positionsübernahme macht es auch möglich, die Verhandlung zu unterbrechen und kommissionsinterne Beratungsphasen zwischenzuschalten).

Daß die unterschiedlichen Orientierungen der Mitglieder für die Verhandlung Probleme des Beteiligungsmanagements mit sich bringen, wird von den Mitgliedern selbst gesehen und dadurch gelöst, daß sie weitgehend dem Vorsitzenden die Verhandlungsführung überlassen und sich je nach eigenem Interesse punktuell in die Verhandlung einschalten.

Die Handlungsbedingungen für das Agieren in der Schlichtungsverhandlung sind für die Beteiligten also durchaus unterschiedlich. Das Verhältnis zwischen Käufer und Verkäufer ist gestört, die beiden Parteien sind in unterschiedlicher Weise davon betroffen: Der Käufer definiert sich als der Geschädigte, und er muß versuchen, Kompensation für den Schaden zu erlangen, i.d.R. ohne auf rechtliche Ressourcen zurückgreifen zu können. Er ist in initiativer Position, die er durch überzeugende nicht-juristisch geprägte Darstellungen und angeeignetes Fachwissen untermauern muß. Er kann davon ausgehen, daß die Kommission versuchen wird, eine Einigung zustande zu bringen, die ihn zufriedenstellt. Eigentlich ist dies der einzige Anreiz für ihn, sich auf die Verhandlung überhaupt einzulassen.

Die Kommission ihrerseits definiert den Käufer ebenfalls als Geschädigten, als jemanden, 'der Ärger mit seinem Gebrauchtwagenkauf hat', indes ohne dem Verkäufer automatisch die Schuld für den Ärger zuzuschreiben. Die Kommission behandelt den Käufer als jemanden, 'für den etwas getan werden muß'.

Das Beziehungsverhältnis, das sich im Zuge dieser Rollendefinition etabliert, unterscheidet sich beträchtlich etwa von dem der Rollenkonstellation vor Gericht: Während es sich dort um ein Verhältnis von Kläger und Beklagtem handelt und der Handlungsgegenstand das Feststellen von Ansprüchen oder Schuld ist, handelt es sich bei dieser Art Schiedsverhandlung um ein Betreuungsverhältnis, in dem der Käufer eine Art Patientenrolle einnimmt und die Kommission versucht, seine beim Kauf aufgetretenen Blessuren zu heilen.[16]

Der Verkäufer dagegen muß sich gegen die Vorwürfe des Kunden rechtfertigen, gegenüber der Kommission sein einwandfreies Geschäftsgebaren deutlich machen und mögliche Unkosten abwenden.[17]

Das Verhältnis von Kommission und Verkäufer ist weniger klar zu bestimmen: Zum einen ist die Kommission Bestandteil des KFZ-Zentralverbandes und damit des Interessensverbandes des Verkäufers und 'steht damit auf seiner Seite' und der Händler kann Beistand erwarten. Zum anderen besteht zwischen der Kommission und dem Händler auch eine Kontroll- und Disziplinierungsbeziehung: Jeder verhandelte Fall ist zugleich auch eine Offenlegung und Prüfung des Geschäftsgebarens des Händlers, ohne daß diese Beziehung ohne weiteres explizit gemacht werden würde - oder auch ohne Gesichtsverlust explizit gemacht

---

16 Diese Interpretation der Beziehungskonstellation ist angeregt durch Laura Nader (Berkeley) und die Studie von Claeson (1987). Claeson führt in einer ethnographischen Studie einer Schlichtungsagentur in Kalifornien, die Ansprüche aus Arbeitsunfällen reguliert, vor, wie der Antragsteller im Zuge der Verhandlung eine Rollentransformation durchmacht vom Kläger hin zu einem betreuungsbedürftigen Patienten - und damit seine Verhandlungsmacht verschwindet.

17 Ähnlich die Handwerker in der Studie von Reitemeier (in diesem Band).

werden könnte. Diese Beziehungsdefinition der Kommission dem Händler gegenüber ermöglicht es ihr zugleich, dem Käufer gegenüber ihre Unabhängigkeit und Neutralität deutlich zu machen.

Die Kommission demonstriert Sachverstand in der Bearbeitung des Falles und Neutralität bei der Entwicklung von Einigungsvorschlägen. Sie hat Möglichkeiten, auf beide Seiten Druck auszuüben, ihre Vorschläge anzunehmen. Sie hat vor allem Probleme damit, die eigene Beteiligungsweise in der Verhandlung homogen zu organisieren und den Streitparteien Lösungsmöglichkeiten zu verschaffen, ohne sie gleichzeitig durch die unterschiedlichen Interessen der Mitglieder zu irritieren.

Dieses ambivalente und komplizierte Geflecht von Beziehungs- und Rollendefinitionen stellt ein stützendes strukturelles Gerüst dar, innerhalb dessen sich das kommunikative Geschehen der Schiedsverhandlung vollziehen kann. Die damit einhergehenden Zwänge und Handlungsmöglichkeiten prägen zugleich das kommunikative Geschehen in der Schlichtungsverhandlung.

6. Kommunikative Charakteristika der Schlichtungsverhandlung

Aufgrund der Fallbeobachtungen läßt sich ein starres Ablaufmuster, in dem etwa die einzelnen Aktivitätszüge in ihrer Reihenfolge festgelegt sind, für die Verhandlungen nicht angeben; dies liegt nach meinem Eindruck v.a. daran, daß es eine fünfköpfige Kommission ist, die sich des Falles annimmt, und daß das Verhandlungsgeschehen somit durch mehrere Beteiligte gesteuert ist, die an unterschiedlichen Fällen jeweils unterschiedliche Interessen entwickeln. Die Kommissionsmitglieder behandeln jeden Fall sorgfältig als Einzelfall, und der Verhandlungsgang ergibt sich aus der je besonderen Konstellation von Antragsfall, Auftreten der Streitparteien in der Situation und Interessen der Kommission am Fall (siehe zur Illustration die Gedächtnisprotokolle im Anhang). Das kommunikative Geschehen ist entscheidend von den Orientierungen der Beteiligten und ihren Verhandlungspositionen bestimmt, auf deren Grundlage sie die einzelnen Aktivitätskomplexe des Handlungsmusters Schlichten sprachlich ausgestalten und prägen.[18] Für zentrale Komplexe des Musters Schlichtung im Kontext der Gebrauchtwagen-Verhandlung soll im folgenden nachgezeichnet werden, wie die Beteiligten ihre Positionen sprachlich in Szene setzen, ihnen Nachdruck verleihen, die Bedeutung ihrer Redegegenstände konstituieren und Einigungen anbahnen.[19]

---

[18] Diese Orientierungen sind im einzelnen sehr ähnlich denen, die Reitemeier in seiner Darstellung der Kunden- und Handwerkerperspektive beschreibt. Ich kann daher hier auf seine Darstellung verweisen.

[19] Das analytische Vorgehen ist genauer ausgeführt in Nothdurft (1995).

6.1. Die Eröffnung der Verhandlung

Die Verhandlung beginnt damit, daß die Protokollführerin die Streitparteien in den Verhandlungsraum bittet. Die Parteien kommen in den Raum, in dem die Kommissionsmitglieder bereits sitzen; das ganze szenische Arrangement (Akten auf dem Tisch, zwei leere Sessel gegenüber der Kommission (s.o.)), macht den Streitparteien deutlich, daß sie in ein vorbereitetes Verfahren eintreten. Manchmal beginnt der Vorsitzende bereits mit der Fallbehandlung, während die Parteien noch ihre Sitze einnehmen, manchmal erfolgt erst noch eine Aufnahme der Personalien. Unterschiedlich ist auch die 'Stelle' der Fallbearbeitung, bei der der Vorsitzende einsetzt: Mal referiert der Vorsitzende nach Aktenunterlagen die Anschuldigung des Käufers, mal fragt er zu Beginn bereits nach, ob zwischenzeitlich Einigungsbemühungen erfolgt sind, mal fordert er den Händler direkt zur Stellungnahme auf. Die ausgebauteste Version ist die, in der er zunächst den Käufer auffordert, seine Anschuldigung darzustellen.

6.2. Die Darstellung der Anschuldigung des Käufers

Die Anschuldigung wird je nach Ausgangslage der Streitbehandlung in unterschiedlicher Form ins Gespräch eingebracht; mal reicht es schon aus, auf sie nur zu verweisen (wenn schon ausführliche Vorverhandlungen stattgefunden haben), mal wird sie kurz skizziert, in einem Fall las der Antragsteller eine über zwanzigminütige Erklärung ab.

Jeder Anschuldigung liegt ein komplizierter Fall zugrunde; der Kauf selbst mit seiner Vorgeschichte, die Motive des Käufers, der aufgetretene Schaden, die resultierenden Beeinträchtigungen, der nachfolgende Ärger mit dem Händler, die Geschichte ergebnisloser Verhandlungen mit diesem etc.

Auf der Grundlage dieses komplexen Zusammenhangs muß der Käufer in der Verhandlungssituation seine Anschuldigungsdarstellung entwickeln, Aspekte des Zusammenhangs herausheben, andere vernachlässigen, Wichtiges markieren, Ärger veranschaulichen, Betroffenheit verständlich und Schuldzuweisungen nachvollziehbar machen.[20]

Die Käufer schildern in ihren Darstellungen Einzelheiten der Kaufsituation, Komponenten ihres damaligen Entscheidungsverhaltens, Einzelheiten des später aufgetretenen Schadens, Versuche, den Schaden in Eigeninitiative zu beheben, die Unnachgiebigkeit des Geschäftspartners und formulieren ggf. auch bereits ihre Ansprüche gegenüber diesem.

Den Darstellungen liegt eine alltagsweltliche Auffassung über den Gebrauchswert von Fahrzeugen aus zweiter Hand zugrunde, Vorstellungen darüber also, wie solche Fahrzeuge beschaffen sein müssen, welche Mängel tolerabel sind, wie

---

[20] Vgl. zu diesem Aktivitätskomplex der 'Etablierung der Anschuldigung' in Schlichtungsgesprächen generell Nothdurft (1995, Kap. 2).

das Preis-Leistungs-Verhältnis auszusehen hat („Gebrauchswerttheorie" vgl. 5.2.1.) und die Annahme, daß die Firma die Schuld für den aufgetretenen Schaden trägt (Schuld-Zuschreibung).

Die Gebrauchswerttheorie ist weitgehend impliziter Natur und an die lebensweltlichen Verhältnisse des Kunden gebunden (so hat z.B. 'Verläßlichkeit' des Fahrzeugs oberste Priorität für einen Käufer, der das Auto für den Weg zur Arbeitsstätte nutzen muß). Außerdem ist die Theorie bestimmt u.a. durch die Suggestionen der Autowerbung, Prestigegesichtspunkte und durch libidinöse Besetzung des Objekts 'Auto' im Unterbewußten.

Die Schuldzuschreibung wird untermauert durch Betonung der kurzen Zeitspanne zwischen Kauf und Schadensauftritt, durch Darstellung eigenen korrekten und fürsorglichen Umgangs mit dem Fahrzeug und durch Mutmaßungen darüber, wie der Wagen beim Verkäufer bzw. Vorbesitzer behandelt worden ist (bei Annahme nicht geprüft, nicht gewartet) oder darüber, daß der Verkäufer Mängel verschwiegen hat.

Wichtiges Element in der Anschuldigungsdarstellung des Käufers ist der Verweis auf das Vertrauenssiegel des Händlers, das mit ausschlaggebend für die Kaufentscheidung gewesen sei. Dieser Verweis stellt eine wichtige kommunikative Ressource des Kunden beim Untermauern seiner Position dar.

Im folgenden Fall, „Der Capri", hatte ein junger Mann einen Ford Capri gekauft, ihn kurze Zeit später aber wegen vieler Mängel wieder zurückgegeben und für einen VW Golf in Zahlung gegeben. Der Betrag, der ihm vom Händler angerechnet worden war, erschien dem Vater des Käufers viel zu gering, und er bemühte sich, einen weiteren Abschlag für den Kaufpreis des Golfs auszuhandeln. Dies gelang nicht, der Vater des Käufers setzte sich darauf mit der Schiedsstelle in Verbindung, deren bilaterale Vermittlungsbemühungen ebenfalls scheiterten, und es kam zur Schiedsverhandlung.

Käufer:

äh ausgehend vom ersten kau:f * ford capri- * ich geh davon aus daß
wenn hier ein * gebrauchtwagenhä"ndler das vertrauenssiegel fü"hrt↓
* daß man auch vertrauen zu diesem händler ha"ben kann- * das
heißt ich muß damit rechnen <kö"nnen> ohne daß ich ich hatte
das schriftlich ausgeführt mit einem sachverständigen dahin kommen
laß den wagen auf herz und nieren überprüfen↑ * vertrauen können
daß der wagen mindestens fahrbereit is mi"ndestens sogar für einen
längeren zei"traum↑ ** äh- * das war offensichtlich ni"ch der
fall- * der wagen hatte doch erhebliche * mängel die sich erst im
laufenden betrieb herausstellten↑ * dann jeweils auch reklamiert
wurden teilweise äh im einvernehmen mit der firma heissenbühl- *
wurden die mängel dann auch behoben- * äh aber dann der hinweis
daß jede kulanz auch einmal ein ende hat äh mach vertretbar sein

bloß- * der wagen is ja praktisch nach sechs wochen zurückgegeben worden und äh- * der wagen hatte einen motorschaden wobei zwei tage vorher schon au:f klingelgeräusche aufmerksam gemacht worden is↑ * äh ich selbst ich habe mir damals den wagen angesehen bei der firma heissenbühl äußerlich- * hatte bemängelt- * zunächst äh=n defektes ziergitter vorne re"chts ich weiß nich ob dat nachher ausgewechselt worden is kann ich nich sagen- * vor der auslieferung vor dem vertrach- * äh ansonst hatte ich mein- * dritter sohn den wagen auch mal probe gefa"hren↓ * un hat gesacht naja ich kann nichts besonderes festste"llen↓ * mi"r is versichert worden bei heissenbühl daß alle fahrzeuge die zum verkauf gelangen werkstatt geprüft und überholt seien↑ * das war für mich en hinweis dafür- * daß man eben äh hier einen gebrauchten wagen kaufen kann der auch längere zeit benutzbar is↓

(3005/02; 2/6ff.)

Im Vordergrund dieser Anschuldigungsdarstellung stehen Orientierungen des Käufers und positionsflankierende rhetorische Figuren, während der Fall selbst umstandslos als bekannt vorausgesetzt wird. (Der Fall ist den Beteiligten im voraufgegangenen Schriftwechsel sicher schon ausführlich dargestellt.)

Eine Mikroanalyse der Beschwerdendarstellung kann die Rhetorik der Darstellung im einzelnen zeigen.

äh ausgehend vom ersten kau:f * ford capri- * ich geh davon aus daß wenn hier ein * gebrauchtwagenhä"ndler das vertrauenssiegel fü"hrt↓ * daß man auch vertrauen zu diesem händler ha"ben kann- * das heißt ich muß dann damit rechnen <kö"nnen> ohne daß ich ich hatte das schriftlich ausgeführt mit einem sachverständigen dahin kommen laß den wagen auf herz und nieren überprüfen↑ * vertrauen können daß der wagen mindestens fahrbereit is mi"ndestens sogar für einen längeren zei"traum↑ *

Gebrauchtwagenhändler, die Mitglied im Zentralverband sind, führen das sogenannte Vertrauenssiegel (s.o.). Mit Aushang des Vertrauenssiegels verpflichtet sich der Händler zu einem kundenfreundlichen Geschäftsgebaren, das im einzelnen in der Siegelordnung festgelegt ist. Dieses äußere Zeichen „Vertrauenssiegel" zu nennen, ist Bestandteil einer Imagestrategie des Zentralverbands, die auf die Verbesserung der Käufer-Kunden-Beziehung abzielt.

Der Käufer des Capri greift den Ausdruck *vertrauen* auf und macht ihn sich zur Stützung seiner Position zunutze: Er weist auf das Vertrauenssiegel hin, interpretiert *vertrauen* aber in eine andere als die vom Zentralverband intendierte Richtung, nämlich als Gewißheit, ein fahrtüchtiges Auto zu erwerben. Diese Interpretation erfolgt schrittweise von *vertrauenssiegel* zu *vertrauen zu diesem*

händler zu ***vertrauen daß der wagen fahrbereit is.*** Die beanspruchte Gewißheit wird vor allem durch das jeweils benutzte Modalverb ***können*** verdeutlicht:

- ***damit rechnen können***
- ***vertrauen können***
- ***vertrauen haben können.***

Mit dem Hinweis auf das Vertrauenssiegel hat der Käufer implizit auch der Kommission als Vertreterin des Zentralverbandes eine Rolle im Geschehen zugeschrieben: Sie ist als Vergabeinstanz für das Siegel mitverantwortlich dafür, daß die vom Käufer erwarteten Verpflichtungen des Händlers auch eingehalten werden.

Den durch das Vertrauenssiegel hervorgerufenen Erwartungen stellt der Käufer dann im nächsten Schritt die Wirklichkeit seines Falles entgegen, zunächst in einer allgemeinen Kennzeichnung *äh- * das war offensichtlich ni"ch der fall- **. An dieser Stelle ist der Referent des pronominalen *das* nicht eindeutig auszumachen; unklar ist, ob es sich auf das *vertrauen können* bezieht oder auf die Fahrtüchtigkeit des Wagens. Gerade auf dieser globalen Beziehbarkeit beruht an dieser Stelle die kontrapunktische Wirkung der Darstellung des Faktischen (*offensichtlich*) gegenüber der vorangegangenen Explikation des Erwartbaren. Die Opposition zum erwartbaren fahrbereiten Auto ist der Wagen mit *erhebliche*(n) *mängel*(n):

```
der wagen hatte doch erhebliche * mängel die sich erst im laufenden
betrieb herausstellten↑ * dann jeweils auch reklamiert wurden teilweise
äh im einvernehmen mit der firma heissenbühl- * wurden die mängel
dann auch behoben- * äh aber dann der hinweis daß jede kulanz auch
einmal ein ende hat äh mach vertretbar sein bloß- * der wagen is ja
praktisch nach sechs wochen zurückgegeben worden
```

An dieser Darstellung fällt auf, daß die Mängel des gekauften Autos nicht weiter expliziert werden, sondern daß auf den Umgang des Händlers mit den Mängeln abgehoben wird. Dieser Fokus wird durch die gesamte weitere Darstellung durchgehalten: Es geht vorrangig nicht um die Mängel am Fahrzeug, sondern vor allem um die Prüfaktivitäten der Beteiligten und die Erfüllung von 'Sorgfaltspflichten':

- Der Käufer hatte den Wagen sehr genau angesehen (*äh ich selbst ich habe mir damals den wagen angesehen bei der firma heissenbühl äußerlich- * hatte bemängelt- * zunächst äh=n defektes ziergitter vorne re"chts*);
- ob der Händler diese Mängel beseitigt hat, wird als nicht bekannt dargestellt und damit suggeriert, die Behebung könnte unterlassen worden sein (*ich weiß nich ob dat nachher ausgewechselt worden is kann ich nich sagen- * vor der auslieferung vor dem vertrach-*);

- die Prüfroutine, die dem Käufer zur Verfügung steht, die 'Probefahrt', hatte keine Hinweise auf Mängel erbracht (*äh ansonst hatte ich mein- * dritter sohn den wagen auch mal probe gefa"hren↓ * un hat gesacht naja ich kann nichts besonderes feststе"llen↓*);

- letztlich ist dem Käufer vom Händler *versichert* worden, daß alle Fahrzeuge des Händlers geprüft seien – wobei offen bleibt, was *werkstatt geprüft und überholt* genau heißt (*mi"r is versichert worden bei heissenbühl daß alle fahrzeuge die zum verkauf gelangen werkstatt geprüft und überholt seien↑ * das war für mich en hinweis dafür- * daß man eben äh hier einen gebrauchten wagen kaufen kann der auch längere zeit benutzbar is↓*).

Zentrale Darstellungsgesichtspunkte dieser Anschuldigung sind somit

- die mißbräuchliche Nutzung des Vertrauenssiegels durch den Händler,
- der sich hinziehende Ärger um den gekauften Wagen,
- die sorgfältigen Prüfungen des Autos durch den Käufer und
- das Gebrauchswertinteresse an einem Wagen, der *auch längere zeit benutzbar is*.

Diese Gesichtspunkte werden im weiteren Verlauf der Verhandlung immer wieder zur Sprache kommen, und erst in diesem Verlauf wird ihr Stellenwert verständlich; so wird dem (erwarteten) Fahrzeug mit längerer Benutzbarkeit immer wieder entgegengestellt, wie häufig der gekaufte Wagen liegengeblieben ist und daß der Käufer dadurch beruflichen Ärger bekommen hat.

Vergleicht man die Darstellungsgesichtspunkte dieser Beschwerde mit Anschuldigungen in anderen Schlichtungsinstitutionen, fällt auf, daß hier weniger der Streitgegenstand selbst im Vordergrund steht – was im einzelnen an dem Auto zu beanstanden ist, sondern daß sie zum einen auf den vorhergegangenen Schriftwechsel rekurriert und zum anderen Verhandlungsgesichtspunkte andeutend vorwegnimmt, die im weiteren Verhandlungsverlauf immer wieder angeführt werden.

Mit dieser Anschuldigung leistet der Käufer also ganz wesentlich einen Übergang von der bisherigen Konfliktbearbeitung im Verfahrensgang in der anstehenden Verhandlung; er 'holt' gleichsam diese Vorgeschichte in die aktuelle Situation und legt seine Verhandlungsgesichtspunkte in nuce an und schafft einen Einstieg in die Verhandlung.

Im Anschluß an die Darstellung der Anschuldigung fragen die Kommissionsmitglieder nach Einzelheiten des Schadensauftretens und -umfangs und nach Details der vertraglichen Vereinbarungen und lassen sich vom Antragsteller sein Entscheidungsverhalten beim Kauf ausführlich erläutern. Die Befragung des Kunden hat nach meinem Eindruck mehrere Zwecke:

Zum einen soll sie den Kommissionsmitgliedern dazu verhelfen, sich ein genaueres Bild vom Standpunkt des Kunden zu verschaffen. Sie dient aber zum zweiten auch dazu, den Kunden über vertragliche Implikationen aufzuklären und ihm seine (schwache) Rechtsposition deutlich zu machen. Zum dritten soll die Befragung dem Kunden das Interesse der Kommission am Fall verdeutlichen und ihm zeigen, daß er mit seiner Anschuldigung und der komplexen Konfliktgeschichte, die damit verbunden ist, von der Kommission ernst genommen wird. Dieser Gesichtspunkt ist angesichts des Auftrags an die Kommission wichtig, beim Kunden wieder Vertrauen in die Branche herzustellen. Endlich ist es Ziel der Befragung, aus der Anschuldigung eine verhandelbare Forderung gegenüber dem Händler herauszuarbeiten oder die Position des Kunden soweit sich entfalten zu lassen, daß der Kunde seine bereits vorab formulierte Forderung nochmals vorbringen kann:

Vorsitzender:

nun is ja foljendes nun is dies ja ne schiedsstelle die die streitigkeiten regeln soll↑ * ein streit regeln heißt ein streit schlichten das heißt einen streit beenden↑ * sie" ham sich doch mit ner ganz gewissen vorstellung → ... hierher gekommen sie ham uns die rechnung eingereicht vierhundertfümmeneunzig mark glaub ich ham se aufwenden müssen↑← * und was is ihre meinung könn se ruhig freiweg sagen- * soll die firma binder die übernehm zum teil oder gar nich oder wie was ham sie für ne vorstellung↑

(3005/01; 43/3ff.)

In diesem Redebeitrag präpariert der Vorsitzende den Antragsteller für den nächsten Verfahrensschritt, die Verhandlung von Forderungen. Dies erfolgt in zwei Komplexen: Zunächst durch eine Definition des institutionellen Auftrags, der in der Verhandlung zu erfüllen ist, und zweitens dadurch, daß der Antragsteller sprachlich in den Stand des Verfechters einer quantifizierbaren Forderung versetzt wird. Ich beschränke mich in der folgenden Mikroanalyse auf den zweiten Aspekt.

Zunächst schreibt der Vorsitzende dem Antragsteller eine intentionale Haltung 'Vorstellung haben' zu, die zugleich als Motiv dafür angegeben wird, die Schlichtung initiiert zu haben, die also eine wichtige Vorstellung darstellt.

Nun verlangt der Ausdruck 'Vorstellung haben' auch die Angabe des Gegenstandes, über den man die Vorstellung hat. Diese Angabe indes fehlt im analysierten Fall – es wäre eben gerade die 'Forderung', die der Antragsteller durchzusetzen versucht. Wenn auch eine solche Forderung an dieser Stelle noch nicht erfolgt, so ist andererseits klar, daß im Kontext eines Verhandlungsgesprächs mit 'Vorstellung' nicht irgendeine Vorstellung gemeint ist, sondern Vorstellung für 'Forderung' steht. Diese wird also semantisch angebahnt, aber eben noch nicht zur Sprache gebracht. Die sprachliche Hervorbringung einer Verhandlungsforderung erfolgt wesentlich subtiler und prozessural. Für den nächsten

Schritt der Hervorbringung spielt folgende syntaktische Parallelisierung eine wesentliche Rolle:

`sie" ham sich doch mit ner ganz gewissen vorstellung→ ... hierher gekommen sie ham uns die rechnung eingereicht`

Die Parallelität des *sie ham* erzeugt den Eindruck einer aufzählenden Redeweise, bei der verschiedene Sachverhalte, gleichsam addierend, hintereinander gereiht werden. Tatsächlich aber sind die in dieser Weise aneinandergereihten Sachverhalte kategorial unterschiedlich: Beim ersten handelt es sich um einen – zwangsläufig hypothetisch – zugeschriebenen intentionalen Zustand, beim zweiten um eine – beobachtbare – Handlung 'Rechnung einreichen'. Die Parallelität suggeriert einen starken Zusammenhang der zugeschriebenen Vorstellung mit der zur Kenntnis genommenen Rechnung. Die Einführung der *rechnung* ermöglicht es dem Vorsitzenden, im nächsten Schritt eine erste Quantifizierung vorzunehmen *vierhundertfümmeneunzig mark glaub ich ham se aufwenden müssen*↑.

Mit der Zuschreibung eines intentionalen Zustandes 'Vorstellung haben', dessen spezifischer semantischen Interpretation im Verhandlungskontext, der Identifikation der Vorstellung mit der eingereichten Rechnung und der eine Quantifizierung ermöglichenden Zitierung des Rechnungsbetrags ist ein solides verbales Bedeutungsfundament errichtet, auf dem der Vorsitzende im nächsten Schritt den Antragsteller zu der bis dahin durch ihn selbst überhaupt erst hervorgebrachten *meinung* fragen kann. Zu diesem Zeitpunkt hat der Vorsitzende die Formulierung einer Forderung durch den Antragsteller angebahnt. Bis zum Ende des Beitrags ist nun ein gegenläufiger Prozeß zu beobachten, der zum Ziel hat, eine solche Forderung weitgehend verhandelbar und offen zu halten. Schließlich befindet man sich noch zu Beginn der ganzen Verhandlung. Zu diesem Offenhalten trägt bei, daß die Forderung als *meinung* bezeichnet wird, daß der Antragsteller ermutigt wird, 'seine' Forderung zu nennen und daß ein ganzes Spektrum denkbarer Forderungen vorformuliert wird *soll die firma binder die übernehm zum teil oder gar nich oder wie*.

Wenn der Vorsitzende den Antragsteller am Schluß seines Beitrags noch einmal fragt *was ham sie für ne vorstellung*↑ so hat sich durch seinen Beitrag selbst die anfangs leere Bedeutung von *vorstellung* soweit angereichert, daß es jetzt an eine Verhandlung von Forderungen gehen kann. Der Vorsitzende hat den Antragsteller zum Vertreter einer Forderung präpariert.

Die Formulierung verhandelbarer Forderungen erweist sich nach meinen Beobachtungen bisweilen als schwierig: Der Antragsteller wird fallweise mehr von seiner Wut, seinem Ärger und seiner Enttäuschung über die Fahrzeugdefekte und ihre Folgen umgetrieben, als daß er mit konkreten Kompensationsforderungen aufwarten könnte. Es bedarf dann oft eines großen Aufwandes der Kommissionsmitglieder, bis sie seine Vorstellungen in eine Fassung umformuliert haben, die sie für verhandelbar halten.[21]

```
Vors.: was ham sie denn für ne vorstellung sie müssen do=ne
       vorstellung haben↓ * die firma die steht da da un sacht
       ich bekomme noch hier von herrn gelbhaar- * junior bekomm
       ich noch zweienhalbtausend mark sacht die firma↓

Vors.:        so"↓ jetz jet/ müss/ können sie ja was sagen
Käufer: >ja<

Vors.: jetz können sie sagen die kriste oder die kriste nich↑

(3005/02; 80/8ff.)
```

6.3. Die Stellungnahme des Händlers

Ist die Anschuldigung fürs erste hinreichend dargestellt, folgt als nächster Schritt im Bearbeitungsprogramm die Stellungnahme des Händlers.

Vorsitzender:

```
ja jetz müssen wer natürlich auch dem herrn von

#der firma heissenbühl# mal gelegenheit gebn da was zu zu sagen- *
#STAKKATO              #

sie ham ja gehört hier- ** äh was hier herr gelbhaar gesacht hat- *
herr schard↓
```

An diesem Beispiel für eine Aufforderung zur Stellungnahme ist gut beobachtbar, wie sprachliche Mittel zur interaktiven Konstitution eines bestimmten Verfahrensrahmens beitragen:

- Durch *natürlich* betont der Vorsitzende, daß die Stellungnahme des Händlers obligater, selbstverständlicher, erwartbarer Handlungsschritt im Schlichtungsgeschehen ist, und definiert die Stellungnahme damit als Schritt in einem allseits als bekannt unterstellten Verfahren.[22]
- Der Vorsitzende erklärt die in der Verhandlung geäußerte Beschwerde zum Bezugsobjekt der Stellungnahme und betont damit das Merkmal der Mündlichkeit der Konfliktbearbeitung. Diese Betonung des Hier-und-Jetzt als Geltungsbedingung der Konfliktdarstellung steht im Widerspruch zu der

---

[21] Vgl. hierzu auch die Ausführungen in den Abschnitten zur 'Schadenskette' und zur 'Moralisierung'; Kap. 7; vgl. außerdem die Ausführungen Reitemeiers zu 'ärgerlichen Vorkommnissen' (in diesem Band).

[22] Er setzt das Handlungsmuster 'Schlichten' mit anderen Worten in Szene; vgl. die Bemerkungen zur Inszenierung in Abschnitt 8.

Konflikt-Korrespondenz in den der Verhandlung voraufgegangenen Bearbeitungsphasen – und zur Darstellung der Beschwerde selbst, die, wie wir gesehen haben, auf diese Vorgeschichte rekurrierte. Die Formulierung des Bezugsobjekts als „das, was gerade gesagt worden ist" macht den Redegegenstand ambivalent und erweitert damit den Verhandlungsspielraum; außerdem wird das aktuelle Verhandlungsgeschehen in seiner Relevanz höhergestuft.

Durch die sprachlichen Definitionsaktivitäten des Vorsitzenden im Verein mit den Erwartungen an das Verfahren ist die Stellungnahme gekennzeichnet als erste, verhandlungsoffizielle Reaktion des Händlers auf die Beschwerde.

Stellungnahmen generell sind durch eine Doppelstruktur gekennzeichnet: Sie sind einerseits reaktiv auf die Anschuldigung bezogen und stellen andererseits eine eigene Darstellung des umstrittenen Geschehens dar, die die Reaktion auf die Anschuldigung stützt (Nothdurft 1995). Die häufigste Reaktion in den beobachteten Verhandlungen ist das 'Zurückweisen' der Anschuldigung; bei dieser Reaktion werden die Voraussetzungen für den Akt des Anschuldigens in Frage gestellt, insbesondere wird die Verantwortlichkeit für das Auftreten des Schadens abgelehnt.

Die Händler verfügen über eine ganze Reihe von Ressourcen, die sie zur Untermauerung ihrer Ablehnung einsetzen: Da ist zum einen der Kaufvertrag mitsamt den dort festgelegten Implikationen, mit dem belegt wird, warum Gewährleistung im jeweiligen Fall ausgeschlossen ist; da sind ferner Verweise darauf, daß sich der aufgetretene Schaden im Rahmen des für Gebrauchtwagen Üblichen und Normalen bewege, und Verdeutlichungen, daß der Wagen der routinemäßigen und allseits für ausreichend erachteten Behandlung, Prüfung und Pflege beim Händler unterzogen worden war, so daß den Händler keine Schuld am Zustandekommen des Schadens trifft.[23]

Sehen wir uns an einem Beispiel an, wie die Stellungnahme sprachlich funktioniert bzw. die Zurückweisung der Anschuldigung als zentrale Botschaft der Stellungnahme sprachlich hervorgebracht wird:

Händler:

```
ja" äh gut der capri autos gehen bei uns durch die werkstatt werden
überprüft um bei der hereinnahme des capris warn geräusche da:↓ * und
wir ham festgestellt daß es die nockenwelle war haben=s bei uns in=ne
werkstatt repariert↓ * und äh die üblichen arbeiten die sonst gemacht
werden wie bremse- * auspuff (det) wird nachgeguckt ganz klar wenn was
is↑ * wird das vorher gemacht denn äh ←im nachhinein muß man das ja
doch machen→ un äh bevor=en auto bei uns in=nen ausstellungsraum kommt-
```

23 Vgl. zu diesem ganzen Komplex auch die Betrachtungen Reitemeiers zum Verhandlungsverhalten der Handwerker (in diesem Band).

* bin ich also sicher daß wir=s auch mit gutem gewissen verkaufen können↓ * daß im nachhinein was beim gebrauchtwagen sein kann is nie auszuschließen und äh ich bin der meinung wir sin dem herrn gelbhaar junior auch se"hr weit entgegengekommen im nachhinein ich hab also die reparaturrechnung mal mitgebracht was wir alles investiert ham vo"rher und auch noch nach dem kauf↓ * →wohlgemerkt capri war en agenturgeschäft↓←

(3005/02; 8/2ff.)

Als erstes markiert der Händler, daß er sich auf das Objekt der Beschwerde bezieht: *ja" äh gut der capri*. Die Kennzeichnung des umstrittenen Fahrzeugs als *der capri* verdeutlicht zugleich, daß es sich bei dem Auto für den Händler um ein vertrautes Objekt handelt, das er gut kennt. *der capri* ist in diesem Kontext ja nicht der Capri schlechthin, sondern der 'leidige' Capri, ein Auto, über das er Bescheid weiß und von dem schon oft die Rede war. Im nächsten Schritt der Stellungnahme formuliert der Händler ein allgemeines Prüfverfahren, dem Autos in der Firma unterworfen werden: *autos gehen bei uns durch die werkstatt werden überprüft*. Indikativ und Präsens tragen dazu bei, den Charakter der Formulierung als Darstellung eines generellen Verfahrens zu verdeutlichen.

Im nächsten Schritt wird dargestellt, daß das Prüfverfahren auf den Capri angewandt wurde: *bei der hereinnahme des capris warn geräusche da:↓ * und wir ham festgestellt daß es die nockenwelle war haben=s bei uns in=ne werkstatt repariert↓*.

Das Prüfverfahren wird in den charakteristischen Schritten seiner Normalform und als erfolgreich abgewickeltes dargestellt:

- Hereinnahme des Autos
- Entdecken von Defekten
- Feststellen der Ursache
- Beheben der Ursache.

Auffällig ist, daß in dieser Darstellung eine genaue Kennzeichnung des Defektes unterbleibt; es ist nur allgemein von *geräusche*(n) die Rede, ohne daß diese weiter spezifiziert würden – trivialerweise sind „Geräusche da", wenn man einen Wagen bewegt; hier muß es sich also um besondere „Geräusche" handeln, über deren Eigenart der Händler die Beteiligten im Unklaren läßt, von denen er aber deutlich macht, daß er selbst sie zu verstehen und zu entschlüsseln weiß.[24]

[24] Insgesamt werden nach meinen Beobachtungen in den Schlichtungsverhandlungen „Geräuschen" geradezu magische und dämonische Qualitäten zugeschrieben; ungewöhnliche Geräusche werden als Zeichen drohenden Unheils des Fahrzeugs gedeutet, die sehr beunruhigen, und zu ihrer Darstellung in den Verhandlungen greifen die Käufer auch schon mal auf ein sonst dort unübliches lautmalerisches Ausdrucksrepertoire zurück („tack tack tack").

Als Schadensursache wird *die nockenwelle* angegeben, auch ohne daß der Defekt weiter spezifiziert würde, und selbst diese Ursachenrelation bleibt implizit, *daß es die nockenwelle war.* Durch diesen Verzicht auf eine Spezifizierung des Schadens wird verdeutlicht, daß es nicht der Schaden selbst ist, der im Fokus der Darstellung steht, sondern das Prüfverfahren in seiner routinemäßigen und erfolgreichen Abwicklung.[25]

Dieser Darstellungsfokus des Prüfverfahrens wird auch weiter beibehalten:

`* und äh die üblichen arbeiten die sonst gemacht werden wie bremse- * auspuff (det) wird nachgeguckt ganz klar wenn was is↑ * wird das vorher gemacht denn äh ←im nachhinein muß man das ja doch machen→`

Im nächsten Darstellungsschritt geht der Händler dann von der Bearbeitungsstation der Werkstatt zur nächsten Station des *ausstellungsraum*(s) über und verkündet zugleich das Resultat des üblichen Prüfverfahrens: die Gewißheit, das Auto mit gutem Gewissen verkaufen zu können:

`un äh bevor=en auto bei uns in=nen ausstellungsraum kommt- * bin ich also sicher daß wir=s auch mit gutem gewissen verkaufen können↓`

Mit Einführung der Kategorie des *guten gewissen*(s) wird das bis dahin benutzte technische Vokabular (*hereinnahme, durch die werkstatt gehen, nockenwelle, bremse, auspuff*) um ein Konzept aus dem Wortfeld des moralischen Handelns erweitert. Die Erweiterung ist angesichts des bis dahin aufgebauten Kontextes überraschend; als resümierende Kennzeichnung läge eine technisch geprägte Charakterisierung näher, etwa „auf Herz und Nieren geprüft". Die Wahl der Kategorie des *guten gewissen*(s) ist aber nicht zufällig oder gar ein „Fehlgriff" im sprachlichen Register. Der Gesprächsausschnitt hier ist kein Einzelfall; auch in anderen Gesprächen bemühen die Händler *das gute gewissen*, um ihre Verkaufsaktivitäten zu rechtfertigen. Das *gute gewissen* ist offenbar eine Formulierungspauschale, die es dem Händler erlaubt, die vielfältigen Bedingungen eines verantwortungsvollen Kaufangebots global als berücksichtigt darzustellen und die Aktivität des Anbietens positiv zu bewerten. Zugleich wird die Aktivität des Anbietens mit der Kategorie des 'guten Gewissens' der Diskussion entzogen: Die Entscheidung, das Fahrzeug zum Kauf anzubieten, wird auf persönliche und subjektive Kriterien rückbezogen, die selber nur schwerlich überprüft oder diskutiert werden können. Wohlgemerkt äußert sich der Händler in dieser ganzen Passage nicht zum Capri selbst, sondern stellt nur das allgemeine Verfahren der Fahrzeugbehandlung dar. Er schließt diese Darstellung ab mit einem Stereotyp, das ihn vollends von der Verantwortung für einen aufgetretenen Schaden am Fahrzeug entlastet:

---

[25] Solche Fokusverschiebungen sind bei Zurückweisungen üblich; vgl. Nothdurft (1995, Kap. 2).

daß im nachhinein was beim gebrauchtwagen sein kann is nie auszuschließen

Anschließend wechselt der Händler den Fokus seiner Darstellung und betont sein *entgegenkommen*:

und äh ich bin der meinung wir sin dem herrn gelbhaar junior auch se"hr weit entgegengekommen im nachhinein ich hab also die reparaturrechnung mal mitgebracht was wir alles investiert ham vo"rher und auch noch nach dem kauf↓* →wohlgemerkt capri war en agenturgeschäft↓←

Im Duktus des *entgegenkommens* werden die Investitionen aufgeführt, die der Händler in dem umstrittenen Fahrzeug vorgenommen hatte; was tatsächlich investiert wurde, bleibt offen; diese Formulierung ermöglicht es dem Händler, Leistungen implizit unter diesem Etikett des 'Entgegenkommens' zu subsummieren, die in anderer Perspektive ggf. als 'notwendige Arbeiten zur Instandsetzung des Fahrzeugs' interpretiert worden wären.

Auch in dieser Passage zeigt sich somit die interaktive Relevanz vager Formulierungen. Der Umfang des Entgegenkommens wird mit einer Erinnerung abschließend unterstrichen, in der die Geschäftsqualität des Kaufes gekennzeichnet wird: *agenturgeschäft* ist ein Geschäft, in dem der Händler nur als Vermittler auftritt und ohnehin nicht viel an dem Verkauf verdient.

Zwei Komplexe sprachlicher Ausdrücke spielen bei dieser Zurückweisung der Anschuldigung also eine wesentliche Rolle: Darstellungsmittel, durch die der Routine- und Normalformcharakter des Umgangs des Händlers mit dem Fahrzeug betont wird, und Ausdruckseinheiten mit vager Bedeutung. In der Kombination beider entsteht das Bild eines vollständigen, gründlichen Prüfverfahrens und eines freiwilligen Entgegenkommens, angesichts dessen jede Beschwerde gegenstandslos wird.

Auch die Stellungnahme des Händlers wird von den Kommissionsmitgliedern zum Gegenstand weitergehender Befragung gemacht; besonders interessieren Einzelheiten der Fahrzeugbehandlung und -prüfung durch den Händler und sein bisheriges Verhalten im Streit mit dem Käufer, vor allem seine Versuche, den Konflikt beizulegen. Auch diese Befragung erfüllt mehrere Funktionen: Die Kommission ermittelt Details des Falles und hat Gelegenheit, dem Käufer gegenüber ihre Unabhängigkeit vom Händler darzustellen. In seinen Antworten hat der Händler über die Informierung der Kommission hinaus auch Gelegenheit, seine Seriosität und sein Entgegenkommen gegenüber dem Kunden nochmals deutlich zu machen bzw. gerät im negativen Fall in die Lage, sich vor dem Kunden von der Kommission unlautere Geschäftspraktiken vorwerfen lassen zu müssen (siehe Disziplinierungsauftrag). Diese Möglichkeit der Mehrfachadressiertheit ist sicher eine wichtige kommunikative Ressource der Kommission dem Händler gegenüber.

6.4. Die Entwicklung eines Einigungsvorschlags

Hält der Kommissionsvorsitzende die Positionen der beiden Streitparteien für hinreichend verdeutlicht, faßt er die Standpunkte der Parteien nochmals zusammen und beginnt mit der Entwicklung eines Einigungsvorschlags. Erster Schritt bei der Entwicklung ist in der Regel die Etablierung von „Kulanz" als Verhandlungsgrundlage.

'Kulanz' ist ein freiwilliges Entgegenkommen des Händlers dem Käufer gegenüber. 'Kulanz' ist nicht einklagbar, aber unter Bedingungen einer positiven Geschäftsbeziehung 'anständigerweise' erwartbar. 'Kulanz' als Verhandlungs- und Einigungsressource beruht also auf Wohlwollen, Entgegenkommen, 'sanftem Druck' und Demonstrationen guten Willens. Diese Verhandlungsqualität von 'Kulanz' läßt sich an ihrer interaktiven Einführung deutlich erkennen: Diese erfolgt in der Modalität tentativer, andeutender, vorfühlender Äußerungen.

Die Mikroanalyse des folgenden Vorstoßes des Vorsitzenden zeigt das Zusammenspiel einzelner sprachlicher Konstruktionen im Detail: Der Ausschnitt beginnt nach der Aufforderung des Vorsitzenden an den Käufer, seine Forderungen zu formulieren (der Käufer hatte vier Tage nach dem Kauf einen Schaden am Auto und diesen reparieren lassen):

```
Käufer: also meiner meinung nach wär das ne kulanzsache der firma

Käufer: binder↓           allei"ne wenn man daran denkt was
Vors.:            ja- * was f/

Käufer: passiert hätte können- * und- * weil es einfach nich meine
        schuld war↓ * >und< *3* wenn da/ wenn das nach=em halben
        jahr passiert wär dann wär dann hätte ich überhaupt nichts
        gemacht aber nich nach vier tagen↓

Vors.:  ja sie hörn ja hier die firma binder sacht ja unsre schuld
        iss au nich denn als wir=s ausgegeben habn war=s noch nich
        dran↑ * →sonst hätt er nich vier tage mit rumfahrn könn↓←
        →(...) die firma binder es is natürlich ne andre frage ob
        dat nun irgendwie ku/ kulanz und so weiter-← * sie meinen
        also die vierhundertfümmenneunzig- * äh solln ihnen
        erstattet werden↓

(3005/01; 44/7ff.)
```

Der Kunde hat in seiner Antwort auf die Frage nach seinen Forderungen den Streitgegenstand als *kulanzsache* gekennzeichnet. Diese allgemeine Kennzeichnung dient ihm dazu, auf die Aufforderung nach Formulierung einer Forderung reagieren zu können, ohne sie bereits spezifizieren zu müssen, ein wichtiges verhandlungstaktisches Moment auf Seiten des Kunden. Der Vorsitzende geht auf diese Kennzeichnung in seinem Beitrag nicht unmittelbar ein, sondern reformuliert zunächst den Standpunkt des Händlers: *ja sie hörn ja hier die firma* *binder sacht ja unsre schuld iss au nich denn als wir=s ausgegeben habn war=s noch nich dran↑ * →sonst hätt er nich vier tage mit rumfahrn könn↓← (... ...) die firma binder.* Die Reformulierung des Händlerstandpunkts wird deutlich am Anfang und Ende durch Nennung des Firmennamens markiert. Wie der Vorsitzende selbst die Sache sieht, läßt er offen und dieses Offenlassen ist offenbar auch intendiert: Die beiden Standpunkte werden nur einander gegenübergestellt und aus ihnen heraus oder aus der inhaltlichen Auseinandersetzung mit ihnen keine Perspektive entwickelt. Statt dessen spricht der Vorsitzende einen neuen thematischen Aspekt an, den er als *andre frage* explizit als neu markiert und der sich insbesondere von dem bisherigen Aspekt, der Schuld, unterscheidet. Mit dieser markierten Unterscheidung gegenüber Schuldaspekten ist ein wesentliches Bedeutungsmerkmal von 'Kulanz' interaktiv konstituiert: Die Freiwilligkeit von Entgegenkommen ohne Verpflichtung aufgrund von Fehlverhalten und Schuld. Der Ausdruck *kulanz* selbst wird daraufhin als 'vager Vorstoß' in Szene gesetzt: Kulanz wird vorgreifend durch *irgendwie* gekennzeichnet, als sei dem Vorsitzenden selbst noch nicht klar, wie eine Einigung auf Kulanzbasis aussehen könnte oder wie Kulanz in diesem Fall überhaupt zum Tragen kommen könnte. Die andeutende Weise der Etablierung des Konzeptes „Kulanz" kann man bis zur Aussprache des Ausdrucks *kulanz* selbst interpretativ verfolgen: Die Nennung des Ausdrucks wird abgebrochen und erst in der Wiederholung vollständig durchgeführt *ku/ kulanz.*

Was *kulanz* im konkreten Fall bedeuten könnte, wird offen gelassen; vielmehr auf ein Verständnis rekurriert, von dem suggeriert wird, daß die Beteiligten es teilen: Man weiß schon, was gemeint ist. Die syntaktische Konstruktion der Äußerung markiert *kulanz* als Zitat des vorhergehenden Sprechers. Durch diese Markierung von Vorerwähntheit kann der Vorsitzende das Problem, erläutern zu müssen, was *kulanz* im konkreten Fall bedeutet, umgehen. Der Ausdruck *kulanz* hat die Form eines Anakoluths; er wird nominal gesetzt, eine charakteristische Weise, in der 'Stichwörter' ins Gespräch eingeführt werden, Wörter also, die Signalfunktion haben und deren Bedeutung als bekannt unterstellt werden kann. Der Einsatz des Cancellors *und so weiter* unterstreicht dies. Dieser Inszenierung des 'vagen Vorstoßes' folgt eine zweite Bezugnahme auf die vermeintliche Position des Käufers in Form einer Rephrasierung *sie mein also.* Im Rahmen einer Rephrasierung reformuliert der Vorsitzende die Forderung, die er dem Käufer in seiner Aufforderung bereits in den Mund gelegt hatte *also die vierhundertfümmenneunzig- * äh solln ihnen erstattet werden↓* und leitet damit zur Aushandlung eines Einigungsvorschlages über.

Sind Forderungen und Kulanz erst einmal zur Sprache gebracht, kommt über sie ein Verhandlungsprozeß in Gang: Die Käufer deuten die Richtungen an, in die ihre Forderungen gehen könnten, die Kommission testet vorsichtig die Bereitschaft der Händler zum Entgegenkommen, die Händler signalisieren Bereitschaft unter bestimmten Bedingungen, unterbreiten Angebote, drohen mit der Zurücknahme im Falle eines nachfolgenden gerichtlichen Verfahrens; Geldforderungen und Dienstleistungen werden ausgehandelt, bis schließlich – in den meisten Fällen – eine Einigung zustandekommt.

Als Beispiel für die Vagheit, in der die Aktivitäten in dieser Verhandlungsphase inszeniert werden, folgender Vorstoß des Vorsitzenden zur Entwicklung eines Kompromißvorschlags, mit dem er sich an den Händler wendet:

Vorsitzender:

`ja vielleicht eine frage sie ist denn noch was zu machen sie hörn hier der junge mann is noch in der ausbildung un so-`

`(3005/02; 82/5ff.)`

Wenn dieser Vorstoß insgesamt als tentativ erscheint, ist dies sicher beabsichtigt. Trotz des vagen Gesamteindrucks hat doch jede einzelne sprachliche Konstruktion dieses Beitrags ihre spezifische interaktive Bedeutung im Verhandlungskontext, wie die folgende Mikroanalyse zeigt:

- *ist denn noch was zu machen:* Im Kontext von Verhandlungen besteht die Bedeutung dieser Floskel darin, ein Vorstoß für das Austesten von Verhandlungsbereitschaft zu sein.

- *sie hörn hier* läßt sich paraphrasieren als „es hat sich hier ein neuer Gesichtspunkt ergeben" – tatsächlich ist es eher wahrscheinlich, daß der Händler um die Ausbildungssituation des Käufers bereits durch die Vorabkorrespondenz weiß. Der Gesichtspunkt wird als einer dargestellt, der sich aktuell herausgestellt hat, damit als ein solcher, den der Händler bislang noch nicht berücksichtigen konnte oder brauchte, der aber als jetzt verhandlungsrelevant dargestellt wird. Mit dieser Konstruktion baut der Vorsitzende eine Goldene Brücke: Wenn der Händler jetzt den Gesichtspunkt berücksichtigt, erscheint er nicht als 'umgefallen'. Würde der Gesichtspunkt als bekannt dargestellt, würde ein Einlenken eher als 'letztlich doch nachgeben' wahrgenommen und damit unwahrscheinlicher.

- *der junge mann*: Mit dieser Konstruktion erfolgt eine Typisierung des Verhandlungsgegners, statt ihn z.B. mit Namen zu nennen; diese Typisierung betont das Attribut des 'jungen' und verweist auf die Erörterung des Themas 'Vertragsverhalten von Jugendlichen' im Gespräch (*es is halt sehr schnell ne unterschrift geleistet wobei man dann die rechtlichen aspekte vorher gar nicht durchdenkt↓ * als junger mensch↓* (36/4)) und appelliert an eine verständnisvolle Haltung eines 'erfahrenen Händlers'.

- *is noch in der ausbildung*: 'in der Ausbildung sein' gilt sozial konventionalisiert als Phase der beruflichen Laufbahn, die sich durch 'Unerfahrenheit' und 'niedriges Einkommen' auszeichnet, beides Gesichtspunkte, die den Käufer als eine Person charakterisieren, der gegenüber Entgegenkommen gezeigt werden sollte.

- *un so-*: Mit diesem Cancellor appelliert der Vorsitzende an den Händler, für den die soweit hergestellte Typisierung des Kunden fester Bestandteil seines professionellen Wissens ist; der Vorsitzende läßt offen, woraus dieses Wissen im einzelnen besteht, verdeutlicht aber, daß er davon ausgeht, daß dieses Wissen gemeinsam geteilt ist und er es dem Händler selbstverständlich unterstellen kann - und der Händler es entsprechend auch in seinem Verhandlungsverhalten in Rechnung stellt.

Gerät die Verhandlung ins Stocken, wird die Sitzung unterbrochen. Die Kommission berät intern oder auch unter Beteiligung einer der Parteien einen Einigungsvorschlag, der dann beiden Parteien vorgelegt wird.

Sind sich die Parteien einig geworden, schließt die Verhandlung mit der Formulierung des Ergebnisprotokolls. Kann kein Konsens erreicht werden, fällt die Kommission ihren Spruch.

7. Kommunikationsprobleme in der Schlichtungsverhandlung

Im Verlauf der Fallbeobachtungen und -analysen fiel mir auf, daß in den Verhandlungen unabhängig vom je konkreten Inhalt stets eine Reihe von Konfliktgesichtspunkten vorkamen, die aus der Perspektive des Käufers offenbar charakteristisch mit dem Streitgegenstand verbunden waren. Diese Konfliktgesichtspunkte lassen sich kürzelhaft bezeichnen als:
- die emotionale Betroffenheit des Käufers
- die „guten Gründe" des Käufers
- die „Schadenskette".

Mir schien, daß diese Gesichtspunkte im Rahmen der Schlichtungsverhandlungen nur schwer zu bewältigen waren und ihre Bearbeitung das interaktive Geschehen in besonderem Maße prägte. Diese Gesichtspunkte stellen die Schiedskommission offenbar vor besondere Probleme. Eine Vielzahl von Verlaufszyklen, Schleifenbildungen, Mißverständnissen und Verhandlungsblockaden ließ sich jedenfalls auf die Virulenz dieser Gesichtspunkte und die Versuche ihrer Bewältigung zurückführen. In diesem Sinne stellen diese Gesichtspunkte 'Kommunikationsprobleme' für die Schlichtungsverhandlung dar. Im kommunikativen Umgang der Kommission mit diesen Problemen zeigen sich die Grenzen dieser institutionellen Erscheinungsformen von Schlichtung.

7.1. Umgang mit emotionaler Betroffenheit

Der problematische Charakter des Phänomens „Umgang mit emotionaler Betroffenheit" im Rahmen der Schiedsverhandlung war mir an einem Fall aufgefallen, in dem der antragstellende Kunde einen Wagen erworben hatte, an dem sich vier Tage nach dem Kauf die Vorderachse löste. Für die rechtliche Bewertung des Falles war ausschlaggebend, daß der Kunde in der Kaufvereinbarung auf jede Garantie und Werkstattüberprüfung verzichtet hatte. Dies war dem Kunden offenbar in der Gesprächssituation auch klar; die Haltung, aus der heraus er seine Schadensdarstellung und seinen Anspruch entwickelte, war denn auch nicht die juristisch verbriefter Ansprüche, sondern die der außerordentlichen Erheblichkeit des Schadens und der Unabsehbarkeit möglicher - wenn auch nicht eingetretener - Folgen.

Diese Haltung formuliert der Käufer zwar nicht explizit; sie konstituiert sich aber als Bedeutungsgehalt vieler seiner Redebeiträge aufgrund ihrer sprachlichen Ausgestaltung.

Als Beispiel:

```
Vors.:  ob ob das nich ihr risiko war ich mein das der vo"rteil
        konnt ja für sie darin bestehn daß das fahrzeuch in

Käufer:                                >mhm↓<
Vors.:  ordnung war nix nix dran war-          ne" dann hatten se

Vors.:  für den geringeren prei"s- * das fahrzeug bekommen →jetz
        hätte aber meintwegen drauf sein können um es mal überzu/
        zu übertreiben daß en schaden dran war meintwegen

Käufer:                                                 also wenn
Vors.:  von zweienhalbtausend mark oder so was nich↑←

Käufer: mir-                                        wenn so was
Vors.:        →das wär für sie ja natürlich dann-←     en

Käufer: auf=e-                          auf=er autobahn passiert
Vors.:  kolossales minusgeschäft gewesen↓

Käufer: wär da darf ich überhaupt gar nich dran denken↓ ich weiß
        nich- ** was passiert wär die achse dreht sich dann ...
```

(3005/1; 21/6ff.)

Der Vorsitzende weist in seinem Beitrag nochmals auf das Risiko hin, das der Käufer eingegangen war, als er einen Wagen gekauft und auf die Werkstattüberprüfung verzichtet hatte. Der Käufer reagiert auf diese Vorhaltung mit einer Verschiebung des Redefokus: Er setzt dem Gesichtspunkt des eingegangenen Risikos die möglichen Folgen des faktisch aufgetretenen Schadens entgegen. Die Antwort auf die Vorhaltung bleibt implizit, ist aber dennoch deutlich; sie läßt sich paraphrasieren als: „Ich bin zwar ein Risiko eingegangen, aber daß so etwas passiert, damit brauchte ich nicht zu rechnen". Und: „Was bedeutet dieses Risiko schon gegen die möglichen Folgen des aufgetretenen Schadens?". Dem finanziellen Risiko (*zweienhalbtausend mark*) setzt er die nicht bezifferbaren Schäden an Leib und Leben entgegen - und damit der Haltung der Schadenskalkulation die einer Schadensmoralisierung.

Der 'Witz' dieses Redebeitrags besteht darin, daß er auf einen Sachverhalt abzielt, der nur indirekt angesprochen ist, und gerade dadurch seine rhetorische Kraft erhält und interaktive Funktionen erfüllt: Die Beschreibung eines möglichen Unfalls. Die „Unbeschreiblichkeit" des möglichen Unfalls, die zentraler Darstellungsgesichtspunkt in dem Redebeitrag ist, wird sprachlich dadurch inszeniert, daß die Beschreibung eines möglichen Unfalls unterbleibt. Durch eine Reihe sprachlicher Konstruktionen dieses Beitrags wird aber ein Äußerungskontext aufgebaut, in dem der nicht explizierte Gegenstand eindeutig vom Hörer mental ergänzt werden kann:

Zunächst wird eine hypothetische Situation konstruiert, in die der Schaden eingebettet wird: *also wenn mir- ... wenn so was auf=e- ... auf=er autobahn passiert wär*. Für diese Konstruktion spielt das Element *auf=er autobahn* eine wichtige Rolle; dieses Element erleichtert dem Käufer die Situationskonstruktion in zweierlei Weise: Zum einen kann er sich darauf verlassen, daß seine Zuhörer typische, gemeinsam geteilte Vorstellungen darüber besitzen, 'was auf der Autobahn los ist' (daß man schnell fährt, daß das Unfallrisiko hoch ist etc.), so daß er diese Aspekte nicht mehr im einzelnen explizieren muß; zum anderen erlaubt ihm das Element, sich selbst als Agens aus der Beschreibung herauszunehmen und die angedeuteten Unfallfolgen nicht dem eigenen Fahrverhalten, sondern den Eigenschaften des Schauplatzes „Autobahn" zuzuschreiben.[26]

Diesem Darstellungsaspekt entspricht auch die Passivkonstruktion (*mir*) *passiert wär* und die Wahl des Verbs *passieren*, die beide deutlich machen, daß sich etwas ohne aktives Zutun des Handelnden ereignet. Auf den Schaden wird mit *so was* verwiesen, ein mehr unbestimmter Verweis, denn es bleibt unklar, welche Aspekte des tatsächlich aufgetretenen Schadens gemeint sind. Die soweit inhaltlich angedeutete hypothetische Situation ist syntaktisch in eine wenn-dann-Konstruktion eingebettet, deren dann-Komponente üblicherweise die Folgen oder Konsequenzen des in der wenn-Komponente beschriebenen Sachverhalts angibt. Im konkreten Fall erfolgt eine solche Beschreibung der Konsequenzen aber gerade nicht; statt dessen wird die Unbeschreiblichkeit dieser Konsequenzen herausgestellt: *da darf ich überhaupt gar nich dran denken↓*.

An etwas nicht denken dürfen ist eine konventionalisierte Redewendung, die benutzt wird, um die Schrecklichkeit, das Schockierende oder Belastende des angesprochenen Gegenstandes zu kennzeichnen. Die Wendung operiert mit dem alltagsweltlichen Konzept, daß Gedanken emotional derart belasten können, daß sie mental nicht zugelassen werden dürfen oder vermieden werden müssen. Diese Vorstellung wird sprachlich durch die Modalisierung *nicht dürfen* wiedergegeben. Das Schreckliche, Belastende der für die dann-Komponente vorgesehenen Proposition wird durch die Partikel *überhaupt* und *gar* noch verstärkt. Diese Konstruktion überläßt sehr viel Interpretationsarbeit den anderen Interaktionsbeteiligten: Ihr Wissen über die (Gefährlichkeit der) Autobahn wird angesprochen und sie müssen sich vor allem die Folgen des Schadens selbst aus-

[26] Zum sprachlichen Funktionieren solcher Szenarios vgl. generell Lakoff (1987).

malen. Indem der Sprecher aber zugleich die Gründe für das Nicht-Explizieren andeutet – zu große emotionale Belastung – signalisiert er deutlich, wie die anderen sich die Schadensfolgen auszumalen haben: in den grellsten und drastischsten Farben.

Dieses rhetorische Prinzip der 'gesteuerten Imagination' wendet der Käufer auch weiterhin an: *ich weiß nich- ** was passiert wär*. Mit dieser Formulierung überläßt er es wiederum dem Hörer, sich selbst auszumalen, „was passiert wäre", signalisiert aber zugleich die Unabsehbarkeit der Folgen. Und, um sicherzugehen, daß sich der Hörer auch das Richtige ausmalt, leitet der Sprecher noch die zu imaginierenden Folgen mit der Benennung des Anfangsstadiums ein: *die achse dreht sich dann ...* Die Konstruktion bricht hier ab; dies ist das dritte sprachliche Mittel, mit dem der Hörer aufgefordert wird, sich den zentralen Äußerungsgesichtspunkt, die Schrecklichkeit der Folgen, selber vorzustellen.

Diese Haltung der „Moralisierung des Schadens" erweist sich in dem beobachteten Gespräch als außerordentlich „sperrig": Der Versuch der Kommissionsmitglieder, den Konflikt entsprechend dieser Haltung nicht nur auf der Ebene der Sachverhaltsklärung zu bearbeiten, sondern auch auf einer Ebene von subjektiver Empfindung, moralischer Verantwortung und Sympathie mit dem Betroffenen, scheitert an der Haltung des Antragsgegners, der auf die Üblichkeit und Normalität des eigenen Geschäftsverhaltens abhebt.

```
Vors.:    ... >die frage geht gleich ob sie das ein solches auto

Händler:                       ja↓
Vors.:    verantworten könn↑     wie hier herr schubert sachte →ich

Vors.:    mein ich darf gar nich dran denken dat wär auf der

Händler:                          äh das wär-
Vors.:    autobahn passiert↓←                      was passiert wäre<

Vors.:    #we=meinetwegen# noch en tödlicher unfall und so was
K:        #STOTTERT      #

Vors.:    dann würd die firma sich doch auch vorwürfe

Händler:                     mit sicherheit nur äh:-
Vors.:    machen oder↑←                                >ich weiß nich

Händler:       ich mach mir daraus keinen vorwurf ein auto was vier
Vors.:    was-<

Händler:  monate äh bei uns gestanden hat nich durchgesehn zu haben
          das passiert↓ * wobei wir im re"gelfall wie gesacht diese
```

Händler: durchsicht ma"chen↓ denn die meisten kunden wollen die versicherung haben ne↑

(3005/01; 40/2ff.)

Der Vorsitzende greift in seinem Beitrag das Autobahn-Szenario des Käufers auf und spricht die Frage der Verantwortlichkeit des Händlers an. Was auch als explizite Zuschreibung von Verantwortung und Schuld denkbar wäre, erscheint hier in Form der Zuschreibung einer selbstkritischen moralischen Haltung 'sich Vorwürfe machen' und damit eher vage und zurückhaltend. Eine solche Zuschreibung kann der Händler übernehmen: *mit sicherheit*. Er stellt dann aber auch explizit klar, daß das zugrundegelegte Szenario auf den konkreten Fall nicht zutrifft:

ich mach mir daraus keinen vorwurf ein auto was vier monate äh bei uns gestanden hat nich durchgesehn zu haben das passiert↓ * wobei wir im re"gelfall wie gesacht diese durchsicht ma"chen↓ denn die meisten kunden wollen die versicherung haben ne↑

Auffällig in der Händler-Darstellung ist, daß der konkrete Fall abstrakt formuliert ist als *ein auto was vier monate äh bei uns gestanden hat*. Damit verschiebt der Händler den Fokus von der Frage nach der Verantwortlichkeit im konkreten Fall zur abstrakten hypothetischen Frage „In welchen Fällen hat man sich Vorwürfe zu machen?". Diese Umfokussierung erscheint auch deswegen in diesem Gesprächskontext passend, weil sie den hypothetischen Charakter der Frage des Vorsitzenden nach dem Autobahn-Szenario als Vorläufer nutzen kann.

Über diese Hypothetisierung hinaus entschärft der Händler die Frage nach der Verantwortlichkeit durch die Qualifizierung des Fahrzeugs als *ein auto was vier monate äh bei uns gestanden hat*. Was der Händler mit dieser Qualifizierung aussagen will, ist mir zwar nicht ganz klar; vier Monate in der Verkaufshalle zu stehen, ist für einen Gebrauchtwagen sicher eine relativ lange Zeit, ich vermute, daß der Händler andeuten will, daß in dieser Zeit ein 'schleichender Defekt' eingetreten sein könnte. In jedem Fall erscheint mir die rhetorische Wirkung der Qualifizierung deutlich: Das Merkmal 'vier Monate' als Charakterisierung eines umstrittenen Autos erscheint so banal, daß niemand auf die Idee kommen kann, aus dem Vorliegen dieses Merkmals auf mangelndes Verantwortungsgefühl des Händlers zu schließen.

Zusätzlich konstatiert der Händler noch die Üblichkeit des soeben Dargestellten durch den generischen Charakter der Feststellung *das passiert*, wobei die Stimmlage deutlich tiefer ist, d.h. der Händler dies aus dem 'Brustton der Überzeugung' sagen kann.

Die Üblichkeit und Normalität des getätigten Geschäfts bleibt auch weiterhin Darstellungsmoment seines Beitrags, wenn er den *re"gelfall* beschreibt und damit den zur Debatte stehenden Fall rückwirkend als Ausnahme charakterisiert.

Das allgemeine Prozedere des Geschäfts, die Üblichkeit des Geschäftsgebarens, der normale Fall, sind sicheres Terrain für den Händler. Die beschriebenen Umfokussierungen ermöglichen es dem Händler, sich vor der Frage subjektiver Schuld im besonderen Fall auf dieses sichere Terrain zu retten. Die Operation der Umfokussierung selbst freilich könnte aus Käuferperspektive als trickreiches Ausweichen wahrgenommen werden – und damit den Eindruck, der Händler handele moralisch verwerflich, gerade noch verstärken.

Die Haltung 'Moralisierung des Schadens' bleibt im Gespräch relativ implizit hinter den Formulierungen des Käufers verborgen; sie wäre wohl auch nur unter Zuhilfenahme relativ vager gesellschaftlicher Kategorien wie 'moralische Verpflichtung', 'Anstand' usw. zu entwickeln. Der Käufer führt nur wenige Elemente eines solchen moralischen Zusammenhangs ins Gespräch ein, dann aber eher unvermittelt, etwa wenn er die ablehnende Haltung des Händlers, sein Angebot zu erhöhen, kommentiert:

```
Käufer:  und sie sind nicht dazu bereit ...

Käufer:  >...<
Händler: nein ... (nein nein↓) keine mark↓ * das ist unser

Käufer:                   >weil sie stolz sin↓<
Händler: angebot- **                          unter

Händler: ausdrücklicher nicht hat mit stolz nichts zu tu:n-
         gar nichts↓

(3005/01; 123/2ff.)
```

Der Vorsitzende lenkt die Frage nach Kompensation für den Schaden von Anfang an in Richtung einer quantifizierbaren Forderung. Ein Zusammenhang zwischen der Käuferhaltung 'Moralisierung des Schadens' und der Einigung auf eine quantifizierbare Kompensation ist nicht erkennbar, ist wohl auch tatsächlich kaum herstellbar: Auf welcher Bemessungsgrundlage sollen moralische Appelle finanziell abgerechnet werden? Im Gegenteil läßt sich eher ein die Haltung verstärkender Rückkopplungsprozeß vermuten, der dadurch zustandekommt, daß Kompensationsangebote auf der Deutungsfolie einer moralisierenden Haltung als 'Bestechung' und 'Verschachern von Integrität' interpretiert werden und der Handelnde sich durch das Angebot in seiner Betroffenheit entwertet fühlt – und die Haltung dadurch verstärkt wird.[27] Daß ein Zusammenhang zwischen der Käuferhaltung und einem Kompensationsvorschlag des Händlers fehlt, zeigt sich in der Haltung des Käufers gegenüber einem Angebot des Händlers, sich mit 200,– Mark an der Reparatur zu beteiligen. Die

[27] Vgl. zu diesem Effekt auch die Studien über Bürgerproteste bei Industrieansiedlungen; statt vieler nur Treiber (1990).

Haltung läßt sich als 'ausweichend' kennzeichnen und in einigen Sequenzen erscheint der Käufer geradezu als gelähmt: Auf das Angebot des Händlers und einer Verdeutlichung des Vorsitzenden, daß der Käufer sich dazu äußern müsse (*ja das is direkt an sie gerichtet*) folgt eine drei-sekündige Pause und dann die hilflose Reaktion: (*ja) was soll ich darauf antworten.* Auf die Nachfrage des Vorsitzenden, ob er einverstanden sei, fragt er zurück *womit* und auf die Präzisierung *mit den zweihundert mark* antwortet er nicht und als der Vorsitzende dieses Schweigen als Ablehnung deutet und die Deutung überprüfen will, folgen weitere fünf Sekunden Schweigen. Offenbar merkt der Käufer in dieser Passage selbst, daß seine Haltung der Moralisierung des Schadens innerhalb der Schlichtungsverhandlung nicht bearbeitet werden kann. Kooperation in dieser Phase aber käme einer Aufgabe seiner Haltung gleich, daher reagiert er mit Verweigerung (redundante Rückfragen, Schweigen).[28]

Als er das Angebot schließlich annimmt, stellt er nochmals deutlich einer quantifizierten Forderung seinen Gesichtspunkt einer moralischen Betrachtung des Schadens gegenüber:

Käufer:

ja ich hab die fünfhundert mark bezahlt die sin weg ich hab se schon
vergessen >wenn ich ehrlich bin↓< abber- * rein von von- * von von von
den ta"tsachen her also ich hab=s vorhin scho=ma gesacht wem=mer=s auf=e
autobahn passiert wär ich hatte v:/ vo:rgehabt am samstach mit=em
kleinen jungen- * den wagen ma ausfahrn wenn mit das passiert wär- *
was wär dann gewesen- was hätt ich dann gemacht↑

(3005/01; 112/3ff.)

Insgesamt gesehen verwundert es nicht, daß der Kunde trotz zustandekommender Einigung am Schluß der Verhandlung einen verbitterten Eindruck macht. Als ihm nochmals vom Vorsitzenden deutlich gemacht wird, daß er einen Gerichtsstreit über den Fall mit Sicherheit verloren hätte, stellt er fest: *ich hab ja de"n jetzt auch verlorn↓.*

So zeigt sich insgesamt, daß der entstandene Schaden von dem Kunden wesentlich in moralischen Kategorien wahrgenommen wird – eine alltagsweltlich geläufige Form der Schadensbetrachtung – und daß eine solche Wahrnehmung im Rahmen der Schiedsverhandlung nur marginal berücksichtigt werden kann. Sie steht „quer" zu den Verhandlungsmöglichkeiten, über die der Händler verfügt und „quer" zu der üblichen Ausrichtung des Verfahrens auf die Verhandlung einer kalkulierbaren Kompensation.

Es sei betont, daß diese verquere Konstellation nicht dadurch entsteht, daß die Beteiligten unfähig sind, den Konflikt kooperativ aufzulösen, sondern dadurch,

[28] Zum kommunikativen Phänomen der 'Verweigerung' vgl. Kallmeyer (1979).

daß ein bestimmter Typ von Konfliktauffassung und ein bestimmter Typ von Bearbeitungsverfahren aufeinandertreffen – und nicht zueinander 'passen'. Es handelt sich um ein Grundproblem der Schiedsverhandlung, das im Verlauf des Geschehens nicht prinzipiell gelöst, sondern nur mehr oder weniger zufriedenstellend bearbeitet werden kann.

7.2. Die 'guten Gründe' des Käufers

Das zweite Phänomen, mit dem im Rahmen der Schlichtungs-Verhandlungen offenbar nur sehr schwer und unzulänglich umgegangen werden kann, ist das der alltagsweltlich „guten Gründe" der Käufer für ihre Kaufentscheidung. Aufgefallen war mir der problematische Charakter des Phänomens an der eigentümlichen Diskrepanz zwischen juristischer Würdigung des Vertragsverhaltens des Käufers und dessen Motiven und Überlegungen, die zu diesem Verhalten führten. Das Phänomen findet sich aber durchgängig.

Ein Beispiel:

Ein Käufer hatte vertraglich auf jede Garantie und Gewährleistung verzichtet. Juristisch betrachtet hatte er damit jeden Reklamationsanspruch verwirkt. Der Verzicht des Käufers war aus seiner Sicht aber aufgrund einer Reihe sich stützender Bedingungen und Überlegungen motiviert und angesichts der Umstände plausibel: Der Anspruch auf Garantie hätte bedeutet, daß der Wagen erst durch die Werkstatt hätte geprüft werden müssen und der Käufer ihn an diesem Tag nicht mehr hätte mitnehmen können. Abholen am nächsten Tag hätte ihn aber einen zusätzlichen Urlaubstag gekostet. Der Käufer meinte, den Wagen soweit beurteilen zu können, daß er ihn als einwandfrei einschätzte. Außerdem meinte er, sich auf das Vertrauenssiegel verlassen zu können.

Ein weiteres Beispiel:

Ein Käufer gab ein für 6.500 DM gekauftes Fahrzeug nach einem Monat wegen einer Vielzahl aufgetretener Mängel zum Preis von 5.000 DM wieder zurück bei Kauf eines anderen Fahrzeugs beim Händler. Nachdem auch bei dem zweiten Wagen Defekte auftraten, rügte der Käufer auch den geringen Rückkaufpreis von 5.000 DM. In seiner juristischen Würdigung stellte der Vorsitzende fest, daß der Rückkaufpreis in einer korrekt getroffenen Vereinbarung zwischen den Vertragspartnern zustandegekommen sei und es gegen diese Vereinbarung keine juristische Handhabe gäbe. Der Käufer machte geltend, daß er der Vereinbarung aus einer *zwangslage* heraus zugestimmt habe. Er hätte ein funktionierendes Auto gebraucht, wegen der bis dahin aufgetretenen Defekte viele Fehlschichten im Betrieb gehabt und nicht länger nach einem Fahrzeug suchen können. „Gute Gründe" erfordern eine angemessene sprachliche Darstellung, in der die Plausibilität der Gründe oder die Zwangslage, die durch sie für den Käufer entsteht, sprachlich herausgearbeitet wird.

Im folgenden Beispiel versucht der Käufer, die Zwangslage deutlich zu machen, aus der heraus er seine Kaufentscheidung treffen mußte.

Käufer: nun gut jetz war et aber samstach als ich vorbeikam um mir den golf anzugucken↓ * und ich muß da also: ganz ehrlich sagen ich hab=et gra:de noch geschafft zum tüv den anzumelden- * denn wenn ich montag nich zur arbeit gekommen w:är hätt ich gleich meine papiere mitnehmen

Käufer: könn↓ nä: samstachs↓
Händler: freitachs...↓ samstach

Vors.: wo wohnen sie denn wohnen sie in in- in
Händler: ham se ...
Käufer: hallstein↓

Vors.: hallstein un arbeiten in↑ bernstadt↓ **
Käufer: bernstadt↓ ich

Käufer: hab ausdrücklich noch die- * z:wei tage urlaub bekommen- * darauf dat jetz der capri kaputt war un ich mir en neues fahrzeuch bescha"ffen mußte- * u:nd der sachte nur- *

Käufer: montach biste hier is egal wat * passiert↓
Vors.: mh sie ham

Vors.: (RÄUSPERT SICH) sie warn aber doch damit einverstanden daß da der eine hier der erste- * das war der-

Vors.: der capri daß der mit fümftausend
K UMBLÄTTERN VON PAPIER

Vors.: in/ äh angerechnet werden sollte↑ das das

Käufer: ja nu: wat bleibt mir andres übrig↑ * ich bin auf=en
Vors.: steht ja hier (so auch)↓

Käufer: fahrzeuch angewiesen- * ich ha/ ich hatte nich viele möglichkeiten irgendwie wat zu machen↓

(3005/02)

Die Verdeutlichung der Zwangslage erfolgt durch

(1) die Verdeutlichung des engen zeitlichen Spielraums der Kaufentscheidung,
(2) der Kennzeichnung des Handlungsziels und
(3) der Charakterisierung eines Auftrags, unter dem der Käufer agieren mußte.

zu (1): der enge zeitliche Spielraum:

Der enge zeitliche Spielraum wird verdeutlicht einmal durch das einschränkende *jetz war et aber samstach*, durch das der prototypischen Vorstellung eines Autokaufs zeitliche Rahmenbedingungen des tatsächlichen Kaufs entgegengesetzt werden, und zum zweiten durch die Schilderung der KFZ-Anmeldung (*und ich muß da also: ganz ehrlich sagen ich hab=et gra:de noch geschafft zum tüv den anzumelden*). Die floskelhafte Formulierung *ich muß da also: ganz ehrlich sagen* signalisiert die Bedeutsamkeit dessen, was kommt und dient als Ankündigung für die folgende „um-Haares-Breite-Darstellung". Die Bedeutsamkeit der knapp geglückten Anmeldung erläutert der Käufer anschließend: Ohne angemeldetes Auto hätte er am Montag nicht zur Arbeit kommen können und wäre daraufhin entlassen worden. Die Dramatik der Situation wird erhöht durch die Verwendung der Phrase *gleich meine papiere mitnehmen könn↓*, die signalisiert, daß der Käufer im Falle des Nichterscheinens am Arbeitsplatz mit fristloser Kündigung hätte rechnen müssen.

zu (2): die Kennzeichnung des Handlungsziels:

Der Autokauf wird dargestellt als „Fahrzeug beschaffen", d.h., der Autokauf erscheint in einer Darstellung, die nur auf den Aspekt der 'Aneignung von Mobilität' abhebt und andere Aspekte einer Kaufentscheidung, etwa die Schönheit des Autos, die Schnelligkeit, die Modalität des Kaufs etc. nicht einschließt.

Bei der sprachlichen Darstellung als „Fahrzeug beschaffen" spielt weder der Autotyp noch die Höhe des Preises eine Rolle, wichtig ist nur, daß ein Auto erworben wird – egal was passiert.

zu (3): die Maßgabe, unter der der Kauf erfolgte:

Die Darstellung des Auftrags, unter dem der Käufer seine Kaufentscheidung fällen mußte, findet ihren Höhepunkt in der wörtlichen Zitierung der Maßgabe: *u:nd der sachte nur- * montach biste hier is egal wat- * passiert↓*.

Ob dies nun wirklich die Äußerung gewesen ist, die der Chef des Käufers benutzt hat, ist unerheblich. Wichtig ist vielmehr, daß in dieser Redewiedergabe der Zwang, der von der Rede ausging, deutlich hervorgekehrt wird:

- *der sachte nur* kennzeichnet eine Redemodalität der Entschiedenheit oder der strikten Anweisung, gegen die kein Widerspruch möglich ist.
- in *montach biste hier* ist ein zukünftiger Zustand in der Zeitform des Präsens beschrieben und damit in der Form einer konstatierenden Aussage mit der Modalität der Gewißheit. Durch die Verbindung der Aussage mit der Zeitangabe *montach* wird die Modalität der Gewißheit gleichsam in die Zukunft übertragen. Gegen diese Aussage über Zukünftiges ist kein Widerspruch möglich – jedenfalls dann nicht, wenn der Sprecher auch noch der Vorgesetzte ist.
- mit *is egal wat- * passiert↓* wird verdeutlicht, daß keinerlei Umstände akzeptiert werden, die die Ausführung der Anordnung verhindern können und daß dieser Auftrag allerhöchste Priorität besitzt.

In der nachfolgenden Argumentation mit dem Vorsitzenden macht der Käufer den Zwangscharakter seiner Entscheidungssituation nochmals explizit deutlich:

*wat bleibt mir andres übrig↑ * ... ich hatte nich viele möglichkeiten irgendwie wat zu machen↓.*

In den beobachteten Fällen ist die Rechtslage eindeutig: Ein Anspruch der Käufer ist nicht gegeben, was sich die Käufer selbst zuzuschreiben haben. Andererseits ist ihr Verhalten aus ihren jeweiligen Lebenssituationen heraus verständlich, gut begründet und nachvollziehbar. Für die Kommission, die den Auftrag hat, sich des Kunden anzunehmen und das Vertrauensverhältnis zum Betrieb bzw. zur Branche wieder herzustellen, stellt sich die Frage, wie sie angesichts juristischer Irrelevanz mit den 'guten Gründen' umgehen soll.

In den aufgenommenen Gesprächen zeigt sich als generelle Tendenz, daß die 'guten Gründe' des Käufers seitens der Kommission nicht aufgegriffen werden insofern, als keine kritische Auseinandersetzung mit ihnen erfolgt (also z.B. keine Aufklärung über ihre Irrelevanz), daß sie aber auch nicht in Geltung gelassen werden. Folgende Reaktionsweisen konnte ich beobachten:

(1) Das Entscheidungsverhalten des Käufers wird als *fehler* qualifiziert, wobei auf die guten Gründe des Käufers nicht eingegangen wird:

Vorsitzender:

```
es is hier nur der fehler von ihrer seite gemacht →beziehungsweise
von ihrem sohn gemacht worden daß er sich hier mit dieser vereinbarung
einverstanden erklärt hat↓← aus welchen gründen auch immer nich↑

(3005/02; 66/3ff.)
```

(2) Auf vorgebrachte gute Gründe wird nicht eingegangen, stattdessen erfolgt eine thematische Umfokussierung. Diese kann sich wegbewegen von den Zwängen, unter denen der Käufer seine vertragliche Vereinbarung einging, hin zu dem Aspekt der Kaufpreisverhandlungen, oder weg von den 'guten Gründen' hin zum Sachverstand des Käufers, auf dem die guten Gründe beruhen, der selbst aber nicht Verhandlungsthema ist:[29]

```
Käufer: ich hab=s aus dem grunde nich gemacht weil- *
        ich das weil ich an dem tach u"rlaub genommen
        hatte und ich keine lust mehr an dem nächsten
        montach schon wieder en tag urlaub

Käufer: zu nehmen↓
Vors.:  schon wieder- ** ham sie denn oder sind sie
```

[29] Möglicherweise erfolgt die Umfokussierung durch den Vorsitzenden im folgenden Beispiel in taktischer Funktion zur Unterstützung des Käufers, um dessen Sachverstand gegenüber dem Verkäufer zu betonen. Diese Funktion wird dem Käufer allerdings nicht deutlich, er greift den Ball nicht auf.

Vors.: selbst äh=äh ham sie=n ahnung von autos etwas

Käufer: en bi"ßchen↓
Vors.: oder↑ (SETZT AN) ja↑ oder ham sie=n

Vors.: bekannten der das mal (nich) hätt du/

Käufer: ja=worauf wolln
Vors.: du=durchsehn könn oder so↑ **

Käufer: sie hinaus ich versteh >ihre frage nich↓<

Vors.: ja:- * das auto mal zu untersuchen

(3005/01; 41/4ff.)

(3) Die 'guten Gründe' werden ansatzweise von der Kommission in Frage gestellt, erweisen sich aber als stabil; daraufhin erfolgt Nichtbehandlung und thematische Umfokussierung; im nachfolgenden Gesprächsausschnitt ist die Nichtbehandlung besonders auffällig, weil die 'guten Gründe' (Zwangssituation) von dem Kommissionmitglied zwar zur Kenntnis genommen werden, aber keine Konsequenzen aus ihnen gezogen werden: Es bleibt bei einem folgenlosen, abschließenden bestätigenden Austausch *jaja - nich↑- ja↓*, dann erfolgt die thematische Umfokussierung hin zur Kalkulation einer Kompensationsforderung:

Käufer: ich hatte auf die zwangssituation schon

Käufer: hingewiesen↓ nich↑
Vors.: jaja↓ ja↓

Komm.: wenn man doch aber alles zusammenrechnet die
fünfhundert mark die se ba:r gekricht haben
die vierhundertfünfzig mark

(3005/02; 28/7ff.)

(4) Die 'guten Gründe' sind beim Käufer Teil einer komplexeren Begründungsfigur, mit der z.B. der Anspruch auf eine Kompensationsforderung gestützt werden soll; dann erfolgt eine pars-pro-toto-Reaktion, in der auf andere Bestandteile der Figur eingegangen wird, die 'guten Gründe' selbst aber nicht aufgegriffen werden; in einem Fall bettet der Kunde seine 'guten Gründe' in eine Chronologie der Ereignisse ein, die in der aktuellen Situation mündet; der Vorsitzende geht daraufhin auf den Aspekt der aktuellen Situation ein, ohne den Begründungszusammenhang selbst weiter aufzugreifen.

Vorsitzender:

ja wir wolln das ja auch in aller ruhe durchsprechen herr schubert nich is klar

(3005/01; 24/1ff.)

7.3. Die 'Schadenskette'

Für den Kunden stellt der am Wagen aufgetretene Schaden kein isoliertes Ereignis dar, sondern ist der Beginn einer ganzen Reihe aus dem Schaden folgender Nachteile, Ärgernisse und Schwierigkeiten. Eine solche Schadenskette entsteht, weil das Auto in weitreichenden und vielfältigen alltagsweltlichen Bezügen steht, die durch den Schaden alle mitbetroffen sind.[30] Oftmals sind es offenbar gerade solche nachfolgenden Glieder der Schadenskette, die die ganze Sache für den Kunden so ärgerlich und so beschwerlich gemacht haben, z.B. wenn wegen eines Schadens eine Urlaubsreise nicht angetreten werden konnte, ober wenn, wie im folgenden Fall, das berufliche Fortkommen dadurch betroffen ist:

Käufer:

äh mein sohn is auf dieses fahrzeug angewiesen ha"t aber erhe"blichen- * finanziellen verlust →gehabt← erhebliche schwierigkeiten auch heute noch durch die vielen au"sfälle- * äh ich hatte schon darauf hingewiesen wie o"ft er am arbeitsplatz fehlte- * er muß etwa dreißig kilometer nach bernstadt- * zum- * betrieb fahren- * er is also wie gesagt auf dieses fahrzeug angewiesen↓ * und wenn er dann mal ne reparatur ausführen läßt bei der firma heissenbühl und äh die sind nich in der lage an einem tach diese dinge zu tun und wenn er darauf besteht daß=er den wagen ha:ben möchte auch wenn die spur nich angestellt eingestellt is beispielsweise- * äh- ** die schwierigkeiten gehn jetzt sogar soweit daß er aufgrund eines schlechten schi"chten * bildes äh na"ch der berufsausbildung ni"cht übernommen wird er hat dieses schreiben von der personalabteilung bekommen- ** er hat zwar mir gesagt daß=er anfangs tarifurlaub für genommen hat aber- * das war wohl nich so er wird wohl auch äh- * die sogenannte e schichten gehabt haben entschuldichte oder unentschuldichte fe"hlschichten- ** das is die andere konsequenz →also← aus diesen autokauf aber- die hat hier keine unmittelbare bedeutung was die- * kaufsituation der fahrzeuge angeht↓

(3005/02; 13/1ff.)

Die Schadenskette kann interaktiv zur Erhöhung der Gewichtung des Schadens eingesetzt werden.

Ein wichtiger Gesichtspunkt bei der Schadenskette ist es, die Verkettung, d.h. den ursächlichen Zusammenhang zwischen den einzelnen Schadensereignissen deutlich zu machen. Die Konstruktion einer Schadenskette stellt besondere Darstellungsanforderungen an den Sprecher. Insbesondere hat sich dieser mit der

30 Ähnlich die Situation in der Handwerkskammer; vgl. Reitemeier (in diesem Band).

Gefahr auseinanderzusetzen, daß solche Zusammenhangskonstruktionen von den anderen Beteiligten als unplausibel, als 'zu weit hergeholt' beurteilt werden.

In der wiedergegebenen Passage konstruiert der Käufer einen ursächlichen Zusammenhang zwischen dem unzuverlässigen Fahrzeug und der Tatsache, keine Anstellung bekommen zu haben. Dieser Zusammenhang wird explizit formuliert in *die schwierigkeiten gehn jetzt sogar soweit daß er ... ni"cht übernommen wird.*

Eine Detailanalyse der gesamten Darstellung zeigt, daß die Konstruktion dieses Zusammenhangs durch eine Vielzahl sprachlicher Formulierungen angebahnt wurde[31] und im Kontext dieser Anbahnung einen Gutteil seiner Plausibilität und Überzeugung erhält:

Der Sprecher beginnt seinen Beitrag damit, daß er anführt, sein Sohn, der eigentlich betroffene Käufer, habe *erhe"blichen- * finanziellen verlust →gehabt←*, er erweitert diesen Aspekt dann um den Gesichtspunkt *erhebliche schwierigkeiten.* Diese Erweiterung der Schadensstellung über das eigentliche Streitobjekt, das Auto, hinaus geschieht aufgrund der sprachlichen Ausgestaltung der Darstellung umstandslos; die Erweiterung erfolgt in der syntaktischen Konstruktion der Apposition und ist durch das identische Adjektiv *erheblich* als ungehörig markiert. Diese *schwierigkeiten* werden zurückgeführt auf *die vielen au"sfälle.* Im bis dahin etablierten Redekontext läßt sich *au"sfälle* als die bereits besprochenen Defekte am Fahrzeug interpretieren. Es wird sich zeigen, daß der Sprecher noch eine andere Bedeutung des Ausdrucks mitmeint und den Ausdruck in dieser zusätzlichen Bedeutung einsetzt: 'Ausfall' im Sinne von 'Fehlen am Arbeitsplatz'. Diesen Gesichtspunkt spricht der Käufer im nächsten Äußerungsbestandteil auch an: *äh ich hatte schon darauf hingewiesen wie o"ft er am arbeitsplatz fehlte.* Der Sprecher erläutert daraufhin, wie wichtig das Auto für die Erreichung des Arbeitsplatzes ist und welche Probleme es bei den Reparaturen des – unzuverlässigen – Fahrzeugs gibt. Daraufhin erfolgt die explizite Zusammenhangskonstruktion zwischen Auto und Nichteinstellung im Betrieb.

Durch die syntaktisch-semantische Verkettung von bestätigtem *finanziellen verlust* mit *erheblichen schwierigkeiten*, durch die Doppeldeutigkeit des Ausdrucks *au"sfälle* und die Erwähnung des Fehlens am Arbeitsplatz ist die Zusammenhangskonstruktion bereits angebahnt und der Gefahr, der Zusammenhang könnte von den Hörern als abwegig interpretiert werden, ist vorgebeugt.

Ob die Schadenskette vom Kunden ins Gespräch gebracht wird, um seine emotionale Betroffenheit zu verdeutlichen oder – taktisch – um seinen Kompensationsforderungen mehr Gewicht zu verleihen, oder um beides zu tun, ist von Fall zu Fall unterschiedlich und unterschiedlich deutlich zu erkennen (für den

[31] Zum Konzept der 'Anbahnung' vgl. Nothdurft (1994).

Beobachter wie wahrscheinlich auch für die Kommission). In jedem Fall ist die Schadenskette ein problematischer Gegenstand: Da das Verfahren als Ergebnis stets die Festsetzung einer Kompensation für den erlittenen Schaden anstrebt, muß auch die Schadenskette immer aus dieser Perspektive mitbetrachtet werden, d.h. als potentielle Anspruchsressource für Kompensationen.

Das bringt für die Kommission in der Verhandlung zwei Probleme mit sich:

Erstens ist eine solche Schadenskette tendenziell unendlich, d.h. der Kunde kann aus seiner alltagsweltlichen Perspektive eine beliebige Menge von Bezügen zum aufgetretenen Schaden am Fahrzeug herstellen. Die Kommission muß, um solche Expansionen unter Kontrolle halten zu können, gegen solche Bezüge argumentieren, was wegen der oft sehr plausibilitäts-stabilen Konstruktion solcher Schadensketten nicht einfach gelingt.

Zweitens sind solche Schadensketten kaum finanziell verrechenbar; für Wut, Ärger, entgangene Urlaubsfreude und Streit mit dem Arbeitgeber lassen sich kaum Entschädigungen in klingender Münze angeben – oder dem Autohändler gegenüber durchsetzen.

Wie die Kommission mit der Schadenskette interaktiv umgeht, hängt wesentlich von den fallspezifischen Kontextverhältnissen ab; im o.a. Gesprächsausschnitt und auch in den weiteren Gesprächspassagen, in denen die Schadenskette im zitierten Fall auftaucht, erfolgt sie als Reaktion des Kunden auf die Frage der Kommission nach seinen Kompensationsforderungen, stellt also einen verhandlungstaktischen Zug dar, relativ weitreichende Ansprüche zu formulieren, diese in ihrem Ausmaß aber dennoch offen zu halten. Dies sei an drei Beispielfällen illustriert:

(1)

```
Vors.:   jetzt sind sie herr gelbhaar hierher gekommen mit
         einer gewissen vorstellung was jetzt noch wohl
         gemacht werden sollte könnte müßte- *

Käufer:  ja die vorstellung äh die resultiert ja schon
         alleine daraus daß wir hier äh- ** etwas möchten
         wir möchten uns natürlich auch mit der firma
         heissenbühl einigen- * denn=äh wir wollen nun
         nicht auch noch den golf gti wieder zurückgeben-
         * äh mein sohn is auf dieses fahrzeug angewiesen
         ha"t aber erhe"blichen- * finanziellen verlust
         →gehabt← erhebliche schwierigkeiten ...

Vors.:   gelbhaar daß die firma noch was machen sollte↓ *
         wenn ja was↑
```

(3005/02; 12/2ff.)

In diesem Fall greift der Vorsitzende die Schadenskette nicht auf, sondern reformuliert seine Aufforderung an den Kunden, seine Forderung an die Firma anzugeben.

(2)

Im nächsten Fall fragt der Vorsitzende nach, wie der Kunde seine unfreiwilligen Fehlschichten gegenüber dem Betrieb gerechtfertigt habe, was zu einer ausführlichen Darstellung der Schadenskette führt. Der Vorsitzende nimmt daraufhin eine thematische Umfokussierung vor, mit der implizit, aber doch deutlich eine Relevanzrückstufung der Schadenskette verbunden ist:

```
Käufer: nich↑ aber ich sag wenn ich hi/ nicht in der lage
        gewesen wäre ihn jetzt wieder zwei tage nach
        bernstadt zu fahre:n dann hätte er schon wie"der
        zwei tage nach bernstadt zu fahre"n dann hätte er
        schon wieder zwei fehlschichten gehabt↓

Vors.:  jetzt is=es so" →wir könn ich hat=s also eben
        schon gesacht vereinbarn kam=man ja als freier
        mensch alles↓ * ne↑← man kann etwas vereinbarn es
        sei denn es is sittenwidrig
```

(3005/02; 73/6ff.)

Mit *jetz is=es so* macht der Vorsitzende deutlich, daß er zum eigentlichen Verhandlungsgegenstand kommt bzw. die wichtigen Verhandlungspunkte ins Gespräch einführt. Mit der Formulation[32] einer thematischen Wiederaufnahme (*ich hat=s also eben schon gesacht*) suggeriert er, daß es sich bei der Darstellung der Schadenskette nur um eine thematische Abschweifung gehandelt habe und mit der Äußerung *vereinbarn kam=man ja als freier mensch alles↓ * ne↑* leitet er eine Aufklärungssequenz über Grundsätze des Vertragsabschlusses ein, durch die das Gespräch eine Wendung zu einem neuen Redegegenstand erhält:

(3)

```
Vors.:  die siebenenhalb jetz die paar fragen was hamm
        sie denn für ne vorstellung sie müssen do=ne
        vorstellung haben↓ * die firma die steht da da
        un sacht ich bekomme noch hier von herrn
        gelbhaar- * junior bekomm ich noch
Käufer:                                           >ja<
Vors.:  zweienhalbtausend mark sacht die firma↓
```

[32] Zum Begriff vgl. Bliesener/Nothdurft (1978).

```
Vors.:  so"↓ * jetz jet/ müss/ können sie ja was sagen
        jetz können sie die kriste oder die kriste

Käufer:       ja nur et sieht bei mir im moment so aus
Vors.:  nich↑                                     ja↑

Käufer: ich hab derma:ßen en finanziellen schaden

Käufer: dadurch erlitten-     äh rein jetz auch dat ich
Vors.:                    ja↓

Käufer: noch en halbes jahr ausbildung nachmachen muß↓

Käufer:                              dat is sind fast
Vors.:  jaja sicher is dat en schaden↓

Käufer: neuntausend mark die allein an lohn ausfalln-

Käufer:      dat geld für die fehlschichten
Vors.:  tja↓
```

(3006/02; 80/8ff.)

In diesem Fall signalisiert der Vorsitzende in steigendem Maße, daß er die Schadenskette für irrelevant hält: Zunächst durch Äußerung eines lapidaren *ja↓*, dann durch eine Form der Bestätigung, die neben der Bestätigung zugleich die Banalität des Bestätigten ausdrückt: *jaja sicher is dat en schaden↓* und dann in relativ deutlicher Form durch ein abwertend gesprochenes *tja↓*, durch das die Unabänderlichkeit und Nichtbehandelbarkeit des Schadens ausgedrückt wird, also durch ein verbales Achselzucken.

8. Schlußbetrachtung: Die Inszeniertheit des Geschehens und das Problem des Vertrauens

Das kommunikative Geschehen in der Schlichtungsverhandlung der Schiedsstelle für den Gebrauchtwagenhandel ist in hohem Maße mit den institutionellen Rahmenbedingungen und Zwecksetzungen der Stelle verbunden.

Diese Bedingungen ermöglichen und befördern das Schlichtungsgeschehen; so beruhen z.B. die Möglichkeiten, einen Einigungsvorschlag auszuhandeln, wesentlich auf dem eigentümlichen Status von Kulanz im Beziehungsgeflecht der Beteiligten.

Für die Progression des Handlungsschemas Schlichten insgesamt spielen kommunikative Aktivitäten der Kommissionsmitglieder eine wesentliche Rolle, mit denen diese bestimmte Eigenschaften des Handlungsmusters in die Verhandlung einführen, sie verdeutlichen und den Kontrahenten gegenüber ausspielen.

In der Verhandlung wird Schlichten als suggestives Muster eingesetzt, um dem interaktiven Geschehen eine bestimmte Färbung zu verleihen. Die Suggestion bzw. Definition, es würde geschlichtet, schafft erst die Voraussetzung dafür, daß das Verfahren in seiner spezifischen institutionellen Einbettung vollzogen werden kann, daß jene Haltungen und Einstellungen wie „Freiwilligkeit", „Einigungsbereitschaft" etc. bei den Beteiligten evoziert werden, mit denen die Kommission dann umgehen kann, um die Streitgegner zu einer Einigung zu bewegen.

Dazu gehört:

- Der Vorsitzende der Kommission formuliert und verdeutlicht den Verfahrensrahmen und die einzelnen Phasen, aus denen sich das Handlungsmuster Schlichten zusammensetzt;

- Der Vorsitzende sagt den Kontrahenten an einzelnen Stellen, was sie zu tun und zu sagen haben;

- Der Vorsitzende präpariert die Beteiligten in einer Weise, daß der nächste Schritt im Handlungsmuster erfolgen kann;

- Der Vorsitzende nimmt sich demonstrativ des Kunden als 'Patienten' an und damit in einer Weise, durch die Schlichten als Bearbeitungsmuster nahegelegt wird;

- Die Kommissionsmitglieder weisen in metakommunikativen Kommentaren immer wieder auf den Charakter des Geschehens als Schlichtung hin.

Das kommunikative Geschehen ist mit anderen Worten hochgradig dadurch bestimmt, daß es als Schlichten inszeniert wird.

Diese Inszeniertheit des Geschehens als Schlichten schafft für alle Beteiligten eine Erweiterung von Handlungsmöglichkeiten, die sie zum Zwecke der Herbeiführung einer Einigung ausnutzen können, sie macht die Beteiligten 'einigungsbereit', definiert Angebote zu 'Kompromißvorschlägen' und 'Entgegenkommen', macht Aussagen über den mangelnden Gebrauchswert eines Autos zu 'Nachweisen von Schädigung und Betroffenheit'.

Zu dieser Inszenierung gehört auch, 'im Rahmen zu bleiben' und den inszenatorischen Charakter des Geschehens nicht aufzudecken. Anderenfalls würde man zum Spielverderber. In keinem Fall reagierte die Kommission nach meinen Beobachtungen ungehaltener auf einen Kunden als in dem Fall, in dem dieser den inszenatorischen Charakter seiner Verhandlung zur Sprache brachte. Das Spiel muß durchgehalten werden.

Diese Beobachtung weist auf die Doppelbödigkeit inszenierten Geschehens hin.

Inszeniertheit schafft zwangsläufig eine Doppelbödigkeit der Interaktion – eine Doppelbödigkeit zwischen dem, was die Beteiligten in der Inszenierung vorgeben, zu tun und zu sein und dem, was 'wirklich' stattfindet, was die Beteiligten wirklich wollen, wie es wirklich war. Diese Doppelbödigkeit führt auf Seiten der Kontrahenten zu Fragen:

- aus der Perspektive des Händlers: Ist die Empörung des Käufers echt oder nur vorgetäuscht, um seinen Forderungen mehr Nachdruck zu verleihen?
- aus der Perspektive des Käufers: Zeigt der Händler wirklich Entgegenkommen oder hat er wieder nur getrickst, um den Käufer abermals übers Ohr zu hauen?
- aus der Perspektive des Käufers: Nimmt sich die Kommission wirklich seiner an oder hält ihn nur davon ab, vor Gericht zu gehen und dort einklagbare Ansprüche gegen den Händler durchzusetzen?

Paradoxerweise wird durch solche Fragen genau jenes kommunikative Grundverhältnis thematisch und in Frage gestellt, das zu konsolidieren gerade Ziel des Geschehens ist: Das Grundverhältnis des Vertrauens zwischen Händler und Kunden, das wiederherzustellen sich die Kommission als Aufgabe gesetzt hatte.

Erinnern wir uns:

Wesentliches Ziel von Schlichten im Rahmen der Institution des Gebrauchtwagenhandels ist die Wiederherstellung der Vertrauensbeziehung zwischen Käufer und Händler. Dieses Ziel wird durch eine Reihe von Aktivitäten zu erreichen versucht, von denen Schlichten nur ein Mittel ist. Es bleibt im Verfahrensgang ein 'kleiner Rest' von Fällen, der nicht anderweitig zu bewältigen ist und tatsächlich geschlichtet werden muß.

In der Verhandlung macht die Kommission in vielfältiger Weise den Charakter des Geschehens als Schlichten deutlich. Die Inszenierung des Geschehens als Schlichten ermöglicht und befördert Schlichten und eine Einigung zwischen den Kontrahenten.

Mit der Inszenierung des Geschehens als Schlichten wird für die Beteiligten aber auch die Unterscheidung von Sein und Schein thematisch, die Unterscheidung zwischen dem, wie es gemacht ist und dem, wie es wirklich ist. Mit dem Relevant-Werden dieser Unterscheidung wird jenes Grundverhältnis zwischen den Streitparteien fraglich, dessen Befestigung Ziel der Schlichtung gewesen ist: Das Vertrauensverhältnis zwischen Kunde und Händler.

In eigentümlicher Weise wird das kommunikative Geschehen so durch das Problem, das es bewältigen sollte, selbst wieder eingeholt.

9. Anhang: Fallbeschreibungen

Im folgenden sind zur weiteren Illustration des Verhandlungsgeschehens meine Gedächtnisprotokolle zu einem Sitzungstag der Kommission (vier Fälle) wiedergeben.

1. Fall:

Anschuldigung: Türaufhängung rostet, Wasser kommt an Windschutzscheibe durch, Liste mit weiteren Mängeln.

Verlauf: Kommentierung und Evaluation der Liste durch Gutachter und ADAC (durchweg nach dem Motto: „Sie haben ja keinen Neuwagen gekauft, mit X müssen Sie schon rechnen"). Fixierung auf erste beiden Punkte. Antragsgegner erklärt, stets bereit gewesen zu sein, Schäden nachzubessern. Hin und Her darum, warum bisherige Terminvereinbarungen zwischen Antragsteller und Antragsgegner geplatzt sind.

Ergebnis: Nachbesserungen der ersten beiden Anschuldigungspunkte wird vereinbart.

2. Fall:

Anschuldigung: Antragsteller kauft Gebrauchtwagen, dessen Bremsen sich als defekt erweisen, Reparatur in anderer Werkstatt. Anspruch unklar.

Verlauf: Antragsteller räumt ein, Fehler gemacht zu haben, daß er Wagen ohne vorherige Rücksprache mit Antragsgegner in anderer Werkstatt hat reparieren lassen. Antragsteller hebt ab auf Vertrauensverlust in Werkstatt, um Geld ginge es ihm nicht. Stellungnahme von Antragsgegner: Ihm ginge es ums Prinzip, Wagen nicht woanders ohne Absprache, aber zu Lasten des Verkäufers reparieren lassen zu können („dann sind wir alle tot").

Kommission unterbricht Verhandlung, um die Bremsklötze zu prüfen und sich zu beraten. Klar ist, daß die Bremsen in einem nicht akzeptablen Zustand sind. Klar ist aber auch, daß Antragsteller wegen Nichtbenachrichtigung der Werkstatt keine rechtlichen Ansprüche geltend machen kann. Meinung in Kommission: Antragsteller will Ersatz für Reparaturausgaben wiederhaben. Kalkulierter Vorschlag der Kommission: Antragsgegner zahlt ein Viertel der Reparaturkosten der Bremsen an Antragsteller.

Hinzuziehen des Antragsgegners: Dieser äußert Verdacht, daß mitgebrachte Bremsklötze nicht aus dem Auto des Antragstellers sind. Akzeptiert Vorschlag der Kommission, wenn Antragsteller entsprechende Bescheinigung von Werkstatt beibringt.

Hinzuziehen des Antragstellers: Dieser erklärt sich bereit, Nachweis zu liefern. Daraufhin Unterbreitung des Vorschlags. Antragsteller erklärt diesen zum „Witz". Es ginge ihm gar nicht ums Geld. Antragsgegner führe Vertrauenssiegel und habe Antragstellers Vertrauen mißbraucht. Bis zum Zeitpunkt habe Antragsgegner nicht eingestanden, Fehler gemacht zu haben. Auf Frage der Kommission, was sie tun solle, verlangt Antragsteller, daß Antragsgegner sein Vertrauenssiegel abgenommen wird. Kommission erklärt sich nicht zuständig. Teilweise hitzige Auseinandersetzung zwischen Antragsteller und einzelnen Kommissions-Mitgliedern. Kommission fragt Antragsteller, ob er Antrag zurückzieht. Antragsteller verneint. Kommission erklärt darauf Antrag für unbegründet. Antragsteller verläßt unter – ironischen – Entschuldigungen, Kommission belästigt zu haben, den Raum.

Ergebnis: Antrag wird als unbegründet zurückgewiesen.

3. Fall:

Anschuldigung: Antragsteller hatte bei Wagenkauf auf Garantie verzichtet, weil diese DM 380,- zusätzlich kosten sollte. Kurz nach Kauf sieht Antragsteller im Angebotsaushang der Firma, daß bei Angeboten Garantie inklusive ist. Antragsteller fühlt sich getäuscht.

Anspruch: Antragsteller will Gebrauchtwagengarantie unentgeltlich für gekauften Gebrauchtwagen.

Verlauf: Antragsteller und Vorsitzender debattieren darüber, ob Antragsteller getäuscht worden ist (im juristischen Sinne: nicht). ADAC-Vertreter äußert Verständnis für Antragsteller, übernimmt dessen Version und empfiehlt Händler, Text eindeutiger zu formulieren. Für Antragsteller besteht kein juristischer Spielraum. Antragsgegner lehnt Kulanz ab: Antragsteller habe Wagen ohnehin günstig bekommen, versuche nun, noch mehr rauszuschlagen. Antragsteller formuliert Maxime: Jeder versuche, seine Interessen durchzusetzen, so auch hier.

Ergebnis: Auf Vorschlag der Kommission zieht Antragsteller Antrag zurück.

4. Fall:

Anschuldigung: Antragsteller hatte Gebrauchtwagen gekauft, dessen Bremsen sich als schadhaft erwiesen. Nach Weigerung des Antragstellers zur Nachbesserung Reparatur in anderer Werkstatt.

Anspruch: Ersetzung der Kosten für nachgebesserte Bremsen.

Verlauf: Antragsteller und Antragsgegner streiten darüber, ob Antragsgegner Nachbesserung abgelehnt hat (Antragsgegner: nein). Kommission konstatiert Aussage gegen Ausage. Entwicklung eines Einigungs-Vorschlags: Antragsgegner hätte Bremsen ohnehin reparieren müssen; Vorschlag: 1/4 der Nachbesserungskosten = DM 300,-. Antragsgegner ist vertreten durch Angestellten, der erklärt, nur DM 100,- mit zu haben. Unterbrechung der Sitzung: Vorsitzender telefoniert mit Antragsgegner. Kommt (genervt) zurück. Antragsgegner bliebe bei 100,- bis 150,- DM. Frage an Antragsteller, ob er mit DM 150,- zufrieden ist, wird bejaht.

Ergebnis: Vereinbarung über Ersatz von DM 150,- für entstandene Reparaturkosten.

Literatur

Ammon, Ulrich/Dittmar, Norbert/Mattheier, Klaus (Hg.) (1987): Soziolinguistik. Ein internationales Handbuch zur Wissenschaft von Sprache und Gesellschaft. Berlin/New York.

Aubert, Vilhelm (1963): Competition and dissensus. Two types of conflict and conflict resolution. In: Journal of Conflict Resolution 7, S. 26-42.

Armanski, Gerhard (1986): Wir Geisterfahrer e.V. Lust und Last am Automobil. Bielefeld.

Baunach, Norbert (1974): Die gesellschaftliche Bedeutung des Schiedsmannswesens. In: Kaupen, Wolfgang (Hg.): Soziologische Probleme juristischer Berufe. Göttingen. (Schriften zur Mittelstandsforschung, Bd. 65). S. 185-234.

Bayerl, A. (1971): Ehrenamtliche Mitwirkung in der Rechtspflege. Ein Beitrag zur Demokratisierung der Justiz. In: Schiedsmannszeitung 42, S. 117-123.

Benda, Ernst (1979): Richter im Rechtsstaat. In: Deutsche Richterzeitung 57, S. 357-363.

Bergmann, Jörg (1980): Ethnomethodologische Konversationsanalyse. In: Schröder, Peter/Steger, Hugo (Hg.): Dialogforschung. Jahrbuch des Instituts für Deutsche Sprache 1980. Düsseldorf. (Sprache der Gegenwart, Bd. 54). S. 9-51.

Bierbrauer, Günter/Falke, Josef/Giese, Bernhard/Koch, Klaus-Friedrich/Rodingen, Hubert (1978): Zugang zum Recht. Bielefeld. (Industriegesellschaft und Recht, Bd. 12).

Bierbrauer, Günter/Falke, Josef/Koch, Klaus-Friedrich (1978): Konflikt und Konfliktbeilegung. Eine interdisziplinäre Studie über Rechtsgrundlage und Funktion der Schiedsmannsinstitution. In: Bierbrauer et al. (1978), S. 141-192.

Blankenburg, Erhard/Gottwald, Walther/Strempel, Dieter (Hg.) (1982): Alternativen in der Ziviljustiz. Berichte, Analysen, Perspektiven. Köln.

Blankenburg, Erhard/Klausa, Ekkehard/Rottleuthner, Hubert (Hg.) (1980): Alternative Rechtsformen und Alternativen zum Recht. Opladen. (Jahrbuch für Rechtssoziologie, Bd. 6).

Blankenburg, Erhard/Schönholz, Siegfried (1979): Zur Soziologie des Arbeitsgerichtsverfahrens. Neuwied.

Bliesener, Thomas/Nothdurft, Werner (1978): Episodenschwellen und Zwischenfälle. Zur Dynamik der Gesprächsorganisation. Hamburg.

Blumer, Herbert (1973): Der methodologische Standort des symbolischen Interaktionismus. In: Arbeitsgruppe Bielefelder Soziologen (Hg.): Alltagswissen, Interaktion und gesellschaftliche Wirklichkeit (Bd. 1). Reinbeck bei Hamburg. S. 80-146.

Bode (1928): Die Kunst des Schlichtens. In: Schiedsmannszeitung 3, S. 54-58.

Borchers, Siegfried (1984): Das aktuelle Interview. In: Schiedsmannszeitung 55, S. 120-122.

Borchers, Siegfried (1986): Das aktuelle Interview. In: Schiedsmannszeitung 57, S. 65-70.

Cahn, Michael (1986): Kunst der Überlistung. Studien zur Wissenschaftsgeschichte der Rhetorik. München. (Theorie und Geschichte der Literatur und der schönen Künste, Bd. 76; Neue Folge, Reihe A, Hermeneutik, Semiotik, Rhetorik, Bd. 2).

Claeson, Bjorn (1987): The privatization of justice. An ethnography of control. B.A. Thesis (Ms.). University of California. Berkeley.

Conley, John M./O'Barr, William M. (1990): Rules versus relationships in small claim disputes. In: Grimshaw (ed.) (1990), S. 178-196.

Coulmas, Florian (1981): Routine im Gespräch. Zur pragmatischen Fundierung der Idiomatik. Wiesbaden. (Linguistische Forschungen, Bd. 29).

Coulmas, Florian (1985): Diskursive Routine im Fremdsprachenerwerb. In: Sprache und Literatur in Wissenschaft und Unterricht 16, H. 56, S. 47-66.

Crott, Helmut/Kutschker, Michael/Lamm, Helmut (1977): Verhandlungen I. Individuen und Gruppen als Konfliktparteien. Stuttgart/Berlin/Köln/Mainz.

Demant, B./Dotterweich, J./Morasch, H./Reichelt, J. (1984): Ergebnisse aus einer Umfrage über die Praxis der Schieds- und Schlichtungsstellen. In: Morasch, H. (Hg.) (1984), S. 11-113.

Donnepp, Inge (1981): Die Aufgabe des Schiedsmanns in neuer Sicht. In: Schiedsmannszeitung 52, S. 113-118.

Drischler, Karl (1984): Die unsichtbare Arbeit des Schiedsmanns. In: Schiedsmannszeitung 55, S. 102-105.

Drischler, Karl (1987): Das Schiedsmannswesen im 'Dritten Reich'. Ein Rückblick. In: Schiedsmannszeitung 58, S. 33f.

Eckhoff, Torstein (1967): Die Rolle des Vermittelnden, des Richtenden und des Anordnenden bei der Lösung von Konflikten. In: Hirsch, Ernst/Rehbinder, Manfred (Hg.): Studien und Materialien zur Rechtssoziologie. Sonderheft 11, 2. Aufl. 1971. Opladen. S. 243-270. [Original: Eckhoff, T.: The Mediator, the Judge and the Administrator in Conflict Resolution. In: Acta Sociologica 10 (1966), S. 148-172].

Ehlich, Konrad/Rehbein, Jochen (1979): Sprachliche Handlungsmuster. In: Soeffner, Hans-Georg (Hg.): Interpretative Verfahren in den Sozial- und Textwissenschaften. Stuttgart. S. 243-274.

Ellermann-Witt, Rolf (1984): Konfliktarten vor dem Arbeitsgericht. In: Rottleuthner (Hg.) (1984), S. 119-135.

Falke, Josef (1977): Das Schiedsmannsinstitut - historische und rechtssoziologische Aspekte. In: Schiedsmannszeitung 48, S. 74-92.

Falke, Josef (1978): Zugang zum Recht: Eine Fallstudie über die Öffentliche Rechtsauskunfts- und Vergleichsstelle in Hamburg. In: Blankenburg et al. (Hg.): Rechtsbedürfnis und Rechtshilfe. Empirische Ansätze im internationalen Vergleich. Opladen. S. 13-44.

Falke, Josef/Gessner, Volkmar (1982): Konfliktnähe als Maßstab für gerichtliche und außergerichtliche Streitbehandlung. In: Blankenburg/Gottwald/Strempel (Hg.) (1982), S. 289-315.

Fengler, Christa/Fengler, Thomas (1980): Alltag in der Anstalt. Wenn Sozialpsychiatrie praktisch wird. Eine ethnomethodologische Untersuchung. Rehburg-Loccum.

Feser, Klaus et al. (1978): Arbeitsgerichtsprotokolle. Neuwied.

Florschütz, P. (1904): Die Schiedsmannsordnung vom 29. März 1879. Gesetze, Motive und Ausführungsverfügungen mit einer Geschäftsanweisung und Mustern zum Gebrauche für die Schiedsmänner versehen. Dreizehnte vermehrte Aufl., bearb. v. Schultze-Görlitz. Berlin.

Fünfschilling, Leonhard/Huber, Herrmann (Hg.) (1985): Risse im Lack. Auf den Spuren der Autokultur. Zürich.

Fuller, Lon (1971): Mediation. Its forms and functions. In: Southern California Law Review 44, S. 305-339.

Gain, Hans-Joachim (1985): Das Sühneverfahren vor dem Schiedsmann. Ein Grundriß. 3., völlig überarb. u. erg. Aufl., Köln/Berlin/Bonn/München. (Fachbücher für Schiedsmänner: C; 1).

Geertz, Clifford (1983): Dichte Beschreibung. Beiträge zum Verstehen kultureller Systeme. Frankfurt/Main. [Original: Geertz, Clifford (1973): The Interpretation of Cultures. New York.].

Gessner, Volkmar (1978): Recht und Konflikt. Eine Untersuchung privatrechtlicher Konflikte in Mexiko. Tübingen.

Giese, Bernhard (1978): Ansätze zur Tatsachenforschung und Rechtssoziologie des Prozeßvergleichs. In: Bierbrauer et al. (1978), S. 117-140.

Glaser, Barney G./Strauss, Anselm L. (1967): The discovery of grounded theory. Strategies for qualtitative research. Chicago.

Goffman, Erving (1975): Interaktionsrituale.Über Verhalten in direkter Kommunikation. Frankfurt/M. [Original: Goffman, Erving (1967): Interaction Ritual. Essays on Face-to-Face Behavior. New York.].

Goffman, Erving (1969/1983): Wir alle spielen Theater. Die Selbstdarstellung im Alltag. München. [Original: Goffman, Erving (1959): The Presentation of Self in Everyday Life. New York.].

Goffman, Erving (1977): Rahmen-Analyse. Ein Versuch über die Organisation von Alltagserfahrungen. Frankfurt/Main. [Original: Goffman, Erving (1974): Frame Analysis. An Essay on the Organization of Experience. New York/Evanston/San Francisco/London.].

Gordon, Thomas (1973): Familienkonferenz. Die Lösung von Konflikten zwischen Eltern und Kind. 2. Aufl. Hamburg.

Gottwald, Walther (1981): Streitbeilegung ohne Urteil. Tübingen. (Studien zum ausländischen und internationalen Privatrecht, Bd. 5).

Gottwald, Walther/Hutmacher, Wolfgang/Röhl, Klaus F./Strempel, Dieter (Hg.) (1983): Der Prozeßvergleich. Möglichkeiten, Grenzen, Forschungsperspektiven. Köln. (Rechtstatsachenforschung).

Graf, Karin (1990): Die Behandlung von Verbraucherbeschwerden in Unternehmen. Berlin.

Grimshaw, Allen D. (ed.) (1990): Conflict talk. Sociolinguistic investigations of arguments in conversations. Cambridge.

Grimshaw, Allen D. (1990): Research on conflict talk: antecedents, resources, findings, directions. In: Grimshaw (ed.) (1990), S. 280-324.

Grüner, Hans (1984): Kommunikation in Arbeitsgerichtsverhandlungen. In: Rottleuthner (Hg.) (1984), S. 165-200.

Grunsky, Wolfgang (1981): Arbeitsgerichtsgesetz – Kommentar. 4. Auflage. München.

Grundmann, Günter/Strich, Michael/Richey, Werner (1980): Rechtssprichwörter. Leipzig.

Gülich, Elisabeth (1981): 'Was sein muß, muß sein.' Überlegungen zum Gemeinplatz und seiner Verwendung. In: Weydt, Harald (Hg.): Logos semantikos. Studia linguistica in honorem Eugenio Coseriu 1921-1981. Vol. 2. Sprachtheorie und Sprachphilosophie. Berlin. S. 343-363.

Gulliver, Philipp H. (1977): On mediators. In: Hamnet, J. (ed.): Law and social anthropology. London. S. 15-53.

Gumperz, John, J. (1982): Discourse Strategies. Cambridge.

Hartung, Fritz (1951): Die Kunst, Vergleiche zu erzielen. In: Schiedsmannszeitung 22, S. 71-74 und 85-89.

Hartung, Fritz (1952): Der Schiedsmann im Leben des Volkes. In: Schiedsmannszeitung 23, S. 162-179.

Hartung, Fritz (1969): Handbuch des Schiedsmanns. 3. Aufl., Köln, Berlin, Bonn, München.

Hassemer, Winfried/Hoffman-Riem, Wolfgang/Weiss, Manfred (Hg.): Interaktion vor Gericht. Baden-Baden. (Schriften der Vereinigung für Rechtssoziologie, Bd. 2).

Hegenbarth, Rainer (1981): Illusions perdues. Verbrauchererwartungen und Gerichtsentscheid. In: Zeitschrift für Rechtssoziologie, Heft 1, S. 34-52.

Hegenbarth, Rainer/Scholz, Regine (1979): Konfliktlösung ohne Kommunikation. Die Organisation der Sprachlosigkeit in Zivilprozessen. In: Informationsbrief für Rechtssoziologie 15, S. 88-118.

Herberger, Maximilian (1986): Sprach- und Handlungsmuster in der Rechtsgeschichte der Schlichtung. In: Kallmeyer, Werner (Hg.): Kommunikationstypologie. Handlungsmuster, Textsorten, Situationstypen. Jahrbuch des Instituts für deutsche Sprache 1985. Düsseldorf. (Sprache der Gegenwart, Bd. 67). S. 227-244.

Herbst, Heiner (1984): Vorstellungen über den Ausbau des Schiedsmannswesens. In: Schiedsmannszeitung 55, S. 97-100.

Hoffmann, Ludger (Hg.) (1989): Rechtsdiskurse. Untersuchungen zur Kommunikation in Gerichtsverfahren. Tübingen.

Hoffmann, Ludger (1991): Vom Ereignis zum Fall. Sprachliche Muster zur Darstellung und Überprüfung von Sachverhalten vor Gericht. In: Schönert, J. (Hg.): Erzählte Kriminalität. Zur Typologie und Funktion von narrativen Darstellungen in Strafrechtspflege, Publizistik und Literatur zwischen 1770 und 1920. Tübingen. S. 87-113.

Huttner, Georg (1981): Das Sühneverfahren in Baden-Württemberg. Stuttgart. (Schriftenreihe der Fundstelle).

Jahn, G. (1965): Die soziale Bedeutung des Schiedsmannsamtes in Vergangenheit und Gegenwart. In: Schiedsmannszeitung 36, S. 17-21 und 38-43.

Janke, I. E. TH. (1835): Ueber Ursprung, Wesen und Erfolg des Schiedsmanns-Instituts im Preußischen Staate. Zur Belehrung für Schiedsmänner und Alle, welche davon Kunde nehmen wollen. Berlin.

Jansen, Dorothea (1987) (unter Mitarb. v. Gabriele Schwarz): Das Güteverfahren vor dem Schiedsmann – ein alternatives Vermittlungsverfahren in zivilrechtlichen Streitigkeiten? In: Röhl (Hg.) (1987), S. 1-540.

Jansen, Dorothea (1988): Ein entscheidungstheoretisches Modell zur Analyse von Vermittlungsverfahren und das Konzept der Konfliktnähe. In: Zeitschrift der Rechtssoziologie 17, S. 3-18.

Kallmeyer, Werner (1979): Kritische Momente. Zur Konversationsanalyse von Interaktionsstörungen. In: Frier, W./Labroisse, G. (Hg.): Grundfrage der Textwissenschaft. Amsterdamer Beiträge zur neueren Germanistik; Bd. 8. Amsterdam. S. 59-109.

Kallmeyer, Werner (1983): Mündliche Kommunikation vor Gericht. Einige Bemerkungen zu ihrer linguistischen und sprachsoziologischen Behandlung. In: Sprache und Recht. Heidelberg. (Schriftenreihe der Bundeszentrale für politische Bildung; Bd. 199). S. 139-151.

Kallmeyer, Werner (1985): Handlungskonstitution im Gespräch. Dupont und sein Experte führen ein Beratungsgespräch. In: Gülich, Elisabeth/Kotschi, Thomas (Hg.): Grammatik, Konversation, Interaktion. Tübingen. S. 81-122.

Kallmeyer, Werner/Keim, Inken (1994): Formelhaftes Sprechen in der Filsbachwelt. In: Kallmeyer, Werner (Hg.): Exemplarische Analysen des Sprachverhaltens in Manheim. Berlin. S. 250-317. (Kommunikation in der Stadt, Bd. 1).

Klein, Wolfgang (1987): Die Kunst des Schlichtens. Techniken der Herbeiführung von Einigung in einer Güteverhandlung vor dem Schiedsmann. In: Röhl (Hg.) (1987), S. 611-639.

Knorr-Cetina, Karin (1981): The manufacture of knowledge. An essay on the constructivist and contextual nature of science. Oxford.

Koch, Klaus-Friedrich (1978): Konfliktmanagement und Rechtsanthropologie. Ein Modell und seine Anwendung in einer ethnologischen Vergleichsanalyse. In: Bierbrauer et al. (1978), S. 85-115.

Koller, Werner (1977): Redensarten. Linguistische Aspekte, Vorkommensanalysen, Sprachspiel. Tübingen. (Reihe Germanistische Linguistik; Bd. 5).

Kopperschmidt, Josef (1976): Allgemeine Rhetorik. Einführung in die Theorie der Persuasiven Kommunikation. Stuttgart/Berlin/Köln/Mainz. 2. Aufl.

Kopperschmidt, Josef (1980): Argumentation. Sprache und Vernunft II. Stuttgart/Berlin/Köln/Mainz. (Urban-Taschenbücher, Bd. 290).

Krämer-Badoni, Thomas/Grymer, Herbert/Rodenstein, Marianne (1971): Zur sozioökonomischen Bedeutung des Automobils. Frankfurt/M.

Krumsiek, Rolf (1986): 125 Jahre Schiedsmannswesen im Kreis Recklinghausen. In: Schiedsmannszeitung 57, S. 33-37.

Lakoff, George (1987): Woman, fire, and dangerous things. Chicago.

Lau, Thomas/Wolff, Stefan (1983): Der Einstieg in das Untersuchungsfeld als soziologischer Lernprozeß. In: Kölner Zeitschrift für Soziologie und Sozialpsychologie, 35, S. 417-437.

Lausberg, Heinrich (1963): Elemente der literarischen Rhetorik. München.

Lind, E. Allen et al. (1990): In the eye of the beholder: Court litigants' evaluations of their experiences in the civil justice system. In: Law and Society Review 24, S. 953-996.

Lüger, Heinz-Helmut (1980): Formen rituellen Sprachgebrauchs. Eine vorläufige Skizze. In: Deutsche Sprache 8, S. 21-39.

Lütkemann, Carl Wilhelm (1913): Justiznotariat oder Urkund- und Friedensämter. Eine prozeßvorbeugende Schrift mit zahlreichen römisch- und deutsch-rechtlichen Quellenstellen, auch einem Blick auf das Ausland für Juristen, Schiedsmänner und Laien. Hannover.

Maas, Utz (1986): Volkskundliches (Kultur) in der Sprachwissenschaft. In: Brekle, H. E./Maas, U. (Hg.): Sprachwissenschaft und Volkskunde. Perspektiven einer kulturanalytischen Sprachbetrachtung. Opladen. S. 33-69.

Martens, Erika (1988): Tarifverhandlungen im Öffentlichen Dienst. Ein raffinierter Versöhner. Der erfahrene Hermann Höcherl hat einen Arbeitskampf verhindern können. In: Die Zeit, Nr. 13, 25. März, S. 23.

Michel, Bertram (1978): Der Kampf der Gewerkschaften um die einheitliche Arbeitsgerichtsbarkeit (1926). In: Feser et al. (1978), S. 28-53.

Miletzki, Rainer (1982): Formen der Konfliktregelung im Verbraucherrecht. Der Beitrag der Schlichtungsstellen zur Rechtsverwirklichung. Bielefeld.

Mnookin, Robert H./Kornhauser, Lewis (1979): Bargaining in the shadow of the law. The case of divorce. In: Yale Law Journal 88, S. 950-997.

Morasch, Hellmut (Hg.) (1984): Schieds- und Schlichtungsstellen in der Bundesrepublik. Praxisanalyse und Perspektiven aus einem Kolloquium der GMD. Köln.

Müller, Wolfgang G. (1981): Topik des Stilbegriffs. Zur Geschichte des Stilverständnisses von der Antike bis zur Gegenwart. Darmstadt

Nothdurft, Werner (1984): „... äh folgendes problem äh ..." Die interaktive Ausarbeitung „des Problems" in Beratungsgesprächen. Tübingen. (Forschungsberichte des Instituts für deutsche Sprache, Bd. 57).

Nothdurft, Werner (1987a): Die Ordnung des Konflikts. Gesprächsanalyse der Konfliktbehandlung. In: Röhl (Hg.) (1987), S. 565-609.

Nothdurft, Werner (1987b): Gesprächsanalyse subjektiver Konflikt-Organisationen. Ein natürliches Design zur Rekonstruktion individuellen Konfliktverständnisses. In: Bergold, J./Flick, U. (Hg.): Ein-Sichten. Zugänge zur Sicht des Subjekts mittels quantitativer Forschung. Tübingen. S. 98-114.

Nothdurft, Werner (1989): Interaktive Paradoxa konsensueller Konfliktlösung: Der Fall des „Schiedsmanns". In: Hoffmann (Hg.) (1989), S. 197-215.

Nothdurft, Werner (1994): Kompetenz und Vertrauen in Beratungsgesprächen. In: Nothdurft, W./Reitemeier, U./Schröder, P. (1994): Beratungsgespräche. Analyse asymmetrischer Dialoge. Tübingen. (Forschungsberichte des Instituts für deutsche Sprache, Bd. 61). S. 183-228.

Nothdurft, Werner (1995): Konfliktstoff. Gesprächsanalyse der Konfliktbearbeitung in Schlichtungsgesprächen. Berlin/New York. (Schriften des Instituts für deutsche Sprache, Bd. 5.2.).

Nothdurft, Werner (i.V.): Subjektive Konflikt-Organisation. Eine systematische Darstellung gesprächsanalytischer Beobachtungen zur Konfliktsicht von Streitparteien in Schlichtungsgesprächen. (Ms.). Mannheim.

Nothdurft, Werner/Breuer, Franz (o. J.): Ins Schlichten geraten. (Ms.). Mannheim.

Nothdurft, Werner/Schröder, Peter/Spranz-Fogasy, Thomas (1984): 'Verdichtung'. Das situative Zustandekommen von Schlichtung und Ansätze zur methodischen Erfassung. (Ms.). Mannheim.

Nothdurft, Werner/Spranz-Fogasy, Thomas (1986): Der kulturelle Kontext von Schlichtung. Zum Stand der Schlichtungsforschung in der Rechtsanthropologie. In: Zeitschrift für Rechtssoziologie 7, S. 31-52.

Nothdurft, Werner/Spranz-Fogasy, Thomas (1990): Gesprächsanalyse von Schlichtungsinteraktion. Methodische Probleme und ihre Hintergründe. In: Flader, Dieter

(Hg.): Verbale Interaktion. Studien zur Empirie und Methodologie der Pragmatik. Stuttgart. S. 222-240.

Pawlowski, Martin (1966): Das Amt des Schiedsmanns in der neuen Gesetzgebung und Rechtsprechung. In: Schiedsmannszeitung 37, S. 158-161.

Pfeiffer, Gerd (1981): Knappe Ressource Recht. In: Zeitschrift für Rechtspolitik 6, S. 121-125.

Pfeiffer, Gerd (1985): Die Bedeutung des Schiedsmannsamtes in unserer Gesellschaft. In: Schiedsmannszeitung 56. S. 18-20, 39-44, 55-57 und 68-72.

Philips, Susan U. (1990): The judge as third party in American trial-court conflict talk. In: Grimshaw (ed.) (1990), S. 197-209.

Pikas, Anatol (1974): Rationale Konfliktlösung. Wiesbaden.

Pilz, Klaus Dieter (1981): Phraseologie. Redensartenforschung. Stuttgart. (Sammlung Metzler; M198: Abt. C: Sprachwiss.).

Plett, Konstanze (1984): Bauschlichtung: eine Alternative wozu? Erste Erkenntnisse aus der Begleitforschung zur Frankfurter Bau-Schlichtungsstelle. In: Morasch (Hg.) (1984), S. 153-161.

Die Preußische Schiedsmannsordnung in der vom 1. Januar 1925 an geltenden Fassung. Erläutert von F. Hartung. 4. Aufl., Mannheim/Berlin 1927. (Sammlung deutscher Gesetze, Bd. 113)

Prütting, H. (1985): Schlichten statt Richten? In: Juristenzeitung 6, S. 261-271.

Rasehorn, Theo (1978): Die Arbeitswelt – festgehalten in Gerichtsprotokollen. Eine Einführung. In: Feser et al. (1978), S. 11-27

Rath, Rainer (1975): Korrektur und Anakoluth im Gesprochenen Deutsch. In: Linguistische Berichte 37, S. 1-12.

Reitemeier, Ulrich (1985): Studien zur juristischen Kommunikation: eine kommentierte Bibliographie. Unter Mitarbeit von Otmar Bettscheider. Tübingen. (Forschungsberichte des Instituts für deutsche Sprache, Bd. 56).

Reitemeier, Ulrich (1987): Subjektive Normorientierung und ihre Geltendmachung in einer Güteverhandlung vor dem Schiedsmann. Darstellungsverfahren des Konflikt- und Rechtsverständnisses der beschuldigten Parten. In: Röhl (Hg.) (1987), S. 642-665.

Rendler, Angelika (1980): Außergerichtliche Rechtshilfe in Hamburg bis zur Errichtung der Öffentlichen Rechtsauskunfts- und Vergleichsstelle. Diss. Hamburg.

Rimpl, Lothar (1980): Einschüchterung in Gerichtsverfahren. Mechanismen und Funktionen. Freiburg.

Roberts, Simon (1981): Ordnung und Konflikt. Eine Einführung in die Rechtsethnologie. Stuttgart. [Original: Roberts, S. (1979): Order and dispute. An introduction to legal anthropology.].

Röhl, Klaus F. (1979): Beraten, Vermitteln, Schlichten und Richten. In: Schleswig-Holsteinische Anzeigen, Reihe A, VII, S. 134-141.

Röhl, Klaus F. (1981): Der Schiedsmann als Alternative zur Ziviljustiz? In: Schiedsmannszeitung 52, S. 65-70, 81-86 und 97-102.

Röhl, Klaus F. (1983): Gibt es eine lehr- und lernbare Technik des Vergleichs? In: Gottwald et al. (Hg.) (1983), S. 209-216.

Röhl, Klaus F. (1984): Verhalten in der mündlichen Verhandlung. Versuch einer Analyse. In: Rottleuthner (Hg.) (1984a), S. 201-261.

Röhl, Klaus F. (Hg.) (1987): Das Güteverfahren vor dem Schiedsmann. Soziologische und kommunikationswissenschaftliche Untersuchungen. Köln/Berlin/Bonn/München. (Fachbücher für das Schiedsmannsamt).

Röhrich, Lutz/Mieder, Wolfgang (1977): Sprichwort. Stuttgart. (Sammlung Metzler; M 154: Abt. E, Poetik).

Rottleuthner, Hubert (1978): Probleme der Beobachtung von Gerichtsverhandlungen, dargestellt am Beispiel richterlicher Vergleichsstrategien und kompensatorischen Verhaltens im Arbeitsgerichtsverfahren. In: Hassemer et al. (Hg.) (1978), S. 109-132.

Rottleuthner, Hubert (Hg.) (1982): Probleme der Arbeitsgerichtsbarkeit. Projektbericht. Berlin.

Rottleuthner, Hubert (1984): Zur Ausdifferenzierung der Justiz. Einige theoretische Folgerungen. In: Rottleuthner (Hg.) (1984a), S. 313-356.

Rottleuthner, Hubert (Hg.) (1984a): Rechtssoziologische Studien zur Arbeitsgerichtsbarkeit. Baden-Baden.

Schiedsmannsordnung Nordrhein-Westfalen (1984): Textausgabe mit Verwaltungsvorschriften. Bearb. von W. Wieners. 2. Aufl., Köln/Berlin/Bonn/München. (Fachbücher für Schiedsmänner: A; 1).

Schlichten ist besser als richten. Beratung und Schlichtung in Streitfällen. Hg. Presse- und Informationsamt der Bundesregierung. Bonn 1983. (Reihe: Bürger-Service).

Schönbach, Peter (1980): A category system for account phases. In: European Journal of Social Psychology 10, S. 195-200.

Schönholz, Siegfried (1984): Alternativen im Gerichtsverfahren. Zur Konfliktlösung vor dem Arbeitsgericht unter besonderer Berücksichtigung des Prozeßvergleichs. Amsterdam.

Schönholz, Siegfried (1984a): Bedingungen und Merkmale der Erledigungsweise im Arbeitsgerichtsverfahren, insbesondere des Abschlusses von Prozeßvergleichen und der Thematik der Verhandlung. In: Rottleuthner (Hg.) (1984a), S. 263-290.

Schröder, Peter (1977): Selbständige Äußerungseinheiten. Satzformen und Satzfunktionen. (Ms.). Mannheim.

Schröder, Peter (1984): Wortstellung in der deutschen Standardsprache. Versuch einer empirischen Analyse zu topologischen Aspekten von Texten gesprochener Sprache. Diss. Freiburg 1978. Dissertationsdruck. Mannheim 1984.

Schröder, Peter (1987): Sprachliches Funktionieren und interaktive Funktion von Stereotypen in einer Güteverhandlung vor dem Schiedsmann. In: Röhl (Hg.) (1987), S. 667-722.

Schröder, Peter (Hg.) (1995): Schlichtungsgespräche. Ein Textband mit einer exemplarischen Analyse. Berlin/New York. (Schriften des Instituts für deutsche Sprache; Bd. 5.3.).

Schütze, Fritz (1975): Sprache soziologisch gesehen. Bd. II: Sprache als Indikator für egalitäre und nicht-egalitäre Sozialbeziehungen. München.

Schütze, Fritz (1978): Strategische Interaktion im Verwaltungsgericht. Eine soziologische Analyse zum Kommunikationsverlauf im Verfahren zur Anerkennung als Wehrdienstverweigerer. In: Hassemer et al. (Hg.) (1978), S. 19-100.

Schütze, Fritz (1987a): Situation. In: Ammon et al. (Hg.) (1987), S. 157-164.

Schütze, Fritz (1987b): Symbolischer Interaktionismus. In: Ammon et al. (Hg.) (1987), S. 520-553.

Schulte, Günter (1987): Taschenlexikon für den Schiedsmann. 2., völlig überarb. u. erg. Aufl., Köln/Berlin/Bonn/München. (Fachbücher für das Schiedsmannsamt: C; 2).

Schuppert, Gunnar (1990): Resumee und Ausblick. In: Hoffmann-Riem, W./Schmidt-Assmann, E. (Hg.): Konfliktbewältigung durch Verhandlungen. Bd. 1. Baden-Baden. S. 327-335.

Seifert, G. (1931): Zu den 'Friedensgerichten'. In: Schiedsmannszeitung 6, S. 185.

Sievers, E. (1960): Einige tiefenpsychologische Aspekte der Eignung zum Führen von Kraftfahrzeugen. In: Psyche 7/60, S. 471-480.

Sinz, Herbert (1977): Das Handwerk. Geschichte, Bedeutung, Zukunft. Düsseldorf/ Wien.

Soeffner, Hans-Georg (1983): Ursachen von Kommunikationsstörungen vor Gericht. Anmerkungen zu einer beliebten Diskussion über einen unbeliebten Sachverhalt. In: Sprache und Recht. Heidelberg. (Schriftenreihe der Bundeszentrale für politische Bildung, Bd. 199). S. 73-97.

Spillner, Bernd (1974): Linguistik und Literaturwissenschaft. Stilforschung, Rhetorik, Textlinguistik. Stuttgart.

Spranz-Fogasy, Thomas (1986): 'Widersprechen'. Zu Form und Funktion eines Aktivitätstyps in Schlichtungsgesprächen. Eine gesprächsanalytische Untersuchung. Tübingen. (Forschungsberichte des Instituts für deutsche Sprache; Bd. 62).

Stahlhacke, Eugen (1986): Arbeitsgerichtsgesetz. Textausgabe mit Kurzerläuterungen für die Praxis. 2. Aufl. Neuwied.

Steuble, Annette (1986): Integrative Konversationsanalyse. Zum Zusammenhang von Sprache, nonverbaler Kommunikation und interaktiver Beziehung. Pfaffenweiler.

Stiftung Warentest (Hg.) (1986): Reparaturverträge: Kunden am kürzeren Heben. In: test 21, Heft 3.

Stiftung Warentest (Hg.) (1986): Verjährung: Wenn die Frist abläuft ... . In: test 21, Heft 12.

Stiftung Warentest (Hg.) (1987): Schlichten ist besser als Richten? In: test 22, Heft 7.

Sykes, Gresham M./Matza, David (1979): Techniken der Neutralisierung. Eine Theorie der Delinquenz. In: Sack, F./König, R. (Hg.): Kriminalsoziologie. Wiesbaden. S. 360-371. [Original: Sykes, Gresham M./Matza, David (1957): Techniques of Neutralization: A Theory of Delinquency. In: American Sociological Review 22, S. 664-670.].

Tannen, Deborah (1989): Talking Voices. Repetition, dialogue, and imagery in conversational discourse. Cambridge.

Theilacker, Gerhard (1963): Friedensgerichtsbarkeit und Rechtspfleger. Die Entwicklung der niederen Gerichtsbarkeit in Deutschland unter besonderer Berücksichtigung der im Lande Baden-Württemberg gemachten Erfahrungen. Diss., Tübingen.

Thomas, Hans Werner (1977): Die Entwicklung des Schiedsmannsrechts von 1945 bis zur Gegenwart. In: Schiedsmannszeitung 48, S. 92-98.

Tomasic, Roman/Feeley, Malcolm M. (eds.) (1982): Neighborhood justice. Assessment of an emerging idea. New York/London.

Treiber, Hubert (1990): Über mittlerunterstützte Verhandlungen bei umstrittenen Standortentscheidungen. In: Hoffmann-Riem, W./Schmidt-Assmann, E. (Hg.): Konfliktbewältigung durch Verhandlungen. Bd. 1. Baden-Baden. S. 267-282.

Völzing, Paul-Ludwig (1979): Begründen, Erklären, Argumentieren. Modelle und Materialien zu einer Theorie der Metakommunikation. Heidelberg. (UTB 886).

Wach, Herbert (1977): Das Schiedsmannsinstitut in der Zukunft. In: Schiedsmannszeitung 48, S. 98-100.

Walton, Richard E. (1969): Interpersonal peacemaking. Confrontations and third party consultation. Reading/Mass. (Organization Development).

Werlen, Iwar (1984): Ritual und Sprache. Zum Verhältnis von Sprechen und Handeln in Ritualen. Tübingen.

Kommunikation in der Stadt

Teil 1: Exemplarische Analysen des Sprachverhaltens in Mannheim

Herausgegeben von Werner Kallmeyer

IX, 697 Seiten. Mit 1 Abbildung und 2 Karten. 1994. Gebunden.
ISBN 3-11-014380-1
(Schriften des Instituts für deutsche Sprache, Band 4.1)

Teil 2: Ethnographien von Mannheimer Stadtteilen

Herausgegeben von Werner Kallmeyer

VI, 525 Seiten. Mit 15 Abbildungen und 3 Karten. 1995. Gebunden.
ISBN 3-11-014381-X
(Schriften des Instituts für deutsche Sprache, Band 4.2)

Teil 3:

Inken Keim

Kommunikative Stilistik einer sozialen Welt „kleiner Leute" in der Mannheimer Innenstadt

Mit zwei Beiträgen von Werner Kallmeyer

X, 536 Seiten. Mit einer Abbildung. 1995. Gebunden. ISBN 3-11-014382-8
(Schriften des Instituts für deutsche Sprache, Band 4.3)

Teil 4:

Johannes Schwitalla

Kommunikative Stilistik zweier sozialer Welten in Mannheim-Vogelstang

XIII, 558 Seiten. 1995. Gebunden. ISBN 3-11-014383-6
(Schriften des Instituts für deutsche Sprache, Band 4.4)

Walter de Gruyter W DE G **Berlin · New York**

FSC
www.fsc.org
MIX
Papier | Fördert gute Waldnutzung
FSC® C083411

Kolibri 360 GmbH
Ferdinand-Jühlke-Straße 7
99095 Erfurt, Deutschland
produktsicherheit@kolibri360.de